AF283725

# Legislación sobre Seguridad Social
## (IMSS e ISSSTE)

## ACCESO GRATIS a la Lectura en la Nube

Para visualizar el libro electrónico en la nube de lectura envíe junto a su nombre y apellidos una fotografía del código de barras situado en la contraportada del libro y otra del ticket de compra a la dirección:

**ebooktirant@tirant.com**

En un máximo de 72 horas laborales le enviaremos el código de acceso con sus instrucciones.

# Legislación sobre Seguridad Social (IMSS e ISSSTE)

8ª Edición

**MIGUEL CARBONELL**

**tirant lo blanch**
Ciudad de México, 2026

© Miguel Carbonell

©   EDITA: TIRANT LO BLANCH
DISTRIBUYE: TIRANT LO BLANCH MÉXICO
Av. Tamaulipas 150, Oficina 502
Hipódromo, Cuauhtémoc, 06100, Ciudad de México
Telf: +52 1 55 65502317
infomex@tirant.com
www.tirant.com/mex/
www.tirant.es
ISBN: 979-13-7021-929-1

# Índice

## REGLAMENTO DE PRESTACIONES MÉDICAS DEL INSTITUTO MEXICANO DEL SEGURO SOCIAL

## REGLAMENTO DE LA LEY DEL SEGURO SOCIAL EN MATERIA DE AFILIACIÓN, CLASIFICACIÓN DE EMPRESAS, RECAUDACIÓN Y FISCALIZACIÓN

## REGLAMENTO DEL SEGURO SOCIAL OBLIGATORIO PARA LOS TRABAJADORES DE LA CONSTRUCCIÓN POR OBRA O TIEMPO DETERMINADO

## LEY DEL INSTITUTO DE SEGURIDAD Y SERVICIOS SOCIALES DE LOS TRABAJADORES DEL ESTADO

## REGLAMENTO DE SERVICIOS MÉDICOS DEL INSTITUTO DE SEGURIDAD Y SERVICIOS SOCIALES DE LOS TRABAJADORES DEL ESTADO

## REGLAMENTO DEL SISTEMA NACIONAL DE AFILIACIÓN Y VIGENCIA DE DERECHOS, DE LA BASE DE DATOS ÚNICA DE DERECHOHABIENTES Y DEL EXPEDIENTE ELECTRÓNICO ÚNICO DEL INSTITUTO DE SEGURIDAD Y SERVICIOS SOCIALES DE LOS TRABAJADORES DEL ESTADO

## REGLAMENTO PARA LA DICTAMINACIÓN DE QUEJAS MÉDICAS Y SOLICITUDES DE REEMBOLSO DEL INSTITUTO DE SEGURIDAD Y SERVICIOS SOCIALES DE LOS TRABAJADORES DEL ESTADO

## REGLAMENTO DE LOS SERVICIOS DE ATENCIÓN PARA EL BIENESTAR Y DESARROLLO INFANTIL DEL INSTITUTO DE SEGURIDAD Y SERVICIOS SOCIALES DE LOS TRABAJADORES DEL ESTADO

# Prólogo
# El contexto actual de la Seguridad Social

MIGUEL CARBONELL

La seguridad social representa, en todo el mundo, una conquista de la civilización en contra de los infortunios naturales o provocados que aquejan a las personas a lo largo de sus vidas. Se trata de un derecho fundamental de toda persona y representa una de las columnas en las que se basa el modelo del Estado social de derecho.

Como se sabe, el surgimiento del Estado social se da en un contexto histórico en el que están presentes las siguientes tres condiciones:

A) El individuo es incapaz de satisfacer por sí sólo, o con la ayuda de su entorno social más inmediato, sus necesidades básicas;

B) Surgen riesgos sociales que no pueden ser enfrentados por las vías tradicionales, basadas en la responsabilidad individual;

C) Se desarrolla la convicción social de que el Estado debe asumir la responsabilidad de garantizar a todos los ciudadanos un mínimo de bienestar; si el Estado no cumpliera con esa obligación, se pondría en duda su legitimidad.

Al tratarse de condiciones, por decirlo de alguna manera, *estructurales* para el desarrollo del Estado social, conviene detenernos brevemente en cada una de los tres incisos que se acaban de enunciar, ya que de esa manera se puede comprender mejor el régimen jurídico de la seguridad social en México.

## 1. El individuo indefenso

En las sociedades primitivas, y aún en las sociedades rurales pre-modernas, los individuos seguramente estaban tanto o más indefensos que los habitantes de nuestras sociedades contemporáneas. En los tiempos recientes esa indefensión ha tomado relevancia debido a: a) el cambio en las condiciones físicas o biológicas de nuestra vida social; b) la modificación de la estructura económica relacionada con las condiciones de trabajo; y c) un replanteamiento de las redes de asistencia social. Vamos por partes.

Respecto a las condiciones biológicas, hay que constatar que las personas hoy en día pueden vivir muchos más años que hace unos siglos; esto constituye un avance en toda regla y es uno de los signos más positivos de la modernidad, logrado en buena medida por el desarrollo de las ciencias médicas. Sin embargo, ocurre que al vivir más tiempo, se multiplican las «situaciones de dependencia» y aumenta el porcentaje de individuos que se encuentran en tales situaciones. La vejez, la invalidez y las enfermedades crónicas son fenómenos de nuestro tiempo, que no existían prácticamente en las sociedades antiguas.

Además de eso, el desarrollo de las formas de trabajo y el propio desarrollo tecnológico han propiciado el surgimiento de situaciones «artificiales» de dependencia, como el desempleo, la jubilación obligatoria o el alargamiento de los periodos de formación antes de acceder al mercado de trabajo.

Conforme avanza el proceso de urbanización de las sociedades, las personas se vuelven más indefensas, ya que son incapaces de proveerse por sí mismas de los bienes básicos. Mientras que en las sociedades rurales abundaban los esquemas de auto-abastecimiento en el seno de las familias o de comunidades un poco más amplias, en la vida urbana es casi imposible que una familia pueda auto-generar su propia comida, su ropa, su vivienda y así por el estilo. Se requiere de la ayuda exterior, ya que el habitante de las ciudades es «un ser del todo desamparado».

Hay una gran diferencia en el sujeto de los derechos sociales propio del siglo XX y la imagen del trabajador del siglo XIX, que tenía una escasa o nula cualificación, que recién había emigrado del campo a la ciudad, que tenía una familia numerosa al no haberse desarrollado los métodos de control de la natalidad y que carecía de la protección de las reglas que luego iban a desarrollarse en materia de ingreso y estabilidad laboral.

Bajo el nuevo esquema al que me estoy refiriendo, las personas ya no dominan su espacio vital, aunque gozan de una mayor amplitud para realizar sus planes de vida; una amplitud propiciada en primer lugar por el alargamiento de los años de vida, y en segundo término por los desarrollos tecnológicos que han puesto a su disposición una serie de comodidades que hasta hace poco eran impensables. Pero ese nuevo entorno no es un entorno que dominen, sino que está determinado por la concurrencia de otras personas y por la prestación de un sinnúmero de servicios esenciales para la sociedad en su conjunto. Hoy como nunca los unos dependemos de los otros y no solamente de nuestro entorno más inmediato como lo era antes la familia o la gente de nuestra comunidad más inmediata.

Tanto las nuevas condiciones biológicas como las que tienen que ver con la forma de organización laboral desbordan las rutas tradicionales de asistencia social, basadas en la caridad o en el apoyo de la familia, y requieren necesariamente de apoyos exteriores; estos apoyos, a su vez, deben ser institucionalizados para operar eficientemente y gozar de la amplitud necesaria que les permita abarcar a grandes grupos sociales. Es entonces cuando el Estado comienza a hacerse cargo, desplazando de esa forma a las anteriormente conocidas formas de compasión y socorro cristianos, y creando lo que se ha llamado la «burocratización de la compasión».

## 2. Los nuevos riesgos sociales

En las sociedades contemporáneas nos enfrentamos a riesgos que o no estaban presentes en las sociedades pre-modernas o bien no se consideraban relevantes para el ordenamiento jurídico, de forma que se dejaba a las personas libradas a su propia suerte.

Contreras Peláez recuerda al menos cuatro *factores de vulnerabilidad* que han generado respuestas jurídicas más o menos contundentes durante el siglo XX:

a) El *desempleo*, que ha producido el surgimiento de políticas económicas de pleno empleo, seguros contra el desempleo, redes de asistencia social e incluso de pensiones desligadas del carácter de trabajador que pueda o no tener el beneficiario, etcétera;

b) La *crisis de la familia*; el modelo actual de familia presenta muchas diferencias con respecto al modelo anterior; su nueva organización requiere de formas de auxilio externo, que permitan que se haga frente a los riesgos sociales colectivamente, sobre todo en el caso de familias monoparentales (un adulto viviendo con menores de edad), familias de ancianos, familias que tienen a su cargo personas con discapacidad, etcétera;

c) el *factor del sexo*, que ha generado procesos de «feminización de la pobreza», que afecta principalmente a madres solteras, madres con familia numerosa y bajos ingresos y a ancianas que viven solas; y

d) la *inmigración*; en la actualidad, son los inmigrantes uno de los eslabones más débiles de las sociedades desarrolladas, pues en ellos se presentan, acentuadas, varias de las anteriores características: desempleo, desintegración familiar, exceso de cargas para la mujer, escasa preparación para el trabajo, dificultades de integración social, etcétera.

Aparte de lo anterior, algunos desarrollos tecnológicos han contribuido también a generar nuevos riesgos sociales; esto se percibe claramente al analizar el aumento de los accidentes de trabajo o las enfermedades derivadas de riesgos laborales. La tecnología incide, a veces negativamente, en el disfrute de los derechos fundamentales.

Tradicionalmente, la responsabilidad por los riesgos personales era de carácter individual; es decir, quien causaba el daño era el obligado a repararlo: se trata del clásico esquema de la responsabilidad civil. Con el paso del tiempo y el aumento de los riesgos como consecuencia del desvalimiento del individuo, se consideró que era necesario cambiar este esquema para avanzar hacia una «socialización del riesgo», es decir, hacia la creación de mecanismos institucionales que fueran capaces de responder frente a los riesgos sociales.

Para tal efecto, el Estado debe actuar en dos frentes: la promoción del bienestar y la atenuación o compensación del sufrimiento. Lo anterior conlleva la necesidad de que el Estado actúe frente al infortunio (accidentes de trabajo) y frente a la necesidad (seguro de desempleo, pensiones de viudedad, por jubilación, por incapacidad, etcétera). De esta manera, surgen lo que hoy conocemos como los modernos sistemas de seguridad social, que encuentran sus antecedentes en las «Leyes de Bismarck», dictadas a partir de 1883; entre ellas se encuentran la Ley de seguro de enfermedad y maternidad de 1883, la Ley de accidentes de trabajo de 1884 y la Ley de seguro de enfermedad, jubilación y defunción de 1889.

La seguridad social, tanto por medio de la asistencia en caso de siniestro o la cobertura de riesgos (accidentes laborales, acceso a medicinas, etcétera), o bien a través de la cobertura de situaciones de necesidad (vejez, invalidez, etcétera) es una de las claves y de los signos distintivos del Estado social; quizá sea su nota más presente y representativa, pues a pesar de los varios modelos que existen de Estado social y de las diferentes configuraciones que cada uno de ellos puede tener en un contexto histórico o geográfico, lo que es obvio es que no puede hablarse de Estado social si no se cuenta con un sistema de seguridad social. Como lo señala Benda, la «Seguridad social es una expresiva traducción del postulado del Estado social».

## 3. El papel del Estado

Los dos factores que se acaban de analizar (la mayor vulnerabilidad del individuo y la necesidad de hacer frente *socialmente* a los riesgos) exigen que se asuma un nuevo papel por parte del Estado. Esta es una de las transformaciones que en mayor medida van a afectar a la teoría de los derechos fundamentales y a los procesos de legitimación de los poderes públicos en relación con estos derechos.

Hay que recordar que, para el primer constitucionalismo, los derechos tenían que imponerse *frente* al Estado; es decir, los derechos se consideraban como una especie de valladar frente a las intromisiones de una estructura estatal que, antes de los movimientos revolucionarios de Francia y Estados Unidos, se conducía de manera despótica y no estaba sujeto a más límites que la voluntad del emperador, del rey o del caudillo.

Sin embargo, en el modelo del Estado social, los poderes públicos dejan de ser percibidos como enemigos de los derechos fundamentales y comienzan a tomar, por el contrario, el papel de promotores de esos derechos, sobre todo de los de carácter social. Se entiende ahora que también la concentración de la riqueza y el avance tecnológico no sujetos a reglas pueden vulnerar los derechos fundamentales.

De esta manera, la legitimidad de los poderes públicos no depende ya solamente de que no *entorpezcan* o *limiten* el disfrute de los derechos, sino también de que los *promuevan* eficazmente. Como lo señala Luigi Ferrajoli, en el Estado social se genera un cambio en los factores de legitimidad del Estado, pues

> «mientras el estado de derecho liberal debe sólo no empeorar las condiciones de vida de los ciudadanos, el estado de derecho social debe también mejorarlas; debe no sólo no representar para ellos un inconveniente, sino ser también una ventaja. Esta diferencia va unida a la diferente naturaleza de los bienes asegurados por los dos tipos de garantías. Las garantías liberales o negativas basadas en prohibiciones sirven para defender o conservar las condiciones naturales o prepolíticas de existencia: la vida, las libertades, las inmunidades frente a los abusos de poder, y hoy hay que añadir, la no nocividad del aire, del agua y en general del ambiente natural; las garantías sociales o positivas basadas en obligaciones permiten por el contrario pretender o adquirir condiciones sociales de vida: la subsistencia, el trabajo, la salud, la vivienda, la educación, etcétera. Las primeras están dirigidas hacia el pasado y tienen como tales una función conservadora; las segundas miran al futuro y tienen un alcance innovador».

Como ya se ha mencionado, los primeros derechos sociales —que todavía no alcanzan el rango de derechos fundamentales— surgen como formas de protección a los obreros, tanto frente a los infortunios derivados del ejercicio del trabajo, como frente a los patrones para regular las condiciones laborales de forma que no se permita el menoscabo de la dignidad humana.

Las reivindicaciones sociales se trasladan al Estado, que comienza a incorporar entre sus funciones la de asistencia social. Sin embargo, los movimientos obreros insisten en que no se trata de sustituir la caridad privada por una caridad pública, sino de generar un conjunto de *derechos* que protejan a los trabajadores y a sus familias. La responsabilidad del Estado debe ser entendida, en consecuencia, como una responsabilidad *jurídica*, garantizada incluso a nivel constitucional, de forma que la persona *necesitada* deje de ser *objeto* de la relación asistencial y se convierta en un *sujeto* portador de derechos.

Se puede afirmar, intentando hacer una síntesis de algunas cuestiones que ya se han mencionado, que el Estado social se caracteriza por las siguientes notas:

a) Se constituye como un amplio pacto social, cuyos principales actores son el Estado, los trabajadores, las clases medias urbanas y los empresarios;

b) Busca atender las necesidades de grandes sectores sociales, principalmente a través de servicios de salud, vivienda y educación;

c) Cumple un papel estabilizar de la demanda interna mediante el impulso del consumo gubernamental;

d) Procura la paz social al institucionalizar vías reformistas, que sustituyen a las vías revolucionarias;

e) Posibilita un marco de crecimiento económico continúo, sostenible y equilibrado;

f) Crea un régimen fiscal redistributivo; y

g) Constituye un amplio sector público, dotado de importantes funciones regulativas y, en algunos casos (de forma subsidiaria), directamente productivas.

## 4. El Estado social como Estado constitucional

Aunque cronológicamente las primeras disposiciones constitucionales en materia de derechos sociales se encuentran en las Constituciones de Querétaro en 1917 y de Weimar en 1919, no es sino hasta la Ley Fundamental de Bonn, de 1949, cuando la fórmula del «Estado social de derecho» adquiere reconocimiento constitucional.

En las primeras fórmulas de consagración de derechos sociales (así por ejemplo, en el caso de la Constitución mexicana), más que el reconocimiento constitucional de una nueva forma de Estado, lo que se hacía era dar cobertura en el texto de la Carta Magna a los derechos de grupos sociales tradicionalmente marginados; así por ejemplo, trabajadores y campesinos, que eran grupos que habían alimentado los movimientos revolucionarios de las primeras décadas del siglo XX y que constituían la base social indispensable para la legitimación de los poderes públicos.

En cambio, en los textos de la segunda posguerra, dictados después de 1945, lo que se observa es la consagración constitucional de todo un entramado jurídico, un verdadero cambio de paradigma constitucional. Es entonces cuando podemos decir que el Estado social se consolida y, a partir de ese momento, comienza un importante proceso de expansión, tanto desde el punto de vista de sus contenidos como desde una perspectiva geográfica al incrementarse el número de países que intentan adaptarse a sus principios.

No se trata solamente de que la Constituciones contengan solemnes manifestaciones de principio («La República Federal de Alemania es un Estado federal democrático y social», dispuso el conocido artículo 20.1. de la Ley Fundamental de Bonn; «España se constituye en un Estado social y democrático de Derecho, que propugna como valores superiores de su ordenamiento jurídico la libertad, la justicia, la igualdad y el pluralismo político», señala el artículo 1.1. de la Constitución española de 1978), sino que a ellas se les acompaña un conjunto de preceptos para hacer posible la intervención del Estado en la sociedad y para asignar a los poderes públicos las responsabilidades concretas que se derivan de la idea general según la cual deben tutelar la «procura existencial».

¿Qué cuadro del ordenamiento jurídico en general tenemos luego de la constitucionalización del Estado social? Siguiendo a Abramovich y Courtis, podemos sostener lo siguiente:

A) Se introducen dimensiones colectivas en el derecho, lo que ocurre a través de la construcción de sujetos de derecho colectivos (sindicatos, grupos de consumidores, etcétera), a través de la articulación de instancias y facultades de negociación colectivas y con la construcción de categorías colectivas o grupales (la noción de medio ambiente, de grupo vulnerable o de salud pública).

B) Se toman en cuenta las desigualdades reales y no simplemente las formales; esto genera a su vez nuevas pautas interpretativas (como las que se expresan en las conocidas fórmulas *favor operatori* o *favor consumatoris*) y nuevas reglas procesales (por ejemplo en materia de carga probatoria, de presunciones en favor de partes procesalmente débiles, etcétera).

C) Se establecen límites a la autonomía de la voluntad; en áreas tradicionalmente dejadas al libre acuerdo de las partes entran en funcionamiento conceptos de orden público y de protección a la dignidad de las personas que pueden generar nulidades contractuales y un importante control estatal de la oferta de bienes públicos y servicios.

D) En relación con el inciso anterior, se limita el ámbito de actuación sujeto a mecanismos contractuales, regulados ahora —con las reglas del Estado social— por medio de leyes; esto produce un efecto de desmercantilización de algunos sectores como resultado del avance del derecho público sobre el derecho privado.

E) Se modifican los criterios de asignación de responsabilidades civiles, como consecuencia del cambio de óptica en materia de generación de riesgos (varios de los cuales se «socializan», para efecto de proteger a las personas más indefensas) y de distribución de costos.

F) Se amplían las funciones estatales; al asumir el Estado las tareas relacionadas con la realización efectiva de los derechos sociales, los órganos públicos se multiplican y la burocracia crece de forma sensible. El Estado no se limita a ejercer funciones regulatorias, sino que se reserva para sí ciertas áreas que se consideran estratégicas, lo que conlleva una ampliación de funciones y del gasto público.

G) Se incorporan al ordenamiento acciones procesales de carácter colectivo, a través de la ampliación en las posibilidades de acceso a los tribunales (acciones de cumplimiento, acciones de tutela, acciones de clase, etcétera) y por medio de la tutela de bienes colectivos.

Lo que llevamos dicho nos suministra la plataforma conceptual y analítica indispensable para poder adentrarnos en la vasta legislación que regula en México la seguridad social, la cual ha sufrido cambios importantes en los años recientes. Estimo que es una responsabilidad de todo ciudadano el conocerla, pues la seguridad social es uno de los bienes públicos más relevantes que ha construido el Estado mexicano a lo largo de su historia y uno de los proyectos más ambiciosos de cobertura de riesgos que existen en nuestro país. Una buena aplicación de toda la normatividad que el lector podrá encontrar enseguida es indispensable para que entre todos podamos construir un México más fuerte y con mejores instituciones. En esa tarea todos debemos poner de nuestra parte.

# Ley del Seguro Social

**Nueva Ley publicada en el Diario Oficial de la Federación el 21 de diciembre de 1995**

## TEXTO VIGENTE

Últimas reformas publicadas DOF 07-06-2024

Al margen un sello con el Escudo Nacional, que dice: Estados Unidos Mexicanos. Presidencia de la República.

**ERNESTO ZEDILLO PONCE DE LEÓN**, Presidente de los Estados Unidos Mexicanos, a sus habitantes sabed:

Que el H. Congreso de la Unión, se ha servido dirigirme el siguiente

## D E C R E T O

"EL CONGRESO DE LOS ESTADOS UNIDOS MEXICANOS, DECRETA:

## LEY DEL SEGURO SOCIAL

## TÍTULO PRIMERO
## DISPOSICIONES GENERALES

## CAPÍTULO ÚNICO

**Artículo 1.** La presente Ley es de observancia general en toda la República, en la forma y términos que la misma establece, sus disposiciones son de orden público y de interés social.

**Artículo 2.** La seguridad social tiene por finalidad garantizar el derecho a la salud, la asistencia médica, la protección de los medios de subsistencia y los servicios sociales necesarios para el bienestar individual y colectivo, así como el otorgamiento de una pensión que, en su caso y previo cumplimiento de los requisitos legales, será garantizada por el Estado.

**Artículo 3.** La realización de la seguridad social está a cargo de entidades o dependencias públicas, federales o locales y de organismos descentralizados, conforme a lo dispuesto por esta Ley y demás ordenamientos legales sobre la materia.

**Artículo 4.** El Seguro Social es el instrumento básico de la seguridad social, establecido como un servicio público de carácter nacional en los términos de esta Ley, sin perjuicio de los sistemas instituidos por otros ordenamientos.

**Artículo 5.** La organización y administración del Seguro Social, en los términos consignados en esta Ley, están a cargo del organismo público descentralizado con personalidad jurídica y patrimonio propios, de integración operativa tripartita, en razón de que a la misma concurren los sectores público, social y privado, denominado Instituto Mexicano del Seguro Social, el cual tiene también el carácter de organismo fiscal autónomo.

*Artículo reformado DOF 20-12-2001*

**Artículo 5 A.** Para los efectos de esta Ley, se entiende por:

**I.** Ley: la Ley del Seguro Social;

**II.** Código: el Código Fiscal de la Federación;

**III.** Instituto: el Instituto Mexicano del Seguro Social;

**IV.** Patrones, patrón o persona empleadora: la persona física o moral que tenga ese carácter en los términos de la Ley Federal del Trabajo;

*Fracción reformada DOF 16-11-2022*

**V.** Trabajadores o trabajador: la persona física que la Ley Federal del Trabajo define como tal;

**VI.** Trabajador permanente: aquél que tenga una relación de trabajo por tiempo indeterminado;

**VII.** Trabajador eventual: aquél que tenga una relación de trabajo para obra determinada o por tiempo determinado en los términos de la Ley Federal del Trabajo;

**VIII.** Sujetos o sujeto obligado: los señalados en los artículos 12, 13, 229, 230, 241 y 250-A de la ley, cuando tengan la obligación de retener las cuotas obrero-patronales del Seguro Social o de realizar el pago de las mismas, y los demás que se establezcan en esta ley;

*Fracción reformada DOF 09-07-2009*

**IX.** Sujetos o sujeto de aseguramiento: los señalados en los artículos 12, 13, 241 y 250 A, de la Ley;

**X.** Responsables o responsable solidario: para los efectos de las aportaciones de seguridad social son aquellos que define como tales el artículo 26 del Código y los previstos en esta Ley;

**XI.** Asegurados o asegurado: el trabajador o sujeto de aseguramiento inscrito ante el Instituto, en los términos de la Ley;

**XII.** Beneficiarios: la o el cónyuge del asegurado o asegurada o del pensionado o pensionada y a falta de éstos, a la concubina o el concubinario en su caso, a quien haya suscrito una unión civil con el asegurado o asegurada o el pensionado o pensionada, cualquiera que fuere su sexo, así como los ascendientes y descendientes de la o el asegurado o de la o el pensionado señalados en la ley;

*Fracción reformada DOF 20-01-2023*

**XIII.** Derechohabientes o derechohabiente: el asegurado, el pensionado y los beneficiarios de ambos, que en los términos de la Ley tengan vigente su derecho a recibir las prestaciones del Instituto;

**XIV.** Pensionados o pensionado: el asegurado que por resolución del Instituto tiene otorgada pensión por: incapacidad permanente total; incapacidad permanente parcial superior al cincuenta por ciento o en su caso incapacidad permanente parcial entre el veinticinco y el cincuenta por ciento; invalidez; cesantía en edad avanzada y vejez, así como los beneficiarios de aquél cuando por resolución del Instituto tengan otorgada pensión de viudez, orfandad, o de ascendencia;

**XV.** Cuotas obrero patronales o cuotas: las aportaciones de seguridad social establecidas en la Ley a cargo del patrón, trabajador y sujetos obligados;

**XVI.** Cédulas o cédula de determinación: el medio magnético, digital, electrónico, óptico, magneto óptico o de cualquier otra naturaleza, o bien el documento impreso, en el que el patrón o sujeto obligado determina el importe de las cuotas a enterar al Instituto, el cual puede ser emitido y entregado por el propio Instituto;

**XVII.** Cédulas o cédula de liquidación: el medio magnético, digital, electrónico o de cualquier otra naturaleza, o bien el documento impreso, mediante el cual el Instituto, en ejercicio de sus facultades como organismo fiscal autónomo, determina en cantidad líquida los créditos fiscales a su favor previstos en la Ley;

*Fracción reformada DOF 29-04-2005*

**XVIII.** Salarios o salario: la retribución que la Ley Federal del Trabajo define como tal;

*Fracción reformada DOF 29-04-2005, 16-01-2009, 20-01-2023*

**XIX.** Persona trabajadora del campo temporal: es aquella persona física que realiza labores dirigidas a la obtención de alimentos o productos primarios a través de la realización de diversas tareas agrícolas, hortícolas, ganaderas, forestales, acuícolas, avícolas, apícolas u otras semejantes, siempre que éstos no sean sometidos a algún tipo de proceso industrial y en tanto se desarrollen en ámbitos rurales. Su contratación es por obra, tiempo determinado o por temporada conforme a la naturaleza o necesidades propias de las actividades mencionadas. En caso de laborar de forma continua por un periodo mayor a veintisiete semanas para una o varias personas empleadoras será considerado trabajador permanente. Para calcular las semanas laboradas y determinar la forma de cotización se estará a lo previsto en la ley y en el reglamento respectivo;

*Fracción adicionada DOF 29-04-2005. Reformada DOF 20-01-2023, 24-01-2024*

**XX.** Trabajador Independiente o por cuenta propia: persona física que no esté sujeta a una relación de subordinación laboral y que no recibe un salario sino genera ingresos por el libre ejercicio de su profesión, oficio o actividad, así como los ejidatarios, comuneros, colonos y pequeños propietarios, patrones con trabajadores asegurados a su servicio o aquellas personas que cubran el pago de las cuotas obrero patronales establecidas para la incorporación voluntaria al régimen obligatorio exceptuando a los sujetos de aseguramiento establecidos en la fracción V del artículo 13;

*Fracción adicionada DOF 01-12-2023*

**XXI.** Unión civil: es el acto jurídico bilateral que se constituye cuando las personas físicas de diferente o del mismo sexo, mayores de edad y con capacidad jurídica plena, establecen un hogar común con voluntad de permanencia y ayuda mutua, por el que se deriven obligaciones alimentarias, de sucesión o semejantes y que esté reconocido en la legislación de los estados, cualquiera que sea la denominación que adquiera, y

*Fracción adicionada DOF 20-01-2023. Recorrida DOF 01-12-2023*

**XXII.** Servicio de guardería: derecho de las madres y padres trabajadores asegurados, viudas y viudos o divorciados con la custodia de sus hijos, durante su jornada laboral.

*Fracción adicionada DOF 20-01-2023. Recorrida DOF 01-12-2023*

**XXIII.** Buzón IMSS: el sistema de comunicación electrónico implementado, administrado por el Instituto Mexicano del Seguro Social y establecido en su página de Internet, a través del cual podrá realizar la notificación de cualquier acto, requerimiento o resolución administrativa que emita en documentos digitales, e informar sobre aspectos de interés; mediante el cual, los particulares podrán presentar promociones, solicitudes, avisos o dar cumplimiento a sus obligaciones y requerimientos efectuados por el Instituto; ello, mediante documentos digitales, así como realizar consultas sobre su situación fiscal y administrativa ante el Instituto, y

*Fracción adicionada DOF 07-06-2024*

**XXIV.** Personas Particulares: las y los derechohabientes, patrones, sujetos obligados, contadores públicos, contadores públicos autorizados, responsables solidarios, terceros relacionados, sean personas físicas o morales y representantes legales que realicen actuaciones ante el Instituto mediante el Buzón IMSS.

*Fracción adicionada DOF 07-06-2024*

Por lo que respecta a los matrimonios celebrados entre personas del mismo sexo, esta ley reconoce tales uniones con los mismos derechos y obligaciones que los celebrados entre hombre y mujer.

*Párrafo adicionado DOF 20-01-2023*
*Artículo adicionado DOF 20-12-2001*

**Artículo 6.** El Seguro Social comprende:
**I.** El régimen obligatorio, y
**II.** El régimen voluntario.

**Artículo 7.** El Seguro Social cubre las contingencias y proporciona los servicios que se especifican a propósito de cada régimen particular, mediante prestaciones en especie y en dinero, en las formas y condiciones previstas por esta Ley y sus reglamentos.

**Artículo 8.** Los derechohabientes para recibir o, en su caso, seguir disfrutando de las prestaciones que esta Ley otorga, deberán cumplir con los requisitos establecidos en la misma y en sus reglamentos.

Para tal efecto el Instituto expedirá a todos los derechohabientes, un documento de identificación a fin de que puedan ejercitar los derechos que la Ley les confiere, según el caso.

*Artículo reformado DOF 20-12-2001*

**Artículo 9.** Las disposiciones fiscales de esta Ley que establecen cargas a los particulares y las que señalan excepciones a las mismas, así como las que fijan las infracciones y sanciones, son de aplicación estricta. Se considera que establecen cargas las normas que se refieran a sujeto, objeto, base de cotización y tasa.

A falta de norma expresa en esta Ley, se aplicarán supletoriamente las disposiciones de la Ley Federal de Trabajo, del Código o del derecho común, en ese orden, cuando su aplicación no sea contraria a la naturaleza propia del régimen de seguridad social que establece esta Ley.

El Instituto deberá sujetarse al Título Tercero A de la Ley Federal del Procedimiento Administrativo para efectos de lo previsto en éste, con las excepciones que la citada ley indica y las correspondientes a los trámites y procedimientos directamente relacionados con la prestación de servicios médicos de carácter preventivo, de diagnóstico, rehabilitación, manejo y tratamiento hospitalarios.

*Artículo reformado DOF 20-12-2001*

**Artículo 10.** Las prestaciones que corresponden a los asegurados y a sus beneficiarios son inembargables. Sólo en los casos de obligaciones alimenticias a su cargo, pueden embargarse por la autoridad judicial las pensiones y subsidios hasta por el cincuenta por ciento de su monto.

**TÍTULO SEGUNDO**
**DEL RÉGIMEN OBLIGATORIO**

**CAPÍTULO I**
**GENERALIDADES**

**Artículo 11.** El régimen obligatorio comprende los seguros de:

I. Riesgos de trabajo;
II. Enfermedades y maternidad;
III. Invalidez y vida;
IV. Retiro, cesantía en edad avanzada y vejez, y
V. Guarderías y prestaciones sociales.

**Artículo 12.** Son sujetos de aseguramiento del régimen obligatorio:
I. Las personas que de conformidad con los artículos 20 y 21 de la Ley Federal del Trabajo, presten, en forma permanente o eventual, a otras de carácter físico o moral o unidades económicas sin personalidad jurídica, un servicio remunerado, personal y subordinado, cualquiera que sea el acto que le dé origen y cualquiera que sea la personalidad jurídica o la naturaleza económica del patrón aun cuando éste, en virtud de alguna ley especial, esté exento del pago de contribuciones;

*Fracción reformada DOF 20-12-2001*

II. Los socios de sociedades cooperativas;

*Fracción reformada DOF 20-12-2001, 02-07-2019*

III. Las personas que determine el Ejecutivo Federal a través del Decreto respectivo, bajo los términos y condiciones que señala esta Ley y los reglamentos correspondientes, y

*Fracción reformada DOF 20-12-2001, 02-07-2019*

IV. Las personas trabajadoras del hogar.

*Fracción adicionada DOF 02-07-2019*

**Artículo 13.** Voluntariamente podrán ser sujetos de aseguramiento al régimen obligatorio:
I. Los trabajadores independientes o por cuenta propia;

*Fracción reformada DOF 01-12-2023*

II. Se deroga.

*Fracción derogada DOF 02-07-2019*

III. Se deroga.

*Fracción derogada DOF 01-12-2023*

**IV.** Se deroga.

*Fracción derogada DOF 01-12-2023*

**V.** Los trabajadores al servicio de las administraciones públicas de la Federación, entidades federativas y municipios que estén excluidas o no comprendidas en otras leyes o decretos como sujetos de seguridad social.

Mediante convenio con el Instituto se establecerán las modalidades y fechas de incorporación al régimen obligatorio, de los sujetos de aseguramiento comprendidos en este artículo.

Dichos convenios deberán sujetarse al reglamento que al efecto expida el Ejecutivo Federal.

**Artículo 14.** En los convenios a que se refiere el artículo anterior se establecerá:

**I.** La fecha de inicio de la prestación de los servicios y los sujetos de aseguramiento que comprende;

**II.** La vigencia;

**III.** Las prestaciones que se otorgarán;

**IV.** Las cuotas a cargo de los asegurados y demás sujetos obligados;

**V.** La contribución a cargo del Gobierno Federal, cuando en su caso proceda;

**VI.** Los procedimientos de inscripción y los de cobro de las cuotas, y

**VII.** Las demás modalidades que se requieran conforme a esta Ley y sus reglamentos.

**Artículo 15.** Las personas empleadoras están obligadas a:

*Párrafo reformado DOF 24-01-2024*

**I.** Registrarse e inscribir a sus trabajadores en el Instituto, comunicar sus altas y bajas, las modificaciones de su salario y los demás datos, dentro de plazos no mayores de cinco días hábiles;

*Fracción reformada DOF 20-12-2001*

**II.** Llevar registros, tales como nóminas y listas de raya en las que se asiente invariablemente el número de días trabajados y los salarios percibidos por sus trabajadores, además de otros datos que exijan la presente Ley y sus reglamentos. Es obligatorio conservar estos registros durante los cinco años siguientes al de su fecha;

**III.** Determinar las cuotas obrero patronales a su cargo y enterar su importe al Instituto;

*Fracción reformada DOF 20-12-2001*

**IV.** Proporcionar al Instituto los elementos necesarios para precisar la existencia, naturaleza y cuantía de las obligaciones a su cargo establecidas por esta Ley y los reglamentos que correspondan;

**V.** Permitir las inspecciones y visitas domiciliarias que practique el Instituto, las que se sujetarán a lo establecido por esta Ley, el Código y los reglamentos respectivos;

*Fracción reformada DOF 20-12-2001*

**VI.** Tratándose de patrones que se dediquen en forma permanente o esporádica a la actividad de la construcción, deberán expedir y entregar a cada trabajador constancia escrita del número de días trabajados y del salario percibido, semanal o quincenalmente, conforme a los períodos de pago establecidos, las cuales, en su caso, podrán ser exhibidas por los trabajadores para acreditar sus derechos.

Asimismo, deberán cubrir las cuotas obrero patronales, aun en el caso de que no sea posible determinar el o los trabajadores a quienes se deban aplicar, por incumplimiento del patrón a las obligaciones previstas en las fracciones anteriores, en este último caso, su monto se destinará a la Reserva General Financiera y Actuarial a que se refiere el artículo 280, fracción IV de esta Ley, sin perjuicio de que a aquellos trabajadores que acreditaren sus derechos, se les otorguen las prestaciones diferidas que les correspondan;

*Fracción reformada DOF 20-12-2001*

**VII.** Cumplir con las obligaciones que les impone el capítulo sexto del Título II de esta Ley, en relación con el seguro de retiro, cesantía en edad avanzada y vejez;

**VIII.** Cumplir con las demás disposiciones de esta Ley y sus reglamentos, y

**IX.** Expedir y entregar, tratándose de personas trabajadoras temporales o eventuales de la ciudad o del campo, constancia de los días laborados de acuerdo con lo que establezcan los reglamentos respectivos.

*Fracción reformada DOF 20-12-2001, 24-01-2024*

Las disposiciones contenidas en las fracciones I, II, III y VI no son aplicables en los casos de construcción, ampliación o reparación de inmuebles, cuando los trabajos se realicen en forma personal por el propietario, o bien, obras realizadas por cooperación comunitaria, debiéndose comprobar el hecho, en los términos del reglamento respectivo.

*Párrafo reformado DOF 20-12-2001*

La información a que se refieren las fracciones I, II, III y IV, deberá proporcionarse al Instituto en documento impreso, o en medios magnéticos, digitales, electrónicos, ópticos, magneto ópticos o de cualquier otra naturaleza, conforme a las disposiciones de esta Ley y sus reglamentos.

*Párrafo reformado DOF 20-12-2001*

**Artículo 15 A.** La contratación de servicios especializados o la ejecución de obras especializadas deberán cumplir con las condiciones y requisitos establecidos en la Ley Federal del Trabajo.

La persona física o moral que contrate la prestación de servicios o la ejecución de obras con otra persona física o moral que incumpla las obligaciones en materia de seguridad social, será responsable solidaria en relación con los trabajadores utilizados para ejecutar dichas contrataciones.

La persona física o moral que preste servicios especializados o ejecute obras especializadas deberá proporcionar cuatrimestralmente a más tardar el día 17 de los meses de enero, mayo y septiembre, la información de los contratos celebrados en el cuatrimestre de que se trate, conforme a lo siguiente:

**I.** De las partes en el contrato: Nombre, denominación o razón social; Registro Federal de Contribuyentes, domicilio social o convencional en caso de ser distinto al fiscal, correo electrónico y teléfono de contacto.

**II.** De cada contrato: Objeto; periodo de vigencia; relación de trabajadores u otros sujetos que prestarán los servicios especializados o ejecutarán las obras especializadas a favor del beneficiario, indicando su nombre, CURP, número de seguridad social y salario base de cotización, así como nombre y Registro Federal de Contribuyentes del beneficiario de los servicios por cada uno de los contratos.

**III.** Copia simple del registro emitido por la Secretaría del Trabajo y Previsión Social para la prestación de servicios especializados o la ejecución de obras especializadas.

Para la verificación del cumplimiento de las obligaciones establecidas en la Ley Federal del Trabajo y en el presente ordenamiento, el Instituto y la Secretaría del Trabajo y Previsión Social, deberán celebrar convenios de colaboración, para el intercambio de información y la realización de acciones de verificación conjuntas, en su respectivo ámbito de competencia.

El Instituto informará a la Secretaría del Trabajo y Previsión Social del incumplimiento a los requisitos indicados en el presente artículo para los efectos señalados en la propia Ley Federal del Trabajo.

*Artículo adicionado DOF 20-12-2001. Reformado DOF 09-07-2009, 23-04-2021*

**Artículo 15 B.** Las personas que no se encuentren en el supuesto establecido en el penúltimo párrafo del artículo 15 de esta Ley, que realicen en su casa habitación ampliaciones, remodelaciones, o bien, la construcción de su propia casa habitación y aquéllas que de manera esporádica realicen ampliaciones o remodelaciones de cualquier tipo de obra, podrán celebrar convenio de pago en parcialidades de las cuotas obrero patronales que resulten a su cargo, desde el momento en que den de alta a los trabajadores que se encarguen de las mismas, individualizando la cuenta del trabajador.

*Artículo adicionado DOF 20-12-2001*

**Artículo 16.** Los patrones que de conformidad con el reglamento cuenten con un promedio anual de trescientos o más trabajadores en el ejercicio fiscal inmediato anterior, están obligados a dictaminar el cumplimiento de sus obligaciones ante el Instituto por contador público autorizado, en los términos que se señalen en el reglamento que al efecto emita el Ejecutivo Federal.

Los patrones que no se encuentren en el supuesto del párrafo anterior podrán optar por dictaminar sus aportaciones al Instituto, por contador público autorizado, en términos del reglamento señalado.

Los patrones que presenten dictamen, no serán sujetos de visita domiciliaria por los ejercicios dictaminados a excepción de que:

**I.** El dictamen se haya presentado con abstención de opinión, con opinión negativa o con salvedades sobre aspectos que, a juicio del contador público, recaigan sobre elementos esenciales del dictamen, o

**II.** Derivado de la revisión interna del dictamen, se determinaren diferencias a su cargo y éstas no fueran aclaradas y, en su caso, pagadas.

*Artículo reformado DOF 20-12-2001*

**Artículo 17.** Al dar los avisos a que se refiere la fracción I del artículo 15 de esta Ley, el patrón puede expresar por escrito los motivos en que funde alguna excepción o duda acerca de sus obligaciones, sin que por ello quede relevado de pagar las cuotas correspondientes. El Instituto, dentro de un plazo de cuarenta y cinco días hábiles, notificará al patrón la resolución que dicte y, en su caso, procederá a dar de baja al patrón, al trabajador o a ambos, así como al reembolso correspondiente.

La información que proporcionen los patrones para su registro podrá ser analizada por el Instituto, a fin de verificar la existencia de los supuestos y requisitos establecidos en esta Ley. Si el Instituto determina que no se dan los supuestos previstos en el artículo 12, fracción I, de esta Ley, notificará al presunto patrón para que éste, en el plazo de cinco días hábiles manifieste lo que a su derecho convenga y, en el caso de que no desvirtúe tales situaciones, el Instituto procederá a dar de baja al presunto patrón, a los presuntos trabajadores o a ambos.

En el caso anterior, el Instituto aplicará los importes pagados a resarcir sus gastos de administración y de operación, quedando a salvo los derechos del presunto trabajador para reclamar, en su caso, los importes que hayan sido depositados en la cuenta individual abierta a su nombre, en los términos de la presente Ley.

*Artículo reformado DOF 20-12-2001*

**Artículo 18.** Los trabajadores tienen el derecho de solicitar al Instituto su inscripción, comunicar las modificaciones de su salario y demás condiciones de trabajo y, en su caso, presentar la documentación que acredite dicha relación, demuestre el período laborado y los salarios percibidos. Lo anterior no libera a los patrones del cumplimiento de sus obligaciones ni les exime de las sanciones y responsabilidades en que hubieran incurrido.

*Párrafo reformado DOF 20-12-2001*

Asimismo el trabajador por conducto del Instituto podrá realizar los trámites administrativos necesarios para ejercer los derechos derivados de las pensiones establecidas por esta Ley.

**Artículo 19.** Para los efectos de esta Ley, las sociedades cooperativas pagarán la cuota correspondiente a los patrones, y cada uno de los socios a que se refiere la fracción II del artículo 12 de esta Ley cubrirán sus cuotas como trabajadores.

*Artículo reformado DOF 20-12-2001*

**Artículo 20.** Las semanas reconocidas para el otorgamiento de las prestaciones a que se refiere este título, se obtendrán dividiendo entre siete los días de cotización acumulados, hecha esta división, si existiera un sobrante de días mayor a tres, éste se considerará como otra semana completa, no tomándose en cuenta el exceso si el número de días fuera de tres o menor.

**Artículo 21.** Los avisos de baja de los trabajadores incapacitados temporalmente para el trabajo, no surtirán efectos para las finalidades del Seguro Social, mientras dure el estado de incapacidad.

**Artículo 22.** Los documentos, datos e informes que los trabajadores, patrones y demás personas proporcionen al Instituto, en cumplimiento de las obligaciones que les impone esta Ley, serán estrictamente confidenciales y no podrán comunicarse o darse a conocer en forma nominativa e individual.

Lo dispuesto en el párrafo anterior no se aplicará cuando:

I. Se trate de juicios y procedimientos en que el Instituto fuere parte;

II. Se hubieran celebrado convenios de colaboración con la Federación, entidades federativas o municipios o sus respectivas administraciones públicas, para el intercambio de información relacionada con el cumplimiento de sus objetivos, con las restricciones pactadas en los convenios en los cuales se incluirá invariablemente una cláusula de confidencialidad y no difusión de la información intercambiada;

III. Lo soliciten la Secretaría de la Función Pública, la Contraloría Interna en el Instituto, las autoridades fiscales federales, las instituciones de seguridad social y el Ministerio Público Federal, en ejercicio de sus atribuciones, y

*Fracción reformada DOF 09-04-2012*

IV. En los casos previstos en ley.

El Instituto podrá celebrar convenios de colaboración con los sectores social o privado para el intercambio de información estadística, relacionada con el cumplimiento de sus objetivos, con la restricción a que se refiere el primer párrafo de este artículo y aquellas pactadas en los propios convenios.

La información derivada del seguro de retiro, cesantía en edad avanzada y vejez será proporcionada directamente, en su caso, por las administradoras de fondos para el retiro, así como por las empresas procesadoras de información del Sistema de Ahorro para el Retiro. Esta información estará sujeta, en materia de confidencialidad, a las disposiciones de carácter general que emita la Comisión Nacional del Sistema de Ahorro para el Retiro, en términos de la ley correspondiente.

*Artículo reformado DOF 20-12-2001*

**Artículo 23**. Cuando los contratos colectivos concedan prestaciones inferiores a las otorgadas por esta Ley, el patrón pagará al Instituto todos los aportes proporcionales a las prestaciones contractuales. Para satisfacer las diferencias entre estas últimas y las establecidas por la Ley, las partes cubrirán las cuotas correspondientes.

Si en los contratos colectivos se pactan prestaciones iguales a las establecidas por esta Ley, el patrón pagará al Instituto íntegramente las cuotas obrero patronales.

En los casos en que los contratos colectivos consignen prestaciones superiores a las que concede esta Ley, se estará a lo dispuesto en el párrafo anterior hasta la igualdad de prestaciones, y respecto de las excedentes el patrón quedará obligado a cumplirlas. Tratándose de prestaciones económicas, el patrón podrá contratar con el Instituto los seguros adicionales correspondientes, en los términos del Título Tercero capítulo II de esta Ley.

El Instituto, mediante estudio técnico-jurídico de los contratos colectivos de trabajo, oyendo previamente a los interesados, hará la valuación actuarial de las prestaciones contractuales, comparándolas individualmente con las de la Ley, para elaborar las tablas de distribución de cuotas que correspondan.

**Artículo 24**. Los patrones tendrán el derecho a descontar del importe de las prestaciones contractuales que deben cubrir directamente, las cuantías correspondientes a las prestaciones de la misma naturaleza otorgadas por el Instituto.

**Artículo 25**. En los casos previstos por el artículo 23, el Estado aportará la contribución que le corresponda en términos de esta Ley, independientemente de la que resulte a cargo del patrón por la valuación actuarial de su contrato, pagando éste, tanto su propia cuota como la parte de la cuota obrera que le corresponda conforme a dicha valuación.

Para cubrir las prestaciones en especie del seguro de enfermedades y maternidad de los pensionados y sus beneficiarios, en los seguros de riesgos de trabajo, invalidez y vida, así como retiro, cesantía en edad avanzada y vejez, los patrones, los trabajadores y el Estado aportarán una cuota de uno punto cinco por ciento sobre el salario base de cotización. De dicha cuota corresponderá al patrón pagar el uno punto cero cinco por ciento, a los trabajadores el cero punto trescientos setenta y cinco por ciento y al Estado el cero punto cero setenta y cinco por ciento.

**Artículo 26.** Las disposiciones de esta Ley, que se refieren a los patrones y a los trabajadores, serán aplicables, en lo conducente, a los demás sujetos obligados y de aseguramiento.

## CAPÍTULO II
### DE LAS BASES DE COTIZACIÓN Y DE LAS CUOTAS

**Artículo 27.** El salario base de cotización se integra con los pagos hechos en efectivo por cuota diaria, gratificaciones, percepciones, alimentación, habitación, primas, comisiones, prestaciones en especie y cualquiera otra cantidad o prestación que se entregue al trabajador por su trabajo. Se excluyen como integrantes del salario base de cotización, dada su naturaleza, los siguientes conceptos:

*Párrafo reformado DOF 16-01-2009*

**I.** Los instrumentos de trabajo tales como herramientas, ropa y otros similares;

**II.** El ahorro, cuando se integre por un depósito de cantidad semanaria, quincenal o mensual igual del trabajador y de la empresa; si se constituye en forma diversa o puede el trabajador retirarlo más de dos veces al año, integrará salario; tampoco se tomarán en cuenta las cantidades otorgadas por el patrón para fines sociales de carácter sindical;

**III.** Las aportaciones adicionales que el patrón convenga otorgar a favor de sus trabajadores por concepto de cuotas del seguro de retiro, cesantía en edad avanzada y vejez;

**IV.** Las cuotas que en términos de esta Ley le corresponde cubrir al patrón, las aportaciones al Instituto del Fondo Nacional de la Vivienda para los Trabajadores, y las participaciones en las utilidades de la empresa;

**V.** La alimentación y la habitación cuando se entreguen en forma onerosa a los trabajadores; se entiende que son onerosas estas prestaciones cuando el trabajador pague por cada una de ellas, como mínimo, el veinte por ciento del salario mínimo general diario que rija en el Distrito Federal;

**VI.** Las despensas en especie o en dinero, siempre y cuando su importe no rebase el cuarenta por ciento del salario mínimo general diario vigente en el Distrito Federal;

**VII.** Los premios por asistencia y puntualidad, siempre que el importe de cada uno de estos conceptos no rebase el diez por ciento del salario base de cotización;

**VIII.** Las cantidades aportadas para fines sociales, considerándose como tales las entregadas para constituir fondos de algún plan de pensiones establecido por el patrón o derivado de contratación colectiva. Los planes de pensiones serán sólo los que reúnan los requisitos que establezca la Comisión Nacional del Sistema de Ahorro para el Retiro, y

**IX.** El tiempo extraordinario dentro de los márgenes señalados en la Ley Federal del Trabajo.

Para que los conceptos mencionados en este precepto se excluyan como integrantes del salario base de cotización, deberán estar debidamente registrados en la contabilidad del patrón.

En los conceptos previstos en las fracciones VI, VII y IX cuando el importe de estas prestaciones rebase el porcentaje establecido, solamente se integrarán los excedentes al salario base de cotización.

*Artículo reformado DOF 20-12-2001*

**Artículo 28.** Los asegurados se inscribirán con el salario base de cotización que perciban en el momento de su afiliación, estableciéndose como límite superior el equivalente a veinticinco veces el salario mínimo general que rija en el Distrito Federal y como límite inferior el salario mínimo general del área geográfica respectiva.

**Artículo 28 A.** La base de cotización para los sujetos obligados señalados en la fracción II del artículo 12 de esta Ley, se integrará por el total de las percepciones que reciban por la aportación de su trabajo personal, aplicándose en lo conducente lo establecido en los artículos 28, 29, 30, 32 y demás aplicables de esta Ley.

*Artículo adicionado DOF 20-12-2001*

**Artículo 29.** Para determinar la forma de cotización se aplicarán las siguientes reglas:

I. El mes natural será el período de pago de cuotas;

II. Para fijar el salario diario en caso de que se pague por semana, quincena o mes, se dividirá la remuneración correspondiente entre siete, quince o treinta respectivamente. Análogo procedimiento será empleado cuando el salario se fije por períodos distintos a los señalados, y

III. Si por la naturaleza o peculiaridades de las labores, el salario no se estipula por semana o por mes, sino por día trabajado y comprende menos días de los de una semana o el asegurado labora jornadas reducidas y su salario se determina por unidad de tiempo, en ningún caso se recibirán cuotas con base en un salario inferior al mínimo.

**Artículo 30.** Para determinar el salario diario base de cotización se estará a lo siguiente:

I. Cuando además de los elementos fijos del salario el trabajador percibiera regularmente otras retribuciones periódicas de cuantía previamente conocida, éstas se sumarán a dichos elementos fijos;

II. Si por la naturaleza del trabajo, el salario se integra con elementos variables que no puedan ser previamente conocidos, se sumarán los ingresos totales percibidos durante los dos meses inmediatos anteriores y se dividirán entre el número de días de salario devengado en ese período. Si se trata de un trabajador de nuevo ingreso, se tomará el salario probable que le corresponda en dicho período, y

*Fracción reformada DOF 20-12-2001*

III. En los casos en que el salario de un trabajador se integre con elementos fijos y variables, se considerará de carácter mixto, por lo que, para los efectos de cotización, se sumará a los elementos fijos el promedio obtenido de los variables en términos de lo que se establece en la fracción anterior.

**Artículo 31.** Cuando por ausencias del trabajador a sus labores no se paguen salarios, pero subsista la relación laboral, la cotización mensual se ajustará a las reglas siguientes:

**I.** Si las ausencias del trabajador son por períodos menores de ocho días consecutivos o interrumpidos, se cotizará y pagará por dichos períodos únicamente en el seguro de enfermedades y maternidad. En estos casos los patrones deberán presentar la aclaración correspondiente, indicando que se trata de cuotas omitidas por ausentismo y comprobarán la falta de pago de salarios respectivos, mediante la exhibición de las listas de raya o de las nóminas correspondientes. Para este efecto el número de días de cada mes se obtendrá restando del total de días que contenga el período de cuotas de que se trate, el número de ausencias sin pago de salario correspondiente al mismo período.

Si las ausencias del trabajador son por períodos de ocho días consecutivos o mayores, el patrón quedará liberado del pago de las cuotas obrero patronales, siempre y cuando proceda en los términos del artículo 37;

*Fracción reformada DOF 20-12-2001*

**II.** En los casos de las fracciones II y III del artículo 30, se seguirán las mismas reglas de la fracción anterior;

**III.** En el caso de ausencias de trabajadores comprendidos en la fracción III del artículo 29, cualquiera que sea la naturaleza del salario que perciban, el reglamento determinará lo procedente conforme al criterio sustentado en las bases anteriores, y

**IV.** Tratándose de ausencias amparadas por incapacidades médicas expedidas por el Instituto no será obligatorio cubrir las cuotas obrero patronales, excepto por lo que se refiere al ramo de retiro.

**Artículo 32.** Si además del salario en dinero el trabajador recibe del patrón, sin costo para aquél, habitación o alimentación, se estimará aumentado su salario en un veinticinco por ciento y si recibe ambas prestaciones se aumentará en un cincuenta por ciento.

Cuando la alimentación no cubra los tres alimentos, sino uno o dos de éstos, por cada uno de ellos se adicionará el salario en un ocho punto treinta y tres por ciento.

**Artículo 33.** Para el disfrute de las prestaciones en dinero, en caso que el asegurado preste servicios a varios patrones se tomará en cuenta la suma de los salarios percibidos en los distintos empleos, cuando ésta sea menor al límite superior establecido en el artículo 28 los patrones cubrirán separadamente los aportes a que estén obligados con base en el salario que cada uno de ellos pague al asegurado.

Cuando la suma de los salarios que percibe un trabajador llegue o sobrepase el límite superior establecido en el artículo 28 de esta Ley, a petición de los patrones, éstos cubrirán los aportes del salario máximo de cotización, pagando entre ellos la parte proporcional que resulte entre el salario que cubre individualmente y la suma total de los salarios que percibe el trabajador.

**Artículo 34.** Cuando encontrándose el asegurado al servicio de un mismo patrón se modifique el salario estipulado, se estará a lo siguiente:

**I.** En los casos previstos en la fracción I del artículo 30, el patrón estará obligado a presentar al Instituto los avisos de modificación del salario diario base de cotización dentro de un plazo máximo de cinco días hábiles, contados a partir del día siguiente a la fecha en que cambie el salario;

**II.** En los casos previstos en la fracción II del artículo 30, los patrones estarán obligados a comunicar al Instituto dentro de los primeros cinco días hábiles de los meses de enero, marzo, mayo, julio, septiembre y noviembre, las modificaciones del salario diario promedio obtenido en el bimestre anterior, y

**III.** En los casos previstos en la fracción III del artículo 30, si se modifican los elementos fijos del salario, el patrón deberá presentar el aviso de modificación dentro de los cinco días hábiles siguientes de la fecha en que cambie el salario. Si al concluir el bimestre respectivo hubo modificación de los elementos variables que se integran al salario, el patrón presentará al Instituto el aviso de modificación en los términos de la fracción II anterior.

El salario diario se determinará, dividiendo el importe total de los ingresos variables obtenidos en el bimestre anterior entre el número de días de salario devengado y sumando su resultado a los elementos fijos del salario diario.

En todos los casos previstos en este artículo, si la modificación se origina por revisión del contrato colectivo, se comunicará al Instituto dentro de los treinta días naturales siguientes a su celebración.

Las sociedades cooperativas deberán presentar los avisos de modificación de las percepciones base de cotización de sus socios, de conformidad con lo establecido en este artículo.

*Artículo reformado DOF 20-12-2001*

**Artículo 35.** Los cambios en el salario base de cotización derivados de las modificaciones señaladas en el artículo anterior, así como aquellos que por Ley deben efectuarse al salario mínimo, surtirán efectos a partir de la fecha en que ocurrió el cambio, tanto para la cotización como para las prestaciones en dinero.

**Artículo 36.** Corresponde al patrón pagar íntegramente la cuota señalada para los trabajadores, en los casos en que éstos perciban como cuota diaria el salario mínimo.

**Artículo 37.** En tanto el patrón no presente al Instituto el aviso de baja del trabajador, subsistirá su obligación de cubrir las cuotas obrero patronales respectivas; sin embargo, si se comprueba que dicho trabajador fue inscrito por otro patrón, el Instituto devolverá al patrón omiso, a su solicitud, el importe de las cuotas obrero patronales pagadas en exceso, a partir de la fecha de la nueva alta.

**Artículo 38.** El patrón al efectuar el pago de salarios a sus trabajadores, deberá retener las cuotas que a éstos les corresponde cubrir.

Cuando no lo haga en tiempo oportuno, sólo podrá descontar al trabajador cuatro cotizaciones semanales acumuladas, quedando las restantes a su cargo.

El patrón tendrá el carácter de retenedor de las cuotas que descuente a sus trabajadores y deberá determinar y enterar al Instituto las cuotas obrero patronales, en los términos establecidos por esta Ley y sus reglamentos.

**Artículo 39.** Las cuotas obrero patronales se causan por mensualidades vencidas y el patrón está obligado a determinar sus importes en los formatos impresos o usando el programa informático, autorizado por el Instituto. Asimismo, el patrón deberá presentar ante el Instituto las cédulas de determinación de cuotas del mes de que se trate, y realizar el pago respectivo, a más tardar el día diecisiete del mes inmediato siguiente.

La obligación de determinar las cuotas deberá cumplirse aun en el supuesto de que no se realice el pago correspondiente dentro del plazo señalado en el párrafo anterior.

Los capitales constitutivos tienen el carácter de definitivos al momento de notificarse y deben pagarse al Instituto, en los términos y plazos previstos en esta Ley.

*Artículo reformado DOF 20-12-2001*

**Artículo 39 A.** Sin perjuicio de lo dispuesto en el primer párrafo del artículo anterior, el Instituto, en apoyo a los patrones, podrá entregar una propuesta de cédula de determinación, elaborada con los datos con que cuente de los movimientos afiliatorios comunicados al Instituto por los propios patrones y, en su caso, por sus trabajadores en los términos de la presente Ley.

La propuesta a que se refiere el párrafo anterior podrá ser entregada por el Instituto en documento impreso, o bien, previa solicitud por escrito del patrón o su representante legal, en medios magnéticos, digitales, electrónicos o de cualquier otra naturaleza.

En el caso de los patrones que reciban la propuesta a través de medios magnéticos, digitales, electrónicos, ópticos, magneto óptico o de cualquier otra naturaleza, y opten por usarla para cumplir con su obligación fiscal, invariablemente, para efectos de pago, deberán utilizar el programa informático previamente autorizado por el Instituto, a que se refiere el artículo 39.

Cuando los patrones opten por usar la propuesta en documento impreso para cumplir la obligación fiscal a su cargo, bastará con que la presenten y efectúen el pago de la misma en la oficina autorizada por el Instituto, dentro del plazo señalado en el artículo 39 de esta Ley.

Si los patrones deciden modificar los datos contenidos en las propuestas entregadas, deberán apegarse a las disposiciones de esta Ley y sus reglamentos y anotarán en documento impreso o en el archivo de pago que genere el programa autorizado, todos los elementos necesarios para la exacta determinación de las cuotas, conforme al procedimiento señalado en el reglamento correspondiente.

El hecho de que el patrón no reciba la propuesta de cédula de determinación emitida por el Instituto, no lo exime de cumplir con la obligación de determinar y enterar las cuotas, ni lo libera de las consecuencias jurídicas derivadas del incumplimiento de dichas obligaciones.

*Artículo adicionado DOF 20-12-2001*

**Artículo 39 B.** Las cédulas de determinación presentadas al Instituto por el patrón, tendrán para éste el carácter de acto vinculatorio.

*Artículo adicionado DOF 20-12-2001*

**Artículo 39 C.** En el caso en que el patrón o sujeto obligado no cubra oportunamente el importe de las cuotas obrero patronales o lo haga en forma incorrecta, el Instituto podrá determinarlas presuntivamente y fijarlas en cantidad líquida, con base en los datos con que cuente o con apoyo en los hechos que conozca con motivo del ejercicio de las facultades de comprobación de que goza como autoridad fiscal o bien a través de los expedientes o documentos proporcionados por otras autoridades fiscales. Esta determinación deberá considerar tanto los saldos a favor del Instituto como los que pudiera haber a favor del patrón debido a errores en lo presentado por este último.

En la misma forma procederá el Instituto, en los casos en que al revisar las cédulas de determinación pagadas por los patrones, detecte errores u omisiones de los que se derive incumplimiento parcial en el pago de las cuotas.

Las cédulas de liquidación que formule el Instituto deberán ser pagadas por los patrones, dentro de los quince días hábiles siguientes a la fecha en que surta efectos su notificación, en los términos del Código.

En el caso de que el patrón o sujeto obligado, espontáneamente opte por regularizar su situación fiscal, conforme a los programas de regularización que en su caso se establezcan, el Instituto podrá proporcionarle, previa solicitud por escrito, la emisión correspondiente sea de manera impresa, o bien, a través de medios magnéticos, digitales, electrónicos, ópticos, magneto ópticos o de cualquier otra naturaleza.

*Artículo adicionado DOF 20-12-2001*

**Artículo 39 D.** Respecto de las cédulas de liquidación emitidas por el Instituto en el supuesto señalado en el segundo párrafo del artículo anterior, el patrón podrá, dentro de los cinco días hábiles siguientes a la fecha en que surta sus efectos la notificación, formular aclaraciones ante la oficina que corresponda a su registro patronal, las que deberán estar debidamente sustentadas y sólo podrán versar sobre errores aritméticos, mecanográficos, avisos afiliatorios presentados previamente por el patrón al Instituto, certificados de incapacidad expedidos por éste o situaciones de hecho que no impliquen una controversia jurídica.

La aclaración administrativa en ningún caso suspenderá o interrumpirá el plazo establecido para efectuar el pago hasta por la suma reconocida. El Instituto contará con veinte días hábiles para resolver la aclaración administrativa que presente el patrón. Si transcurrido este plazo no se resolviera la aclaración, se suspenderá la cuenta de días hábiles señalada en el párrafo anterior.

El Instituto podrá aceptar las aclaraciones debidamente sustentadas que presente el patrón fuera del plazo señalado en este artículo, siempre que, respecto de dicha cédula no se encuentre en trámite de efectividad la garantía otorgada, se haya interpuesto recurso de inconformidad o cualquier otro medio de defensa, o que habiéndolo interpuesto, medie desistimiento.

*Artículo adicionado DOF 20-12-2001*

**Artículo 40.** Las cédulas de liquidación emitidas por el Instituto por concepto de cuotas, capitales constitutivos, actualización, recargos o multas, serán notificadas a los patrones personalmente, en los términos establecidos en el Código. El Instituto podrá optar, a solicitud del patrón, por realizar las notificaciones a través de medios magnéticos, digitales, electrónicos, ópticos, magneto ópticos o de cualquier otra naturaleza en los términos del Código, en cuyo caso, en sustitución de la firma autógrafa se emplearán medios de identificación electrónica, y producirán los mismos efectos que la notificación firmada autográfamente y, en consecuencia, tendrán el mismo valor probatorio que las disposiciones legales aplicables otorgan a ésta.

Para el efecto de las notificaciones de las cédulas de liquidación por transmisión electrónica, los patrones y sujetos obligados deberán proporcionar por escrito a través de un representante legal, ante la oficina que corresponda a su registro patronal, su correo electrónico, así como cualquier modificación del mismo. Además, deberán remitir un acuse de recibo electrónico que acredite la fecha y hora de la notificación, a falta de éste, se entenderá que la notificación se realizó el día en que la envió el Instituto.

Dichas notificaciones surtirán sus efectos el día hábil siguiente a aquél en que sean realizadas.

*Artículo reformado DOF 20-12-2001*

**Artículo 40 A.** Cuando no se enteren las cuotas o los capitales constitutivos dentro del plazo establecido en las disposiciones respectivas, el patrón cubrirá a partir de la fecha en que los créditos se hicieran exigibles, la actualización y los recargos correspondientes en los términos del Código, sin perjuicio de las sanciones que procedan.

*Artículo adicionado DOF 20-12-2001*

**Artículo 40 B.** Se aceptarán como forma de pago: dinero en efectivo, cheques certificados o de caja, así como las transferencias electrónicas de fondos y tarjetas de crédito o de débito expedidas por instituciones de crédito, en los términos del correspondiente reglamento. También se podrá efectuar el pago mediante las notas de crédito que expida el Instituto para la devolución de cantidades enteradas sin justificación legal, las cuales sólo serán recibidas en las oficinas que el Instituto autorice.

El patrón podrá aplicar las notas de crédito expedidas por el Instituto, dentro de los cinco años siguientes a su expedición o solicitar su monetización una vez vencido dicho plazo, siempre y cuando no tenga adeudos con el Instituto. En este último caso, deberá presentar ante la oficina correspondiente, la solicitud de monetización a la que adjuntará la nota de crédito original para que se tramite el pago de la misma.

Transcurrido el plazo señalado sin que el patrón hubiese aplicado la nota de crédito o solicitado su monetización, dentro de los quince días siguientes al referido plazo, el importe de la misma prescribirá a favor del Instituto. Las notas de crédito no serán aceptadas como medios de pago cuando se trate de créditos por concepto de cuotas o sus accesorios legales del seguro de retiro, cesantía en edad avanzada y vejez.

Asimismo, el Instituto podrá aceptar a solicitud de sus proveedores y contratistas, que tengan cuentas por liquidar a su cargo, líquidas y exigibles, que apliquen los recursos correspondientes contra los adeudos que en su caso tuvieran, por concepto de cuotas obrero patronales, de conformidad con las disposiciones que al efecto emita el Consejo Técnico.

*Artículo adicionado DOF 20-12-2001*

**Artículo 40 C.** El Instituto a solicitud de los patrones podrá conceder prórroga para el pago de los créditos adeudados por concepto de cuotas, capitales constitutivos, actualización, recargos y multas. Durante el plazo concedido se causarán recargos sobre el saldo insoluto actualizado en los términos que establece el Código. El plazo para el pago en parcialidades no excederá de cuarenta y ocho meses.

En ningún caso se autorizará prórroga para el pago de las cuotas que los patrones hayan retenido a los trabajadores, en los términos de la presente Ley, debiendo los patrones enterarlas al Instituto en el plazo legal establecido.

El trámite de las solicitudes a que se refiere este artículo, se realizará en los términos y con los requisitos establecidos en el reglamento respectivo.

*Artículo adicionado DOF 20-12-2001*

**Artículo 40 D.** Tratándose de cuotas del seguro de retiro, cesantía en edad avanzada y vejez, no pagadas oportunamente, sólo se podrá autorizar plazo para el pago diferido por periodos completos adeudados, sin condonación de accesorios.

Los pagos diferidos que los patrones realicen con base en convenio, se aplicarán a las cuentas individuales de los trabajadores, en forma proporcional a los salarios base de cotización que sirvieron para la determinación de las cuotas convenidas.

El pago diferido de las cuotas del seguro de retiro, cesantía en edad avanzada y vejez, también causará los accesorios a que se refiere el artículo anterior, depositándose las cuotas actualizadas y los recargos en la cuenta individual del trabajador.

De todas las prórrogas que involucren cuotas del seguro de retiro, cesantía en edad avanzada y vejez, el Instituto deberá informar a la Comisión Nacional del Sistema de Ahorro para el Retiro. Sin perjuicio de lo anterior, los patrones deberán proporcionar copia de las prórrogas que involucren dichas cuotas, a la Comisión Nacional del Sistema de Ahorro para el Retiro, así como a las entidades financieras que mediante reglas generales determine la misma Comisión.

*Artículo adicionado DOF 20-12-2001*

**Artículo 40 E.** El Consejo Técnico del Instituto por el voto de al menos las tres cuartas partes de sus integrantes podrá autorizar, de manera excepcional y previa solicitud del patrón, el pago a plazos o diferido de las cuotas a su cargo, que se generen hasta por los seis periodos posteriores a la fecha de su solicitud, cuando cumpla con los siguientes requisitos:

**I.** No tener adeudos en los dos últimos ejercicios anteriores a la fecha de solicitud;

**II.** Que no se le hayan determinado y notificado diferencias en el pago de cuotas dentro de los dos ejercicios anteriores, o bien que éstas hayan sido aclaradas o, en su caso, pagadas;

**III.** Cubrir por lo menos el diez por ciento de la emisión del período respectivo solicitado;

**IV.** Que el plazo solicitado para el pago no exceda de doce meses, a partir del último periodo a que se refiera la solicitud correspondiente. El porcentaje excedente del señalado en la fracción anterior deberá estar pagado al término del plazo indicado en la solicitud;

**V.** Demostrar a satisfacción del Instituto las razones económicas excepcionales por las cuales no puede cumplir con sus obligaciones, y

**VI.** Garantizar el interés fiscal en términos del Código.

Durante el período de prórroga autorizado para el pago, no se cobrarán recargos, únicamente se causarán la actualización y los gastos de financiamiento, en los términos del Código.

Un patrón no podrá beneficiarse de este tipo de autorizaciones en el año siguiente a aquél en que haya recibido una de ellas, contado a partir del último periodo del plazo de pago otorgado.

Todas las resoluciones en beneficio de los patrones que se emitan con fundamento en lo dispuesto en este artículo, serán hechas del conocimiento general a través de los medios con que el Instituto cuente para difundir los temas que considere de interés general.

Lo dispuesto en este artículo sólo será aplicable a las cuotas a cargo del patrón. Las cuotas que correspondan al seguro de retiro, cesantía en edad avanzada y vejez, así como las retenidas a sus trabajadores, deberán ser cubiertas en los términos y condiciones que esta Ley establece.

*Artículo adicionado DOF 20-12-2001*

**Artículo 40 F.** En ningún caso el Instituto podrá liberar a los patrones del pago de las cuotas obrero patronales. Tampoco podrá condonar, total o parcialmente, la actualización de las cuotas ni los recargos correspondientes.

*Artículo adicionado DOF 20-12-2001*

## CAPÍTULO III
### DEL SEGURO DE RIESGOS DE TRABAJO

### SECCIÓN PRIMERA
### GENERALIDADES

**Artículo 41.** Riesgos de trabajo son los accidentes y enfermedades a que están expuestos los trabajadores en ejercicio o con motivo del trabajo.

**Artículo 42.** Se considera accidente de trabajo toda lesión orgánica o perturbación funcional, inmediata o posterior; o la muerte, producida repentinamente en ejercicio, o con motivo del trabajo, cualquiera que sea el lugar y el tiempo en que dicho trabajo se preste.

También se considerará accidente de trabajo el que se produzca al trasladarse el trabajador, directamente de su domicilio al lugar del trabajo, o de éste a aquél.

**Artículo 43.** Enfermedad de trabajo es todo estado patológico derivado de la acción continuada de una causa que tenga su origen o motivo en el trabajo, o en el medio en que el trabajador se vea obligado a prestar sus servicios. En todo caso, serán enfermedades de trabajo las consignadas en la Ley Federal del Trabajo.

**Artículo 44.** Cuando el trabajador asegurado no esté conforme con la calificación que del accidente o enfermedad haga el Instituto de manera definitiva, podrá interponer el recurso de inconformidad.
*Párrafo reformado DOF 18-06-2009*

En el supuesto a que se refiere el párrafo anterior, entre tanto se tramita el recurso o el juicio respectivo, el Instituto otorgará al trabajador asegurado o a sus beneficiarios legales las prestaciones a que tuvieran derecho en los seguros de enfermedades y maternidad o invalidez y vida, siempre y cuando se satisfagan los requisitos señalados por esta Ley.

En cuanto a los demás seguros se estará a lo que se resuelva en la inconformidad o en los medios de defensa establecidos en el artículo 294 de esta Ley.

**Artículo 45.** La existencia de estados anteriores tales como discapacidad física, mental o sensorial, intoxicaciones o enfermedades crónicas, no es causa para disminuir el grado de la incapacidad temporal o permanente, ni las prestaciones que correspondan al trabajador.

**Artículo 46.** No se considerarán para los efectos de esta Ley, riesgos de trabajo los que sobrevengan por alguna de las causas siguientes:

**I.** Si el accidente ocurre encontrándose el trabajador en estado de embriaguez;

**II.** Si el accidente ocurre encontrándose el trabajador bajo la acción de algún psicotrópico, narcótico o droga enervante, salvo que exista prescripción suscrita por médico titulado y que el trabajador hubiera exhibido y hecho del conocimiento del patrón lo anterior;

**III.** Si el trabajador se ocasiona intencionalmente una incapacidad o lesión por sí o de acuerdo con otra persona;

**IV.** Si la incapacidad o siniestro es el resultado de alguna riña o intento de suicidio, y

**V.** Si el siniestro es resultado de un delito intencional del que fuere responsable el trabajador asegurado.

**Artículo 47.** En los casos señalados en el artículo anterior se observarán las reglas siguientes:

**I.** El trabajador asegurado tendrá derecho a las prestaciones consignadas en el seguro de enfermedades y maternidad o bien a la pensión de invalidez señalada en esta Ley, si reúne los requisitos consignados en las disposiciones relativas, y

**II.** Si el riesgo trae como consecuencia la muerte del asegurado, los beneficiarios legales de éste tendrán derecho a las prestaciones en dinero que otorga el presente capítulo. Por lo que se refiere a las prestaciones en especie de enfermedades y maternidad, éstas se otorgarán conforme al capítulo IV de este Título.

**Artículo 48.** Si el Instituto comprueba que el riesgo de trabajo fue producido intencionalmente por el patrón, por sí o por medio de tercera persona, el Instituto otorgará al asegurado las prestaciones en dinero y en especie que la presente Ley establece y el patrón quedará obligado a restituir íntegramente al Instituto las erogaciones que éste haga por tales conceptos.

**Artículo 49.** En los términos establecidos por la Ley Federal del Trabajo, cuando el asegurado sufra un riesgo de trabajo por falta inexcusable del patrón a juicio de los Tribunales federales en materia laboral, las prestaciones en dinero que este capítulo establece a favor del trabajador asegurado, se aumentarán en el porcentaje que los propios Tribunales determinen en sus resoluciones. El patrón tendrá la obligación de pagar al Instituto el capital constitutivo sobre el incremento correspondiente.

*Artículo reformado DOF 01-05-2019*

**Artículo 50.** El asegurado que sufra algún accidente o enfermedad de trabajo, para gozar de las prestaciones en dinero a que se refiere este Capítulo, deberá someterse a los exámenes médicos y a los tratamientos que determine el Instituto, salvo cuando justifique la causa de no hacerlo. El Instituto deberá dar aviso al patrón cuando califique de profesional algún accidente o enfermedad, o en caso de recaída con motivo de éstos.

*Artículo reformado DOF 20-12-2001*

**Artículo 51.** El patrón deberá dar aviso al Instituto del accidente o enfermedad de trabajo, en los términos que señale el reglamento respectivo.

El trabajador, los beneficiarios del trabajador incapacitado o muerto, o las personas encargadas de representarlos, podrán denunciar inmediatamente al Instituto el accidente o la enfermedad de trabajo que haya sufrido. El aviso también podrá hacerse del conocimiento de la autoridad de trabajo correspondiente, la que, a su vez, dará traslado del mismo al Instituto.

*Párrafo reformado DOF 20-12-2001*

**Artículo 52.** El patrón que oculte la realización de un accidente sufrido por alguno de sus trabajadores durante su trabajo o lo reporte indebidamente como accidente en trayecto, se hará acreedor a las sanciones que determine esta Ley y el reglamento respectivo.

**Artículo 53.** El patrón que haya asegurado a los trabajadores a su servicio contra riesgos de trabajo, quedará relevado en los términos que señala esta Ley, del cumplimiento de las obligaciones que sobre responsabilidad por esta clase de riesgos establece la Ley Federal del Trabajo.

**Artículo 54.** Si el patrón hubiera manifestado un salario inferior al real, el Instituto pagará al asegurado el subsidio o la pensión a que se refiere este capítulo, de acuerdo con el salario en el que estuviese inscrito, sin perjuicio de que, al comprobarse su salario real, el Instituto le cubra, con base en éste la pensión o el subsidio.

En estos casos, el patrón deberá pagar los capitales constitutivos que correspondan a las diferencias que resulten, incluyendo el cinco por ciento por gastos de administración sobre el importe de dicho capital, como parte integrante del mismo.

**Artículo 55.** Los riesgos de trabajo pueden producir:
I. Incapacidad temporal;
II. Incapacidad permanente parcial;

**III.** Incapacidad permanente total, y

**IV.** Muerte.

Se entenderá por incapacidad temporal, incapacidad permanente parcial e incapacidad permanente total, lo que al respecto disponen los artículos relativos de la Ley Federal del Trabajo.

## SECCIÓN SEGUNDA
## DE LAS PRESTACIONES EN ESPECIE

**Artículo 56.** El asegurado que sufra un riesgo de trabajo tiene derecho a las siguientes prestaciones en especie:

**I.** Asistencia médica, quirúrgica y farmacéutica;

**II.** Servicio de hospitalización;

**III.** Aparatos de prótesis y ortopedia, y

**IV.** Rehabilitación.

**Artículo 57.** Las prestaciones a que se refiere el artículo anterior se concederán de conformidad con las disposiciones previstas en esta Ley y en sus reglamentos.

## SECCIÓN TERCERA
## DE LAS PRESTACIONES EN DINERO

**Artículo 58.** El asegurado que sufra un riesgo de trabajo tiene derecho a las siguientes prestaciones en dinero:

**I.** Si lo incapacita para trabajar recibirá mientras dure la inhabilitación, el cien por ciento del salario en que estuviese cotizando en el momento de ocurrir el riesgo.

El goce de este subsidio se otorgará al asegurado entre tanto no se declare que se encuentra capacitado para trabajar, o bien se declare la incapacidad permanente parcial o total, lo cual deberá realizarse dentro del término de cincuenta y dos semanas que dure la atención médica como consecuencia del accidente, sin perjuicio de que una vez determinada la incapacidad que corresponda, continúe su atención o rehabilitación conforme a lo dispuesto por el artículo 61 de la presente Ley;

**II.** Al declararse la incapacidad permanente total del asegurado, éste recibirá una pensión mensual definitiva equivalente al setenta por ciento del salario en que estuviere cotizando en el momento de ocurrir el riesgo. En el caso de enfermedades de trabajo, se calculará con el promedio del salario base de cotización de las cincuenta y dos últimas semanas o las que tuviere si su aseguramiento fuese por un tiempo menor para determinar el monto de la pensión. Igualmente, el incapacitado deberá contratar un seguro de sobrevivencia para el caso de su fallecimiento, que otorgue a sus beneficiarios las pensiones y demás prestaciones económicas a que tengan derecho en los términos de esta Ley.

*Párrafo reformado DOF 20-12-2001*

La pensión, el seguro de sobrevivencia y las prestaciones económicas a que se refiere el párrafo anterior se otorgarán por la institución de seguros que elija el trabajador. Para contratar los seguros de renta vitalicia y sobrevivencia el Instituto calculará el monto constitutivo necesario para su contratación. Al monto constitutivo se le restará el saldo acumulado en la cuenta individual del trabajador y la diferencia positiva será la suma asegurada, que deberá pagar el Instituto a la institución de seguros elegida por el trabajador para la contratación de los seguros de renta vitalicia y de sobrevivencia. El seguro de sobrevivencia cubrirá, en caso de fallecimiento del pensionado a consecuencia del riesgo de trabajo, la pensión y demás prestaciones económicas a que se refiere este capítulo, a sus beneficiarios; si al momento de producirse el riesgo de trabajo, el asegurado hubiere cotizado cuando menos ciento cincuenta semanas, el seguro de sobrevivencia también cubrirá el fallecimiento de éste por causas distintas a riesgos de trabajo o enfermedades profesionales.

Cuando el trabajador tenga una cantidad acumulada en su cuenta individual que sea mayor al necesario para integrar el monto constitutivo para contratar una renta vitalicia que sea superior a la pensión a que tenga derecho, en los términos de este capítulo, así como para contratar el seguro de sobrevivencia podrá optar por:

**a)** Retirar la suma excedente en una sola exhibición de su cuenta individual;

**b)** Contratar una renta vitalicia por una cuantía mayor; o

**c)** Aplicar el excedente a un pago de sobreprima para incrementar los beneficios del seguro de sobrevivencia.

Los seguros de renta vitalicia y de sobrevivencia se sujetarán a lo dispuesto en el artículo 159 fracciones IV y VI de esta Ley;

**III.** Si la incapacidad declarada es permanente parcial, superior al cincuenta por ciento, el asegurado recibirá una pensión que será otorgada por la institución de seguros que elija en los términos de la fracción anterior.

El monto de la pensión se calculará conforme a la tabla de valuación de incapacidad contenida en la Ley Federal de Trabajo, tomando como base el monto de la pensión que correspondería a la incapacidad permanente total. El tanto por ciento de la incapacidad se fijará entre el máximo y el mínimo establecidos en dicha tabla teniendo en cuenta la edad del trabajador, la importancia de la incapacidad, si ésta es absoluta para el ejercicio de su profesión aun cuando quede habilitado para dedicarse a otra, o que simplemente hayan disminuido sus aptitudes para el desempeño de la misma o para ejercer actividades remuneradas semejantes a su profesión u oficio.

Si la valuación definitiva de la incapacidad fuese de hasta el veinticinco por ciento, se pagará al asegurado, en sustitución de la pensión, una indemnización global equivalente a cinco anualidades de la pensión que le hubiese correspondido. Dicha indemnización será optativa para el trabajador cuando la valuación definitiva de la incapacidad exceda de veinticinco por ciento sin rebasar el cincuenta por ciento, y

IV. El Instituto otorgará a los pensionados por incapacidad permanente total y parcial con un mínimo de más del cincuenta por ciento de incapacidad, un aguinaldo anual equivalente a quince días del importe de la pensión que perciban.

**Artículo 59.** La pensión que se otorgue en el caso de incapacidad permanente total, será siempre superior a la que le correspondería al asegurado por invalidez, y comprenderá en todos los casos, las asignaciones familiares y la ayuda asistencial, así como cualquier otra prestación en dinero a que tenga derecho en los términos de este capítulo.

**Artículo 60.** Los certificados de incapacidad temporal que expida el Instituto se sujetarán a lo que establezca el reglamento relativo.

El pago de los subsidios se hará por períodos vencidos no mayores de siete días.

**Artículo 61.** Al declararse la incapacidad permanente, sea parcial o total, se concederá al trabajador asegurado la pensión que le corresponda, con carácter provisional, por un período de adaptación de dos años.

Durante ese período de dos años, en cualquier momento el Instituto podrá ordenar y, por su parte, el trabajador asegurado tendrá derecho a solicitar la revisión de la incapacidad con el fin de modificar la cuantía de la pensión.

Transcurrido el período de adaptación, se otorgará la pensión definitiva, la cual se calculará en los términos del artículo 58 fracciones II y III de esta Ley.

**Artículo 62.** Si el asegurado que sufrió un riesgo de trabajo fue dado de alta y posteriormente sufre una recaída con motivo del mismo accidente o enfermedad de trabajo, tendrá derecho a gozar del subsidio a que se refiere la fracción I del artículo 58 de esta Ley, ya sea que esté o no vigente su condición de asegurado, siempre y cuando sea el Instituto quien así lo determine.

Cuando el asegurado al que se le haya declarado una incapacidad permanente total o parcial que le dé derecho a la contratación de la renta vitalicia y del seguro de sobrevivencia en los términos previstos en los artículos 58 fracciones II y III, 61 y 159 fracciones IV y VI de esta Ley, se rehabilite y tenga un trabajo remunerado en la misma actividad en que se desempeñaba, que le proporcione un ingreso cuando menos equivalente al cincuenta por ciento de la remuneración habitual que hubiere percibido de continuar trabajando, dejará de tener derecho al pago de la pensión por parte de la aseguradora. En este caso, la aseguradora deberá devolver al Instituto y a la administradora de fondos para el retiro el fondo de reserva de las obligaciones futuras, pendientes de cubrir. La proporción que corresponderá al Instituto y a la administradora de fondos para el retiro, del fondo de reserva devuelto por la aseguradora, será equivalente a la proporción que representó la suma asegurada y el saldo de la cuenta individual del trabajador en la constitución del monto constitutivo. La administradora de fondos para el retiro abrirá nuevamente la cuenta individual al trabajador con los recursos que le fueran devueltos por la aseguradora.

*Artículo reformado DOF 20-12-2001*

**Artículo 63.** Los subsidios previstos en este capítulo se pagarán directamente al asegurado o su representante debidamente acreditado, salvo el caso de incapacidad mental comprobada ante el Instituto, en que se podrán pagar a la persona o personas a cuyo cuidado quede el incapacitado.

El Instituto podrá celebrar convenios con los patrones para el efecto de facilitar el pago de subsidios a sus trabajadores incapacitados, salvo las cuotas previstas en el artículo 168 de la presente Ley, que se aplicarán a las cuentas individuales de los trabajadores.

Las demás prestaciones económicas se pagarán en los términos previstos en esta Ley.

**Artículo 64.** Si el riesgo de trabajo trae como consecuencia la muerte del asegurado, el Instituto calculará el monto constitutivo al que se le restará los recursos acumulados en la cuenta individual del trabajador fallecido, a efecto de determinar la suma asegurada que el Instituto deberá cubrir a la institución de seguros, necesaria para obtener una pensión, ayudas asistenciales y demás prestaciones económicas previstas en este capítulo a los beneficiarios.

Los beneficiarios elegirán la institución de seguros con la que deseen contratar la renta con los recursos a que se refiere el párrafo anterior, de acuerdo con lo dispuesto en el artículo 159 fracción IV de la presente Ley. En caso de que el trabajador fallecido haya acumulado en su cuenta individual un saldo mayor al necesario para integrar el monto constitutivo necesario para contratar una renta que sea superior al monto de las pensiones a que tengan derecho sus beneficiarios, en los términos de este capítulo, éstos podrán optar por:

**a)** Retirar la suma excedente en una sola exhibición de la cuenta individual del trabajador fallecido, o

**b)** Contratar rentas por una cuantía mayor.

Las pensiones y prestaciones a que se refiere la presente Ley serán:

**I.** El pago de una cantidad igual a sesenta días de salario mínimo general que rija en el Distrito Federal en la fecha de fallecimiento del asegurado.

Este pago se hará a la persona preferentemente familiar del asegurado, que presente copia del acta de defunción y la cuenta original de los gastos de funeral;

**II.** A la viuda o viudo de la o el asegurado, a la concubina o concubinario que le sobreviva o a quien haya suscrito una unión civil con la o el asegurado, se le otorgará una pensión equivalente al cuarenta por ciento de la que hubiese correspondido a aquél, tratándose de incapacidad permanente total. El importe de esta prestación no podrá ser inferior a la cuantía mínima que corresponda a la pensión de viudez del seguro de invalidez y vida;

*Fracción reformada DOF 20-01-2023*

**III.** A cada uno de los huérfanos que lo sean de padre o madre, que se encuentren totalmente incapacitados, se les otorgará una pensión equivalente al veinte por ciento de la que hubiese correspondido al asegurado tratándose de incapacidad permanente total. Esta pensión se extinguirá cuando el huérfano recupere su capacidad para el trabajo;

**IV.** A cada uno de los huérfanos que lo sean de padre o madre, menores de dieciséis años, se les otorgará una pensión equivalente al veinte por ciento de la que hubiera correspondido al asegurado tratándose de incapacidad permanente total. Esta pensión se extinguirá cuando el huérfano cumpla dieciséis años.

Deberá otorgarse o extenderse el goce de esta pensión, en los términos del reglamento respectivo, a los huérfanos mayores de dieciséis años, hasta una edad máxima de veinticinco años, cuando se encuentren estudiando en planteles del sistema educativo nacional, tomando en consideración, las condiciones económicas, familiares y personales del beneficiario y siempre que no sea sujeto del régimen obligatorio;

**V.** En el caso de las dos fracciones anteriores, si posteriormente falleciera el otro progenitor, la pensión de orfandad se aumentará del veinte al treinta por ciento, a partir de la fecha del fallecimiento del segundo progenitor y se extinguirá en los términos establecidos en las mismas fracciones, y

**VI.** A cada uno de los huérfanos, cuando lo sean de padre y madre, menores de dieciséis años o hasta veinticinco años si se encuentran estudiando en los planteles del sistema educativo nacional, o en tanto se encuentren totalmente incapacitados debido a una enfermedad crónica o discapacidad por deficiencias físicas, mentales, intelectuales o sensoriales, que les impida mantenerse por su propio trabajo se les otorgará una pensión equivalente al treinta por ciento de la que hubiera correspondido al asegurado tratándose de incapacidad permanente total.

*Fracción reformada DOF 27-05-2011*

El derecho al goce de las pensiones a que se refiere el párrafo anterior, se extinguirá en los mismos términos expresados en las fracciones III y IV de este precepto.

Al término de las pensiones de orfandad establecidas en este artículo, se otorgará al huérfano un pago adicional de tres mensualidades de la pensión que disfrutaba.

A las personas señaladas en las fracciones II y VI de este artículo, así como a los ascendientes pensionados en los términos del artículo 66, se les otorgará un aguinaldo anual equivalente a quince días del importe de la pensión que perciban.

**Artículo 65.** Sólo a falta de la o el cónyuge, tendrá derecho a recibir la pensión señalada en la fracción II del artículo anterior, la persona con quien la o el asegurado vivió como si fueran matrimonio durante los cinco años que precedieron inmediatamente a su muerte o con quien procreó o registró hijos, siempre que ambos hubieran permanecido libres de matrimonio durante el concubinato o la persona con quien suscribió una unión civil. Si al morir la o el asegurado tenía varias o varios concubinas o concubinarios ninguno de ellos gozará la pensión.

*Artículo reformado DOF 20-01-2023*

**Artículo 66.** El total de las pensiones atribuidas a las personas señaladas en los artículos anteriores, en caso de fallecimiento de la o el asegurado, no excederá de la que correspondería a éste sí hubiese sufrido incapacidad permanente total. En caso de exceso, se reducirán proporcionalmente cada una de las pensiones.

*Párrafo reformado DOF 20-01-2023*

Cuando se extinga el derecho de alguno de los pensionados se hará nueva distribución de las pensiones que queden vigentes, entre los restantes, sin que se rebasen las cuotas parciales ni el monto total de dichas pensiones.

A falta de viuda o viudo, huérfanos, concubina o concubinario con derecho a pensión, o de quien haya suscrito una unión civil, a cada uno de los ascendientes que dependían económicamente del trabajador fallecido, se le pensionará con una cantidad igual al veinte por ciento de la pensión que hubiese correspondido al asegurado, en el caso de incapacidad permanente total.

*Párrafo reformado DOF 20-01-2023*

Tratándose de la viuda o del viudo, o de la concubina o concubinario, o de quien haya suscrito una unión civil y que sobreviva, la pensión se pagará mientras éstos no contraigan matrimonio o suscriban una unión civil o vivan en concubinato. Al contraer matrimonio o al suscribir alguna unión civil, cualquiera de los beneficiarios mencionados recibirá una suma global equivalente a tres anualidades de la pensión otorgada. En esta última situación, la aseguradora respectiva deberá devolver al Instituto el fondo de reserva de las obligaciones futuras pendientes de cubrir, previo descuento de la suma global que se otorgue.

*Párrafo reformado DOF 20-12-2001, 20-01-2023*

**Artículo 67.** Cuando se reúnan dos o más incapacidades parciales, el asegurado o sus beneficiarios, no tendrán derecho a recibir una pensión mayor de la que hubiese correspondido a la incapacidad permanente total.

## SECCIÓN CUARTA
## DEL INCREMENTO PERIÓDICO DE LAS PENSIONES

**Artículo 68.** La cuantía de las pensiones por incapacidad permanente será actualizada anualmente en el mes de febrero, conforme al Indice Nacional de Precios al Consumidor correspondiente al año calendario anterior.

**Artículo 69.** Las pensiones de viudez, orfandad y ascendientes del asegurado o asegurada por riesgos de trabajo serán revisadas e incrementadas en la proporción que corresponda, en términos de lo dispuesto en el artículo anterior.

*Artículo reformado DOF 20-01-2023*

## SECCIÓN QUINTA
## DEL RÉGIMEN FINANCIERO

**Artículo 70.** Las prestaciones del seguro de riesgos de trabajo, inclusive los capitales constitutivos de las rentas líquidas al fin de año y los gastos administrativos, serán cubiertos íntegramente por las cuotas que para este efecto aporten los patrones y demás sujetos obligados.

**Artículo 71.** Las cuotas que por el seguro de riesgos de trabajo deban pagar los patrones, se determinarán en relación con la cuantía del salario base de cotización, y con los riesgos inherentes a la actividad de la negociación de que se trate, en los términos que establezca el reglamento relativo.

**Artículo 72.** Para los efectos de la fijación de primas a cubrir por el seguro de riesgos de trabajo, las empresas deberán calcular sus primas, multiplicando la siniestralidad de la empresa por un factor de prima, y al producto se le sumará el 0.005. El resultado será la prima a aplicar sobre los salarios de cotización, conforme a la fórmula siguiente:

$$\text{Prima} = [(S/365) + V * (I + D)] * (F/N) + M$$

Donde:

$V$ = 28 años, que es la duración promedio de vida activa de un individuo que no haya sido víctima de un accidente mortal o de incapacidad permanente total.

$F$ = 2.3, que es el factor de prima.

N = Número de trabajadores promedio expuestos al riesgo.

S = Total de los días subsidiados a causa de incapacidad temporal.

I = Suma de los porcentajes de las incapacidades permanentes, parciales y totales, divididos entre 100.

D = Número de defunciones.

M = 0.005, que es la prima mínima de riesgo.

Al inscribirse por primera vez en el Instituto o al cambiar de actividad, las empresas cubrirán, en la clase que les corresponda conforme al reglamento, la prima media. Una vez ubicada la empresa en la prima a pagar, los siguientes aumentos o disminuciones de la misma se harán conforme al párrafo primero de este artículo.

No se tomarán en cuenta para la siniestralidad de las empresas, los accidentes que ocurran a los trabajadores al trasladarse de su domicilio al centro de labores o viceversa.

Los patrones cuyos centros de trabajo cuenten con un sistema de administración y seguridad en el trabajo acreditado por la Secretaría del Trabajo y Previsión Social, aplicarán una F de 2.2 como factor de prima.

Las empresas de menos de 10 trabajadores, podrán optar por presentar la declaración anual correspondiente o cubrir la prima media que les corresponda conforme al reglamento, de acuerdo al artículo 73 de esta Ley.

*Artículo reformado DOF 20-12-2001*

**Artículo 73.** Al inscribirse por primera vez en el Instituto o al cambiar de actividad, las empresas cubrirán la prima media de la clase que conforme al Reglamento les corresponda, de acuerdo a la tabla siguiente:

| Prima media | En por cientos |
|---|---|
| Clase I | 0.54355 |
| Clase II | 1.13065 |
| Clase III | 2.59840 |
| Clase IV | 4.65325 |
| Clase V | 7.58875 |

Se aplicará igualmente lo dispuesto por este artículo cuando el cambio de actividad de la empresa se origine por una sentencia definitiva o por disposición de esta Ley o de un reglamento.

*Párrafo adicionado DOF 20-12-2001*

**Artículo 74.** Las empresas tendrán la obligación de revisar anualmente su siniestralidad, conforme al período y dentro del plazo que señale el reglamento, para determinar si permanecen en la misma prima, se disminuye o aumenta.

La prima conforme a la cual estén cubriendo sus cuotas las empresas podrá ser modificada, aumentándola o disminuyéndola en una proporción no mayor al uno por ciento con respecto a la del año inmediato anterior, tomando en consideración los riesgos de trabajo terminados durante el lapso que fije el reglamento respectivo, con independencia de la fecha en que éstos hubieran ocurrido y la comprobación documental del establecimiento de programas o acciones preventivas de accidentes y enfermedades de trabajo. Estas modificaciones no podrán exceder los límites fijados para la prima mínima y máxima, que serán de cero punto cinco por ciento y quince por ciento de los salarios base de cotización respectivamente.

*Párrafo reformado DOF 20-12-2001*

La siniestralidad se fijará conforme al reglamento de la materia.

**Artículo 75.** La determinación de las clases comprenderá una lista de los diversos tipos de actividades y ramas industriales, catalogándolas en razón de la mayor o menor peligrosidad a que están expuestos los trabajadores, y asignando a cada uno de los grupos que formen dicha lista, una clase determinada. Este supuesto sólo se aplicará a las empresas que se inscriben por primera vez en el Instituto o cambien de actividad.

*Reforma DOF 23-04-2021: Derogó del artículo el entonces párrafo segundo (antes adicionado DOF 09-07-2009)*

**Artículo 76.** El Consejo Técnico del Instituto promoverá ante las instancias competentes y éstas ante el H. Congreso de la Unión, cada tres años, la revisión de la fórmula para el cálculo de la prima, para asegurar que se mantenga o restituya en su caso, el equilibrio financiero de este seguro, tomando en cuenta a todas las empresas del país. Para tal efecto se considerará la opinión que al respecto sustente el Comité Consultivo del Seguro de Riesgos de Trabajo, el cual estará integrado de manera tripartita.

*Párrafo reformado DOF 20-12-2001*

Si la Asamblea General lo autorizare, el Consejo Técnico podrá promover la revisión a que alude este artículo en cualquier tiempo, tomando en cuenta la experiencia adquirida.

**Artículo 77**. El patrón que estando obligado a asegurar a sus trabajadores contra riesgos de trabajo no lo hiciera, deberá enterar al Instituto, en caso de que ocurra el siniestro, los capitales constitutivos de las prestaciones en dinero y en especie, de conformidad con lo dispuesto en la presente Ley, sin perjuicio de que el Instituto otorgue desde luego las prestaciones a que haya lugar.

La misma regla se observará cuando el patrón asegure a sus trabajadores en forma tal que se disminuyan las prestaciones a que los trabajadores asegurados o sus beneficiarios tuvieran derecho, limitándose los capitales constitutivos, en este caso, a la suma necesaria para completar las prestaciones correspondientes señaladas en la Ley.

Esta regla se aplicará tratándose de recaídas por riesgos de trabajo, con el mismo patrón con el que ocurrió el riesgo o con otro distinto.

*Párrafo adicionado DOF 20-12-2001*

Los avisos de ingreso o alta de los trabajadores asegurados y los de modificaciones de su salario, entregados al Instituto después de ocurrido el siniestro, en ningún caso liberarán al patrón de la obligación de pagar los capitales constitutivos, aun cuando los hubiese presentado dentro de los plazos que señalan los artículos 15 fracción I y 34 fracciones I a III de este ordenamiento legal.

El Instituto determinará el monto de los capitales constitutivos y los hará efectivos, en la forma y términos previstos en esta Ley y sus reglamentos.

**Artículo 78**. Los patrones que cubrieren los capitales constitutivos determinados por el Instituto, en los casos previstos por el artículo anterior, quedarán liberados, en los términos de esta Ley, del cumplimiento de las obligaciones que sobre responsabilidad por riesgos de trabajo establece la Ley Federal del Trabajo, así como de la de enterar las cuotas que prescribe la presente Ley, por el lapso anterior al siniestro, con respecto al trabajador accidentado y al seguro de riesgos de trabajo; subsistiendo para todos los efectos legales la responsabilidad y sanciones que en su caso fijen la Ley y sus reglamentos.

**Artículo 79.** Los capitales constitutivos se integran con el importe de alguna o algunas de las prestaciones siguientes:

**I.** Asistencia médica;

**II.** Hospitalización;

**III.** Medicamentos y material de curación;

**IV.** Servicios auxiliares de diagnóstico y de tratamiento;

**V.** Intervenciones quirúrgicas;

**VI.** Aparatos de prótesis y ortopedia;

**VII.** Gastos de traslado del trabajador accidentado y pago de viáticos en su caso;

**VIII.** Subsidios;

*Fracción reformada DOF 20-12-2001*

**IX.** En su caso, gastos de funeral;

**X.** Indemnizaciones globales en sustitución de la pensión, en los términos del último párrafo de la fracción III del artículo 58 de esta Ley;

**XI.** Valor actual de la pensión, que es la cantidad calculada a la fecha del siniestro y que, invertida a una tasa anual de interés compuesto del cinco por ciento, sea suficiente, la cantidad pagada y sus intereses, para que el beneficiario disfrute la pensión durante el tiempo a que tenga derecho a ella, en la cuantía y condiciones aplicables que determina esta Ley, tomando en cuenta las probabilidades de reactividad, de muerte y de reingreso al trabajo, así como la edad y sexo del pensionado, y

**XII.** El cinco por ciento del importe de los conceptos que lo integren, por gastos de administración.

Para el fincamiento de los capitales constitutivos, el Instituto, al iniciar la atención del asegurado o, en su caso, del beneficiario, por conducto de sus servicios médicos, establecerá el diagnóstico y el tratamiento requerido especificando su duración, tipo y número de las prestaciones en especie a otorgar, así como las secuelas orgánicas o funcionales derivadas del siniestro y procederá a determinar el importe de dichas prestaciones con base en los costos unitarios por nivel de atención, aplicables para el cobro de servicios a pacientes no derechohabientes.

*Párrafo adicionado DOF 20-12-2001*

Asimismo, por conducto de sus áreas de prestaciones económicas calculará el monto de las prestaciones económicas a otorgar, por concepto de subsidios, gastos de funeral, indemnización global y el valor actual de la pensión, que correspondan.

*Párrafo adicionado DOF 20-12-2001*

De acuerdo a lo señalado en los párrafos anteriores, el Instituto al iniciar la atención del asegurado o, en su caso, del beneficiario, fincará y cobrará los capitales constitutivos, con independencia de que al concluir el tratamiento del asegurado o el beneficiario, en su caso, pueda fincar nuevos capitales constitutivos por las prestaciones otorgadas que no se hubiesen considerado en los créditos inicialmente emitidos.

*Párrafo adicionado DOF 20-12-2001*

Las disposiciones de este artículo serán aplicables a los capitales constitutivos derivados de todos los seguros del régimen obligatorio.

*Párrafo adicionado DOF 20-12-2001*

## SECCIÓN SEXTA
## DE LA PREVENCIÓN DE RIESGOS DE TRABAJO

**Artículo 80.** El Instituto está facultado para proporcionar servicios de carácter preventivo, individualmente o a través de procedimientos de alcance general, con el objeto de evitar la realización de riesgos de trabajo entre la población asegurada.

En especial, el Instituto establecerá programas para promover y apoyar la aplicación de acciones preventivas de riesgos de trabajo en las empresas de hasta cien trabajadores.

**Artículo 81.** El Instituto se coordinará con la Secretaría del Trabajo y Previsión Social, con las dependencias y entidades de la Administración Pública Federal, de las entidades federativas y concertará, en igual forma, con la representación de las organizaciones de los sectores social y privado, con el objeto de realizar programas para la prevención de los accidentes y las enfermedades de trabajo.

**Artículo 82.** El Instituto llevará a cabo las investigaciones que estime convenientes sobre riesgos de trabajo y sugerirá a los patrones las técnicas y prácticas convenientes a efecto de prevenir la realización de dichos riesgos.

El Instituto podrá verificar el establecimiento de programas o acciones preventivas de riesgos de trabajo en aquellas empresas que por la siniestralidad registrada, puedan disminuir el monto de la prima de este seguro.

*Párrafo reformado DOF 20-12-2001*

**Artículo 83.** Los patrones deben cooperar con el Instituto en la prevención de los riesgos de trabajo, en los términos siguientes:

**I.** Facilitarle la realización de estudios e investigaciones;

**II.** Proporcionarle datos e informes para la elaboración de estadísticas sobre riesgos de trabajo, y

**III.** Colaborar en el ámbito de sus empresas a la adopción y difusión de las normas sobre prevención de riesgos de trabajo.

## CAPÍTULO IV
### DEL SEGURO DE ENFERMEDADES Y MATERNIDAD

### SECCIÓN PRIMERA
### GENERALIDADES

**Artículo 84.** Quedan amparados por este seguro:
**I.** El asegurado o asegurada;

*Fracción reformada DOF 20-01-2023*

**II.** El pensionado o pensionada por:

*Párrafo reformado DOF 20-01-2023*

**a)** Incapacidad permanente total o parcial;
**b)** Invalidez;
**c)** Cesantía en edad avanzada y vejez, y
**d)** Viudez, orfandad o ascendencia;
**III.** La o el cónyuge del asegurado o asegurada o, a falta de éstos, la concubina o el concubinario con quien ha hecho vida marital durante los cinco años anteriores a la enfermedad, con quien ha procreado o registrado hijos, siempre que ambos permanezcan libres de matrimonio, unión civil o concubinato, o la persona con quien haya suscrito una unión civil con el asegurado o

asegurada. Si la o el asegurado tiene varias o varios concubinas o concubinarios ninguno de ellos tendrá derecho a la protección;

*Fracción reformada DOF 20-01-2023*

**IV.** La esposa o esposo del pensionado o pensionada en los términos de los incisos a), b) y c) de la fracción II, a falta de esposa o esposo, a la concubina o el concubinario si reúnen los requisitos de la fracción III, o a quien haya suscrito una unión civil con el asegurado o asegurada;

*Fracción reformada DOF 20-01-2023*

**V.** Los hijos menores de dieciséis años del asegurado y de los pensionados.
Del mismo derecho gozarán las y los menores de dieciséis años, sobre quienes el asegurado o pensionado ejerza la patria potestad o guarda y custodia o tutela, acreditada por resolución judicial, en los términos consignados en las fracciones anteriores;

*Fracción reformada DOF 07-06-2024*

**VI.** Los hijos del asegurado cuando no puedan mantenerse por su propio trabajo debido a una enfermedad crónica o discapacidad por deficiencias físicas, mentales, intelectuales o sensoriales, hasta en tanto no desaparezca la incapacidad que padecen o hasta la edad de veinticinco años cuando realicen estudios en planteles del sistema educativo nacional;
Del mismo derecho gozarán las y los menores sobre quienes el asegurado o pensionado ejerza la patria potestad o guarda y custodia o tutela, acreditada por resolución judicial y reúnan, en su caso, los requisitos del párrafo anterior;

*Párrafo adicionado DOF 07-06-2024*
*Fracción reformada DOF 27-05-2011*

**VII.** Los hijos mayores de dieciséis años de los pensionados por invalidez, cesantía en edad avanzada y vejez, que se encuentren disfrutando de asignaciones familiares, así como los de los pensionados por incapacidad permanente, en los mismos casos y condiciones establecidos en el artículo 136;
Del mismo derecho gozarán las y los mayores de dieciséis años, sobre quienes el pensionado por invalidez, cesantía en edad avanzada y vejez, ejerza la patria potestad o guarda y custodia o tutela, acreditada por resolución judicial y reúnan, en su caso, los requisitos del párrafo anterior;

*Párrafo adicionado DOF 07-06-2024*

**VIII.** El padre y la madre del asegurado que vivan en el hogar de éste, y

**IX.** El padre y la madre del pensionado en los términos de los incisos a), b) y c) de la fracción II, si reúnen el requisito de convivencia señalado en la fracción VIII.

Los sujetos comprendidos en las fracciones III a IX, inclusive, tendrán derecho a las prestaciones respectivas si reúnen además los requisitos siguientes:

**a)** Que dependan económicamente del asegurado o pensionado, y

**b)** Que el asegurado tenga derecho a las prestaciones consignadas en el artículo 91 de esta Ley.

**Artículo 85.** Para los efectos de este seguro se tendrá como fecha de iniciación de la enfermedad, aquélla en que el Instituto certifique el padecimiento.

El disfrute de las prestaciones de maternidad se iniciará a partir del día en que el Instituto certifique el estado de embarazo. La certificación señalará la fecha probable del parto, la que servirá de base para el cómputo de los cuarenta y dos días anteriores a aquél, para los efectos del disfrute del subsidio que, en su caso, se otorgue en los términos de esta Ley.

**Artículo 86.** Para tener derecho a las prestaciones consignadas en este capítulo, el asegurado, el pensionado y los beneficiarios deberán sujetarse a las prescripciones y tratamientos médicos indicados por el Instituto.

**Artículo 87.** El Instituto podrá determinar la hospitalización del asegurado, del pensionado o de los beneficiarios, cuando así lo exija la enfermedad, particularmente tratándose de padecimientos contagiosos.

Para la hospitalización se requiere el consentimiento expreso del enfermo, a menos que la naturaleza de la enfermedad haga dispensable esa medida. La hospitalización de menores de edad y demás incapacitados, precisa el consentimiento de quienes ejerzan la patria potestad o la tutela, o bien, del Ministerio Público o autoridad legalmente competente.

*Párrafo reformado DOF 20-12-2001*

**Artículo 88.** El patrón es responsable de los daños y perjuicios que se causaren al asegurado, a sus familiares derechohabientes o al Instituto, cuando por incumplimiento de la obligación de inscribirlo o de avisar los salarios efectivos o los cambios de éstos, no pudieran otorgarse las prestaciones en especie y en dinero del seguro de enfermedades y maternidad, o bien cuando el subsidio a que tuvieran derecho se viera disminuido en su cuantía.

El Instituto, se subrogará en los derechos de los derechohabientes y concederá las prestaciones mencionadas en el párrafo anterior. En este caso, el patrón enterará al Instituto el importe de los capitales constitutivos. Dicho importe será deducible del monto de las cuotas obrero patronales omitidas hasta esa fecha que correspondan al seguro de enfermedades y maternidad, del trabajador de que se trate.

*Párrafo reformado DOF 20-12-2001*

No procederá la determinación del capital constitutivo, cuando el Instituto otorgue a los derechohabientes las prestaciones en especie y en dinero a que tengan derecho, siempre y cuando los avisos de ingreso o alta de los trabajadores asegurados y los de modificaciones de su salario, hubiesen sido entregados al Instituto dentro de los plazos que señalan los artículos 15, fracción I y 34 de esta Ley.

*Párrafo adicionado DOF 20-12-2001*

**Artículo 89.** El Instituto prestará los servicios que tiene encomendados, en cualquiera de las siguientes formas:

**I.** Directamente, a través de su propio personal e instalaciones;

**II.** Indirectamente, en virtud de convenios con otros organismos públicos o particulares, para que se encarguen de impartir los servicios del ramo de enfermedades y maternidad y proporcionar las prestaciones en especie y subsidios del ramo de riesgos de trabajo, siempre bajo la vigilancia y responsabilidad del Instituto. Los convenios fijarán el plazo de su vigencia, la amplitud del servicio subrogado, los pagos que deban hacerse, la forma de cubrirlos y las causas y procedimientos de terminación, así como las demás condiciones pertinentes;

*Fracción reformada DOF 20-12-2001*

**III.** Asimismo, podrá celebrar convenios con quienes tuvieren establecidos servicios médicos y hospitalarios, pudiendo convenirse, si se tratare de patrones con obligación al seguro, en la reversión de una parte de la cuota patronal y obrera en proporción a la naturaleza y cuantía de los servicios relativos. En dichos convenios se pactará, en su caso, el pago de subsidios mediante un sistema de reembolsos. Estos convenios no podrán celebrarse sin la previa anuencia de los trabajadores o de su organización representativa;

*Fracción reformada DOF 20-12-2001, 12-11-2015*

**IV.** Mediante convenios de cooperación y colaboración con instituciones y organismos de salud de los sectores públicos federal, estatal y municipal, en términos que permitan el óptimo aprovechamiento de la capacidad instalada de todas las instituciones y organismos. De igual forma, el Instituto podrá dar servicio en sus instalaciones a la población atendida por dichas instituciones y organismos, de acuerdo a su disponibilidad y sin perjuicio de su capacidad financiera, y

*Fracción adicionada DOF 20-12-2001. Reformada DOF 12-11-2015*

**V.** Para el Instituto, será obligatoria la atención de las mujeres embarazadas que presenten una urgencia obstétrica, solicitada de manera directa o a través de la referencia de otra unidad médica, en términos de las disposiciones aplicables para tal efecto, en las unidades con capacidad para la atención de urgencias obstétricas, independientemente de su derechohabiencia o afiliación a cualquier esquema de aseguramiento.

*Fracción adicionada DOF 12-11-2015*

En todo caso, las personas, empresas o entidades a que se refiere este artículo, estarán obligadas a proporcionar al Instituto los informes y estadísticas médicas o administrativas que éste les exigiere y a sujetarse a las instrucciones, normas técnicas, inspecciones y vigilancia prescritas por el mismo Instituto, en los términos de los reglamentos que con respecto a los servicios médicos se expidan.

**Artículo 90.** El Instituto elaborará los cuadros básicos de medicamentos que considere necesarios, sujetos a permanente actualización, a fin de que los productos en ellos comprendidos sean los de mayor eficacia terapéutica.

## SECCIÓN SEGUNDA
## DE LAS PRESTACIONES EN ESPECIE

**Artículo 91.** En caso de enfermedad no profesional, el Instituto otorgará al asegurado la asistencia médico quirúrgica, farmacéutica y hospitalaria que sea necesaria, desde el comienzo de la enfermedad y durante el plazo de cincuenta y dos semanas para el mismo padecimiento.

No se computará en el mencionado plazo, el tiempo que dure el tratamiento curativo que le permita continuar en el trabajo y seguir cubriendo las cuotas correspondientes.

**Artículo 92.** Si al concluir el período de cincuenta y dos semanas previsto en el artículo anterior, el asegurado continúa enfermo, el Instituto prorrogará su tratamiento hasta por cincuenta y dos semanas más, previo dictamen médico.

**Artículo 93.** Las prestaciones en especie que señala el artículo 91 de esta Ley, se otorgarán también a los demás sujetos protegidos por este seguro que se mencionan en el artículo 84 de este ordenamiento.

Los padres del asegurado o pensionado fallecido, conservarán el derecho a los servicios que señala el artículo 91 de la Ley.

**Artículo 94.** En caso de maternidad, el Instituto otorgará a la asegurada durante el embarazo, el alumbramiento y el puerperio, las prestaciones siguientes:

**I.** Asistencia obstétrica;

**II.** Ayuda en especie por seis meses para lactancia y capacitación y fomento para la lactancia materna y amamantamiento, incentivando a que la leche materna sea alimento exclusivo durante seis meses y complementario hasta avanzado el segundo año de vida;

*Fracción reformada DOF 02-04-2014*

**III.** Durante el período de lactancia tendrán derecho a decidir entre contar con dos reposos extraordinarios por día, de media hora cada uno, o bien, un descanso extraordinario por día, de una hora para amamantar a sus hijos o para efectuar la extracción manual de leche, en lugar adecuado e higiénico que designe la institución o dependencia, y

*Fracción adicionada DOF 02-04-2014*

**IV.** Una canastilla al nacer el hijo, cuyo importe será señalado por el Consejo Técnico.

*Fracción recorrida DOF 02-04-2014*

**Artículo 95.** Tendrán derecho a disfrutar de las prestaciones señaladas en las fracciones I y II del artículo anterior, las beneficiarias que se señalan en las fracciones III y IV del artículo 84 de esta Ley.

## SECCIÓN TERCERA
## DE LAS PRESTACIONES EN DINERO

**Artículo 96.** En caso de enfermedad no profesional, el asegurado tendrá derecho a un subsidio en dinero que se otorgará cuando la enfermedad lo incapacite para el trabajo. El subsidio se pagará a partir del cuarto día del inicio de la incapacidad, mientras dure ésta y hasta por el término de cincuenta y dos semanas.

Si al concluir dicho período el asegurado continuare incapacitado, previo dictamen del Instituto, se podrá prorrogar el pago del subsidio hasta por veintiséis semanas más.

**Artículo 97.** El asegurado sólo percibirá el subsidio que se establece en el artículo anterior, cuando tenga cubiertas por lo menos cuatro cotizaciones semanales inmediatamente anteriores a la enfermedad.

Los trabajadores eventuales percibirán el subsidio cuando tengan cubiertas seis cotizaciones semanales en los últimos cuatro meses anteriores a la enfermedad.

**Artículo 98.** El subsidio en dinero que se otorgue a los asegurados será igual al sesenta por ciento del último salario diario de cotización. El subsidio se pagará por períodos vencidos que no excederán de una semana, directamente al asegurado o a su representante debidamente acreditado.

**Artículo 99.** En caso de incumplimiento por parte del enfermo a la indicación del Instituto de someterse a hospitalización, o cuando interrumpa el tratamiento sin la autorización debida, se suspenderá el pago del subsidio.

**Artículo 100.** Cuando el Instituto hospitalice al asegurado, el subsidio establecido en el artículo 98 de esta Ley se pagará a él o a sus familiares derechohabientes señalados en el artículo 84 de este ordenamiento.

**Artículo 101.** La asegurada tendrá derecho durante el embarazo y el puerperio a un subsidio en dinero igual al cien por ciento del último salario diario de cotización el que recibirá durante cuarenta y dos días anteriores al parto y cuarenta y dos días posteriores al mismo.

En los casos en que la fecha fijada por los médicos del Instituto no concuerde exactamente con la del parto, deberán cubrirse a la asegurada los subsidios correspondientes por cuarenta y dos días posteriores al mismo, sin importar que el período anterior al parto se haya excedido. Los días en que se haya prolongado el período anterior al parto, se pagarán como continuación de incapacidades originadas por enfermedad. El subsidio se pagará por períodos vencidos que no excederán de una semana.

El subsidio en dinero a que se refiere el presente artículo, a solicitud expresa de la asegurada que se encuentre certificada de su estado de embarazo por el Instituto, con atención médica institucional o externa, se pagará mediante la emisión de un certificado único de incapacidad por ochenta y cuatro días, el cual deberá ser entregado en una sola exhibición, desde el inicio de la incapacidad.

*Párrafo adicionado DOF 24-03-2023*

**Artículo 102.** Para que la asegurada tenga derecho al subsidio que se señala en el artículo anterior, se requiere:

**I.** Que haya cubierto por lo menos treinta cotizaciones semanales en el período de doce meses anteriores a la fecha en que debiera comenzar el pago del subsidio;

**II.** Que se haya certificado por el Instituto el embarazo y la fecha probable del parto, y

**III.** Que no ejecute trabajo alguno mediante retribución durante los períodos anteriores y posteriores al parto.

Si la asegurada estuviera percibiendo otro subsidio, se cancelará el que sea por menor cantidad.

**Artículo 102 Bis.** A solicitud expresa de la asegurada, con la previa autorización escrita del médico del Instituto o, en su caso, del médico externo que lleve el control y vigilancia prenatal, y tomando en cuenta la opinión del patrón y la naturaleza del trabajo que desempeñe, se podrán transferir hasta cuatro de las seis semanas de descanso previas al parto para después del mismo.

En caso de que se presente autorización de médicos particulares, ésta deberá contener el nombre y número de cédula profesional de quien los expida, la fecha y el estado médico de la trabajadora.

Las disposiciones reglamentarias establecerán el procedimiento.
*Artículo adicionado DOF 24-03-2023*

**Artículo 103.** El goce por parte de la asegurada del subsidio establecido en el artículo 101, exime al patrón de la obligación del pago del salario íntegro a que se refiere la fracción V del artículo 170 de la Ley Federal del Trabajo, hasta los límites establecidos por esta Ley.

Cuando la asegurada no cumpla con lo establecido en la fracción I del artículo anterior, quedará a cargo del patrón el pago del salario íntegro.

**Artículo 104.** Cuando fallezca un pensionado o un asegurado que tenga reconocidas cuando menos doce cotizaciones semanales en los nueve meses anteriores al fallecimiento, el Instituto pagará a la persona preferentemente familiar del asegurado o del pensionado, que presente copia del acta de defunción y la cuenta original de los gastos de funeral, una ayuda por este concepto, consistente en dos meses del salario mínimo general que rija en el Distrito Federal en la fecha del fallecimiento.

## SECCIÓN CUARTA
## DEL RÉGIMEN FINANCIERO

**Artículo 105.** Los recursos necesarios para cubrir las prestaciones en dinero, las prestaciones en especie y los gastos administrativos del seguro de enfermedades y maternidad, se obtendrán de las cuotas que están obligados a cubrir los patrones y los trabajadores o demás sujetos y de la contribución que corresponda al Estado.

**Artículo 106.** Las prestaciones en especie del seguro de enfermedades y maternidad, se financiarán en la forma siguiente:

**I.** Por cada asegurado se pagará mensualmente una cuota diaria patronal equivalente al trece punto nueve por ciento de un salario mínimo general diario para el Distrito Federal;

**II.** Para los asegurados cuyo salario base de cotización sea mayor a tres veces el salario mínimo general diario para el Distrito Federal; se cubrirá además de la cuota establecida en la fracción anterior, una cuota adicional patronal equivalente al seis por ciento y otra adicional obrera del dos por ciento, de la cantidad que resulte de la diferencia entre el salario base de cotización y tres veces el salario mínimo citado, y

**III.** El Gobierno Federal cubrirá mensualmente una cuota diaria por cada asegurado, equivalente a trece punto nueve por ciento de un salario mínimo general para el Distrito Federal, a la fecha de entrada en vigor de esta Ley, la cantidad inicial que resulte se actualizará trimestralmente de acuerdo a la variación del Indice Nacional de Precios al Consumidor.

**Artículo 107.** Las prestaciones en dinero del seguro de enfermedades y maternidad se financiarán con una cuota del uno por ciento sobre el salario base de cotización, que se pagará de la forma siguiente:

**I.** A los patrones les corresponderá pagar el setenta por ciento de dicha cuota;

**II.** A los trabajadores les corresponderá pagar el veinticinco por ciento de la misma, y

**III.** Al Gobierno Federal le corresponderá pagar el cinco por ciento restante.

**Artículo 108.** Las aportaciones del Gobierno Federal serán cubiertas en pagos mensuales iguales, equivalentes a la doceava parte de la estimación que presente el Instituto para el año siguiente a la Secretaría de Hacienda y Crédito Público, en el mes de julio de cada ejercicio. En el caso de que en un cuatrimestre la inflación sea cuatro puntos porcentuales mayor o menor a la prevista en dichos cálculos, se harán las compensaciones preliminares correspondientes antes de que termine el siguiente bimestre, realizándose los ajustes definitivos, en base a la inflación real anual, durante el mes de enero del año siguiente.

## SECCIÓN QUINTA
## DE LA CONSERVACIÓN DE DERECHOS

**Artículo 109.** El asegurado que quede privado de trabajo remunerado, pero que haya cubierto inmediatamente antes de tal privación un mínimo de ocho cotizaciones semanales ininterrumpidas, conservará durante las ocho semanas posteriores a la desocupación, el derecho a recibir, exclusivamente la asistencia médica y de maternidad, quirúrgica, farmacéutica y hospitalaria que sea necesaria. Del mismo derecho disfrutarán sus beneficiarios.

El Ejecutivo Federal podrá solicitar al Consejo Técnico que se amplíe el período de conservación de derechos a que se refiere el párrafo anterior, cuando a su juicio las condiciones económicas y laborales del país así lo requieran, y determinará las condiciones específicas en que operará la conservación de los derechos que al efecto correspondan, los requisitos necesarios para otorgarla y la vigencia que en cada caso se determine. En este supuesto el Gobierno Federal proveerá de manera oportuna y suficiente al Instituto de los recursos necesarios para financiar los costos adicionales que dicha medida represente. El Instituto al efecto deberá llevar registros contables por separado de su operación ordinaria.

Para dichos propósitos, los recursos que el Gobierno Federal destine, deberán considerarse expresamente en el correspondiente Presupuesto de Egresos de la Federación.

Los trabajadores que se encuentren en estado de huelga, recibirán las prestaciones médicas durante el tiempo que dure aquél.

*Artículo reformado DOF 20-12-2001*

**Artículo 109 Bis.** Cuando el trabajador tenga la calidad de persona desaparecida y cuente con Declaración Especial de Ausencia, en términos de la legislación especial en la materia, los beneficiarios conservarán el derecho a recibir la asistencia médica y de maternidad, quirúrgica, farmacéutica y hospitalaria que sea necesaria.

*Artículo adicionado DOF 22-06-2018*

## SECCIÓN SEXTA
## DE LA MEDICINA PREVENTIVA

**Artículo 110.** Con el propósito de proteger la salud y prevenir las enfermedades y la discapacidad, los servicios de medicina preventiva del Instituto llevarán a cabo programas de difusión para la salud, prevención y rehabilitación de la discapacidad, estudios epidemiológicos, producción de inmunobiológicos, inmunizaciones, campañas sanitarias y otros programas especiales enfocados a resolver problemas médico-sociales.

**Artículo 111.** El Instituto se coordinará con la Secretaría de Salud y con otras dependencias y organismos públicos, con objeto de realizar las campañas y programas a que se refiere el artículo anterior.

## SECCIÓN SÉPTIMA
## DEL REGISTRO DE LAS ACTIVIDADES PARA LA SALUD
## A LA POBLACIÓN DERECHOHABIENTE

*Sección adicionada DOF 20-12-2001*

**Artículo 111 A.** El Instituto para realizar los registros, anotaciones y certificaciones relativas a la atención a la salud de la población derechohabiente, podrá utilizar medios escritos, electrónicos, magnéticos, ópticos o magneto ópticos para integrar un expediente clínico electrónico único para cada derechohabiente, en las unidades médicas o en cualquier otra instalación que determine el Instituto.

En el expediente clínico electrónico se integrarán los antecedentes de atención que haya recibido el derechohabiente por los servicios prestados de consulta externa, urgencias, hospitalización, auxiliares de diagnóstico y de tratamiento.

La certificación que el Instituto, emita en términos de las disposiciones aplicables, a través de la unidad administrativa competente, con base en la información que conste en el expediente electrónico a que se refiere este artículo, tendrá plenos efectos legales para fines civiles, administrativos y judiciales.

Al personal autorizado para el manejo de la información contenida en el expediente clínico electrónico se le asignará una clave de identificación personal con carácter de confidencial e intransferible, que combinada con la matrícula del trabajador, se reconocerá como firma electrónica de los registros efectuados en el expediente clínico, que para fines legales tendrá la misma validez de una firma autógrafa.

Los datos y registros que consten en el expediente clínico electrónico a que se refiere este artículo serán confidenciales y la revelación de los mismos a terceros ajenos al Instituto sin autorización expresa de las autoridades del Instituto y del derechohabiente o de quien tenga facultad legal para decidir por él, o sin causa legal que lo justifique, será sancionada en términos de la legislación penal federal como revelación de secretos, con independencia del pago de la indemnización que, en su caso, corresponda.

De las consultas que se hagan a dichos expedientes deberá dejarse una constancia en el propio expediente de la persona, que lo consulte, la fecha de la consulta y la justificación de la misma.

*Artículo adicionado DOF 20-12-2001*

# CAPÍTULO V
## DEL SEGURO DE INVALIDEZ Y VIDA

## SECCIÓN PRIMERA
### GENERALIDADES

**Artículo 112.** Los riesgos protegidos en este capítulo son la invalidez y la muerte del asegurado o del pensionado por invalidez, en los términos y con las modalidades previstos en esta Ley.

**Artículo 113.** El otorgamiento de las prestaciones establecidas en este capítulo requiere del cumplimiento de períodos de espera, medidos en semanas de cotización reconocidas por el Instituto, según se señala en las disposiciones relativas a cada uno de los riesgos amparados.

Para los efectos de este artículo, se considerarán como semanas de cotización por lo que se refiere al seguro contenido en este capítulo las que se encuentren amparadas por certificado de incapacidad médica para el trabajo.

**Artículo 114.** El pago de la pensión de invalidez, en su caso, se suspenderá durante el tiempo en que el pensionado desempeñe un trabajo en un puesto igual a aquél que desarrollaba al declararse ésta.

**Artículo 115.** Cuando una persona tuviera derecho a dos o más de las pensiones establecidas en esta Ley, por ser simultáneamente pensionado, asegurado y beneficiario de otro u otros asegurados, recibirá en su caso, la pensión de acuerdo a los recursos acumulados en la cuenta individual que corresponda.

**Artículo 116.** Si una persona tiene derecho a cualquiera de las pensiones de este capítulo y también a pensión proveniente del seguro de riesgos de trabajo, percibirá ambas sin que la suma de sus cuantías exceda del cien por ciento del salario mayor, de los que sirvieron de base para determinar la cuantía de las pensiones concedidas. Los ajustes para no exceder del límite señalado no afectarán la pensión proveniente de riesgos de trabajo.

**Artículo 117.** Cuando cualquier pensionado traslade su domicilio al extranjero, podrá continuar recibiendo su pensión mientras dure su ausencia, conforme a lo dispuesto por convenio internacional, o que los gastos administrativos de traslado de los fondos corran por cuenta del pensionado.

Esta disposición será aplicable a los seguros de riesgos de trabajo, invalidez y vida, y retiro, cesantía en edad avanzada y vejez.

**Artículo 118.** Los asegurados que obtengan una pensión definitiva por invalidez y vida o por riesgos de trabajo, así como aquellos que gocen de una pensión por retiro, cesantía en edad avanzada o vejez, podrán optar por que, con cargo a su pensión, se cubran los créditos que les hayan sido otorgados por las Entidades Financieras a que se refiere la Ley para la Transparencia y Ordenamiento de los Servicios Financieros.

La Comisión Nacional de los Sistemas de Ahorro para el Retiro y la Comisión Nacional de Seguros y Fianzas, en el ámbito de sus respectivas competencias, podrán emitir reglas de carácter general que se requieran para la aplicación de lo dispuesto en este artículo. Dichas reglas deberán prever la forma y términos en que las Entidades Financieras señaladas en el primer párrafo de este artículo deberán comunicar al Consejo Técnico del Instituto y a las aseguradoras y administradoras de fondos para el retiro con las que celebren los convenios a que se refiere este precepto, las condiciones generales del crédito, incluyendo el Costo Anual Total aplicable a los préstamos mencionados, con objeto de que éstos, de forma clara, precisa y transparente los hagan del conocimiento de los pensionados, para fines de comparación en la elección de la Entidad Financiera a la que solicitarán el préstamo.

*Artículo reformado DOF 28-05-2012*

### SECCIÓN SEGUNDA
### DEL RAMO DE INVALIDEZ

**Artículo 119.** Para los efectos de esta Ley existe invalidez cuando el asegurado se halle imposibilitado para procurarse, mediante un trabajo igual, una remuneración superior al cincuenta por ciento de su remuneración habitual percibida durante el último año de trabajo y que esa imposibilidad derive de una enfermedad o accidente no profesionales.

La declaración de invalidez deberá ser realizada por el Instituto Mexicano del Seguro Social.

**Artículo 120.** El estado de invalidez da derecho al asegurado, en los términos de esta Ley y sus reglamentos, al otorgamiento de las prestaciones siguientes:

**I.** Pensión temporal;

**II.** Pensión definitiva.

La pensión y el seguro de sobrevivencia a que se refiere esta fracción, se contratarán por el asegurado con la institución de seguros que elija. Para la contratación de los seguros de renta vitalicia y de sobrevivencia, el Instituto calculará el monto constitutivo necesario para su contratación. Al monto constitutivo se le restará el saldo acumulado en la cuenta individual del asegurado y la diferencia positiva será la suma asegurada que el Instituto deberá entregar a la institución de seguros para la contratación de los seguros a que se refiere esta fracción.

Cuando el trabajador tenga un saldo acumulado en su cuenta individual que sea mayor al necesario para integrar el monto constitutivo para contratar los seguros de renta vitalicia y de sobrevivencia, podrá el asegurado optar por:

**a)** Retirar la suma excedente en una sola exhibición de su cuenta individual;

*Aclaración al inciso DOF 16-01-1996*

**b)** Contratar una renta vitalicia por una cuantía mayor, o

*Aclaración al inciso DOF 16-01-1996*

**c)** Aplicar el excedente a un pago de sobreprima para incrementar los beneficios del seguro de sobrevivencia.

La renta vitalicia y el seguro de sobrevivencia se sujetarán a lo dispuesto en el artículo 159 fracción IV y VI de esta Ley;

**III.** Asistencia médica, en los términos del capítulo IV de este título.

**IV.** Asignaciones familiares, de conformidad con lo establecido en la sección IV de este capítulo, y

**V.** Ayuda asistencial, en los términos de la propia sección IV de este capítulo.

**Artículo 121.** Pensión temporal es la que otorgue el Instituto, con cargo a este seguro, por períodos renovables al asegurado en los casos de existir posibilidad de recuperación para el trabajo, o cuando por la continuación de una enfermedad no profesional se termine el disfrute del subsidio y la enfermedad persista. Es pensión definitiva la que corresponde al estado de invalidez que se estima de naturaleza permanente.

**Artículo 122.** Para gozar de las prestaciones del ramo de invalidez se requiere que al declararse ésta el asegurado tenga acreditado el pago de doscientas cincuenta semanas de cotización. En el caso que el dictamen respectivo determine el setenta y cinco por ciento o más de invalidez sólo se requerirá que tenga acreditadas ciento cincuenta semanas de cotización.

El declarado en estado de invalidez de naturaleza permanente que no reúna las semanas de cotización señaladas en el párrafo anterior podrá retirar, en el momento que lo desee, el saldo de su cuenta individual del seguro de retiro, cesantía en edad avanzada y vejez en una sola exhibición.

**Artículo 123.** No se tiene derecho a disfrutar de pensión de invalidez, cuando el asegurado:

**I.** Por sí o de acuerdo con otra persona se haya provocado intencionalmente la invalidez;

**II.** Resulte responsable del delito intencional que originó la invalidez, y

**III.** Padezca un estado de invalidez anterior a su afiliación al régimen obligatorio.

En los casos de las fracciones I y II, el Instituto podrá otorgar el total o una parte de la pensión a los familiares que tuvieran derecho a las prestaciones que se conceden en el caso de muerte y la pensión se cubrirá mientras dure la invalidez del asegurado.

**Artículo 124.** Los asegurados que soliciten el otorgamiento de una pensión de invalidez y los inválidos que se encuentren disfrutándola, deberán sujetarse a las investigaciones de carácter médico, social y económico que el Instituto estime necesarias, para comprobar si existe o subsiste el estado de invalidez.

Con la finalidad de evitar simulaciones en el otorgamiento de la pensión referida en el párrafo anterior, cualquier irregularidad que se advirtiera sobre el particular por parte del Instituto, será sancionada por la autoridad correspondiente de conformidad con lo dispuesto por las normas penales que en su caso resulten aplicables.

**Artículo 125.** El derecho a la pensión de invalidez comenzará desde el día en que se produzca el siniestro y si no puede fijarse el día, desde la fecha de la presentación de la solicitud para obtenerla.

**Artículo 126.** Cuando un pensionado por invalidez se niegue a someterse a los exámenes previos o posteriores y a los tratamientos médicos prescritos o abandone éstos, el Instituto ordenará la suspensión del pago de la pensión. Dicha suspensión subsistirá mientras el pensionado no cumpla con lo dispuesto en este artículo.

Cuando el asegurado al que se le haya determinado invalidez que le dé derecho a la contratación de una renta vitalicia o retiro programado conforme a lo previsto en el artículo 159 fracciones IV y V de esta Ley, se rehabilite, se le suspenderá el pago de la pensión por parte de la aseguradora elegida por el trabajador. En este caso la aseguradora deberá devolver al Instituto la parte de la reserva correspondiente al seguro o retiro programado contratado, deduciendo las pensiones pagadas y los gastos administrativos en que haya incurrido. Igualmente la aseguradora devolverá a la Administradora de Fondos para el Retiro, que le operaba la cuenta individual al trabajador, los recursos no utilizados de la cuenta individual del mismo a efecto de que le vuelva a abrir la cuenta correspondiente.

## SECCIÓN TERCERA
## DEL RAMO DE VIDA

**Artículo 127.** Cuando ocurra la muerte de la o el asegurado o del pensionado por invalidez, el Instituto otorgará a sus beneficiarios, conforme a lo dispuesto en el presente capítulo, las siguientes prestaciones:

*Párrafo reformado DOF 20-01-2023*

**I.** Pensión de viudez;

**II.** Pensión de orfandad;

**III.** Pensión a ascendientes;

**IV.** Ayuda asistencial al pensionado o a la pensionada por viudez, en los casos en que lo requiera, de acuerdo con el dictamen médico que al efecto se formule, y

*Fracción reformada DOF 20-01-2023*

**V.** Asistencia médica, en los términos del capítulo IV de este Título.

En caso de fallecimiento de un asegurado o de una asegurada, las pensiones a que se refieren las fracciones I, II y III de este artículo se otorgarán por la institución de seguros que elijan los beneficiarios para la contratación de su renta vitalicia. A tal efecto, se deberán integrar un monto constitutivo en la aseguradora elegida, el cual deberá ser suficiente para cubrir la pensión, las ayudas asistenciales y las demás prestaciones de carácter económico previstas en este capítulo. Para ello, el Instituto Mexicano del Seguro Social otorgará una suma asegurada que, adicionada a los recursos acumulados en la cuenta individual del trabajador fallecido, deberá ser suficiente para integrar el monto constitutivo con cargo al cual se pagará la pensión, las ayudas asistenciales y las demás prestaciones de carácter económico previstas en este capítulo, por la institución de seguros.

*Párrafo reformado DOF 20-01-2023*

Cuando el trabajador o la trabajadora fallecidos, hayan tenido un saldo acumulado en su cuenta individual que sea mayor al necesario para integrar el monto constitutivo para contratar una renta que sea superior a la pensión a que tengan derecho sus beneficiarios, en los términos de este capítulo, estos podrán retirar la suma excedente en una sola exhibición de la cuenta individual del trabajador o trabajadora fallecidos, o contratar una renta por una suma mayor.

*Párrafo reformado DOF 20-01-2023*

La renta vitalicia se sujetará a lo dispuesto en el artículo 159 fracción IV de esta Ley.

En caso de fallecimiento de un pensionado por riesgos de trabajo, invalidez, retiro, cesantía en edad avanzada y vejez, las pensiones a que se refieren las fracciones I, II, y III de este artículo se otorgarán con cargo al seguro de sobrevivencia que haya contratado el pensionado fallecido.

**Artículo 128.** Son requisitos para que se otorguen a los beneficiarios las prestaciones contenidas en el artículo anterior, las siguientes:

**I.** Que el asegurado al fallecer hubiese tenido reconocido el pago al Instituto de un mínimo de ciento cincuenta cotizaciones semanales, o bien que se encontrara disfrutando de una pensión de invalidez, y

**II.** Que la muerte del asegurado o pensionado por invalidez no se deba a un riesgo de trabajo.

**Artículo 129.** También tendrán derecho a pensión los beneficiarios de un asegurado fallecido por causa distinta a un riesgo de trabajo que se encontrara disfrutando de una pensión por incapacidad permanente derivada de un riesgo igual, si aquél tuviera acreditado el pago al Instituto de un mínimo de ciento cincuenta cotizaciones semanales y hubiese causado baja en el régimen obligatorio, cualquiera que fuere el tiempo transcurrido desde la fecha de su baja.

Si el asegurado disfrutaba de una pensión de incapacidad permanente total y fallece por causa distinta a un riesgo de trabajo, sin cumplir el requisito del párrafo anterior sus beneficiarios tendrán derecho a pensión, si la que gozó el fallecido no tuvo una duración mayor de cinco años.

**Artículo 130.** Tendrá derecho a la pensión de viudez la o el que fuera cónyuge de la o el asegurado o la o el pensionado por invalidez. A falta de cónyuge, tendrán derecho a recibir la pensión la concubina o el concubinario de la o el asegurado o pensionado por invalidez, que haya vivido durante al menos los cinco años que precedieron inmediatamente a la muerte de aquél, o la persona con la que hubiera tenido hijos, siempre que ambos hayan permanecido libres de matrimonio durante el concubinato, o la persona que hubiera suscrito una unión civil con la o el asegurado o la o el pensionado. Si al morir el asegurado o pensionado por invalidez tenía varias o varios concubinas o concubinarios, ninguno de ellos tendrá derecho a recibir la pensión.

*Artículo reformado DOF 20-01-2023*

**Artículo 131.** La pensión de viudez será igual al noventa por ciento de la que hubiera correspondido al asegurado en el caso de invalidez o de la que venía disfrutando el pensionado por este supuesto.

**Artículo 132.** No se tendrá derecho a la pensión de viudez que establece el artículo anterior, en los siguientes casos:

**I.** Cuando la muerte del asegurado acaeciera antes de cumplir seis meses de matrimonio;

**II.** Se deroga.

*Fracción derogada DOF 24-03-2023*

**III.** Se deroga.

*Fracción derogada DOF 24-03-2023*

Las limitaciones que establece este Artículo no regirán cuando al morir el asegurado o pensionado la viuda compruebe haber tenido hijos con él.

**Artículo 133**. El derecho al goce de la pensión de viudez comenzará desde el día del fallecimiento del asegurado o pensionado por invalidez y cesará con la muerte del beneficiario, o cuando la viuda, viudo, concubina o concubinario contrajeran matrimonio o entraran en concubinato. El disfrute de esta pensión no se suspenderá porque aquéllos desempeñe un trabajo remunerado.

La viuda, viudo, concubina o concubinario pensionados que contraigan matrimonio, recibirán una suma global equivalente a tres anualidades de la cuantía de la pensión que disfrutaban.

**Artículo 134**. Tendrán derecho a recibir pensión de orfandad cada uno de los hijos menores de dieciséis años, cuando muera el padre o la madre y alguno de éstos hubiera tenido el carácter de asegurado, y acrediten tener ante el Instituto un mínimo de ciento cincuenta cotizaciones semanales o haber tenido la calidad de pensionados por invalidez.

El Instituto prorrogará la pensión de orfandad, después de alcanzar el huérfano la edad de dieciséis años, y hasta la edad de veinticinco, si se encuentra estudiando en planteles del sistema educativo nacional, tomando en consideración las condiciones económicas, familiares y personales del beneficiario, siempre que no sea sujeto del régimen obligatorio.

El huérfano mayor de dieciséis años que desempeñe un trabajo remunerado no tiene derecho a percibir esta pensión; salvo que no pueda mantenerse por su propio trabajo, debido a una enfermedad crónica, defecto físico o psíquico, en tanto no desaparezca la incapacidad que padece.

**Artículo 135**. La pensión del huérfano de padre o madre será igual al veinte por ciento de la pensión de invalidez que el asegurado estuviese gozando al fallecer o de la que le hubiera correspondido suponiendo realizado el estado de invalidez. Si el huérfano lo fuera de padre y madre, se le otorgará en las mismas condiciones una pensión igual al treinta por ciento de la misma base.

Si al iniciarse la pensión de orfandad el huérfano lo fuera de padre o de madre y posteriormente falleciera el otro progenitor, la pensión de orfandad se aumentará del veinte al treinta por ciento, a partir de la fecha de la muerte del ascendiente.

**Artículo 136**. El derecho al goce de la pensión de orfandad comenzará desde el día del fallecimiento del asegurado o pensionado por invalidez y cesará con la muerte del beneficiario, o cuando éste haya alcanzado los dieciséis años de edad, o una edad mayor, de acuerdo con las disposiciones de los dos artículos anteriores.

Con la última mensualidad se otorgará al huérfano un pago finiquito equivalente a tres mensualidades de su pensión.

**Artículo 137.** Si no existieran viuda, viudo, huérfanos, ni concubina o concubinario con derecho a pensión, o quien haya suscrito una unión civil y que le sobreviva, ésta se otorgará a cada uno de los ascendientes que dependían económicamente de la o el asegurado o pensionado por invalidez fallecido, por una cantidad igual al veinte por ciento de la pensión que el asegurado o asegurada estuviese gozando al fallecer, o de la que le hubiera correspondido suponiendo realizado el estado de invalidez.

*Artículo reformado DOF 20-12-2001, 20-01-2023*

**Artículo 137 Bis.** Si un pensionado desaparece de su domicilio por más de un mes sin que se tengan noticias de su paradero, sus beneficiarios con derecho a la pensión, disfrutarán de la misma en los términos de la sección del ramo de vida del seguro de invalidez y vida con carácter provisional, y previa la solicitud respectiva, bastando para ello que se compruebe el parentesco y la desaparición del pensionado, exhibiendo la denuncia presentada ante el Ministerio Público correspondiente. Si posteriormente y en cualquier tiempo, el pensionado se presentase, tendrá derecho a disfrutar él mismo su pensión y a recibir las diferencias entre el importe original de la misma y aquél que hubiese sido entregado a sus beneficiarios, sin que en ningún caso pueda entenderse una obligación del Instituto respecto de aquellos importes que hubieran sido pagados a los beneficiarios. Cuando se compruebe el fallecimiento del pensionado, la transmisión será definitiva.

*Artículo adicionado DOF 07-11-2019*

## SECCIÓN CUARTA
## DE LAS ASIGNACIONES FAMILIARES Y AYUDA ASISTENCIAL

**Artículo 138.** Las asignaciones familiares consisten en una ayuda por concepto de carga familiar y se concederá a los beneficiarios del pensionado o pensionada por invalidez, de acuerdo con las reglas siguientes:

*Párrafo reformado DOF 20-01-2023*

**I.** Para la o el cónyuge, o para quien hubiere mantenido relación de concubinato, o a quien haya suscrito una unión civil, el quince por ciento de la
cuantía de la pensión;

*Fracción reformada DOF 20-01-2023*

**II.** Para cada uno de los hijos menores de dieciséis años del pensionado, el
diez por ciento de la cuantía de la pensión;

**III.** Si el pensionado o pensionada no tuviera cónyuge o no mantuviere
relación de concubinato o no haya suscrito una unión civil, ni tuviera hijos
menores de dieciséis años, se concederá una asignación del diez por ciento
para cada uno de los padres de la o el pensionado si dependieran económicamente de él o de ella;

*Fracción reformada DOF 20-01-2023*

**IV.** Si el pensionado o pensionada no estuviera casado civilmente o no
mantuviere relación de concubinato o no tuviera suscrita una unión civil, ni
tuviera hijos, ni ascendientes que dependan económicamente de él o ella, se le
concederá una ayuda asistencial equivalente al quince por ciento de la cuantía
de la pensión que le corresponda, y

*Fracción reformada DOF 20-01-2023*

**V.** Si el pensionado sólo tuviera un ascendiente con derecho al disfrute de
asignación familiar, se le concederá una ayuda asistencial equivalente al diez
por ciento de la cuantía de la pensión que deba disfrutar.

Estas asignaciones familiares se entregarán de preferencia al propio pensionado, pero la correspondiente a los hijos podrá entregarse a la persona o
institución que los tenga bajo su cargo directo, en el caso de no vivir con el
pensionado.

Las asignaciones familiares cesarán con la muerte del familiar que la originó y, en el caso de los hijos, terminarán con la muerte de éstos o cuando
cumplan los dieciséis años, o bien los veinticinco años, aplicándose en lo
conducente lo dispuesto por el artículo 134 de esta Ley.

Las asignaciones familiares concedidas para los hijos del pensionado con
motivo de no poderse mantener por sí mismos, debido a inhabilitación para
trabajar por enfermedad crónica, física o psíquica, podrán continuarse pagando
hasta en tanto no desaparezca la inhabilitación.

El Instituto concederá en los términos de este artículo, las asignaciones familiares a los hijos del pensionado, mayores de dieciséis años, si cumplen con las condiciones mencionadas.

**Artículo 139.** Para calcular el aguinaldo anual o las pensiones de viudez, de orfandad o a ascendientes no serán tomadas en cuenta las asignaciones familiares y las ayudas asistenciales que se otorguen.

Los pensionados por retiro, cesantía en edad avanzada y vejez recibirán, incluidas en la pensión que adquieran, las asignaciones familiares y las ayudas asistenciales que se establecen en esta sección, las cuales se financiarán con la cuota social que, en su caso, aporte el Estado en los términos de la fracción IV del artículo 168 de esta Ley y con las aportaciones patronales a la Subcuenta de Retiro, Cesantía en Edad Avanzada y Vejez.

*Párrafo reformado DOF 26-05-2009, 16-12-2020*

**Artículo 140.** El Instituto concederá ayuda asistencial al pensionado por invalidez, con excepción de los casos comprendidos en las fracciones IV y V del artículo 138, así como a los viudos o viudas pensionados, cuando su estado físico requiera ineludiblemente, que lo asista otra persona de manera permanente o continua. Con base en el dictamen médico que al efecto se formule, la ayuda asistencial consistirá en el aumento hasta del veinte por ciento de la pensión de invalidez o viudez que esté disfrutando el pensionado.

Igual derecho que las viudas o viudos pensionados, corresponderá a quienes hayan suscrito una unión civil y que le sobrevivan.

*Párrafo adicionado DOF 20-01-2023*

**Artículo 140 Bis.** Para los casos de madres o padres trabajadores asegurados, cuyos hijos de hasta dieciséis años hayan sido diagnosticados por el Instituto con cáncer de cualquier tipo, podrán gozar de una licencia por cuidados médicos de los hijos para ausentarse de sus labores en caso de que el niño, niña o adolescente diagnosticado requiera de descanso médico en los periodos críticos de tratamiento o de hospitalización durante el tratamiento médico, de acuerdo a la prescripción del médico tratante, incluyendo, en su caso, el tratamiento destinado al alivio del dolor y los cuidados paliativos por cáncer avanzado.

El Instituto podrá expedir a alguno de los padres trabajadores asegurados, que se sitúe en el supuesto previsto en el párrafo que antecede, una constancia que acredite el padecimiento oncológico y la duración del tratamiento respectivo, a fin de que el patrón o patrones de éstos tengan conocimiento de tal licencia.

La licencia expedida por el Instituto al padre o madre trabajador asegurado, tendrá una vigencia de uno y hasta veintiocho días. Podrán expedirse tantas licencias como sean necesarias durante un periodo máximo de tres años sin que se excedan trescientos sesenta y cuatro días de licencia, mismos que no necesariamente deberán ser continuos.

Los padres o madres trabajadores asegurados ubicados en el supuesto establecido en los párrafos que anteceden y que hayan cubierto por lo menos treinta cotizaciones semanales en el periodo de doce meses anteriores a la fecha del diagnóstico por los servicios médicos institucionales, y en caso de no cumplir con este periodo, tener al menos registradas cincuenta y dos semanas de cotización inmediatas previas al inicio de la licencia, gozarán de un subsidio equivalente al sesenta por ciento del último salario diario de cotización registrado por el patrón.

La licencia a que se refiere el presente artículo, únicamente podrá otorgarse a petición de parte, ya sea al padre o madre que tenga a su cargo el ejercicio de la patria potestad, la guarda y custodia del menor. En ningún caso se podrá otorgar dicha licencia a ambos padres trabajadores del menor diagnosticado.

Las licencias otorgadas a padres o madres trabajadores previstas en el presente artículo, cesarán:

**I.** Cuando el menor no requiera de hospitalización o de reposo médico en los periodos críticos del tratamiento;

**II.** Por ocurrir el fallecimiento del menor;

**III.** Cuando el menor cumpla dieciséis años;

**IV.** Cuando el ascendiente que goza de la licencia, sea contratado por un nuevo patrón.

*Artículo adicionado DOF 04-06-2019*

## SECCIÓN QUINTA
### DE LA CUANTÍA DE LAS PENSIONES DE INVALIDEZ Y VIDA

**Artículo 141.** La cuantía de la pensión por invalidez será igual a una cuantía básica del treinta y cinco por ciento del promedio de los salarios correspondientes a las últimas quinientas semanas de cotización anteriores al otorgamiento de la misma, o las que tuviere siempre que sean suficientes para ejercer el derecho, en los términos del artículo 122 de esta Ley, actualizadas conforme al Índice Nacional de Precios al Consumidor, más las asignaciones familiares y ayudas asistenciales.

*Párrafo reformado DOF 20-12-2001*

En el caso de que la cuantía de la pensión sea inferior al promedio de las pensiones garantizadas, que corresponda a un salario mínimo y sesenta años de edad, de acuerdo con la tabla establecida en el artículo 170 de esta Ley, el Estado aportará la diferencia a fin de que el trabajador pueda adquirir una pensión vitalicia.

*Párrafo reformado DOF 16-12-2020*

En ningún caso la pensión de invalidez, incluyendo las asignaciones familiares y ayudas asistenciales, podrá ser inferior al promedio de las pensiones garantizadas, que corresponda a un salario mínimo y sesenta años de edad, de acuerdo con la tabla establecida en el artículo 170 de esta Ley.

*Párrafo reformado DOF 16-12-2020*

**Artículo 142.** El monto determinado conforme al artículo anterior, servirá de base para calcular las pensiones que se deriven de la muerte tanto del pensionado, como del asegurado, al igual que para fijar la cuantía del aguinaldo anual.

En todo caso, el monto del aguinaldo a que se refiere el párrafo anterior, no será inferior a treinta días.

**Artículo 143.** La pensión que se otorgue por invalidez incluyendo el importe de las asignaciones familiares y ayudas asistenciales que se concedan, no excederá del cien por ciento del salario promedio que sirvió de base para fijar la cuantía de la pensión.

**Artículo 144.** El total de las pensiones atribuidas a la viuda, o a la concubina y a los huérfanos de un asegurado fallecido no deberá exceder del monto de la pensión de invalidez que disfrutaba el asegurado o de la que le hubiera correspondido en el caso de invalidez. Si ese total excediera, se reducirán proporcionalmente cada una de las pensiones.

Cuando se extinga el derecho de alguno de los pensionados se hará una nueva distribución de las pensiones que queden vigentes, entre los restantes, sin que se rebasen las cuotas parciales ni el monto total de dichas pensiones.

**Artículo 145.** Las pensiones por invalidez y vida otorgadas serán incrementadas anualmente en el mes de febrero conforme al Índice Nacional de Precios al Consumidor.

## SECCIÓN SEXTA
## DEL RÉGIMEN FINANCIERO

**Artículo 146.** Los recursos necesarios para financiar las prestaciones y los gastos administrativos del seguro de invalidez y vida, así como la constitución de las reservas técnicas, se obtendrán de las cuotas que están obligados a cubrir los patrones, los trabajadores y demás sujetos obligados, así como de la contribución que corresponda al Estado.

**Artículo 147.** A los patrones y a los trabajadores les corresponde cubrir, para el seguro de invalidez y vida el uno punto setenta y cinco por ciento y el cero punto seiscientos veinticinco por ciento sobre el salario base de cotización, respectivamente.

**Artículo 148.** En todos los casos en que no esté expresamente prevista por la Ley o por convenio la cuantía de la contribución del Estado para los seguros de invalidez y vida, será igual al siete punto ciento cuarenta y tres por ciento del total de las cuotas patronales y la cubrirá en los términos del artículo 108 de esta Ley.

**Artículo 149.** El patrón es responsable de los daños y perjuicios que se causaren al trabajador o a sus familiares derechohabientes, cuando por falta de cumplimiento de la obligación de inscribirlo o de avisar su salario real o los cambios que sufriera éste, no pudieran otorgarse las prestaciones consignadas en este capítulo o bien dichas prestaciones se vieran disminuidas en su cuantía.

El Instituto se subrogará en sus derechos y le otorgará las prestaciones que le correspondan. En este caso, el patrón está obligado a enterar al Instituto los capitales constitutivos respectivos.

*Párrafo reformado DOF 20-12-2001*

Las disposiciones del artículo 79 de esta Ley y demás relativas para la integración, determinación y cobro de los capitales constitutivos son aplicables al seguro de invalidez y vida.

## SECCIÓN SÉPTIMA
## DE LA CONSERVACIÓN Y RECONOCIMIENTO DE DERECHOS

**Artículo 150.** Los asegurados que dejen de pertenecer al régimen obligatorio, conservarán los derechos que tuvieran adquiridos a pensiones en el seguro de invalidez y vida por un período igual a la cuarta parte del tiempo cubierto por sus cotizaciones semanales, contado a partir de la fecha de su baja.

Este tiempo de conservación de derechos no será menor de doce meses.

**Artículo 151.** Al asegurado que haya dejado de estar sujeto al régimen obligatorio y reingrese a éste, se le reconocerá el tiempo cubierto por sus cotizaciones anteriores, en la forma siguiente:

**I.** Si la interrupción en el pago de cotizaciones no fuese mayor de tres años, se le reconocerán, al momento de la reinscripción, todas sus cotizaciones;

**II.** Si la interrupción excediera de tres años, pero no de seis, se le reconocerán todas las cotizaciones anteriores cuando, a partir de su reingreso, haya cubierto un mínimo de veintiséis semanas de nuevas cotizaciones;

**III.** Si el reingreso ocurre después de seis años de interrupción, las cotizaciones anteriormente cubiertas se le acreditarán al reunir cincuenta y dos semanas reconocidas en su nuevo aseguramiento, y

**IV.** En los casos de pensionados por invalidez que reingresen al régimen obligatorio, cotizarán en todos los seguros, con excepción del de invalidez y vida.

En los casos de las fracciones II y III, si el reingreso del asegurado ocurriera antes de expirar el período de conservación de derechos establecido en el artículo anterior, se le reconocerán de inmediato todas sus cotizaciones anteriores.

## CAPÍTULO VI
## DEL SEGURO DE RETIRO, CESANTIA EN EDAD AVANZADA Y VEJEZ

## SECCIÓN PRIMERA
## GENERALIDADES

**Artículo 152.** Los riesgos protegidos por este capítulo son el retiro, la cesantía en edad avanzada y la vejez del asegurado, así como la muerte de los pensionados por este seguro, en los términos y con las modalidades previstas en esta Ley.

**Artículo 153**. El otorgamiento de las prestaciones contenidas en este capítulo requiere del cumplimiento de períodos de espera medidos en semanas de cotización reconocidas por el Instituto, conforme se señala en las disposiciones relativas a cada una de los ramos de aseguramiento amparados.

Las semanas de cotización amparadas por certificados de incapacidad médica para el trabajo, expedidos o reconocidos por el Instituto, serán consideradas únicamente para el otorgamiento de la pensión garantizada que en su caso corresponda.

## SECCIÓN SEGUNDA
## DEL RAMO DE CESANTIA EN EDAD AVANZADA

**Artículo 154**. Para los efectos de esta Ley existe cesantía en edad avanzada cuando el asegurado quede privado de trabajos remunerados a partir de los sesenta años de edad.

*Párrafo reformado DOF 20-12-2001*

Para gozar de las prestaciones de este ramo se requiere que el asegurado tenga reconocidas ante el Instituto un mínimo de mil cotizaciones semanales.

*Párrafo reformado DOF 16-12-2020*

El trabajador cesante que tenga sesenta años o más y no reúna las semanas de cotización señaladas en el párrafo precedente, podrá retirar el saldo de su cuenta individual en una sola exhibición o seguir cotizando hasta cubrir las semanas necesarias para que opere su pensión.

En este caso, si el asegurado tiene cotizadas un mínimo de setecientas cincuenta semanas tendrá derecho a las prestaciones en especie del seguro de enfermedades y maternidad, en los términos del capítulo IV de este Título.

**Artículo 155**. La contingencia consistente en la cesantía en edad avanzada, obliga al Instituto al otorgamiento de las prestaciones siguientes:

**I.** Pensión;

**II.** Asistencia médica, en los términos del capítulo IV de este Título;

**III.** Asignaciones familiares, y

**IV.** Ayuda asistencial.

**Artículo 156**. El derecho al goce de la pensión de cesantía en edad avanzada comenzará desde el día en que el asegurado cumpla con los requisitos señalados en el artículo 154 de esta Ley, siempre que solicite el otorgamiento de dicha pensión y acredite haber quedado privado de trabajo, si no fue recibido en el Instituto el aviso de baja.

**Artículo 157.** Los asegurados que reúnan los requisitos establecidos en esta sección podrán disponer de su cuenta individual con el objeto de disfrutar de una pensión de cesantía en edad avanzada. Para tal propósito, podrán elegir alguna de las opciones siguientes o ambas:

*Párrafo reformado DOF 16-12-2020*

**I.** Contratar con la institución de seguros de su elección una renta vitalicia, que se actualizará anualmente en el mes de febrero conforme al Índice Nacional de Precios al Consumidor, y

**II.** Mantener el saldo de su cuenta individual en una Administradora de Fondos para el Retiro y efectuar con cargo a éste, retiros programados.

Los supuestos referidos, se sujetarán a lo establecido en esta Ley y a las reglas de carácter general que expida la Comisión Nacional del Sistema de Ahorro para el Retiro.

*Párrafo reformado DOF 16-12-2020*

El asegurado que elija la opción prevista en la fracción II o ambas podrá, en cualquier momento, contratar una renta vitalicia de acuerdo a lo dispuesto en la fracción I, excepto cuando la renta mensual vitalicia a convenirse fuera inferior al promedio de las pensiones garantizadas, que corresponda a un salario mínimo y sesenta años de edad, de acuerdo con la tabla establecida en el artículo 170 de esta Ley.

*Párrafo reformado DOF 16-12-2020*

**Artículo 158.** El asegurado podrá pensionarse antes de cumplir las edades establecidas, siempre y cuando la pensión que se le calcule en el sistema de renta vitalicia sea superior en más del treinta por ciento de la pensión garantizada que le corresponda conforme a las semanas de cotización, al salario base de cotización y a la edad de sesenta años, de la tabla establecida en el artículo 170 de esta Ley, una vez cubierta la prima del seguro de sobrevivencia para sus beneficiarios.

El pensionado tendrá derecho a recibir el excedente de los recursos acumulados en su cuenta individual en una o varias exhibiciones, solamente si la pensión que se le otorgue es superior en más del treinta por ciento de la pensión garantizada que le corresponda conforme a las semanas de cotización, al salario base de cotización y a la edad de sesenta años, de la tabla establecida en el artículo 170 de esta Ley, una vez cubierta la prima del seguro de sobrevivencia para sus beneficiarios. La disposición de la cuenta, así como de sus rendimientos estará exenta del pago de contribuciones.

Lo dispuesto en este artículo es aplicable al ramo de vejez.

*Artículo reformado DOF 16-12-2020*

**Artículo 159.** Para efectos de esta Ley, se entenderá por:

**I.** Cuenta individual, aquella que se abrirá para cada asegurado en las Administradoras de Fondos para el Retiro, para que se depositen en la misma las cuotas obrero-patronales y, en su caso, la estatal por concepto del seguro de retiro, cesantía en edad avanzada y vejez, así como los rendimientos. La cuenta individual se integrará por las subcuentas: de retiro, cesantía en edad avanzada y vejez; de vivienda y de aportaciones voluntarias.

*Párrafo reformado DOF 16-12-2020*

Respecto de la subcuenta de vivienda las Administradoras de Fondos para el Retiro deberán hacer entrega de los recursos al Instituto del Fondo Nacional de la Vivienda para los Trabajadores en los términos de su propia Ley.

**II.** Individualizar, el proceso mediante el cual se identifica la parte que se abona a las subcuentas correspondientes a cada trabajador de los pagos efectuados por el patrón y el estado, así como los rendimientos financieros que se generen.

**III.** Pensión, la renta vitalicia o el retiro programado.

**IV.** Renta vitalicia, el contrato por el cual la aseguradora a cambio de recibir todos o parte de los recursos acumulados en la cuenta individual se obliga a pagar periódicamente una pensión durante la vida del pensionado.

*Fracción reformada DOF 16-12-2020*

**V.** Retiros programados, la modalidad de obtener una pensión fraccionando el monto total o parte de los recursos de la cuenta individual, para lo cual se tomará en cuenta la esperanza de vida de los pensionados, así como los rendimientos previsibles de los saldos.

*Fracción reformada DOF 16-12-2020*

**VI.** Seguro de sobrevivencia, aquél que se contrata por los pensionados, por riesgos de trabajo, por invalidez, por cesantía en edad avanzada o por vejez, con cargo a los recursos de la suma asegurada, adicionada a los recursos de la cuenta individual a favor de sus beneficiarios para otorgarles la pensión, ayudas asistenciales y demás prestaciones en dinero previstas en los respectivos seguros, mediante la renta que se les asignará después del fallecimiento del pensionado, hasta la extinción legal de las pensiones.

**VII.** Monto constitutivo es la cantidad de dinero que se requiere para contratar los seguros de renta vitalicia y de sobrevivencia con una institución de seguros.

**VIII.** Suma asegurada es la cantidad que resulta de restar al monto constitutivo el saldo de la cuenta individual del trabajador.

La renta vitalicia y el seguro de sobrevivencia, que otorguen de acuerdo a lo previsto en los seguros de riesgos de trabajo, invalidez y vida y retiro, cesantía en edad avanzada y vejez, las instituciones de seguros se sujetarán a las reglas de carácter general que expida la Comisión Nacional de Seguros y Fianzas, oyendo previamente la opinión de la Comisión Nacional del Sistema de Ahorro para el Retiro.

*Aclaración al párrafo DOF 16-01-1996*

La renta vitalicia se sujetará a las modalidades de contratación que elija el asegurado de entre las opciones que estén registradas ante la Comisión Nacional de Seguros y Fianzas, previo acuerdo del Comité al que se refiere el artículo 81 de la Ley de los Sistemas de Ahorro para el Retiro.

*Párrafo adicionado DOF 16-12-2020*

**Artículo 160.** El pensionado que se encuentre disfrutando de una pensión de cesantía en edad avanzada, no tendrá derecho a una posterior de vejez o de invalidez.

## SECCIÓN TERCERA
## DEL RAMO DE VEJEZ

**Artículo 161.** El ramo de vejez da derecho al asegurado al otorgamiento de las siguientes prestaciones:

**I.** Pensión;

**II.** Asistencia médica, en los términos del capítulo IV de este Título;

**III.** Asignaciones familiares, y
**IV.** Ayuda asistencial.

**Artículo 162.** Para tener derecho al goce de las prestaciones del seguro de vejez, se requiere que el asegurado haya cumplido sesenta y cinco años de edad y tenga reconocidas por el Instituto un mínimo de mil cotizaciones semanales.

*Párrafo reformado DOF 16-12-2020*

En caso que el asegurado tenga sesenta y cinco años o más y no reúna las semanas de cotización señaladas en el párrafo precedente, podrá retirar el saldo de su cuenta individual en una sola exhibición o seguir cotizando hasta cubrir las semanas necesarias para que opere su pensión. Si el asegurado tiene cotizadas un mínimo de setecientas cincuenta semanas tendrá derecho a las prestaciones en especie del seguro de enfermedades y maternidad, en los términos del capítulo IV de este Título.

**Artículo 163.** El otorgamiento de la pensión de vejez sólo se podrá efectuar previa solicitud del asegurado y se le cubrirá a partir de la fecha en que haya dejado de trabajar, siempre que cumpla con los requisitos señalados en el artículo 162 de esta Ley.

**Artículo 164.** Los asegurados que reúnan los requisitos establecidos en esta sección podrán disponer de su cuenta individual con el objeto de disfrutar de una pensión de vejez. Para tal propósito podrán optar por alguna de las opciones siguientes o ambas:

*Párrafo reformado DOF 16-12-2020*

**I.** Contratar con una compañía de seguros pública, social o privada de su elección una renta vitalicia, que se actualizará anualmente en el mes de febrero conforme al Índice Nacional de Precios al Consumidor, y
**II.** Mantener el saldo de su cuenta individual en una Administradora de Fondos para el Retiro y efectuar con cargo a éste, retiros programados.

Los supuestos referidos se sujetarán a lo establecido en esta Ley y de conformidad con las reglas de carácter general que expida la Comisión Nacional del Sistema de Ahorro para el Retiro.

*Aclaración al párrafo DOF 16-01-1996. Reformado DOF 16-12-2020*

El asegurado que elija la opción prevista en la fracción II o ambas podrá, en cualquier momento, contratar una renta vitalicia de acuerdo a lo dispuesto en la fracción I, excepto cuando la renta mensual vitalicia a convenirse fuera inferior a la pensión garantizada que le corresponda conforme a las semanas de cotización, al salario base de cotización y a la edad de sesenta y cinco años, de la tabla establecida en el artículo 170 de esta Ley.

*Párrafo reformado DOF 16-12-2020*

## SECCIÓN CUARTA
## DE LA AYUDA PARA GASTOS DE MATRIMONIO

**Artículo 165.** La o el asegurado tiene derecho a retirar, como ayuda para gastos de matrimonio o unión civil, y proveniente de la cuota social aportada por el gobierno federal en su cuenta individual, una cantidad equivalente a treinta días de salario mínimo general, conforme a los siguientes requisitos:

*Párrafo reformado DOF 26-05-2009, 16-12-2020, 20-01-2023*

**I.** Que tenga acreditado un mínimo de ciento cincuenta semanas de cotización en el seguro de retiro, cesantía en edad avanzada y vejez, en la fecha de celebración del matrimonio;

**II.** Que compruebe con documentos fehacientes la muerte de la persona que registró como cónyuge en el Instituto, o que, en su caso, exhiba el acta de divorcio, y

*Fracción reformada DOF 11-08-2006*

**III.** Que cualquiera de los cónyuges no haya sido registrado con anterioridad en el Instituto con esa calidad.

*Fracción reformada DOF 11-08-2006*

Este derecho se ejercerá por una sola vez y el asegurado o asegurada no tendrá derecho por posteriores matrimonios o uniones civiles.

*Párrafo reformado DOF 20-01-2023*

**Artículo 166.** El asegurado o asegurada que deje de pertenecer al régimen obligatorio conservará sus derechos a la ayuda para gastos de matrimonio o de unión civil, si los firma dentro de noventa días hábiles contados a partir de la fecha de su baja.

*Párrafo reformado DOF 20-01-2023*

El asegurado que suministre datos falsos en relación a su estado civil, pierde todo derecho a la ayuda para gastos de matrimonio.

## SECCIÓN QUINTA
## DEL RÉGIMEN FINANCIERO

**Artículo 167.** Los patrones y el Gobierno Federal, en la parte que les corresponde están obligados a enterar al Instituto el importe de las cuotas obrero patronales y la aportación estatal del seguro de retiro, cesantía en edad avanzada y vejez. Dichas cuotas se recibirán y se depositarán en las respectivas subcuentas de la cuenta individual de cada trabajador, en los términos previstos en la Ley para la Coordinación de los Sistemas de Ahorro para el Retiro.

**Artículo 168.** Las cuotas y aportaciones a que se refiere el artículo anterior serán:

**I.** En el ramo de retiro, a los patrones les corresponde cubrir el importe equivalente al dos por ciento del salario base de cotización del trabajador.

**II.** En los ramos de cesantía en edad avanzada y vejez:

**a)** Los patrones cubrirán la cuota que corresponda sobre el salario base de cotización, calculada conforme a la siguiente tabla:

| Salario base de cotización del trabajador | Cuota Patronal |
|---|---|
| 1.00 SM* | 3.150% |
| 1.01 SM a 1.50 UMA** | 4.202% |
| 1.51 a 2.00 UMA | 6.552% |
| 2.01 a 2.50 UMA | 7.962% |
| 2.51 a 3.00 UMA | 8.902% |
| 3.01 a 3.50 UMA | 9.573% |
| 3.51 a 4.00 UMA | 10.077% |
| 4.01 UMA en adelante | 11.875% |

\*Salario Mínimo
\*\* Unidad de Medida y Actualización

**b)** Los trabajadores cubrirán una cuota del uno punto ciento veinticinco por ciento sobre el salario base de cotización.

*Fracción con incisos reformada DOF 16-12-2020*

**III.** Se deroga.

*Fracción derogada DOF 16-12-2020*

**IV.** El Gobierno Federal, por cada día de salario cotizado, aportará mensualmente una cantidad por concepto de la cuota social, para los trabajadores que ganen hasta cuatro veces la unidad de medida y actualización, que se depositará en la cuenta individual de cada trabajador asegurado conforme a la tabla siguiente:

| Salario base de cotización del trabajador | Cuota Social |
|---|---|
| 1.00 SM* | $10.75 |
| 1.01 SM a 1.50 UMA** | $10.00 |
| 1.51 a 2.00 UMA | $9.25 |
| 2.01 a 2.50 UMA | $8.50 |
| 2.51 a 3.00 UMA | $7.75 |
| 3.01 a 3.50 UMA | $7.00 |
| 3.51 a 4.00 UMA | $6.25 |

*Salario Mínimo
** Unidad de Medida y Actualización

*Párrafo con tabla reformado DOF 16-12-2020*

Los valores mencionados del importe de la cuota social, se actualizarán trimestralmente de conformidad con el Índice Nacional de Precios al Consumidor, en los meses de marzo, junio, septiembre y diciembre de cada año.

*Fracción reformada DOF 26-05-2009*

Estas cuotas y aportaciones al destinarse al otorgamiento de pensiones y demás beneficios establecidos en esta Ley, se entenderán destinadas al gasto público en materia de seguridad social.

*Párrafo reformado DOF 26-05-2009*

**Artículo 169.** Los recursos depositados en la cuenta individual de cada trabajador son propiedad de éste con las modalidades que se establecen en esta Ley y demás disposiciones aplicables.

Estos recursos son inembargables y no podrán otorgarse como garantía. Lo anterior no será aplicable para los recursos depositados en la subcuenta de aportaciones voluntarias.

## SECCIÓN SEXTA
## DE LA PENSIÓN GARANTIZADA

**Artículo 170.** Pensión garantizada es aquélla que el Estado asegura a quienes tengan sesenta años o más de edad, hayan cotizado mil o más semanas y que se calculará conforme a la tabla prevista en este artículo, considerando el promedio de su salario base de cotización durante su afiliación al Instituto. Para estos efectos, el salario señalado se actualizará conforme al Índice Nacional de Precios al Consumidor a la fecha en que se pensione el trabajador.

| Salario Base de Cotización | Edad | Semanas de Cotización | | | | | | | | | | |
|---|---|---|---|---|---|---|---|---|---|---|---|---|
| | | 1,000 | 1,025 | 1,050 | 1,075 | 1,100 | 1,125 | 1,150 | 1,175 | 1,200 | 1,225 | 1,250 o más |
| | | Pensión garantizada mensual en pesos | | | | | | | | | | |
| 1 SM* a 1.59 UMA** | 60 | 2,622 | 2,716 | 2,809 | 2,903 | 2,997 | 3,090 | 3,184 | 3,278 | 3,371 | 3,465 | 3,559 |
| | 61 | 2,660 | 2,753 | 2,847 | 2,941 | 3,034 | 3,128 | 3,221 | 3,315 | 3,409 | 3,502 | 3,596 |
| | 62 | 2,687 | 2,791 | 2,884 | 2,978 | 3,072 | 3,165 | 3,259 | 3,353 | 3,446 | 3,540 | 3,634 |
| | 63 | 2,734 | 2,828 | 2,922 | 3,015 | 3,109 | 3,203 | 3,296 | 3,390 | 3,484 | 3,577 | 3,671 |
| | 64 | 2,772 | 2,866 | 2,959 | 3,053 | 3,147 | 3,240 | 3,334 | 3,427 | 3,521 | 3,615 | 3,708 |
| | 65 o más | 2,809 | 2,903 | 2,997 | 3,090 | 3,184 | 3,278 | 3,371 | 3,465 | 3,559 | 3,652 | 3,746 |
| 2.0 a 2.99 UMA | 60 | 3,409 | 3,530 | 3,652 | 3,774 | 3,896 | 4,017 | 4,139 | 4,261 | 4,383 | 4,504 | 4,626 |
| | 61 | 3,457 | 3,579 | 3,701 | 3,823 | 3,944 | 4,066 | 4,188 | 4,310 | 4,431 | 4,553 | 4,675 |
| | 62 | 3,506 | 3,628 | 3,750 | 3,871 | 3,993 | 4,115 | 4,237 | 4,358 | 4,480 | 4,602 | 4,724 |
| | 63 | 3,555 | 3,677 | 3,798 | 3,920 | 4,042 | 4,164 | 4,285 | 4,407 | 4,529 | 4,651 | 4,772 |
| | 64 | 3,604 | 3,725 | 3,847 | 3,969 | 4,091 | 4,212 | 4,334 | 4,456 | 4,577 | 4,699 | 4,821 |
| | 65 o más | 3,652 | 3,774 | 3,896 | 4,017 | 4,139 | 4,261 | 4,383 | 4,504 | 4,626 | 4,748 | 4,870 |
| 3.0 a 3.99 UMA | 60 | 4,195 | 4,345 | 4,495 | 4,645 | 4,795 | 4,945 | 5,094 | 5,244 | 5,394 | 5,544 | 5,694 |
| | 61 | 4,265 | 4,405 | 4,555 | 4,705 | 4,855 | 5,005 | 5,154 | 5,304 | 5,454 | 5,604 | 5,754 |
| | 62 | 4,315 | 4,465 | 4,615 | 4,765 | 4,915 | 5,064 | 5,214 | 5,364 | 5,514 | 5,664 | 5,814 |
| | 63 | 4,375 | 4,525 | 4,675 | 4,825 | 4,975 | 5,124 | 5,274 | 5,424 | 5,574 | 5,724 | 5,874 |
| | 64 | 4,435 | 4,585 | 4,735 | 4,885 | 5,034 | 5,184 | 5,334 | 5,484 | 5,634 | 5,784 | 5,933 |
| | 65 o más | 4,495 | 4,645 | 4,795 | 4,945 | 5,094 | 5,244 | 5,394 | 5,544 | 5,694 | 5,844 | 5,993 |
| 4.0 a 4.99 UMA | 60 | 4,982 | 5,160 | 5,338 | 5,516 | 5,694 | 5,872 | 6,050 | 6,228 | 6,405 | 6,583 | 6,761 |
| | 61 | 5,053 | 5,231 | 5,409 | 5,587 | 5,765 | 5,943 | 6,121 | 6,299 | 6,477 | 6,655 | 6,832 |
| | 62 | 5,124 | 5,302 | 5,480 | 5,658 | 5,836 | 6,014 | 6,192 | 6,370 | 6,548 | 6,726 | 6,904 |
| | 63 | 5,196 | 5,373 | 5,551 | 5,729 | 5,907 | 6,085 | 6,263 | 6,441 | 6,619 | 6,797 | 6,975 |
| | 64 | 5,267 | 5,445 | 5,623 | 5,801 | 5,978 | 6,156 | 6,334 | 6,512 | 6,690 | 6,868 | 7,046 |
| | 65 o más | 5,338 | 5,516 | 5,694 | 5,872 | 6,050 | 6,228 | 6,405 | 6,583 | 6,761 | 6,939 | 7,117 |
| 5.0 UMA en adelante | 60 | 5,769 | 5,975 | 6,181 | 6,387 | 6,593 | 6,799 | 7,005 | 7,211 | 7,417 | 7,623 | 7,829 |
| | 61 | 5,861 | 6,057 | 6,263 | 6,469 | 6,675 | 6,881 | 7,087 | 7,293 | 7,499 | 7,705 | 7,911 |
| | 62 | 5,933 | 6,140 | 6,346 | 6,552 | 6,758 | 6,964 | 7,170 | 7,376 | 7,582 | 7,788 | 7,994 |
| | 63 | 6,016 | 6,222 | 6,428 | 6,634 | 6,840 | 7,046 | 7,252 | 7,458 | 7,664 | 7,870 | 8,076 |
| | 64 | 6,098 | 6,304 | 6,510 | 6,716 | 6,922 | 7,128 | 7,334 | 7,540 | 7,746 | 7,963 | 8,159 |
| | 65 o más | 6,181 | 6,387 | 6,593 | 6,799 | 7,005 | 7,211 | 7,417 | 7,623 | 7,829 | 8,035 | 8,241 |

*Salario Mínimo
**Unidad de Medida y Actualización

El monto de la pensión se actualizará anualmente en el mes de febrero, conforme al Índice Nacional de Precios al Consumidor, para garantizar su poder adquisitivo.

En el cómputo de las semanas de cotización y el promedio del salario base de cotización se considerarán los que los trabajadores tengan registrados en el Instituto de Seguridad y Servicios Sociales de los Trabajadores del Estado, en los términos del convenio de portabilidad que éste tenga suscrito con el Instituto.

*Artículo reformado DOF 16-12-2020*

**Artículo 171.** El asegurado, cuyos recursos acumulados en su cuenta individual resulten insuficientes para contratar una renta vitalicia o un retiro programado que le asegure el disfrute de una pensión garantizada y la adquisición de un seguro de sobrevivencia para sus beneficiarios, en los porcentajes del capítulo V de este Título, recibirá del Gobierno Federal una aportación complementaria suficiente para el pago de las pensiones correspondientes, mismas que se otorgarán en los siguientes términos:

**I.** La pensión de viudez será igual al noventa por ciento de la que estuviese gozando el pensionado al fallecer;

**II.** La pensión del huérfano de padre o madre será igual al veinte por ciento de la pensión que el asegurado estuviese gozando al fallecer. Si el huérfano lo fuera de padre y madre, se le otorgará en las mismas condiciones una pensión igual al treinta por ciento de la misma base.

Si al iniciarse la pensión de orfandad el huérfano lo fuera de padre o de madre y posteriormente falleciera el otro progenitor, la pensión de orfandad se aumentará del veinte al treinta por ciento de la base señalada, a partir de la fecha de la muerte del ascendiente, y

**III.** Si no existieran beneficiarios con derecho a pensión conforme a lo previsto en las fracciones I y II anteriores, ésta se otorgará a cada uno de los ascendientes que dependían económicamente del pensionado fallecido, por una cantidad igual al veinte por ciento de la pensión que el asegurado estuviese gozando al fallecer.

En estos casos, la administradora de fondos para el retiro continuará con la administración de la cuenta individual del pensionado y efectuará retiros con cargo al saldo acumulado para el pago de la pensión garantizada, en los términos que determine la Comisión Nacional del Sistema de Ahorro para el Retiro.

*Artículo reformado DOF 20-12-2001*

**Artículo 172**. El Gobierno Federal con recursos propios complementarios a los de la cuenta individual correspondiente, cubrirá la pensión garantizada, por conducto del Instituto.

El trabajador asegurado deberá solicitarla al Instituto y acreditar tener derecho a ella. Por su parte la Administradora de Fondos para el Retiro está obligada a proporcionar la información que el propio Instituto le requiera para este efecto.

Agotados los recursos de la cuenta individual, la Administradora de Fondos para el Retiro, notificará este hecho al Instituto con la finalidad de que éste continúe otorgando la pensión garantizada.

*Párrafo reformado DOF 16-12-2020*

Una vez agotados los recursos, la pensión será cubierta con cargo al Gobierno Federal por conducto de la Tesorería de la Federación, a partir de la información que para tal efecto le proporcione el Instituto.

*Párrafo reformado DOF 16-12-2020*

La Secretaría de Hacienda y Crédito Público podrá verificar la información que el Instituto proporcione para los efectos arriba señalados, con datos propios o de terceros e informar los resultados de la verificación al propio Instituto y, en su caso, solicitarle la modificación de los procedimientos necesarios para su conciliación.

*Párrafo adicionado DOF 16-12-2020*

**Artículo 172 A.** A la muerte del pensionado por cesantía en edad avanzada o vejez que estuviere gozando de una pensión garantizada, el Instituto deberá contratar una renta vitalicia que cubra la pensión correspondiente conforme a lo previsto en las fracciones I a III del artículo 171 de esta Ley, a favor de los beneficiarios con la aseguradora que éstos elijan.

A efecto de lo anterior, el Instituto deberá informar del fallecimiento a la administradora de fondos para el retiro que, en su caso, estuviere pagando la pensión, y observarse lo siguiente:

**I.** La administradora de fondos para el retiro deberá entregar al Instituto los recursos que hubiere en la cuenta individual del pensionado fallecido, los cuales se destinarán al pago del monto constitutivo de la renta vitalicia de los beneficiarios, y

**II.** El Gobierno Federal por conducto de la Tesorería de la Federación, deberá aportar los recursos faltantes para el pago del monto constitutivo de la mencionada renta vitalicia, a partir de la información que al efecto le proporcione el Instituto.

La Secretaría de Hacienda y Crédito Público podrá verificar la información que el Instituto proporcione para los efectos del párrafo anterior, con datos propios o de terceros e informar los resultados de la verificación al propio Instituto y, en su caso, solicitarle la modificación de los procedimientos necesarios para su conciliación.

*Fracción reformada DOF 16-12-2020*
*Artículo adicionado DOF 20-12-2001*

**Artículo 173.** El Instituto suspenderá el pago de la pensión garantizada cuando el pensionado reingrese a un trabajo sujeto al régimen obligatorio.

El pensionado por cesantía en edad avanzada o vejez que disfrute de una pensión garantizada no podrá recibir otra de igual naturaleza.

La pensión que corresponda a los beneficiarios del pensionado fallecido, se entregará a éstos aun cuando estuvieran gozando de otra pensión de cualquier naturaleza.

*Artículo reformado DOF 20-12-2001*

## SECCIÓN SÉPTIMA
## DE LA CUENTA INDIVIDUAL Y DE LAS SOCIEDADES DE INVERSIÓN ESPECIALIZADAS DE FONDOS PARA EL RETIRO

**Artículo 174.** Para los efectos de este seguro, es derecho de todo trabajador asegurado contar con una cuenta individual, la que se integrará en los términos señalados en el artículo 159 fracción I de esta Ley.

**Artículo 175.** La individualización y administración de los recursos de las cuentas individuales para el retiro estará a cargo de las Administradoras de Fondos para el Retiro.

Las Administradoras de Fondos para el Retiro deberán contar, para su constitución y funcionamiento, con autorización de la Comisión Nacional del Sistema de Ahorro para el Retiro, sujetándose en cuanto a su contabilidad, información, sistemas de comercialización y publicidad a los términos de la Ley para la Coordinación de los Sistemas de Ahorro para el Retiro.

En todo caso, dicha Ley dispondrá los requisitos de constitución, entre los que se incluirán las disposiciones relativas a impedir el conflicto de intereses sobre el manejo de los fondos respecto de la participación de las asociaciones gremiales del sector productivo y de las entidades financieras.

**Artículo 176.** El trabajador asegurado tendrá, en los términos de las leyes respectivas, el derecho de elegir a la Administradora de Fondos para el Retiro que operará su cuenta individual.

La Ley para la Coordinación de los Sistemas de Ahorro para el Retiro determinará los mecanismos, procedimientos y términos aplicables a los recursos de las cuentas individuales de aquellos trabajadores que no elijan la Administradora de Fondos para el Retiro que deba operar sus respectivas cuentas.

**Artículo 177.** Los patrones estarán obligados siempre que contraten un nuevo trabajador a solicitar su número de seguridad social y el nombre de la Administradora que opere su cuenta individual.

Los trabajadores sujetos al régimen previsto en esta Ley no deberán tener más de una cuenta individual, si tienen varias estarán obligados a promover los procedimientos de unificación o traspaso correspondientes que establezca la Comisión Nacional del Sistema de Ahorro para el Retiro.

Los trabajadores que estén sujetos al régimen previsto en esta Ley y simultáneamente al previsto en otras leyes, o que con anterioridad hayan estado sujetos al régimen previsto en esta Ley, no deberán tener más de una cuenta individual por cada régimen, y su unificación o traspaso quedará a lo que establezca la Ley para la Coordinación de los Sistemas de Ahorro para el Retiro.

**Artículo 178.** El trabajador podrá, una vez en un año calendario contado a partir de la última ocasión que se ejercite este derecho, solicitar directamente a la Administradora de Fondos para el Retiro el traspaso de los recursos de su cuenta individual a otra Administradora.

**Artículo 179.** Al efectuarse el entero de las cuotas obrero patronales, la Administradora de Fondos para el Retiro identificará la parte que corresponde a cada trabajador, a efecto de que con dicha información, en los términos que establezca la Ley para la Coordinación de los Sistemas de Ahorro para el Retiro, se realicen las aplicaciones específicas a cada subcuenta de la cuenta individual.

**Artículo 180.** El patrón deberá informar bimestralmente a los trabajadores, sobre las aportaciones hechas a su favor, sin perjuicio de que dicha información sea entregada a los sindicatos o, en su caso, a cualquier otra organización representativa de los trabajadores asegurados.

*Artículo reformado DOF 20-12-2001*

**Artículo 181.** La Administradora de Fondos para el Retiro deberá informar a cada trabajador titular de una cuenta individual, el estado de la misma, en los términos, periodicidad y forma que al efecto establezca la Ley para la Coordinación de los Sistemas de Ahorro para el Retiro, sin perjuicio de que el asegurado en todo tiempo tenga el derecho a solicitar cualquier tipo de información, relacionada con su cuenta individual, a la administradora.

**Artículo 182.** La documentación y demás características de estas cuentas, no previstas en esta Ley y en la Ley del Instituto del Fondo Nacional de la Vivienda para los Trabajadores, se sujetarán a lo dispuesto por la Ley para la Coordinación de los Sistemas de Ahorro para el Retiro.

**Artículo 183.** Los gastos que genere el sistema de emisión, cobranza y control de aportaciones a las cuentas individuales de los trabajadores serán cubiertos al Instituto por las administradoras de fondos para el retiro, por cada dispersión de recursos, en términos de lo que se prevea en las disposiciones administrativas que deriven de la Ley de los Sistemas de Ahorro para el Retiro.

*Artículo reformado DOF 20-12-2001*

**Artículo 184.** En caso de terminación de la relación laboral, el patrón deberá enterar al Instituto la cuota correspondiente al bimestre de que se trate o, en su caso, la parte proporcional de dicha cuota en la fecha en que deba efectuar el pago de las correspondientes a ese período.

**Artículo 185.** El trabajador podrá notificar el incumplimiento de las obligaciones a cargo de los patrones, establecidas en este capítulo, al Instituto, directamente a la Secretaría de Hacienda y Crédito Público o a través de la Comisión Nacional del Sistema de Ahorro para el Retiro.

El Instituto o la Secretaría de Hacienda y Crédito Público tendrán, indistintamente, la facultad de practicar inspecciones domiciliarias y, en su caso, determinar créditos y las bases de su liquidación, así como la actualización y recargos que se generen en los términos de los artículos 15 fracción V, 251 fracciones XIV y XVIII, y demás relativos de esta Ley.

**Artículo 186.** El patrón es responsable de los daños y perjuicios que se causaren al trabajador o a sus beneficiarios, cuando por falta de cumplimiento de la obligación de inscribirlo o de avisar su salario real o los cambios que sufriera éste, no pudieran otorgarse las prestaciones consignadas en este capítulo, o bien dichas prestaciones se vieran disminuidas en su cuantía. En este caso el Instituto fincará los capitales constitutivos respectivos, en los términos del artículo 79 de esta Ley.

**Artículo 187.** Los trabajadores titulares de las cuentas individuales, y, en su caso, sus beneficiarios, deberán presentar directamente o a través de sus sindicatos o cualquier otra organización representativa, sus reclamaciones en contra de las Administradoras de Fondos para el Retiro o entidades financieras autorizadas por la Comisión Nacional del Sistema de Ahorro para el Retiro, ante esta misma Comisión. El procedimiento correspondiente ante la Comisión se sujetará a lo dispuesto en la Ley para la Coordinación de los Sistemas de Ahorro para el Retiro.

**Artículo 188.** Las Administradoras de Fondos para el Retiro, operarán las Sociedades de inversión especializadas de fondos para el retiro, éstas serán las responsables de la inversión de los recursos de las cuentas individuales de los trabajadores.

Las Sociedades de inversión especializadas de fondos para el retiro se sujetarán para su constitución, organización, funcionamiento, régimen de inversión, tipos de valores, publicidad, sistemas de comercialización y contabilidad, a lo establecido por la Ley para la Coordinación de los Sistemas de Ahorro para el Retiro.

La inspección y vigilancia de las Administradoras de Fondos para el Retiro y de las Sociedades de inversión especializadas de fondos para el retiro será realizada por la Comisión Nacional del Sistema de Ahorro para el Retiro.

**Artículo 189.** Con cargo a los recursos acumulados de la cuenta individual del trabajador, la Administradora de Fondos para el Retiro adquirirá a nombre de éste y en favor de sus beneficiarios legales, en el momento de otorgarse la pensión, un seguro de sobrevivencia, en los términos que al efecto determine la Comisión Nacional de Seguros y Fianzas, oyendo a la Comisión Nacional del

Sistema de Ahorro para el Retiro, en los mismos porcentajes y condiciones que para tal efecto establece el capítulo V sección quinta de este Título.

**Artículo 190.** El trabajador o sus beneficiarios que adquieran el derecho a disfrutar de una pensión proveniente de algún plan establecido por su patrón o derivado de contratación colectiva, que haya sido autorizado y registrado por la Comisión Nacional del Sistema de Ahorro para el Retiro, debiendo cumplir los requisitos establecidos por ésta, tendrá derecho a que la Administradora de Fondos para el Retiro, que opere su cuenta individual, le entregue los recursos que lo integran, situándolos en la entidad financiera que el trabajador designe, a fin de adquirir una pensión en los términos del artículo 157 o bien entregándoselos en una sola exhibición, cuando la pensión de que disfrute sea mayor en un treinta por ciento de la pensión garantizada, que corresponda conforme a las semanas de cotización, al salario base de cotización y a la edad de sesenta años, de la tabla establecida en el artículo 170 de esta Ley.

*Artículo reformado DOF 16-12-2020*

**Artículo 191.** Durante el tiempo en que el trabajador deje de estar sujeto a una relación laboral, tendrá derecho a:

**I.** Realizar aportaciones a su cuenta individual, y

**II.** Retirar parcialmente por situación de desempleo los recursos de la Subcuenta de Retiro, Cesantía en Edad Avanzada y Vejez, a partir del cuadragésimo sexto día natural contado desde el día en que quedó desempleado, en los siguientes términos:

**a)** Si su cuenta individual tiene al menos tres años de haber sido abierta y tiene un mínimo de doce bimestres de cotización al Instituto acreditados en dicha cuenta, podrá retirar en una exhibición la cantidad que resulte al equivalente a treinta días de su último salario base de cotización, con un límite de diez veces el salario mínimo mensual general que rija en el Distrito Federal, o

**b)** Si su cuenta individual tiene cinco años o más de haber sido abierta, podrá retirar la cantidad que resulte menor entre noventa días de su propio salario base de cotización de las últimas doscientas cincuenta semanas o las que tuviere, o el once punto cinco por ciento del saldo de la Subcuenta de Retiro, Cesantía en Edad Avanzada y Vejez.

Las cantidades a que se refiere este inciso se entregarán en un máximo de seis mensualidades, la primera de las cuales podrá ser por un monto de treinta días de su último salario base de cotización a solicitud del trabajador, conforme a las reglas de carácter general que al efecto expida la Comisión Nacional del Sistema de Ahorro para el Retiro. En caso de que el trabajador se reincorpore a laborar durante el plazo de entrega de los recursos, las mensualidades posteriores a su reincorporación se suspenderán.

El trabajador que cumpla con los requisitos de antigüedad de la cuenta a que se refiere el primer párrafo de este inciso, podrá optar, en todo caso, por el beneficio señalado en el inciso a).

El derecho consignado en esta fracción sólo podrán ejercerlo los trabajadores que acrediten con los estados de cuenta correspondientes, no haber efectuado retiros durante los cinco años inmediatos anteriores a la fecha de la solicitud de retiro de recursos.

*Fracción reformada DOF 26-05-2009*

**Artículo 192.** Los trabajadores tendrán en todo tiempo el derecho a realizar aportaciones voluntarias a su cuenta individual, ya sea por conducto de su patrón al efectuarse el entero de las cuotas o por sí mismos. En estos casos, las aportaciones se depositarán a la subcuenta de aportaciones voluntarias.

*Aclaración al párrafo DOF 16-01-1996*

Asimismo, los patrones podrán hacer aportaciones adicionales a la subcuenta de aportaciones voluntarias, mismas que se entenderán adicionales a los beneficios establecidos en los contratos colectivos de trabajo.

El trabajador podrá hacer retiros de la subcuenta de aportaciones voluntarias en cualquier momento, conforme al procedimiento que establezca la Comisión Nacional del Sistema de Ahorro para el Retiro.

*Párrafo reformado DOF 16-12-2020*

**Artículo 193.** Los beneficiarios del trabajador titular de una cuenta individual del seguro de retiro, cesantía en edad avanzada y vejez serán los que establecen las fracciones III al IX del artículo 84, en relación con los artículos 129 al 137 de esta Ley.

En caso de fallecimiento del trabajador o pensionado, tendrán derecho a recibir los recursos de la cuenta individual que en términos de las disposiciones legales puedan entregarse en una sola exhibición por no tener otro fin específico, a los beneficiarios designados expresamente en los contratos de administración de fondos para el retiro que las Administradoras de Fondos para el Retiro celebren con los trabajadores, en la proporción estipulada para cada uno de ellos.

Para tales efectos, el trabajador podrá en cualquier tiempo sustituir a los beneficiarios que hubiera designado, así como modificar, en su caso, la proporción correspondiente a cada uno de ellos.

La Administradora de Fondos para el Retiro en la que se encontraba registrado el trabajador o pensionado fallecido, deberá entregar el importe de las subcuentas, incluidas las de Vivienda, que en términos de las disposiciones legales aplicables puedan entregarse en una sola exhibición.

A falta de beneficiarios designados, dicha entrega se hará en el orden de prelación previsto en el artículo 501 de la Ley Federal del Trabajo. Cualquier conflicto deberá ser resuelto ante los tribunales competentes de conformidad con lo establecido en la Ley Orgánica del Poder Judicial de la Federación.

*Artículo reformado DOF 01-05-2019, 16-12-2020*

**Artículo 193 Bis.** Cuando el trabajador tenga la calidad de persona desaparecida y cuente con Declaración Especial de Ausencia, en términos de la legislación especial en la materia, los recursos de su cuenta individual serán puestos a disposición de sus beneficiarios, en los términos en que se establezcan en resolución que se haya emitido para ese fin.

*Artículo adicionado DOF 22-06-2018*

**Artículo 194.** Para efectos del retiro programado, se calculará cada año una anualidad que será igual al resultado de dividir el saldo de la cuenta individual del asegurado entre el capital necesario para financiar una unidad de renta vitalicia para el asegurado y sus beneficiarios y, por lo menos, igual al valor correspondiente a la pensión garantizada, que le corresponda conforme a la tabla establecida en el artículo 170 de esta Ley. La pensión mensual corresponderá a la doceava parte de dicha anualidad.

*Párrafo reformado DOF 16-12-2020*

Las tablas utilizadas para calcular la unidad de renta vitalicia a que se refiere este artículo se elaborarán anualmente por la Comisión Nacional de Seguros y Fianzas.

**Artículo 195.** La Comisión Nacional del Sistema de Ahorro para el Retiro, atendiendo a consideraciones técnicas y asegurando los intereses de los trabajadores, mediante la expedición de disposiciones administrativas podrá autorizar mecanismos, procedimientos, formas y términos relacionados con el seguro de retiro, cesantía en edad avanzada y vejez, conforme a lo establecido en esta Ley y la Ley para la Coordinación de los Sistemas de Ahorro para el Retiro.

**Artículo 196.** El asegurado que goce de una pensión de cesantía en edad avanzada o de vejez, cuando reingrese al régimen obligatorio, no efectuará las cotizaciones a que se refiere el párrafo segundo del artículo 25 de esta Ley, ni las de los seguros de invalidez y vida.

El asegurado abrirá una nueva cuenta individual, en la Administradora de Fondos para el Retiro que elija de acuerdo con las normas generales establecidas en esta Ley. Una vez al año, en el mismo mes calendario en el que adquirió el derecho a la pensión, podrá el asegurado transferir a la Aseguradora que le estuviera pagando la renta vitalicia, el saldo acumulado de su cuenta individual, conviniendo el incremento en la renta vitalicia o retiros programados que esta última le esté cubriendo.

**Artículo 197.** Las Aseguradoras y las Administradoras de Fondos para el Retiro no podrán retener, bajo ningún concepto, el pago de rentas vencidas ni de retiros programados no cobrados por el pensionado, cuyos montos en todo momento estarán a disposición de éste.

**Artículo 198.** La disposición que realice el trabajador de los recursos de su cuenta individual por concepto del retiro por situación de desempleo previsto en el artículo 191 fracción II de la presente Ley, disminuirá en igual proporción a las semanas de cotización efectuadas.

La mencionada disminución se calculará dividiendo el monto acumulado de los recursos de la cuenta individual entre el número de semanas cotizadas hasta el momento de realizarse la disposición de dichos recursos. El monto retirado se dividirá entre el cociente resultante de la anterior operación. El resultado se le restará a las semanas cotizadas.

Los trabajadores que retiren recursos de la Subcuenta de Retiro, Cesantía en Edad Avanzada y Vejez en los términos de lo dispuesto por el mencionado artículo 191 fracción II de la presente Ley, podrán reintegrar total o parcialmente los recursos que hubieren recibido conforme a las disposiciones de carácter general que al efecto expida la Comisión Nacional del Sistema de Ahorro para el Retiro, con el voto favorable del Comité Consultivo y de Vigilancia. En este caso, las semanas de cotización que hubieren sido disminuidas conforme a lo dispuesto en el presente artículo les serán reintegradas proporcionalmente a los recursos que reintegren.

*Artículo reformado DOF 26-05-2009*

**Artículo 199.** La disolución y liquidación de las Administradoras de Fondos para el Retiro y sociedades de inversión especializadas de fondos para el retiro se sujetará a la legislación aplicable, así como a las disposiciones administrativas que expida la Comisión Nacional del Sistema de Ahorro para el Retiro para salvaguardar los derechos de los asegurados en los términos de esta Ley.

**Artículo 200.** Para los efectos de esta sección, la Ley para la Coordinación de los Sistemas de Ahorro para el Retiro preverá las disposiciones administrativas que sean necesarias para lograr el eficaz cumplimiento de las disposiciones contenidas en esta Ley.

## CAPÍTULO VII
## DEL SEGURO DE GUARDERÍAS Y DE LAS PRESTACIONES SOCIALES

### SECCIÓN PRIMERA
### DEL RAMO DE GUARDERÍAS

**Artículo 201.** El ramo de guarderías cubre los cuidados, durante la jornada de trabajo, de las hijas e hijos en la primera infancia, de las personas trabajadoras, mediante el otorgamiento de las prestaciones establecidas en este capítulo.

*Párrafo reformado DOF 21-10-2020*

Este beneficio se podrá extender a los asegurados que por resolución judicial ejerzan la patria potestad y la custodia de un menor, siempre y cuando estén vigentes en sus derechos ante el Instituto y no puedan proporcionar la atención y cuidados al menor.

El servicio de guardería se proporcionará en el turno matutino y vespertino pudiendo tener acceso a alguno de estos turnos, el hijo del trabajador cuya jornada de labores sea nocturna.

*Artículo reformado DOF 20-12-2001*

**Artículo 202.** Estas prestaciones deben proporcionarse atendiendo a cuidar y fortalecer la salud del niño y su buen desarrollo futuro, así como a la formación de sentimientos de adhesión familiar y social, a la adquisición de conocimientos que promuevan la comprensión, el empleo de la razón y de la imaginación y a constituir hábitos higiénicos y de sana convivencia y cooperación en el esfuerzo común con propósitos y metas comunes, todo ello de manera sencilla y acorde a su edad y a la realidad social y con absoluto respeto a los elementos formativos de estricta incumbencia familiar.

**Artículo 203.** Los servicios de guardería infantil incluirán el aseo, la alimentación, el cuidado de la salud, la educación y la recreación de los menores a que se refiere el artículo 201. Serán proporcionados por el Instituto, en los términos de las disposiciones que al efecto expida el Consejo Técnico.

**Artículo 204.** Para otorgar la prestación de los servicios de guardería, el Instituto establecerá instalaciones especiales, por zonas convenientemente localizadas en relación a los centros de trabajo y de habitación, y en las localidades donde opere el régimen obligatorio.

**Artículo 205.** Las personas trabajadoras aseguradas tendrán derecho a los servicios de guardería para sus hijas e hijos, durante las horas de su jornada de trabajo, en la forma y términos establecidos en esta Ley y en el reglamento relativo.

*Párrafo reformado DOF 21-10-2020*

El servicio de guarderías se proporcionará en el turno matutino y vespertino, pudiendo tener acceso a alguno de estos turnos, el hijo del trabajador cuya jornada de labores sea nocturna.

*Artículo reformado DOF 20-12-2001*

**Artículo 206.** Los servicios de guarderías se proporcionarán a los menores a que se refiere el artículo 201 desde la edad de cuarenta y tres días hasta que cumplan cuatro años.

**Artículo 207.** Los asegurados a que se refiere esta Sección tendrán derecho al servicio a partir de que el trabajador sea dado de alta ante el Instituto y cuando sean dados de baja en el régimen obligatorio conservarán durante las cuatro semanas posteriores a dicha baja, el derecho a las prestaciones de este seguro.

*Artículo reformado DOF 20-12-2001*

## SECCIÓN SEGUNDA
## DEL RAMO DE LAS PRESTACIONES SOCIALES

**Artículo 208.** Las prestaciones sociales comprenden:
**I.** Prestaciones sociales institucionales, y
**II.** Prestaciones de solidaridad social.

**Artículo 209.** Las prestaciones sociales institucionales tienen como finalidad fomentar la salud, prevenir enfermedades y accidentes y contribuir a la elevación general de los niveles de vida de la población.

El Instituto proporcionará atención a sus derechohabientes mediante servicios y programas de prestaciones sociales que fortalezcan la medicina preventiva y el autocuidado de la salud y mejoren su economía e integridad familiar. Para ello, fortalecerá la coordinación y concertación con instituciones de la Administración Pública Federal, Estatal y Municipal o con entidades privadas y sociales, que hagan posible su acceso a preferencias, prerrogativas y servicios que contribuyan a su bienestar.

*Párrafo reformado DOF 20-12-2001*

Asimismo, el Instituto establecerá y desarrollará los programas y servicios para los derechohabientes, en términos de la disponibilidad financiera de los recursos destinados a prestaciones sociales de este seguro.

*Párrafo reformado DOF 20-12-2001*

**Artículo 210.** Las prestaciones sociales institucionales serán proporcionadas mediante programas de:
**I.** Promoción de la salud, difundiendo los conocimientos necesarios a través de cursos directos, conferencias y campañas de bienestar, cultura y deporte, y del uso de medios masivos de comunicación;

*Fracción reformada DOF 20-12-2001*

**II.** Educación higiénica, materno infantil, sanitaria y de primeros auxilios; apoyo a la nutrición de las trabajadoras derechohabientes embarazadas, durante la gestación y a sus hijas e hijos en el periodo neonatal mediante el refuerzo y seguimiento nutricional correspondiente; prevención de enfermedades y accidentes;

*Fracción reformada DOF 20-12-2001, 25-04-2023*

**III.** Mejoramiento de la calidad de vida a través de estrategias que aseguren costumbres y estilos de vida saludables, que propicien la equidad de género, desarrollen la creatividad y las potencialidades individuales, y fortalezcan la cohesión familiar y social;

*Fracción reformada DOF 20-12-2001*

**IV.** Impulso y desarrollo de actividades culturales y deportivas, recreativas y de cultura física y en general, de todas aquéllas tendientes a lograr una mejor ocupación del tiempo libre;

*Fracción reformada DOF 20-12-2001*

**V.** Promoción de la regularización del estado civil;

*Fracción reformada DOF 20-12-2001*

**VI.** Cursos de adiestramiento técnico y de capacitación para el trabajo, a fin de propiciar la participación de la población en el mercado laboral, de lograr la superación del nivel de ingresos a los capacitados y contribuir a la satisfacción de las necesidades de la planta productiva. Dichos cursos podrán ser susceptibles de validación oficial;

*Fracción reformada DOF 20-12-2001*

**VII.** Centros vacacionales;

*Fracción reformada DOF 20-12-2001*

**VIII.** Superación de la vida en el hogar, a través de un adecuado aprovechamiento de los recursos económicos, de mejores prácticas de convivencia y,

**IX.** Establecimiento y administración de velatorios, así como otros servicios similares.

**Artículo 210 A.** El Instituto podrá ofrecer sus instalaciones deportivas, sociales, culturales, recreativas y vacacionales a la población en general, ya sea por sí o en cooperación con instituciones de los sectores público o social,

estableciendo en todos los casos las cuotas de recuperación de costos correspondientes, a efecto de generar recursos para apoyar el financiamiento de su
operación y mantenimiento y de colaborar con la sociedad en general en la
promoción de ese tipo de actividades. El monto y destino de los recursos que
se obtengan conforme a lo dispuesto en este párrafo se informará al Congreso
de la Unión y al Ejecutivo Federal por conducto de la Secretaría de Hacienda
y Crédito Público.

Los derechohabientes tendrán condiciones preferenciales en el pago de las
cuotas de recuperación señaladas, en los términos que el Instituto establezca.

*Artículo adicionado DOF 20-12-2001*

## SECCIÓN TERCERA
### DEL RÉGIMEN FINANCIERO

**Artículo 211.** El monto de la prima para este seguro será del uno por ciento sobre el salario base de cotización. Para prestaciones sociales solamente se
podrá destinar hasta el veinte por ciento de dicho monto.

**Artículo 212.** Los patrones cubrirán íntegramente la prima para el financiamiento de las prestaciones de este capítulo, esto independientemente que
tengan o no trabajadores de los señalados en el artículo 201 a su servicio.

**Artículo 213.** El Instituto podrá celebrar convenios de reversión de cuotas
o subrogación de servicios, con los patrones que tengan instaladas guarderías
en sus empresas o establecimientos, cuando reúnan los requisitos señalados en
las disposiciones relativas.

## SECCIÓN CUARTA
### DE LAS PRESTACIONES DE SOLIDARIDAD SOCIAL

**Artículo 214.** Las prestaciones o servicios de solidaridad social comprenden acciones de salud comunitaria, asistencia médica, farmacéutica e incluso
hospitalaria, en la forma y términos establecidos en los artículos 215 al 217
de esta Ley.

**Artículo 215.** El Instituto organizará, establecerá y operará unidades médicas destinadas a los servicios de solidaridad social, los que serán proporcionados exclusivamente en favor de los núcleos de población que por el propio

estadio de desarrollo del país, constituyan polos de profunda marginación rural, suburbana y urbana, y que el Poder Ejecutivo Federal determine como sujetos de solidaridad social.

Queda facultado el Instituto para dictar las bases e instructivos a que se sujetarán estos servicios, pero, en todo caso, se coordinará con la Secretaría de Salud y demás instituciones de salud y seguridad social.

**Artículo 216.** El Instituto proporcionará el apoyo necesario a los servicios de solidaridad social que esta Ley le atribuye, sin perjuicio del eficaz otorgamiento de las prestaciones a que tienen derecho los trabajadores y demás beneficiarios del régimen obligatorio.

**Artículo 216 A.** El Instituto deberá atender a la población no derechohabiente en los casos siguientes:

**I.** En situaciones de emergencia nacional, regional o local o, en caso de siniestros o desastres naturales;

**II.** Tratándose de campañas de vacunación, atención o promoción a la salud, y

**III.** En apoyo a programas de combate a la marginación y la pobreza, cuando así lo requiera el Ejecutivo Federal.

Para los efectos de la fracción I, el Ejecutivo Federal, por conducto de la Secretaría de Hacienda y Crédito Público proveerá los recursos financieros correspondientes al Instituto de conformidad con las disposiciones aplicables.

Por lo que hace a los supuestos contemplados en la fracción II, conforme a las previsiones presupuestarias y en los términos de las disposiciones que al efecto emita el Ejecutivo Federal, la Secretaría de Hacienda y Crédito Público proveerá los recursos financieros necesarios para resarcir al Instituto de los gastos en que incurra.

Tratándose de los programas a que se refiere la fracción III, se estará a lo dispuesto por las normas aplicables a los subsidios federales.

En todos los casos el Instituto llevará a cabo la contabilización específica y por separado de la contabilidad general.

*Artículo adicionado DOF 20-12-2001*

**Artículo 217.** Las prestaciones de solidaridad social serán financiadas por la Federación y por los propios beneficiados.

Los beneficiados por estos servicios contribuirán con aportaciones en efectivo o con la realización de trabajos personales de beneficio para las comunidades en que habiten y que propicien que alcancen el nivel de desarrollo económico necesario para llegar a ser sujetos de aseguramiento en los términos de esta Ley.

## CAPÍTULO VIII
### DE LA CONTINUACIÓN VOLUNTARIA EN EL RÉGIMEN OBLIGATORIO

**Artículo 218.** El asegurado con un mínimo de cincuenta y dos cotizaciones semanales acreditadas en el régimen obligatorio, en los últimos cinco años, al ser dado de baja, tiene el derecho a continuar voluntariamente en el mismo, pudiendo continuar en los seguros conjuntos de invalidez y vida así como de retiro, cesantía en edad avanzada y vejez, debiendo quedar inscrito con el último salario o superior al que tenía en el momento de la baja. El asegurado cubrirá las cuotas que le correspondan por mensualidad adelantada y cotizará de la manera siguiente:

*Párrafo reformado DOF 20-12-2001*

**a)** Respecto del seguro de retiro, cesantía en edad avanzada y vejez, el asegurado cubrirá por cuanto hace al ramo primero, la totalidad de la cuota y por los otros dos ramos cubrirá el importe de las cuotas obrero patronales, debiendo el Estado aportar la parte de cuota social que conforme a esta Ley le corresponda, y

*Inciso reformado DOF 16-12-2020*

**b)** En el seguro de invalidez y vida el asegurado cubrirá las cuotas obrero patronales y el Estado la parte que le corresponda de acuerdo a los porcentajes señalados en esta Ley.

Adicionalmente, el asegurado deberá cubrir las cuotas que corresponderían al patrón y al trabajador, señaladas en el párrafo segundo del artículo 25 de esta Ley.

*Párrafo adicionado DOF 20-12-2001*

**Artículo 219.** El derecho establecido en el artículo anterior se pierde si no se ejercita mediante solicitud por escrito dentro de un plazo de cinco años a partir de la fecha de baja.

*Artículo reformado DOF 20-12-2001*

**Artículo 220.** La continuación voluntaria del régimen obligatorio termina por:

**I.** Declaración expresa firmada por el asegurado;

**II.** Dejar de pagar las cuotas durante dos meses, y

*Fracción reformada DOF 20-12-2001*

**III.** Ser dado de alta nuevamente en el régimen obligatorio, en los términos del artículo 12 de esta Ley.

El asegurado podrá solicitar por escrito su reingreso al régimen obligatorio del seguro social a través de la continuación voluntaria, cuando hubiese causado baja por la falta de pago de las cuotas de dos meses consecutivos. La solicitud deberá formularse dentro de los doce meses siguientes a la fecha de su baja en la continuación voluntaria.

*Párrafo adicionado DOF 20-12-2001*

**Artículo 221.** La conservación de derechos se rige por lo establecido en los capítulos relativos del régimen obligatorio.

## CAPÍTULO IX
## DE LA INCORPORACIÓN VOLUNTARIA AL RÉGIMEN OBLIGATORIO

**Artículo 222.** La incorporación voluntaria de los sujetos a que se refiere el presente capítulo, se realizará por convenio y se sujetará a las siguientes modalidades:

**I.** Podrá efectuarse en forma individual o de grupo a solicitud, por escrito, del sujeto o sujetos interesados. En el caso de incorporación colectiva cada uno de los asegurados será responsable de sus obligaciones frente al Instituto;

**II.** El esquema de aseguramiento, para los sujetos que señala este capítulo, comprende:

**a)** Para los sujetos a que se refiere la fracción I del artículo 13 de esta Ley, las prestaciones del seguro de enfermedades y maternidad, por lo que se refiere a las prestaciones en especie estarán sujetos a los tiempos de espera determinados en el reglamento de la ley en la materia, las del seguro de riesgos de trabajo, las correspondientes de los seguros de invalidez y vida, retiro, cesantía en edad avanzada y vejez, así como las del seguro de guarderías y prestaciones sociales, en los términos de los capítulos respectivos;

*Inciso reformado DOF 20-12-2001, 01-12-2023*

**b)** Se deroga.

*Inciso derogado DOF 16-11-2022*

**c)** Se deroga.

*Inciso derogado DOF 01-12-2023*

**d)** Para los sujetos a que se refiere la fracción V del artículo 13 de esta Ley, las prestaciones del seguro de riesgos de trabajo, las prestaciones en especie del seguro de enfermedades y maternidad y las correspondientes de los seguros de invalidez y vida, así como de retiro, cesantía en edad avanzada y vejez, en los términos de los capítulos respectivos, y

A solicitud de las entidades públicas, el esquema de aseguramiento podrá comprender únicamente las prestaciones en especie de los seguros conjuntos de riesgos de trabajo y enfermedades y maternidad, siempre y cuando dichas entidades tengan establecido un sistema de pensiones para sus trabajadores, y

*Párrafo adicionado DOF 20-12-2001*

**e)** En caso de muerte del asegurado, se estará a lo dispuesto en el artículo 104 de esta Ley.

**Artículo 223.** Aceptada la incorporación, serán aplicables las disposiciones del régimen obligatorio, con las salvedades y modalidades que establezca esta Ley.

Sólo se perderá la calidad de asegurado si se dejan de tener las características que originaron el aseguramiento.

**Artículo 224.** Los sujetos de aseguramiento comprendidos en este capítulo cotizarán por mensualidad, bimestralidad, semestralidad o anualidad adelantadas, a elección del asegurado. En el caso de pago en parcialidades no se le aplicarán al importe a pagar actualizaciones ni recargos.

Lo dispuesto en el párrafo anterior resulta aplicable con independencia de que una persona pudiera cotizar simultáneamente como Trabajador Independiente o por cuenta propia y como trabajador sujeto a una relación personal subordinada regulada por la Ley Federal del Trabajo.

En ese caso, la persona que se ubique en ambos supuestos podrá optar por afiliarse voluntariamente como Trabajador Independiente o por cuenta propia,

caso en el cual deberá realizar los pagos de las cuotas obrero patronales correspondientes, con independencia de las obligaciones de pago que deriven de la
relación laboral personal subordinada regulada por la Ley Federal del Trabajo.

*Artículo reformado DOF 20-12-2001, 01-12-2023*

**Artículo 225.** Al llevarse a cabo los actos que determinen la incorporación
de los sujetos de aseguramiento de este capítulo y al abrirse los períodos de
inscripción relativos, el Instituto podrá establecer plazos de espera para el disfrute de las prestaciones en especie del seguro de enfermedades y maternidad.

El Consejo Técnico podrá expedir las reglas de carácter general que en su
caso resulten aplicables para el aseguramiento de los sujetos a que se refiere
la fracción I del artículo 13 de esta Ley.

*Párrafo adicionado DOF 01-12-2023*

**Artículo 226.** No procederá el aseguramiento voluntario, cuando de manera previsible éste pueda comprometer el equilibrio financiero del Instituto
o la eficacia de los servicios que proporciona a los asegurados en el régimen
obligatorio.

**Artículo 227.** Las cuotas obrero patronales correspondientes a los sujetos
de este capítulo se cubrirán con base en:

*Aclaración al párrafo DOF 16-01-1996*

I. Los ingresos reportados provenientes de la actividad que dio origen al
aseguramiento, para los sujetos a que se refiere la fracción I del artículo 13
de esta Ley.

Para efectos del cálculo de las cuotas obrero patronales se considerarán los
límites establecidos en el artículo 28 de la presente Ley, y

*Fracción reformada DOF 20-12-2001, 01-12-2023*

II. Conforme al salario real integrado de acuerdo con el artículo 27 de este
ordenamiento, para las personas a que se refiere la fracción V del artículo 13
de esta Ley.

*Fracción reformada DOF 16-11-2022*

Las bases de las fracciones anteriores serán aplicables, para todos los seguros que comprenda el aseguramiento en cada caso, con la excepción del se-

guro de enfermedades y maternidad, respecto del cual se estará a lo dispuesto por el artículo 106 de esta Ley.

El Consejo Técnico del Instituto ante las instancias competentes, proveerá lo necesario para que estas promuevan ante el Congreso de la Unión la revisión de estas bases de cotización, para propiciar que se mantenga o restituya, en su caso, el equilibrio financiero de estos seguros.

**Artículo 228.** A las bases de cotización señaladas en el artículo anterior, se les aplicarán las primas de financiamiento que establece esta Ley y que corresponden a los seguros que, en cada caso, comprenda el esquema de protección, reduciendo la parte proporcional relativa a las prestaciones que se excluyen.

La cuota así determinada se cubrirá de la manera siguiente:

**I.** Para las y los sujetos a que se refiere la fracción V del artículo 13, de acuerdo con lo establecido tratándose de las personas del artículo 12 de esta Ley, y

*Fracción reformada DOF 16-11-2022*

**II.** Para los sujetos a que se refiere la fracción I del artículo 13 de esta Ley, les corresponderá cubrir íntegramente la cuota obrero-patronal, contribuyendo el Estado conforme le corresponda a cada ramo de seguro, de acuerdo con lo dispuesto en esta Ley, incluyendo la cuota social.

*Fracción reformada DOF 20-12-2001, 01-12-2023*

**Artículo 229.** En el caso de los sujetos a que se refiere la fracción I del artículo 13 de esta Ley, el Instituto podrá convenir, previa conformidad de los sujetos de aseguramiento, con empresas, instituciones de crédito o entidades públicas o privadas, con las que aquéllos tengan relaciones comerciales o jurídicas derivadas de su actividad, que dichas entidades sean las que retengan y enteren las cuotas correspondientes y, de ser procedente, sus accesorios legales, casos en los cuales éstas serán solidariamente responsables.

*Artículo reformado DOF 20-12-2001, 01-12-2023*

**Artículo 230.** Los sujetos a que se refiere el artículo 13 de esta Ley podrán gestionar y obtener que un tercero, persona física o moral, se obligue ante el Instituto a aportar la totalidad o parte de las cuotas a su cargo.

**Artículo 231.** La incorporación voluntaria al régimen obligatorio establecida en el artículo 13, fracciones I y V, termina por declaración expresa firmada por el sujeto o grupo de asegurados, o por no pagar las cuotas correspondientes.

*Párrafo reformado DOF 01-12-2023*

**I.** Se deroga.

*Fracción reformada DOF 20-12-2001. Derogada DOF 01-12-2023*

**II.** Se deroga.

*Fracción derogada DOF 16-11-2022*

**Artículo 232.** Para la incorporación de personas que presten servicios a dependencias o entidades de la Administración Pública Federal, deberá contarse con la previa conformidad de la Secretaría de Hacienda y Crédito Público.

En el caso de dependencias o entidades de las administraciones públicas estatales o municipales, se deberá contar con la autorización del congreso local o del cabildo correspondientes, cuando para el cumplimiento de sus obligaciones con el Instituto, se otorguen como garantía sus participaciones en la recaudación federal que correspondan al estado o municipio de que se trate.

*Artículo reformado DOF 20-12-2001*

**Artículo 233.** Las cuotas obrero patronales que se generen con motivo de la incorporación de los trabajadores de las dependencias y entidades al servicio de las administraciones públicas estatales o municipales, podrán pagarse con cargo a los subsidios, transferencias o a las participaciones en ingresos federales que a los estados y municipios les correspondan, en los términos de las disposiciones aplicables.

*Artículo reformado DOF 20-12-2001*

## CAPÍTULO X
## DE LA SEGURIDAD SOCIAL EN EL CAMPO

**Artículo 234.** La seguridad social se extiende al campo mexicano, en los términos y formas que se establecen en la presente Ley y los reglamentos respectivos.

**Artículo 235.** Las mujeres y los hombres del campo que tengan el carácter de trabajadores independientes, respecto de quienes no medie ninguna relación de subordinación laboral, los ejidatarios, comuneros, colonos y pequeños propietarios; así como los ejidos y otras formas superiores de organización, podrán acceder a la seguridad social en la forma y términos que señala el artículo 13, a través de convenio de incorporación voluntaria al régimen obligatorio, o bien mediante el seguro de salud para la familia establecido en el artículo 240 de esta Ley.

**Artículo 236.** Aquellos productores del campo que estuvieran incorporados por la vía de Decreto Presidencial a la seguridad social, podrán afiliarse al Régimen de seguridad social de los previstos en la presente Ley, que resulte más conveniente a sus condiciones productivas y de ingreso. En el caso de los cañeros, tabacaleros y otras ramas de producción especializadas se incorporarán con las modalidades que correspondan, de acuerdo a lo establecido en la fracción III del artículo 12 de esta Ley.

**Artículo 237.** Las personas trabajadoras asalariadas, permanentes y temporales en actividades del campo, se comprenden en el artículo 12, fracción I, de esta Ley y accederán a la seguridad social en los términos y formas que establezca la misma, conforme a las modalidades que para el efecto establezcan los reglamentos que correspondan.

*Artículo reformado DOF 20-12-2001, 24-01-2024*

**Artículo 237-A.** En aquellos lugares donde el Instituto no cuente con instalaciones, a juicio del propio Instituto, para prestar los servicios de salud que tiene encomendados, éste podrá celebrar convenios con las personas empleadoras del campo, para que éstos otorguen a las personas trabajadoras del campo las prestaciones en especie correspondientes al Seguro de Enfermedades y Maternidad a que se refiere la Sección Segunda, Capítulo IV, del Título Segundo de esta Ley, relativas a servicios médicos y hospitalarios, pudiendo convenirse en la reversión de una parte de la cuota obrero patronal en proporción a la naturaleza y cuantía de los servicios otorgados, a través de un esquema programado de reembolsos, en los términos que establezcan las reglas de carácter general que para tal efecto expida el Consejo Técnico.

*Párrafo reformado DOF 24-01-2024*

Asimismo, en aquellos lugares donde el Instituto no cuente con instalaciones, a juicio del propio Instituto, para prestar los servicios de guardería que tiene encomendados, éste podrá celebrar convenios con las personas empleadoras del campo y organizaciones de personas trabajadoras temporales del campo para la subrogación de los servicios que contempla el Ramo de Guarderías a que se refiere la Sección Primera, Capítulo VII, del Título Segundo, de esta Ley, en los términos que establezcan las reglas de carácter general que para tal efecto expida el Consejo Técnico.

*Párrafo reformado DOF 24-01-2024*

En todo caso, los patrones del campo y las organizaciones a que se refiere este artículo estarán obligados a proporcionar al Instituto los informes y estadísticas que éste les exigiere y a sujetarse a las instrucciones, normas técnicas, inspecciones y vigilancia prescritas por el propio Instituto, en los términos de las reglas de carácter general que con respecto a los servicios médicos y de guarderías expida el Consejo Técnico.

*Artículo adicionado DOF 29-04-2005*

**Artículo 237-B.** Los patrones del campo tendrán las obligaciones inherentes que establezca la presente Ley y sus reglamentos, adicionalmente, deberán cumplir lo siguiente:

**I.** Al registrarse ante el Instituto, deberán proporcionar el período y tipo de cultivo, superficie o unidad de producción, estimación de jornadas a utilizar en cada período y los demás datos que les requiera el Instituto. Para el caso de los patrones con actividades ganaderas, deberán proporcionar la información sobre el tipo de ganado y el número de cabezas que poseen. La modificación de cualquiera de los datos proporcionados deberá ser comunicada al Instituto en un plazo no mayor de treinta días naturales contados a partir de la fecha en que se produzcan;

**II.** Comunicarán altas, bajas y reingresos de sus trabajadores así como las modificaciones de su salario y los demás datos, en los términos del reglamento correspondiente, dentro de plazos no mayores de siete días hábiles, y

**III.** Expedirán y entregarán, constancia de los días laborados y de salarios totales devengados, de acuerdo a lo que establezcan los reglamentos respectivos.

*Artículo adicionado DOF 29-04-2005*

**Artículo 237-C.** Los patrones del campo podrán excluir, independientemente de lo establecido en el artículo 27 de esta Ley como integrante del salario base de cotización, dada su naturaleza, los pagos adicionales que realicen por concepto de productividad, hasta por el veinte por ciento del salario base de cotización, observando lo dispuesto en el artículo 29, fracción III de esta Ley. Para que el concepto de productividad mencionado en este artículo, se excluya como integrante del salario base de cotización, deberá estar debidamente registrado en la contabilidad del patrón.

En su caso, cubrirán la parte de la cuota obrero patronal que les corresponde conjuntamente con la actualización respectiva, en forma diferida o a plazos, sin la generación de recargos, conforme a las reglas de carácter general que emita el Consejo Técnico, tomando en cuenta la existencia de ciclos estacionales en el flujo de recursos en ciertas ramas de la producción agrícola.

*Artículo adicionado DOF 29-04-2005*

**Artículo 237-D.** El Instituto podrá verificar que los patrones del campo se encuentran al corriente en cuanto al cumplimiento de las obligaciones a su cargo derivadas de esta Ley, previamente al otorgamiento de los subsidios, apoyos o beneficios, derivados del Presupuesto de Egresos de la Federación, que dichos patrones del campo soliciten al Gobierno Federal, a través de la Secretaría de Agricultura, Ganadería, Desarrollo Rural, Pesca y Alimentación.

Para tales efectos, sin perjuicio del ejercicio de las facultades de comprobación que le corresponden al Instituto en su carácter de organismo fiscal autónomo, la Secretaría de Agricultura y Desarrollo Rural, deberá proporcionar semestralmente al Instituto el padrón de personas empleadoras del campo que sean sujetas de las disposiciones contenidas en este Capítulo, correspondientes a los sectores agrícola, hortícola, ganadero, forestal, acuícola, apícolas u otras semejantes, identificando a aquellas sujetas a recibir subsidios, apoyos o beneficios derivados del Presupuesto de Egresos de la Federación.

*Párrafo reformado DOF 24-01-2024*

A solicitud del Instituto, y de acuerdo con el convenio que éste firme con la Secretaría de Agricultura y Desarrollo Rural para este fin, esta última suspenderá la entrega de subsidios, apoyos, o beneficios que, con cargo a su presupuesto provengan del Presupuesto de Egresos de la Federación, a personas empleadoras del campo que no cumplan las disposiciones en materia de seguridad social establecidas en esta Ley.

*Párrafo reformado DOF 24-01-2024*
*Artículo adicionado DOF 29-04-2005*

**Artículo 237-E.** Las trabajadoras del campo temporales embarazadas durante el tiempo de efectiva prestación de servicios tienen derecho a las prestaciones correspondientes al Seguro de Enfermedades y Maternidad a que se refieren las Secciones Segunda y Tercera del Capítulo IV, del Título Segundo de esta Ley, relativas a servicios médicos y hospitalarios.

*Artículo adicionado DOF 24-01-2024*

**Artículo 238.** Los indígenas, campesinos temporaleros de zonas de alta marginalidad y todas aquellas familias campesinas, cuya condición económica se ubique en pobreza extrema, tendrán acceso a las prestaciones de solidaridad social, bajo la forma y términos que establecen los artículos 214 a 217 de esta Ley.

**Artículo 239.** El acceso a la seguridad social de los sujetos a que se refiere el presente capítulo, podrá ser apoyado por el tercer aportante establecido en el artículo 230 de esta Ley. En cualquier caso éstos podrán acceder al seguro de salud para la familia regulado por este ordenamiento.

## CAPÍTULO XI
## DE LAS PERSONAS TRABAJADORAS DEL HOGAR

*Capítulo adicionado DOF 16-11-2022*

**Artículo 239-A.** Persona trabajadora del hogar es aquella que, de manera remunerada, realice actividades de cuidados, aseo, asistencia o cualquier otra actividad inherente al hogar en el marco de una relación laboral que no aporte para la persona empleadora beneficio económico directo, en cualquiera de las siguientes modalidades:

**I.** Quien trabaje para una persona empleadora y resida en el domicilio donde realice sus actividades;

**II.** Quien trabaje para una sola persona empleadora y que no resida en el domicilio donde realice sus actividades, y

**III.** Quien trabaje para diferentes personas empleadoras y que no resida en el domicilio de ninguna de ellas.

*Artículo adicionado DOF 16-11-2022*

**Artículo 239-B.** No se considera persona trabajadora del hogar:

**I.** Quien realice trabajo del hogar únicamente de forma ocasional o esporádica, y

**II.** Quien preste servicios de aseo, asistencia, atención de clientes y otros semejantes, en hoteles, casas de asistencia, restaurantes, fondas, bares, hospitales, sanatorios, colegios, internados y otros establecimientos análogos.

*Artículo adicionado DOF 16-11-2022*

**Artículo 239-C.** La persona empleadora de la persona trabajadora del hogar tendrá las obligaciones inherentes que establezcan la presente Ley y sus reglamentos; adicionalmente, deberá cumplir lo siguiente:

**I.** Deberá registrar e inscribir a la persona trabajadora del hogar a la fecha de inicio de la relación laboral, para salvaguardar sus derechos, por los días que labore durante el mes calendario, así como presentar los documentos y datos que el Instituto solicite para tal efecto;

**II.** Con base en la información proporcionada por la persona empleadora de la persona trabajadora del hogar, el Instituto calculará la propuesta de cédula de determinación de las cuotas obrero patronales correspondientes, distinguiendo la cuota obrera de la patronal. La persona empleadora no determinará las cuotas obrero patronales. La persona empleadora deberá retener la cuota obrera que corresponde a la persona trabajadora del hogar por su aseguramiento y enterarla junto con la cuota patronal a su cargo;

**III.** La persona empleadora de la persona trabajadora del hogar está obligada a pagar los importes determinados de las cuotas obrero patronales en los formatos impresos o usando el programa informático autorizado por el Instituto;

**IV.** El pago de las cuotas obrero patronales correspondientes al mes de inicio de la relación laboral deberá efectuarse en términos de la periodicidad establecida en el artículo 39 de esta Ley;

**V.** El aseguramiento y el entero de las cuotas obrero patronales correspondientes a los meses subsecuentes al mes de inicio de la relación laboral, se deberá hacer por anticipado, con la periodicidad por la que opte la persona empleadora, ya sea periodo mensual, bimestral, semestral o anual;

**VI.** Tratándose del pago por anticipado, el aseguramiento iniciará en el mes inmediato posterior al del pago;

**VII.** Tratándose del mes de inicio de la relación laboral, la cobertura se otorgará a partir del primer día de aseguramiento y hasta el último día del mes calendario que corresponda, siempre y cuando se entere al menos el monto de las cuotas obrero patronales equivalentes al valor del salario base de cotización mínimo integrado de la Ciudad de México por los días comprendidos en la cobertura. En caso contrario, la persona trabajadora del hogar quedará cubierta por los días que la o las personas empleadoras reportaron, y

**VIII.** En caso de pago anticipado, el aseguramiento será por el mes completo, siempre y cuando se entere al menos el monto de las cuotas obrero patronales equivalentes al valor del salario base de cotización mínimo integrado mensual de la Ciudad de México. En caso contrario, la persona trabajadora del hogar quedará cubierta por los días que la o las personas empleadoras reportaron.

Para las periodicidades bimestrales, semestrales y anuales, la persona empleadora deberá cubrir al menos el monto de las cuotas obrero patronales equivalentes al valor del salario base de cotización mínimo integrado mensual de la Ciudad de México, por cada uno de los meses que abarque el periodo de pago elegido.

*Artículo adicionado DOF 16-11-2022*

**Artículo 239-D.** El aseguramiento de las personas trabajadoras del hogar termina cuando concluya la relación laboral que le dio origen, por la falta del entero de las cuotas obrero patronales, al término de los periodos cubiertos por adelantado o por simulación de la relación laboral. Esta última con independencia de las sanciones que correspondan. La persona empleadora de las personas trabajadoras del hogar deberá presentar el aviso de baja en los medios que el Instituto disponga para tal efecto.

*Artículo adicionado DOF 16-11-2022*

**Artículo 239-E.** Tratándose de incapacidades médicas expedidas por el Instituto, la persona empleadora deberá continuar con el entero de las cuotas obrero patronales, como lo establece la fracción IV del artículo 31 de esta Ley, por el periodo de incapacidad establecido por el Instituto.

*Artículo adicionado DOF 16-11-2022*

**Artículo 239-F.** Tratándose de las personas que realicen actividades de cuidados, aseo, asistencia o cualquier otra actividad inherente al hogar, de manera ocasional o esporádica, podrán optar por asegurarse como personas trabajadoras independientes, en términos de la fracción I del artículo 13 de esta Ley.

*Artículo adicionado DOF 16-11-2022*

**Artículo 239-G.** El factor de integración del salario base de cotización deberá considerar los días de descanso y vacaciones a que tienen derecho las personas trabajadoras del hogar, en términos de las disposiciones establecidas en la Ley Federal del Trabajo. Para estos efectos, el Consejo Técnico, con base en dichas prestaciones, así como en lo establecido en el artículo 28 de esta Ley, definirá mediante reglas de carácter general el factor de integración, con el objetivo de vigilar y promover el equilibrio financiero de todos los ramos de aseguramiento comprendidos en esta Ley.

*Artículo adicionado DOF 16-11-2022*

**Artículo 239-H.** El Consejo Técnico podrá autorizar una periodicidad diferente para el aseguramiento y pago de las cuotas, así como expedir las reglas de carácter general que en su caso resulten aplicables para el aseguramiento de las y los sujetos a que se refiere el presente Capítulo de esta Ley.

*Artículo adicionado DOF 16-11-2022*

## TÍTULO TERCERO
## DEL RÉGIMEN VOLUNTARIO

## CAPÍTULO I
## DEL SEGURO DE SALUD PARA LA FAMILIA

**Artículo 240.** Todas las familias en México tienen derecho a un seguro de salud para sus miembros y para ese efecto, podrán celebrar con el Instituto Mexicano del Seguro Social convenio para el otorgamiento de las prestaciones en especie del seguro de enfermedades y maternidad, en los términos del reglamento respectivo.

**Artículo 241.** Los sujetos amparados por el seguro de salud para la familia son los señalados en el artículo 84 de esta Ley y se sujetarán a los requisitos que se indican en el mismo.

*Reforma DOF 20-12-2001: Derogó del artículo el entonces párrafo segundo*

**Artículo 242.** Todos los sujetos que voluntariamente se incorporen al seguro de salud para la familia, incluido los familiares a que se refiere el artículo anterior y cualquier familiar adicional pagarán anualmente la cuota establecida correspondiente, clasificándose por el grupo de edad a que pertenezcan.

El Consejo Técnico podrá determinar anualmente el importe de las cuotas a aplicar, previa realización de los análisis y estudios actuariales pertinentes, sin detrimento del principio de solidaridad social.

El Estado contribuirá conforme a lo dispuesto en la fracción III del artículo 106 de la presente Ley por familia, independientemente del tamaño de la familia.

*Artículo reformado DOF 20-12-2001, 16-01-2014*

**Artículo 243.** El Instituto, también, podrá celebrar este tipo de convenios, en forma individual o colectiva con trabajadores mexicanos que se encuentren laborando en el extranjero, a fin de que se proteja a sus familiares residentes en el territorio nacional y a ellos mismos cuando se ubiquen en éste. Estos asegurados cubrirán íntegramente la prima establecida en el artículo anterior.

**Artículo 244.** Los seguros de salud para la familia se organizarán en sección especial, con contabilidad y administración de fondos separadas de la correspondiente a los seguros obligatorios, en las cifras consolidadas.

**Artículo 245.** El Instituto elaborará un informe financiero y actuarial de los seguros de salud para la familia, en los términos y plazos fijados para la formulación del correspondiente a los seguros obligatorios.

## CAPÍTULO II
## DE LOS SEGUROS ADICIONALES

**Artículo 246.** El Instituto podrá contratar seguros adicionales para satisfacer las prestaciones económicas pactadas en los contratos Ley o en los contratos colectivos de trabajo que fueran superiores a las de la misma naturaleza que establece el régimen obligatorio del Seguro Social.

**Artículo 247.** Las condiciones superiores de las prestaciones pactadas sobre las cuales pueden versar los convenios, son: aumentos de las cuantías; disminución de la edad mínima para su disfrute; modificación del salario promedio base del cálculo y en general todas aquellas que se traduzcan en coberturas y prestaciones superiores a las legales o en mejores condiciones de disfrute de las mismas.

Las prestaciones económicas a que se refiere el presente artículo corresponderán a los ramos de los seguros de riesgo de trabajo y de invalidez y vida así como retiro, cesantía en edad avanzada y vejez.

**Artículo 248.** La prima, cuota, períodos de pago y demás modalidades en la contratación de los seguros adicionales, serán convenidos por el Instituto con base en las características de los riesgos y de las prestaciones protegidas, así como en las valuaciones actuariales de los contratos correspondientes.

**Artículo 249.** Las bases de la contratación de los seguros adicionales se revisarán cada vez que las prestaciones sean modificadas por los contratos de trabajo, si pueden afectar las referidas bases, a fin de que el Instituto con apoyo en la valuación actuarial de las modificaciones, fije el monto de las nuevas primas y demás modalidades pertinentes.

**Artículo 250.** Los seguros adicionales se organizarán en sección especial, con contabilidad y administración de fondos separada de la correspondiente a los seguros obligatorios.

## CAPÍTULO III
## OTROS SEGUROS

*Capítulo adicionado DOF 20-12-2001*

**Artículo 250 A.** El Instituto previo acuerdo de su Consejo Técnico, podrá otorgar coberturas de seguros de vida y otras, exclusivamente a favor de las personas, grupos o núcleos de población de menores ingresos, que determine el Gobierno Federal, como sujetos de solidaridad social con las sumas aseguradas, y condiciones que este último establezca.

Asimismo, el Instituto previo acuerdo de su Consejo Técnico, podrá utilizar su infraestructura y servicios, a requerimiento del Gobierno Federal, en apoyo de programas de combate a la marginación y la pobreza considerados en el Presupuesto de Egresos de la Federación. Para efectos de este artículo, el Gobierno Federal proveerá oportunamente al Instituto los recursos financieros necesarios con cargo al programa y partida correspondientes para solventar los servicios que le encomiende.

*Artículo adicionado DOF 20-12-2001*

**Artículo 250** B. Para los efectos del artículo anterior, el Gobierno Federal deberá otorgar al Instituto los subsidios y transferencias que correspondan al importe de las primas relativas a tales seguros y otras coberturas.

*Artículo adicionado DOF 20-12-2001*

# TÍTULO CUARTO
## DEL INSTITUTO MEXICANO DEL SEGURO SOCIAL

## CAPÍTULO I
### DE LAS ATRIBUCIONES, PATRIMONIO Y ÓRGANOS DE GOBIERNO Y ADMINISTRACIÓN

*Denominación del Capítulo reformada DOF 20-12-2001*

**Artículo 251.** El Instituto Mexicano del Seguro Social tiene las facultades y atribuciones siguientes:

**I.** Administrar los seguros de riesgos de trabajo, enfermedades y materni- dad, invalidez y vida, guarderías y prestaciones sociales, salud para la familia, adicionales y otros, así como prestar los servicios de beneficio colectivo que señala esta Ley;

*Fracción reformada DOF 20-12-2001*

**II.** Satisfacer las prestaciones que se establecen en esta Ley;

**III.** Invertir sus fondos de acuerdo con las disposiciones de esta Ley;

**IV.** En general, realizar toda clase de actos jurídicos necesarios para cum- plir con sus fines, así como aquéllos que fueren necesarios para la administra- ción de las finanzas institucionales;

*Fracción reformada DOF 20-12-2001*

**V.** Adquirir bienes muebles e inmuebles, para los fines que le son propios;

**VI.** Establecer unidades médicas, guarderías infantiles, farmacias, velato- rios, así como centros de capacitación, deportivos, culturales, vacacionales, de seguridad social para el bienestar familiar y demás establecimientos para el cumplimiento de los fines que le son propios, sin sujetarse a las condiciones salvo las sanitarias, que fijen las leyes y reglamentos respectivos para empresas privadas, con actividades similares;

*Fracción reformada DOF 20-12-2001*

**VII.** Organizar sus unidades administrativas, conforme a la estructura orgánica autorizada;

*Fracción reformada DOF 20-12-2001*

**VIII.** Expedir lineamientos de observancia general para la aplicación para efectos administrativos de esta Ley;

*Fracción reformada DOF 20-12-2001*

**IX.** Difundir conocimientos y prácticas de previsión y seguridad social;
**X.** Registrar a los patrones y demás sujetos obligados, inscribir a los trabajadores asalariados y precisar su base de cotización aun sin previa gestión de los interesados y a los trabajadores independientes a su solicitud, sin que ello libere a los obligados de las responsabilidades y sanciones por infracciones en que hubiesen incurrido;

*Fracción reformada DOF 20-12-2001*

**XI.** Dar de baja del régimen obligatorio a los patrones, sujetos obligados y asegurados, verificada por el Instituto la desaparición o inexistencia del supuesto de hecho que dio origen a su aseguramiento, aun cuando el patrón o sujetos obligados hubiesen omitido presentar el aviso de baja respectivo, sin perjuicio de las sanciones previstas en esta Ley;

*Fracción reformada DOF 20-12-2001*

**XII.** Recaudar y cobrar las cuotas de los seguros de riesgos de trabajo, enfermedades y maternidad, invalidez y vida, guarderías y prestaciones sociales, salud para la familia y adicionales, los capitales constitutivos, así como sus accesorios legales, percibir los demás recursos del Instituto, y llevar a cabo programas de regularización de pago de cuotas. De igual forma, recaudar y cobrar las cuotas y sus accesorios legales del seguro de retiro, cesantía en edad avanzada y vejez;

*Fracción reformada DOF 20-12-2001*

**XIII.** Establecer los procedimientos para la inscripción, cobro de cuotas y otorgamiento de prestaciones;
**XIV.** Determinar los créditos a favor del Instituto y las bases para la liquidación de cuotas y recargos, así como sus accesorios y fijarlos en cantidad

líquida, cobrarlos y percibirlos, de conformidad con la presente Ley y demás disposiciones aplicables.

Las liquidaciones de las cuotas del seguro de retiro, cesantía en edad avanzada y vejez podrán ser emitidas y notificadas conjuntamente con las liquidaciones de las aportaciones y descuentos correspondientes al Fondo Nacional de la Vivienda por el personal del Instituto del Fondo Nacional de la Vivienda para los Trabajadores, previo convenio de coordinación con el citado Instituto;

Tratándose de personas que se hayan inscrito voluntariamente al régimen obligatorio de esta Ley, dentro del cálculo de las cuotas obrero patronales, se realizará el cálculo correspondiente a las aportaciones de vivienda sobre el ingreso reportado;

*Párrafo adicionado DOF 29-11-2023*

**XV.** Determinar la existencia, contenido y alcance de las obligaciones incumplidas por los patrones y demás sujetos obligados en los términos de esta Ley, aplicando en su caso, los datos con los que cuente o con apoyo en los hechos que conozca con motivo del ejercicio de las facultades de comprobación de que goza como autoridad fiscal o bien, a través de los expedientes o documentos proporcionados por otras autoridades fiscales;

*Fracción reformada DOF 20-12-2001*

**XVI.** Ratificar o rectificar la clase y la prima de riesgo de las empresas para efectos de la cobertura de las cuotas del seguro de riesgos de trabajo;

*Fracción reformada DOF 20-12-2001*

**XVII.** Determinar y hacer efectivo el monto de los capitales constitutivos en los términos de esta Ley;

**XVIII.** Ordenar y practicar visitas domiciliarias con el personal que al efecto se designe y requerir la exhibición de libros y documentos, a fin de comprobar el cumplimiento de las obligaciones que establece la Ley y demás disposiciones aplicables;

*Fracción reformada DOF 20-12-2001*

**XIX.** Ordenar y practicar las investigaciones correspondientes en los casos de sustitución patronal y de responsabilidad solidaria previstos en esta Ley y en el Código, y emitir los dictámenes respectivos;

*Fracción reformada DOF 20-12-2001*

**XX.** Establecer coordinación con las dependencias y entidades de las Administraciones Públicas Federal, Estatales y Municipales, para el cumplimiento de sus objetivos;

**XXI.** Revisar los dictámenes formulados por contadores públicos sobre el cumplimiento de las disposiciones contenidas en esta Ley y sus reglamentos, así como imponer a dichos contadores públicos, en su caso, las sanciones administrativas establecidas en el reglamento respectivo;

*Fracción reformada DOF 20-12-2001*

**XXII.** Realizar inversiones en sociedades y empresas que tengan objeto social complementario o afín al del propio Instituto;

*Fracción reformada DOF 20-12-2001*

**XXIII.** Celebrar convenios de coordinación con la Federación, entidades federativas, municipios y sus respectivas administraciones públicas, así como de colaboración con el sector social y privado, para el intercambio de información relacionada con el cumplimiento de sus objetivos, en los términos previstos en esta Ley;

*Fracción reformada DOF 20-12-2001*

**XXIV.** Promover y propiciar la realización de investigación en salud y seguridad social, utilizándola como una herramienta para la generación de nuevos conocimientos, para la mejoría de la calidad de la atención que se otorga y para la formación y capacitación del personal;

*Fracción adicionada DOF 20-12-2001*

**XXV.** Aplicar el procedimiento administrativo de ejecución para el cobro de las liquidaciones que no hubiesen sido cubiertas oportunamente, con sujeción a las normas del Código y demás disposiciones aplicables;

*Fracción adicionada DOF 20-12-2001*

**XXVI.** Emitir y notificar por el personal del Instituto, las cédulas de determinación de las cuotas del seguro de retiro, cesantía en edad avanzada y vejez, conjuntamente con las liquidaciones de las aportaciones y descuentos correspondientes al fondo nacional de la vivienda, previo convenio de coordinación con el Instituto del Fondo Nacional de la Vivienda para los Trabajadores, en dispositivos magnéticos, digitales, electrónicos o de cualquier otra naturaleza, o bien en documento impreso;

*Fracción adicionada DOF 20-12-2001*

**XXVII.** Hacer efectivas las fianzas que se otorguen en su favor para garantizar obligaciones fiscales a cargo de terceros, caso en que se estará exclusivamente a lo dispuesto por el Código;

*Fracción adicionada DOF 20-12-2001*

**XXVIII.** Rectificar los errores aritméticos, omisiones u otros que aparezcan en las solicitudes, avisos o cédulas de determinación presentados por los patrones, para lo cual podrá requerirles la presentación de la documentación que proceda.

Asimismo, el Instituto podrá requerir a los patrones, responsables solidarios o terceros con ellos relacionados, sin que medie visita domiciliaria, para que exhiban en las oficinas del propio Instituto, a efecto de llevar a cabo su revisión, la contabilidad, así como que proporcionen los datos, otros documentos o informes que se les requieran;

*Fracción adicionada DOF 20-12-2001*

**XXIX.** Autorizar el registro a los contadores públicos, para dictaminar el cumplimiento de las disposiciones contenidas en esta Ley y comprobar que cumplan con los requisitos exigidos al efecto en el reglamento respectivo;

*Fracción adicionada DOF 20-12-2001*

**XXX.** Aprobar las normas y bases para cancelar adeudos a cargo de terceros y a favor del Instituto, cuando fuere notoria la imposibilidad práctica de su cobro o la incosteabilidad del mismo. La cancelación de estos créditos no libera al deudor de su obligación de pago;

*Fracción adicionada DOF 20-12-2001*

**XXXI.** Celebrar convenios con entidades o instituciones extranjeras para la asistencia técnica, intercambio de información relacionada con el cumplimiento de sus objetivos y la atención de derechohabientes, bajo el principio de reciprocidad, con las restricciones pactadas en los convenios que al efecto se suscriban, los cuales invariablemente tendrán una cláusula de confidencialidad y no difusión;

*Fracción adicionada DOF 20-12-2001*

**XXXII.** Celebrar convenios de cooperación e intercambio en materia de medicina preventiva, atención médica, manejo y atención hospitalaria y rehabilitación de cualquier nivel con otras instituciones de seguridad social o de salud de los sectores públicos federal, estatal o municipal o del sector social;

*Fracción adicionada DOF 20-12-2001*

**XXXIII.** Celebrar convenios de reconocimiento de adeudos y facilidades de pago, relativos a cuotas obrero patronales, capitales constitutivos, actualización, recargos y multas; aprobar el cambio de garantía de dichos convenios, y la cancelación, de conformidad con las disposiciones aplicables, de créditos fiscales a favor del Instituto y a cargo de patrones no localizados o insolventes de acuerdo a los montos autorizados por el Consejo Técnico del Instituto;

*Fracción adicionada DOF 20-12-2001*

**XXXIV.** Tramitar y, en su caso, resolver el recurso de inconformidad a que se refiere el artículo 294 de esta Ley, así como los recursos previstos en el Código, respecto al procedimiento administrativo de ejecución;

*Fracción adicionada DOF 20-12-2001*

**XXXV.** Declarar la prescripción de la obligación patronal de enterar las cuotas obrero patronales y los capitales constitutivos, cuando lo soliciten los patrones y demás sujetos obligados, en los términos del Código;

*Fracción adicionada DOF 20-12-2001*

**XXXVI.** Prestar servicios a quienes no sean sus derechohabientes, a título oneroso, a efecto de utilizar de manera eficiente su capacidad instalada y coadyuvar al financiamiento de su operación y mantenimiento, siempre que ello no represente menoscabo en la calidad y calidez del servicio que debe prestar a sus derechohabientes;

*Fracción adicionada DOF 20-12-2001. Reformada DOF 23-04-2024*

**XXXVII.** Promover la incorporación, uso y aprovechamiento de las Tecnologías de la Información y de las Comunicaciones en la prestación de los servicios y el otorgamiento de seguros y prestaciones a su cargo, en beneficio de su población derechohabiente y beneficiaria, y

*Fracción adicionada DOF 23-04-2024*

**XXXVIII.** Las demás que le otorguen esta Ley, sus reglamentos y cualesquiera otra disposición aplicable.

*Fracción adicionada DOF 20-12-2001. Recorrida DOF 23-04-2024*

**Artículo 251 A.** El Instituto, a fin de lograr una mayor eficiencia en la administración del Seguro Social y en el despacho de los asuntos de su competencia, contará con órganos de operación administrativa desconcentrada, así como con órganos colegiados integrados de manera tripartita por representantes del sector obrero, patronal y gubernamental, cuyas facultades, dependencia y ámbito territorial se determinarán en el Reglamento Interior del Instituto.

*Artículo adicionado DOF 20-12-2001*

**Artículo 252.** Las autoridades federales y locales deberán prestar el auxilio que el Instituto solicite para el mejor cumplimiento de sus funciones.

El Instituto tendrá acceso a toda clase de material estadístico, censal o fiscal y, en general, a obtener de las oficinas públicas cualquier dato o informe que se considere necesario, de no existir prohibición legal.

**Artículo 253.** Constituyen el patrimonio del Instituto:

**I.** Los bienes muebles e inmuebles de cualquier naturaleza, con excepción de aquellos provenientes de adjudicación o dación en pago por adeudo de cuotas obrero patronales, capitales constitutivos y accesorios, así como cualquier otro que se afecte expresamente a las reservas que el Instituto deba constituir en términos de esta Ley;

**II.** Los derechos de propiedad y posesión de bienes muebles e inmuebles, cualquiera que sea su naturaleza jurídica, que por justo título obren en poder del Instituto;

**III.** Los derechos de cualquier naturaleza que el Instituto obtenga o pueda obtener;

**IV.** Las donaciones, herencias, legados, adjudicaciones, subsidios y transferencias que se hagan a su favor en que no se preestablezca el destino de los bienes o derechos correspondientes;

**V.** Los intereses, dividendos, realización de activos, alquileres, rentas, rendimientos, utilidades, frutos y productos de cualquier clase, que generen los bienes y derechos afectos a su patrimonio, y

**VI.** Los bienes inmuebles que las entidades federativas, los municipios y los organismos descentralizados cedan al Instituto con la finalidad de pagar cuotas obrero patronales, ya sea para saldar adeudos o cubrir obligaciones a su cargo.

Para efectos del párrafo anterior, será potestad del Instituto aceptar o no, los bienes inmuebles observando lo siguiente:

**a)** No podrán aceptarse como pago de las cuotas correspondientes al seguro de retiro, cesantía en edad avanzada y vejez;

**b)** Los bienes deberán resultar funcionales para cumplir con las facultades y atribuciones del Instituto, previstas en la presente Ley;

**c)** Los bienes inmuebles deberán estar libres de gravamen, carga, proceso judicial o contingencia de cualquier naturaleza;

**d)** El valor del inmueble se determinará por el Instituto de Administración y Avalúos de Bienes Nacionales, con base en ese avalúo, el área competente del Instituto determinará los saldos de los créditos o el monto de las obligaciones a cubrir, y

**e)** El Consejo Técnico del Instituto emitirá los lineamientos que fijen las bases para la incorporación al patrimonio institucional, de los bienes a que se refiere esta fracción.

En ningún caso la dación en pago o el pago en especie dará derecho a la devolución de importe alguno en efectivo, a favor del ente público.

En caso de que existiera saldo a favor del ente público, una vez que se hubiere liquidado el importe de los adeudos y descontados los gastos de adjudicación, éste podrá ser aplicado, considerando el porcentaje máximo de adjudicación, a los importes futuros, sin que pueda ser utilizado para cubrir las aportaciones o adeudos derivados de las cuotas correspondientes al seguro de retiro, cesantía en edad avanzada y vejez, y

*Fracción adicionada DOF 21-05-2024*

**VII.** Cualesquiera otros ingresos que le señalen las leyes y reglamentos.

*Fracción reformada y recorrida DOF 21-05-2024*

Todos los bienes inmuebles que formen parte del patrimonio del Instituto, estarán destinados al servicio público de carácter nacional del Seguro Social a que se refiere el artículo 4o. de esta Ley y tendrán el carácter de bienes del dominio público de la Federación.

*Artículo reformado DOF 20-12-2001*

**Artículo 254.** El Instituto Mexicano del Seguro Social, sus dependencias y servicios, no serán sujetos de contribuciones federales, estatales y municipales. La Federación, los Estados, el Gobierno del Distrito Federal y los Municipios, no podrán gravar con impuestos su capital, ingresos, rentas, contratos, actos jurídicos, títulos, documentos, operaciones o libros de contabilidad, aun en el caso de que las contribuciones, conforme a una Ley general o especial fueran a cargo del Instituto como organismo público o como patrón. En estos supuestos se consideran comprendidos los impuestos indirectos y el franqueo postal. El Instituto y demás entidades que formen parte o dependan de él, estarán sujetos únicamente al pago de los derechos de carácter municipal que causen sus inmuebles en razón de pavimentos, atarjeas y limpia, así como por el agua potable de que dispongan, en las mismas condiciones en que deben pagar los demás causantes. Igualmente estarán sujetos a los derechos de carácter federal correspondientes a la prestación de servicios públicos.

**Artículo 255.** El Instituto Mexicano del Seguro Social se considera de acreditada solvencia y no estará obligado, por tanto, a constituir depósitos o fianzas legales, ni aun tratándose del juicio de amparo. Los bienes del Instituto afectos a la prestación directa de sus servicios serán inembargables.

**Artículo 256.** Las relaciones entre el Instituto y sus trabajadores se regirán por lo dispuesto en el Apartado A del artículo 123 constitucional, la Ley Federal del Trabajo y en el caso de los trabajadores clasificados como de confianza "A" en el contrato colectivo de trabajo, se estará a lo dispuesto en el Reglamento Interior del Instituto que a propuesta del Consejo Técnico, expida el Ejecutivo Federal y al Estatuto a que se refiere el artículo 286 I de esta Ley.

*Artículo reformado DOF 20-12-2001*

**Artículo 257.** Los órganos superiores del Instituto son:
**I.** La Asamblea General;
**II.** El Consejo Técnico;
**III.** La Comisión de Vigilancia, y
**IV.** La Dirección General.

## CAPÍTULO II
### DE LA ASAMBLEA GENERAL

**Artículo 258.** La autoridad suprema del Instituto es la Asamblea General, integrada por treinta miembros que serán designados en la forma siguiente:

I. Diez por el Ejecutivo Federal;

II. Diez por las organizaciones patronales, y

III. Diez por las organizaciones de trabajadores.

Dichos miembros durarán en su encargo seis años, pudiendo ser reelectos.

**Artículo 259.** El Ejecutivo Federal establecerá las bases para determinar las organizaciones de trabajadores y de patrones que deban intervenir en la designación de los miembros de la Asamblea General.

**Artículo 260.** La Asamblea General será presidida por el Director General y deberá reunirse ordinariamente una o dos veces al año y extraordinariamente en cuantas ocasiones sea necesario, de acuerdo con lo que disponga el reglamento relativo.

**Artículo 261.** La Asamblea General discutirá anualmente, para su aprobación o modificación, en su caso, el estado de ingresos y gastos, el balance contable, el informe financiero y actuarial, el informe de actividades presentado por el Director General, el programa de actividades y el presupuesto de ingresos y egresos para el año siguiente, así como el informe de la Comisión de Vigilancia.

**Artículo 262.** La suficiencia de los recursos para todos y cada uno de los seguros de riesgos de trabajo, enfermedades y maternidad, invalidez y vida y guarderías y prestaciones sociales así como de salud para la familia y adicionales, debe ser examinada anualmente al realizar el informe financiero y actuarial.

Si el balance actuarial acusare superávit, éste se destinará a constituir un fondo de emergencia hasta el límite máximo del cincuenta por ciento de los ingresos anuales respectivos. Después de alcanzar este límite, el superávit se aplicará, según la decisión de la Asamblea General al respecto, a mejorar las prestaciones de los seguros que se encuentren en este supuesto.

# CAPÍTULO III
## DEL CONSEJO TÉCNICO

**Artículo 263.** El Consejo Técnico es el órgano de gobierno, representante legal y el administrador del Instituto y estará integrado hasta por doce miembros, correspondiendo designar cuatro de ellos a los representantes patronales en la Asamblea General, cuatro a los representantes de los trabajadores y cuatro a los representantes del Estado, con sus respectivos suplentes y el Ejecutivo Federal cuando lo estime conveniente, podrá disminuir a la mitad la representación estatal.

El Secretario de Hacienda y Crédito Público, el Secretario de Salud, el Secretario del Trabajo y Previsión Social y el Director General, serán Consejeros del Estado, sin perjuicio de lo establecido por el párrafo anterior. El Director General presidirá siempre el Consejo Técnico.

*Párrafo reformado DOF 20-12-2001*

Cuando deba renovarse el Consejo Técnico, los sectores representativos del Estado, de los patrones y de los trabajadores propondrán miembros propietarios y suplentes para los cargos de Consejero. La designación será hecha por la Asamblea General en los términos que fije el reglamento respectivo.

Los Consejeros así electos durarán en su cargo seis años, pudiendo ser reelectos.

La designación será revocable, siempre que la pidan los miembros del sector que hubiese propuesto al Consejero de que se trate o por causas justificadas para ello. En todo caso, el acuerdo definitivo corresponde a la Asamblea General, la que resolverá lo conducente en los términos del reglamento, mediante procedimientos en que se oiga en defensa al Consejero cuya remoción se solicite.

Los Consejeros representantes patronales y de los trabajadores, recibirán los emolumentos y prestaciones que al efecto determinen los consejeros representantes del estado, a propuesta del Director General, sin que ello les otorgue el carácter de trabajadores, asegurados, derechohabientes del Instituto ni algún otro derecho adicional.

*Párrafo adicionado DOF 20-12-2001*

Los integrantes del Consejo Técnico deberán abstenerse de promover o participar directa o indirectamente, a título personal, en la atención de solicitudes, planteamientos o recursos que patrones o derechohabientes planteen ante el Instituto. El Consejo Técnico emitirá lineamientos sobre los cuales sus integrantes podrán ejercer funciones de representación y gestoría ante el Instituto, respecto de los sectores y organizaciones a que representen, a fin de evitar conflictos de interés.

*Párrafo adicionado DOF 20-12-2001*

Lo dispuesto en los dos párrafos anteriores será también aplicable a los integrantes de la Comisión de Vigilancia a que se refiere el Capítulo IV del Título Cuarto de esta Ley, así como a cualquier órgano de carácter tripartita ya integrado o que se integre en el futuro en el Instituto.

*Párrafo adicionado DOF 20-12-2001*

**Artículo 264.** El Consejo Técnico tendrá las atribuciones siguientes;

**I.** Decidir sobre las inversiones de las reservas y demás recursos del Instituto, con sujeción a lo previsto en esta Ley y sus reglamentos, excepto los provenientes del seguro de retiro, cesantía en edad avanzada y vejez;

**II.** Vigilar y promover el equilibrio financiero de todos los ramos de aseguramiento comprendidos en esta Ley;

**III.** Resolver sobre las operaciones del Instituto, exceptuando aquellas que por su importancia ameriten acuerdo expreso de la Asamblea General, de conformidad con lo que al respecto determine esta Ley y el reglamento;

**IV.** Aprobar la estructura orgánica básica del Instituto, a efecto de proponerla al Ejecutivo Federal para su consideración en el Reglamento Interior del mismo, que al efecto emita, así como la estructura ocupacional correspondiente y sus modificaciones, los niveles salariales, las prestaciones y los estímulos de desempeño de los trabajadores de confianza a que se refiere el artículo 256 de esta Ley, los que se determinarán conforme a los tabuladores que al efecto expida la Secretaría de Hacienda y Crédito Público, sin perjuicio de los derechos de los trabajadores de base, conforme a un sistema de valuación de puestos;

*Fracción reformada DOF 20-12-2001*

**V.** Convocar a Asamblea General ordinaria o extraordinaria;

**VI.** Discutir y aprobar el proyecto de presupuesto de ingresos y egresos del Instituto que someta a su consideración el Director General, así como autorizar adecuaciones al presupuesto aprobado;

*Fracción reformada DOF 20-12-2001*

**VII.** Autorizar la celebración de convenios relativos al pago de cuotas, pudiendo delegar esta facultad, a las unidades administrativas que señale el Reglamento Interior, así como emitir las disposiciones de carácter general sobre reversión de cuotas para los seguros que expresamente establece esta Ley y las correspondientes a la prestación indirecta de servicios;

*Fracción reformada DOF 20-12-2001*

**VIII.** Conceder, rechazar y modificar las pensiones, que conforme a esta Ley le corresponde otorgar al Instituto, pudiendo delegar estas facultades a las dependencias competentes;

**IX.** Nombrar y remover a los trabajadores de confianza a que se refiere el artículo 256 de esta Ley, que ocupen el nivel jerárquico inmediato inferior al Director General del Instituto;

*Fracción reformada DOF 20-12-2001*

**X.** Aprobar las bases para la celebración de convenios de incorporación voluntaria al régimen obligatorio;

**XI.** Discutir, y en su caso, aprobar el programa de actividades que someta a su consideración el Director General;

*Fracción reformada DOF 20-12-2001*

**XII.** Aprobar las bases para el establecimiento, organización y funcionamiento de un sistema de profesionalización y desarrollo de los trabajadores clasificados como de confianza "A" en el contrato colectivo de trabajo.

Asimismo, establecer, en su caso, de común acuerdo con el sindicato de los trabajadores los términos en que ese sistema podrá hacerse extensivo a los trabajadores clasificados como de base y de confianza "B" en el contrato colectivo de trabajo y a la aplicación de los reglamentos derivados del mismo.

*Fracción reformada DOF 20-12-2001*

**XIII.** Conceder a derechohabientes del régimen, en casos excepcionales y previo el estudio socioeconómico respectivo, el disfrute de prestaciones médicas y económicas previstas por esta Ley, cuando no esté plenamente cumplido algún requisito legal y el otorgamiento del beneficio sea evidentemente justo o equitativo;

**XIV.** Conocer y resolver de oficio o a petición del Director General, aquellos asuntos que por su importancia, trascendencia o características especiales así lo ameriten;

*Fracción reformada DOF 20-12-2001*

**XV.** Establecer las condiciones de aseguramiento y cotización de aquellos grupos de trabajadores que por sus actividades profesionales, la naturaleza de su trabajo, sus especiales condiciones de tiempo y lugar o por la índole de sus procesos productivos, no se adecuen a los requisitos generales del régimen obligatorio de esta Ley, a fin de hacerlos equitativos, respetando los elementos de sujeto, objeto, base, cuota, primas de financiamiento y época de pago de las cuotas, conforme a lo establecido en la presente Ley;

*Fracción reformada DOF 20-12-2001*

**XVI.** Expedir bases para extender, hasta los veinticinco años de edad, los derechos a las prestaciones en especie del seguro de enfermedades y maternidad, que se otorgarán dentro del territorio nacional, a los hijos de trabajadores mexicanos asegurados que laboren en el extranjero y que se encuentren estudiando fuera del país en planteles educativos equiparables a los del sistema educativo nacional, y

*Fracción reformada DOF 20-12-2001*

**XVII.** Las demás que señalen esta Ley y sus reglamentos.

*Fracción reformada DOF 20-12-2001*

**XVIII.** (Se deroga).

*Fracción derogada DOF 20-12-2001*

**XIX.** (Se deroga).

*Fracción derogada DOF 20-12-2001*

## CAPÍTULO IV
## DE LA COMISIÓN DE VIGILANCIA

**Artículo 265.** La Asamblea General designará a la Comisión de Vigilancia que estará compuesta por seis miembros. Para formar esta Comisión cada uno de los sectores representativos que constituyen la Asamblea, propondrá dos miembros propietarios y dos suplentes, quienes durarán en sus cargos seis años, y podrán ser reelectos. La elección puede recaer en personas que no formen parte de dichos sectores. Al menos uno de los miembros designados por el Ejecutivo Federal deberá estar adscrito a la Secretaría de la Función Pública. El Ejecutivo Federal cuando lo estime conveniente podrá disminuir a la mitad la representación estatal. La designación será revocable, siempre que la pidan los miembros del sector que hubiese propuesto al representante de que se trate o porque medien causas justificadas para ello. En todo caso, el acuerdo definitivo corresponde a la Asamblea General, la que resolverá lo conducente mediante procedimiento en que oiga en defensa al miembro cuya remoción se solicite, en términos de lo señalado en el Reglamento Interior.

*Artículo reformado DOF 20-12-2001, 09-04-2012*

**Artículo 266.** La Comisión de Vigilancia tendrá las atribuciones siguientes:

**I.** Vigilar que las inversiones se hagan de acuerdo con las disposiciones de esta Ley y sus reglamentos;

**II.** Practicar la auditoría de los balances contables y al informe financiero y actuarial a que se refiere el artículo 261 de esta Ley, así como comprobar los avalúos de los bienes materia de operaciones del Instituto;

*Fracción reformada DOF 20-12-2001*

**III.** Sugerir a la Asamblea General, al Consejo Técnico, y a la Comisión Nacional del Sistema de Ahorro para el Retiro, en su caso, las medidas que juzgue convenientes para mejorar el funcionamiento de los seguros que ampara esta Ley;

**IV.** Presentar ante la Asamblea General un dictamen sobre el informe de actividades y los estados financieros presentados por el Consejo Técnico, para cuyo efecto éstos le serán dados a conocer con la debida oportunidad;

*Fracción reformada DOF 20-12-2001*

**V.** En casos graves y bajo su responsabilidad, citar a Asamblea General Extraordinaria, y

*Fracción reformada DOF 20-12-2001*

**VI.** Las demás que señalen las disposiciones de esta Ley y sus reglamentos.

*Fracción adicionada DOF 20-12-2001*

# CAPÍTULO V
## DE LA DIRECCIÓN GENERAL

**Artículo 267.** El Director General será nombrado por el Presidente de la República debiendo ser mexicano por nacimiento que no adquiera otra nacionalidad y estar en pleno goce y ejercicio de sus derechos civiles y políticos.

*Artículo reformado DOF 23-01-1998*

**Artículo 268.** El Director General tendrá las siguientes atribuciones:

**I.** Presidir las sesiones de la Asamblea General y del Consejo Técnico;

**II.** Ejecutar los acuerdos del propio Consejo;

**III.** Representar legalmente al Instituto, con todas las facultades que corresponden a los mandatarios generales para pleitos y cobranzas, actos de administración y de dominio, y las especiales que requieran cláusula especial conforme al Código Civil Federal o cualesquiera otra ley, así como ante todas las autoridades.

*Fracción reformada DOF 20-12-2001*

**IV.** Presentar anualmente al Consejo el informe de actividades, así como el programa de labores y el presupuesto de ingresos y egresos para el siguiente período;

**V.** Presentar anualmente al Consejo Técnico el balance contable y el estado de ingresos y gastos;

**VI.** Presentar anualmente al Consejo Técnico el informe financiero y actuarial;

**VII.** Proponer al Consejo la designación o destitución de los trabajadores de confianza mencionados en la fracción IX del artículo 264;

*Fracción reformada DOF 20-12-2001*

**VIII.** Nombrar y remover a los trabajadores de confianza a que se refiere el artículo 256 de esta Ley, facultad que podrá ser delegada en los términos que establezca el Reglamento Interior del Instituto, que deberá señalar las unidades administrativas del mismo y su circunscripción geográfica.

En cualquier caso los trabajadores de confianza a que se refiere esta fracción y la anterior deberán contar con la capacidad, experiencia y demás requisitos que se determinen en el Estatuto a que se refiere el artículo 286 I de esta Ley;

*Fracción reformada DOF 20-12-2001*

**IX.** Realizar toda clase de actos jurídicos necesarios para cumplir con los fines del Instituto, y

**X.** Ejercer las funciones en materia de presupuesto, conforme a lo dispuesto en esta Ley;

*Fracción reformada DOF 20-12-2001*

**XI.** Presentar anualmente al Ejecutivo Federal y al Congreso de la Unión los informes a que se alude en la presente Ley, y

*Fracción adicionada DOF 20-12-2001*

**XII.** Las demás que señalen las disposiciones de esta Ley y sus reglamentos.

*Fracción adicionada DOF 20-12-2001*

**Artículo 268 A.** El Director General será auxiliado en el cumplimiento de sus funciones por los servidores públicos de mando, personal de base y de confianza que se establezcan en el Reglamento Interior del Instituto que a propuesta del Consejo Técnico, expida el Ejecutivo Federal considerando lo que al efecto se estipule en el contrato colectivo de trabajo suscrito con los trabajadores del Instituto.

*Artículo adicionado DOF 20-12-2001*

**Artículo 269.** El Director General tendrá derecho de veto sobre las resoluciones del Consejo Técnico, en los casos que fije el reglamento. El efecto del veto será suspender la aplicación de la resolución del Consejo, hasta que resuelva en definitiva la Asamblea General.

## CAPÍTULO VI
## DEL INSTITUTO MEXICANO DEL SEGURO SOCIAL
## COMO ORGANISMO FISCAL AUTÓNOMO

*Denominación del Capítulo reformada DOF 20-12-2001*

**Artículo 270.** El Instituto, en su carácter de organismo fiscal autónomo, se sujetará al régimen establecido en esta Ley, ejerciendo las atribuciones que la misma le confiere de manera ejecutiva, con autonomía de gestión y técnica, en los ámbitos regulados en la presente Ley.

*Artículo reformado DOF 20-12-2001*

**Artículo 271.** En materia de recaudación y administración de las contribuciones que conforme a esta Ley le corresponden, que de conformidad con lo dispuesto por el artículo 2o., fracción II y penúltimo párrafo, del Código, tienen la naturaleza de aportaciones de seguridad social, el Instituto recaudará, administrará y, en su caso, determinará y liquidará, las cuotas correspondientes a los seguros establecidos en esta Ley, aplicando al efecto lo dispuesto en la misma y en lo no previsto expresamente en ella, el Código, contando respecto de ambas disposiciones con todas las facultades que ese Código confiere a las autoridades fiscales en él previstas, las que serán ejercidas de manera ejecutiva por el Instituto, sin la participación de ninguna otra autoridad fiscal.

*Artículo reformado DOF 20-12-2001*

**Artículo 272.** El Instituto, en materia de presupuesto, gasto y su contabilidad, se regirá por lo dispuesto en esta Ley y, en lo no previsto expresamente en ella, aplicará la Ley Federal de Presupuesto y Responsabilidad Hacendaria y disposiciones que de ella emanen.

*Párrafo reformado DOF 16-01-2009*

Los servidores públicos del Instituto serán responsables de cualquier daño o perjuicio estimable en dinero que afecte a la hacienda pública federal o el patrimonio del propio Instituto, por lo que resultará aplicable la Ley Federal de Presupuesto y Responsabilidad Hacendaria, sin perjuicio de lo dispuesto en la Ley Federal de Responsabilidades Administrativas de los Servidores Públicos y en la Ley de Fiscalización Superior de la Federación.

*Párrafo reformado DOF 16-01-2009*

Corresponderá a la Secretaría de la Función Pública, por sí o a través del órgano interno de control en el propio Instituto, el ejercicio de las atribuciones que en materia de control, inspección, vigilancia y evaluación le confieren la Ley Orgánica de la Administración Pública Federal y demás ordenamientos legales aplicables, sin perjuicio de las facultades que corresponden a la Auditoría Superior de la Federación.

*Párrafo reformado DOF 16-01-2009*

El Instituto deberá formular su proyecto de presupuesto y ejercer el gasto correspondiente, con estricto respeto a los criterios de disciplina, productividad, ahorro, austeridad, eficacia, eficiencia, desregulación presupuestaria y transparencia, debiendo aplicarlos en forma tal que no afecte la atención a sus derechohabientes. El Instituto planeará su gasto de manera que contribuya a mantener su estabilidad y equilibrio financiero en un horizonte de mediano y largo plazo, conforme a las tendencias demográficas y epidemiológicas de su población beneficiaria.

Las cuotas, contribuciones y aportaciones que conforme a lo dispuesto en esta Ley deberá enterar el Gobierno Federal al Instituto, se manifestarán de manera expresa, señalando su destino específico, en un apartado individual del correspondiente decreto del Presupuesto de Egresos de la Federación que anualmente se apruebe, haciendo referencia al total del gasto que se prevea habrá de ejercer el propio Instituto señalando, en su caso, las reglas para su control y seguimiento.

*Artículo reformado DOF 20-12-2001*

**Artículo 273.** El Instituto deberá presentar al Ejecutivo Federal, por conducto de la Secretaría de Hacienda y Crédito Público, y al Congreso de la Unión, a más tardar el 30 de junio de cada año, un informe dictaminado por auditor externo, que incluya, al menos, los siguientes elementos:

**I.** La situación financiera de cada uno de los seguros ofrecidos por el Instituto, y actuarial de sus reservas, aportando elementos de juicio para evaluar si las primas correspondientes son suficientes para cubrir los gastos actuales y futuros de los beneficios derivados de cada seguro;

**II.** Los posibles riesgos, contingencias y pasivos que se están tomando en cada seguro y la capacidad financiera del Instituto para responder a ellos en función de sus ingresos y las reservas disponibles;

**III.** Estimaciones sobre las posibles modificaciones a las cuotas obrero patronales y a las cuotas, contribuciones y aportaciones del Gobierno Federal de cada seguro, en su caso, que se puedan prever, para mantener la viabilidad financiera del Instituto, y de las fechas estimadas en que dichas modificaciones puedan ser requeridas, y

**IV.** La situación de sus pasivos laborales totales y de cualquier otra índole que comprometan su gasto por más de un ejercicio fiscal.

Para los propósitos anteriores el Instituto informará sobre las tendencias demográficas de su población beneficiaria, incluyendo modificaciones en la esperanza de vida; tendencias en la transición epidemiológica, y cambios en la composición de género de la fuerza laboral, entre otros factores. La estimación de riesgos, a su vez, considerará factores derivados del ciclo económico, de la evolución del costo de los tratamientos y medicamentos, los costos laborales, de la situación macroeconómica, así como cualquier otro factor que afecte la capacidad del Instituto para cumplir con sus compromisos. En todos los casos, la estimación sobre riesgos y pasivos laborales y de cualquier otro tipo, se formulará con estricto apego a los principios de contabilidad generalmente aceptados por la profesión contable organizada en México.

El informe, asimismo, deberá contener información sobre el estado que guardan las instalaciones y equipos del Instituto, particularmente los dedicados a la atención médica, para poder atender de forma satisfactoria a sus derechohabientes.

*Artículo reformado DOF 20-12-2001*

**Artículo 274.** A más tardar cuarenta y cinco días naturales antes de que conforme a lo establecido en la Constitución Política de los Estados Unidos Mexicanos, el Ejecutivo Federal remita al Congreso de la Unión la iniciativa de Ley de Ingresos y el Proyecto de Presupuesto de Egresos de la Federación, el Director General propondrá al Consejo Técnico el anteproyecto de presupuesto de ingresos y egresos del Instituto, que incluya los gastos de operación y el flujo de efectivo, tomando en cuenta los criterios de política económica y presupuestaria del Gobierno Federal, así como la evolución de los ingresos de éste y lineamientos del control del gasto.

El Consejo Técnico discutirá y aprobará dicho anteproyecto de presupuesto que será remitido a la Secretaría de Hacienda y Crédito Público para los efectos del artículo 276 de esta Ley.

El Consejo Técnico aprobará, en cualquier etapa del ejercicio fiscal, las adecuaciones que requiera el presupuesto del Instituto para el mejor cumplimiento de los objetivos de sus programas, siempre que con ello no se afecten las reservas a que se refieren las fracciones III y IV del artículo 280 de esta Ley, aprobadas en el Decreto del Presupuesto de Egresos de la Federación, ni la estabilidad del Instituto y que, respetando los programas relativos a la prestación oportuna y suficiente de sus servicios en beneficio de los derechohabientes, sean congruentes a juicio del propio Consejo, con las políticas de ingreso-gasto de la Administración Pública Federal.

*Artículo reformado DOF 20-12-2001*

**Artículo 275.** El anteproyecto de presupuesto al que se refiere el artículo anterior deberá contener un reporte de la Dirección General que incluya, al menos, la siguiente información:

**I.** El análisis del impacto que el presupuesto que se proponga tendrá para el Instituto en un horizonte de mediano plazo;

**II.** El presupuesto asignado por programas, señalando prioridades, objetivos, metas y unidades responsables de su ejercicio, así como su valuación estimada por programa, y los mecanismos e indicadores de evaluación para cada programa;

**III.** El señalamiento expreso de los programas que por su naturaleza y características, deban abarcar más de un período presupuestario anual, sujetos para los fines de ejecución y pago a la disponibilidad presupuestal de los años subsecuentes;

**IV.** Ingresos totales y en flujo de efectivo, expresados como devengados, por:

**a.** Cuotas de trabajadores y patrones;

**b.** Cuotas, contribuciones y aportaciones del Gobierno Federal, y

**c.** Ingresos financieros de las reservas, y cualesquiera otros.

**V.** Gastos totales y por capítulo de gasto, expresados como devengados y en flujo de efectivo;

**VI.** Excedentes de operación;

**VII.** Excedentes de flujo de efectivo, antes y después de la creación, incremento o decremento del Fondo para el Cumplimiento de Obligaciones Laborales de Carácter Legal y Contractual señalado en el artículo 286 K;

**VIII.** Montos en que se proponga incrementar, decrementar o, en su caso, reconstituir las Reservas Financieras y Actuariales y la Reserva General Financiera y Actuarial a que se refieren las fracciones III y IV del artículo 280 de esta Ley, para cada seguro y el Fondo para Cumplimiento de Obligaciones Laborales de Carácter Legal y Contractual, así como el respaldo de inversiones financieras que se dará al mismo;

**IX.** Ingresos y gastos totales por seguro expresados como devengados;

**X.** Plazas de personal totales a ocupar, incluyendo permanentes y temporales, así como la contratación de servicios profesionales por honorarios;

**XI.** Pasivos laborales totales, detallando obligaciones legales y contractuales, y el efecto que sobre dichos pasivos tendría la creación de nuevas plazas de personal en el ejercicio y en un plazo de veintiocho años;

**XII.** Programa de Inversiones Físicas, indicando las principales obras y equipamiento. El Programa deberá especificarse por seguro y deberá incluir el análisis de los pasivos y gastos operativos de todo tipo generados por la inversión;

**XIII.** Presupuesto de las áreas de administración central del Instituto, y

**XIV.** Las demás que considere convenientes el Consejo Técnico.

*Artículo reformado DOF 20-12-2001*

**Artículo 276.** El anteproyecto de presupuesto aprobado por el Consejo Técnico, será remitido a la Secretaría de Hacienda y Crédito Público, a más tardar veinticinco días naturales antes de que conforme a lo establecido en la Constitución Política de los Estados Unidos Mexicanos, el Ejecutivo Federal remita al Congreso de la Unión la iniciativa de Ley de Ingresos y el Proyecto de Presupuesto de Egresos de la Federación, con el fin de que ésta lo analice y, en su caso, modifique y apruebe, los montos a que se refieren las fracciones IV, inciso b) y VIII del artículo 275 de esta Ley. Para estos efectos, dicha Secretaría deberá tomar en cuenta el informe a que hace referencia el artículo 273 de la Ley. Aprobados estos montos, el Instituto realizará las modificaciones relativas a efecto de que sea oportunamente remitido a la Secretaría para que ésta lo incluya en la Iniciativa de Ley de Ingresos y en el Proyecto de Presupuesto de Egresos de la Federación que se sometan a la aprobación del Congreso de la Unión.

La Cámara de Diputados al aprobar el Presupuesto de Egresos de la Federación, deberá considerar el informe y el reporte a que hacen referencia los artículos 273 y 275 de esta Ley.

El Consejo Técnico y el Director General, serán responsables, en el ámbito de sus respectivas competencias, de que el Instituto cumpla con lo aprobado por el Congreso de la Unión.

*Artículo reformado DOF 20-12-2001*

**Artículo 277.** El Instituto deberá ejercer su presupuesto evaluando los ingresos recibidos y el gasto incurrido en períodos trimestrales, a efecto de constatar su desarrollo conforme a lo presupuestado.

Cuando en cualquiera de los trimestres del año, los ingresos obtenidos sean superiores a los previstos, o los gastos resulten inferiores a lo planeado y se tenga una expectativa razonablemente fundada, a juicio del Consejo Técnico, de que el excedente que se genere en ese período tendrá un efecto positivo neto al cierre del ejercicio anual, y se hubiese cumplido con la meta trimestral de incremento o reconstitución de las reservas y fondos en los términos del artículo 276 de esta Ley, el Instituto podrá disponer de ellos para aplicarlos en el trimestre siguiente al fortalecimiento de su Reserva de Operación para Contingencias y Financiamiento, y con el acuerdo expreso del Consejo Técnico, a sus programas prioritarios.

*Artículo reformado DOF 20-12-2001*

**Artículo 277 A.** En el evento de que, en el resto del ejercicio se prevea que se va a requerir de los recursos considerados excedentes en algún trimestre anterior, para financiar la operación del Instituto conforme al presupuesto aprobado o que se prevea que no sea posible cumplir con las metas de reservas y fondos señalados en el Presupuesto de Egresos de la Federación, de acuerdo a lo dispuesto en el artículo 276 de esta Ley, el Consejo Técnico deberá proceder a generar ajustes de disminución de gasto en los rubros menos necesarios, buscando en todo momento no comprometer la adecuada prestación de sus servicios.

Si los ajustes a la baja indicados no fueren suficientes, el Instituto podrá disponer de la Reserva de Operación para Contingencias y Financiamiento a que hace mención el artículo 280 de esta Ley, previa autorización del Consejo Técnico, debiendo informar de tales ajustes al Ejecutivo Federal, por conducto de la Secretaría de Hacienda y Crédito Público.

Si habiéndose hecho uso de la Reserva indicada en el párrafo anterior, el ajuste al presupuesto de egresos necesario para cumplir con las metas de reservas y fondos establecidos afecta sensiblemente los programas de operación del Instituto, éste podrá, previa autorización del Ejecutivo Federal, por conducto de la Secretaría de Hacienda y Crédito Público, disminuir los montos de reservas o fondos a incrementar.

La Secretaría de la Función Pública vigilará el estricto y oportuno cumplimiento de esta disposición.

*Párrafo reformado DOF 16-01-2009*
*Artículo adicionado DOF 20-12-2001*

**Artículo 277 B.** El Instituto no está autorizado a contraer pasivos financieros para pagar las prestaciones correspondientes a los seguros que esta Ley establece.

Para sufragar su operación sólo podrá contraer pasivos derivados de cartas de crédito o coberturas cambiarias a plazos inferiores a un año sin revolvencia, que se destinen a liquidar compromisos con proveedores de insumos, sin perjuicio de los compromisos análogos a estos últimos que autorice contraer previamente la Secretaría de Hacienda y Crédito Público.

La Secretaría de Hacienda y Crédito Público autorizará el monto máximo anual para la contratación de las operaciones a que se refiere el párrafo anterior. Al efecto, el Instituto enviará, al Congreso de la Unión y al Ejecutivo Federal, por conducto de la citada Dependencia, en el mes de enero de cada año, un informe de las características, términos y condiciones en que realizará dichas operaciones financieras.

*Artículo adicionado DOF 20-12-2001*

**Artículo 277 C.** El Instituto no estará obligado a concentrar en la Tesorería de la Federación sus ingresos, con excepción de los remanentes de subsidios y transferencias de programas de solidaridad social y otros financiados directamente por el Gobierno Federal.

Si al finalizar el ejercicio fiscal, existiera saldo proveniente de los ingresos excedentes a los presupuestados, el Instituto los transferirá a la Reserva de Operación para Contingencias y Financiamiento prevista en el artículo 280, fracción II de esta Ley, y podrán, en casos excepcionales, ser destinados a sus programas prioritarios de inversión de ejercicios posteriores.

El Instituto manejará y erogará sus recursos por medio de sus unidades administrativas competentes. En lo que se refiere a los subsidios y transferencias que establezca el Presupuesto de Egresos para la operación de los programas que le encomiende el Gobierno Federal, éstos los recibirá de la Tesorería de la Federación, debiendo también manejarlos y administrarlos por sus unidades administrativas competentes, sujetándose, en el caso de estos últimos, a los controles e informes respectivos de conformidad con la legislación aplicable.

*Artículo adicionado DOF 20-12-2001*

**Artículo 277 D.** El Consejo Técnico, sujeto a las previsiones presupuestarias, aprobará los sueldos y prestaciones de los trabajadores de confianza a que se refiere el artículo 256 de esta Ley, y la contratación de servicios profesionales por honorarios, que resulten estrictamente necesarios, conforme a las bases de observancia obligatoria que el mismo emita.

Los sueldos a que se refiere el párrafo anterior se determinarán considerando los tabuladores que para las dependencias y entidades del sector público federal expida la Secretaría de Hacienda y Crédito Público y las condiciones imperantes en el mercado, conforme a un sistema de valuación de puestos. Los ajustes deberán guardar congruencia con los lineamientos que al efecto observe el Gobierno Federal, efecto para el cual el Instituto solicitará la opinión de la Secretaría de Hacienda y Crédito Público.

El Director General del Instituto no podrá recibir percepciones superiores a las de un Secretario del Despacho en la Administración Pública Federal Centralizada.

El Consejo Técnico solamente podrá crear, sustituir o contratar plazas con sujeción a criterios de productividad, eficiencia y calidad de servicio, así como al aumento de la recaudación, siempre y cuando cuente con los recursos aprobados en su respectivo presupuesto para dicha creación, sustitución o contratación de plazas, y aquellos indispensables para cubrir el costo anual de sus repercusiones. Independientemente de lo anterior, para crear, sustituir o contratar plazas, se deberán depositar en el Fondo a que se refiere el artículo 286 K de esta Ley, los recursos necesarios para cubrir los costos futuros derivados del Régimen de Jubilaciones y Pensiones, a fin de que en todo momento, se encuentre plenamente financiado.

*Párrafo reformado DOF 11-08-2004*

El Instituto tiene la obligación de publicar en el Diario Oficial de la Federación, a más tardar el 30 de junio del ejercicio fiscal correspondiente, el informe analítico de todas los puestos y plazas, incluyendo temporales, sustitutos, residentes y análogas; los sueldos, prestaciones y estímulos de todo tipo de sus servidores públicos, agrupados por nivel, grado y grupo de mando, y los cambios autorizados a su estructura organizacional por el Consejo Técnico, así como el número, características y remuneraciones totales de la contratación de servicios profesionales por honorarios.

*Artículo adicionado DOF 20-12-2001*

**Artículo 277 E.** Sin perjuicio de lo dispuesto por la Ley Federal de Presupuesto y Responsabilidad Hacendaria, los ingresos y gastos de cada seguro se registrarán contablemente por separado. Los gastos indirectos comunes se sujetarán a las reglas de carácter general para la distribución de costos, al catálogo de cuentas y al manual de contabilización y del ejercicio del gasto que al efecto emita el Consejo Técnico a propuesta del Director General, quien deberá contar con la opinión previa de la Secretaría de Hacienda y Crédito Público.

*Párrafo reformado DOF 16-01-2009*

El catálogo de cuentas y el manual de contabilización y del ejercicio del gasto deberán tomar como base los equivalentes que al efecto se establezcan por las autoridades competentes para las entidades de la administración pública federal, adecuándolos a las características y necesidades del Instituto.

Los recursos de cada ramo de seguros a que se refiere esta Ley sólo podrán utilizarse para cubrir las prestaciones y pago de beneficios y constitución reservas que correspondan a cada uno de ellos.

*Artículo adicionado DOF 20-12-2001*

**Artículo 277 F.** En casos debidamente justificados, el Consejo Técnico podrá autorizar que el Instituto celebre contratos plurianuales de obras públicas, adquisiciones, arrendamientos o servicios durante el ejercicio fiscal, siempre que:

**I.** Justifiquen que su celebración representa ventajas económicas o que sus términos o condiciones son más favorables, considerando en su caso, la vigencia de las patentes de los bienes a adquirir;

**II.** Justifiquen el plazo de la contratación y que el mismo no afectará negativamente la competencia económica en el sector de que se trate;

**III.** Identifiquen el gasto corriente o de inversión correspondiente, y

**IV.** Desglosen el gasto a precios del año tanto para el ejercicio fiscal correspondiente, como para los subsecuentes.

De dichas contrataciones se deberá dar cuenta previamente a la Secretaría de Hacienda y Crédito Público. El Instituto no podrá celebrar nuevos contratos de ese tipo si, en el criterio razonado y fundado de esa dependencia, los ingresos del Instituto no son suficientes en los ejercicios subsecuentes, para cubrir los compromisos relativos.

Los contratos plurianuales serán formalizados por los servidores públicos que establezca su Reglamento Interior.

En el caso de aquellos contratos cuya prestación genere una obligación de pago para el Instituto igual o mayor a 190,150 veces el salario mínimo general vigente para el Distrito Federal en alguno de sus años de vigencia, éstos deberán ser suscritos, de forma indelegable, por el Director General del Instituto.

El Instituto deberá informar a la Secretaría de la Función Pública sobre la celebración de los contratos a que se refiere este artículo, dentro de los 30 días posteriores a su formalización.

*Artículo adicionado DOF 20-12-2001. Reformado DOF 16-01-2009*

**Artículo 277 G.** El Instituto aplicará las Leyes de Obras Públicas y Servicios Relacionados con las Mismas y de Adquisiciones, Arrendamientos y Servicios del Sector Público, en los mismos términos y condiciones que las demás entidades de la Administración Pública Paraestatal Federal.

En el anteproyecto de presupuesto a que se refieren los artículos 274 y 275 de esta Ley, el Consejo Técnico propondrá a la Cámara de Diputados, por conducto del Ejecutivo Federal, la forma en que las normas de disciplina y austeridad que, en su caso, se contengan en el decreto de Presupuesto de Egresos de la Federación, se aplicarán al Instituto con objeto de que no se afecte con ellas el servicio público que está obligado a prestar a sus derechohabientes, para efectos de que dicha Cámara resuelva lo que corresponda y se considere en las reglas para control y seguimiento del gasto del propio Instituto, en el apartado individual de dicho Decreto, a que se refiere el último párrafo del artículo 272 de esta Ley.

Lo anterior, no deberá afectar las metas de constitución o incremento de reservas que de conformidad con la presente Ley, fije anualmente al Instituto la Cámara de Diputados.

*Artículo adicionado DOF 20-12-2001*

# CAPÍTULO VII
## DE LA CONSTITUCIÓN DE RESERVAS

*Denominación del Capítulo reformada DOF 20-12-2001*

## SECCIÓN PRIMERA
## GENERALIDADES

*Sección adicionada DOF 20-12-2001*

**Artículo 278.** El Instituto para garantizar el debido y oportuno cumplimiento de las obligaciones que contraiga, derivadas del pago de beneficios y la prestación de servicios relativos a los seguros que se establecen en esta Ley, deberá constituir y contabilizar por ramo de seguro la provisión y el respaldo financiero de las reservas que se establecen en este Capítulo, en los términos que el mismo indica.

Los recursos afectos a estas reservas no formarán parte del patrimonio del Instituto y sólo se podrá disponer de ellos para cumplir los fines previstos en esta Ley y garantizar su viabilidad financiera en el largo plazo.

*Artículo reformado DOF 20-12-2001*

**Artículo 279.** Las reservas a que se refiere este Capítulo deberán registrarse como una provisión al momento de su constitución, y las aportaciones para su incremento o reconstitución deberán hacerse trimestral o anualmente, según corresponda, y establecerse en definitiva al cierre de cada ejercicio.

*Artículo reformado DOF 20-12-2001*

**Artículo 280.** El Instituto constituirá las siguientes reservas conforme a lo que se establece en este Capítulo:

**I.** Reservas Operativas;

**II.** Reserva de Operación para Contingencias y Financiamiento;

**III.** Reservas Financieras y Actuariales, y

**IV.** Reserva General Financiera y Actuarial.

*Artículo reformado DOF 20-12-2001*

### SECCIÓN SEGUNDA
### DE LAS RESERVAS DE LOS SEGUROS

*Sección adicionada DOF 20-12-2001*

**Artículo 281.** Se establecerá una Reserva Operativa para cada uno de los siguientes seguros y coberturas:

**I.** Enfermedades y Maternidad;

**II.** Gastos Médicos para Pensionados;

**III.** Invalidez y Vida;

**IV.** Riesgos de Trabajo;

**V.** Guarderías y Prestaciones Sociales;

**VI.** Seguro de Salud para la Familia, y

**VII.** Para otros seguros o coberturas, que en su caso, se establezcan con base en esta Ley.

Las Reservas Operativas recibirán la totalidad de los ingresos por cuotas obrero patronales y aportaciones federales, así como por las cuotas y contribuciones de los seguros voluntarios y otros que se establezcan, salvo lo dispuesto en la fracción VI del artículo 15 de esta Ley. Sólo se podrá disponer de ellas para hacer frente al pago de prestaciones, gastos administrativos y constitución de las Reservas Financieras y Actuariales del seguro y cobertura a que correspondan, y para la aportación correspondiente para la constitución de las Reservas de Operación para Contingencias y Financiamiento y General Financiera y Actuarial.

*Artículo reformado DOF 20-12-2001*

**Artículo 282.** En el caso del seguro de retiro, cesantía en edad avanzada y vejez, se estará a lo dispuesto por el artículo 167 de esta Ley.

*Artículo reformado DOF 20-12-2001*

**Artículo 283.** La Reserva de Operación para Contingencias y Financiamiento, se constituirá, incrementará o reconstituirá hasta representar sesenta días de ingreso promedio global del año anterior del Instituto, con el objetivo de proveer estabilidad y certidumbre a la operación cotidiana del propio Instituto y facilitar la planeación de mediano plazo de las operaciones de los distintos seguros que se establecen en esta Ley.

A dicha Reserva podrán afectarse además de los ingresos ordinarios, los recursos que de manera extraordinaria obtenga el Instituto, caso en que podrá exceder el límite señalado en el párrafo anterior hasta por el total de estas afectaciones extraordinarias.

El Instituto podrá disponer, previa autorización del Consejo Técnico, de la Reserva de Operación para Contingencias y Financiamiento, para financiar las Reservas Operativas, hasta un monto equivalente a noventa días de ingreso promedio del año anterior del seguro o cobertura que requiere el financiamiento y estos recursos se deberán reintegrar con los correspondientes costos financieros por el uso de los mismos, en los términos del reglamento a que hace mención el artículo 286 de esta Ley, en un plazo no mayor a tres años. De esta situación el Instituto deberá dar aviso al Ejecutivo Federal, por conducto de la Secretaría de Hacienda y Crédito Público.

*Artículo reformado DOF 20-12-2001*

**Artículo 284.** Las Reservas Financieras y Actuariales se constituirán por cada uno de los seguros y coberturas a través de una aportación trimestral calculada sobre los ingresos de los mismos, que consideren las estimaciones de sustentabilidad financiera de largo plazo contenidas en el informe financiero y actuarial a que se refiere el artículo 261 de la Ley. Cada una de esas reservas podrá ser dividida y manejada conforme a la naturaleza de los riesgos que afecten a cada seguro y coberturas. Esta separación buscará el mejor equilibrio entre las fuentes y características del riesgo y los recursos necesarios para su financiamiento.

*Artículo reformado DOF 20-12-2001*

**Artículo 285.** La Reserva General Financiera y Actuarial deberá constituirse, incrementarse o reconstituirse a través de una aportación anual a estimarse en el informe financiero y actuarial a que se refiere el artículo 261 de la Ley, para enfrentar efectos catastróficos o variaciones de carácter financiero de significación en los ingresos o incrementos drásticos en los egresos derivados de problemas epidemiológicos o económicos severos y de larga duración que provoquen insuficiencia de cualquiera de las reservas financieras y actuariales.

Todos los bienes inmuebles destinados a la prestación de servicios directamente derivados de los seguros a que se refieren los Título Segundo y Tercero de esta Ley, estarán afectos a la Reserva General Financiera y Actuarial y por tanto se considerarán destinados al servicio público de carácter nacional del Seguro Social a que se refiere el artículo 4o. de la propia Ley y tendrán el carácter de bienes del dominio público de la Federación.

*Artículo reformado DOF 20-12-2001*

**Artículo 286.** El Instituto deberá constituir la Reserva de Operación para Contingencias y Financiamiento a que se refiere este Capítulo en la forma, términos y plazos que, a propuesta del Director General, emita el Consejo Técnico y que deberán considerarse en el programa anual a que se refiere la Sección Tercera de este Capítulo.

Las Reservas Financieras y Actuariales y la Reserva General Financiera y Actuarial, se constituirán en la forma, términos y plazos que se establezcan en el reglamento que al efecto emita el Ejecutivo Federal, considerando el informe que el Instituto le envíe respecto de las condiciones demográficas de la población beneficiaria que cubra cada seguro conforme a sus peculiaridades, los costos de prestación de los servicios correspondientes, las características de los ciclos económicos, las probabilidades de fluctuaciones tanto en la siniestralidad como financieras y, las posibilidades de que se presenten siniestros de carácter catastrófico o cambios drásticos en las condiciones demográficas y epidemiológicas de la población derechohabiente.

*Artículo reformado DOF 20-12-2001*

**Artículo 286 A**. El Instituto podrá disponer de las Reservas Financieras y Actuariales de cada seguro y cobertura sólo para cubrir las necesidades que correspondan a cada uno de ellos, previo acuerdo del Consejo Técnico a propuesta del Director General, en los términos del Reglamento a que hace mención el artículo anterior, y sólo para enfrentar caídas en los ingresos o incrementos en los egresos derivados de problemas económicos de duración mayor a un año, así como para enfrentar fluctuaciones en la siniestralidad mayores a las estimadas en el estudio actuarial a que se refiere el artículo 261 de la Ley o para el pago de beneficios futuros para los que se hubiera efectuado la provisión correspondiente.

*Artículo adicionado DOF 20-12-2001*

### SECCIÓN TERCERA
### DEL PROGRAMA ANUAL DE ADMINISTRACIÓN
### Y CONSTITUCIÓN DE RESERVAS

*Sección adicionada DOF 20-12-2001*

**Artículo 286 B**. A propuesta del Director General, con base en el proyecto de presupuesto para el siguiente ejercicio y en los estudios financieros y actuariales que se presenten cada año a la Asamblea General, en cumplimiento a lo dispuesto en los artículos 245 y 261 de esta Ley, el Consejo Técnico deberá aprobar anualmente en forma previa al inicio del ejercicio fiscal un Programa de Administración y Constitución de Reservas, el cual confirmará o adecuará en lo conducente, una vez que se conozca el presupuesto de gastos definitivo del Instituto. Este programa contendrá como mínimo los siguientes elementos:

**I.** Informe sobre la totalidad de los recursos financieros en poder del Instituto, separándolos por tipo de reservas y seguro conforme a lo que se establece en el artículo 280 de esta Ley;

**II.** Proyecciones de ingresos y egresos totales en efectivo para el siguiente ejercicio fiscal;

**III.** Los montos trimestrales y anuales que se dedicarán a incrementar o reconstituir cada una de las reservas en el siguiente ejercicio fiscal; proyección de las tasas de interés que generarán dichas reservas y montos esperados de las mismas al final del ejercicio, y

**IV.** Los recursos anuales que en forma trimestral prevea afectar a las Reservas Operativas para el siguiente ejercicio fiscal.

El Consejo Técnico, a propuesta razonada de la Dirección General, podrá modificar en cualquier momento el Programa de Administración y Constitución de Reservas, con excepción de los montos de incremento de las Reservas Financieras y Actuariales y de la Reserva General Financiera y Actuarial comprometidos conforme a lo dispuesto en la fracción VIII, del artículo 275 de esta Ley, cuando los flujos de ingresos y gastos a lo largo del ejercicio así lo requieran. La propuesta del Director General deberá describir el impacto que esa modificación tendrá en el mediano y largo plazo, observando lo señalado en el segundo párrafo del artículo 278 de esta Ley.

*Artículo adicionado DOF 20-12-2001*

## SECCIÓN CUARTA
## DE LA INVERSIÓN DE LAS RESERVAS Y DE SU USO PARA LA OPERACIÓN
*Sección adicionada DOF 20-12-2001*

**Artículo 286 C.** El Instituto deberá contar con una unidad administrativa que de manera especializada se encargará de la inversión de los recursos del Instituto y los mecanismos que deberá utilizar para ello, bajo criterios de prudencia, seguridad, rendimiento, liquidez, diversificación de riesgo, transparencia y respeto a las sanas prácticas y usos del medio financiero nacional, procurando una revelación plena de información.

Dicha unidad administrativa deberá contar con una infraestructura profesional y operativa que permita un proceso flexible, transparente y eficiente, para operar de manera competitiva en el mercado financiero.

Adicionalmente, el Consejo Técnico establecerá los dispositivos de información al público en general, para que en forma periódica, oportuna y accesible, se dé a conocer la composición y situación financiera de las inversiones del Instituto. Esta información deberá remitirse trimestralmente a la Secretaría de Hacienda y Crédito Público, al Banco de México y al Congreso de la Unión.

*Artículo adicionado DOF 20-12-2001*

**Artículo 286 D.** Las Reservas Operativas y la Reserva de Operación para Contingencias y Financiamiento, deberán invertirse en valores emitidos o ga-

rantizados por el Gobierno Federal, en valores de alta calidad crediticia conforme a calificadores de prestigio internacional o en depósitos a la vista y a plazos
acordes con sus necesidades de efectivo, en instituciones de crédito y fondos
de inversión, a efecto de disponer oportunamente de las cantidades necesarias
para hacer frente a sus obligaciones del ejercicio.

*Artículo adicionado DOF 20-12-2001*

**Artículo 286 E.** Las inversiones de las Reservas Financieras y Actuariales
y la Reserva General Financiera y Actuarial, previstas en este Capítulo, sólo
podrán invertirse en los valores, títulos de crédito y otros derechos, que se
determinen conforme al Reglamento que al efecto emita el Ejecutivo Federal,
mismo que regulará también los porcentajes, plazos, montos, límites máximos
de inversión e instituciones, y otros emisores o depositarios y las demás características de administración de las inversiones que pueda realizar el Instituto,
buscando siempre las mejores condiciones de seguridad, rendimiento y liquidez, así como de diversificación de riesgos posibles en términos de la mayor
objetividad, prudencia y transparencia.

Los intereses o rendimientos que genere cada reserva deberán aplicarse
exclusivamente a la reserva que les dé origen.

*Artículo adicionado DOF 20-12-2001*

## CAPÍTULO VIII
### DEL SISTEMA DE PROFESIONALIZACIÓN Y DESARROLLO
*Capítulo adicionado DOF 20-12-2001*

**Artículo 286 F.** Lo dispuesto en este Capítulo sólo será aplicable a los
trabajadores de confianza a que se refiere el artículo 256 de esta Ley.

*Artículo adicionado DOF 20-12-2001*

**Artículo 286 G.** Con el fin de contar con un cuerpo permanente de profesionales, calificado y especializado en las actividades y funciones que le
corresponden, así como de garantizar la adecuada prestación y mejora de los
servicios en beneficio de los derechohabientes y de la sociedad en general, el
Instituto deberá establecer las políticas y realizar las acciones necesarias para
establecer un sistema de profesionalización y desarrollo de los trabajadores de
confianza a que se refiere el artículo anterior.

Ese sistema comprenderá los procesos de reclutamiento, selección, contratación, compensación, desarrollo de personal, incluyendo la capacitación, la evaluación de su desempeño, la promoción y la separación del servicio. El personal a que se refiere este Capítulo podrá ser sujeto de estímulos con base en su desempeño en los términos que lo autorice el Consejo Técnico, los cuales se sujetarán a los límites establecidos anualmente en el Presupuesto de Egresos de la Federación.

*Artículo adicionado DOF 20-12-2001*

**Artículo 286 H.** Los nombramientos del personal a que se refiere este Capítulo, correspondiente a los dos niveles jerárquicos inferiores al Director General y los que representen al Instituto en la circunscripción territorial que se establezca en el reglamento respectivo, deberán recaer en personas que reúnan los siguientes requisitos:

**I.** Ser de reconocida honorabilidad y calidad moral;

**II.** Cubrir el perfil necesario para ocupar el puesto, y

**III.** Tener tres años de experiencia profesional o técnica en las materias relacionadas con el cargo para el cual fueran propuestas o bien, haberse desempeñado, por lo menos, cinco años en cargos de alto nivel decisorio.

El Consejo Técnico y el Director General del Instituto serán responsables de la aplicación y observancia de lo dispuesto en el presente artículo.

*Artículo adicionado DOF 20-12-2001*

**Artículo 286 I.** El Instituto conformará su estructura orgánica y ocupacional de acuerdo con las necesidades del servicio. Asimismo, diseñará y establecerá el sistema de compensación que servirá de base para determinar el pago de remuneraciones, prestaciones y estímulos en favor de los trabajadores de confianza a que se refiere el artículo 256 de esta Ley, con el fin de mantener su competitividad en el mercado laboral.

El régimen específico, los procesos y demás características del Sistema de profesionalización y desarrollo del personal a que se refiere este Capítulo, quedarán establecidos en el Estatuto que al efecto apruebe el Consejo Técnico.

*Artículo adicionado DOF 20-12-2001*

**Artículo 286 J.** El sistema de profesionalización y desarrollo comprendido en el Estatuto a que se refiere el artículo anterior se regirá por los siguientes principios:

**I.** El mérito propio y la igualdad de oportunidades para el ingreso y la promoción en el servicio, con base en la experiencia general y/o en el Instituto, desempeño, aptitudes, conocimientos y capacidad;

**II.** Especialización y profesionalización para el desempeño de las funciones y actividades asignadas a cada puesto;

**III.** Retribuciones y prestaciones vinculadas a la productividad, acordes al mercado de trabajo, que sean suficientes para asegurar al Instituto la contratación y permanencia de los mejores servidores públicos de mando y trabajadores;

**IV.** Capacitación y desarrollo integral relacionados con las actividades sustantivas del Instituto y vinculados a la mejora de los servicios que se presten, a fin de garantizar la eficiencia en la prestación de los servicios, y

**V.** Integridad, responsabilidad y conducta adecuada de este personal.

*Artículo adicionado DOF 20-12-2001*

**Artículo 286 K.** El Instituto administrará y manejará, conforme a los lineamientos que al efecto emita el Consejo Técnico, un fondo que se denominará Fondo para el Cumplimiento de Obligaciones Laborales de Carácter Legal o Contractual, con objeto de disponer de los recursos necesarios en el momento de la jubilación de sus trabajadores. Al efecto, el Consejo Técnico aprobará las reglas del referido Fondo a propuesta del Director General, quien deberá escuchar previamente la opinión de la Secretaría de Hacienda y Crédito Público. El manejo del Fondo deberá tomar en consideración las políticas y lineamientos que la Administración Pública Federal aplica en dicha materia.

Dicho Fondo deberá registrarse en forma separada en la contabilidad del Instituto estableciendo dentro de él una cuenta especial para el Régimen de Jubilaciones y Pensiones de los trabajadores del Instituto. Los recursos que se afecten en dicho Fondo y cuenta especial sólo podrán disponerse para los fines establecidos en este artículo.

El Instituto, en su carácter de patrón, no podrá destinar a este Fondo, para el financiamiento de la cuenta especial del Régimen de Jubilaciones y Pensiones, recursos provenientes de las cuotas a cargo de los patrones y trabajadores establecidos en la Ley del Seguro Social. Tampoco podrá destinar recursos para dicho fin, de las contribuciones, cuotas y aportaciones, que conforme a la Ley del Seguro Social, son a cargo del Gobierno Federal; ni de las Reservas a que se refiere el artículo 280 de esta Ley o de los productos financieros que de ellas se obtengan.

*Artículo adicionado DOF 20-12-2001. Reformado DOF 11-08-2004*

# CAPÍTULO IX
## DE LOS MEDIOS DE COMUNICACIÓN
*Capítulo adicionado DOF 20-12-2001*

**Artículo 286 L.** Las personas particulares podrán presentar ante el Instituto, las promociones o solicitudes relacionadas con el ejercicio de las facultades de éste, establecidas en la Ley y sus Reglamentos a través del Buzón IMSS, para lo cual emplearán los medios de identificación correspondientes.
*Párrafo reformado DOF 07-06-2024*

Las actuaciones realizadas a través del Buzón IMSS producirán los mismos efectos legales que los documentos firmados autógrafamente y, en consecuencia, tendrán el mismo valor probatorio que las disposiciones aplicables les otorguen a éstos.
*Párrafo reformado DOF 07-06-2024*

Asimismo, la clave de identificación personal correspondiente a los registros efectuados en el expediente clínico, que se señala en el artículo 111 A de esta Ley, producirá los mismos efectos legales a que se refiere el párrafo anterior. En estos casos, el Instituto al recibir una promoción o solicitud dará por acreditada la identidad o existencia del promovente y, en su caso, las facultades de su representante, siempre y cuando la documentación requerida para este fin corresponda con la que se hubiere presentado por el particular para obtener su certificado de firma electrónica, por lo que se abstendrá, en su caso, de solicitar dicha documentación como requisito en el procedimiento administrativo de que se trate.
*Reforma DOF 07-06-2024: Derogó del artículo el entonces párrafo segundo*
*Artículo adicionado DOF 20-12-2001*

**Artículo 286 M.** El Instituto realizará notificaciones, citatorios, emplazamientos; requerir o solicitar informes o documentación, o emitir resoluciones e informar sobre aspectos de interés a las personas particulares, a través del Buzón IMSS.

Para efectos del párrafo anterior, las personas particulares deberán registrar y mantener actualizados los medios de contacto con el Instituto, de acuerdo con los lineamientos que para tal efecto apruebe el Consejo Técnico.

Para el caso específico de los patrones o sujetos obligados, lo establecido en el presente artículo, se llevará a cabo, sin perjuicio de que el Instituto pueda efectuar las notificaciones de sus actos en los términos y con las formalidades establecidas en la ley, el Código y demás disposiciones aplicables.

Cuando las personas particulares, no habiliten, señalen datos erróneos, no registren o no actualicen sus medios de contacto, el Instituto podrá efectuar sus notificaciones de conformidad con lo dispuesto en el artículo 134, fracción III del Código.

Para la utilización de medios electrónicos, será aplicable lo dispuesto en el Código en todas aquellas disposiciones que lo complemente y no contravenga la regulación prevista en la presente Ley.

*Artículo adicionado DOF 20-12-2001. Reformado DOF 07-06-2024*

**Artículo 286 N.** Cuando los documentos se presenten a través de los medios de comunicación a que se refiere este Capítulo, se utilicen para efectos del pago de cuotas obrero patronales, u otros trámites relacionados con ello, se regirán por lo que respecto de ese tipo de documentos se establezca en el Código.

*Artículo adicionado DOF 20-12-2001*

## TÍTULO QUINTO
## DE LOS PROCEDIMIENTOS, DE LA CADUCIDAD Y PRESCRIPCIÓN

### CAPÍTULO I
### DE LOS CRÉDITOS FISCALES

*Denominación del Capítulo reformada DOF 20-12-2001*

**Artículo 287**. Las cuotas, los capitales constitutivos, su actualización y los recargos, las multas impuestas en los términos de esta Ley, los gastos realizados por el Instituto por inscripciones improcedentes y los que tenga derecho a exigir de las personas no derechohabientes, tienen el carácter de crédito fiscal.

*Artículo reformado DOF 20-12-2001*

**Artículo 288**. En los casos de concurso u otros procedimientos, en los que se discuta la prelación de créditos, los del Instituto serán preferentes a cualquier otro.

*Artículo reformado DOF 20-12-2001*

**Artículo 289.** En el supuesto a que se refiere el artículo anterior, los créditos del Instituto se cobrarán sólo después de los créditos de alimentos, de salarios y sueldos devengados en el último año o de indemnizaciones a los trabajadores, que gozarán de preferencia de acuerdo con la Ley Federal del Trabajo.

*Artículo reformado DOF 20-12-2001*

**Artículo 290.** Para los efectos de pago de los créditos a que se refiere el artículo 287 de esta Ley, se considera que hay sustitución de patrón cuando:

**I.** Exista entre el patrón sustituido y el patrón sustituto transmisión, por cualquier título, de los bienes esenciales afectos a la explotación, con ánimo de continuarla. El propósito de continuar la explotación se presumirá en todos los casos, y

**II.** En los casos en que los socios o accionistas del patrón sustituido sean, mayoritariamente, los mismos del patrón sustituto y se trate del mismo giro mercantil.

En caso de sustitución de patrón, el sustituido será solidariamente responsable con el nuevo de las obligaciones derivadas de esta Ley, nacidas antes de la fecha en que se avise al Instituto por escrito la sustitución, hasta por el término de seis meses, concluido el cual todas las responsabilidades serán atribuibles al nuevo patrón.

El Instituto deberá, al recibir el aviso de sustitución, comunicar al patrón sustituto las obligaciones que adquiere conforme al párrafo anterior. Igualmente deberá, dentro del plazo de seis meses, notificar al nuevo patrón el estado de adeudo del sustituido.

Cuando los trabajadores de una empresa reciban los bienes de ésta en pago de prestaciones de carácter contractual por la resolución judicial, en términos de lo establecido por la Ley Federal del Trabajo, y directamente se encarguen de su operación, no se considerará como sustitución patronal para los efectos de esta Ley.

*Párrafo reformado DOF 01-05-2019*

*Artículo reformado DOF 20-12-2001*

# CAPÍTULO II
## DE LOS PROCEDIMIENTOS

## SECCIÓN PRIMERA
### PROCEDIMIENTO ADMINISTRATIVO DE EJECUCIÓN

*Sección adicionada DOF 20-12-2001*

**Artículo 291.** El procedimiento administrativo de ejecución para el cobro de los créditos a que se refiere el artículo 287 de esta Ley, que no hubiesen sido cubiertos oportunamente al Instituto, se aplicará por éste, con sujeción a las normas del Código y demás disposiciones aplicables, a través de sus unidades administrativas facultadas al efecto.

La enajenación de los bienes que el Instituto se adjudique con motivo de la aplicación del procedimiento administrativo de ejecución, se realizará en subasta pública o por adjudicación directa, en los términos y condiciones que señale el reglamento respectivo, que se publicará en el Diario Oficial de la Federación. En el caso de valores, de renta fija o variable, éstos se enajenarán conforme a los lineamientos que al efecto emita el Consejo Técnico.

Las cantidades que se obtengan respecto del seguro de retiro, cesantía en edad avanzada y vejez de acuerdo a lo señalado en este artículo, deberán ser puestas a disposición de la Administradora de Fondos para el Retiro que lleve la cuenta individual del trabajador de que se trate, a más tardar dentro de los diez días hábiles siguientes a la fecha de su cobro efectivo. En caso de no hacerlo, se causarán recargos y actualización a cargo del Instituto o de la Secretaría de Hacienda y Crédito Público, según corresponda, y a favor del trabajador, en los términos establecidos en el Código.

*Artículo reformado DOF 20-12-2001*

**Artículo 292.** En los acuerdos relativos a la concesión, al rechazo, o a la modificación de una pensión, se expondrán los motivos y preceptos legales en que se funden y, asimismo, se expresará la cuantía de tal prestación, el método de cálculo empleado para determinarla, y, en su caso, la fecha a partir de la cual tendrá vigencia.

En el oficio en que se comunique el acuerdo relativo, se hará saber al interesado el término en que puede impugnarlo, mediante el recurso de inconformidad.

**Artículo 293.** En los casos en que una pensión u otra prestación en dinero se haya concedido por error que afecte a su cuantía o a sus condiciones, la modificación que se haga entrará en vigor:

**I.** Si la modificación es en favor del asegurado o beneficiario:

**a)** Desde la fecha de la vigencia de la prestación, si el error se debió al Instituto o a la Administradora de Fondos para el Retiro, que administre la cuenta individual del trabajador o a la Aseguradora respectiva.

**b)** Desde la fecha en que se dicte el acuerdo de modificación, si el error se debió a datos falsos suministrados por el interesado.

**II.** Si la modificación es en perjuicio del asegurado o beneficiario:

**a)** Desde la fecha en que se dicte el acuerdo de modificación, si el error se debió al Instituto, o a la Administradora de Fondos para el Retiro, que administre la cuenta individual del trabajador o a la Aseguradora respectiva.

**b)** Desde la fecha de la vigencia de la prestación, si se comprueba que el interesado proporcionó al Instituto informaciones o datos falsos. En este caso se reintegrarán al Instituto las cantidades que hubiese pagado en exceso con motivo del error.

## SECCIÓN SEGUNDA
## DE LOS MEDIOS DE DEFENSA

*Sección adicionada DOF 20-12-2001*

**Artículo 294.** Cuando los patrones y demás sujetos obligados, así como los asegurados o sus beneficiarios consideren impugnable algún acto definitivo del Instituto, podrán recurrir en inconformidad, en la forma y términos que establezca el reglamento, o bien proceder en los términos del artículo siguiente.

*Párrafo reformado DOF 20-12-2001*

Las resoluciones, acuerdos o liquidaciones del Instituto que no hubiesen sido impugnados en la forma y términos que señale el reglamento correspondiente, se entenderán consentidos.

**Artículo 295.** Las controversias entre los asegurados o sus beneficiarios y el Instituto sobre las prestaciones que esta Ley otorga, deberán tramitarse ante los Tribunales Federales en materia laboral, en tanto que las que se presenten entre el Instituto y los patrones y demás sujetos obligados, se tramitarán ante el Tribunal Federal de Justicia Administrativa.

*Artículo reformado DOF 20-12-2001, 01-05-2019*

**Artículo 296.** Los derechohabientes podrán interponer ante el Instituto queja administrativa, la cual tendrá la finalidad de conocer las insatisfacciones de los usuarios por actos u omisiones del personal institucional vinculados con la prestación de los servicios médicos, siempre que los mismos no constituyan un acto definitivo impugnable a través del recurso de inconformidad.

*Párrafo reformado DOF 20-12-2001*

El procedimiento administrativo de queja deberá agotarse previamente al conocimiento que deba tener otro órgano o autoridad de algún procedimiento administrativo, recurso o instancia jurisdiccional.

La resolución de la queja se hará en los términos que establezca el instructivo respectivo.

*Párrafo reformado DOF 20-12-2001*

## CAPÍTULO III
## DE LA CADUCIDAD Y PRESCRIPCIÓN

**Artículo 297.** La facultad del Instituto de fijar en cantidad líquida los créditos a su favor se extingue en el término de cinco años no sujeto a interrupción, contado a partir de la fecha de la presentación por el patrón o por cualquier otro sujeto obligado en términos de esta Ley, del aviso o liquidación o de aquella en que el propio Instituto tenga conocimiento del hecho generador de la obligación.

*Párrafo reformado DOF 20-12-2001*

El plazo de caducidad señalado en este artículo sólo se suspenderá cuando se interponga el recurso de inconformidad o juicio.

**Artículo 298.** La obligación de enterar las cuotas y los capitales constitutivos, prescribirá a los cinco años de la fecha de su exigibilidad.

La prescripción se regirá en cuanto a su consumación e interrupción, por las disposiciones aplicables del Código Fiscal de la Federación.

**Artículo 299.** Las cuotas enteradas sin justificación legal serán devueltas por el Instituto, actualizadas conforme a lo previsto en el artículo 17-A, del Código Fiscal de la Federación, desde el mes en que se realizó el pago de lo indebido o se presentó la declaración que contenga el saldo a favor y hasta aquél en que la devolución esté a disposición del contribuyente, siempre y cuando sean reclamadas dentro de los cinco años siguientes a la fecha del entero correspondiente, excepto las provenientes del seguro de retiro, cesantía en edad avanzada y vejez; por lo que se refiere a estas últimas, se estará a lo previsto en las disposiciones legales y reglamentarias respectivas. Tratándose de las otras ramas de aseguramiento, el Instituto podrá descontar el costo de las prestaciones que hubiera otorgado.

*Artículo reformado DOF 14-12-2005*

**Artículo 300.** El derecho de los asegurados o sus beneficiarios para reclamar el pago de las prestaciones en dinero, respecto a los seguros de riesgos de trabajo, enfermedades y maternidad, invalidez y vida y guarderías y prestaciones sociales prescribe en un año de acuerdo con las reglas siguientes:

**I.** Cualquier mensualidad de una pensión, asignación familiar o ayuda asistencial, así como el aguinaldo;

**II.** Los subsidios por incapacidad para el trabajo por enfermedad no profesional y maternidad;

**III.** La ayuda para gastos de funeral, y

**IV.** Los finiquitos que establece la Ley.

Los subsidios por incapacidad para trabajar derivada de un riesgo de trabajo, prescriben en dos años a partir del día en que se hubiera generado el derecho a su percepción.

**Artículo 301.** Es inextinguible el derecho al otorgamiento de una pensión, ayuda asistencial o asignación familiar, siempre y cuando el asegurado satisfaga todos y cada uno de los requisitos establecidos en la presente Ley para gozar de las prestaciones correspondientes. En el supuesto de que antes de cumplir con los requisitos relativos a número de cotizaciones o edad se termine la relación laboral, el asegurado no habrá adquirido el derecho a recibir la pensión; sin perjuicio de lo anterior, para la conservación y reconocimiento de sus derechos se aplicará lo dispuesto en los artículos 150 o 151 de esta Ley, según sea el caso.

**Artículo 302.** El derecho del trabajador o pensionado y, en su caso, de sus beneficiarios a recibir los recursos de la Subcuenta de Retiro, Cesantía en Edad Avanzada y Vejez es imprescriptible.

Sin perjuicio de lo anterior, las administradoras de fondos para el retiro, las instituciones que realicen funciones similares de naturaleza pública, así como las administradoras prestadoras de servicio deberán transferir los recursos de las subcuentas señaladas en el párrafo anterior al momento en que los trabajadores cumplan setenta años, sin necesidad de resolución judicial, al Fondo de Pensiones para el Bienestar, debiendo notificar de cada traspaso al Instituto el mismo día en que se realice. El Instituto notificará al fiduciario del Fondo la subcuenta a la que deberán aplicarse dichos recursos, en términos de las reglas de operación del mismo y demás disposiciones aplicables. Lo anterior no será aplicable a los recursos de las cuentas individuales de aquellos trabajadores que cuenten con una relación laboral activa ante el Instituto.

*Párrafo reformado DOF 30-04-2024*

El Fondo de Pensiones para el Bienestar contará con un Comité Técnico que deberá emitir las reglas de operación sobre la recepción, administración, inversión, entregas y rendimientos de recursos al Instituto.

*Párrafo adicionado DOF 30-04-2024*

El Instituto se coordinará con el Instituto del Fondo Nacional de la Vivienda para los Trabajadores y la Comisión Nacional del Sistema de Ahorro para el Retiro a efecto de emitir, dentro del año previo a que el trabajador cumpla setenta años, el aviso a que se refiere el artículo 37 de la Ley del Instituto del Fondo Nacional de la Vivienda para los Trabajadores.

*Párrafo adicionado DOF 30-04-2024*

Para garantizar la imprescriptibilidad establecida en el párrafo primero del presente artículo, el Fondo contará con una reserva constituida con cargo a los recursos a que se refiere este artículo y en los términos que establezca su contrato constitutivo, a fin de garantizar la suficiencia financiera para que el Instituto pueda llevar a cabo, en su caso, la devolución de los recursos de los trabajadores, pensionados o beneficiarios.

*Párrafo adicionado DOF 30-04-2024*

La suficiencia financiera de la reserva será determinada cada dos años por el Instituto, debiendo comunicarlo al Comité Técnico conforme a sus reglas de operación.

*Párrafo adicionado DOF 30-04-2024*

Los trabajadores y, en su caso, sus beneficiarios podrán acudir ante el Instituto para acceder al mecanismo de devolución de forma permanente para recibir la pensión a que tengan derecho conforme a esta Ley o, en su caso, la devolución de los recursos, así como los intereses que les correspondan en los términos de las disposiciones que resulten aplicables.

*Párrafo adicionado DOF 30-04-2024*

El ahorro de los trabajadores que sea transferido al Fondo generará intereses conforme al rendimiento neto derivado de las inversiones efectivamente realizadas por dicho Fondo en apego al régimen de inversión que determine el Comité Técnico. El Instituto realizará la individualización correspondiente con base en el rendimiento que el propio Fondo le reporte.

*Párrafo adicionado DOF 30-04-2024*

Sin perjuicio de lo previsto en el primer párrafo de este artículo, el Instituto podrá disponer, sin necesidad de resolución judicial, de los recursos relacionados con cualquier mensualidad de una pensión, asignación familiar o ayuda asistencial, al año calendario en el que sea exigible, siempre que constituya una reserva suficiente para atender las solicitudes de devolución que ante el mismo presenten los trabajadores o sus beneficiarios.

*Párrafo adicionado DOF 30-04-2024*

La Secretaría de Hacienda y Crédito Público aprobará la metodología para determinar el monto de la reserva que el Instituto constituirá para atender las solicitudes de devolución señaladas en el párrafo anterior y el procedimiento que deberá seguir para ello.

*Párrafo recorrido y publicado sin cambios DOF 30-04-2024*

*Artículo reformado DOF 16-12-2020*

## TÍTULO SEXTO
## DE LAS RESPONSABILIDADES, INFRACCIONES, SANCIONES Y DELITOS

*Denominación del Título reformada DOF 20-12-2001*

## CAPÍTULO I
## DE LAS RESPONSABILIDADES

*Denominación del Capítulo reformada DOF 20-12-2001*

**Artículo 303.** Los servidores públicos del Instituto, están obligados a observar en el cumplimiento de sus obligaciones, los principios de responsabilidad, ética profesional, excelencia, honradez, lealtad, imparcialidad, eficiencia, calidez, buen trato y calidad en la prestación de los servicios y en la atención a los derechohabientes y estarán sujetos a las responsabilidades civiles o penales en que pudieran incurrir como encargados de un servicio público.

Por lo que el Instituto, implementará de forma periódica y programada las estrategias de capacitación y actualización entre otras: en materia de ética y protocolos que aseguren una atención digna y eficiente a los derechohabientes, con observancia del respeto a los derechos humanos, no discriminación e igualdad de género.

*Artículo reformado DOF 20-12-2001, 29-11-2023*

**Artículo 303 A.** El incumplimiento de las obligaciones administrativas, que en su caso correspondan, serán sancionadas en los términos previstos en la Ley Federal de Responsabilidades de los Servidores Públicos, salvo los que se encuentren comprendidos en el artículo 5o. de dicho ordenamiento.

*Artículo adicionado DOF 20-12-2001*

## CAPÍTULO II
## DE LAS INFRACCIONES Y SANCIONES

*Capítulo adicionado DOF 20-12-2001*

**Artículo 304.** Cuando los patrones y demás sujetos obligados realicen actos u omisiones, que impliquen el incumplimiento del pago de los conceptos fiscales que establece el artículo 287, serán sancionados con multa del cuarenta al cien por ciento del concepto omitido.

*Artículo reformado DOF 20-12-2001*

**Artículo 304 A.** Son infracciones a esta Ley y a sus reglamentos, los actos u omisiones del patrón o sujeto obligado que se enumeran a continuación:

**I.** No registrarse ante el Instituto, o hacerlo fuera del plazo establecido en la Ley;

**II.** No inscribir a sus trabajadores ante el Instituto o hacerlo en forma extemporánea;

**III.** No comunicar al Instituto o hacerlo extemporáneamente las modificaciones al salario base de cotización de sus trabajadores;

**IV.** No determinar o determinar en forma extemporánea las cuotas obrero patronales legalmente a su cargo;

**V.** No informar al trabajador o al sindicato de las aportaciones realizadas a la cuenta individual del seguro de retiro, cesantía en edad avanzada y vejez;

**VI.** Presentar al Instituto los avisos afiliatorios, formularios, comprobantes de afiliación, registros de obras o cédulas de determinación de cuotas obrero patronales con datos falsos, salvo aquéllos que por su naturaleza no sean de su responsabilidad;

**VII.** No llevar los registros de nóminas o listas de raya, en los términos que señala la Ley y el Reglamento para el Pago de Cuotas del Seguro Social;

**VIII.** No entregar a sus trabajadores la constancia semanal o quincenal de los días laborados, en caso de estar obligado a ello;

**IX.** No proporcionar, cuando el Instituto se lo requiera, los elementos necesarios para determinar la existencia, naturaleza y cuantía de las obligaciones a su cargo o hacerlo con documentación alterada o falsa;

**X.** Obstaculizar o impedir, por sí o por interpósita persona, las inspecciones o visitas domiciliarias, así como el procedimiento administrativo de ejecución, que ordene el Instituto;

**XI.** No cooperar con el Instituto en los términos del artículo 83 de la Ley, en la realización de estudios e investigaciones para determinar factores causales y medidas preventivas de riesgos de trabajo, en proporcionar datos e informes que permitan la elaboración de estadísticas de ocurrencias y en difundir, en el ámbito de sus empresas, las normas sobre prevención de riesgos de trabajo;

**XII.** No dar aviso al Instituto de los riesgos de trabajo, ocultar su ocurrencia en las instalaciones o fuera de ellas en el desarrollo de sus actividades, o no llevar los registros de los riesgos de trabajo o no mantenerlos actualizados;

**XIII.** No conservar los documentos que estén siendo revisados durante una visita domiciliaria o los bienes muebles en los que se dejen depositados los mismos como consecuencia de su aseguramiento;

**XIV.** Alterar, desprender o destruir, por sí o por interpósita persona, los documentos, sellos o marcas colocados por los visitadores del Instituto con el fin de asegurar la contabilidad, en los sistemas, libros, registros y demás documentos que la integren, así como en los equipos, muebles u oficinas en que se encuentre depositada dicha contabilidad y que se le hayan dejado en depósito como consecuencia del aseguramiento derivado de una visita domiciliaria;

**XV.** No presentar la revisión anual obligatoria de su siniestralidad y determinación de la prima del seguro de riesgos de trabajo o hacerlo extemporáneamente o con datos falsos o incompletos, en relación con el periodo y plazos señalados en el reglamento correspondiente. No se impondrá multa a los patrones por la no presentación de los formularios de determinación de la prima del seguro antes mencionado cuando ésta resulte igual a la del ejercicio anterior;

**XVI.** No dar aviso al Instituto o hacerlo extemporáneamente del cambio de domicilio de una empresa o establecimiento, cuando se encuentre en alguno de los supuestos que señala el reglamento respectivo;

**XVII.** No retener las cuotas a cargo de sus trabajadores cuando así le corresponda legalmente, o habiéndolas retenido, no enterarlas al Instituto;

**XVIII.** No comunicar al Instituto por escrito sobre el estallamiento de huelga o terminación de la misma; la suspensión; cambio o término de actividades; la clausura; el cambio de nombre o razón social; la fusión o escisión;

**XIX.** Omitir o presentar extemporáneamente el dictamen por contador público autorizado cuando se haya ejercido dicha opción en términos del artículo 16 de esta Ley;

**XX.** No cumplir o hacerlo extemporáneamente con la obligación de dictaminar por contador público autorizado sus aportaciones ante el Instituto;

*Fracción reformada DOF 09-07-2009*

**XXI.** Notificar en forma extemporánea, hacerlo con datos falsos o incompletos o bien, omitir notificar al Instituto en los términos del reglamento respectivo, el domicilio de cada una de las obras o fase de obra que realicen los patrones que esporádica o permanentemente se dediquen a la industria de la construcción, y

*Fracción reformada DOF 09-07-2009*

**XXII.** No presentar o presentar fuera del plazo legal establecido, la información señalada en el artículo 15 A de esta Ley.

*Fracción adicionada DOF 09-07-2009. Reformada DOF 23-04-2021*

*Artículo adicionado DOF 20-12-2001*

**Artículo 304 B.** Las infracciones señaladas en el artículo anterior, se sancionarán considerando la gravedad, condiciones particulares del infractor y en su caso la reincidencia, en la forma siguiente:

**I.** Las previstas en las fracciones IV, V, VII, VIII, XI, XVI y XIX con multa equivalente al importe de veinte a setenta y cinco veces el salario mínimo diario general vigente en el Distrito Federal;

**II.** Las previstas en las fracciones III, X, XIII y XVIII con multa equivalente al importe de veinte a ciento veinticinco veces el salario mínimo diario general vigente en el Distrito Federal;

**III.** Las previstas en las fracciones VI, IX y XV con multa equivalente al importe de veinte a doscientas diez veces el salario mínimo diario general vigente en el Distrito Federal, y

**IV.** Las previstas en las fracciones I, II, XII, XIV, XVII, XX y XXI, con multa equivalente al importe de veinte a trescientas cincuenta veces el valor de la Unidad de Medida y Actualización.

*Fracción reformada DOF 09-07-2009, 23-04-2021*

**V.** La prevista en la fracción XXII, con multa equivalente al importe de 500 a 2000 veces el valor de la Unidad de Medida y Actualización.

*Fracción adicionada DOF 23-04-2021*

*Artículo adicionado DOF 20-12-2001*

**Artículo 304 C.** No se impondrán multas cuando se cumplan en forma espontánea las obligaciones patronales fuera de los plazos señalados por la Ley o cuando se haya incurrido en infracción por caso fortuito o fuerza mayor. Se considerará que el cumplimiento no es espontáneo en el caso de que:

**I.** La omisión sea descubierta por el Instituto;

**II.** La omisión haya sido corregida por el patrón después de que el Instituto hubiere notificado una orden de visita domiciliaria, o haya mediado requerimiento o cualquier otra gestión notificada por el mismo, tendientes a la comprobación del cumplimiento de sus obligaciones en materia de seguridad social, y

**III.** La omisión haya sido corregida por el patrón con posterioridad a los 15 días siguientes a la presentación del dictamen por contador público autorizado ante el Instituto, respecto de actos u omisiones en que hubiere incurrido y que se observen en el dictamen.

*Artículo adicionado DOF 20-12-2001*

**Artículo 304 D.** El Instituto podrá dejar sin efectos las multas impuestas por infracción a las disposiciones de esta Ley y sus reglamentos, cuando a su juicio, con la sola exhibición documental por los interesados se acredite que no se incurrió en la infracción.

La solicitud de dejar sin efectos las multas en los términos de este artículo, no constituye instancia y las resoluciones que dicte el Instituto al respecto no podrán ser impugnadas por los medios de defensa que establece esta Ley.

La solicitud dará lugar a la suspensión del procedimiento administrativo de ejecución, si así se solicita y se garantiza el interés del Instituto.

Sólo procederá la condonación de multas que hayan quedado firmes y siempre que un acto administrativo conexo no sea materia de impugnación.

*Artículo adicionado DOF 20-12-2001*

## CAPÍTULO III
## DE LOS DELITOS

*Capítulo adicionado DOF 20-12-2001*

**Artículo 305.** Para proceder penalmente por los delitos previstos en este Capítulo, será necesario que previamente el Instituto formule querella, independientemente, del estado en que se encuentre el procedimiento administrativo, que en su caso se tenga iniciado.

*Artículo reformado DOF 20-12-2001*

**Artículo 306.** En los delitos previstos en este Capítulo en que el daño o perjuicio o beneficio indebido sea cuantificable, el Instituto hará la cuantificación correspondiente en la propia querella.

En los delitos a que se refiere este Capítulo, la autoridad judicial no impondrá sanción pecuniaria.

*Artículo adicionado DOF 20-12-2001*

**Artículo 307.** Cometen el delito de defraudación a los regímenes del seguro social, los patrones o sus representantes y demás sujetos obligados que, con uso de engaños o aprovechamiento de errores omitan total o parcialmente el pago de las cuotas obrero patronales u obtengan un beneficio indebido con perjuicio al Instituto o a los trabajadores.

La omisión total o parcial del pago por concepto de cuotas obrero patronales a que se refiere el párrafo anterior comprende, indistintamente, los pagos por cuotas obrero patronales o definitivos por las cuotas obrero patronales o los capitales constitutivos en los términos de las disposiciones aplicables.

*Artículo adicionado DOF 20-12-2001*

**Artículo 308.** El delito de defraudación a los regímenes del seguro social, se sancionará con las siguientes penas:

**I.** Con prisión de tres meses a dos años cuando el monto de lo defraudado no exceda de trece mil salarios mínimos diarios vigentes en el Distrito Federal;

**II.** Con prisión de dos a cinco años cuando el monto de lo defraudado exceda de trece mil salarios mínimos diarios vigentes en el Distrito Federal, pero no de diecinueve mil salarios mínimos diarios vigentes en el Distrito Federal, o

**III.** Con prisión de cinco a nueve años, cuando el monto de lo defraudado fuere mayor de diecinueve mil salarios mínimos diarios vigentes en el Distrito Federal.

Cuando no se pueda identificar la cuantía de lo que se defraudó la pena será la establecida en la fracción I de este artículo.

*Artículo adicionado DOF 20-12-2001*

**Artículo 309.** El delito de defraudación a los regímenes del seguro social, será calificado, cuando los patrones o sus representantes y demás sujetos obligados, a sabiendas omitan el entero de las cuotas obreras retenidas a los trabajadores en los términos y condiciones establecidos en esta Ley.

Cuando el delito sea calificado, la pena que corresponda se aumentará en una mitad.

*Artículo adicionado DOF 20-12-2001*

**Artículo 310.** Será sancionado con las mismas penas del delito de defraudación a los regímenes del seguro social, quien a sabiendas:

**I.** Altere los programas informáticos autorizados por el Instituto;

**II.** Manifieste datos falsos para obtener del Instituto la devolución de cuotas obrero patronales que no le correspondan;

**III.** Se beneficie sin derecho de un subsidio o estímulo fiscal, o

**IV.** Simule uno o más actos o contratos obteniendo un beneficio indebido con perjuicio al Instituto.

*Artículo adicionado DOF 20-12-2001*

**Artículo 311.** Se impondrá sanción de tres meses a tres años de prisión, a los patrones o sus representantes y demás sujetos obligados que:

**I.** No formulen los avisos de inscripción o proporcionen al Instituto datos falsos evadiendo el pago o reduciendo el importe de las cuotas obrero patronales, en perjuicio del Instituto o de los trabajadores, en un porcentaje de veinticinco por ciento o más de la obligación fiscal, o

**II.** Obtengan un beneficio indebido y no comuniquen al Instituto la suspensión o término de actividades; clausura; cambio de razón social; modificación de salario; actividad; domicilio; sustitución patronal; fusión o cualquier otra circunstancia que afecte su registro ante el Instituto y proporcionar al Instituto información falsa respecto de las obligaciones a su cargo, en términos de esta Ley.

*Artículo adicionado DOF 20-12-2001*

**Artículo 312.** Se impondrá sanción de uno a seis años de prisión, al depositario o interventor designado por el Instituto que disponga para sí o para otro, del bien depositado, de sus productos o de las garantías que de cualquier crédito fiscal se hubieren constituido, si el valor de lo dispuesto no excede de novecientos salarios mínimos diarios vigentes en el Distrito Federal; cuando exceda, la sanción será de cuatro a nueve años de prisión.

Igual sanción, de acuerdo al valor de dichos bienes, se aplicará al depositario que los oculte o no los ponga a disposición del Instituto.

*Artículo adicionado DOF 20-12-2001*

**Artículo 313.** Se impondrá sanción de tres meses a tres años de prisión, a los patrones o sus representantes y demás sujetos obligados que:

**I.** Registren sus operaciones contables y fiscales en dos o más libros o en dos o más sistemas de contabilidad o dos o más medios diversos a los anteriores con diferentes contenidos, y

**II.** Oculten, alteren o destruyan, parcial o totalmente los sistemas y registros contables o cualquier otro medio, así como la documentación relativa a los asientos respectivos, que conforme a esta Ley están obligados a llevar.

*Artículo adicionado DOF 20-12-2001*

**Artículo 314.** Se reputará como fraude y se sancionará como tal, en los términos del Código Penal Federal, el obtener, así como el propiciar su obtención, de los seguros, prestaciones y servicios que esta Ley establece, sin tener el carácter de derechohabiente, mediante cualquier engaño o aprovechamiento de error, ya sea en virtud de simulación, sustitución de personas o cualquier otro acto.

*Artículo adicionado DOF 20-12-2001*

**Artículo 315.** Se impondrá sanción de uno a seis años de prisión a los servidores públicos que ordenen o practiquen visitas domiciliarias o embargos sin mandamiento escrito de autoridad fiscal competente.

*Artículo adicionado DOF 20-12-2001*

**Artículo 316.** Se sancionará con prisión de uno a cinco años al servidor público que amenazare de cualquier modo a un patrón o cualquier otro sujeto obligado, con formular por sí o por medio de la dependencia de su adscripción una querella al Ministerio Público para que se ejercite acción penal por la posible comisión de los delitos previstos en este Capítulo.

*Artículo adicionado DOF 20-12-2001*

**Artículo 317.** Si un servidor público en ejercicio de sus funciones comete o en cualquier forma participa en la comisión de un delito previsto en este Capítulo, la pena aplicable por el delito que resulte se aumentará de tres meses a tres años de prisión.

*Artículo adicionado DOF 20-12-2001*

**Artículo 318.** No se formulará querella, si quien hubiere omitido el pago total o parcial de alguna cuota obrero patronal u obtenido un beneficio indebido, lo entera espontáneamente con sus recargos y actualización antes de que la autoridad del Instituto descubra la omisión, el perjuicio o el beneficio indebido mediante requerimiento, orden de visita o cualquier otra gestión notificada por la misma, tendiente a la comprobación del cumplimiento de sus obligaciones en materia de cuotas obrero patronales.

*Artículo adicionado DOF 20-12-2001*

**Artículo 319.** La acción penal en los delitos previstos en este Capítulo prescribirá en tres años contados a partir del día en que el Instituto tenga conocimiento del delito y del probable responsable; y si no tiene conocimiento, en cinco años, que se computará a partir de la fecha de la comisión del delito.

*Artículo adicionado DOF 20-12-2001*

## TRANSITORIOS

**Primero.** Esta Ley entrará en vigor en toda la República el día primero de julio de mil novecientos noventa y siete.

*Párrafo reformado DOF 21-11-1996*

A partir de la entrada en vigor de esta Ley, se derogan la Ley del Seguro Social publicada en el Diario Oficial de la Federación el día doce de marzo de 1973, la Ley que incorpora al Régimen del Seguro Social obligatorio a los Productores de Caña de Azúcar y a sus trabajadores, publicada el siete de diciembre de 1963 en dicho órgano oficial, así como todas las disposiciones legales que se opongan a la presente Ley.

**Segundo.** En tanto se expidan las disposiciones reglamentarias correspondientes continuarán aplicándose los Reglamentos de la Ley del Seguro Social que se deroga, en lo que no se opongan al presente ordenamiento.

**Tercero.** Los asegurados inscritos con anterioridad a la fecha de entrada en vigor de esta Ley, así como sus beneficiarios, al momento de cumplirse, en términos de la Ley que se deroga, los supuestos legales o el siniestro respectivo para el disfrute de cualquiera de las pensiones, podrán optar por acogerse al beneficio de dicha Ley o al esquema de pensiones establecido en el presente ordenamiento.

**Cuarto.** Para el caso de los trabajadores que hayan cotizado en términos de la Ley del Seguro Social que se deroga, y que llegaren a pensionarse durante la vigencia de la presente Ley, el Instituto Mexicano del Seguro Social, estará obligado, a solicitud de cada trabajador, a calcular estimativamente el importe de su pensión para cada uno de los regímenes, a efecto de que éste pueda decidir lo que a sus intereses convenga.

**Quinto.** Los derechos adquiridos por quienes se encuentran en período de conservación de los mismos, no serán afectados por la entrada en vigor de esta Ley y sus titulares accederán a las pensiones que les correspondan conforme a la Ley que se deroga. Tanto a ellos como a los demás asegurados inscritos, les será aplicable el tiempo de espera de ciento cincuenta semanas cotizadas, para efectos del seguro de invalidez y vida.

**Sexto.** El asegurado que a la entrada en vigor de esta Ley se encuentre laborando por semana o jornada reducidas y cotice con base en un salario inferior al mínimo, continuará cotizando en los mismos términos en que lo viene haciendo, mientras dure la relación laboral que origine ese pago. De terminarse esa relación e iniciarse otra similar, aun en el supuesto que el salario percibido fuere inferior al mínimo, cotizará en los términos de esta Ley.

**Séptimo.** Los asegurados a que se refieren los artículos 12 fracción III y 13 de la Ley del Seguro Social, que se deroga, y los comprendidos en la Ley que Incorpora al Régimen del Seguro Social Obligatorio a los Productores de Caña de Azúcar y a sus Trabajadores, que también se deroga, conservarán sus derechos adquiridos, esquemas de aseguramiento y bases de cotización.

Los asegurados a que se refiere el párrafo anterior, en un plazo no mayor de un año computado a partir de la fecha en que entre en vigor esta Ley, deberán ratificar su voluntad de permanecer en el régimen obligatorio o continuar incorporados voluntariamente a dicho régimen a través del convenio que para tal fin se formalice con el Instituto, de acuerdo a las bases y términos que establece esta Ley.

**Octavo.** Los seguros facultativos establecidos con anterioridad a la entrada en vigor de esta Ley, continuarán vigentes en sus términos hasta la fecha de su vencimiento.

**Noveno.** Los patrones inscritos en el Instituto antes de la entrada en vigor de esta Ley continuarán sujetos hasta el primer bimestre de 1998 a las mismas cuotas que venían cubriendo en el seguro de riegos de trabajo.

A partir del segundo bimestre de 1998, estos patrones deberán determinar su prima conforme a su siniestralidad registrada del periodo comprendido del 1 de enero al 31 de diciembre de 1997.

Los patrones inscritos o que cambien de actividad bajo la vigencia de esta Ley determinarán su prima en términos del artículo 73 de esta Ley y la modificación anual de la prima conforme a la siniestralidad ocurrida durante el lapso que se establezca en el Reglamento respectivo.

**Décimo.** La fórmula contenida en el artículo 72 deberá ser revisada por el Instituto al cumplirse un año de vigencia de la Ley, para el efecto de determinar el factor de prima que permita, en su caso, mantener el equilibrio financiero del Seguro de Riesgos de Trabajo. De requerirse alguna adecuación a esta fórmula se llevarán a cabo, por parte del Instituto, los trámites administrativos necesarios ante las instancias que corresponda, para que éstas a su vez, promuevan lo conducente ante el Congreso de la Unión.

**Undécimo.** Los asegurados inscritos con anterioridad a la fecha de entrada en vigor de esta Ley, al momento de cumplirse los supuestos legales o el siniestro respectivo que, para el disfrute de las pensiones de vejez, cesantía en edad avanzada o riesgos de trabajo, se encontraban previstos por la Ley del Seguro Social que se deroga, podrán optar por acogerse a los beneficios por ella contemplados o a los que establece la presente Ley.

**Duodécimo.** Estarán a cargo del Gobierno Federal las pensiones que se encuentren en curso de pago, así como las prestaciones o pensiones de aquellos sujetos que se encuentren en período de conservación de derechos y las pensiones que se otorguen a los asegurados que opten por el esquema establecido por la Ley que se deroga.

**Décimo Tercero.** Por cuanto hace a los fondos de los trabajadores acumulados en las subcuentas de retiro se estará a lo siguiente:

**a)** Los sujetos que se encuentren en conservación de derechos y que se pensionen bajo el régimen de la Ley anterior, recibirán además de la pensión que corresponda, sus fondos acumulados en la subcuenta del seguro de retiro en una sola exhibición.

**b)** Los sujetos que lleguen a la edad de pensionarse por cesantía en edad avanzada y vejez bajo la vigencia de esta ley pero que opten por lo beneficios de pensiones regulados por la Ley anterior, recibirán la pensión indicada bajo los supuestos de la Ley que se deroga y además los fondos que se hubieran acumulado en su subcuenta del seguro de retiro. Los acumulados en los ramos de cesantía en edad avanzada y vejez serán entregados por las Administradoras de Fondos para el Retiro al Gobierno Federal.

**Décimo Cuarto.** Quienes estuvieran asegurados con anterioridad a la entrada en vigor de esta Ley tendrán derecho a solicitar a la Institución de crédito o entidad autorizada, se transfieran a la Administradora de Fondos para el Retiro la totalidad de los recursos que integran la subcuenta del seguro de retiro de su cuenta individual del Seguro de Ahorro para el Retiro.

Las instituciones de crédito deberán transferir las cuentas individuales que operen a las Administradoras de Fondos para el Retiro que los trabajadores elijan. Las propias instituciones de crédito deberán transferir las cuentas individuales de los trabajadores que no elijan Administradora de Fondos para el Retiro a aquéllas que les indique la Comisión Nacional del Sistema de Ahorro para el Retiro, mediante disposiciones de carácter general que a tal efecto expida.

**Décimo Quinto.** Las instituciones de crédito que estuvieran operando cuentas individuales del sistema de ahorro para el retiro, con anterioridad a la vigencia de la presente Ley, deberán de abstenerse de seguir captando nuevas cuentas, a partir de la entrada en vigor de este ordenamiento.

Las instituciones de crédito quedarán sujetas a la normatividad anterior a la vigencia de la presente Ley en todas y cada una de las obligaciones a su cargo relacionadas con las cuentas del sistema de ahorro para el retiro. Asimismo quedarán sujetas a la inspección y vigilancia de la Comisión Nacional del Sistema de Ahorro para el Retiro, en tanto manejen cuentas del mencionado sistema.

**Décimo Sexto.** Al iniciar la vigencia de la presente Ley, susbsistirá la subcuenta del seguro de retiro prevista por la legislación que se deroga, misma que seguirá generando los rendimientos respectivos y a la cual no podrán hacerse nuevos depósitos a partir de la entrada en vigor de este Decreto.

**Décimo Séptimo.** Los fondos de las subcuentas del seguro de retiro, se transferirán a las Administradoras de Fondos para el Retiro, las que los mantendrán invertidos en estas subcuentas separadas de las subcuentas a que se refiere el artículo 159 fracción I.

Los trabajadores tendrán el derecho de elegir la Administradora de Fondos para el Retiro que administre su cuenta individual.

La Comisión Nacional del Sistema de Ahorro para el Retiro expedirá reglas de carácter general a que se sujetarán las instituciones de crédito para transferir aquellas cuentas de los trabajadores que no ejerzan el derecho a que se refiere el párrafo que antecede.

**Décimo Octavo.** A los asegurados que al momento de entrar en vigor esta Ley opten por acogerse al nuevo sistema de pensiones, les serán reconocidas las semanas cotizadas bajo el régimen anterior, con la finalidad de que al cumplirse los requisitos legales, se les conceda la pensión que corresponda.

**Décimo Noveno.** La tasa sobre el salario mínimo general diario del Distrito Federal a que se refiere la fracción I del artículo 106, se incrementará el primero de julio de cada año en sesenta y cinco centésimas de punto porcentual. Estas modificaciones comenzarán en el año de 1998 y terminarán en el año 2007.

Las tasas a que se refiere la fracción II del artículo 106, se reducirán el primero de julio de cada año en cuarenta y nueve centésimas de punto porcentual la que corresponde a los patrones y en dieciséis centésimas de punto porcentual la que corresponde pagar a los trabajadores. Estas modificaciones comenzarán en el año de 1998 y terminarán en el año 2007.

**Vigésimo.** La incorporación al régimen obligatorio de los trabajadores de entidades paraestatales descentralizadas cuyos contratos colectivos de trabajo consignen prestaciones superiores a las de la presente Ley, se efectuará a partir de la fecha de la aprobación del estudio correspondiente.

**Vigésimo Primero.** La Asamblea General del Instituto podrá determinar qué parte de la reserva correspondiente al seguro de invalidez y vida, que se empezó a constituir a partir del 2 de enero de 1991 y hasta el 31 de diciembre de 1996, pueda invertirse en activos distintos a los señalados en el artículo 284, conforme a las bases siguientes:

**I.** La inversión en activos distintos a los señalados en el artículo 284, en ningún caso podrá ser superior al 50% del total de la propia reserva;

**II.** La Asamblea General del Instituto determinará anualmente la reducción en el porcentaje que pueda invertirse en activos no financieros, y

**III.** En todo caso a más tardar dentro de los cuatro años contados a partir del 2 de febrero de 1997, la reserva deberá estar totalmente invertida en términos del artículo 284.

**Vigésimo Segundo.** En un plazo que no exceda de cuatro años a partir del día 2 de enero de 1997, el Instituto deberá adecuar la inversión de su reserva correspondiente al seguro de invalidez y vida, acumulada hasta el 31 de diciembre de 1990, al régimen previsto en el artículo 284 del presente ordenamiento.

La Asamblea General del Instituto, a propuesta del Director General, determinará cada año el programa de ajuste relativo para dar cumplimiento a lo dispuesto en el párrafo inmediato anterior.

**Vigésimo Tercero.** Las sociedades cooperativas de producción que se encuentren inscritas en los términos de la Ley del Seguro Social que se deroga, continuarán cubriendo el cincuenta por ciento de las primas totales y el Gobierno Federal contribuirá con el otro cincuenta por ciento.

**Vigésimo Cuarto.** Los trámites y procedimientos pendientes de resolución con anterioridad a la vigencia de esta Ley, se resolverán conforme a las disposiciones de la derogada Ley del Seguro Social.

**Vigésimo Quinto.** El artículo 28 de esta Ley entrará en vigor el 1 de enero del año 2007, en lo relativo al seguro de invalidez y vida, así como en los ramos de cesantía en edad avanzada y vejez. Los demás ramos de aseguramiento tendrán como límite superior desde el inicio de la vigencia de esta ley el equivalente a veinticinco veces el salario mínimo general que rija en el Distrito Federal.

*Aclaración al párrafo DOF 16-01-1996*

A partir de la entrada en vigor de esta Ley el límite del salario base de cotización en veces salario mínimo para el seguro de invalidez y vida, así como para los ramos de cesantía en edad avanzada y vejez, será de quince veces el salario mínimo general vigente en el Distrito Federal, el que se aumentará un salario mínimo por cada año subsecuente hasta llegar a veinticinco en el año 2007.

*Aclaración al párrafo DOF 16-01-1996*

**Vigésimo Sexto.** El Reglamento de Afiliación que normará el procedimiento a través del cual se inscribirán los trabajadores asalariados a que se refiere el capítulo X del Título II de esta Ley, se expedirá dentro de los ciento ochenta días posteriores a la entrada en vigor del presente ordenamiento.

**Vigésimo Séptimo.** El pago de las cuotas obrero patronales respecto del seguro de retiro, cesantía en edad avanzada y vejez, continuará realizándose en forma bimestral, hasta en tanto no se homológuen los períodos de pago de las Leyes del ISSSTE e INFONAVIT.

**Vigésimo Octavo.** A fin de que el marco normativo que regula a las Administradoras de Fondos para el Retiro y a las sociedades de inversión especializadas de fondos para el retiro guarde congruencia con esta Ley, previamente a la entrada en vigor a la misma, se deberá reformar la Ley para la Coordinación de los Sistemas de Ahorro para el Retiro.

La Ley para la Coordinación de los Sistemas de Ahorro para el Retiro deberá prever la prohibición de que los recursos invertidos en las sociedades de inversión especializadas de fondos para el retiro se destinen al financiamiento de Partidos Políticos, inversiones en el extranjero o cualquier fin distinto al resguardo e incremento de los mismos.

La Ley para la Coordinación de los Sistemas de Ahorro para el Retiro preverá la forma y términos en que la Comisión Nacional del Sistema de Ahorro para el Retiro, enviará un informe por escrito al Congreso de la Unión en forma Semestral, independientemente de los reportes sobre comisiones, número de afiliados, estado de situación financiera, estado de resultados, composición de cartera y rentabilidad de las sociedades de inversión especializadas de fondos para el retiro, que cuando menos en forma trimestral, se den a conocer a la opinión pública.

La canalización de los fondos deberá ajustarse a la inversión en valores cuyo rendimiento proteja los intereses de los asegurados que tienen el carácter de socios en las sociedades de inversión especializadas de fondos para el retiro. Para lo anterior, conforme a la multicitada Ley, se establecerán los mecanismos que garanticen la optimización de estos recursos. La Comisión Nacional del Sistema de Ahorro para el Retiro, tomará en cuenta las recomendaciones que le haga la Comisión Nacional Bancaria y de Valores a este respecto.

Las Administradoras de Fondos para el Retiro, de conformidad con las disposiciones legales aplicables, deberán contar con un procedimiento sencillo y expedito para la contratación de la renta vitalicia y el seguro de sobrevivencia, para lo anterior, se deberá divulgar dicho procedimiento en forma amplia y uniforme.

**Vigesimo Noveno.** Los pensionados que para el disfrute de cualquiera de las pensiones previstas en la Ley que se deroga, opten por acogerse al beneficio de dicha Ley en términos del Artículo Tercero Transitorio, sin perjuicio de lo dispuesto en la misma con respecto al otorgamiento de préstamos a cuenta de su pensión, podrán optar por solicitar préstamos con cualquiera de las Entidades Financieras a que se refiere la Ley para la Transparencia y Ordenamiento de los Servicios Financieros, que tengan celebrado, para los efectos de este artículo, un convenio con el Instituto, debiendo el pensionado otorgar su consentimiento expreso para que dicho Instituto le descuente de su pensión los importes relativos al pago del préstamo y los entregue a la Entidad Financiera que lo otorgó.

El Instituto únicamente podrá celebrar los convenios a que se refiere el párrafo anterior, cuando en los mismos se estipule que el descuento mensual derivado de una o más transacciones, considerando otros descuentos que en términos de las disposiciones jurídicas resulten procedentes, en ningún caso excederá del treinta por ciento del monto de la pensión mensual, ni implique que la cuantía de la pensión se reduzca a una cantidad inferior al promedio de las pensiones garantizadas, que corresponda a un salario mínimo y sesenta años de edad, de acuerdo a la tabla establecida en el artículo 170 de esta Ley y que el plazo para el pago del préstamo no exceda de sesenta meses. En la aplicación de los referidos descuentos se aplicará la prelación que corresponda en términos de las disposiciones jurídicas aplicables.

*Párrafo reformado DOF 16-12-2020*

Las Entidades Financieras deberán comunicar al Instituto las condiciones generales del préstamo, incluyendo el Costo Anual Total aplicable a los mismos, con objeto de que éste los haga del conocimiento de los pensionados, para fines de comparación en la elección de la Entidad Financiera a la que solicitarán el préstamo.

Los gastos que se generen con motivo del control, descuentos y entrega o transferencia de los importes relativos a los préstamos otorgados por las Entidades Financieras, serán cubiertos por éstas al Instituto en los términos que se estipule en los convenios respectivos.

El Consejo Técnico del Instituto podrá emitir las disposiciones de carácter administrativo necesarias para la debida observancia de lo dispuesto en este artículo.

*Artículo adicionado DOF 28-05-2012*

México, D.F., a 12 de diciembre de 1995. Dip. **Oscar Cantón Zetina**, Presidente. Sen. **Gustavo Carvajal Moreno**, Presidente. Dip. **Emilio Solórzano Solís**, Secretario. Sen. **Jorge G. López Tijerina**, Secretario. Rúbricas".

En cumplimiento de lo dispuesto por la fracción I del Artículo 89 de la Constitución Política de los Estados Unidos Mexicanos, y para su debida publicación y observancia, expido el presente Decreto en la residencia del Poder Ejecutivo Federal, en la Ciudad de México, Distrito Federal, a los diecinueve días del mes de diciembre de mil novecientos noventa y cinco. **Ernesto Zedillo Ponce de León.** Rúbrica. El Secretario de Gobernación, **Emilio Chuayffet Chemor.** Rúbrica.

# Reglamento de prestaciones médicas del Instituto Mexicano del Seguro Social

Reglamento publicado en el Diario Oficial de la Federación, el 30 de noviembre de 2006.

## TEXTO VIGENTE

Al margen un sello con el Escudo Nacional, que dice: Estados Unidos Mexicanos. Presidencia de la República.

**VICENTE FOX QUESADA**, Presidente de los Estados Unidos Mexicanos, en ejercicio de la facultad que me confiere el artículo 89, fracción I, de la Constitución Política de los Estados Unidos Mexicanos, y con fundamento en los artículos 13, 39 y 40 de la Ley Orgánica de la Administración Pública Federal, y 57, 60, 120, fracción III, y 251, fracciones II, IV, VI, XXIV, XXXII, y XXXVI de la Ley del Seguro Social, he tenido a bien expedir el siguiente

## REGLAMENTO DE PRESTACIONES MÉDICAS DEL INSTITUTO MEXICANO DEL SEGURO SOCIAL

### TÍTULO PRIMERO
### DISPOSICIONES GENERALES

### CAPÍTULO ÚNICO

**Artículo 1.** El presente Reglamento establece las normas para la prestación de los servicios médicos a los derechohabientes del Instituto Mexicano del Seguro Social en:

**I.** El seguro de riesgos de trabajo;

**II.** El seguro de invalidez y vida, y

**III.** El seguro de enfermedades y maternidad.

Asimismo, establece las normas para la prestación de los servicios médicos a los usuarios no derechohabientes, así como las relativas a la educación e investigación en salud.

**Artículo 2.** Para efectos de este Reglamento, serán aplicables las definiciones establecidas en el Artículo 5 A de la Ley del Seguro Social, así como las siguientes:

**I.** Acuerdos Institucionales de Gestión: son los que se establecen entre los órganos de operación administrativa desconcentrada del Instituto, para la transferencia de pacientes y de los recursos para su atención, sancionados por la Dirección de Prestaciones Médicas;

**II.** Área Médica: red de servicios de salud en una zona geodemográfica autorizada por el Consejo Técnico del Instituto, que se encuentra bajo la responsabilidad de un órgano de operación administrativa desconcentrada;

**III.** Atención hospitalaria: el conjunto de acciones que se realizan cuando por la naturaleza del padecimiento y a juicio médico, se hace necesario el internamiento del paciente en unidades hospitalarias;

**IV.** Atención médica: conjunto de servicios que se proporcionan al individuo, con el fin de promover, proteger y restaurar su salud;

**V.** Atención médico quirúrgica: el conjunto de acciones tendentes a prevenir, curar o limitar el daño en la salud de un paciente, mediante la aplicación de los conocimientos médicos y de las técnicas quirúrgicas aceptadas por la medicina;

**VI.** Atención obstétrica: son las acciones médicas o quirúrgicas que se proporcionan a las mujeres desde el momento en que el Instituto certifica su estado de embarazo, así como durante su evolución, el parto y el puerperio;

**VII.** Enfermedad: toda alteración física o mental en el individuo, provocada por una lesión orgánica o funcional, permanente o transitoria, causada por trastornos metabólicos, agentes físicos, químicos, biológicos o psicosociales, que puede o no imposibilitarle para el desempeño del trabajo o actividades de la vida diaria y requiere de la atención médica para su prevención, curación, control o rehabilitación;

**VIII.** Estomatólogo: profesional especialista en las estructuras y función de la cavidad bucal y sus anexos, así como las relaciones con el resto del organismo y que se encarga de promover, preservar y restaurar la salud bucal;

**IX.** Expediente clínico: conjunto de documentos escritos, gráficos, imagenológicos, electrónicos, magnéticos, ópticos o magneto ópticos, en los cuales el personal de salud deberá hacer los registros, anotaciones y certificaciones correspondientes a su intervención, con arreglo a las disposiciones sanitarias aplicables;

**X.** Maternidad: el estado fisiológico de la mujer originado por el proceso de la reproducción humana, en relación con el embarazo, el parto, el puerperio y la lactancia;

**XI.** Médico Familiar o Médico de Familia: el médico especialista en Medicina Familiar o el profesional de la medicina, responsables de proporcionar atención médica primaria, integral y continua al individuo y su familia, que se vincula y comparte responsabilidad con el equipo de salud y que, en su caso, deriva oportunamente a los pacientes a otro nivel de atención;

**XII.** Médico No Familiar: profesional de la medicina que ostenta un postgrado, que lo acredita como especialista en cierta rama de la medicina y que con ese carácter, labora en los servicios médicos del Instituto;

**XIII.** Médico tratante: el médico familiar o no familiar del Instituto, que durante su jornada de labores proporciona directamente la atención médico quirúrgica al paciente;

**XIV.** No derechohabiente: el paciente que en los términos de la Ley, no tiene derecho a recibir las prestaciones que otorga el Instituto y que accede a los servicios médicos que éste presta, en los casos y términos previstos por la Ley;

**XV.** Paciente: individuo que interactúa con el personal de salud en los procesos de la atención médica;

**XVI.** Prestaciones: todas aquellas acciones necesarias para la atención del daño a la salud, así como compensaciones que se otorgan para proteger los medios de subsistencia de los asegurados, de los pensionados o sus beneficiarios, en los casos y términos previstos por la ley;

**XVII.** Salud Reproductiva: estado general de bienestar físico, mental y social, de los individuos y de las parejas para disfrutar de una vida sexual y reproductiva satisfactoria, saludable y sin riesgos, con la absoluta libertad para decidir de manera responsable y bien informada sobre el número y espaciamiento de sus hijos;

**XVIII.** Servicios: conjunto de prestaciones que otorga el Instituto, a través de sus unidades médicas, administrativas y sociales;

**XIX.** Sucedáneo: producto que puede sustituir a la leche materna, por su contenido nutricio, similar a la misma, y

**XX.** Unidad Médica de Alta Especialidad: unidad que otorga atención médica de alta especialidad a los pacientes y que fomenta la educación y la investigación en salud.

**Artículo 3.** El Instituto proporcionará los servicios médicos, quirúrgicos, farmacéuticos y hospitalarios a los derechohabientes que señalan los artículos 84 y 109 de la Ley, a los familiares adicionales a que se refiere el artículo 242 y los asegurados en los ramos de cesantía en edad avanzada y vejez, en los supuestos que establecen los artículos 154 y 162 del mismo ordenamiento.

**Artículo 4.** Para otorgar las prestaciones médicas a la población derechohabiente, el Instituto dispondrá de un sistema de unidades médicas organizadas en tres niveles de atención:

**I.** Primer Nivel de Atención. Lo constituyen las unidades de medicina familiar en donde se otorga atención médica integral y continua al paciente;

**II.** Segundo Nivel de Atención. Lo constituyen los hospitales generales de subzona, zona o regionales en donde se atiende a los pacientes, remitidos por los servicios de los distintos niveles de atención, de acuerdo a la zona que les corresponda, para recibir atención diagnóstica, terapéutica y de rehabilitación, de conformidad a la complejidad de su padecimiento, y

**III.** Tercer Nivel de Atención. Lo constituyen las Unidades Médicas de Alta Especialidad, que cuentan con la capacidad tecnológica y máxima resolución diagnóstica terapéutica. En este nivel se atiende a los pacientes que los hospitales del segundo nivel de atención remiten, o por excepción los que envíen las unidades del primer nivel, de conformidad con la complejidad del padecimiento.

Para efectos del otorgamiento de los servicios, los niveles de atención señalados en las fracciones I y II, se integrarán en las Áreas Médicas que correspondan.

**Artículo 5.** Para efecto de recibir atención médica, integral y continua, el Instituto asignará a los derechohabientes su unidad médica de adscripción y médico familiar, acorde a la estructuración de los servicios establecida en el Área Médica correspondiente.

El Instituto otorgará atención médica de urgencia al derechohabiente en cualquiera de sus unidades médicas que cuenten con este servicio, independientemente de su adscripción, hasta su estabilización, egreso o posibilidad de traslado o referencia a la unidad que, por la complejidad de su padecimiento y por la zonificación de los servicios, le corresponda.

**Artículo 6.** La integración, uso y resguardo de la información del expediente clínico, así como los registros, anotaciones y certificaciones relacionadas con la atención a la salud de la población derechohabiente, que sea atendida dentro de las instalaciones del Instituto, se realizarán de conformidad con lo establecido en el **Artículo 111** A de la Ley y en los lineamientos de la Norma Oficial Mexicana correspondiente.

La información de los expedientes clínicos electrónicos será resguardada en los equipos informáticos que el Instituto designe, de acuerdo al diseño de su arquitectura y a las políticas de seguridad establecidas para salvaguardar su integridad, protegidos por los estándares de infraestructura y seguridad que correspondan. En este caso, no será necesaria la impresión en papel para su archivo.

**Artículo 7.** Los médicos del Instituto serán directa e individualmente responsables ante éste de los diagnósticos y tratamientos de los pacientes que atiendan en su jornada de labores.

De la misma manera, tendrán responsabilidad las enfermeras, personal de los servicios auxiliares de diagnóstico y tratamiento y demás personal que intervenga en el manejo del paciente, respecto del servicio que cada uno de ellos proporcione.

El Instituto será corresponsable con el personal referido en los párrafos que anteceden, de los diagnósticos y tratamientos de sus pacientes.

**Artículo 8.** El personal de salud a que hace alusión el artículo anterior, deberá dejar constancia en el expediente clínico y formatos de control e información institucional, sobre los servicios y atenciones proporcionados a los pacientes. Para tal efecto, cumplirá con lo dispuesto en la Ley y en la Norma Oficial Mexicana correspondiente, así como en la normatividad y procedimientos institucionales en la materia.

La información contenida en el expediente clínico es confidencial conforme a lo que establece la Norma referida, el Artículo 111 A de la Ley, y lo dispuesto en la Ley Federal de Transparencia y Acceso a la Información Pública Gubernamental, su Reglamento y los Lineamientos Generales para la Clasificación y Desclasificación de la Información de las Dependencias y Entidades de la Administración Pública Federal.

El paciente o su representante legal podrá solicitar y recibir de las unidades médicas institucionales, la información contenida en su expediente clínico, en los términos establecidos en las disposiciones referidas en el párrafo anterior, quedando bajo su responsabilidad el uso que haga de la misma.

**Artículo 9.** Para disfrutar de los servicios médicos, el derechohabiente deberá cumplir con los requisitos que establece la Ley y sus reglamentos, debiendo presentar a satisfacción del Instituto, para acreditar su identidad, documento oficial con fotografía o el documento que le expida el Instituto en los términos del Artículo 8 de la Ley.

**Artículo 10.** El Instituto podrá ordenar la suspensión temporal o definitiva de los servicios en alguna de sus instalaciones médicas, por las causas siguientes:

**I.** Cuando se detecte la existencia o la posibilidad de un padecimiento epidémico o infecto contagioso que haga indispensable aislar, total o parcialmente, la instalación médica, por el tiempo que el Instituto considere necesario;

**II.** Cuando a juicio del Instituto sea necesario ejecutar obras de reparación, ampliación, remodelación o reacondicionamiento del inmueble, durante las cuales sea imposible la prestación del servicio en condiciones normales para los derechohabientes o se ponga en riesgo su seguridad, y

**III.** Cuando sobrevenga algún fenómeno natural, calamidad o causa operativa que impida la prestación del servicio.

En tanto estén suspendidos los servicios institucionales en la unidad médica correspondiente, el derechohabiente deberá acudir a la que le señale el Instituto para recibir las prestaciones a que tenga derecho.

**Artículo 11.** El Instituto proporcionará las prestaciones del Seguro de Enfermedades y Maternidad a los derechohabientes señalados en Artículo 3 del presente Reglamento, en cualquiera de las formas establecidas en el Artículo 89 de la Ley.

**Artículo 12.** El Instituto celebrará convenios de subrogación de servicios médicos en los términos y condiciones que dispone la Ley, sus reglamentos y mediante el procedimiento que establezca el Instituto.

**Artículo 13.** El Instituto suspenderá la pensión de invalidez o de incapacidad permanente parcial o total, por las causas de índole médico siguientes:

**I.** Cuando el pensionado por invalidez o incapacidad permanente parcial o total, se niegue a someterse a los exámenes previos o posteriores y a los tratamientos médicos prescritos o abandone éstos sin causa justificada, y

**II.** Cuando desaparezca el estado de invalidez o la incapacidad permanente parcial o total del asegurado o pensionado, que haya originado el pago de la pensión.

La suspensión subsistirá mientras el pensionado continúe en el supuesto señalado en la fracción I de este artículo.

**Artículo 14.** Los actos u omisiones del derechohabiente, que impliquen la comisión de un probable delito en perjuicio del Instituto o que causen daño a los intereses de éste, además de que deberán de ser denunciados ante la autoridad que corresponda, darán motivo, a juicio del Instituto, a la suspensión en el goce de las prestaciones en especie y en dinero.

**Artículo 15.** Las quejas del derechohabiente en relación con los servicios médicos institucionales y respecto del personal involucrado del Instituto, deberán presentarse conforme a lo dispuesto en el Instructivo de la materia.

## TÍTULO SEGUNDO
## DE LA ATENCIÓN EN EL SEGURO DE RIESGOS DE TRABAJO

### CAPÍTULO I
### GENERALIDADES

**Artículo 16.** Para los efectos del presente Capítulo se entenderá por riesgos, accidentes y enfermedades de trabajo, lo que establecen los artículos 41, 42 y 43 de la Ley.

**Artículo 17.** Para los efectos del presente Reglamento, no se considerarán riesgos de trabajo los que sobrevengan por alguna de las causas establecidas en el artículo 46 de la Ley.

**Artículo 18.** El asegurado que sufra un riesgo de trabajo deberá someterse a los reconocimientos o exámenes médicos que ordene el Instituto y a los tratamientos que se le prescriban, salvo cuando justifique la causa de no hacerlo.

**Artículo 19.** El Instituto, a través de los servicios de Salud en el Traba-jo, proporcionará a los patrones, por conducto de los trabajadores o de sus familiares, la información correspondiente a la calificación de un accidente o enfermedad como profesional, sus recaídas y los dictámenes de incapacidad permanente parcial o total y de defunción por riesgos de trabajo, a efecto de que aquellos cuenten con los datos que les permitan determinar su siniestra-lidad y calcular la prima que deberán pagar en este ramo de aseguramiento.

Para este mismo efecto, el Instituto podrá, de oficio o a solicitud de los patrones, ordenar la verificación de programas de prevención de riesgos de trabajo, de acuerdo a lo señalado en los artículos 80 al 83 de la Ley.

## CAPÍTULO II
## DE LOS RIESGOS DE TRABAJO

### SECCIÓN PRIMERA
### DE LA PREVENCIÓN DE RIESGOS DE TRABAJO

**Artículo 20.** El personal multidisciplinario adscrito a los servicios de Salud del Instituto realizará acciones de promoción a la salud, prevención de acci-dentes y enfermedades de trabajo, así como de vigilancia epidemiológica en las empresas, preferentemente en las de alta siniestralidad.

**Artículo 21.** El Instituto proporcionará, a través del personal multidisci-plinario de los servicios de Salud en el Trabajo, información, asesoría, capa-citación y apoyo técnico, de carácter preventivo, individualmente o mediante procedimientos de alcance general, con el objeto de evitar la ocurrencia de riesgos de trabajo entre

la población asegurada, en las instalaciones del Instituto o en las de empresas, sindicatos, cámaras y otras organizaciones de los sectores social y privado.

Asimismo, promoverá la coordinación con la Secretaría del Trabajo y Previ-sión Social, a efecto de realizar campañas preventivas de los riesgos de traba-jo, preferentemente en empresas de alta siniestralidad. Los patrones deberán facilitar el acceso y colaborar en el desarrollo de las acciones de carácter preventivo.

## SECCIÓN SEGUNDA
## DE LA NOTIFICACIÓN DE RIESGOS DE TRABAJO

**Artículo 22.** Cuando un trabajador sufra un probable accidente de trabajo, inmediatamente deberá acudir o ser trasladado a recibir atención en la unidad médica que le corresponda o, en caso urgente, a la unidad médica más cercana al sitio donde lo haya sufrido. El médico tratante deberá señalar claramente en su nota médica que la lesión del asegurado ocurrió presuntamente en ejercicio o con motivo del trabajo y derivar al trabajador para su valoración y calificación al servicio de Salud en el Trabajo correspondiente.

Cuando el trabajador sufra un accidente en su centro laboral, el patrón deberá dar aviso por escrito al Instituto en un plazo no mayor de veinticuatro horas después de ocurrido el evento. Asimismo, el patrón está obligado a proporcionar la información que le solicite el Instituto y permitir las investigaciones que sean necesarias en el centro o área de labores, con el fin de calificar el riesgo reclamado.

Cuando el accidente le ocurra al trabajador fuera de su centro laboral, aquél, sus familiares o las personas encargadas de representarlo deberán informar al patrón y avisar inmediatamente al Instituto del probable riesgo de trabajo que haya sufrido. Sin perjuicio de lo antes señalado, el patrón está obligado a informar al Instituto al momento de tener conocimiento del probable riesgo de trabajo ocurrido a su trabajador.

**Artículo 23.** En los casos en que por cuenta del patrón o del trabajador se otorgue la atención médica en servicios médicos ajenos al Instituto, el patrón está obligado a informar a éste del probable riesgo de trabajo y la atención otorgada para que los servicios institucionales de salud en el trabajo realicen la calificación correspondiente.

**Artículo 24.** Si el patrón se niega a dar aviso o reconocer el probable riesgo de trabajo, el trabajador podrá informar dicha situación al Instituto, el que procederá a ejercitar sus facultades en los términos del artículo 251 de la Ley.

## SECCIÓN TERCERA
## DE LA CALIFICACIÓN DE RIESGOS DE TRABAJO

**Artículo 25.** El personal médico adscrito a los servicios institucionales de Salud en el Trabajo realizará la calificación de los riesgos de trabajo, así como la emisión de dictámenes de Incapacidad Permanente o de Defunción por Riesgo de Trabajo de los asegurados en el régimen obligatorio.

**Artículo 26.** El personal médico adscrito a los servicios institucionales de Salud en el Trabajo, en uso de las facultades que a este último le confiere la Ley, podrá requerir al trabajador, familiares, personas que lo representen o al patrón, toda la información y documentación necesaria que permita identificar las circunstancias en que ocurrió el accidente.

**Artículo 27.** Cuando el asegurado solicite a los servicios médicos institucionales la calificación de una probable enfermedad de trabajo o el Instituto la detecte, los servicios de Salud en el trabajo, investigarán en el medio ambiente laboral del trabajador las causas que predisponen a la probable enfermedad de trabajo, para apoyar la calificación, emitir medidas preventivas y evitar su ocurrencia en otros trabajadores. Para este efecto, los patrones deberán cooperar con el Instituto en los términos que señala la Ley.

## SECCIÓN CUARTA
## DE LAS PRESTACIONES POR RIESGOS DE TRABAJO

**Artículo 28.** El asegurado que sufra un riesgo de trabajo tendrá derecho a las prestaciones en especie que se establecen en el artículo 56 de la Ley y a las prestaciones en dinero que señala el artículo 58 del mismo ordenamiento.

**Artículo 29.** Las prestaciones en especie se otorgarán al pensionado por incapacidad permanente parcial o incapacidad permanente total, para atender y resolver los problemas médicos derivados del riesgo de trabajo.

**Artículo 30.** El asegurado que sufra un riesgo de trabajo y las lesiones o padecimiento le impidan laborar, podrá permanecer incapacitado hasta por cincuenta y dos semanas; dentro de este término se le dará de alta o, en caso de presentar secuelas de lesiones orgánicas o perturbaciones funcionales derivadas de este riesgo, éstas se valuarán de conformidad con el artículo 514 de la Ley Federal del Trabajo.

La valuación de la incapacidad permanente será realizada por los médicos de los servicios institucionales de Salud en el Trabajo, con base en la información médica del Instituto y lo establecido en la Ley Federal del Trabajo, la Ley y sus Reglamentos. Los equipos médicos interdisciplinarios de las Unidades

Administrativas Delegacionales de Salud en el Trabajo, serán responsables de validar la procedencia o improcedencia de los dictámenes de incapacidad permanente parcial o total emitidos, de acuerdo con la normatividad aplicable en esta materia, así como, cuando les sea requerido por el Consejo Técnico y los Consejos Consultivos Delegacionales, según sea el caso, para efectos de la resolución del recurso de inconformidad, a que se refiere el artículo 294 de la Ley.

Una vez valuada y declarada la incapacidad permanente se concederá al trabajador asegurado, la indemnización global o pensión que le corresponda, esta última será con carácter provisional por un periodo de adaptación de 2 años; transcurrido el periodo de adaptación se otorgará la pensión definitiva en los términos del artículo 58 fracciones II y III de la Ley.

## TÍTULO TERCERO
## DE LA ATENCIÓN EN EL SEGURO DE INVALIDEZ Y VIDA

## CAPÍTULO ÚNICO
## DE LA ATENCIÓN MÉDICA EN EL RAMO DE INVALIDEZ

### SECCIÓN PRIMERA
### GENERALIDADES

**Artículo 31.** Para los efectos del presente Reglamento se entenderá que existe invalidez cuando el asegurado se encuentre en los supuestos establecidos en el artículo 119 de la Ley.

### SECCIÓN SEGUNDA
### DEL DICTAMEN DE INVALIDEZ

**Artículo 32.** Cuando se agoten las posibilidades de tratamiento médico y de rehabilitación o, bien cuando se cumplan cincuenta y dos semanas de incapacidad temporal para el trabajo, la evaluación del posible estado de invalidez deberá realizarse de conformidad con lo dispuesto en el artículo 58 del presente Reglamento.

La dictaminación del estado de invalidez deberá ser realizada por el personal médico adscrito a los servicios institucionales de Salud en el Trabajo, a través del dictamen médico correspondiente, el que establecerá la determinación de la disminución o pérdida de la capacidad para el trabajo del asegurado, mediante la información médica, laboral y social que se requiera.

Para efectos de revisar la procedencia o improcedencia y resolver lo conducente respecto del dictamen de invalidez, los equipos interdisciplinarios de las Unidades Administrativas Delegacionales de Salud en el Trabajo serán los facultados para validar que el dictamen esté elaborado con base en la normatividad establecida, así como cuando les sea requerido por el órgano colegiado competente, para efectos de la resolución del recurso de inconformidad a que se refiere el artículo 294 de la Ley.

Previamente a la emisión del dictamen, los servicios médicos correspondientes identificarán al asegurado mediante documento oficial con fotografía o con el documento que le expida el Instituto en los términos del artículo 8 de la Ley. Los datos de este documento se asentarán en el dictamen, el cual, deberá emitirse independientemente del número de semanas cotizadas que tuviera el trabajador.

**Artículo 33.** Para emitir el dictamen que determine el setenta y cinco por ciento o más de invalidez, se deberá tomar en cuenta que el estado físico y mental del asegurado, derivado de una enfermedad o accidente no profesionales, requiera, a juicio de los servicios médicos de salud en el trabajo, que ineludiblemente lo asista otra persona de manera permanente o continua.

**Artículo 34.** El dictamen que se emita podrá calificar la invalidez como temporal o permanente. El carácter temporal de la invalidez se establecerá cuando médicamente se determine que existe posibilidad de recuperación para el trabajo; en este caso se realizará la revaloración médica del pensionado dentro de los dos años siguientes al de la fecha de expedición del dictamen, para definir si existe recuperación para el trabajo o continúa dictaminándose la invalidez con carácter temporal por períodos renovables de dos años. El dictamen definitivo considerará el estado de invalidez de naturaleza permanente, cuando médicamente se establezca la imposibilidad de mejoría y recuperación de la capacidad para el trabajo.

**Artículo 35.** La fecha de inicio del estado de invalidez se fijará de acuerdo con las reglas siguientes:

**I.** Cuando el trabajador asegurado hubiera sido atendido en los servicios médicos del Instituto, a partir del día inmediato siguiente al último amparado con certificados de incapacidad temporal para el trabajo, y

**II.** Cuando no pueda fijarse el día en que se produzca el siniestro porque el trabajador asegurado no acuda a las unidades médicas institucionales para ser atendido del padecimiento que lo invalide o cuando se encuentre dado de baja y en conservación de derechos, se tomará la fecha de la solicitud realizada ante el Instituto, siempre y cuando exista valoración de los servicios médicos institucionales que fundamenten la dictaminación del estado de invalidez.

Los médicos de los servicios institucionales de Salud en el Trabajo determinarán la fecha de inicio del estado de invalidez.

## SECCIÓN TERCERA
## DE LAS PRESTACIONES EN EL RAMO DE INVALIDEZ

**Artículo 36.** El estado de invalidez da derecho al asegurado al otorgamiento de las prestaciones que establece el artículo 120 de la Ley.

**Artículo 37.** Para que el asegurado pueda gozar de las prestaciones del ramo de invalidez se requiere que se haya declarado ésta, mediante el dictamen médico correspondiente que cumpla con la normatividad establecida.

Asimismo, que al declararse el estado de invalidez, el asegurado tenga acreditado el pago de las semanas de cotización que establece el artículo 122 de la Ley.

**Artículo 38.** No se tendrá derecho a disfrutar de una pensión de invalidez en los casos que señala el artículo 123 de la Ley.

**Artículo 39.** Para comprobar si existe o subsiste el estado de invalidez los asegurados que soliciten el otorgamiento de una pensión de invalidez y los inválidos que se encuentren disfrutándola, deberán sujetarse a los exámenes y tratamientos médico-quirúrgicos a juicio del médico tratante y del personal médico adscrito a los servicios institucionales de Salud en el Trabajo, así como a las investigaciones de carácter social y económico.

**Artículo 40.** Para efecto de que el pensionado por invalidez pueda disfrutar de la ayuda asistencial a que hace referencia el artículo 120, fracción V, de la Ley, o se pueda otorgar la misma, en los supuestos de los artículos 127, fracción IV, y 140 del mismo ordenamiento, se requerirá que el médico de los servicios institucionales de Salud en el Trabajo valore al pensionado y emita el dictamen médico correspondiente en el que se determine el setenta y cinco por ciento o más de invalidez.

**Artículo 41.** El hijo o el huérfano del asegurado o pensionado que presente una enfermedad crónica, defecto físico o psíquico que le impida mantenerse por su propio trabajo, para poder disfrutar de las prestaciones en especie y en dinero a que tuviere derecho, deberá ser declarado incapacitado a través del dictamen correspondiente que expidan los servicios institucionales de Salud en el Trabajo, con base en la normatividad vigente.

## TÍTULO CUARTO
## DE LA ATENCIÓN EN EL SEGURO DE ENFERMEDADES Y MATERNIDAD

### CAPÍTULO I
### GENERALIDADES

**Artículo 42.** El Seguro de Enfermedades y Maternidad y los servicios médicos institucionales no cubren:

**I.** Cirugía estética;

**II.** Dotación de anteojos, lentes de contacto, aparatos auditivos e implantes cocleares, prótesis y órtesis externas;

**III.** Cirugía para corrección de astigmatismo, presbicia, miopía e hipermetropía, siempre y cuando exista corrección con las medidas convencionales y con excepción de la anisometropía, correcciones mayores de 6 dioptrías y fototerapéutica;

**IV.** Expedición de certificado de salud que implica la realización del examen médico de un individuo sano, sin acciones preventivas;

**V.** Tratamientos dentales de endodoncia, ortodoncia, salvo en el caso de secuelas de labio y paladar hendido; parodoncia, salvo en padecimiento por tártaro dentario y en aquellos padecimientos sistémicos que se manifiesten en el parodonto, y

**VI.** Procedimientos y tratamientos médico-quirúrgicos no considerados en los instrumentos normativos de la atención médica, los basados en fundamentos no aceptados por la ciencia médica o de dudosa eficacia en el correcto tratamiento de los enfermos. Asimismo, todos aquellos que no cuenten con la aprobación de la Secretaría de Salud para su implantación tanto en instituciones públicas como privadas, así como los que requieran de traslado al extranjero para ser realizados.

**Artículo 43.** El personal de salud deberá, en todo momento, otorgar un trato digno y respetuoso al paciente, procurando un ejercicio clínico apegado a altos estándares de calidad, acordes al conocimiento científico vigente, proporcionándole al mismo o al familiar o representante legal, la información clara, oportuna y veraz sobre su diagnóstico, pronóstico y tratamiento, de tal forma que participe activamente en las decisiones que intervienen en su salud.

**Artículo 44.** El Instituto favorecerá las actividades orientadas a la obtención de fondos externos, para el apoyo de programas y proyectos que le permitan mejorar la suficiencia, oportunidad, equidad, calidad y eficiencia de los procesos de atención a la salud.

**Artículo 45.** Los recursos financieros que se obtengan para el apoyo de programas y proyectos de atención a la salud, por concepto de aportaciones y donativos de personas físicas, instituciones, empresas y organizaciones filantrópicas, públicas o privadas, nacionales o extranjeras, se administrarán en términos de las disposiciones aplicables, a través de los mecanismos administrativos que determine el Instituto y que apruebe el Consejo Técnico.

## CAPÍTULO II
### DE LA PREVENCIÓN Y LA ATENCIÓN MÉDICA

### SECCIÓN PRIMERA
### DE LA SALUD PÚBLICA

**Artículo 46.** El Instituto realizará en su población derechohabiente acciones de promoción de la salud, nutrición, prevención, detección y control de enfermedades, en todas las etapas de la vida. Estas acciones deberán ofrecerse a través de programas de salud de acuerdo con la edad, el sexo y los factores de riesgo de cada derechohabiente.

Los ámbitos de acción para la realización de estas actividades serán las unidades médicas del Instituto, los centros laborales, las escuelas y la comunidad.

Para cumplir los compromisos interinstitucionales e intersectoriales el Instituto realizará acciones de salud pública en población no derechohabiente, tales como promoción de la salud, nutrición, prevención, detección y control de enfermedades.

En el desarrollo de las acciones a que se refiere el párrafo anterior se propiciará la participación activa e informada de la población en el cuidado de su salud, la de su familia y la de su comunidad.

**Artículo 47.** Con el fin de identificar, prevenir y controlar oportunamente riesgos y daños a la salud, el Instituto instrumentará y operará sistemas de vigilancia epidemiológica en coordinación con el Sector Salud.

Los sistemas de vigilancia epidemiológica también deberán aportar información que permita evaluar el impacto de los programas de salud institucionales y sectoriales.

**Artículo 48.** El Instituto implementará sistemas de información, indicadores y mecanismos que permitan evaluar la cobertura, la calidad, la oportunidad y el impacto de los programas de salud en la población bajo su responsabilidad, así como en cada uno de sus derechohabientes.

La información deberá ser accesible a nivel de cada unidad médica, de los órganos de operación administrativa desconcentrada, y de los órganos normativos, bajo las normas de confidencialidad y respeto a los derechos de los pacientes. El Instituto hará públicos los resultados de sus servicios y de los sistemas de vigilancia epidemiológica, en los términos establecidos por la Ley, la Ley Federal de Transparencia y Acceso a la Información Pública Gubernamental y demás disposiciones aplicables.

La evaluación a que se refiere este artículo se deberá realizar con base en los indicadores sectoriales.

**Artículo 49.** El Instituto, conforme a lo que establece la Ley, se coordinará con organismos gubernamentales, no gubernamentales y con la sociedad civil, para la realización de programas enfocados a resolver problemas prioritarios de salud y atender desastres y emergencias epidemiológicas.

## SECCIÓN SEGUNDA
## DE LA SALUD REPRODUCTIVA

**Artículo 50.** El Instituto otorgará a los derechohabientes, a través del personal médico o paramédico, la orientación e información que les permita tomar sus decisiones libres, responsables e informadas en lo concerniente a su salud reproductiva.

**Artículo 51.** El Instituto otorgará a los derechohabientes en edad fértil, siempre que ellos lo demanden, métodos anticonceptivos temporales o definitivos; para ello será indispensable la obtención de su consentimiento informado.

Cuando sea solicitado, el personal de salud otorgará a niñas, niños y adolescentes, información sobre su salud sexual y reproductiva y, a adolescentes que lo requieran, los medios necesarios para protegerse de embarazos no planeados.

**Artículo 52.** El Instituto otorgará la vigilancia y atención del embarazo, parto, puerperio y del recién nacido, a las aseguradas y a las beneficiarias que señala la Ley atendidas en sus unidades médicas. Para ello, se realizarán acciones médicas de educación, prevención y protección específica, tendentes a mantener o restaurar la salud de la madre y del recién nacido.

**Artículo 53.** El Instituto otorgará a la población derechohabiente menor de diez años, vigilancia de la nutrición, crecimiento y desarrollo. Para ello, se realizarán acciones médicas de educación, prevención y protección específica, tendentes a mantener o restaurar la salud del menor.

**Artículo 54.** El Instituto informará a los derechohabientes y, en su caso, a la población abierta, sobre sus derechos reproductivos mediante la participación del personal médico y paramédico, y a través de los diversos medios de comunicación.

## SECCIÓN TERCERA
### DE LA ATENCIÓN EN EL RAMO DE ENFERMEDADES

**Artículo 55.** Cuando el derechohabiente tenga necesidad de recibir atención médica deberá presentarse en su unidad médica de adscripción en los días y horarios establecidos a los servicios de consulta externa, preferentemente previa concertación de la cita respectiva, o bien, a los servicios de urgencias que corresponda conforme al Área Médica respectiva, así como exhibir los documentos que acrediten su identidad, adscripción a la unidad y al médico familiar.

**Artículo 56.** Para efectos de este Reglamento, se entenderá por inicio de una enfermedad, el día en que el derechohabiente dé aviso de la misma o acceda a las instalaciones del Instituto y su personal médico certifique, la existencia de la misma.

**Artículo 57.** Para los efectos de este Reglamento, las recaídas y complicaciones de un padecimiento en los derechohabientes se considerarán como la misma enfermedad.

**Artículo 58.** El tratamiento de los asegurados por una misma enfermedad se proporcionará mientras dure ésta, siempre y cuando se reúnan los requisitos de la Ley y sus Reglamentos en materia de conservación de derechos para recibir las prestaciones médicas.

Cuando el asegurado enfermo se encuentre incapacitado para trabajar, el tiempo de tratamiento para una misma enfermedad se limitará a cincuenta y dos semanas, con prórroga de hasta cincuenta y dos semanas más, según lo disponen los artículos 91 y 92 de la Ley, siempre y cuando el periodo de incapacidad sea ininterrumpido o con interrupciones menores de ocho semanas.

Si al término de las 44 semanas de tratamiento de una enfermedad no profesional, por la cual se hayan expedido certificados de incapacidad temporal para el trabajo, el médico tratante considere que la enfermedad no tiene posibilidades de recuperación y que el trabajador no se reincorporará al trabajo, deberá remitir al asegurado al servicio de Salud en el Trabajo para evaluar la procedencia de un posible estado de invalidez.

Si hay interrupciones de la incapacidad de ocho semanas o más, durante las cuales el trabajador haya vuelto a su trabajo, con autorización del médico tratante del Instituto, la presentación del mismo cuadro patológico se considerará como una nueva enfermedad. El Instituto estará facultado para constatar que el asegurado se incorporó a laborar en su ocupación habitual, en el periodo que interrumpió la incapacidad temporal para el trabajo, debiendo el patrón, en este caso, proporcionar al Instituto la información pertinente.

**Artículo 59.** En los casos en que al hijo mayor de dieciséis años del asegurado se le hubiera determinado una enfermedad crónica, defecto físico o psíquico que le impida mantenerse por su propio trabajo, el Instituto deberá otorgarle las prestaciones en especie mientras no desaparezca el padecimiento y el asegurado mantenga este carácter.

## SECCIÓN CUARTA
## DE LA ATENCIÓN EN EL RAMO DE MATERNIDAD

**Artículo 60.** El derecho a recibir la asistencia obstétrica necesaria comenzará a partir del día en que el Instituto certifique el estado de embarazo, momento en el cual se determinará la fecha probable del parto de acuerdo con los criterios técnico-médicos y el cómputo de los días de incapacidad a la asegurada a que se refiere el artículo 101 de la Ley.

**Artículo 61.** La ayuda para lactancia consistente en el suministro por parte del Instituto de un sucedáneo de leche humana para el hijo de la asegurada o de la esposa o concubina del asegurado o pensionado, o a falta de éstos a la persona encargada de alimentar al niño. Esta prestación se proporcionará durante seis meses en el primer año de vida; iniciándose de preferencia después de los 4 a 6 meses de edad del niño o antes, previa valoración por el médico tratante del Instituto, para definir el sucedáneo de leche más apropiado.

**Artículo 62.** La canastilla de maternidad, cuyo importe será señalado por el Consejo Técnico, la entregará el Instituto cuando el hijo de la asegurada nazca en sus instalaciones, al momento del alta hospitalaria del niño.

Si el nacimiento ocurre en lugar distinto a la Institución, la canastilla se entregará a solicitud de la madre asegurada durante los treinta días naturales posteriores al parto. Transcurrido el plazo anterior sin que medie la solicitud expresa, cesará la obligación del Instituto para otorgar dicha ayuda.

**Artículo 63.** En caso de parto múltiple, para cada uno de los recién nacidos se proporcionará la ayuda para lactancia y cuando así corresponda, las canastillas respectivas.

**Artículo 64.** Si el parto ocurre sin que se hubiera comunicado a los servicios médicos institucionales el estado de embarazo, la asegurada sólo tendrá derecho a un certificado de incapacidad médica por maternidad de posparto y a las prestaciones en especie que correspondan a partir del momento en que haya acudido, se verifique su condición de puérpera por parte de los servicios médicos del Instituto y se acredite su carácter de asegurada. La esposa o concubina del asegurado o pensionado sólo tendrá derecho a las prestaciones en especie.

## SECCIÓN QUINTA
## DE LA CONSULTA EXTERNA

**Artículo 65.** Los derechohabientes que tengan la necesidad de utilizar los servicios médicos institucionales deberán acudir a la unidad médica a la que estén adscritos, para ser atendidos por su médico familiar.

El derechohabiente podrá concertar previamente una cita médica vía telefónica en la unidad médica de su adscripción o en forma directa con la asistente médica que corresponda al consultorio que le fue asignado. También podrá concertar directamente con el asistente médico el horario para recibir atención el mismo día en el turno que le corresponda.

**Artículo 66.** Cuando en el ejercicio de la práctica médica se requiera explorar a un paciente, independientemente de su sexo o edad, invariablemente se hará en presencia del asistente médico o personal de enfermería o, en su caso, de un familiar del paciente.

Tratándose de un derechohabiente menor de edad que acuda a consulta externa deberá estar acompañado de un familiar mayor de edad.

**Artículo 67.** Los derechohabientes que requieran atención estomatológica podrán ser enviados por su médico familiar o presentarse directamente con el estomatólogo de su unidad médica de su adscripción.

Tratándose de unidades médicas de primer nivel que cuenten con servicio de trabajo social, nutrición y psicología, los derechohabientes que requieran de estos servicios, podrán presentarse directamente a solicitar su cita o ser enviados por su médico familiar.

**Artículo 68.** Si el médico familiar, con base en los estudios clínicos, estima que la atención del problema médico de un derechohabiente lo requiere, éste será enviado a interconsulta al médico no familiar de la propia unidad, o a la unidad médica de apoyo correspondiente, conforme a lo dispuesto en el Capítulo III, del presente Título.

**Artículo 69.** El médico tratante, atendiendo a la naturaleza de una enfermedad, podrá enviar al paciente al servicio de urgencias que corresponda, para su atención médica inmediata.

**Artículo 70.** La atención médica a cargo del médico no familiar se otorgará por el lapso que sea necesario para resolver o controlar el problema médico que haya motivado la referencia del derechohabiente, de tal manera que después de ésta, el paciente quedará otra vez al cuidado de su médico familiar.

El médico no familiar que hubiera atendido al paciente enviado a otro servicio de la misma unidad o a otra unidad médica del mismo o de distinto nivel, deberá informar al médico familiar a través de los formatos institucionales del tratamiento que le haya sido realizado a aquél y, en su caso, el tratamiento a seguir.

El médico familiar atenderá al paciente de aquellos padecimientos diferentes a los que motivaron su referencia a otras especialidades.

**Artículo 71** El médico tratante, en todos los casos, deberá dejar constancia de sus atenciones en los registros clínicos y formatos de control institucional, en los términos que se establecen en los artículos 6 y 8 del presente Reglamento, y si es el caso, dejará constancia de la expedición de certificado de incapacidad temporal para el trabajo, de conformidad con las disposiciones aplicables.

**Artículo 72.** El paciente deberá cumplir con las indicaciones del médico tratante, en lo relativo a la terapéutica médica, régimen alimenticio, de reposo y a las demás prescripciones que se le indiquen.

**Artículo 73.** El médico está obligado a comunicar a su jefe inmediato, los casos de probable simulación de una enfermedad por parte del derechohabiente, a fin de que se proceda en los términos administrativos y legales que correspondan.

## SECCIÓN SEXTA
## DE LA ATENCIÓN DOMICILIARIA

**Artículo 74.** El servicio de atención médica domiciliaria se podrá proporcionar a los derechohabientes por los médicos adscritos a la unidad de medicina familiar correspondiente, sólo cuando se encuentren imposibilitados física o psíquicamente para acudir a los servicios de consulta externa.

**Artículo 75.** La atención médica domiciliaria deberá solicitarse en la unidad médica de adscripción o por vía telefónica, proporcionando todos los datos necesarios para facilitar al Instituto la comprobación de los derechos de la persona que solicita la atención.

**Artículo 76.** La persona que solicite el servicio de atención médica domiciliaria deberá proporcionar toda la información que permita la localización del domicilio del paciente, inclusive algunas referencias que faciliten dicha localización y la propia visita del médico. Si fuera necesario, a juicio del Instituto, algún familiar o persona conocida deberá acompañar al médico de la unidad de adscripción al domicilio del paciente.

**Artículo 77.** Al realizar la visita domiciliaria el médico se identificará previamente y solicitará los documentos que acrediten la identidad del paciente como asegurado o beneficiario.

**Artículo 78.** Si el enfermo no se encontrara en el domicilio señalado al presentarse el médico, éste dejará constancia de tal hecho en el expediente respectivo y podrá concederse otra visita domiciliaria siempre que justifique el enfermo o su familiar el motivo de la ausencia, ante el personal autorizado de la unidad de medicina familiar correspondiente.

**Artículo 79.** El goce de los servicios de atención médica domiciliaria implica la obligación de parte del enfermo y de sus familiares, de permitir el acceso domiciliario para la práctica de las visitas que sean necesarias por parte del personal médico o paramédico.

**Artículo 80.** Cuando a juicio del médico tratante que realiza la visita médica domiciliaria, considere necesario hospitalizar al paciente, lo comunicará a los familiares y al propio paciente y elaborará la documentación administrativa correspondiente para tal efecto.

**Artículo 81.** Las solicitudes y visitas médicas domiciliarias se ajustarán a los días y horarios establecidos por el Instituto, para las unidades de medicina familiar.

## SECCIÓN SÉPTIMA
### DE LA HOSPITALIZACIÓN

**Artículo 82.** El servicio de hospitalización se establece para los casos en que por la naturaleza de la enfermedad o del tratamiento a que deba sujetarse el derechohabiente, a juicio del médico tratante, se indique su internamiento en unidades hospitalarias de segundo nivel, de acuerdo con lo establecido por el Instituto en cada Área Médica, o en la unidad médica de tercer nivel con la especialidad requerida, con la que existan acuerdos institucionales de gestión.

**Artículo 83.** Para efectos de lo establecido en el artículo 87 de la Ley, la hospitalización del derechohabiente se hará mediante orden de internamiento expedida por el médico tratante y a través del servicio de admisión hospitalaria, requiriendo la autorización escrita del paciente o familiar, representante legal o de la autoridad legalmente competente.

**Artículo 84.** A juicio del médico tratante, procederá la hospitalización en cualquiera de los casos siguientes:

**I.** Cuando la enfermedad requiera atención o asistencia médico-quirúrgica que no puedan ser proporcionadas en forma ambulatoria, y

**II.** Cuando el estado de salud del paciente requiera la observación constante o un manejo que sólo pueda llevarse a efecto en una unidad hospitalaria.

En caso de negativa por parte del paciente a hospitalizarse, el Instituto no asumirá responsabilidad alguna sobre los daños a la salud que se deriven de dicha negativa y, en su caso, de la falta de expedición de los certificados de incapacidad temporal para el trabajo.

**Artículo 85.** Las visitas a los pacientes hospitalizados en las unidades médicas del Instituto se sujetarán a las disposiciones que señale la normatividad correspondiente.

**Artículo 86.** El tiempo de duración de la hospitalización de los pacientes deberá ser el estrictamente necesario para resolver las condiciones clínicas que lo hayan motivado.

**Artículo 87.** Cuando un derechohabiente, por propia decisión y bajo su responsabilidad, sea internado en una unidad hospitalaria que no pertenezca al Instituto, éste quedará relevado de toda responsabilidad, salvo la relacionada con la expedición del certificado de incapacidad temporal para el trabajo a que tuviere derecho.

**Artículo 88.** Cuando fuera necesario el tratamiento quirúrgico del paciente se requerirá el consentimiento informado del mismo, por escrito en el formulario establecido, o de su familiar o representante legal cuando el enfermo no pueda hacerlo, salvo que se trate de casos de urgencia, a los que se aplicará la normatividad establecida en el Reglamento de la Ley General de Salud en Materia de Prestación de Servicios de Atención Médica.

En caso de negativa del paciente para otorgar la autorización para asistencia médica y, en su caso, quirúrgica, se anotará invariablemente en el expediente clínico, y se recabará la firma del mismo o del familiar o de su representante legal, de que se les comunicó las repercusiones desfavorables que dicha decisión tiene en su condición de salud y la evolución de su padecimiento y, de así proceder, se otorgará el alta hospitalaria, liberando de cualquier responsabilidad al Instituto sobre los eventuales daños que deriven de dicha negativa.

**Artículo 89.** En caso de ser necesario un transplante de órganos se cumplirá con lo que para tal efecto dispone el Título Décimo Cuarto, Capítulo III, de la Ley General de Salud.

## SECCIÓN OCTAVA
## DEL SERVICIO DE URGENCIAS

**Artículo 90.** Las unidades médicas institucionales, en los casos en que el derechohabiente solicite atención en los servicios de urgencias por presentar problemas de salud que pongan en peligro la vida, un órgano o una función, deberán proporcionar atención médica inmediata.

**Artículo 91.** Si por la índole del padecimiento, el paciente necesita permanecer en el área de observación del servicio de urgencias, se le otorgará la atención médica hasta por un lapso máximo de doce horas, contado a partir del momento de su ingreso, tiempo durante el cual se determinará su egreso o continuidad de su atención en hospitalización.

**Artículo 92.** Al egreso del derechohabiente del servicio de urgencias, el médico tratante deberá enviar al médico familiar o no familiar, según corresponda, en los formatos establecidos, la información sobre la atención médica otorgada.

## SECCIÓN NOVENA
## DE LA EXPEDICIÓN DE CERTIFICADOS DE DEFUNCIÓN

**Artículo 93.** En la expedición de los certificados de defunción se observarán las reglas siguientes:

**I.** Cuando un paciente fallezca al ser atendido en la unidad médica del Instituto, el médico tratante expedirá el certificado de defunción para los efectos legales y administrativos correspondientes;

**II.** Si el paciente fallece previamente a su arribo o a su atención en una unidad médica institucional, el Instituto deberá hacer acopio de los antecedentes que existan en su expediente clínico para determinar fehacientemente si procede o no la expedición del certificado de defunción por el médico familiar o no familiar.

De no proceder la expedición del certificado de defunción del paciente por carecer de antecedentes en su expediente clínico, o existir lesiones como consecuencia de traumatismos o violencia se dará aviso al Ministerio Público, y

**III.** Si el paciente fallece en su domicilio, el médico en turno de la unidad familiar, verificará el deceso y hará acopio de los antecedentes de su expediente clínico, procediendo de acuerdo a lo establecido en la fracción II de este artículo.

En los supuestos de las fracciones I y II de este artículo, los familiares del paciente que fallezca deberán efectuar los trámites correspondientes para su inhumación dentro del plazo que señala la Ley General de Salud; de no ser así, el cadáver será puesto a disposición de las autoridades competentes.

Los servicios médicos del Instituto podrán practicar la necropsia al cadáver cuando ofrezca algún interés para la docencia e investigación clínica, y podrán solicitar la donación de órganos o tejidos para fines terapéuticos, siempre y cuando no exista impedimento legal y previamente se recabe por escrito la autorización de quien legalmente corresponda, en términos de la Ley General de Salud.

## CAPÍTULO III
## DEL TRASLADO DE PACIENTES

### SECCIÓN PRIMERA
### GENERALIDADES

**Artículo 94.** Cuando para la atención de un derechohabiente no se disponga en las unidades médicas de una Área Médica, de los especialistas o de los medios de diagnóstico o terapéuticos necesarios, se procederá al traslado del paciente al hospital general de subzona, zona o regional, de conformidad con el esquema de regionalización de los servicios de atención médica determinados para cada Área Médica, o a la unidad médica de alta especialidad que corresponda, previa la verificación de la vigencia de derechos por el área competente.

Cuando para la atención de un derechohabiente sea necesario el traslado a otra unidad médica de alta especialidad, por carecer o no estar disponibles los servicios o recursos tecnológicos en la unidad de referencia, ésta procederá a su envío, de conformidad con la normatividad establecida.

**Artículo 95.** Tendrán derecho a los beneficios que establece el presente Capítulo, los asegurados y pensionados, así como sus respectivos beneficiarios, mientras conserven derecho a los servicios médicos en las condiciones y plazos a que se refiere la Ley.

**Artículo 96.** Los sujetos de aseguramiento a que se refiere el artículo 13 de la Ley, así como sus beneficiarios, cuando requieran ser referidos de las unidades de atención médica de su adscripción a las de apoyo definidas en la regionalización de servicios, determinadas para las Áreas Médicas, tendrán derecho a los beneficios que establece el presente Capítulo, en los términos de los convenios de incorporación y del Reglamento de la Ley del Seguro Social en materia de Afiliación, Clasificación de Empresas, Recaudación y Fiscalización. Los mismos beneficios se otorgarán a los sujetos señalados en los artículos 236, 237 y 240 de la propia Ley.

**Artículo 97.** Para los efectos de la aplicación del presente Capítulo, no se entenderá como traslado de pacientes, cuando la residencia del trabajador o beneficiario y la unidad médica a la que sea enviado por su médico de adscripción para tratamiento, sea en la misma población o haya continuidad urbana, aun cuando se trate de circunscripciones diferentes o bien cuando entre una y otra localidad haya servicio regular de transporte urbano o suburbano.

Tampoco se considerará traslado de pacientes, cuando el Instituto no disponga de una unidad de medicina familiar o no pueda proveerle dichos servicios en la localidad de residencia del derechohabiente, y le sea asignada la de otra localidad cercana.

**Artículo 98.** El director de la unidad remitente autorizará la presencia de un acompañante para el derechohabiente enfermo, en los casos siguientes:

**I.** Pacientes menores de 16 años o mayores de 65 años que no puedan valerse por sí mismos;

**II.** Pacientes con padecimientos neuropsiquiátricos;

**III.** Pacientes con padecimientos invalidantes;

**IV.** Pacientes trasladados por presentar una urgencia médica;

**V.** Pacientes programados para cirugía de alta especialidad, y

**VI.** Pacientes con padecimientos que pongan en riesgo su vida.

**Artículo 99.** La persona designada como acompañante del paciente deberá tener capacidad de decisión y en los casos que proceda, la representación legal de éste, a efecto de autorizar al Instituto el tratamiento médico, quirúrgico o cualquier procedimiento que requiera o deba aplicarse al trasladado.

## SECCIÓN SEGUNDA
## DE LA AYUDA DE VIÁTICOS Y PASAJES

**Artículo 100.** Para los efectos del presente Reglamento, se entenderá por viáticos la ayuda que el Instituto otorga al derechohabiente trasladado para cubrir en parte sus necesidades de alimentación y alojamiento, en un lugar diferente al que resida y al de la unidad médica del Instituto que autorice su traslado.

**Artículo 101.** Se establece como monto de ayuda para viáticos por persona y por día, el importe de un salario mínimo general diario vigente en el Distrito Federal, cuando el traslado implique la necesidad de alojamiento y de los tres alimentos.

**Artículo 102.** El acompañante que haya sido autorizado por el Instituto tendrá derecho al pago de pasajes y de ayuda para viáticos, en los términos del artículo anterior.

**Artículo 103.** En caso de traslado, el asegurado, pensionado o beneficiario recibirá en la unidad médica remitente, la cantidad en efectivo necesaria para el pago de pasajes en autobús que le permita transportarse hasta el lugar en donde el Instituto le brindará la atención o servicios que requiera. La cantidad cubrirá el importe de los pasajes de ida y vuelta.

El director de la unidad, bajo su responsabilidad, podrá autorizar otro medio de transporte, considerando la opinión del médico tratante y las condiciones médicas del paciente.

**Artículo 104.** No se pagarán pasajes cuando el traslado se efectúe por medio del transporte institucional o contratado directamente por el mismo Instituto.

**Artículo 105.** Quedan excluidos de los beneficios económicos que establece el presente capítulo, los asegurados y pensionados, así como sus beneficiarios, que soliciten y obtengan los servicios de atención médica en una unidad diversa a la de su adscripción, si no han sido trasladados oficialmente por una unidad médica remitente, salvo que se trate de un caso de urgencia.

**Artículo 106.** En los supuestos del artículo 97 del presente Reglamento, no procederá el pago de ayuda de viáticos y pasajes.

### SECCIÓN TERCERA
### DE LOS CASOS ESPECIALES

**Artículo 107.** Los asegurados que por motivo de su trabajo tengan que desplazarse a distintas entidades federativas, recibirán atención médica fuera de su unidad de adscripción al identificarse a satisfacción del Instituto y presentar constancia de la vigencia de sus derechos expedida por los órganos institucionales competentes. Asimismo, en caso de ser necesario el traslado del derechohabiente, se seguirá el trámite que señala este capítulo conforme al criterio médico y a las disposiciones administrativas aplicables.

**Artículo 108.** Si ocurriera el fallecimiento de un paciente en la unidad médica a la que fue enviado, ésta procederá a realizar los trámites legales y administrativos que correspondan.

En caso de que el fallecimiento se produzca durante el traslado del paciente en transporte institucional o contratado directamente por el mismo Instituto, la unidad remitente será la que se encargue de los trámites referidos.

### CAPÍTULO IV
### DE LA ASISTENCIA FARMACÉUTICA Y LOS CUADROS
### BÁSICOS DE INSUMOS PARA LA SALUD

### SECCIÓN PRIMERA
### DE LA ASISTENCIA FARMACÉUTICA

**Artículo 109.** La asistencia farmacéutica a que se refieren los artículos 3 y 28 de este Reglamento, proveerá a los derechohabientes de los medicamentos y agentes terapéuticos prescritos en los recetarios oficiales, por los médicos tratantes del Instituto. Dichos medicamentos y agentes terapéuticos serán surtidos en las farmacias del Instituto.

**Artículo 110.** El médico tratante pondrá especial cuidado en la cuantificación de los medicamentos que prescriba, tomando en cuenta la naturaleza, evolución y control de la enfermedad.

**Artículo 111.** Para la prescripción de medicamentos, el médico tratante se ajustará al Cuadro Básico de Medicamentos del Instituto.

La prescripción y dotación de medicamentos fuera del Cuadro Básico del Instituto, se realizará en aquellos casos que excepcionalmente se requieran para la atención de un derechohabiente, con apego a las normas y requisitos que para tal efecto emita el Consejo Técnico.

## SECCIÓN SEGUNDA
## DE LOS CUADROS BÁSICOS DE INSUMOS PARA LA SALUD

**Artículo 112.** El Instituto proporcionará los servicios médicos, quirúrgicos, farmacéuticos y hospitalarios a sus pacientes, utilizando insumos de calidad, contenidos en los cuadros básicos de insumos para la salud, relacionados con:

**I.** Medicamentos;

**II.** Auxiliares de Diagnóstico;

**III.** Instrumental y Equipo Médico, y

**IV.** Material de Curación.

Así como los que se consideren en los cambios y adiciones a los cuadros básicos mencionados.

Con motivo de la prestación de los servicios hospitalarios que se mencionan en el primer párrafo de esta disposición, el Instituto proporcionará a los pacientes, los alimentos incluidos en el Cuadro Básico Institucional de Alimentos.

**Artículo 113.** En la selección de los insumos para la salud, considerados en el Cuadro Básico y Catálogo de Insumos del Sector Salud, el Instituto, a través del órgano normativo competente, tomará en cuenta las solicitudes y necesidades del personal de salud que otorga servicios en los tres niveles de atención médica, así como los avances científicos y tecnológicos para el diagnóstico y tratamiento de los problemas de salud.

**Artículo 114.** El Instituto, a través del Sistema Institucional de Farmacovigilancia del órgano normativo competente y en coordinación con las autoridades sanitarias, realizará las acciones de vigilancia de efectos adversos de medicamentos, y desarrollará un sistema propio de vigilancia de los otros insumos para la salud.

**Artículo 115.** El Instituto, a través del órgano normativo competente, se coordinará con la Secretaría de Salud y con otras entidades del sector, con el propósito de mantener permanentemente actualizado el Cuadro Básico y Catálogo de Insumos del Sector Salud.

## TÍTULO QUINTO
## DE LA ATENCIÓN A NO DERECHOHABIENTES

## CAPÍTULO ÚNICO

**Artículo 116.** El Instituto proporcionará los servicios médicos, quirúrgicos, farmacéuticos y hospitalarios a los no derechohabientes en los términos que establece la Ley, los acuerdos que en la materia emita el Consejo Técnico, su disponibilidad y sin perjuicio de su capacidad financiera o de los servicios a su población derechohabiente.

En el caso de la población no asegurada que se encuentre incorporada al Programa IMSS-Oportunidades, el Instituto proporcionará los servicios de salud conforme a las Reglas y Lineamientos Generales de Operación de dicho Programa, para lo cual deberá contar con los recursos presupuestarios suficientes provenientes del Presupuesto de Egresos de la Federación, en cumplimiento a lo previsto en los artículos 216 A, fracción III, y 250 A de la Ley.

**Artículo 117.** El Instituto otorgará atención médica de urgencia a los no derechohabientes en cualquiera de sus unidades médicas, hasta su estabilización o egreso por mejoría, defunción, traslado o referencia a la unidad médica del sector público que corresponda o del sector privado que el usuario o su familia determinen.

El tipo y la amplitud de los servicios, así como las unidades médicas o establecimientos en las que se provea, la atención médica, estarán determinados en los convenios que en los términos de la Ley se celebren.

El servicio se otorgará atendiendo a lo dispuesto en la Ley, la Ley General de Salud, y la normatividad institucional aplicable para el cobro a no derechohabientes.

**Artículo 118**. El Instituto efectuará los registros, anotaciones y certificaciones relativas a la atención a la salud otorgada a los no derechohabientes, en los términos previstos en los artículos 6 y 8 del presente Reglamento.

**Artículo 119**. Para la prestación de los servicios médicos el no derechohabiente deberá cumplir con los requisitos que establecen la Ley y sus reglamentos, debiendo presentar a satisfacción del Instituto, para acreditar su identidad, un documento oficial con fotografía.

**Artículo 120**. Los convenios a que hacen referencia los artículos 89, fracción IV, y 251, fracción XXXII, de la Ley, serán suscritos de conformidad con la disponibilidad institucional y sin perjuicio de su capacidad financiera y de la prestación de los servicios a sus derechohabientes.

Respecto de los no derechohabientes, la continuación de la prestación de los servicios a que hacen referencia los artículos 216 A y 250 A de Ley, se hará en las instalaciones que para tal efecto designe el Instituto, mientras continúen recibiéndose los recursos a que hacen referencia dichos artículos.

Para el caso de los no derechohabientes a que hace alusión el artículo 251, fracción XXXVI de la Ley, la atención se otorgará conforme a los lineamientos que emita el Consejo Técnico, por las unidades médicas que justifiquen plenamente ante las áreas normativas competentes la posibilidad de estas atenciones, sin menoscabo en la cobertura y acceso a sus servicios por parte de los derechohabientes.

Para los no derechohabientes que estuvieran recibiendo atención en unidades médicas que se encuentren en los supuestos del artículo 10 de este Reglamento, el Instituto proveerá en otra unidad los servicios que fueron convenidos, sólo hasta la estabilización y posibilidad de egreso del paciente, facturándose por los servicios otorgados y liberando de responsabilidad al Instituto de la continuidad de la atención pactada mediante convenios celebrados con la unidad médica que suspendió temporal o definitivamente su funcionamiento.

**Artículo 121**. El servicio médico se proporcionará a los no derechohabientes exclusivamente en forma directa por el Instituto.

**Artículo 122.** Los actos u omisiones del no derechohabiente, que impliquen la comisión de un probable delito en perjuicio del Instituto o que causen daño a los intereses de éste, además de que deberán de ser denunciados a quien corresponda, darán motivo, a juicio del Instituto, a la suspensión en el goce de la atención médica.

**Artículo 123.** Además de lo establecido en el artículo anterior, serán causales de suspensión de los servicios médicos a los no derechohabientes los siguientes elementos:

**I.** Incumplimiento de los convenios de colaboración y cooperación por parte de las organizaciones o instituciones públicas de salud a que se hace mención en los artículos 89, fracción IV, y 251, fracción XXXII, de la Ley, así como por término de la vigencia de los mismos, y

**II.** Incumplimiento en el pago de servicios por particulares, derivado de atenciones otorgadas en el marco del artículo 251, fracción XXXVI de la Ley, mismo que por causar daño al Instituto dará lugar a que éste ejerza las acciones legales que correspondan ante las instancias competentes.

**Artículo 124.** Las quejas de los no derechohabientes en relación con los servicios médicos institucionales y respecto del personal involucrado del Instituto, deberán presentarse conforme a lo dispuesto en el Instructivo para el Trámite y Resolución de las Quejas Administrativas ante el Instituto Mexicano del Seguro Social.

**Artículo 125.** Cuando el no derechohabiente requiera recibir los servicios que el Instituto se haya comprometido a otorgarle, deberá presentarse en la unidad médica o instalación que se le hubiese designado o, en su caso, en la que se hayan convenido los servicios, en los días y horas establecidos, exhibiendo los documentos que acrediten su identidad y derecho a recibir la atención, respetando en todo momento las disposiciones que en la materia emita el Instituto.

**Artículo 126.** Para los no derechohabientes con obligación de pago de servicios, las recaídas y complicaciones se considerarán como eventos independientes sujetos de facturación y cobro por las atenciones que procedan.

**Artículo 127.** Los no derechohabientes a que hace mención el tercer párrafo del artículo 120 de este Reglamento, podrán recibir la atención hospitalaria y quirúrgica integral, incluidos servicios profesionales, medicamentos y auxiliares de diagnóstico y tratamiento, y demás insumos para la salud, mismos que serán facturados en forma individual y a través de los procedimientos administrativos y contables que para tal fin se establezcan. Eventualmente y por necesidades específicas de los servicios, podrá solicitarse a estos pacientes o sus familiares que por su cuenta adquieran los medicamentos, así como las prótesis internas o externas, que se consideren necesarias para su atención dentro del Instituto.

Para las atenciones tales como los pacientes ambulatorios en consulta externa o posterior a su egreso hospitalario, el Instituto realizará y facturará los servicios profesionales y auxiliares de diagnóstico y tratamiento que otorgue en forma directa, y corresponderá al paciente adquirir los medicamentos, material de curación, insumos para la salud y todos aquellos aditamentos y recursos que requiera para su atención domiciliaria, así como sufragar los gastos derivados por servicios otorgados por terceros.

**Artículo 128.** En el caso de la consulta externa para no derechohabientes se realizarán las acciones conducentes estipuladas en los convenios respectivos y, para aquellos que a título oneroso hagan uso de los servicios, se les informará a efecto de que, conforme a la disponibilidad institucional, decidan la continuidad de

la atención que requieran, seleccionando la unidad médica correspondiente y, suscribiendo con ésta el contrato respectivo.

**Artículo 129.** El Instituto otorgará a los no derechohabientes, en edad fértil, siempre que ellos lo demanden, métodos anticonceptivos temporales o definitivos y para lo cual será indispensable la obtención del consentimiento informado.

En caso de procedimientos anticonceptivos definitivos tales como oclusión tubaria bilateral o vasectomía, en los que se llegara a presentar alguna complicación durante su realización, el Instituto otorgará la atención requerida hasta su resolución.

**Artículo 130.** La hospitalización de no derechohabientes se sujetará a lo que se estipule en los convenios y contratos que en términos de la Ley y del presente Reglamento se celebren. Dicha hospitalización se hará mediante orden de internamiento expedida por el médico tratante y a través del servicio de admisión hospitalaria, atendiendo a lo dispuesto en el artículo 84 del presente Reglamento.

**Artículo 131.** El servicio de urgencias a no derechohabientes se otorgará atendiendo a lo dispuesto en la Ley, la Ley General de Salud y la normatividad institucional aplicable para el cobro a no derechohabientes.

Los convenios establecerán los procedimientos conducentes; asimismo, para aquellos que a título oneroso accedan a los servicios, se aplicarán los mecanismos que el Instituto determine para garantizar el pago de los mismos.

Según sea el caso, los no derechohabientes podrán ser derivados a la institución de salud que les corresponda, facturándose las atenciones otorgadas. Cuando a título oneroso se solicite, o bien, por cursar con un estado de gravedad que ponga en riesgo la vida, se requiera la continuación de la atención, se aplicarán los mecanismos que determine el Instituto para garantizar el pago.

En el caso de que el no derechohabiente desarrolle muerte cerebral y done sus órganos en beneficio de uno o más pacientes derechohabientes, se atenderá a lo dispuesto en la Ley General de Salud y la normatividad institucional aplicable.

**Artículo 132.** En el supuesto de que un no derechohabiente fallezca al ser atendido en la unidad médica del Instituto, el médico tratante expedirá el certificado de defunción del paciente para los efectos legales y administrativos correspondientes. Si el fallecimiento ocurre previamente a recibir atención médica, invariablemente se dará aviso al Ministerio Público. Asimismo, se dará dicho aviso en caso de existir lesiones como consecuencia de traumatismos o violencia.

Los familiares del paciente que fallezca deberán efectuar los trámites correspondientes para su inhumación dentro del plazo que señala la Ley General de Salud; de no ser así, el cadáver será puesto a disposición de las autoridades competentes.

Los servicios médicos del Instituto podrán practicar la necropsia al cadáver cuando ofrezca algún interés para la docencia e investigación clínica, y podrán solicitar la donación de órganos o tejidos para fines terapéuticos, siempre y cuando no exista impedimento legal y previamente se recabe por escrito la autorización de quien legalmente corresponda, en términos de la Ley General de Salud.

**Artículo 133.** Tratándose de no derechohabientes, el traslado del paciente se sujetará a los términos que se establezcan en los convenios que se celebren; los que accedan a los servicios a título oneroso pagarán en forma directa los gastos derivados de los traslados para su atención, de conformidad con las disposiciones institucionales que se emitan en esta materia.

**Artículo 134.** El Instituto otorgará la vigilancia y atención del embarazo, parto y puerperio a las no derechohabientes atendidas en sus unidades médicas. Para ello, se realizarán acciones médicas de educación, prevención y protección específica, tendentes a mantener o restaurar la salud de la madre y del recién nacido, las que se sujetarán a lo que se estipule en los convenios y contratos que en términos de la Ley y del presente Reglamento se celebren.

**Artículo 135.** Para el caso de los no derechohabientes, los convenios establecerán lo conducente en relación con la asistencia farmacéutica, de conformidad con lo dispuesto en el artículo 127 del presente Reglamento, la normatividad para el cobro a no derechohabientes y las disposiciones que en la materia emita el Consejo Técnico.

**Artículo 136.** Para el caso de los no derechohabientes atendidos en el marco de los convenios que se celebren, la prescripción de medicamentos se sujetará exclusivamente al Cuadro Básico respectivo. En los casos de aquellos que a título oneroso contraten los servicios institucionales, la prescripción podrá incluir medicamentos fuera de Cuadro Básico, los cuales serán proporcionados al Instituto por el paciente o su familiar cuando se trate de atenciones intrahospitalarias.

## TÍTULO SEXTO
## DE LA EXPEDICIÓN DE CERTIFICADOS DE INCAPACIDAD TEMPORAL PARA EL TRABAJO A LOS ASEGURADOS DEL RÉGIMEN OBLIGATORIO

### CAPÍTULO I
### GENERALIDADES

**Artículo 137.** Se considera incapacidad temporal para el trabajo, la pérdida de facultades o aptitudes físicas o mentales que imposibilitan parcial o totalmente al asegurado para desempeñar su actividad laboral habitual por algún tiempo.

**Artículo 138.** El certificado de incapacidad temporal para el trabajo es el documento médico legal, que expide en los formatos oficiales el médico tratante o el estomatólogo del Instituto al asegurado, para hacer constar la incapacidad temporal para el trabajo y que, al expedirse en los términos del presente capítulo, producirá los efectos legales y administrativos correspondientes de protección al trabajador.

**Artículo 139.** El médico tratante o estomatólogo del Instituto, al prescribir los días de incapacidad y expedir el certificado de incapacidad temporal para el trabajo, actuará bajo su absoluta responsabilidad y con estricto apego a la Ley, sus reglamentos, las normas institucionales y la ética profesional.

La expedición de estos certificados únicamente los podrá efectuar el médico tratante o estomatólogo y en ejercicio de sus funciones y durante su jornada de trabajo, salvo las excepciones previstas en este Reglamento.

Previo a la expedición del certificado de incapacidad, el asegurado deberá identificarse en los términos establecidos en el artículo 9 de este Reglamento, asentando el médico tratante o estomatólogo, en el recuadro correspondiente del certificado, los datos de la identificación presentada por el asegurado.

**Artículo 140.** El certificado de incapacidad temporal para el trabajo podrá expedirse por el médico tratante o estomatólogo, con carácter inicial, subsecuente, recaída o enlace, entendiéndose por cada uno de estos lo siguiente:

**I.** Inicial. Es el documento que expide el médico al asegurado en la fecha en que se determina por primera vez que su enfermedad lo incapacita temporalmente para el trabajo;

**II.** Subsecuente. Es el documento posterior al certificado inicial, que el médico expide al asegurado dado que continúa incapacitado por el mismo padecimiento;

**III.** Recaída. Es el certificado de incapacidad que se expide a un asegurado que se encuentra imposibilitado de manera temporal para el desempeño de su trabajo después de haber sido dado de alta por riesgo de trabajo, que requiere de atención médica, quirúrgica, rehabilitación o bien un incremento en su incapacidad parcial permanente otorgada por secuelas del riesgo de trabajo sufrido, y

**IV.** Enlace. Es el certificado que se expide cuando el periodo anterior al parto excede a los 42 días, para amparar días excedentes como continuación de incapacidades originadas por enfermedad general, por lapsos renovables, desde uno y hasta un máximo de siete días.

El médico tratante o estomatólogo del Instituto, al expedir el certificado de incapacidad inicial determinará el tiempo probable de días para la recuperación de la enfermedad del asegurado, considerando la historia natural de la enfermedad, su gravedad, el tipo de tratamiento utilizado, la edad, comorbilidad y de manera ineludible, el puesto de trabajo que desempeña.

En los casos en que el periodo de incapacidad rebase el lapso estimado para la recuperación y se requiera de la prescripción de días adicionales de incapacidad, el médico tratante o estomatólogo deberá comunicarlo a su jefe inmediato o a quien en su ausencia funja como tal, para que conjuntamente se realice la evaluación clínica del caso, se determinen los días adicionales y las acciones necesarias para lograr la reintegración laboral del paciente. Los certificados de incapacidad temporal para el trabajo subsecuentes o de recaída en esta condición, se expedirán invariablemente con la autorización del jefe inmediato o de quien en su ausencia funja como tal.

**Artículo 141.** El certificado de incapacidad temporal para el trabajo deberá expedirse tratándose de enfermedad general o riesgo de trabajo considerando días naturales y atendiendo los siguientes criterios:

**I.** El médico adscrito a los servicios de urgencia podrá expedir certificados de incapacidad temporal para el trabajo, únicamente por el plazo de uno a tres días;

**II.** El estomatólogo podrá expedir certificados de incapacidad temporal para el trabajo, únicamente por el plazo de uno a siete días, y

**III.** El médico familiar o no familiar podrá expedir certificados de incapacidad temporal para el trabajo, por el plazo de uno a veintiocho días.

En caso de que se expidan certificados de incapacidad temporal por riesgo de trabajo y el padecimiento agote el término de 52 semanas, se deberá dictaminar la incapacidad permanente o el alta para laborar, de acuerdo con lo establecido en la fracción I del artículo 58 de la Ley.

**Artículo 142.** En los casos en que el asegurado haya acudido ante el médico o estomatólogo del Instituto y no se le haya expedido el certificado de incapacidad con carácter de inicial, subsecuente, recaída o enlace que corresponda, el médico tratante o estomatólogo, en los términos establecidos en el artículo anterior, expedirá el documento que ampare el número de días naturales que proceda con la autorización del Director de la Unidad Médica o, en su ausencia, por la persona que lo sustituya, previo análisis de los antecedentes y del expediente clínico. En el supuesto previsto en esta disposición, no se aplicará lo dispuesto en el Capítulo III, del Título Sexto del presente Reglamento.

**Artículo 143.** En los casos de incapacidad por maternidad, el lapso que se acredite se determinará en días naturales. Tratándose del certificado de incapacidad prenatal comprenderá los 42 días anteriores a la fecha que se señale como probable del parto.

Cuando la fecha probable del parto determinada por el médico no concuerde con la real de aquél, los certificados de incapacidad que se expidan antes del parto y después del mismo, deberán ajustarse a lo siguiente:

**I.** Si el periodo anterior al parto excede a los 42 días, para amparar los días excedentes se expedirán certificados de enlace por enfermedad general, por lapsos renovables, desde uno y hasta un máximo de siete días, en los términos establecidos en la fracción IV del artículo 140 de este Reglamento requiriendo el médico o estomatólogo de la autorización de su jefe inmediato o de quien en su ausencia funja como tal, a partir del segundo periodo de siete días, y

**II.** En los casos en que el parto ocurra durante el periodo de la incapacidad prenatal, el subsidio corresponderá únicamente a los días transcurridos; los días posteriores amparados por este certificado pagados y no disfrutados serán ajustados respecto del certificado de incapacidad posparto, cuando la asegurada no haya estado bajo control y tratamiento médico institucional o cuando se trate de producto prematuro.

El certificado de incapacidad posparto se expedirá invariablemente por 42 días a partir de la fecha del parto.

Las disposiciones anteriores se aplicarán exclusivamente a mujeres aseguradas.

**Artículo 144.** En el caso de que los servicios médicos del Instituto ordenen el traslado de un asegurado para su atención médica de una unidad a otra, y éste se encuentre incapacitado para laborar, el certificado de incapacidad temporal para el trabajo, deberá ser expedido inicialmente por el médico o estomatólogo que envía al enfermo y amparará el periodo necesario para la llegada del paciente a su destino y consulta respectiva. El médico o estomatólogo que reciba al paciente expedirá el certificado de incapacidad temporal para el trabajo subsecuente, a partir de la fecha siguiente a la que expire el plazo cubierto por el certificado expedido previamente, anotando en el recuadro correspondiente el diagnóstico y la validación o rectificación del tiempo probable de días para su recuperación, considerando lo establecido en el artículo 139 de este Reglamento.

**Artículo 145.** Si el asegurado enferma en circunscripción distinta a la de su adscripción, y en ella existen servicios del Instituto, deberá acudir a la unidad de atención médica más cercana. En este caso, el médico tratante expedirá el certificado de incapacidad temporal para el trabajo respectivo, siempre que la enfermedad del paciente le impida desempeñar su trabajo, con la autorización previa del Director de la Unidad Médica o de la persona que en su ausencia funja como tal, quien hará del conocimiento de la Unidad Médica de adscripción del asegurado estos hechos.

En caso de hospitalización del asegurado en servicios médicos no institucionales ubicados en la circunscripción a la que está adscrito o en otra donde existan servicios médicos del Instituto, el asegurado o su familiar deberá dar aviso de su enfermedad al Director o a la persona que en su ausencia funja como tal en la Unidad Médica del Instituto a la que está adscrito o a la más cercana al lugar en donde se encuentre hospitalizado, en un lapso no mayor de 72 horas a partir del día de su hospitalización. El Director de la Unidad Médica del Instituto enviará un médico o gestionará la visita por parte de la unidad más cercana, para que verifique si el paciente está hospitalizado, su enfermedad, su estado de incapacidad y, de ser procedente, se expida el certificado de incapacidad temporal para el trabajo correspondiente.

**Artículo 146.** Si el asegurado enferma o se hospitaliza en circunscripción donde no existan los servicios médicos institucionales, el aviso de la enfermedad que le impida laborar, deberá reportarlo, por sí o a través de alguna persona o familiar, al Director de la Unidad Médica del Instituto más cercana al sitio en que se encuentre, dentro de los siete días naturales siguientes al inicio de la enfermedad o de la hospitalización.

El certificado de incapacidad temporal para el trabajo respectivo se otorgará después de que el servicio médico del Instituto hubiere comprobado plenamente la imposibilidad física o mental del asegurado para trabajar, debiendo contener en todos los casos, firma y fecha de autorización del Director de la referida Unidad, quien hará del conocimiento de la unidad de adscripción del asegurado estos hechos.

**Artículo 147**. Podrán expedirse certificados de incapacidad temporal para el trabajo en reposición de otros, en los siguientes casos:

**I.** Si el asegurado extravía su copia o el duplicado correspondiente al patrón, y requiere se le reponga, y

**II.** Cuando el extravío del original le suceda al personal institucional.

En ambos casos se deberá solicitar la reposición por escrito al Director de la Unidad Médica de adscripción del asegurado, quien en forma conjunta con los servicios institucionales de prestaciones económicas, verificará la procedencia de dicha reposición en los términos establecidos en los procedimientos vigentes.

En caso de proceder la reposición, el médico tratante, estomatólogo o el jefe inmediato de éstos, reexpedirá el certificado, registrando el evento en el expediente clínico. De igual manera el Director de la Unidad Médica dará aviso del extravío del certificado de incapacidad anterior a los servicios institucionales de prestaciones económicas y ordenará la cancelación del original o las copias que existan del certificado de incapacidad temporal extraviado.

**Artículo 148**. En los casos en los que exista traslape de días de incapacidad entre dos certificados de incapacidad temporal para el trabajo, los servicios institucionales de prestaciones económicas realizarán los ajustes correspondientes en cuanto al pago de subsidios.

**Artículo 149**. Si el asegurado se niega a ser hospitalizado o abandona sin la autorización debida el tratamiento prescrito por el médico tratante o estomatólogo del Instituto, no se le expedirá certificado de incapacidad temporal para el trabajo por este periodo.

**Artículo 150**. Cuando la enfermedad general incapacite al asegurado para su actividad laboral habitual, se le amparará el tiempo que amerite con certificados de incapacidad temporal para el trabajo desde uno a veintiocho días y hasta el límite de cincuenta y dos semanas, para el mismo padecimiento, registrándose invariablemente el diagnóstico inicial en los certificados de incapacidad subsecuentes.

Se podrán expedir certificados de incapacidad temporal para el trabajo hasta por veintiséis semanas posteriores a las cincuenta y dos antes señaladas, que serán considerados como prórroga, previa revisión del paciente y del expediente clínico por parte del médico tratante y del jefe inmediato o de quien en su ausencia funja como tal.

**Artículo 151.** En todos los casos, se registrarán en el expediente clínico o nota de referencia y contrarreferencia del asegurado, los siguientes conceptos de los certificados de incapacidad temporal para el trabajo iniciales, subsecuentes, recaídas y enlace:

**I.** Diagnóstico;

**II.** Folio;

**III.** Ramo de seguro;

**IV.** Fecha de inicio;

**V.** Fecha de expedición del certificado;

**VI.** Días que ampara el certificado;

**VII.** Días probables para la recuperación de la enfermedad;

**VIII.** Días de incapacidad temporal para el trabajo acumulados;

**IV.** Nombre del puesto específico de trabajo y centro de trabajo, y

**X.** Nombre, firma y matrícula del médico que expide y en su caso, de su jefe inmediato y, en su ausencia, de quien funja como tal.

Cuando el certificado de incapacidad se haya expedido en otra unidad médica distinta a la de la adscripción del asegurado, se incorporará al expediente clínico de su unidad de adscripción la nota respectiva que haga constar la expedición del certificado de incapacidad.

**Artículo 152.** Los servicios médicos harán llegar dentro de las 24 horas posteriores a su emisión los certificados de incapacidad temporal para el trabajo expedidos en Unidades Médicas de primer nivel y hasta en un máximo de 48 horas los emitidos en los hospitales y Unidades Médicas de Alta Especialidad, a los servicios institucionales de prestaciones económicas correspondientes, a través de relación autorizada por el director de la unidad médica expedidora.

## CAPÍTULO II
## DE LOS CASOS DE RIESGOS DE TRABAJO

**Artículo 153.** La expedición de certificados de incapacidad temporal para el trabajo en los casos de riesgos de trabajo, ya sea por accidente o enfermedad de trabajo, deberá ajustarse a las disposiciones siguientes:

**I.** En cuanto a los riesgos reclamados como de trabajo, cuando la lesión o enfermedad impidan el desempeño del trabajo, el certificado de incapacidad temporal inicial se expedirá a título de probable riesgo por un periodo de uno y hasta por tres días, para la calificación del riesgo sufrido; si la lesión o enfermedad no impiden el desempeño del trabajo, no deberá expedirse certificado de incapacidad temporal para el trabajo inicial y deberá elaborarse inmediatamente nota o constancia o dictamen de alta por riesgo de trabajo, notificando al asegurado que deberá reintegrarse al trabajo y, en su caso, realizar el trámite de calificación del riesgo a través de un familiar o fuera de su horario de labores, y

**II.** Al calificarse el riesgo reclamado como de trabajo, el certificado de incapacidad temporal inicial o de recaída que proceda, se determinará como accidente o enfermedad de trabajo, según corresponda, de acuerdo al procedimiento normativo aplicable.

**Artículo 154.** Si la lesión derivada de un riesgo de trabajo incapacita para trabajar al asegurado, se le expedirán certificados de incapacidad dentro del término que señala el artículo 58 de la Ley, hasta su alta, emitiendo invariablemente el dictamen de alta por riesgo de trabajo, para su entrega al asegurado, registrándose esto en el expediente clínico o nota médica.

En caso de presentar secuelas discapacitantes derivadas del riesgo de trabajo sufrido, se le dictaminará la incapacidad permanente parcial o total, para los efectos a que se refiere el artículo 61 de la Ley.

**Artículo 155.** La expedición del certificado de incapacidad temporal para el trabajo posterior al alta médica o dictamen de incapacidad permanente, por agravamiento o complicación del padecimiento, se hará a título de recaída por el mismo riesgo de trabajo en los términos que establece el artículo 62 de la Ley, así como el procedimiento normativo correspondiente.

**Artículo 156.** En el caso de que un asegurado incapacitado por riesgo de trabajo o recaída se encuentre en condiciones de reintegrarse a su trabajo y sea dado de alta a través del documento institucional correspondiente, deberá suspenderse la expedición de certificados de incapacidad temporal para el trabajo a partir de la fecha en que el médico tratante determine para el reinicio de sus labores.

De igual manera, se suspenderá la expedición de certificados de incapacidad a partir de que se dictamine por el servicio médico institucional de salud en el trabajo, la incapacidad total o parcial permanente, en términos de la Ley y la Ley Federal del Trabajo, o cuando ocurra la muerte del trabajador.

Para los efectos de los casos mencionados en este artículo, cuando durante el periodo comprendido entre el primero de enero y el treinta y uno de diciembre del año de que se trate, el Instituto no tenga conocimiento o registro de información de expedición de certificados de incapacidad temporal para el trabajo subsecuentes o de recaída en un periodo mayor a tres semanas, éstos se considerarán como casos de riesgos de trabajo terminados. Asimismo, los casos dictaminados con incapacidad permanente o defunción por riesgos de trabajo por laudos o convenios se considerarán como casos terminados a partir de la fecha en que se dictaminen o reclamen ante el Instituto. Lo anterior a efecto de que los patrones puedan determinar su siniestralidad y calcular la prima que deberán pagar en el seguro de riesgos de trabajo.

## CAPÍTULO III
## DE LA RETROACTIVIDAD

**Artículo 157.** El certificado de incapacidad temporal para el trabajo con efecto retroactivo es el documento que con carácter inicial, subsecuente o recaída se otorga al asegurado para amparar una incapacidad ocurrida en fecha anterior a aquella en que tenga conocimiento el médico tratante o estomatólogo del Instituto

o en este mismo caso, para cubrir tiempo no amparado entre dos certificados de incapacidad expedidos con anterioridad.

**Artículo 158.** Cuando el asegurado solicite que se le expida certificado de incapacidad temporal para el trabajo para cubrir tiempo no amparado entre dos certificados de incapacidad expedidos anteriormente, el médico tratante o estomatólogo del Instituto deberá revisar el expediente clínico del asegurado, así como los documentos que éste presente para hacer constar su petición y, de ser procedente, le expedirá el certificado de incapacidad solicitado en los términos del artículo 160 de este Reglamento.

**Artículo 159.** Cuando el asegurado solicite certificado de incapacidad con efecto retroactivo porque no acudió a recibir atención médica en el Instituto, deberá presentar los estudios clínicos, antecedentes y demás elementos que comprueben su padecimiento y el tratamiento recibido.

Con base en lo anterior, el médico tratante del Instituto a quien se le haga dicha petición, determinará si médicamente resulta procedente admitir que tuvo incapacidad temporal para el trabajo y de ser así, establecerá la fecha probable del inicio de la enfermedad y los días de incapacidad que amparará el certificado de incapacidad con efecto retroactivo.

**Artículo 160.** La expedición de certificados de incapacidad con efecto retroactivo deberá sustentarse en la opinión del médico tratante y en el análisis de la documentación comprobatoria presentada por el asegurado; asimismo, se sujetará a las reglas siguientes:

**I.** El médico tratante, de ser procedente, expedirá el certificado de incapacidad temporal para el trabajo, con efecto retroactivo, hasta por 2 días anteriores a la fecha en que se solicita su expedición, contando con el visto bueno del Director de la Unidad Médica o, en su ausencia, de la persona que lo sustituya, y

**II.** Si se solicita que el certificado con efecto retroactivo ampare 3 o más días de incapacidad temporal para el trabajo, anteriores a la fecha en que se solicita, deberá someterse su expedición al acuerdo y resolución del órgano colegiado competente.

Si a juicio del órgano colegiado no es procedente la expedición del certificado de incapacidad temporal para el trabajo con efecto retroactivo, se deberá informar por escrito al peticionario, sobre las razones en que se fundamenta la negativa.

**Artículo 161.** Tratándose de la fracción II del artículo anterior, la solicitud de certificados de incapacidad temporal para el trabajo con efecto retroactivo, acompañada de la opinión médica respectiva, será turnada por el Director de la Unidad Médica o, en su ausencia, por la persona que lo sustituya, al área de Atención y Orientación al Derechohabiente que corresponda, para su presentación al órgano colegiado competente. En el trámite de la referida solicitud no se aplicará el Instructivo para el Trámite y Resolución de las Quejas Administrativas ante el Instituto Mexicano del Seguro Social.

# TÍTULO SÉPTIMO
## DE LA EDUCACIÓN E INVESTIGACIÓN EN SALUD

## CAPÍTULO I
### DE LA EDUCACIÓN DEL PERSONAL DE SALUD

**Artículo 162.** El Instituto, a través de los órganos normativos competentes promoverá, facilitará y regulará la realización de actividades educativas de formación y de actualización permanente que favorezcan la superación individual y colectiva de su personal técnico, profesional y directivo encargado del cuidado de la salud, a fin de contribuir a elevar la calidad de los servicios que otorga a los derechohabientes.

Dichas actividades estarán encaminadas a ampliar y diversificar las oportunidades educativas para el personal de salud, preferentemente a las orientadas a promover, desarrollar y perfeccionar las aptitudes propias del aprendizaje autónomo y las específicas de cada tipo de actividad técnica, profesional y directiva.

Para dar cumplimiento a lo anterior, con base en criterios educativos y técnicos, se promoverá la asignación de becas del personal del área de la salud.

**Artículo 163.** El Instituto coadyuvará con el Sistema Educativo Nacional en la formación, capacitación y desarrollo del personal del área de la salud, para lo cual podrá autorizar la utilización de sus unidades de atención médica como campo clínico para la formación de los alumnos de las escuelas y facultades, públicas y privadas, que imparten carreras del área de la salud a nivel técnico, de licenciatura y de postgrado, mediante los convenios de colaboración científica y académica que celebre, conforme a los cuales se regulará el ingreso, la permanencia y el egreso de los alumnos, y propiciará el adecuado desarrollo del perfil diseñado para cada nivel y carrera para el futuro profesional.

*(Publicado DOF 30-11-06)*

Para efecto de lo establecido en el párrafo anterior, así como tratándose de cualquier otro aspirante, nacional o extranjero, que pretenda ingresar a sus unidades de atención médica o instalaciones educativas, éstos deberán proporcionar los datos y documentos que requiera el Instituto, en los términos que establezca el Consejo Técnico.

En el caso de instituciones educativas que soliciten la autorización de campo clínico, y a efecto de celebrar el convenio de colaboración correspondiente, deberán proporcionar todos los datos y documentos que les sean requeridos, en los términos que establezca el Consejo Técnico.

**Artículo 164.** Los recursos financieros que se obtengan para el fomento de la educación en salud en el Instituto, por concepto de cuotas de recuperación por la prestación de servicios educativos para la formación y educación continua, aportaciones y donativos de personas físicas, instituciones, empresas y organizaciones filantrópicas, públicas o privadas, nacionales o extranjeras, se administrarán a través del Fondo de Fomento a la Educación (FOFOE) o de los mecanismos administrativos que determine el Instituto. El Consejo Técnico aprobará las disposiciones normativas relacionadas con la operación de dicho Fondo y, en su caso, las referentes a los mecanismos mencionados.

## CAPÍTULO II
## DE LA INVESTIGACIÓN EN SALUD

**Artículo 165.** El Instituto promoverá y propiciará la realización de investigación en salud, como una herramienta para la generación de nuevos conocimientos, que puede llevar a la mejora de la calidad de la atención que se otorga, así como para la formación y capacitación del personal de salud.

**Artículo 166.** Los temas de las investigaciones, con el propósito de mejorar la salud, considerarán el proceso de la enfermedad en su sentido más amplio, abarcando la investigación básica, la clínica, la epidemiológica, los aspectos sociales y los sistemas de salud.

**Artículo 167.** La investigación en salud se llevará a cabo conforme a la normatividad vigente, a los lineamientos de la ética médica y de la buena práctica clínica, señalados en la Ley General de Salud y de acuerdo con los mecanismos de regulación y control de las actividades de investigación en salud establecidos por el Instituto.

**Artículo 168.** El Instituto favorecerá las actividades orientadas a la obtención de fondos externos para el apoyo de proyectos relacionados con la investigación en salud.

**Artículo 169.** Los recursos financieros que se obtengan para la realización de investigaciones en salud por concepto de aportaciones y donativos de personas físicas, instituciones, empresas y organizaciones filantrópicas, públicas o privadas, nacionales o extranjeras, otorgados para el apoyo de la investigación que se realiza en el Instituto, se administrarán a través del Fondo para el Fomento de la Investigación Médica (FOFOI), o por medio de los mecanismos administrativos que determine el Instituto. El Consejo Técnico aprobará las disposiciones normativas relacionadas con la operación de dicho Fondo y, en su caso, las referentes a los mecanismos mencionados.

**Artículo 170.** El Instituto promoverá la difusión de las investigaciones realizadas, a través de su publicación en libros y revistas científicas nacionales e internacionales, así como su presentación en foros de investigación, y fomentará la utilización de sus resultados en la toma de decisiones del personal directivo y en la solución a los problemas de la atención a la salud de los derechohabientes.

**Artículo 171.** Los investigadores y las instancias institucionales correspondientes informarán de sus actividades y participarán en la evaluación de la investigación para conducir, reorientar y facilitar los procesos de investigación en el Instituto.

## TRANSITORIOS

**Primero.** El presente Reglamento entrará en vigor el día siguiente al de su publicación en el Diario Oficial de la Federación.

**Segundo.** Se abroga el Reglamento de Servicios Médicos aprobado por el Consejo Técnico del Instituto Mexicano del Seguro Social mediante Acuerdo 401/96, de fecha 23 de octubre de 1996, publicado en el Diario Oficial de la Federación el 30 de junio de 1997, así como los acuerdos y disposiciones administrativas que se opongan al presente Reglamento.

Dado en la Residencia del Poder Ejecutivo Federal, en la Ciudad de México, Distrito Federal, a los veintinueve días del mes de noviembre de dos mil seis. **Vicente Fox Quesada.** Rúbrica. El Secretario de Salud, **Julio José Frenk Mora.** Rúbrica. El Secretario del Trabajo y Previsión Social, **Francisco Javier Salazar Sáenz.** Rúbrica.

# Reglamento de la Ley del Seguro Social en materia de afiliación, clasificación de empresas, recaudación y fiscalización

Nuevo Reglamento publicado en el Diario Oficial de la Federación el 1º de noviembre de 2002

**TEXTO VIGENTE**

Última reforma publicada DOF 15-07-2005

Al margen un sello con el Escudo Nacional, que dice: Estados Unidos Mexicanos. Presidencia de la República.

**VICENTE FOX QUESADA**, Presidente de los Estados Unidos Mexicanos, en ejercicio de la facultad que me confiere el artículo 89, fracción I, de la Constitución Política de los Estados Unidos Mexicanos, con fundamento en los artículos 11 a 15, 16, 70 a 76, 240 a 245 y 304 A a 304 D, de la Ley del Seguro Social; 27, 31, 32, 39 y 40 de la Ley Orgánica de la Administración Pública Federal, he tenido a bien expedir el siguiente

### "REGLAMENTO DE LA LEY DEL SEGURO SOCIAL EN MATERIA DE AFILIACIÓN, CLASIFICACIÓN DE EMPRESAS, RECAUDACIÓN Y FISCALIZACIÓN

### TÍTULO PRIMERO
### DISPOSICIONES GENERALES

### CAPÍTULO ÚNICO

**Artículo 1.** El presente Reglamento establece las normas para:

**I.** El registro de los patrones y demás sujetos obligados, así como la inscripción de los trabajadores y demás sujetos de aseguramiento del Régimen Obligatorio;

**II.** El aseguramiento de los sujetos de continuación o incorporación voluntaria al Régimen Obligatorio y del Seguro de Salud para la Familia;

**III.** La determinación y pago de las cuotas, capitales constitutivos, actualización y recargos, a cargo de patrones, demás sujetos obligados y, en su caso, de trabajadores; de los gastos por inscripciones improcedentes y los demás conceptos que el Instituto tenga derecho a exigir a personas no derechohabientes, de conformidad con lo dispuesto por la Ley del Seguro Social y demás disposiciones legales o reglamentarias aplicables;

**IV.** La clasificación de las empresas y la determinación de la prima para la cobertura del Seguro de Riesgos de Trabajo, a que se refiere la Ley del Seguro Social;

**V.** El dictamen y la corrección sobre el cumplimiento de las obligaciones de los patrones ante el Instituto;

**VI.** La comprobación del cumplimiento de las obligaciones legales, reglamentarias y administrativas ante el Instituto, y

**VII.** La determinación, imposición y pago de multas, y aplicación de otras sanciones, por infracciones a las disposiciones de la Ley del Seguro Social y sus reglamentos.

**Artículo 2.** Para efectos de este Reglamento, serán aplicables las definiciones establecidas en el artículo 5 A de la Ley del Seguro Social, así como las siguientes:

**I.** Patrón del campo: persona física o moral que realiza actividades agrícolas, ganaderas, forestales o mixtas, independientemente de su naturaleza jurídica o económica y que contrata trabajadores para la explotación de dichas actividades;

**II.** (Se deroga).

*Fracción derogada DOF 15-07-2005*

**III.** Jornada reducida: tiempo que labora el trabajador, inferior a los máximos establecidos por la Ley Federal del Trabajo, en el cual el salario se determina por unidad de tiempo;

**IV.** Semana reducida: número de días que labora el trabajador, inferior al establecido como una semana por la Ley Federal del Trabajo, en el cual el salario se determina por día trabajado;

**V.** Unidad de tiempo laborado: medida que utiliza el patrón para la contratación de sus trabajadores y pago de salarios a éstos, como puede ser, entre otros, por hora, día, semana, decena, catorcena, quincena y mes;

**VI.** Trabajador doméstico: persona física que presta servicios de aseo, asistencia y demás propios o inherentes al hogar de una persona o familia;

**VII.** Riesgos de trabajo terminados: siniestro concluido por alta médica de un trabajador que ha sido declarado apto para continuar sus labores; por el inicio de una incapacidad permanente parcial o total o por la muerte del trabajador siniestrado;

**VIII.** Dictamen: documento elaborado por contador público autorizado que consigna la opinión sobre el cumplimiento de las obligaciones del patrón ante el Instituto;

**IX.** Corrección: documento que elabora el patrón o sujeto obligado para regularizar el cumplimiento de sus obligaciones ante el Instituto;

**X.** Programa informático: el medio de captura, transmisión y recepción de información, que permite a los patrones o sujetos obligados cumplir, a través de medios remotos de comunicación electrónica, con sus obligaciones previstas en la Ley, y

**XI.** Entidad receptora: persona moral autorizada para recibir el pago de cuotas y sus accesorios, así como aportaciones voluntarias a los Sistemas de Ahorro para el Retiro, y para efectuar la verificación aritmética de los importes parciales y totales de las cédulas de determinación presentadas por los patrones.

**Artículo 3.** El registro de los patrones y demás sujetos obligados, la inscripción de los trabajadores y demás sujetos de aseguramiento, la clasificación de empresas y la determinación de la prima de riesgo de trabajo, la determinación y pago de los créditos fiscales a cargo de patrones, trabajadores y demás sujetos obligados y de aseguramiento y en general cualquier otro sujeto de obligaciones establecidas en la Ley y en este Reglamento, así como la comunicación de sus modificaciones salariales y bajas, el registro del contador público autorizado, el aviso para dictaminar, los modelos de opinión y la carta de presentación del dictamen y los demás de cualquier otra índole, se harán en los formatos impresos autorizados que deberán ser publicados en el **Diario Oficial de la Federación** por el Instituto. Salvo cuando la obligación se cumpla a través de un medio de los señalados en el artículo 5 de este Reglamento.

La reproducción y presentación de dichos formatos podrá realizarse en la forma y términos que señale el Instituto, o en cualquiera de los medios previstos en el último párrafo del artículo 15 de la Ley, de acuerdo con las especificaciones establecidas por el mismo.

En el caso de que se omita presentar la información a que se refieren los párrafos anteriores, en los formatos o medios señalados, no se dará trámite a la solicitud, excepto cuando no se hayan publicado por el Instituto dichos formatos, en cuyo supuesto, se realizará mediante escrito reuniendo todos y cada uno de los requisitos previstos en la Ley y este Reglamento para el cumplimiento de las obligaciones.

Cuando el último día de los plazos señalados en este Reglamento para el cumplimiento de obligaciones, sea día inhábil o viernes se prorrogará el plazo hasta el día hábil siguiente. No se prorrogará el plazo para la presentación de avisos afiliatorios.

**Artículo 4.** El Instituto podrá conservar en medios magnéticos, digitales, electrónicos, ópticos, magneto ópticos o de cualquier otra naturaleza, la información contenida en la documentación a que se refiere el artículo anterior, presentada en formatos impresos, en relación con el registro de patrones y demás sujetos obligados; inscripción, modificación de salario y baja de trabajadores y demás sujetos de aseguramiento.

El Instituto podrá expedir certificaciones de la información así conservada, en términos de las disposiciones legales aplicables.

**Artículo 5.** Los patrones y demás sujetos obligados que en los términos del artículo 15 de la Ley, realicen los trámites correspondientes para el cumplimiento de sus obligaciones a través de medios magnéticos, digitales, electrónicos, ópticos, magneto ópticos o de cualquier otra naturaleza, deberán utilizar el número patronal de identificación electrónica, como llave pública de sistemas criptográficos a que se refiere el artículo 15 de este Reglamento en sustitución de su firma autógrafa. Este número se tramitará de conformidad con los lineamientos de carácter general que emita el Consejo Técnico del Instituto, los cuales se publicarán en el Diario Oficial de la Federación.

Para los efectos del párrafo anterior, el Instituto establecerá un sistema de identificación electrónica de tecnología criptográfica.

La información a que se refiere el primer párrafo de este artículo en la que se utilice el número patronal de identificación electrónica en sustitución de la firma autógrafa, así como las certificaciones que de ésta expida el Instituto producirán los mismos efectos que las leyes otorgan a los documentos firmados autógrafamente y, en consecuencia, tendrán el mismo valor probatorio que las disposiciones aplicables les otorgan a éstos.

El Instituto requerirá nuevamente el envío de la información remitida a que se refiere este artículo, en caso de que no se pueda tener acceso a la misma por problemas técnicos.

Para los efectos del párrafo anterior, el patrón o sujeto obligado deberá enviar nuevamente la información en un plazo no mayor de cinco días hábiles contado a partir del requerimiento, a fin de que se le respete la fecha de presentación original. En caso de no hacerlo se tendrá por no presentada.

**Artículo 6.** En todos los casos el Instituto o las oficinas autorizadas por el mismo, entregarán al patrón o sujeto obligado la constancia correspondiente del trámite realizado, ya sea en forma impresa o en cualquiera de los medios de comunicación electrónica a que se refiere la Ley, en este último caso, dicha constancia tendrá para todos los efectos legales, igual valor probatorio que la impresa.

Tratándose de la constancia que se entregue a través de los medios de comunicación electrónica, ésta deberá reunir los requisitos que establezcan los lineamientos de carácter general que emita el Consejo Técnico del Instituto, los cuales se publicarán en el **Diario Oficial de la Federación**.

El patrón, en un plazo de tres días hábiles contados a partir de la entrega de la mencionada constancia, por el mismo medio en que le fue entregada, confirmará que la información que proporcionó al Instituto concuerda con la registrada por éste, o bien, realizará las aclaraciones que procedan. En caso contrario, se tendrá por consentida.

De proceder la aclaración, se tendrá por realizado el trámite en la fecha en que fue efectuado originalmente.

**Artículo 7.** El entero de cuotas al Instituto por los patrones y demás sujetos obligados al pago de las mismas, no los libera de la obligación de presentar los avisos o movimientos afiliatorios, y de cualquier otra índole.

**Artículo 8.** La constancia de los días laborados por los trabajadores a que se refiere la fracción IX del artículo 15 de la Ley deberá contener al menos, los datos siguientes:

I. Nombre, denominación o razón social del patrón, completos;

II. Número de registro patronal;

III. Nombre completo del trabajador;

IV. Clave Única de Registro de Población;

**V.** Periodo que comprende;

**VI.** Número de días laborados;

**VII.** Duración de la jornada: completa o reducida, y

**VIII.** Tratándose de los patrones a los que se refiere la fracción VI del artículo 15 de la Ley, a los datos anteriores deberán agregarse los que permitan identificar la ubicación de la obra.

La constancia a que se refiere este artículo deberá ser entregada a los trabajadores, de acuerdo a los periodos de pago de salario establecidos.

**Artículo 9.** Los registros a que se refiere la fracción II, del artículo 15 de la Ley, deberán contener, además de los datos establecidos en el mismo, los siguientes:

**I.** Nombre, denominación o razón social completo del patrón, número de su registro ante el Instituto y del Registro Federal de Contribuyentes;

**II.** Nombre completo, Registro Federal de Contribuyentes, Clave Única del Registro de Población, duración de la jornada, fecha de ingreso al trabajo y tipo de salario, de los trabajadores;

**III.** Lapso que comprende y periodicidad establecida para el pago de los salarios;

**IV.** Salario base de cotización, importe total del salario devengado, así como conceptos y montos de las deducciones y retenciones efectuadas, y

**V.** Unidades de tiempo laborado.

Los patrones a que se refiere la fracción VI del artículo 15 de la Ley, además están obligados a llevar sus registros por cada una de sus obras.

**Artículo 10.** En caso de huelga, el patrón está obligado a comunicar al Instituto, el estallamiento de la misma por escrito, dentro de los ocho días hábiles siguientes, acompañando las constancias que así lo acrediten. De igual manera, el patrón deberá comunicar su terminación en un plazo no mayor a cinco días hábiles posteriores a la misma.

El Instituto mantendrá vigentes los derechos de los asegurados durante el tiempo que dure el estado de huelga para efectos del otorgamiento de las prestaciones médicas, en términos de lo dispuesto por el artículo 109 de la Ley.

En caso de que el Instituto hubiese otorgado indebidamente prestaciones en dinero a los trabajadores durante el periodo de huelga, a consecuencia de la omisión en la presentación del aviso de estallamiento, el importe de aquellas deberá ser restituido al Instituto por el patrón.

Respecto de los trabajadores que presten sus servicios a la empresa que se encuentre en huelga, y soliciten al Instituto durante dicho periodo el otorgamiento de una pensión, se procederá a operar la baja de éstos y a certificar las semanas cotizadas hasta antes del estallamiento de la huelga. Si se acredita el derecho al otorgamiento de una pensión, el Instituto procederá a otorgarla, independientemente del estado jurídico de la huelga.

**Artículo 11.** Los patrones que contraten los servicios de trabajadores eventuales, por medio de las organizaciones legalmente constituidas que los representen, podrán cumplir con las obligaciones establecidas en este Reglamento a través de las mismas. Para tal efecto, el patrón y la organización deberán manifestar su conformidad por escrito ante el Instituto.

Lo anterior no libera al patrón de las obligaciones que le imponen la Ley y sus reglamentos, ni lo exime de responsabilidad en caso de incumplimiento.

## TÍTULO SEGUNDO
## AFILIACIÓN

### CAPÍTULO I
### DEL REGISTRO DE LOS PATRONES

**Artículo 12.** Cualquier persona física o moral estará obligada a registrarse como patrón o sujeto obligado ante el Instituto a partir de que:

**I.** Empiece a utilizar los servicios de uno o varios trabajadores;

**II.** Se constituya como sociedad cooperativa;

**III.** Inicie vigencia su convenio de incorporación celebrado con el Instituto, y

**IV.** Inicie vigencia el Decreto de incorporación que expida el Ejecutivo Federal en términos de la fracción III del artículo 12 de la Ley.

**Artículo 13.** Para efectos del registro patronal, al patrón o sujeto obligado persona física, se le otorgará un número de registro en el Distrito Federal o municipio donde se encuentre ubicado su centro de trabajo. Si posteriormente solicita el registro de otra empresa que realice actividad distinta y no contribuya a la realización de los fines de la primera, se le asignará un número de registro patronal distinto, cualquiera que sea la localización geográfica del establecimiento o centro de trabajo.

Al patrón o sujeto obligado persona moral, se le asignará un número de registro patronal por cada municipio o en el Distrito Federal, en que tenga establecimientos o centro de trabajo, independientemente de que tenga más de uno dentro de un mismo municipio o en el Distrito Federal.

Tratándose de patrones que realicen en forma ocasional actividades de ampliación, remodelación o construcción en sus propias instalaciones, se les asignará un número de registro patronal diferente al de su actividad principal.

A solicitud por escrito del patrón, el Instituto podrá asignar un registro patronal único o en condiciones diferentes, en la forma y términos que se señalen en los lineamientos que para tal efecto expida el Consejo Técnico.

En el caso de las sociedades cooperativas, se aplicará un registro patronal para el aseguramiento de sus trabajadores y otro diferente para el aseguramiento de sus socios.

**Artículo 14.** El Instituto proporcionará a cada patrón o sujeto obligado un documento de identificación patronal, por cada registro patronal asignado en los términos del artículo anterior. En dicho documento se harán constar, al menos, los datos siguientes:

**I.** Número de registro patronal asignado por el Instituto;

**II.** Nombre, denominación o razón social completos del patrón o sujeto obligado;

**III.** Actividad, clase y fracción;

**IV.** Domicilio;

**V.** Firma del patrón o representante legal, y

**VI.** Nombre y firma de las personas autorizadas por el patrón para presentar avisos de afiliación.

Asimismo, el Instituto, en su caso, hará entrega en forma confidencial del número patronal de identificación electrónica.

El patrón o sujeto obligado deberá mostrar el documento de identificación señalado cuando realice por sí o a través de persona autorizada, cualquier gestión en las unidades administrativas del Instituto, centrales y de operación administrativa desconcentrada o en los lugares que el Instituto habilite para los trámites materia de este Reglamento.

**Artículo 15.** El patrón o sujeto obligado deberá avisar al Instituto por escrito del robo, destrucción o extravío del documento de identificación, para proceder a su reposición, previo pago correspondiente.

Asimismo, deberá dar aviso oportunamente al Instituto, para efectos de su invalidación y reposición, de la pérdida o cualquier otra situación que pudiera implicar la reproducción o uso indebido de su número patronal de identificación electrónica.

La presentación del aviso no exime al patrón o sujeto obligado de cumplir con sus obligaciones legales. Todos los actos realizados bajo el amparo de dicho documento o número patronal de identificación electrónica, serán válidos hasta la fecha de presentación del aviso respectivo.

**Artículo 16.** Es obligación del patrón comunicar al Instituto la suspensión, reanudación, cambio o término de actividades; clausura; cambio de nombre, denominación o razón social, domicilio o de representante legal; sustitución patronal, fusión, escisión o cualquier otra circunstancia que modifique los datos proporcionados al Instituto, dentro del plazo de cinco días hábiles contado a partir de que ocurra el supuesto respectivo, anexando la documentación comprobatoria y presentando, en su caso, los avisos en que se indique la situación de afiliación de los trabajadores.

Los patrones también estarán obligados a lo establecido en el párrafo anterior, cuando exista incorporación de nuevas actividades, compra de activos o cualquier acto de enajenación, arrendamiento, comodato o fideicomiso traslativo, siempre que ello implique un cambio de actividad.

**Artículo 17.** Los patrones del campo y demás sujetos obligados, al registrarse ante el Instituto, deberán proporcionar el periodo y tipo de cultivo, superficie o unidad de producción, total de jornadas estimadas a utilizar por periodo y demás datos que se requieran, en los formatos autorizados por el Instituto.

La modificación de cualquiera de los datos proporcionados deberá ser comunicada al Instituto, en un plazo no mayor de treinta días naturales contados a partir de la fecha en que ocurran.

*Párrafo reformado DOF 15-07-2005*

# CAPÍTULO II
## DE LA CLASIFICACIÓN DE LAS EMPRESAS Y DETERMINACIÓN DE LA PRIMA EN EL SEGURO DE RIESGOS DE TRABAJO

**Artículo 18.** Las empresas al registrarse por primera vez o al cambiar de actividad deberán autoclasificarse para efectos de la determinación y pago de la prima en el Seguro de Riesgos de Trabajo, conforme al Catálogo de Actividades establecido en el Título Octavo de este Reglamento, en la división económica, grupo económico, fracción y clase que en cada caso les corresponda de acuerdo a su actividad.

Asimismo, las empresas deberán clasificarse para los efectos del párrafo anterior en los casos de cualquier cambio de fracción, actividad o clase por disposición de la Ley, de este Reglamento o por sentencia definitiva.

**Artículo 19.** Para efectos de este Capítulo, aquellas personas físicas o morales, que mediante un contrato de prestación de servicios, realicen trabajos con elementos propios en otro centro de trabajo, serán clasificadas de acuerdo a la actividad más riesgosa que desarrollen sus trabajadores, de conformidad a lo consignado en el Catálogo de Actividades establecido en este Reglamento.

**Artículo 20.** Si la actividad de una empresa no se señala en forma específica en el Catálogo de Actividades establecido en este Reglamento, el patrón o el Instituto procederán a determinar la clasificación considerando la analogía o similitud en la actividad, los procesos de trabajo y los riesgos de dicha actividad con los que se establecen en el Catálogo mencionado.

**Artículo 21.** Cuando un patrón esté registrado en el Instituto y clasificado conforme a su actividad declarada y posteriormente solicite otro registro con distinta actividad que no contribuya a la realización de los fines de la primera, se clasificará con independencia de aquélla, cualquiera que sea la localización geográfica del centro de trabajo.

En tratándose de un patrón que en forma esporádica realice actividades con motivo de ampliación, remodelación o construcción en sus propias instalaciones, se clasificará con independencia de su actividad declarada.

**Artículo 22.** Si el Instituto determina que lo manifestado por el patrón en lo relativo a su clasificación no se ajusta a lo dispuesto en la Ley, este Capítulo y al Catálogo de Actividades establecido en el presente Reglamento, hará la rectificación que proceda, de acuerdo a lo que señalan los artículos 29 y 30 de este Reglamento y la notificará al patrón, quien deberá cubrir sus cuotas con sujeción a ella.

**Artículo 23.** En caso de que las empresas no cumplan con la obligación establecida en el artículo 18 de este Reglamento, el Instituto de oficio las clasificará con fundamento en el Catálogo de Actividades, con base en la información que aquéllas proporcionen o la que se obtenga como resultado de la visita que realice para determinar la actividad a la que se dedican.

Cuando el Instituto clasifique de oficio o rectifique la clase manifestada por el patrón, lo notificará a éste.

**Artículo 24.** Las cuotas del Seguro de Riesgos de Trabajo que deban pagar los patrones y demás sujetos obligados, al registrarse por primera vez ante el Instituto o al cambiar de actividad, por disposición de la Ley, de este Reglamento o por sentencia definitiva, serán las que resulten de aplicar la prima media de la clase que corresponda, determinadas por el propio patrón y validadas por el Instituto, al salario base de cotización en los términos de la Ley y de este Reglamento.

**Artículo 25.** La suspensión en forma temporal, ya sea parcial o total de las actividades de la empresa, no implicará en ningún caso su cambio de clase.

**Artículo 26.** Para los efectos de fijación de la clase que le corresponde a una empresa que se registra por primera vez en el Instituto y aquélla que cambie de actividad, conforme al Catálogo de Actividades, se atenderá a lo siguiente:

**I.** Si se trata de una empresa que realice varias actividades o que tenga diversos centros de trabajo en el territorio o jurisdicción de un mismo municipio o en el Distrito Federal, se le fijará una sola clasificación y no podrán disociarse sus diversas actividades o grupos componentes para asignar clasificación y prima diferentes a cada una, y

**II.** Cuando una empresa tenga varios centros de trabajo con actividades similares o diferentes en diversos municipios o en el Distrito Federal, sus actividades o grupos componentes serán considerados como una sola unidad de riesgo en cada municipio o en el Distrito Federal y deberá asignarse una sola clasificación.

**Artículo 27.** Cuando a solicitud del patrón, el Instituto asigne un registro patronal único sustituyendo los registros patronales con los que venía operando, se estará a lo siguiente:

**I.** Si todos los registros patronales que se sustituyen están ubicados en la misma fracción y clase, la empresa será clasificada en dicha fracción y clase. La prima a cubrir, será la que resulte de aplicar el procedimiento siguiente:

**a)** Por cada registro patronal a sustituir, se multiplicará la prima asignada por el total de los salarios base de cotización de los trabajadores comprendidos en el mismo.

**b)** Se sumarán los productos obtenidos conforme al inciso anterior y el resultado se dividirá entre la suma de los salarios base de cotización del total de los trabajadores comprendidos en todos los registros patronales a sustituir.

**c)** La prima así obtenida se aplicará al registro patronal único y estará vigente hasta que entre en vigor la prima derivada de la revisión anual de siniestralidad a que se refiere el artículo 32 de este Reglamento, y

**II.** Si los registros patronales que se sustituyen tienen diferente fracción y clase, la empresa será clasificada en el grupo económico, fracción y clase atendiendo a la actividad a la que se dedique, en términos del Catálogo de Actividades establecido en este Reglamento. Para efectos de la determinación de la prima a cubrir, se procederá conforme a la fracción anterior.

**Artículo 28.** Al comunicar el patrón cambio de actividades o incorporación de nuevas actividades; compra de activos o cualquier acto de enajenación, arrendamiento, comodato o fideicomiso traslativo; cambio de domicilio; sustitución patronal; fusión o escisión, deberá determinar e informar la clase, fracción y prima que corresponda de acuerdo con la Ley y este Reglamento.

El Instituto procederá a validar o rectificar la clase, fracción y prima señaladas por el patrón. En caso de omisión las determinará de oficio.

En los casos a que se refiere este artículo, la clase se fijará conforme a las actividades de la empresa, y la prima de acuerdo a las reglas siguientes:

**I.** Si la empresa debe cambiar de clase por encontrarse en alguno de los casos previstos en este artículo, será colocada en la prima media de su nueva clase, con la cual cubrirá sus cuotas del Seguro de Riesgos de Trabajo hasta el mes de febrero, inclusive, del año siguiente a aquel en que cumpla un año natural completo en su nueva clase, entendiéndose como tal del primero de enero al treinta y uno de diciembre.

Si ocurriera el cambio de clase después de iniciado este periodo, permanecerá en la prima media que le corresponda a la nueva clase, y la modificación de dicha prima sólo computará la siniestralidad del periodo anual siguiente.

El mismo procedimiento señalado en el párrafo precedente, se seguirá con respecto del patrón que se inscriba por primera vez ya iniciado el periodo;

**II.** En el caso de cambio de domicilio patronal, que no conlleve modificación de clase, la empresa continuará con la misma prima con que venía cubriendo sus cuotas en el Seguro de Riesgos de Trabajo;

**III.** En el caso de sustitución patronal que no implique cambio de actividad, la empresa continuará con la misma prima con que venía cubriendo sus cuotas en el Seguro de Riesgos de Trabajo;

**IV.** En los casos de fusión, invariablemente la empresa fusionante deberá proporcionar la información relativa a los riesgos de trabajo terminados en el último periodo anual previo a la fusión.

Cuando la fusión no implique cambio de clase, pero la empresa fusionada y la fusionante tuvieren primas diferentes, las cuotas del Seguro de Riesgos de Trabajo deberán cubrirse con base en los casos concretos de riesgos de trabajo terminados en el último periodo anual de la fusionante y la fusionada, y se fijará la nueva prima conforme al artículo 38 de este Reglamento, debiéndose comparar dicha prima con la que tuviera la empresa fusionante.

La prima resultante, definida en la forma indicada en el párrafo anterior, persistirá hasta el último día del mes de febrero posterior a la fusión.

Los casos concretos de riesgos de trabajo terminados de la fusionada y la fusionante y los que se llegaren a presentar hasta completar el periodo de cómputo, servirán de base para el cálculo de la prima a cubrir en el Seguro de Riesgos de Trabajo, en los términos del artículo 32 de este Reglamento.

La prima se determinará por la empresa fusionante; de no hacerlo, el Instituto la fijará con base en la información proporcionada por el patrón o, en su caso, con la que recabe;

**V.** Tratándose de escisión se deberá proceder en los términos siguientes:

**a)** Cuando la empresa escindente se extinga por efectos de la escisión, por haber transmitido la totalidad de sus bienes a dos o más empresas escindidas, la empresa escindente deberá manifestar su baja al Instituto y las empresas escindidas se ubicarán en la prima media de la clase que les corresponda, de acuerdo a la actividad a la que se dediquen, en términos de este Reglamento, conservando dicha prima hasta que hayan completado un periodo anual del primero de enero al treinta y uno de diciembre.

**b)** Cuando la empresa escindente no se extinga por efectos de la escisión, por haber transmitido solamente una parte de sus bienes a una o más empresas escindidas y la escisión no implique cambio de actividad para la empresa escindente, ésta continuará con la misma clasificación que tenía hasta antes de la escisión y las empresas escindidas se ubicarán en la prima media de la clase que les corresponda, de acuerdo a la actividad a la que se dediquen, en términos de este Reglamento, conservando dicha prima hasta que hayan completado un periodo anual del primero de enero al treinta y uno de diciembre, y

**VI.** En cualquier otra circunstancia que afecte su registro, se estará a lo dispuesto a las reglas establecidas en la fracción VII del artículo 32 de este Reglamento.

**Artículo 29.** El Instituto en términos de la Ley tendrá la facultad de rectificar la clasificación de un patrón cuando:

**I.** Lo manifestado por el patrón en su inscripción no se ajuste a lo dispuesto en este Reglamento;

**II.** Por omisión o imprecisión del patrón en sus declaraciones, la clase asignada por el Instituto no sea la correcta;

**III.** Se esté en los supuestos previstos en el artículo anterior;

**IV.** En los casos de clasificación inicial y exista solicitud patronal por escrito manifestando desacuerdo con su clasificación y dicha solicitud sea procedente, conforme a lo dispuesto en este Capítulo;

**V.** Se derive de una corrección o de un dictamen emitido por contador público autorizado y sea procedente en los términos de este Reglamento, y

**VI.** En los casos que señala el párrafo segundo del artículo 18 de este Reglamento.

**Artículo 30.** Si el Instituto rectifica la clasificación de un patrón por los supuestos señalados en alguna o algunas de las fracciones del artículo anterior, la rectificación surtirá todos sus efectos a partir de la fecha que se determine en la resolución respectiva, de acuerdo con las reglas siguientes:

**I.** En los supuestos a que se refieren las fracciones I y IV, la fecha será la que corresponda al registro inicial del patrón.

Si la solicitud a que se refiere la citada fracción IV se presentó fuera del plazo establecido en el artículo 44 de este Reglamento, la rectificación de la clase surtirá sus efectos a partir de la fecha de presentación de dicha solicitud;

**II.** En el supuesto de la fracción II, la fecha se determinará en función de las pruebas que aporte el patrón o de las que recabe el Instituto;

**III.** En los supuestos a que se refiere la fracción III, será la fecha en que ocurrió el hecho generador del cambio de actividad;

**IV.** En el supuesto a que se refiere la fracción V, la fecha será la que corresponda a la entrega de los resultados al Instituto, y

**V.** En el supuesto a que se refiere la fracción VI, la rectificación de actividad, clase o cambio de fracción será a partir de que entre en vigor la Ley, el Reglamento o la que se fije en la sentencia definitiva.

**Artículo 31.** Para efectos de establecer y mantener actualizado el Catálogo de Actividades de este Reglamento, el Instituto revisará las actividades patronales cuando lo considere conveniente, y podrá revisarlo por solicitud expresa de los patrones por conducto de sus representaciones ante el Consejo Técnico.

Dicha actualización se hará con base en los estudios técnicos y actuariales que realice el Instituto, en los términos y condiciones que al efecto determine el Consejo Técnico.

**Artículo 32.** Los patrones revisarán anualmente su siniestralidad para determinar si permanecen en la misma prima, o si ésta se disminuye o aumenta, de acuerdo a las reglas siguientes:

**I.** La siniestralidad se obtendrá con base en los casos de riesgos de trabajo terminados durante el periodo comprendido entre el primero de enero y el treinta y uno de diciembre del año de que se trate, atendiendo para tal efecto a lo establecido en el artículo 72 de la Ley;

**II.** Para la fijación de la prima se considerará el valor del grado de siniestralidad de la empresa al que se le sumará la prima mínima de riesgo, conforme a la fórmula que se establece en la Ley y en este Reglamento.

El valor obtenido deberá expresarse en por ciento y se comparará con la prima en que la empresa cubre sus cuotas al momento de la revisión. Si el valor es el mismo, se continuará aplicando la misma prima.

En caso de que sean diferentes procederá la nueva prima, aumentándola o disminuyéndola en una proporción no mayor al uno por ciento del salario base de cotización, con respecto a la prima del año inmediato anterior con que la empresa venía cubriendo sus cuotas, en los términos del artículo 74 de la Ley;

**III.** La prima obtenida de conformidad con las fracciones anteriores, tendrá vigencia desde el primero de marzo del año siguiente a aquel en que concluyó el periodo computado y hasta el día último de febrero del año subsecuente;

**IV.** Si se trata de empresas de reciente registro en el Instituto o que hayan cambiado de actividad, en los términos de los artículos 26 y 28 de este Reglamento, la disminución o aumento de la prima procederá atendiendo a lo dispuesto por las fracciones I y II anteriores, considerando los casos de riesgos de trabajo terminados, hasta que hayan completado un periodo anual del primero de enero al treinta y uno de diciembre;

**V.** Los patrones deberán presentar al Instituto, durante el mes de febrero, los formatos impresos o el dispositivo magnético generado por el programa informático que el Instituto autorice, en donde se harán constar los casos de riesgos de trabajo terminados durante el año, precisando la identificación de los trabajadores y las consecuencias de cada riesgo, así como el número de trabajadores promedio expuestos al riesgo dados en razón de la mecánica bajo la cual efectúen los pagos de cuotas. El Instituto deberá dar aviso al patrón cuando califique algún accidente o enfermedad de trabajo, o en caso de recaída con motivo de éstos.

Además determinarán, con base en los datos proporcionados al Instituto, la prima correspondiente y, conforme a la misma, cubrirán sus cuotas del Seguro de Riesgos de Trabajo.

Se eximirá a los patrones de la obligación de presentar los formatos impresos o el dispositivo magnético mencionados, cuando al determinar su prima ésta resulte igual a la del ejercicio anterior;

**VI.** El Instituto verificará la información proporcionada por las empresas contra sus registros y si determina que la prima manifestada no es congruente con la obtenida por el propio Instituto, hará la rectificación correspondiente, la cual surtirá efectos a partir del primero de marzo del año posterior a que se refiere el cómputo, debiendo ser notificada al patrón;

**VII.** En los casos en que un patrón haya efectuado su determinación de prima y presente el aviso de baja de su registro ante el Instituto y, posteriormente, presente aviso de alta en la misma actividad, continuará cubriendo las cuotas con la clase y prima que tenía asignada al momento de la baja, siempre y cuando no hubiere transcurrido un lapso mayor de seis meses dentro del periodo que rija dicha determinación. En caso de que exceda el límite de seis meses, se asignará la prima media de la clase que le corresponda.

Para el periodo subsecuente realizará su nueva determinación, si el lapso transcurrido entre la baja y la nueva alta es de seis meses o menos. En caso contrario, la empresa continuará en la prima media de la clase en que venía cotizando.

Cuando un patrón deje de tener trabajadores a su servicio durante más de seis meses y no haya comunicado baja patronal, al reanudar la relación obrero-patronal, será colocado en la prima media de la clase que corresponda a su actividad.

Si el periodo fuera de seis meses o menos será colocado en la prima en que venía cubriendo sus cuotas, siempre y cuando conserve la misma actividad, y

**VIII.** Cuando la empresa tenga asignados diversos números de registro patronal en un mismo municipio o en el Distrito Federal, con excepción de los casos señalados en el artículo 21 de este Reglamento, para el cálculo de la prima se tomarán las consecuencias de los casos de riesgos de trabajo acaecidos al personal de la empresa en un mismo municipio o en el Distrito Federal y terminados durante el periodo de cómputo.

En caso de que la empresa tenga registrados centros de trabajo en distintos municipios determinará la prima de dichos centros, inclusive aquellos que cuenten únicamente con trabajadores eventuales, con independencia de los que se encuentran en otro municipio.

**Artículo 33.** El Instituto podrá rectificar o determinar la prima de un patrón, mediante resolución, que se notificará a éste o a su representante legal, cuando:

**I.** La prima manifestada por el patrón no esté determinada conforme a lo dispuesto en este Reglamento;

**II.** El patrón en su declaración no manifieste su prima;

**III.** El patrón no presente declaración alguna, y

**IV.** Exista escrito patronal manifestando desacuerdo con su prima y ésta sea procedente.

**Artículo 34.** Para que el patrón determine su prima deberá llevar un registro pormenorizado de su siniestralidad, desde el inicio de cada uno de los casos hasta su terminación, estableciendo y operando controles de documentación e información que él genere, así como de la que elabore el Instituto, esta última información será entregada al trabajador o a sus familiares para que la hagan llegar al patrón, con el fin de justificar sus ausencias al trabajo o al momento de reincorporarse al mismo.

El patrón estará obligado a recabar la documentación correspondiente del trabajador o sus familiares y si éstos omiten la entrega, el propio patrón deberá obtenerla del Instituto.

**Artículo 35.** La siniestralidad de la empresa se obtiene multiplicando el índice de Frecuencia (If) por el de Gravedad (Ig) del lapso que se analice, de acuerdo a la fórmula siguiente:

$$\text{Siniestralidad} = If * Ig$$

Obteniéndose:

Siniestralidad = n /(N * 300) * 300 * [(S / 365) + V * (I + D)] / n y, en forma simplificada:

Siniestralidad = [(S/365) + V * (I + D)] / N

y, como el Grado de Siniestralidad se conforma tomando en cuenta la frecuencia y gravedad de los accidentes y enfermedades de trabajo, así como un factor de prima que garantiza el equilibrio financiero del ramo, este grado de siniestralidad se expresa como:

Grado de Siniestralidad = [(S/365) + V * (I + D)] * (F / N) Donde:

F = 2.3, que es el factor de prima.

El significado de las demás variables, constantes y símbolos son señalados en los artículos 36 y 37 de este Reglamento.

Una vez obtenido el grado de siniestralidad, se sumará el 0.005 que es la prima mínima de riesgo (M), para determinar la prima a cubrir por el seguro de riesgos de trabajo a que se refiere el artículo 72 de la Ley.

**Artículo 36.** El índice de frecuencia es la probabilidad de que ocurra un siniestro en un día laborable y se obtiene al dividir el número de casos de riesgos de trabajo terminados en el lapso que se analice, entre el número de días de exposición al riesgo, conforme a la fórmula siguiente:

If = n / (N * 300)

El significado de las variables, constantes y símbolos es:

n = Número de casos de riesgos de trabajo terminados.

/ = Símbolo de división.

N = Número de trabajadores promedio expuestos a los riesgos.

* = Símbolo de multiplicación.

300 = Número estimado de días laborables por año.

No se considerarán como casos de riesgos de trabajo terminados las recaídas y las revisiones de incapacidades permanentes parciales.

El número de trabajadores promedio expuestos al riesgo se obtiene sumando los días cotizados por todos los trabajadores de la empresa, durante el año de cómputo y dividiendo el resultado entre 365.

El número de días de exposición al riesgo se obtiene multiplicando el número de trabajadores promedio expuestos a los riesgos, por el número estimado de días laborables por año.

**Artículo 37**. El índice de gravedad es el tiempo perdido en promedio por riesgos de trabajo que produzcan incapacidades temporales, permanentes parciales o totales y defunciones.

Dicho índice se obtendrá al dividir los días perdidos para el trabajo debido a incapacidades temporales, permanentes parciales o totales y defunciones, entre el número de casos de riesgos de trabajo terminados en el lapso que se analice, conforme a la fórmula siguiente:

$$Ig = 300 * [(S / 365) + V * (I + D)] / n$$

El significado de las variables, constantes y símbolos es:

300 = Número estimado de días laborables por año.

\* = Símbolo de multiplicación.

S = Total de días subsidiados a causa de incapacidad temporal.

/ = Símbolo de división.

365 = Número de días naturales del año.

V = 28 años, que es la duración promedio de vida activa de un individuo que no haya sido víctima de un accidente mortal o de incapacidad permanente total.

I = Suma de los porcentajes de las incapacidades permanentes, parciales y totales, divididos entre 100.

D = Número de defunciones.

n = Número de casos de riesgos de trabajo terminados.

Para obtener los días perdidos para el trabajo, se tomarán en cuenta las consecuencias de los riesgos de trabajo terminados, las de los casos de recaída y los aumentos derivados de las revisiones a las incapacidades permanentes parciales, registrados en el lapso que se analice, aun cuando provengan de riesgos ocurridos en lapsos anteriores.

Para medir el tiempo perdido, si el riesgo de trabajo produce incapacidad temporal se considerarán los días subsidiados; en caso de accidente mortal o de incapacidad permanente total, se tomará en cuenta la duración promedio de vida activa de un individuo de la misma edad que no haya sido víctima de un accidente semejante y en caso de los asegurados con incapacidad permanente parcial, se considerará el porcentaje correspondiente de acuerdo con la tabla de valuación de incapacidades contenida en la Ley Federal del Trabajo.

Los días subsidiados por incapacidad temporal motivados por una recaída y los porcentajes derivados de las revisiones de incapacidades permanentes parciales, deberán ser considerados para efectos de la siniestralidad por la empresa en donde se originó el riesgo de trabajo, cualquiera que sea el lugar y el tiempo en que se dé.

**Artículo 38.** Para comparar la prima calculada al aplicar la fórmula prevista en el artículo 72 de la Ley con la del año inmediato anterior, se expresará la prima calculada en por ciento, con la finalidad de establecer si la prima con la que la empresa viene cubriendo sus cuotas debe permanecer igual, disminuir o aumentar, considerando los límites señalados en la Ley. El resultado será la prima en por ciento a aplicar, sobre los salarios base de cotización durante el periodo indicado en el artículo 32, fracción III de este Reglamento.

**Artículo 39.** Los patrones cuyo centro de trabajo cuente con un sistema de administración y seguridad en el trabajo acreditado por la Secretaría del Trabajo y Previsión Social independientemente de la fecha en que se otorgue el certificado correspondiente, para efecto de aplicar una F de 2.2 como factor de prima, ésta se aplicará en la revisión anual de la siniestralidad para la determinación de la prima en el Seguro de Riesgos de Trabajo del año siguiente a aquel en que cuente con la acreditación respectiva.

**Artículo 40.** Para efectos de lo dispuesto en el artículo 76 de la Ley, la revisión de la fórmula para el cálculo de la prima se hará con base en los estudios actuariales que realice el Instituto dentro de los primeros nueve meses del año que corresponda, en los términos y condiciones que para el efecto determine el Consejo Técnico.

**Artículo 41.** El patrón podrá presentar el escrito a que se refiere la fracción IV del artículo 33 de este Reglamento, respecto de la resolución que rectifique su clasificación, su prima o bien determine esta última, dentro de los quince días hábiles siguientes a la fecha en que surta efectos la notificación respectiva, siempre y cuando no haya interpuesto algún medio de defensa contra la mencionada resolución.

**Artículo 42.** El escrito a que se refiere el artículo anterior, se presentará ante la autoridad que emita la resolución, quien tendrá un plazo de tres meses para resolver; transcurrido dicho plazo sin que se notifique la resolución, se entenderá que la autoridad resolvió negativamente y el patrón podrá promover el juicio contencioso administrativo ante el Tribunal Federal de Justicia Fiscal y Administrativa.

**Artículo 43.** La presentación del escrito interrumpe el plazo para interponer el medio de defensa elegido por el particular.

En ningún caso se suspenderá o interrumpirá el plazo establecido para efectuar el pago de cuotas en el seguro de riesgos de trabajo, por lo que el patrón deberá continuar cubriendo las cuotas correspondientes, con base en la clasificación y prima que haya determinado, en tanto se resuelve el escrito patronal de desacuerdo o, en su caso, el medio de defensa interpuesto.

**Artículo 44.** Cuando no se presente escrito de desacuerdo ni se impugne la resolución que rectifique clasificación o prima o determine ésta conforme a la Ley y este ordenamiento, sólo podrán aclararse aquellos casos en que acredite el patrón ante el Instituto que la rectificación de clasificación o prima o determinación de la nueva prima es consecuencia de un error institucional, siempre que la aclaración la presente por escrito antes del treinta y uno de enero del año siguiente a la vigencia de la prima o prima media, en su caso.

## CAPÍTULO III
### DE LA INSCRIPCIÓN DE LOS TRABAJADORES

**Artículo 45.** Los patrones deberán inscribir a sus trabajadores ante el Instituto en los términos que señala la Ley. Asimismo, podrán hacerlo el día hábil anterior al inicio de la relación laboral; en este caso, el reconocimiento de derechos o semanas para determinar el otorgamiento de las prestaciones en dinero y en especie se contabilizará a partir de la fecha que como inicio de la relación laboral se señale en el aviso respectivo.

Los patrones comunicarán al Instituto los salarios de sus trabajadores sin exceder los límites establecidos en el artículo 28 de la Ley.

**Artículo 46.** Los patrones que presenten en una sola exhibición cinco o más movimientos de afiliación, deberán hacerlo a través de cualquiera de los medios no impresos especificados en el último párrafo del artículo 15 de la Ley.

Tratándose de trabajadores eventuales del campo, los movimientos de afiliación, independientemente del número de trabajadores que comprendan, podrán hacerse en documento impreso o en medios magnéticos, cuando el patrón tenga registrados hasta treinta trabajadores. Cuando el patrón tenga registrados más de treinta trabajadores, los movimientos de afiliación deberán presentarse en medios magnéticos, digitales, electrónicos, ópticos, magneto ópticos o de cualquier otra naturaleza.

*Párrafo adicionado DOF 15-07-2005*

**Artículo 47.** El Instituto, al recibir el aviso de inscripción de un trabajador, verificará que el aviso correspondiente contenga la Clave Única de Registro de Población del trabajador.

El patrón deberá solicitar al trabajador su Clave Única de Registro de Población, la omisión en la presentación de este documento no exime al patrón de la obligación de inscribirlo ante el Instituto.

En el caso de los sujetos obligados se aplicará en lo conducente lo dispuesto en el presente artículo.

**Artículo 48.** El Instituto le entregará al derechohabiente, un documento de identificación. Dicho documento deberá contener, al menos los datos siguientes:

**I.** Nombre completo del derechohabiente;

**II.** Clave Única de Registro de Población;

**III.** Firma o huella digital del derechohabiente, y

**IV.** Condición de derechohabiente.

En caso de que el derechohabiente solicite la expedición de un nuevo documento de identificación, el Instituto se lo entregará previo pago correspondiente.

**Artículo 49.** Cuando un trabajador preste servicios a varios patrones y la suma de los salarios rebase el límite superior establecido en el artículo 28 de la Ley, a solicitud por escrito de cualquiera de éstos, el Instituto autorizará a que cubran la parte proporcional de cuotas que les corresponda, de acuerdo con la fórmula siguiente:

Se dividirá el tope de cotización entre la suma de los salarios reportados al Instituto por los patrones; el cociente se multiplicará por cada uno de los salarios reportados y el resultado será la base de cotización para cada uno de ellos.

La autorización que expida el Instituto por este motivo estará vigente hasta que se modifiquen el salario mínimo general del Distrito Federal o las condiciones de aseguramiento del trabajador.

**Artículo 50.** El Instituto recibirá los avisos de inscripción de los trabajadores que presenten los patrones o sus representantes, comprobando, en su caso, la veracidad de los datos, por los medios que estime pertinentes y de proceder, rectificará la información.

El patrón que solicite por escrito al Instituto la rectificación de datos proporcionados respecto de la fecha de ingreso al trabajo o del salario del trabajador, deberá comprobar fehacientemente la procedencia de su petición con la información y documentación que se le solicite.

La rectificación que proceda se sujetará a las reglas siguientes:

**I.** Si se refiere a la fecha de alta, reingreso o modificación de salario del trabajador, el Instituto procederá a realizar la rectificación respectiva previo pago, en su caso, por parte del patrón, de las prestaciones que se hubieran otorgado indebidamente al asegurado;

**II.** Si se trata de un salario inferior a uno superior, la rectificación surtirá efectos a partir de la fecha manifestada en el primer aviso, debiéndose cubrir las cuotas o, en su caso, los capitales constitutivos que procedan, y

**III.** Si se trata de un salario superior a uno inferior, la rectificación surtirá efectos desde la fecha de presentación de la solicitud.

No obstante lo anterior, el Instituto podrá efectuar la rectificación con la fecha manifestada en la solicitud, siempre y cuando se presente antes de realizar el pago que corresponda al mes en que se pretende surta efectos la modificación de salario y dentro de los diecisiete primeros días del mes siguiente. En este caso, el patrón deberá resarcir al Instituto las prestaciones que este último hubiere otorgado indebidamente al trabajador.

Si a través del dictamen de contador público autorizado se determina alguno de los supuestos a que se refiere este artículo, se aplicará la regla que proceda, teniéndose como fecha de la solicitud de rectificación la de presentación ante el Instituto de dicho dictamen.

**Artículo 51.** Para efectos de la determinación de las percepciones base de cotización de los socios de las sociedades cooperativas, se aplicarán las reglas previstas en la fracción II del artículo 30 de la Ley.

**Artículo 52.** Para efectos de inscripción ante el Instituto, no se consideran trabajadores eventuales del campo, aquéllos que realicen labores de oficina, actividades de transporte, almacenamiento, exposición y venta de productos, así como la de empaque en lugares fijos, salvo cuando esta última se realice como preparación del producto para su primera enajenación, por patrones que cumplan con lo dispuesto en la fracción I del artículo 237-B de la Ley.

*Artículo reformado DOF 15-07-2005*

## CAPÍTULO IV
## DE LAS MODIFICACIONES SALARIALES DE LOS TRABAJADORES

**Artículo 53.** Las modificaciones al salario de los trabajadores a que se refiere el artículo 34 de la Ley, tratándose de salario fijo, surtirán efectos a partir de la fecha en que entre en vigor el cambio de salario.

Para el caso de los salarios variables, de la parte variable en el salario mixto y los derivados de revisiones contractuales, que afecten los salarios anteriores, se considerará como fecha de origen del cambio de salario el primer día del mes calendario siguiente al bimestre que sirvió de base para establecer dicha modificación.

**Artículo 54.** Las modificaciones descendentes del salario de los trabajadores, presentadas fuera de los plazos señalados en la Ley, surtirán efectos a partir de la fecha de recepción de los avisos por el Instituto.

**Artículo 55.** El Instituto aplicará de oficio las modificaciones originadas por el cambio en los salarios mínimos generales, adicionándole los porcentajes mínimos establecidos en la Ley Federal del Trabajo, correspondientes a prima vacacional y aguinaldo, para aquellos trabajadores que reciban las prestaciones mínimas y tengan un año o menos de antigüedad al servicio del patrón que lo tiene inscrito.

Los patrones deberán presentar sus avisos a través de los medios autorizados por el Instituto, en aquellos casos en que los porcentajes correspondientes a los conceptos de prima vacacional y aguinaldo sean superiores a los mínimos antes señalados, cuenten con más de un año de antigüedad al servicio del patrón que lo tiene inscrito o cuando el trabajador reciba otras prestaciones que integren el salario base de cotización en los términos de la Ley.

**Artículo 56.** De existir convenio sancionado por la Junta de Conciliación y Arbitraje durante el procedimiento de huelga, el patrón en el término de treinta días naturales contado a partir del día siguiente de la ratificación del convenio ante dicha Junta, comunicará al Instituto los ajustes salariales de los trabajadores en los términos pactados.

# CAPÍTULO V
## DE LAS BAJAS DE LOS TRABAJADORES

**Artículo 57.** Los patrones o sujetos obligados deberán comunicar al Instituto, a través de los medios autorizados, las bajas de los trabajadores cuando termine la relación laboral o dejen de ser sujetos de aseguramiento, en el plazo de cinco días hábiles, contado a partir del día siguiente de la fecha en que se dé el supuesto respectivo.

En el caso de la presentación del aviso de baja, dentro del término legal, éste surtirá sus efectos a partir de la fecha señalada por el patrón en dicho aviso, teniéndose como cotizado el día que se señale como fecha de la baja.

En el caso de la presentación extemporánea del aviso de baja, éste surtirá sus efectos a partir del día siguiente al de su recepción por el Instituto, con excepción de los casos en que el propio Instituto hubiese dictaminado pensiones de riesgos de trabajo o de invalidez, en cuyo caso la baja surtirá sus efectos a partir de la fecha que en el mismo se señale.

**Artículo 58.** Durante el estado de huelga no procederá el aviso de baja presentado por el patrón, respecto de sus trabajadores involucrados en la suspensión colectiva de labores.

El Instituto, podrá operar la baja del trabajador únicamente a solicitud del mismo y bajo la responsabilidad de éste, cuando:

**I.** Antes del conflicto o durante el mismo, reúna los requisitos para obtener la pensión que, en su caso, corresponda.

Para el cálculo de las pensiones no se considerarán semanas cotizadas las que se encuentren dentro del periodo de huelga, y

**II.** Continúe voluntariamente en el régimen obligatorio.

Lo anterior sin perjuicio de los derechos derivados del procedimiento de huelga.

**Artículo 59.** Durante el estado de concurso mercantil no procederá el aviso de baja presentado por el patrón, respecto de sus trabajadores.

El Instituto, en caso de concurso mercantil, operará la baja del trabajador cuando:

**I.** La presente el síndico, en cuyo caso surtirá sus efectos a partir del día siguiente al de su recepción por el Instituto, y

**II.** A solicitud del trabajador y bajo su responsabilidad, cuando durante el proceso del concurso mercantil, reúna los requisitos para obtener la pensión que, en su caso, le corresponda.

En este caso quedan a salvo los derechos del trabajador que pudieren derivarse del proceso.

**Artículo 60.** Mientras subsista la relación laboral, no surtirá efecto alguno el aviso de baja presentado por el patrón o sujeto obligado ante el Instituto, durante el periodo en que el trabajador se encuentre incapacitado temporalmente para el trabajo, por el propio Instituto.

En los casos en que se hubiere recibido la baja por parte del Instituto y ésta no procediera legalmente en los términos del párrafo anterior, el patrón o sujeto obligado no queda relevado de la obligación de presentar, en su caso, un nuevo aviso de baja ante el Instituto.

**Artículo 61.** En caso de las bajas de trabajadores por aplicación de lo previsto en el artículo 17 de la Ley, el Instituto procederá a la adecuación del registro de semanas cotizadas a los supuestos trabajadores en cuestión, descontando las correspondientes al aseguramiento improcedente.

La fecha a partir de la cual surtirán efecto las bajas será la misma en que se hubieran presentado los avisos de inscripción considerados como improcedentes.

## CAPÍTULO VI
### DE LA JORNADA Y SEMANA REDUCIDAS

**Artículo 62.** El patrón o sujeto obligado, al presentar el aviso afiliatorio deberá:

**I.** Si el trabajador labora jornada reducida, determinar el salario base de cotización sumando los salarios que dicho trabajador perciba por cada unidad de tiempo en una semana y los dividirá entre siete; el cociente será el salario base de cotización. Si el salario así calculado resultara inferior al mínimo de la región deberá ajustarse a éste;

**II.** Si el trabajador labora semana reducida y su salario es fijado por día, determinar el salario base de cotización sumando los salarios que perciba por los días trabajados en una semana, más el importe de las prestaciones que lo integran y la parte proporcional del séptimo día y los dividirá entre siete; el cociente será el salario base de cotización. Si el salario así calculado resultara inferior al mínimo de la región respectiva deberá ajustarse a éste, y

**III.** Si el trabajador labora jornada y semana reducidas, determinar el salario base de cotización, según sea que el salario se estipule por día o por unidad de tiempo, empleando la fórmula que corresponda de las señaladas en las dos fracciones anteriores.

**Artículo 63.** En los casos en que el trabajador preste sus servicios a varios patrones, laborando para los mismos jornada o semana reducida, a solicitud por escrito de cualquiera de éstos, el Instituto determinará y autorizará para cada uno, el salario con el cual deberá cubrir las cuotas aplicando las reglas siguientes:

**I.** Cuando la suma de los salarios que perciba el trabajador sea inferior al salario mínimo general de la región, a solicitud por escrito de cualquiera de los patrones, el Instituto autorizará a que en conjunto paguen la diferencia necesaria para alcanzar el salario mínimo de cotización, cubriendo cada uno la parte que le corresponda de éstas, de acuerdo al salario base de cotización determinado conforme al procedimiento previsto en el artículo 49 de este Reglamento, y

**II.** Cuando la suma de los salarios que perciba el trabajador sea igual al salario mínimo general de la región o superior a dicho salario pero sin exceder el límite superior establecido en el artículo 28 de la Ley, a solicitud por escrito de cualquiera de los patrones, el Instituto les autorizará a que en conjunto paguen las cuotas con base al importe de la suma de los salarios, pagando entre ellos la parte proporcional que resulte entre el salario que cubre individualmente y la suma de los salarios que percibe el trabajador.

La autorización que expida el Instituto por este motivo, estará vigente hasta que se modifiquen el salario mínimo general de la región que corresponda o las condiciones de aseguramiento del trabajador.

## CAPÍTULO VII
### DE LA CONTINUACIÓN VOLUNTARIA EN EL RÉGIMEN OBLIGATORIO

**Artículo 64.** Los asegurados que dejen de pertenecer al régimen obligatorio, podrán optar por continuar voluntariamente en el mismo, en los términos del artículo 218 de la Ley. Asimismo, tendrán derecho a contratar el Seguro de Salud para la Familia, en los términos de este Reglamento.

**Artículo 65**. El salario base de cotización, que servirá para la continuación voluntaria del asegurado, será el que tenía registrado al momento de la baja en el régimen obligatorio o un salario superior, a su elección, sin exceder el límite máximo señalado en la Ley.

Si con motivo del incremento legal al salario mínimo general del área geográfica que corresponda, el salario base de cotización resultara inferior a aquél, el Instituto de oficio lo ajustará a dicho salario mínimo.

Para el caso de reingreso a la continuación voluntaria, previsto en el último párrafo del artículo 220 de la Ley, el salario base de cotización será igual al que tenía registrado el asegurado al momento de la baja en la continuación voluntaria o un salario superior, sin exceder el límite máximo señalado en la Ley, debiendo cubrir las cuotas correspondientes al periodo comprendido entre la fecha de la baja y la de reingreso.

**Artículo 66**. El asegurado que haya sido dado de baja del régimen obligatorio, al momento de inscribirse en la continuación voluntaria, podrá optar por continuar protegido a partir de la fecha que elija entre la de su solicitud de inscripción en la continuación voluntaria o la del día siguiente de su baja, debiendo cubrir, en todo caso, las cuotas que no fueron enteradas al Instituto.

## CAPÍTULO VIII
## DE LA VIGENCIA DE DERECHOS

**Artículo 67**. Al recibir el aviso de inscripción de un trabajador, el Instituto lo adscribirá a la unidad de medicina familiar que corresponda a su domicilio.

Los derechohabientes, al solicitar el registro en la unidad médica de su adscripción, deberán presentar al Instituto los documentos que les sean requeridos para su identificación y determinación del parentesco.

Asimismo, deberán comunicar los cambios en su estado civil y de domicilio, así como solicitar el registro de nuevos beneficiarios en la unidad médica de su adscripción, presentando los documentos probatorios para ejercer el derecho a recibir las prestaciones.

Para otorgar las prestaciones médicas a los trabajadores del campo y a sus beneficiarios, el Instituto los adscribirá a la unidad de medicina familiar que corresponda al domicilio del centro de trabajo o al particular de éstos, a elección del propio trabajador, para lo cual deberán presentar ante dicha unidad, el documento de identificación que contenga su Clave Única de Registro de Población.

**Artículo 68.** El Instituto podrá allegarse de los elementos de juicio necesarios para determinar si el padre y la madre que vivan en el domicilio del asegurado o pensionado, así como el concubinario son sus dependientes económicos, en términos del artículo 84 de la Ley.

Por lo que se refiere a los demás beneficiarios establecidos en dicho artículo, acreditado el parentesco, se presumirá cumplido el requisito de la dependencia económica.

**Artículo 69.** Las personas que cuenten con dictamen de invalidez que, adicionalmente a su registro como beneficiarios, ingresen como asegurados al régimen obligatorio con motivo de una relación laboral, al ser dados de baja como asegurados, volverán a adquirir de inmediato el carácter de beneficiarios que tenían antes de su alta como trabajadores.

**Artículo 70.** El cambio de un asegurado del régimen obligatorio al de incorporación voluntaria en este régimen, o viceversa, no afectará los derechos adquiridos en uno u otro, salvo que las prestaciones otorgables en cada uno de ellos sean diferentes, en cuyo caso, el Instituto determinará las reglas para su procedencia.

**Artículo 71.** Cuando al trabajador por incumplimiento del patrón de la obligación de inscribirlo o reportar los salarios realmente percibidos, no se le otorguen, o se vean disminuidas en su cuantía, las prestaciones en dinero o en especie, podrá acudir ante el Instituto a demostrar, a través de los medios de prueba con los que cuente, la relación laboral o los salarios realmente percibidos, quedando a juicio del Instituto la valoración y, en su caso, la comprobación de dichos supuestos para el otorgamiento de sus prestaciones conforme a la Ley y este Reglamento.

**Artículo 72.** Para tener derecho al acreditamiento de semanas cotizadas los trabajadores de la construcción deberán acreditar su relación laboral con el patrón que haya pagado sus cuotas en forma estimativa, durante el periodo en que se dio la relación laboral.

**Artículo 73.** Para efectos de la certificación del derecho al subsidio en el Seguro de Enfermedades y Maternidad, se considerarán como semanas de cotización las que se encuentren amparadas por certificado de incapacidad médica para el trabajo, expedido por el Instituto.

**Artículo 74.** Para efectos del otorgamiento del subsidio a que se refiere el párrafo primero del artículo 62 de la Ley, se estará a lo siguiente:

**I.** El trabajador que sufra una recaída derivada de un riesgo de trabajo, estando vigente su condición de asegurado, ya sea con el patrón con el que ocurrió el riesgo o con otro diferente, el salario que servirá de base para certificar el pago del subsidio o en su caso, de la pensión o revaluación de la misma, será el que tenga registrado al momento de que el Instituto determine la procedencia de la recaída, y

**II.** En el supuesto de que un trabajador que no teniendo ya la condición de asegurado, sufra una recaída dentro de las cincuenta y dos semanas a que se refiere el párrafo segundo de la fracción I del artículo 58 de la Ley, tendrá derecho al subsidio, además de las prestaciones en especie del seguro de riesgos de trabajo, hasta completar el referido periodo, descontando el lapso que hubiere transcurrido entre la fecha en que el trabajador haya sido dado de baja ante el Instituto y aquella en que el propio Instituto determine que el trabajador sufrió una recaída, por lo que por dicho periodo no se cubrirá el subsidio de referencia al trabajador. Cumplidas las cincuenta y dos semanas, se extinguirá el derecho al subsidio y demás prestaciones.

En este caso, el subsidio a pagar se calculará tomando como salario base aquél con el que el trabajador haya estado registrado en la fecha de su último movimiento de baja.

## TÍTULO TERCERO
## INCORPORACIÓN VOLUNTARIA AL RÉGIMEN OBLIGATORIO

## CAPÍTULO I
## DISPOSICIONES GENERALES

**Artículo 75.** La incorporación voluntaria de los sujetos de aseguramiento, a que se refiere el artículo 13 de la Ley, podrá ser en forma individual o colectiva.

La colectiva en favor de terceros, sólo podrá realizarse por una persona moral legalmente constituida con los que mantenga un interés jurídico.

La incorporación a que se hace referencia en los párrafos anteriores se hará a solicitud expresa de los interesados, en los términos siguientes:

**I.** La individual se formalizará a través de los formatos impresos que para este propósito establezca el Instituto, mismos que surtirán los efectos de un convenio, debiendo ser suscritos por el propio interesado, y

**II.** La colectiva se formalizará, previa solicitud, mediante la celebración de un convenio, el cual deberá ser suscrito por el representante legal del contratante y por el Instituto, y comprenderá un mínimo de veinticinco personas.

En este caso, la inscripción inicial se deberá efectuar ante el Instituto a través de los formatos autorizados por éste, mismos que deberán llenar individualmente los interesados.

**Artículo 76.** La incorporación voluntaria de los trabajadores domésticos, se hará en forma individual y su inscripción deberá realizarse por el patrón persona física.

En este caso, además de lo previsto en el artículo 87 de este Reglamento, la incorporación voluntaria concluye por comunicación del patrón persona física al Instituto del término de la relación laboral.

**Artículo 77.** Las incorporaciones de los sujetos a que se refiere este Título se podrán realizar en cualquier día hábil del año, en los órganos de operación administrativa desconcentrada que correspondan al domicilio de dichos sujetos o en los lugares que para tal efecto habilite el Instituto.

El inicio de los servicios para las incorporaciones individuales o colectivas, será a partir del día primero del mes calendario siguiente al de la inscripción.

**Artículo 78.** La incorporación voluntaria del patrón persona física con trabajadores asegurados a su servicio se hará, invariablemente, en forma individual. La renovación y terminación de su aseguramiento se sujetará a lo dispuesto en este Título.

**Artículo 79.** En el caso de incorporaciones colectivas, la inscripción inicial se efectuará dentro de los treinta días posteriores a la firma del convenio respectivo.

Si dentro del plazo a que se refiere el párrafo anterior, no fueran recibidos por el Instituto los avisos de inscripción del número mínimo de sujetos de aseguramiento o fueran presentados extemporáneamente, el convenio no surtirá efecto legal alguno. Las inscripciones recibidas podrán ser tramitadas por el

Instituto bajo los supuestos y términos que se señalan para la contratación individual, con el consentimiento previo de los interesados.

La inscripción de nuevos miembros, que a través del representante legal del grupo deseen adherirse al convenio colectivo celebrado, se realizará en la forma y términos señalados para la inscripción individual.

**Artículo 80.** Para los sujetos a que se refieren las fracciones I, II, III y IV del artículo 13 de la Ley, la renovación del aseguramiento se efectuará dentro de los treinta días naturales anteriores a la fecha de vencimiento del mismo.

El Instituto podrá autorizar extemporáneamente la renovación del aseguramiento, si se solicita dentro de un plazo de treinta días naturales posteriores al vencimiento del mismo, dicha renovación surtirá sus efectos a partir del día siguiente al de la conclusión del convenio anterior.

De no realizarse la renovación en los plazos a que se refiere este artículo, la siguiente inscripción se considerará como inicial para todos los efectos legales.

**Artículo 81.** Los sujetos de aseguramiento señalados en este Título y sus beneficiarios deberán someterse a los exámenes y estudios que el Instituto determine para constatar su estado de salud.

En todos los casos y previamente al aseguramiento, los sujetos de referencia y sus beneficiarios deberán llenar y firmar individualmente el cuestionario médico que para tal efecto les será proporcionado por el Instituto. Tratándose de menores de edad o, en su caso, de incapacitados, el llenado y firma del cuestionario estará a cargo del asegurado.

**Artículo 82.** No será sujeto de aseguramiento el solicitante que presente:

**I.** Alguna enfermedad preexistente, tales como: tumores malignos; enfermedades crónico degenerativas como: complicaciones tardías de la diabetes mellitus; enfermedades por atesoramiento (enfermedad de gaucher); enfermedades crónicas del hígado; insuficiencia renal crónica; valvulopatías cardíacas; insuficiencia cardíaca; secuelas de cardiopatía isquémica (arritmia, ángor o infarto del miocardio); enfermedad pulmonar obstructiva crónica con insuficiencia respiratoria, entre otras, y

**II.** Enfermedades sistémicas crónicas del tejido conectivo; adicciones como alcoholismo y otras toxicomanías; trastornos mentales como psicosis y demencias; enfermedades congénitas y síndrome de inmunodeficiencia adquirida o Virus de Inmunodeficiencia Adquirida Humana positivo (VIH).

**Artículo 83.** No se proporcionarán las prestaciones en especie, al asegurado o sus beneficiarios, durante los tiempos y por los padecimientos y tratamientos siguientes:
TIEMPOS:
**I.** Seis meses:
Tumoración benigna de mama.
**II.** Diez meses:
Parto.
**III.** Un año:
**a)** Litotripcia.
**b)** Cirugía de padecimientos ginecológicos, excepto neoplasias malignas de útero, ovarios y piso perineal.
**c)** Cirugía de insuficiencia venosa y várices.
**d)** Cirugía de senos paranasales y nariz.
**e)** Cirugía de varicocele.
**f)** Hemorroidectomía y cirugía de fístulas rectales y prolapso de recto.
**g)** Amigdalectomía y adenoidectomía.
**h)** Cirugía de hernias, excepto hernia de disco intervertebral.
**i)** Cirugía de hallux valgus.
**j)** Cirugía de estrabismo.
**IV.** Dos años:
Cirugía ortopédica.
Estos tiempos serán computados a partir de la fecha en que el asegurado y sus beneficiarios queden inscritos ante el Instituto. Transcurridos los mismos podrán hacer uso de las prestaciones en especie respecto de los padecimientos y tratamientos antes señalados.
La restricción para el otorgamiento de las prestaciones en especie respecto de los padecimientos y tratamientos enunciados en este artículo, no impide que el asegurado o sus beneficiarios hagan uso de dichas prestaciones por otro padecimiento o tratamiento diverso.

**Artículo 84.** El aseguramiento en la incorporación voluntaria no cubre:
**I.** Cirugía estética;

**II.** Adquisición de anteojos, lentes de contacto, lentes intraoculares y aparatos auditivos;

**III.** Cirugía para corrección de astigmatismo, presbicia, miopía e hipermetropía;

**IV.** Tratamientos de lesiones autoinfligidas y las derivadas de intento de suicidio;

**V.** Tratamiento de lesiones derivadas de la práctica profesional de cualquier deporte con riesgo físico;

**VI.** Examen médico preventivo solicitado por el asegurado o sus beneficiarios;

**VII.** Tratamientos de trastornos de conducta y aprendizaje;

**VIII.** Tratamientos dentales, excepto extracciones, obturaciones y limpieza;

**IX.** Otorgamiento de órtesis, prótesis y aditamentos especiales;

**X.** Tratamiento de padecimientos crónicos que requieran control terapéutico permanente;

**XI.** Tratamientos quirúrgicos o médicos para corrección de alteraciones de la fertilidad de la pareja;

**XII.** Tratamiento de secuelas de lesiones musculoesqueléticas o neurológicas, de origen traumático adquiridas con anterioridad al aseguramiento, y

**XIII.** Tratamiento de secuelas de enfermedades degenerativas del sistema nervioso central y periférico y secuelas de enfermedad vascular cerebral; insuficiencia vascular periférica, entre otras, adquiridas con anterioridad al aseguramiento.

**Artículo 85.** No serán aplicables las disposiciones señaladas en los artículos 81, 82 y 83 de este Reglamento, a las incorporaciones voluntarias al régimen obligatorio, solicitadas dentro de un plazo de doce meses, contado a partir de la fecha de la baja del solicitante, sea con el carácter de asegurado o beneficiario en el régimen obligatorio o en el Seguro de Salud para la Familia, siempre que hubieran estado bajo seguro cincuenta y dos semanas previas a dicha baja.

Tampoco serán aplicables las anteriores disposiciones, en el caso de aquellos sujetos que hubieren estado afiliados a algún régimen de seguridad social a través de Decreto Presidencial y demuestren a juicio del Instituto este supuesto y soliciten su incorporación voluntaria al régimen obligatorio dentro del plazo de doce meses contado a partir de la fecha en que hubieren dejado de ser sujetos del Decreto.

Las disposiciones señaladas en los artículos 81, 82 y 83 de este Reglamento serán aplicables a los asegurados en continuación voluntaria que soliciten su incorporación voluntaria al régimen obligatorio o al Seguro de Salud para la Familia, salvo que se ubiquen en el supuesto previsto en el primer párrafo de este artículo.

**Artículo 86.** En caso de invalidez o muerte del asegurado durante el periodo de aseguramiento cubierto, el Instituto acreditará las semanas pagadas por dicho periodo, para los efectos legales que procedan.

De haberse pagado la renovación del aseguramiento y la invalidez o la muerte ocurrieran antes de que se inicie la vigencia del nuevo periodo, el asegurado o sus familiares podrán optar por la devolución del importe de la renovación o por el acreditamiento del periodo pagado para todos los efectos legales.

**Artículo 87.** Podrá darse por terminado anticipadamente el aseguramiento sin responsabilidad para el Instituto, cuando:

**I.** El asegurado o beneficiario permita o propicie el uso indebido del documento que compruebe tal calidad.

**II.** Si durante el primer año de vigencia del aseguramiento, se presenta alguna de las enfermedades señaladas como preexistentes y no hubiera sido declarada por el asegurado o beneficiario al momento de llenar el cuestionario respectivo, o por el asegurado en el caso del menor de edad o incapacitado.

En el caso de las fracciones anteriores, el Instituto cobrará al asegurado o a la persona que sin derecho haya recibido la atención médica, el costo total por los servicios prestados.

En ningún caso de terminación anticipada del periodo de aseguramiento, el Instituto hará devolución total o parcial del pago realizado.

**Artículo 88.** Para los efectos del artículo 231 de la Ley, se considerará lo siguiente:

**I.** Individual:

**a)** Declaración expresa firmada por el asegurado, surtiendo efecto al término de la anualidad pagada, y

**b)** No pagar la cuota anual al momento en que corresponda la renovación.

**II.** Colectiva:

**a)** Por declaración expresa firmada por el grupo de asegurados, la que surtirá efectos al término de la anualidad o parcialidad pagada;

**b)** Por no pagar la cuota anual al momento en que corresponda la renovación o, en su caso, dos o más parcialidades, y

**c)** Por incumplimiento en la renovación del requisito del número mínimo de asegurados establecido en el artículo 75 de este Reglamento.

**Artículo 89.** Los sujetos de aseguramiento comprendidos en este Título que ingresen al régimen obligatorio y sean dados de baja en éste, dentro de la anualidad o parcialidad del aseguramiento pagada, continuarán su aseguramiento hasta el cumplimiento del plazo respectivo.

## CAPÍTULO II
## DE LOS TRABAJADORES AL SERVICIO DE LAS DEPENDENCIAS Y ENTIDADES DE LAS ADMINISTRACIONES PÚBLICAS DE LA FEDERACIÓN, ENTIDADES FEDERATIVAS Y MUNICIPIOS QUE ESTÉN EXCLUIDOS O NO COMPRENDIDOS EN OTRAS LEYES O DECRETOS COMO SUJETOS DE SEGURIDAD SOCIAL

**Artículo 90.** La incorporación voluntaria al régimen obligatorio de las personas a que se refiere este Capítulo, independientemente de su número, se hará de manera colectiva, mediante la celebración de un convenio que deberá ser firmado por la autoridad competente de la dependencia o entidad de la administración pública a la cual prestan sus servicios y por el Instituto.

La inscripción de nuevos trabajadores se llevará a cabo por conducto de la autoridad competente de la dependencia o entidad y deberá realizarse dentro de los cinco días hábiles siguientes al inicio de la relación laboral, el reconocimiento de semanas para determinar el derecho al otorgamiento de las prestaciones en dinero y en especie se contabilizará a partir de la fecha de inscripción.

**Artículo 91.** Para la incorporación voluntaria de trabajadores al servicio de la Administración Pública Federal, previamente a la firma del convenio, se deberá exhibir ante el Instituto, la autorización expresa y por escrito de la Secretaría de Hacienda y Crédito Público respecto de la incorporación.

**Artículo 92.** La incorporación voluntaria de estos asegurados, además de lo previsto en el artículo 88, fracción II de este Reglamento, termina por declaración expresa firmada por la autoridad competente.

## CAPÍTULO III
### DE LOS EJIDATARIOS, COMUNEROS, COLONOS Y PEQUEÑOS PROPIETARIOS

**Artículo 93.** Los sujetos de aseguramiento del campo señalados en los artículos 13, fracción III, y 235 de la Ley, para ser considerados como tales, deberán encontrarse dedicados en forma directa a las labores de carácter agrícola, ganadera, forestal o mixtas.

**Artículo 94.** La incorporación voluntaria de los sujetos a que se refiere este Capítulo, además de lo previsto en el artículo 88 de este Reglamento, terminará por incorporación al régimen obligatorio a través de Decreto del Ejecutivo Federal, en los términos del artículo 12, fracción III, de la Ley.

## TÍTULO CUARTO
### SEGURO DE SALUD PARA LA FAMILIA

## CAPÍTULO I
### DISPOSICIONES GENERALES

**Artículo 95.** Se podrán incorporar al Seguro de Salud para la Familia, todas aquellas personas que no sean sujetas a un régimen obligatorio en algún sistema de seguridad social. Para efectos de este seguro, además del sujeto de aseguramiento, deberá asegurarse cuando menos una de las personas a que se refieren las fracciones III a IX del artículo 84 de la Ley, sin considerar los requisitos de convivencia, dependencia económica y comprobación de estudios, o un familiar adicional.

**Artículo 96.** Se considerarán como familiares adicionales, para efectos del artículo 242 de la Ley, así como para los de este Reglamento, los abuelos, nietos, hermanos, primos, hijos de los hermanos y hermanos de los padres del sujeto de aseguramiento.

Para los efectos del párrafo final del artículo 242 de la Ley a los familiares adicionales se les considerará como parte de la familia del sujeto de aseguramiento.

**Artículo 97.** El Instituto podrá incorporar al régimen del Seguro de Salud para la Familia, en condiciones iguales a las de los familiares adicionales, a una sola persona, cuando ésta manifiesta bajo protesta de decir verdad que carece de familia, sin que opere para ello lo establecido en el último párrafo del artículo 242 de la Ley.

**Artículo 98.** Los sujetos de aseguramiento señalados en este Título, se someterán a los exámenes y estudios que el Instituto determine para constatar su estado de salud.

En todos los casos y previamente al aseguramiento, los sujetos de aseguramiento y sus familiares deberán llenar y firmar individualmente el cuestionario médico que para tal efecto les será proporcionado por el Instituto, a excepción de los casos en que el sujeto de aseguramiento labore en el extranjero, en cuyo caso se llenará un cuestionario médico familiar. Tratándose de menores de edad o, en su caso, de incapacitados, el llenado y firma del cuestionario estará a cargo de quien ejerza la patria potestad o la tutela.

**Artículo 99.** Son aplicables al seguro a que se refiere este Título, las disposiciones contenidas en los artículos 82, 83, 84 y 85 de este Reglamento.

## CAPÍTULO II
## DE LA INCORPORACIÓN E INICIO DE SERVICIOS

**Artículo 100.** La incorporación al Seguro de Salud para la Familia podrá efectuarse en forma individual o colectiva, a solicitud expresa de los interesados, en los términos siguientes:

**I.** La individual se formalizará a través de los formatos impresos que para este propósito establezca el Instituto, mismos que surtirán los efectos de un convenio, debiendo ser suscritos por el propio interesado, y

**II.** La colectiva se formalizará, previa solicitud, mediante la celebración de un convenio, el cual deberá ser suscrito por el Instituto y el representante legal de la persona moral que se obliga al pago de las cuotas de los sujetos de aseguramiento, y comprenderá un mínimo de cincuenta personas.

**Artículo 101**. La incorporación de los sujetos comprendidos en este Título, podrá realizarse en cualquier día hábil del año, pagando en forma anticipada la cuota correspondiente en términos del artículo 242 de la Ley.

**Artículo 102**. El convenio para la incorporación colectiva deberá contener, al menos, lo siguiente:

**I.** Sujetos de aseguramiento;

**II.** Denominación o razón social de la persona moral, quien estará obligada al pago correspondiente;

**III.** Prestaciones y reglas relativas a su otorgamiento;

**IV.** Procedimientos de incorporación colectiva y pago de cuotas;

**V.** Causas de terminación del convenio, y

**VI.** Sanciones por incumplimiento.

**Artículo 103**. El inicio de los servicios tanto para las incorporaciones individuales como para las colectivas, será a partir del día primero del mes calendario siguiente al de la incorporación.

Tratándose de incorporaciones colectivas, la primera inscripción deberá efectuarse dentro de los treinta días naturales posteriores a la firma del convenio. Si dentro de este plazo no fueran recibidos por el Instituto los avisos de inscripción del número mínimo de sujetos de aseguramiento o fueran presentados extemporáneamente, el convenio no surtirá efecto legal alguno. Las inscripciones recibidas podrán ser tramitadas por el Instituto bajo los supuestos y términos que se señalan para la incorporación individual, con el consentimiento previo de los interesados.

**Artículo 104**. Los hijos nacidos durante la vigencia del aseguramiento de la madre, tendrán derecho a recibir la atención médica, únicamente durante los treinta días naturales posteriores a la fecha de su nacimiento.

Si los hijos a que se refiere el párrafo anterior, son inscritos en el Seguro de Salud para la Familia dentro de los noventa días naturales siguientes a la fecha de su nacimiento, no les serán aplicables las disposiciones de los artículos 81, 82 y 83 de este Reglamento.

**Artículo 105**. La renovación del aseguramiento deberá efectuarse dentro de los treinta días naturales anteriores a la fecha del vencimiento del mismo.

Tratándose de renovaciones colectivas, el representante deberá, dentro de los primeros cinco días hábiles del mes en que deba hacerse la renovación, manifestar por escrito la voluntad de continuar con el aseguramiento indicando quiénes serán los asegurados, aportando todos los datos necesarios para que el Instituto efectúe el cálculo de las cuotas a enterar, en cuyo caso, el Instituto comunicará el importe a pagar, en un plazo de diez días hábiles, contado a partir de la fecha de presentación de la solicitud.

En caso de no manifestar la voluntad de continuar con el aseguramiento dentro del plazo señalado en el párrafo anterior, el cálculo de las cuotas a enterar deberá ser efectuado por el representante.

El Instituto autorizará la renovación extemporánea del aseguramiento, dentro de un plazo de cuarenta y cinco días hábiles posteriores al vencimiento, cuando el asegurado hubiera adquirido alguna enfermedad durante el periodo de aseguramiento y requiera continuidad en su atención médica.

De no realizarse la renovación en los plazos anteriores, la subsecuente inscripción se considerará como inicial para todos los efectos legales.

A las personas que el representante incorpore por primera vez al aseguramiento colectivo se les aplicarán las disposiciones de los artículos 81, 82 y 83 de este Reglamento, salvo que dichas personas hubieren estado incorporadas en el Seguro de Salud para la Familia en forma individual o en el régimen obligatorio, siempre y cuando la incorporación la realicen dentro de los cuarenta y cinco días hábiles posteriores a la baja de alguno de estos regímenes.

En la incorporación individual, no se aplicarán las disposiciones de los artículos 81, 82 y 83 de este Reglamento en los casos en que las personas hubieran estado inscritas en el régimen obligatorio o incorporadas en el Seguro de Salud para la Familia en forma colectiva, siempre y cuando la incorporación la realicen dentro de los cuarenta y cinco días hábiles posteriores a la baja de alguno de estos regímenes.

**Artículo 106.** El Instituto proporcionará las prestaciones en especie a que se refiere este seguro, conforme a las disposiciones legales y reglamentarias que rijan el otorgamiento de los servicios médicos en el régimen obligatorio del seguro social.

**Artículo 107.** Independientemente del lugar donde se realice la incorporación al Seguro de Salud para la Familia, el asegurado mexicano que labore en el extranjero, podrá solicitar los servicios médicos institucionales en cualquier unidad médica del país.

## CAPÍTULO III
## DE LA TERMINACIÓN DEL ASEGURAMIENTO

**Artículo 108.** El aseguramiento terminará por vencimiento del periodo convenido si no se renueva en los términos señalados en el artículo 105 de este Reglamento.

**Artículo 109.** Podrá darse por terminado anticipadamente el aseguramiento sin responsabilidad para el Instituto, cuando:

**I.** Cualquiera de los sujetos a que se refiere este seguro permita o propicie el uso indebido del documento que compruebe la calidad de asegurado. En el caso de que el asegurado sea menor de edad o incapacitado, quien ejerza la patria potestad o la tutela será el responsable solidario, y

**II.** Se presente alguna de las enfermedades señaladas como preexistentes, dentro del primer año de vigencia del aseguramiento, y no hubiera sido declarada por el asegurado al momento de llenar el cuestionario respectivo, o por quien ejerza la patria potestad o la tutela, en el caso del menor de edad o incapacitado.

En el caso de las fracciones anteriores, el Instituto cobrará a los sujetos a que se refiere este seguro, o a la persona que sin derecho haya recibido la atención médica, el costo total por los servicios prestados.

En ningún caso de terminación anticipada del periodo de aseguramiento cubierto en el Seguro de Salud para la Familia, el Instituto hará devolución total o parcial del pago realizado.

## TÍTULO QUINTO
## DETERMINACIÓN Y PAGO DE CUOTAS

## CAPÍTULO I
## DISPOSICIONES GENERALES

**Artículo 110.** Las disposiciones de este Título que se refieren a los patrones y a los trabajadores serán aplicables, en lo conducente, a los demás sujetos obligados y de aseguramiento.

**Artículo 111.** La presentación al Instituto de la cédula de determinación, con pago o sin éste, a través de los medios señalados en los artículos 39 y 39 A de la Ley y en este Reglamento, tiene por efecto el reconocimiento por parte del patrón de la relación laboral con los trabajadores señalados en la misma, así como de la información contenida en dicha cédula de los movimientos afiliatorios, días laborados y salarios de los trabajadores, salvo prueba en contrario.

## CAPÍTULO II
## DE LA DETERMINACIÓN DE CRÉDITOS

**Artículo 112.** En los supuestos previstos en los artículos 39 y 39 A de la Ley, el Instituto podrá, en cualquier caso, requerir al patrón la información que le sirvió de base para determinar o ajustar las cuotas obrero patronales, misma que se podrá presentar en medios magnéticos o documentales.

En el caso de que el patrón o sujeto obligado no cubra oportunamente el importe de las cuotas o lo haga en forma incorrecta, el Instituto podrá determinarlas presuntivamente y fijarlas en cantidad líquida con base en la información señalada en el artículo 39 C de la Ley, así como con base en la información obtenida de la revisión del dictamen del contador público autorizado presentado al Instituto en su caso.

Los capitales constitutivos previstos en la Ley se determinarán considerando el monto de las prestaciones económicas y el importe de las prestaciones médicas que se calculará con base en los costos unitarios por nivel de atención médica, vigentes en la fecha de determinación del crédito fiscal.

Dichos costos unitarios y su actualización serán aprobados por el Consejo Técnico del Instituto y deberán ser publicados en el **Diario Oficial de la Federación**.

**Artículo 113.** Las cédulas de determinación serán presentadas por los patrones, conforme a lo siguiente:

En las entidades receptoras autorizadas, cuando:

**a)** La determinación se haya efectuado mediante el programa informático autorizado por el Instituto y el pago se realice al momento de presentar la cédula de determinación. En este caso, el patrón deberá entregar el medio magnético que contenga la cédula de determinación recabando el comprobante de pago correspondiente.

**b)** El patrón utilice la cédula de determinación elaborada por el Instituto sin hacer ajustes a ésta y el pago se realice al momento de presentar dicha cédula, recabando copia sellada como comprobante del pago efectuado.

Cuando el patrón efectúe el pago con cargo a su cuenta bancaria por transferencia electrónica, a su tarjeta de crédito o de débito, de la determinación o con base en los importes determinados por el Instituto y entregados a la entidad receptora por autorización del patrón, el comprobante de pago será el estado de cuenta que expida la propia entidad receptora en el que aparezca el cargo respectivo. La presentación de la cédula de determinación quedará cumplida al efectuarse el pago, y

En las unidades administrativas competentes del Instituto, cuando:

**a)** La determinación se efectúe mediante el programa informático autorizado por el Instituto y el pago no se realice al momento de presentar la cédula de determinación. En este caso, el patrón deberá exhibir la tarjeta de identificación patronal expedida por el Instituto y entregar lo señalado en el inciso a) de la fracción I de este artículo, recabando acuse de recibo por parte del Instituto;

**b)** El patrón elabore la cédula de determinación conforme a los formatos autorizados por el Instituto, independientemente de que al momento de la presentación de la cédula realice o no el pago correspondiente. Para este efecto, se deberá exhibir la tarjeta de identificación patronal expedida por el Instituto y recabar copia de la cédula de determinación sellada de recibida por éste, como comprobante de la presentación y del pago, en su caso, y

**c)** El patrón utilice la cédula de determinación elaborada por el Instituto haciendo ajustes a la misma, independientemente de que al momento de la presentación de la cédula realice o no el pago correspondiente. En este caso, se deberá exhibir la tarjeta de identificación patronal expedida por el Instituto y recabar copia de la cédula de determinación sellada de recibida por éste, como comprobante de la presentación y del pago, en su caso.

Se rechazará la cédula de determinación presentada en medio magnético, cuando éste presente daños que impidan verificar su contenido o en el caso de que la suma de los importes parciales no coincida con el importe total de la determinación.

Igualmente será rechazada la cédula de determinación presentada en documento impreso cuando no contenga los datos requeridos conforme a los formatos autorizados, así como en el caso de que no esté firmada por el patrón o su representante legal. Este último requisito no será necesario si al momento de presentar la cédula se realiza el pago correspondiente.

El patrón determinará las cuotas obrero patronales mediante el programa informático autorizado por el Instituto, cuando tenga cinco o más trabajadores.

Los patrones que tengan menos de cinco trabajadores, podrán optar por cumplir dicha obligación utilizando la propuesta de cédula de determinación elaborada y entregada por el Instituto conforme al artículo 39 A de la Ley.

**Artículo 114.** Cuando el patrón tenga asignados varios registros patronales determinará y presentará por cada uno de ellos las cuotas correspondientes, en cédulas de determinación por separado, salvo los casos en que el Instituto autorice expresamente y por escrito, que se cumpla dicha obligación en forma diferente.

**Artículo 115.** Cuando en los términos del artículo 224 de la Ley, el Instituto autorice a los sujetos señalados en el mismo, una periodicidad diferente en el pago de las cuotas, serán aplicables las reglas siguientes:

**I.** Al efectuarse la inscripción o la renovación anual del aseguramiento, se deberá pagar la primera parcialidad de las cuotas, y

**II.** La segunda y siguientes parcialidades se deberán pagar dentro del plazo que se establezca en la autorización correspondiente; su importe se actualizará y sobre el mismo se cubrirán recargos por prórroga. La actualización y los recargos se calcularán en términos del Código, por el periodo comprendido a partir del vencimiento del plazo en que debió pagarse la anualidad y hasta que se realice el pago de cada una de las parcialidades.

**Artículo 116.** Cuando por ausencias de los trabajadores a sus labores no se paguen salarios pero subsista la relación laboral, para los efectos señalados en la fracción III del artículo 31 de la Ley, se observará lo siguiente:

**I.** En el caso de trabajadores con jornada reducida se seguirán las reglas establecidas en la fracción I, del artículo 31 de la Ley, y

**II.** Tratándose de trabajadores con semana reducida la cotización mensual se ajustará igualmente a lo establecido en la fracción I, del artículo 31 de la Ley, para lo cual, el número de días de cotización se obtendrá restando del total de días que contenga el periodo de cuotas de que se trate, el número de días a descontar que corresponda conforme a la tabla siguiente, ajustándose, en su caso, los días a descontar, a los periodos establecidos en el artículo 31 de la Ley.

| Días que labora el trabajador en la semana | Días de ausentismo en el mes | Número de días a descontar |
|:---:|:---:|:---:|
| 5 | 1 | 1 |
| 5 | 2 | 3 |
| 5 | 3 | 4 |
| 5 | 4 | 6 |
| 5 | 5 | 7 |
| 4 | 1 | 2 |
| 4 | 2 | 4 |
| 4 | 3 | 5 |
| 4 | 4 | 7 |
| 3 | 1 | 2 |
| 3 | 2 | 5 |
| 3 | 3 | 7 |
| 2 | 1 | 4 |
| 2 | 2 | 7 |
| 1 | 1 | 7 |

**Artículo 117**. Para los efectos de lo dispuesto en el artículo 40 A de la Ley, cuando la actualización o los recargos determinados por el patrón sean inferiores a los que calcule el Instituto, éste deberá aceptar el pago, sin perjuicio de ejercer sus facultades para determinar y cobrar las diferencias correspondientes.

**Artículo 118**. Cuando se trate de pagos realizados en forma extemporánea, por patrones que tengan celebrado con el Instituto convenio de subrogación de servicios con reversión de cuotas, la actualización y los recargos serán calculados y pagados sobre el importe que resulte de disminuir el monto revertido.

**Artículo 119**. Los gastos realizados por el Instituto por inscripciones improcedentes y los que tenga derecho a exigir de las personas no derechohabientes a que se refiere el artículo 287 de la Ley, se integrarán con los importes de las prestaciones económicas y en especie otorgadas. Las prestaciones en especie se calcularán con base en los costos unitarios por nivel de atención.

Los costos unitarios que se considerarán para el cobro de las prestaciones en especie, serán los vigentes en la fecha en que se realice por el Instituto el cálculo de los montos a cobrar.

## CAPÍTULO III
## DEL PAGO

**Artículo 120.** El pago de las cuotas obrero patronales podrá realizarse en las unidades administrativas del Instituto, en las entidades receptoras o en las oficinas autorizadas por éste, conforme a lo dispuesto en el artículo 113 de este Reglamento.

Los demás créditos fiscales a favor del Instituto serán pagados en las citadas unidades administrativas.

Las aportaciones voluntarias de los trabajadores, así como las adicionales de los patrones al Seguro de Retiro, Cesantía en Edad Avanzada y Vejez, deberán ser enteradas en los formatos impresos que para el efecto autorice la Comisión Nacional de los Sistemas de Ahorro para el Retiro, pudiéndose realizar también por conducto del patrón, mediante la cédula de determinación, al efectuarse el entero de las cuotas respectivas.

**Artículo 121.** Por lo que corresponde a las formas de pago que establece el artículo 40 B de la Ley, cuando el mismo se realice mediante transferencias electrónicas de fondos, tarjetas de crédito o de débito, sólo se aceptará en entidades receptoras autorizadas por el Instituto. La comisión bancaria que, en su caso, se genere por este hecho, estará a cargo del patrón.

**Artículo 122.** Los pagos que realice el patrón, los recibirá el Instituto sin perjuicio de las aclaraciones o rectificaciones a que hubiere lugar o del ejercicio de sus facultades para comprobar el cumplimiento de las obligaciones a cargo de los patrones y, en su caso, determinar en cantidad líquida y cobrar las cantidades omitidas.

Los patrones deberán obtener los comprobantes de los pagos efectuados y conservarlos conjuntamente con el formato impreso o el medio magnético correspondiente al programa informático autorizado por el Instituto para el pago, durante el plazo que señalen las disposiciones fiscales; en los mismos términos deberán conservar las cédulas de determinación presentadas al Instituto sin efectuar su pago. En ningún caso, los comprobantes de pago o las cédulas presentadas al Instituto acreditarán el entero o la determinación de cuotas, respecto de periodos de cotización que no sean los expresamente especificados en los mismos.

**Artículo 123.** La reversión al patrón de una parte proporcional de la cuota, que corresponda por la subrogación de servicios, se realizará en el momento que efectúe el entero de las cuotas obrero patronales. Para este efecto, deberá presentar además del formato impreso o el medio magnético correspondiente al programa informático autorizado por el Instituto para el pago, el recibo de reversión autorizado por el Instituto.

**Artículo 124.** En el caso de estallamiento de huelga, las cuotas se pagarán conforme a lo siguiente:

**I.** Las que se hubieran causado hasta antes de la suspensión de labores se enterarán dentro del plazo de pago oportuno que corresponda;

**II.** Las causadas durante el periodo de huelga serán cubiertas con los accesorios legales respectivos, en los términos de la resolución emitida por la autoridad competente al concluir el conflicto; esto sin perjuicio de que el patrón, durante dicho periodo, pueda efectuar el pago de las cuotas en los plazos establecidos en la Ley, determinándolas conforme a los salarios registrados ante el Instituto al momento de estallar la huelga, en este caso, al concluir el conflicto, deberá enterar las diferencias que resulten en términos de la resolución de la autoridad competente o solicitar la devolución si ésta fuera procedente, y

**III.** En caso de que durante el procedimiento de huelga y antes de que se resuelva sobre la inexistencia o imputabilidad de dicho conflicto, el patrón y los trabajadores celebren convenio para darlo por terminado, siempre que éste sea aprobado por la autoridad competente, las cuotas se cubrirán proporcionalmente a los salarios caídos cuyo pago se pacte.

El patrón determinará las cuotas obrero patronales que correspondan y enterará su importe al Instituto.

## CAPÍTULO IV
### DE LOS PLAZOS PARA EL PAGO

**Artículo 125.** En relación con la obligación del patrón de pagar las cuotas obrero patronales, las unidades administrativas del Instituto o las entidades receptoras, según corresponda, verificarán previamente a la recepción del pago, que el formato impreso o la cédula de determinación en medio magnético generada mediante el programa informático autorizado por el Instituto, contenga los datos necesarios para la individualización de las cuotas y que la suma de los importes parciales concilie con el importe total a pagar. En caso contrario, procederán al rechazo del pago y será responsabilidad del patrón la reposición de las cédulas de determinación y, en su caso, el pago de los accesorios que se pudieran generar.

**Artículo 126.** Las cédulas de determinación por cuotas obrero patronales omitidas, derivadas del dictamen a que se refiere el artículo 16 de la Ley, deberán pagarse con la actualización y recargos correspondientes antes de la presentación del dictamen o conforme al artículo 149 de este Reglamento.

**Artículo 127.** Las cédulas de liquidación emitidas por el Instituto por concepto de cuotas, capitales constitutivos, actualización, recargos, multas y los gastos realizados por el Instituto por inscripciones improcedentes y los que tenga derecho a exigir de las personas no derechohabientes, deberán ser pagadas dentro de los quince días hábiles siguientes a aquél en que surta efectos su notificación, cubriéndose asimismo la actualización y los recargos, que en su caso procedan.

**Artículo 128.** Los asegurados en continuación voluntaria en el Régimen Obligatorio en los seguros conjuntos de Invalidez y Vida, de Retiro, Cesantía en Edad Avanzada y Vejez pagarán las cuotas respectivas por mensualidad adelantada, a más tardar el día diecisiete del mes de que se trate.

**Artículo 129.** Aceptada la sustitución patronal o dictaminada ésta por el Instituto, se notificará al patrón sustituto el estado de adeudo del patrón sustituido. Dentro de los quince días hábiles siguientes a la notificación de dicho estado de adeudo, el patrón sustituto deberá pagar los créditos fiscales que se adeuden al Instituto. Lo anterior sin perjuicio de la responsabilidad solidaria que señala la Ley a cargo del patrón sustituido.

**Artículo 130.** Los responsables solidarios señalados en la Ley y el Código deberán pagar hasta el límite de su responsabilidad los créditos fiscales que se adeuden al Instituto, dentro de los quince días hábiles siguientes a aquél en que surta efectos la notificación de la resolución administrativa correspondiente.

# CAPÍTULO V
## DE LOS PAGOS EFECTUADOS SIN JUSTIFICACIÓN LEGAL

**Artículo 131.** El patrón, dentro del plazo establecido en la Ley, podrá solicitar la devolución de las cantidades enteradas al Instituto sin justificación legal, incluyendo los casos de solicitudes de reembolso conforme al artículo 17 de la Ley presentando en la unidad administrativa correspondiente a su domicilio fiscal, la solicitud respectiva por escrito y anexando a la misma la documentación que acredite el pago realizado en demasía y su improcedencia.

Cuando se solicite la devolución, ésta deberá efectuarse dentro del plazo de cincuenta días hábiles siguientes a la fecha en que se presenta la solicitud con todos los datos, informes y documentos que sustenten su procedencia, a satisfacción del Instituto. Tratándose de devoluciones que se efectúen mediante depósito en cuenta bancaria del patrón, la devolución deberá efectuarse dentro del plazo de cuarenta días hábiles contados en los términos de este párrafo.

Cuando las cantidades enteradas sin justificación legal se refieran al Seguro de Retiro, Cesantía en Edad Avanzada y Vejez, el Instituto, previa solicitud del patrón, certificará sobre la procedencia de la devolución de dichas cantidades, las que serán devueltas en la forma y términos que establezcan las disposiciones legales y reglamentarias respectivas.

En ningún caso podrán compensarse cuotas enteradas sin justificación legal.

El patrón que haya causado baja ante el Instituto, podrá solicitar la monetización de la nota de crédito, una vez transcurrido un plazo de tres meses contados a partir de la fecha de la baja, siempre y cuando no tenga adeudos con el Instituto. En caso de tener adeudos, el Instituto podrá descontar el monto de los mismos, del importe de la devolución.

**Artículo 132.** En el caso de que la devolución solicitada por el patrón comprenda cuotas obrero patronales, la devolución que se efectúe a éste, será únicamente respecto de las cantidades pagadas con relación a las cuotas patronales, excepto cuando el patrón compruebe fehacientemente que él realizó íntegro el pago sin hacer a los trabajadores la retención correspondiente; quedando a salvo los derechos de los trabajadores para ser ejercitados en la forma y términos que legalmente procedan.

# CAPÍTULO VI
## DEL PAGO DIFERIDO O EN PARCIALIDADES

**Artículo 133.** Para efectos de los artículos 40 C y 40 D de la Ley, la solicitud de pago diferido o en parcialidades deberá presentarse en la unidad administrativa que controle el registro patronal del interesado y deberá comprender la totalidad de los créditos fiscales a cargo del patrón, empleando el formato que para el efecto autorice el Instituto, firmado por el patrón o su representante legal, anexando copia de identificación oficial si se trata de patrón persona física, o bien, copia del acta constitutiva de la empresa, copia del poder del representante legal y copia oficial de identificación de éste, si se trata de persona moral.

Cuando la solicitud se refiera al pago diferido de las cuotas del Seguro de Retiro, Cesantía en Edad Avanzada y Vejez, se deberá señalar las fechas en que se realizarán los enteros correspondientes; en tratándose de las cuotas de los demás seguros se deberá señalar la fecha en que se realice el pago. En ambos casos, se garantizará el interés fiscal en los términos del Código.

Tratándose de la solicitud de pago en parcialidades mensuales, ésta deberá presentarse, dentro de los diez días hábiles siguientes a aquél en que efectuó el pago de la primera parcialidad, anexando el comprobante en el que conste el pago de la misma y garantizar el interés fiscal en términos del Código. Para efectos del cálculo de las parcialidades, se estará a lo previsto en el Código.

Se tendrá por autorizado el pago diferido o en parcialidades, si el Instituto no notifica al patrón la resolución respectiva, dentro del plazo de veinte días hábiles contados a partir de la presentación de la solicitud.

El Consejo Técnico del Instituto emitirá anualmente las reglas de carácter general para que se realicen los pagos de las cuotas a cargo de los patrones del campo, respecto de los trabajadores eventuales del campo a su servicio, sin modificar los plazos establecidos en la Ley y tomando en cuenta la existencia de ciclos estacionales en el flujo de recursos de las ramas de la producción agrícola que corresponda. Para tal efecto, el Instituto solicitará la opinión de la Secretaría de Agricultura, Ganadería, Desarrollo Rural, Pesca y Alimentación.

*Párrafo adicionado DOF 15-07-2005*

**Artículo 134.** Para efectos de los artículos 40 C y 40 D de la Ley, se requerirá autorización previa del Instituto para el pago en parcialidades o diferido en el caso de los patrones siguientes:

**I.** Las sociedades controladoras y controladas, a que se refiere la Ley del Impuesto sobre la Renta;

**II.** Las instituciones o entidades reguladas en las Leyes de Instituciones de Crédito, General de Instituciones y Sociedades Mutualistas de Seguros, Federal de Instituciones de Fianzas, de los Sistemas de Ahorro para el Retiro, General de Organizaciones y Actividades Auxiliares del Crédito, del Mercado de Valores y de Sociedades de Inversión;

**III.** Los organismos descentralizados y las empresas de participación estatal mayoritaria;

**IV.** Los patrones que tengan un número de trabajadores superior a trescientos, y

**V.** En tratándose de créditos fiscales determinados en ejercicio de las facultades de comprobación del Instituto.

En estos casos, a la solicitud que refiere el artículo anterior, se anexará además un informe acerca del flujo de efectivo en caja y bancos, correspondiente a los dos meses anteriores al mes en que se presente la solicitud y un informe de liquidez, proyectado por un periodo igual al número de parcialidades que se solicite.

En su caso, el Instituto podrá solicitar documentación complementaria para la autorización de la solicitud.

**Artículo 135.** En tratándose de aquellos patrones que requieren de autorización previa para el pago diferido o en parcialidades, el Instituto en un plazo máximo de cuarenta y cinco días hábiles notificará al patrón o su representante legal, la resolución que haya recaído a su petición.

Notificada la autorización de la solicitud por el Instituto, el patrón dispone de diez días hábiles, para constituir la garantía del interés fiscal en términos del Código.

**Artículo 136.** Se considerará como no presentada la solicitud de pago diferido o en parcialidades, cuando el patrón no anexe al formato autorizado por el Instituto, los documentos que señalan los artículos 133 y, en su caso, el 134 de este Reglamento, o no entregue en el plazo que le sea concedido, la documentación requerida por el Instituto.

No se dará trámite a una solicitud de pago diferido o en parcialidades, cuando el patrón no continúe el trámite de autorización o haya incumplido una anterior, en un periodo de seis meses previos a la fecha de presentación de la solicitud.

No procede recurso alguno en caso de que el Instituto niegue el pago diferido o en parcialidades.

En los casos en que el patrón solicite la suspensión del procedimiento administrativo de ejecución, deberá en forma inmediata garantizar el interés fiscal.

**Artículo 137.** El patrón deberá pagar mensualmente, las parcialidades calculadas en unidades de inversión, de conformidad con lo que establece el Código, en función al número de parcialidades solicitadas.

Los patrones para el pago en parcialidades, deberán calcular la segunda y siguientes parcialidades, tomando en consideración el saldo expresado en unidades de inversión. El saldo que se utilizará para el cálculo de las parcialidades, será el resultado de restar la primera parcialidad al saldo del adeudo inicial.

En todos los casos, en tratándose de solicitudes de pago diferido, éste se calculará en unidades de inversión de acuerdo a la fecha de pago comprometida, de conformidad con lo que establece el Código.

**Artículo 138.** Para los efectos de los artículos 40 C y 40 D de la Ley, quedará sin efecto la solicitud o autorización para el pago diferido o en parcialidades cuando:

**I.** Desaparezca o resulte insuficiente la garantía del interés fiscal otorgada, sin que el patrón presente nueva garantía o amplíe la que resulte insuficiente;

**II.** El patrón sea declarado sujeto a concurso mercantil o esté en proceso de liquidación;

**III.** El patrón deje de pagar tres parcialidades;

**IV.** El patrón omita el pago de las cuotas obrero patronales que se generen dentro de los tres meses siguientes a la presentación de su solicitud, y

**V.** El patrón, tratándose de pago diferido, no lo realice en la fecha señalada.

En los supuestos de las fracciones anteriores, el Instituto requerirá y hará exigible el saldo insoluto, mediante el procedimiento administrativo de ejecución o en su caso, procederá a hacer efectiva la garantía del interés fiscal. En el caso de la fracción II, el Instituto hará valer el derecho de preferencia, en términos del artículo 288 de la Ley, ante el conciliador o juez de la causa.

**Artículo 139.** El Instituto podrá autorizar por una sola vez la rehabilitación de una solicitud o autorización concedida que haya sido incumplida, siempre y cuando el patrón pague en una exhibición, en un periodo máximo de cinco días hábiles contados a partir de la fecha en que se le dé a conocer la autorización respectiva, el total del monto correspondiente a las mensualidades no cubiertas en su oportunidad, así como los recargos que se hubieran generado por la mora en el pago de dichas mensualidades; asimismo, el patrón deberá cubrir en dicho plazo las cuotas vencidas y sus accesorios legales, de periodos posteriores a los contenidos en la solicitud o autorización.

**Artículo 140.** El Instituto podrá por una sola vez, a solicitud del patrón, conceder un plazo mayor al inicialmente aceptado u otorgado, sin que en total exceda de cuarenta y ocho meses y, en su caso, agregar adeudos por cédulas de liquidación diferentes a las cuotas mensuales no vencidas.

**Artículo 141.** No se aceptará la solicitud ni se autorizará el pago diferido o en parcialidades, respecto de los créditos garantizados con fianza en trámite de efectividad, así como de aquéllos por los que exista una resolución firme favorable al Instituto.

**Artículo 142.** En tratándose de créditos impugnados, el patrón o sujeto obligado, deberá desistirse del medio de defensa interpuesto y presentar copia del acuerdo que recaiga al escrito de desistimiento, a más tardar dentro de los quince días hábiles posteriores a la fecha de la autorización a que se refiere el artículo 135 de este Reglamento; si el patrón no requiere de autorización previa, dicho plazo se computará a partir del día siguiente de la fecha de presentación de la solicitud señalada en el artículo 133 del mismo. En caso de no presentar el acuerdo de referencia, quedará sin efecto la solicitud o autorización otorgada.

**Artículo 143.** El Instituto suspenderá el procedimiento administrativo de ejecución, una vez realizado el entero de la primera parcialidad y garantizado el interés fiscal.

**Artículo 144.** Para efectos del artículo 40 E de la Ley, la solicitud de pago a plazos o diferido deberá presentarse en la unidad administrativa del Instituto que controle el registro patronal del interesado, dentro de los diez días hábiles siguientes a aquél en que se efectúe el pago del diez por ciento del monto de las cuotas del periodo respectivo solicitado, en los formatos autorizados por el Instituto, con la documentación que se señala en los artículos 133 y 134 de este Reglamento.

El Instituto en un plazo máximo de sesenta días hábiles, contados a partir de la fecha de presentación de la solicitud, notificará al patrón o a su representante legal, la resolución que haya recaído a su petición.

La constitución de la garantía del interés fiscal, se hará en los términos que establece el Código.

**Artículo 145.** Para la celebración del convenio a que se refiere el artículo 15 B de la Ley se procederá de la manera siguiente:

**I.** En lo referente a la construcción, ampliación o remodelación de casa habitación, la superficie a construir se multiplicará por el número de veces el salario mínimo vigente de la región que corresponda, conforme a los índices que al efecto publique el Instituto, cuyo resultado será el importe de las cuotas obrero patronales a cubrir;

**II.** Respecto a la remodelación o ampliación a cualquier tipo de obra diferente de casa habitación que se realice en forma esporádica, se obtendrá el importe estimado de mano de obra multiplicando la superficie a construir por el costo de mano de obra por metro cuadrado según corresponda, conforme a las tablas que al efecto publique el Instituto;

**III.** Al importe estimado por mano de obra, conforme a la fracción anterior, se le aplicarán las primas que correspondan a los Seguros de Riesgos de Trabajo, Enfermedades y Maternidad, Invalidez y Vida, así como Guarderías y Prestaciones Sociales, obteniéndose el importe de las cuotas obrero patronales a cubrir, y

**IV.** El monto de cuotas, determinado con la aplicación de las fracciones anteriores, se dividirá entre el número de meses estimados de ejecución de la obra. El Instituto emitirá las cédulas de liquidación correspondientes y las notificará al patrón o sujeto obligado, quien las deberá pagar en los plazos que establece la Ley y este Reglamento.

**Artículo 146.** Las personas que opten por convenir anticipadamente el pago de las cuotas por la construcción de obra, no quedan relevadas de la obligación de inscribir a sus trabajadores al Instituto con los salarios base de cotización que corresponda y presentar los movimientos afiliatorios que establece la Ley y este Reglamento, no siendo sujetos de la aplicación de capitales constitutivos en los casos de siniestros ocurridos a sus trabajadores contratados para ejecutar la obra por la que se celebre el convenio, desde la fecha de formalización del mismo, hasta la fecha estimada de conclusión de la obra, siempre y cuando haya presentado los avisos afiliatorios.

**Artículo 147.** Al término de la obra, se procederá a comparar el monto de las cuotas pagadas contra las que determine el Instituto con base en la información que presente el patrón o sujeto obligado en sus avisos afiliatorios.

Si el monto de lo determinado fuera mayor a un diez por ciento del monto de las cuotas pagadas, el Instituto emitirá y notificará al patrón o sujeto obligado, las cédulas de liquidación correspondientes.

Cuando el monto de lo determinado fuera menor de un diez por ciento respecto del monto de las cuotas pagadas, se otorgará un plazo de quince días hábiles al patrón o sujeto obligado, para que presente los movimientos afiliatorios correspondientes.

**Artículo 148.** El Instituto, en cualquier momento, podrá revisar la obra sujeta al convenio de pago de cuotas y si detectara que el tipo de obra o la superficie es superior a lo convenido, rescindirá administrativamente el convenio en los términos establecidos en el mismo, independientemente de aplicar las sanciones a que hubiera lugar, así como determinar y cobrar las cuotas omitidas y sus accesorios legales.

**Artículo 149.** Los patrones que en términos de la Ley y este Reglamento, dictaminen a través de contador público autorizado sus aportaciones al Instituto, podrán pagar las cuotas determinadas en el dictamen, así como la actualización y recargos respectivos hasta en doce mensualidades, debiendo anexar a la solicitud de pago en parcialidades la garantía del interés fiscal. Al momento de presentar dicha garantía el Instituto otorgará la autorización respectiva. En el dictamen correspondiente deberá integrarse copia de la solicitud recibida por el Instituto.

## CAPÍTULO VII
### DE LA NOTIFICACIÓN Y EXIGIBILIDAD DE LOS CRÉDITOS

**Artículo 150.** Las cédulas de liquidación emitidas por el Instituto que deriven de gastos por inscripciones improcedentes y por la atención a las personas no derechohabientes, se sujetarán, en lo conducente, al procedimiento de notificación previsto en el artículo 40 de la Ley.

**Artículo 151.** Las cédulas de liquidación emitidas por el Instituto por concepto de cuotas obrero patronales, capitales constitutivos, actualización, recargos, multas y gastos por inscripciones improcedentes y atención a no derechohabientes, tendrán el carácter de definitivas al surtir efectos su notificación.

Sin perjuicio de lo señalado en el párrafo anterior, el patrón podrá formular aclaraciones en relación con los créditos emitidos por concepto de cuotas obrero patronales, capitales constitutivos, actualización, recargos y multas, conforme a lo siguiente:

**I.** La aclaración administrativa deberá ser solicitada por el patrón dentro de los cinco días hábiles siguientes a la fecha en que surta efectos la notificación del crédito fiscal;

**II.** Las aclaraciones estarán debidamente sustentadas y podrán versar sobre errores aritméticos, mecanográficos, avisos afiliatorios presentados previamente por el patrón al Instituto o certificados de incapacidad expedidos por éste;

**III.** Cuando el patrón formule aclaraciones respecto de la cédula de liquidación, se anotará en dicha cédula la fecha de la aclaración, así como su procedencia o improcedencia;

**IV.** El patrón, al formular la aclaración, deberá presentar los cálculos correspondientes, así como la documentación en que la sustente, para su revisión y en su caso, autorización por parte del Instituto;

**V.** El Instituto podrá desahogar la aclaración con base en la información y documentos presentados por el patrón, verificando la validez de los mismos.

Si como resultado de la verificación de la información y documentos presentados por el patrón, se resuelve la aclaración como procedente, el Instituto cancelará el crédito emitido.

En caso de que la aclaración se resuelva parcialmente procedente, el Instituto podrá emitir un nuevo crédito por las diferencias correspondientes. Cuando se resuelva que la aclaración es improcedente, quedará firme el crédito respectivo;

**VI.** La aclaración será resuelta en un plazo de veinte días hábiles. De no resolverse la aclaración en el plazo señalado, se suspenderá el plazo para efectuar el pago del importe sujeto a aclaración, y

**VII.** La presentación de la aclaración en los términos de este artículo, interrumpirá el plazo para interponer el recurso de inconformidad.

Se podrán aceptar las aclaraciones debidamente sustentadas que presente el patrón fuera del plazo señalado en este artículo, siempre que, respecto de los créditos sujetos a aclaración, no se encuentre en trámite de efectividad la garantía otorgada, no se haya interpuesto recurso de inconformidad o cualquier otro medio de defensa, o que, habiéndolo interpuesto, medie desistimiento.

## TÍTULO SEXTO
## DEL DICTAMEN Y CORRECCIÓN DE LAS OBLIGACIONES PATRONALES

### CAPÍTULO I
### DISPOSICIONES GENERALES

**Artículo 152.** Para los efectos del primer párrafo del artículo 16 de la Ley, el promedio de trabajadores se obtendrá dividiendo entre doce, el total de trabajadores que resulte de sumar los que, en cada mes del ejercicio fiscal inmediato anterior, prestaron servicios al patrón, tomando en cuenta todos los registros patronales que le haya asignado el Instituto.

### CAPÍTULO II
### DE LOS REQUISITOS PARA DICTAMINAR

**Artículo 153.** Para los efectos del artículo 16 de la Ley, se entenderá por contador público autorizado, la persona física que habiendo obtenido el título de contador público o grado académico equivalente en el área de contaduría pública, expedido por autoridad competente, se inscriba y mantenga vigente dicha inscripción, en el registro de contadores públicos que llevará el Instituto en cumplimiento a lo dispuesto en el artículo 251, fracción XXIX de la Ley.

En dicho registro podrán inscribirse los contadores públicos, de nacionalidad mexicana que acrediten ser miembros de un colegio de profesionales de la contaduría pública, reconocido también por autoridad competente, y que demuestren ante el Instituto, conforme a lo dispuesto por la fracción III del artículo 154 de este Reglamento, que cuentan con los conocimientos suficientes para emitir dictámenes sobre el cumplimiento de las obligaciones derivadas de la Ley.

**Artículo 154.** El contador público inscrito en el registro a que se refiere el artículo anterior deberá:

**I.** Informar al Instituto cualquier cambio en los datos que proporcionó en su solicitud de registro, en un plazo de diez días hábiles, contados a partir de la fecha en que ocurra;

**II.** Comprobar, dentro de los tres primeros meses de cada año, que es socio activo de un colegio de profesionales de la contaduría pública, reconocido por la autoridad competente;

**III.** Acreditar una evaluación ante el colegio o asociación de la profesión contable al que pertenece, en materia de la Ley y sus reglamentos, cuyo contenido y periodicidad será fijado por el propio Instituto, tomando en consideración los criterios que al efecto emita una comisión integrada por el Instituto y colegios profesionales de contadores públicos que demuestren que incluyen en su membresía al menos el diez por ciento del total de los profesionales colegiados en México, y

**IV.** Dar aviso por escrito, a los patrones en proceso de dictamen bajo su responsabilidad, en un plazo que no exceda de cinco días hábiles contados a partir de la notificación, de la suspensión o cancelación de su registro ante el Instituto.

**Artículo 155.** No obstante contar con la inscripción en el Registro a que se refiere el artículo 153 de este Reglamento, no podrá emitir un dictamen sobre el cumplimiento de las obligaciones que la Ley y sus reglamentos imponen a los patrones, quien se encuentre en cualquiera de los supuestos siguientes:

**I.** Ser el patrón a dictaminar, o en su caso, socio, asociado, director, administrador o empleado que tenga intervención en su administración;

**II.** Ser cónyuge, pariente por consanguinidad en línea recta o colateral dentro del cuarto grado o por afinidad, de las personas a que se refiere la fracción anterior;

**III.** Prestar o haber prestado sus servicios, en el ejercicio dictaminado o durante el año anterior a éste, en forma subordinada al patrón o alguna empresa filial, subsidiaria o que esté vinculada económica o administrativamente con el propio patrón, cualquiera que sea la forma como se le designe y se le retribuyan sus servicios. El comisario de la sociedad no se considera impedido para dictaminar, salvo que concurra otra causa de las que se mencionan en este Título;

**IV.** Tener, o haber tenido durante el ejercicio que comprenda el dictamen alguna injerencia o vinculación económica en los negocios del patrón;

**V.** Ser agente o corredor de bolsa de valores que se encuentre activo en su ejercicio profesional;

**VI.** Estar vinculado con el patrón de tal manera que le impida independencia o imparcialidad de criterios o bien, que los resultados de su dictamen determinen sus emolumentos;

**VII.** Estar prestando sus servicios al Instituto o a otra autoridad fiscal competente para determinar contribuciones federales o locales, y

**VIII.** Estar en una situación análoga a las mencionadas, que pueda afectar su imparcialidad.

En todos los casos, el contador público autorizado que suscriba el aviso para dictaminar y emita el dictamen correspondiente, deberá declarar en el mismo y bajo protesta de decir verdad que no se encuentra en alguno de los supuestos señalados en este artículo.

## CAPÍTULO III
### DEL AVISO PARA DICTAMINAR

**Artículo 156.** Para la formulación del dictamen a que se refiere el artículo 16 de la Ley, el patrón presentará al Instituto, dentro de los cuatro meses siguientes a la terminación del ejercicio fiscal inmediato anterior, el aviso correspondiente en los formatos autorizados por el Instituto.

En el caso de los patrones que tengan dos o más registros patronales se presentará un único aviso que comprenderá todos los registros.

**Artículo 157.** El aviso a que se refiere el artículo anterior, será suscrito por el patrón o por su representante legal y el contador público autorizado que vaya a formular el dictamen. Este aviso sólo será válido para el ejercicio fiscal, periodo y registro o registros patronales que en el mismo se indiquen.

El aviso para dictaminarse deberá presentarse en la unidad administrativa que corresponda al domicilio fiscal del patrón.

Los patrones con actividad en la industria de la construcción podrán presentar aviso de dictamen en los términos del párrafo anterior o por cada una de sus obras, sin que esto los releve de la obligación establecida en el primer párrafo del artículo 16 de la Ley. En este caso, el aviso abarcará el periodo completo de ejecución de la obra y lo previsto en el artículo 173 de este Reglamento, sólo se aplicará con relación a las obras dictaminadas.

Se entenderá por aceptado el aviso y podrá emitirse el dictamen, si en un plazo de quince días hábiles contados a partir del día siguiente a la fecha de su presentación, no recae notificación del Instituto al respecto, sin perjuicio de lo establecido en el artículo siguiente.

**Artículo 158.** El aviso a que se refiere este Capítulo, no surtirá efectos cuando ocurra alguno de los supuestos siguientes:

**I.** Se incumpla con lo establecido en los artículos 154, fracción III, 156 y 157 de este Reglamento;

**II.** El registro del contador público esté suspendido o cancelado;

**III.** Haya sido notificada una orden de visita domiciliaria con anterioridad a la presentación del aviso, que incluya el ejercicio o anteriores a aquél a que se refiere el aviso o periodo a dictaminar, con excepción de lo señalado en el artículo 159 de este Reglamento, y

**IV.** Exista impedimento del contador público que lo suscriba.

**Artículo 159.** Cuando exista la solicitud patronal o invitación del Instituto a la corrección o medie alguno de los requerimientos señalados en el segundo párrafo de la fracción XXVIII del artículo 251 de la Ley, el periodo a dictaminar será por los últimos dos ejercicios.

Cuando esté notificada una orden de visita domiciliaria, pero no iniciada la revisión documental a juicio del Instituto, se le podrá autorizar dictaminarse por los últimos tres ejercicios.

Una vez autorizado el aviso para dictaminar, el patrón no podrá optar por ningún procedimiento de corrección.

**Artículo 160.** El patrón podrá sustituir al contador público autorizado, que hubiera designado para dictaminar sus obligaciones, dando aviso a la unidad administrativa respectiva dentro de los tres meses siguientes a la presentación del aviso.

Cuando el contador público autorizado no pueda formular el dictamen por incapacidad física o impedimento legal comprobados, el aviso para sustituirlo se podrá dar en cualquier tiempo antes de que concluya el plazo para presentar el dictamen.

Si existe sustitución del contador público autorizado, el Instituto podrá autorizar, a solicitud del patrón, que el dictamen se presente dentro de los dos meses siguientes al plazo previsto en el artículo 161 de este Reglamento.

# CAPÍTULO IV
## DEL DICTAMEN

**Artículo 161.** El dictamen del cumplimiento de obligaciones derivadas de la Ley, deberá ser específico e independiente de cualquier otro respecto del mismo patrón, rendirse por el contador público autorizado y presentarse, a más tardar el 30 de septiembre siguiente al del ejercicio fiscal inmediato anterior.

El patrón que se encuentre en alguno de los supuestos del artículo 159 de este Reglamento, deberá presentarlo dentro de los nueve meses siguientes a la fecha de presentación del aviso.

**Artículo 162.** El Instituto concederá prórroga hasta por cuarenta días hábiles para la presentación del dictamen, por caso fortuito o fuerza mayor, o bien, limitaciones de carácter físico o legal debidamente comprobadas que impidan su entrega dentro del plazo mencionado en el artículo anterior.

La solicitud correspondiente deberá ser firmada por el patrón o su representante legal, y por el contador público autorizado, y presentarse antes del vencimiento del plazo señalado. Se considerará autorizada la prórroga si dentro de los quince días hábiles siguientes a la fecha de presentación de la solicitud, el Instituto no notifica la correspondiente resolución. Una vez concedida la prórroga, en ningún caso procederá sustitución del contador público autorizado.

El dictamen que se presente fuera de los plazos que prevé este Reglamento no surtirá efecto alguno, salvo que el Instituto considere que existen razones para admitirlo, caso en el cual comunicará tal hecho al patrón, con copia al contador público autorizado, dentro de los tres meses siguientes a la fecha de su presentación, salvo lo previsto en el artículo 160 de este Reglamento.

**Artículo 163.** El dictamen que elabore el contador público autorizado, con motivo de su revisión, y que se presente al Instituto, deberá contener carta de presentación firmada por el patrón o sujeto obligado, o su representante legal y por el contador público autorizado, opinión, anexos y documentación complementaria señalada en el artículo 166 de este Reglamento.

**Artículo 164.** La opinión que emita el contador público autorizado deberá apegarse al texto aprobado por el Instituto y contendrá lo siguiente:

**I.** La manifestación, bajo protesta de decir verdad, que la opinión se elaboró en cumplimiento de la Ley y sus reglamentos, y que se realizó con apego a las normas de auditoría generalmente aceptadas, así como a los procedimientos de auditoría. Dicha manifestación podrá ser:

a) Limpia;

b) Sin salvedades;

c) Con salvedades;

d) Con abstención de opinión, o

e) Con opinión negativa.

II. La indicación de que si al enterar el patrón las cuotas obrero patronales del seguro social por el ejercicio dictaminado, incurrió en omisiones que no hubieran sido corregidas antes de la entrega del dictamen, debiendo señalar los conceptos omitidos;

III. El registro o registros patronales y el ejercicio o periodo dictaminado;

IV. Las razones por las cuales el contador público autorizado determina que no es factible formular con todos sus anexos un dictamen, debiendo explicar ante el Instituto en qué consisten esas razones, y

V. El nombre, firma y número de registro ante el Instituto, del contador público autorizado.

**Artículo 165.** Las cuotas omitidas que resulten de la revisión del contador público autorizado serán determinadas y pagadas dentro del plazo señalado en los artículos 126 o 149 de este Reglamento, debiendo integrar al dictamen copia del comprobante de pago o de la autorización del pago en parcialidades y comprobante de la primera parcialidad efectuada.

Si como resultado del dictamen se determina que el patrón enteró cuotas obrero patronales sin justificación legal, la solicitud de devolución deberá tramitarse conforme a lo establecido en el artículo 299 de la Ley.

**Artículo 166.** Los anexos preparados por el contador público autorizado consistirán en:

I. Informe respecto de la situación del patrón dictaminado que deberá proporcionarse a través del documento que contenga:

a) Descripción de las características generales del patrón y específicas sobre las modalidades de aseguramiento que le sean aplicables, y

b) Clases y características de los contratos de trabajo colectivos e individuales tipo, en su caso. Si existieran contratos de naturaleza diversa o de prestación de servicios se indicarán las características generales de los mismos;

II. Cuadro analítico de las cuotas obrero patronales, omitidas y determinadas en el dictamen, adjuntando el formato impreso o el medio magnético correspondiente al programa informático autorizado por el Instituto para el pago; copia del comprobante de pago respectivo o de la solicitud del pago en parcialidades que señala el artículo 149 de este Reglamento, y copia de la primera parcialidad efectuada; constancia de la presentación de los avisos afiliatorios y movimientos salariales resultantes del dictamen, indicando número de trabajadores promedio con que cuenta el patrón en el ejercicio dictaminado;

**III.** Análisis de los conceptos de percepción por grupos o categorías de trabajadores, indicando si éstos se acumularon o no al salario base de cotización y revisión a los pagos efectuados a personas físicas señalando en todos los casos si éstos se afiliaron o no al régimen obligatorio del seguro social, así como los elementos que sirvieron de base para ello;

**IV.** Conciliación del total de percepciones de trabajadores en registros contables contra la base de salarios manifestados para el Instituto; así como contra lo declarado para efectos del Impuesto Sobre la Renta.

Al anexo deberá adjuntarse, invariablemente, copia de la declaración anual del impuesto sobre la renta, declaración anual de pagos y retenciones, balanza de comprobación analítica de subcuentas de costos y gastos, cuentas de balance que tengan relación con sueldos y salarios, así como el análisis del importe total de excedentes de salarios tope de acuerdo a los máximos señalados en la Ley, correspondientes al ejercicio dictaminado, importe total de percepciones variables del sexto bimestre inmediato anterior al ejercicio dictaminado y del sexto bimestre del ejercicio dictaminado, y

**V.** Reporte de la actividad o actividades, clasificación y grado de riesgo de la empresa dictaminada.

Los anexos señalados en las fracciones II y V deberán suscribirse por el patrón o su representante legal y el contador público autorizado firmará la totalidad de los anexos y consignará su nombre, así como su número de registro ante el Instituto, debiendo presentarse enumerados en forma progresiva, en el orden en que se han mencionado.

**Artículo 167.** Para los patrones de la industria de la construcción que dictaminen por ejercicio fiscal o por obra, además de los anexos señalados en el artículo anterior, el contador público autorizado deberá adicionar al dictamen lo siguiente:

**I.** Cédula descriptiva de la ubicación de la obra u obras ejecutadas en el ejercicio o periodo dictaminado;

**II.** Cédula analítica del total de pagos por remuneraciones a trabajadores por cada una de las obras iniciadas, en proceso, suspendidas, canceladas o terminadas en el ejercicio o periodo dictaminado y relativas al registro patronal que se dictamine, y

**III.** Cédula descriptiva de subcontratistas personas físicas y morales, señalando su número de registro patronal por cada una de las obras del ejercicio o periodo dictaminado, relativas al registro patronal que se dictamine.

**Artículo 168.** En el dictamen emitido por el contador público autorizado se considerarán cumplidas las normas de auditoría a que se refiere la fracción I del artículo 164 de este Reglamento en la forma siguiente:

Las relativas a la capacidad, independencia e imparcialidad profesionales del contador público cuando:

**a)** Su registro ante el Instituto se encuentre vigente, y

**b)** No tenga impedimento;

Las relativas al trabajo profesional, cuando:

**a)** La planeación del trabajo y la supervisión de sus auxiliares le permita allegarse los elementos de juicio suficientes para fundamentar su dictamen;

**b)** El estudio y evaluación del sistema de control interno del patrón le permita determinar el alcance y naturaleza de los procedimientos de auditoría que habrán de emplearse, y

**c).** Los elementos probatorios e información contenida en los registros contables del patrón, cuando sean suficientes y adecuados para su razonable interpretación.

**Artículo 169.** En el supuesto de que el contador público autorizado carezca de elementos emitirá dictamen negativo o con abstención de opinión, debiendo mencionar claramente cuáles fueron los impedimentos y su efecto y, de ser posible, la cuantificación de las obligaciones que señala la Ley, a cargo del patrón dictaminado.

## CAPÍTULO V
## DE LAS RESOLUCIONES

**Artículo 170.** Los dictámenes que formulen los contadores públicos autorizados con relación al cumplimiento de las obligaciones de la Ley y sus reglamentos se presumirán válidos, salvo prueba en contrario.

Las opiniones, interpretaciones o determinaciones contenidas en los dictámenes no obligan al Instituto, por lo que en cualquier tiempo, podrá ejercer sus facultades de revisión o comprobación para determinar y fijar en cantidad líquida las cuotas obrero patronales con base en los datos con que cuente de acuerdo a lo establecido en el artículo 39 C de la Ley, mismas que deberán pagarse en los términos del artículo 127 de este Reglamento.

**Artículo 171.** El Instituto al revisar el dictamen lo hará conforme a los lineamientos siguientes:

**I.** Requerirá al contador público autorizado por escrito con copia al patrón:

**a)** La información o documentación que conforme a este Reglamento deba incluirse en el dictamen. El plazo para la presentación de la misma será dentro de los cinco días hábiles siguientes a la fecha de notificación del requerimiento;

**b)** Los papeles de trabajo elaborados con motivo de la auditoría practicada, los cuales, en todo caso, se entiende que son propiedad del contador público, y

**c)** Información y documentación correspondientes a las partidas sujetas a aclaración, para cerciorarse del cumplimiento de las obligaciones del patrón.

El plazo para la presentación de la información y documentación a que se refieren los incisos b) y c), será de quince días hábiles contados a partir de la fecha de notificación del requerimiento, y

**II.** Requerirá al patrón, con copia al contador público la información y documentación señalada en el inciso c) de la fracción anterior, en los términos aceptados en la solicitud de dictamen, cuando dicha información o documentación no haya sido proporcionada por el contador público autorizado, así como la exhibición de los sistemas y registros contables y documentación original, en aquellos casos en que así se considere necesario. Para el cumplimiento del requerimiento, se otorgará el mismo término señalado en el último párrafo de la fracción anterior.

Para la presentación de la información o documentos que le fueran requeridos en términos de los incisos b) y c), de la fracción I, el Instituto a petición del contador público autorizado o del patrón, concederá una prórroga de diez días hábiles.

**Artículo 172.** Formulados los requerimientos a que se refiere el artículo anterior y, si a juicio del Instituto, el dictamen no satisface los requisitos señalados en este Reglamento, lo hará del conocimiento del patrón y del contador público autorizado, quienes contarán con un plazo de quince días hábiles a partir de su notificación para manifestar lo que a su derecho convenga. Transcurrido dicho plazo, el Instituto emitirá la resolución que corresponda y procederá, en su caso, a ejercer las facultades de comprobación que le otorga la Ley.

**Artículo 173.** El patrón que se dictamine en los términos del presente Reglamento estará a lo siguiente:

**I.** No serán sujetos de visitas domiciliarias por el o los ejercicios dictaminados, excepto cuando al revisar el dictamen se encuentre en su formulación irregularidades de tal naturaleza que obliguen al Instituto a ejercer sus facultades de comprobación.

**II.** En los casos en que se hubieran emitido cédulas de liquidación por diferencias en el pago de cuotas y el dictamen se encuentre en proceso de formulación, el patrón deberá aclararlas, debiendo en su caso, liquidar el saldo a su cargo, tomándolas en cuenta el contador público autorizado que dictamine, como parte de su revisión en la determinación de las diferencias que resulten de su auditoría en forma específica para los trabajadores y por los periodos que se hubieran emitido, y

**III.** No se emitirán a su cargo cédulas de liquidación por diferencias derivadas del procedimiento de verificación de pagos, referidas al ejercicio dictaminado, siempre que se cumplan las condiciones siguientes:

**a)** Que se haya concluido y presentado el dictamen correspondiente;

**b)** Que los avisos afiliatorios y las modificaciones salariales derivados del referido dictamen se hubieran presentado por el patrón en los formatos o medios electrónicos dispuestos para ello, y

**c)** Que las cuotas obrero patronales a cargo del patrón, derivadas del dictamen, se hubiesen liquidado en su totalidad o se haya agotado el plazo de doce meses establecido en el artículo 149 de este Reglamento, de conformidad con el artículo 40 C de la Ley.

Lo establecido en esta fracción no es aplicable bajo ninguna circunstancia a los créditos que se deriven del Seguro de Retiro, Cesantía en Edad Avanzada y Vejez; capitales constitutivos, recargos documentados, visitas domiciliarias y en general, resoluciones derivadas de cualquier medio de defensa ejercido por el patrón.

**Artículo 174.** Si como resultado del dictamen y de su revisión se determinaran irregularidades a cargo del patrón, éste conforme al último párrafo del artículo 50 de este Reglamento, deberá elaborar y presentar los avisos afiliatorios y modificaciones salariales a que está obligado en los términos de los artículos 15, 15 A y 15 B de la Ley.

**Artículo 175.** El aviso para formular dictamen, se recibirá en cualquier fecha al patrón que no teniendo la obligación se dictamine, en caso de existir orden de visita o requerimiento.

## CAPÍTULO VI
### DE LAS SANCIONES

**Artículo 176.** Cuando el Instituto detecte irregularidades en la elaboración e integración del dictamen, imputables al contador público autorizado, podrá imponer las sanciones en los términos siguientes:

**I.** Le amonestará:

**a)** Si presenta incompleta la información a que se refieren los artículos 163, 165, 166 y 167 del presente Reglamento;

**b)** En caso de que no cumpla con los requerimientos que le formule el Instituto o no presente la totalidad de la documentación o información solicitada en los términos de este Reglamento, y

**c)** No cumpla con lo establecido en el artículo 154, fracciones I, II y III de este Reglamento.

**II.** Le suspenderá el registro ante el Instituto:

**a)** Por un año, cuando acumule tres amonestaciones, dentro de un periodo de cuatro años consecutivos;

**b)** Por dos años, en las siguientes situaciones:

**1)** Cuando no formule el dictamen y anexos debiendo hacerlo;

**2)** Cuando habiendo presentado incompletos bien sea el dictamen o los anexos, el contador público autorizado no hiciera las aclaraciones que le solicite el Instituto, y

**3)** Cuando la documentación aclaratoria solicitada por el Instituto no se presente dentro del plazo que se otorgue para tal efecto, independientemente de las prórrogas o nuevos requerimientos autorizados o formulados por el Instituto que sean diversos al requerimiento de documentación.

**c)** Por tres años, cuando del dictamen presentado o de su revisión, se resuelva que lo hizo en contravención a lo dispuesto en la Ley, sus reglamentos o a las normas de auditoría generalmente aceptadas;

**d)** Cuando esté sujeto a proceso por presunta comisión de un delito de carácter fiscal o por delitos intencionales que ameriten pena corporal. En este caso, la suspensión durará hasta la resolución definitiva de dicho proceso, y

**III.** Le cancelará el registro ante el Instituto:

**a)** Cuando hubiere reincidencia a la violación a las disposiciones que rigen la formulación del dictamen y demás información para efectos fiscales. Se entiende que hay reincidencia cuando el contador público autorizado acumule tres suspensiones;

**b)** Cuando la sentencia que ponga fin al proceso a que se refiere el inciso d) de la fracción anterior le sea condenatoria;

**c)** Al dejar de ser socio activo del colegio de la contaduría pública al que pertenezca, reconocido por la autoridad competente;

**d)** Al establecer relación laboral con el Instituto;

**e)** Si omitiera informar al Instituto en el caso de encontrarse en los supuestos que señala el artículo 155 de este Reglamento, y

**f)** Por no dar el aviso correspondiente al patrón en el caso de la suspensión, a que se refiere la fracción IV del artículo 154 de este Reglamento.

El cómputo de las infracciones señaladas en las fracciones I y II de este artículo, se hará por ejercicio fiscal, periodo o patrón, aun cuando cuente con diferentes registros patronales y que el contador público esté dictaminando el cumplimiento de las obligaciones patronales o derivado del incumplimiento a los requisitos que le establece el Instituto para la vigencia y actualización de su registro de contador público autorizado.

**Artículo 177.** El Instituto ejercerá las facultades a que se refiere el artículo anterior, de acuerdo con el procedimiento siguiente:

**I.** Determinada la irregularidad, ésta se hará del conocimiento del contador público por escrito, para que en un plazo máximo de quince días hábiles, manifieste lo que a su derecho convenga y presente las pruebas documentales que desvirtúen los hechos, y

**II.** Agotada la fase anterior, con vista en los elementos que obren en el expediente, el Instituto emitirá la resolución que proceda; y en los supuestos a que se refieren las fracciones II y III del artículo anterior, dará aviso por escrito a la organización profesional a la que pertenezca el contador público autorizado.

## CAPÍTULO VII
## DE LA CORRECCIÓN

**Artículo 178.** Los patrones o sujetos obligados podrán corregir el cumplimiento de sus obligaciones ante el Instituto, mediante la presentación de su solicitud o aceptando la invitación que emita la autoridad competente del mismo, en los términos del presente Capítulo.

La solicitud de corrección se presentará en la unidad administrativa del Instituto que corresponda a su registro patronal. En caso de que la corrección comprenda la totalidad de los registros patronales, el trámite respectivo se podrá realizar en la unidad administrativa que corresponda a su domicilio fiscal.

**Artículo 179.** El Instituto deberá resolver, en un plazo no mayor a quince días hábiles, la solicitud de corrección que el patrón o sujeto obligado hubiese presentado de manera espontánea, en caso de no hacerlo así, se entenderá que dicha solicitud ha sido aceptada. El periodo a regularizar en este caso corresponderá al ejercicio fiscal inmediato anterior y el periodo transcurrido a la fecha de presentación de la solicitud.

Tratándose de la corrección que se realice a través de oficio de invitación del Instituto, el patrón deberá presentar por escrito, en un plazo no mayor a seis días hábiles contados a partir del día siguiente de la fecha de su notificación, su aceptación de regularizar los dos últimos ejercicios fiscales más el periodo transcurrido a la fecha de la notificación.

Los patrones o sujetos obligados de la industria de la construcción, podrán optar por regularizarse ante el Instituto, por cada una de las obras o por ejercicio fiscal.

**Artículo 180.** El patrón o sujeto obligado deberá presentar la corrección en un plazo máximo de cuarenta días hábiles contados a partir de la fecha de aceptación de la solicitud, acompañando la documentación que sustente dicha corrección, así como copia del comprobante de pago de las cuotas obrero patronales, adjuntando el formato impreso o el medio magnético correspondiente al programa informático autorizado por el Instituto para el pago y constancia de la presentación de los avisos afiliatorios y movimientos salariales resultantes de la corrección.

El Instituto, previa solicitud patronal, podrá conceder por única vez prórroga hasta por diez días hábiles.

El Instituto podrá solicitar al patrón, o sujeto obligado información o documentación complementaria para revisar y, en su caso, validar la corrección, en un plazo no mayor a veinte días hábiles contados a partir de la fecha de la entrega de la documentación señalada en el primer párrafo. Dicha documentación deberá presentarse en un plazo no mayor de diez días hábiles contados a partir del día siguiente al de la notificación del requerimiento.

Cuando de la revisión realizada por el Instituto resulten diferencias con lo manifestado por el patrón, o sujeto obligado, se le notificará por escrito para su aclaración o, en su caso, para que efectúe el pago respectivo dentro de los quince días hábiles siguientes a la fecha de notificación.

El Instituto realizará la revisión a que se refiere este artículo dentro de los ciento veinte días hábiles, contados a partir de la fecha en que el patrón presente ante el propio Instituto la documentación a que se refiere el párrafo primero de este artículo o la complementaria.

**Artículo 181.** Una vez aclaradas y, en su caso, pagadas las diferencias, el Instituto validará la corrección y, se dará por concluido el trámite. Sólo en caso de existir denuncia de algún trabajador, o de comprobarse que el patrón o sujeto obligado proporcionó información o documentación falsa, el Instituto ejercerá sus facultades de comprobación.

**Artículo 182.** Los patrones o sujetos obligados que concluyan su corrección de conformidad con lo que establece la Ley y este Reglamento, estarán a lo previsto en el artículo 173 del presente ordenamiento.

## TÍTULO SÉPTIMO
## IMPOSICIÓN DE MULTAS

## CAPÍTULO ÚNICO
## DE LAS MULTAS

**Artículo 183.** Para efecto de considerar la gravedad de la falta a que se refiere el artículo 304 B de la Ley, al momento de imponerse la sanción, se tomarán en consideración los términos del mismo artículo, así como alguno o algunos de los supuestos siguientes:

**I.** Las circunstancias particulares en la comisión del acto u omisión de éste, y

**II.** El número de trabajadores afectados por el acto u omisión, en proporción al número total de trabajadores al servicio del patrón.

**Artículo 184.** Para efecto de considerar las condiciones particulares del patrón o sujeto obligado, a que se refiere el artículo 304 B de la Ley, al momento de imponerse la sanción, se tomarán en cuenta, los antecedentes del patrón o sujeto obligado, respecto del cumplimiento de sus obligaciones para con el Instituto.

**Artículo 185.** Para efecto de lo que establece el artículo 304 B de la Ley, se considerará reincidencia, la comisión de la misma infracción dentro del término de trescientos sesenta y cinco días naturales, contados a partir de la fecha de la notificación de la última sanción impuesta.

En caso de reincidencia en la comisión de alguna infracción, la multa que se imponga será aquella que corresponda a la última infracción cometida, duplicándose su importe, sin que pueda exceder del máximo legal.

**Artículo 186.** En caso de que el patrón con un mismo acto u omisión cometa varias infracciones a las normas previstas en la Ley o sus reglamentos, y por tal motivo, se haga acreedor a la imposición de varias multas, sólo se aplicará la que corresponda a la infracción cuya multa sea mayor.

**Artículo 187.** La aplicación de las multas es independiente del cobro del crédito fiscal omitido, así como de sus accesorios legales.

**Artículo 188.** La sanción impuesta en términos del artículo 304 de la Ley, excluye la aplicación de cualquiera otra prevista en la Ley, por el mismo acto u omisión.

**Artículo 189.** Las multas impuestas deberán ser pagadas dentro de los quince días hábiles siguientes a su notificación.

En el caso de que la multa se pague dentro del plazo señalado en el párrafo anterior, ésta se reducirá en un veinte por ciento de su monto, sin necesidad de que la autoridad que la impuso dicte una nueva resolución.

En caso de ser impugnadas y de haberse confirmado las mismas, el pago deberá realizarse dentro de los quince días hábiles siguientes al en que cause estado la resolución que corresponda.

La imposición de las sanciones previstas en este Reglamento no libera a los infractores del cumplimiento de los actos u omisiones que las motivaron, del pago de las cuotas obrero patronales, de los capitales constitutivos, de los recargos, de su actualización ni de cualquier otra responsabilidad penal o de cualquier otra índole que legalmente proceda.

**Artículo 190.** El patrón o sujeto obligado presentará, por escrito, la solicitud a que se refiere el artículo 304 D de la Ley, ante la unidad administrativa que impuso la multa, la cual deberá contener por lo menos lo siguiente:

**I.** Nombre, denominación o razón social, número de registro patronal y domicilio;

**II.** El número de crédito, periodo y fecha de la multa impuesta, y

**III.** Justificación de que no cometió la infracción por la que se le impuso la multa, acompañando los documentos que la acredite.

**Artículo 191.** El patrón o sujeto obligado, podrá presentar la solicitud a que se refiere el artículo anterior en un plazo no mayor a cinco días hábiles contados a partir de la fecha de notificación de la multa impuesta, siempre y cuando no haya interpuesto recurso de inconformidad.

**Artículo 192.** Si dentro del procedimiento administrativo de ejecución y antes del remate, el patrón presenta la solicitud a la que se refiere el artículo 190 de este Reglamento, deberá garantizar el interés fiscal para obtener la suspensión.

**Artículo 193.** La unidad administrativa que conozca la solicitud resolverá en un plazo no mayor a diez días hábiles, contados a partir de la presentación de dicha solicitud, considerando la justificación y los documentos presentados. La resolución que recaiga a la solicitud será notificada al patrón.

**Artículo 194.** La condonación de las multas que hayan quedado firmes, y siempre que un acto administrativo conexo no sea materia de impugnación, se realizará en la forma y términos que señale el Consejo Técnico del Instituto.

**Artículo 195.** Contra las resoluciones que emita el Instituto imponiendo una multa se podrán interponer los medios de defensa que señalan los artículos 294 y 295 de la Ley.

### TÍTULO OCTAVO
### DEL CATÁLOGO DE ACTIVIDADES PARA LA CLASIFICACIÓN DE LAS EMPRESAS EN EL SEGURO DE RIESGOS DE TRABAJO

### CAPÍTULO ÚNICO

**Artículo 196.** Para los efectos del Capítulo II, del Título Segundo del presente Reglamento, las empresas y el Instituto se sujetarán al Catálogo de Actividades que establece este artículo.

## CATÁLOGO DE ACTIVIDADES

| DIVISIÓN 0 | AGRICULTURA, GANADERÍA, SILVICULTURA, PESCA Y CAZA |
|---|---|

| GRUPO 01 | AGRICULTURA |
|---|---|

| FRACCIÓN | ACTIVIDAD | CLASE |
|---|---|---|
| 011 | Agricultura. Comprende a las empresas que realizan trabajos agrícolas, floricultura, fruticultura, horticultura, jardinería ornamental, ya sea que se realicen intramuros o bajo techo en invernáculos o viveros, así como aquellas empresas que prestan servicios tales como: preparación de la tierra, desmonte, cultivo, cosecha, empaque, fertilización (sin empleo de aeronaves), despepite de algodón, operación de sistemas de riego y otros. Excepto la fumigación clasificada en las fracciones 899 y 8910 y la fertilización con aeronaves clasificadas en la 8910. | III |

| GRUPO 02 | GANADERÍA |
|---|---|

| FRACCIÓN | ACTIVIDAD | CLASE |
|---|---|---|
| 021 | Cría y explotación de ganado y otras clases de animales. Comprende a las empresas que se dedican a la cría y explotación de ganado vacuno, porcino, ovino, caprino, equino, así como a la avicultura, cunicultura y apicultura y a las que prestan servicios como desinfección y erradicación de plagas propias del ganado, inseminación artificial, esquila, ordeña, recolección de abono y otros servicios de ganadería. | III |

| GRUPO 03 | SILVICULTURA | |
|---|---|---|
| FRACCIÓN | ACTIVIDAD | CLASE |
| 031 | Explotación de bosques madereros; extracción de productos forestales no maderables y servicios de explotación forestal. Comprende a las empresas que se dedican a la plantación, repoblación y conservación de bosques, corte de árboles (excepto aserraderos), extracción de leña y cortezas, producción de carbón vegetal, extracción de chicle crudo y otras savias, recolección de frutas, flores, hongos, hierbas, carrizos y otras materias forestales silvestres. Incluye a las empresas que se dedican a prestar servicios de explotación forestal, tales como: estimación de volúmenes de madera, protección de bosques y otros. | V |
| GRUPO 04 | PESCA | |
| FRACCIÓN | ACTIVIDAD | CLASE |
| 041 | Pesca de altura y costera. Comprende a las empresas que se dedican a la pesca comercial y/o deportiva, de altura y costera. Incluye la pesca en esteros o estuarios. | IV |
| 042 | Pesca en aguas interiores. Comprende a las empresas que se dedican a la pesca comercial y/o deportiva en aguas interiores, tales como: ríos, lagos, lagunas y otros. Incluye la recolección de plantas acuáticas; excepto la que se realice por medio de buceo o proveniente de la acuicultura, clasificadas por separado. | III |
| 043 | Acuicultura. Comprende a las empresas acuícolas que se dedican a la conservación, mejoramiento, investigación, reproducción y comercialización de la fauna y flora acuática. No se consideran dentro de esta fracción los trabajos acuícolas por medio del buceo. | I |

| 044 | Trabajos de buceo. | IV |
|---|---|---|
|  | Comprende a las empresas que se dedican al buceo para fines de pesca comercial o deportiva, la recolección de algas, conchas, caracoles, corales y otros. Incluye a las empresas que se dedican a la acuicultura por medio del buceo; supervisión de instalaciones, estructuras y equipos bajo el agua; investigación, rescate y otros trabajos realizados por medio de buceo. Excepto los realizados en plataformas marinas, clasificados en la fracción 722. | |

| GRUPO 05 | CAZA | |
|---|---|---|
| FRACCIÓN | ACTIVIDAD | CLASE |
| 050 | Caza. | II |
|  | Comprende a las empresas que se dedican a la caza, captura y preservación de animales salvajes. | |

| DIVISIÓN 1 | INDUSTRIAS EXTRACTIVAS | |
|---|---|---|
| GRUPO 11 | EXTRACCIÓN Y BENEFICIO DE CARBÓN MINERAL, GRAFITO Y MINERALES NO METÁLICOS; EXCEPTO SAL | |
| FRACCIÓN | ACTIVIDAD | CLASE |
| 111 | Extracción y beneficio de carbón mineral, grafito y minerales no metálicos en minas de profundidad. | V |
|  | Comprende a las empresas que se dedican a la extracción a profundidad, con o sin beneficio de carbón mineral, grafito y otros minerales no metálicos; no se incluye la sal. Se considera también en esta fracción la extracción de azufre, excepto cuando este mineral se obtenga mediante la inyección de agua caliente, clasificada en la fracción 113. | |
| 112 | Beneficio de minerales no metálicos. | V |
|  | Comprende a las empresas dedicadas al beneficio sin procesos de extracción de piedra caliza, yeso, arena, grava, mármol, piedras para construcción, arcillas, caolín, barro, barita, fluorita, sílice, roca fosfórica y otros minerales no metálicos; no se incluye la sal. | |

|     |     |     |
| --- | --- | --- |
|     | Debe entenderse por «Beneficio» a las operaciones y tratamientos como trituración, molienda, pulverización, cribado, concentración, refinación y otros sistemas de beneficio de minerales no metálicos. Incluye la preparación o tratamiento de minerales de jales o desechos. Se consideran en esta fracción a las empresas que se dedican al beneficio de azufre, carbón mineral y/o grafito y a la fabricación de coque y productos derivados del carbón mineral. |     |
| 113 | Extracción y beneficio de azufre.<br>Comprende a las empresas que se dedican a la extracción de azufre, con o sin beneficio, cuando el mineral se extraiga en forma líquida, mediante su previa disolución por la inyección de agua caliente. | IV |
| 114 | Extracción y beneficio de minerales no metálicos, en minas a cielo abierto.<br>Comprende a las empresas que se dedican a la extracción a cielo abierto, con o sin beneficio de piedra caliza, yeso, arena, grava, mármol, piedras para construcción, arcilla, caolín, barro, barita, fluorita, sílice, roca fosfórica y otros minerales no metálicos, excepto sal. | V |

| GRUPO 12 | EXPLORACIÓN Y EXTRACCIÓN DE PETRÓLEO CRUDO Y GAS NATURAL | |
| --- | --- | --- |
| FRACCIÓN | ACTIVIDAD | CLASE |
| 121 | Exploración y extracción de petróleo crudo y gas natural.<br>Comprende a las empresas que se dedican a la exploración y/o extracción de petróleo crudo y gas natural. | IV |

| GRUPO 13 | EXTRACCIÓN Y BENEFICIO DE MINERALES METÁLICOS | |
|---|---|---|
| FRACCIÓN | ACTIVIDAD | CLASE |
| 131 | Extracción y beneficio de minerales metálicos, en minas de profundidad.<br>Comprende a las empresas que se dedican a la extracción a profundidad, con o sin beneficio de hierro, oro, plata, mercurio, antimonio, cobre, plomo, zinc y otros minerales metálicos. | V |
| 132 | Beneficio de minerales metálicos.<br>Comprende a las empresas dedicadas al beneficio sin procesos de extracción de hierro, oro, plata, mercurio, antimonio, cobre, plomo, zinc y otros minerales metálicos.<br>Debe entenderse por "Beneficio" a las operaciones y tratamientos como trituración, molienda, pulverización, cribado, concentración, calcinación, flotación, clasificación, lixiviación, aglomeración de concentrados (nódulos, pelets, briquetas y similares) y otros sistemas de beneficio de minerales metálicos.<br>Excepto a las empresas dedicadas a la fundición, aleación, refinación, afinación de minerales metálicos para obtener productos primarios de hierro, acero y de metales no ferrosos (hierro de primera fusión, ferroaleaciones, lingotes, planchas o barras) y/o productos elaborados por laminación o vaciado, clasificadas en las fracciones 341 o 342. | V |
| 133 | Extracción y beneficio de minerales metálicos, en minas a cielo abierto.<br>Comprende a las empresas que se dedican a la extracción a cielo abierto, con o sin beneficio de minerales de hierro, oro, plata, mercurio, antimonio, cobre, plomo, zinc y otros minerales metálicos. | IV |

| GRUPO 14 | EXPLOTACIÓN DE SAL | |
|---|---|---|
| FRACCIÓN | ACTIVIDAD | CLASE |
| 141 | Explotación y/o beneficio de yacimientos de sal. Comprende a las empresas que se dedican a la explotación de salinas y yacimientos de sal, con o sin beneficio. Incluye la extracción de tequezquite y similares. | IV |

**DIVISIONES 2 Y 3 INDUSTRIAS DE TRANSFORMACIÓN**

| GRUPO 20 | ELABORACIÓN DE ALIMENTOS | |
|---|---|---|
| FRACCIÓN | ACTIVIDAD | CLASE |
| 201 | Elaboración y preparación de productos alimenticios a base de frutas y legumbres, su conservación, envasado y/o empacado. Comprende a las empresas que se dedican con empleo de maquinaria y/o equipo motorizado, a la elaboración, preparación, envasado y/o empacado de encurtidos, jugos, mermeladas, ates, jaleas, frutas cubiertas o cristalizadas, salsas, sopas, alimentos colados y otros productos alimenticios a base de frutas y legumbres. Incluye la conservación de frutas y legumbres por deshidratación, congelación, cocción y otros procedimientos similares. | III |
| 202 | Beneficio de otros granos, fabricación y envasado. Comprende a las empresas que se dedican al beneficio de café, cacao; tostado y molienda de café; fabricación y envasado de café soluble y té; desgrane, descascarado, limpieza, secado y pulido de arroz y otros granos, incluye la limpieza y envasado de lenteja, frijol, haba, garbanzo y otros productos agrícolas; así como el beneficio de especias. Excepto la fabricación de harinas clasificadas por separado en la fracción 2016. | V |

| 203 | Producción de azúcar. | V |
|---|---|---|
| | Comprende a las empresas que con empleo de maquinaria y/o equipo motorizado, se dedican a la producción de azúcar y productos residuales de caña o de remolacha. Incluye la refinación, cristalización o granulación y la elaboración de piloncillo, así como la destilación de alcohol etílico cuando se dé en forma simultánea con la producción de azúcar. | |
| 204 | Matanza de ganado y aves. | V |
| | Comprende a las empresas que se dedican a la matanza de aves, ganado bovino, ovino, caprino, porcino, equino y otras especies. Incluye a las empresas que en forma simultánea con la matanza, realizan la preparación, conservación, envasado y/o empacado de carnes y sus derivados. | |
| 205 | Elaboración, preparación, conservación, envasado y/o empacado de carnes y sus derivados. | IV |
| | Comprende a las empresas que se dedican con empleo de maquinaria y/o equipo motorizado, a la elaboración, preparación, envasado y/o empacado de carnes frías, embutidos, manteca de cerdo, sopas y otros productos derivados de carne. Incluye la deshidratación, congelación, salado, ahumado, envinagrado y otros procedimientos para conservar o preservar carnes y sus derivados, así como la elaboración de grenetinas como materia prima para otras industrias. | |
| 206 | Elaboración, preparación, conservación, envasado y/o empacado de productos lácteos. | III |
| | Comprende a las empresas que se dedican con empleo de maquinaria y/o equipo motorizado, a la elaboración, preparación, conservación, envasado y/o empacado de cremas, mantequillas, quesos, leche condensada, evaporada, flanes, cajetas, yogures y otros productos a base de leche. Incluye la pasteurización, deshidratación, rehidratación, homogeneización, vitaminización y otros tratamientos similares. | |

| | | |
|---|---|---|
| 207 | Elaboración, preparación, conservación, envasado y/o empacado de pescados, mariscos y otros productos marinos. | IV |
| | Comprende a las empresas que se dedican con empleo de maquinaria y/o equipo motorizado, a la elaboración, preparación, conservación, envasado y/o empacado de pescados, mariscos y otros productos de especies marinas. Incluye la deshidratación, congelación, salado, ahumado y otros tratamientos similares, así como la elaboración de harinas y aceites a base de especies marinas. | |
| 208 | Elaboración de productos a base de cereales. | III |
| | Comprende a las empresas que se dedican con empleo de maquinaria y/o equipo motorizado, a la elaboración de pan, pasteles, galletas, pastas alimenticias, tortillas, obleas, conos para helados, tortillas doradas, botanas y similares. Incluye la producción de hojuelas de maíz, arroz tostado, palomitas de maíz y otros productos similares. Excepto la elaboración de harinas a base de cereales, clasificada por separado. | |
| 209 | Elaboración de chocolates, dulces, confituras, jarabes, concentrados y colorantes para alimentos. | III |
| | Comprende a las empresas que se dedican con empleo de maquinaria y/o equipo motorizado, a la elaboración de chocolates, malvaviscos, gelatinas, dulces rellenos, chicles, caramelos y similares. Incluye el tratamiento y envase de miel de abeja y la elaboración de concentrados, esencias, jarabes y colorantes para alimentos. | |
| 2010 | Elaboración de alimentos para animales. | IV |
| | Comprende a las empresas que se dedican con empleo de maquinaria y/o equipo motorizado, a la elaboración de alimentos preparados para animales. Incluye la preparación de forrajes y productos especializados. | |

| 2011 | Fabricación de aceites y grasas vegetales alimenticias. | V |
|---|---|---|
| | Comprende a las empresas que se dedican a la fabricación de aceites vegetales comestibles, o aquéllas que realicen parte del proceso productivo como la extracción, refinación, blanqueo, purificación y otros, así como la elaboración de margarinas y grasas compuestas. Incluye a las empresas que en forma simultánea con la fabricación de aceites y/o grasas vegetales comestibles, aprovechan los productos residuales para elaborar otros productos alimenticios. | |
| 2012 | Fabricación de almidones, féculas, levaduras, malta y productos similares. | III |
| | Comprende a las empresas que se dedican a la fabricación con empleo de maquinaria y/o equipo motorizado, de almidones, féculas, levaduras, malta, extractos de malta y productos similares. Cuando estos productos se fabriquen de manera simultánea en la industria cervecera, se clasificarán en la fracción 212. | |
| 2013 | Elaboración, preparación, envasado y/o empacado de otros productos alimenticios. | III |
| | Comprende a las empresas que preparan, elaboran, envasan y/o empacan con empleo de maquinaria y/o equipo motorizado, otros productos alimenticios no incluidos en las fracciones anteriores. Incluye hielo, helados, paletas, nieves, sal comestible, mostaza, vinagre y otros condimentos. | |
| 2014 | Elaboración, preparación, envasado y/o empacado de productos alimenticios, sin maquinaria ni equipo motorizado. | II |
| | Comprende a las empresas que sin empleo de maquinaria ni equipo motorizado, elaboran, preparan, envasan y/o empacan productos alimenticios. Incluye los descritos o no en las fracciones del Grupo 20. | |

| | | |
|---|---|---|
| 2015 | Fabricación de productos a base de cereales, con procesos continuos automatizados.<br>Comprende a las empresas que se dedican con empleo de procesos continuos automatizados, a la fabricación de pan, pasteles, galletas, pastas alimenticias, tortillas, obleas, conos para helados, tortillas doradas, botanas y similares. Incluye la producción de hojuelas de maíz, arroz tostado, palomitas de maíz y otros productos similares. | III |
| 2016 | Fabricación de harinas y productos de molino a base de cereales y leguminosas.<br>Comprende a las empresas que se dedican a la fabricación de harinas de trigo, maíz, centeno, soya, avena, cebada, mijo, alubia, garbanzo, haba, lenteja y otros cereales y leguminosas. Incluye la fabricación de harina de arroz; molienda de nixtamal y empresas tortilladoras que cuenten con molinos. Excepto empresas dedicadas a otros beneficios de granos, clasificadas por separado en la fracción 202. | V |

| **GRUPO 21** | **ELABORACIÓN DE BEBIDAS** | |
|---|---|---|
| FRACCIÓN | ACTIVIDAD | CLASE |
| 211 | Elaboración y/o envase de bebidas alcohólicas.<br>Comprende a las empresas que elaboran y/o envasan vinos, sidras, aguardientes, licores, rones, pulque y otras bebidas alcohólicas. Excepto cerveza y otras bebidas a base de malta, clasificadas en la fracción 212. | III |
| 212 | Elaboración de cerveza y malta.<br>Comprende a las empresas que elaboran y/o envasan cerveza y otras bebidas a base de malta. Incluye la elaboración de malta, extractos de malta y productos similares cuando se fabriquen de manera simultánea en la industria cervecera. | IV |

| 213 | Elaboración y/o envase de refrescos, aguas gaseosas y purificadas. | IV |
|-----|-----|-----|

Comprende a las empresas dedicadas a la elaboración y/o envase de refrescos, aguas purificadas y aguas minerales. Incluye la elaboración y envase de concentrados de pulpa de frutas, así como el almacenamiento y/o distribución, cuando se desarrollen en forma simultánea a la industria refresquera o de purificación de agua.

| GRUPO 22 | BENEFICIO Y/O FABRICACIÓN DE PRODUCTOS DE TABACO |
|-----|-----|

| FRACCIÓN | ACTIVIDAD | CLASE |
|-----|-----|-----|
| 220 | Beneficio y/o fabricación de productos de tabaco. | III |

Comprende a las empresas que se dedican al beneficio del tabaco, fabricación de cigarrillos, puros, picadura y otros.

| GRUPO 23 | INDUSTRIA TEXTIL |
|-----|-----|

| FRACCIÓN | ACTIVIDAD | CLASE |
|-----|-----|-----|
| 231 | Fabricación, preparación, hilado, tejido y acabado de textiles de fibras blandas. | IV |

Comprende a las empresas que se dedican con empleo de maquinaria y/o equipo motorizado, a la fabricación y preparación de hilados, hilo para coser, bordar y tejer; casimires, paños, cobijas, telas afelpadas, colchas, toallas, encajes, cintas, telas elásticas, etiquetas, galonería, cordones, agujetas y similares. Incluye la preparación de algodón para usos higiénicos; la fabricación de alfombras y tapetes; guatas, borras y similares. Así como a las empresas que en forma simultánea realizan el blanqueo, teñido, estampado, impermeabilizado y otros procedimientos de acabado de hilados y tejidos de fibras blandas. Excepto los tejidos de punto y los de fibras de asbesto, clasificados en las fracciones 233 y 337, respectivamente.

232     Trabajos de blanqueo, teñido, estampado, imper-        IV
        meabilizado y acabado de hilados y tejidos de fibras
        blandas.
        Comprende a las empresas que se dedican a realizar
        trabajos de blanqueo, teñido, estampado, impermea-
        bilizado, texturizado y otros procedimientos de acaba-
        do de hilados y tejidos de fibras blandas y de punto.

233     Fabricación de tejidos y artículos de punto.           III
        Comprende a las empresas que se dedican con em-
        pleo de maquinaria y/o equipo motorizado, a la fa-
        bricación de tejidos o géneros de punto y sus confec-
        ciones con filamentos o fibras naturales, artificiales o
        sintéticas y sus mezclas.

234     Fabricación, preparación, hilado, tejido y acabado de   V
        textiles de fibras duras.
        Comprende a las empresas que se dedican con empleo
        de maquinaria y/o equipo motorizado, a la fabrica-
        ción, preparación, hilado, tejido y acabado de produc-
        tos de henequén, palma, cáñamo, yute, ixtle, fibra de
        coco, lechuguilla y otras fibras duras similares. Incluye
        la fabricación de cables, cuerdas, cordelería, tapetes,
        alfombras y otros productos textiles de fibras duras.

235     Trabajos de hilados y/o tejidos sin maquinaria ni       II
        equipo motorizado.
        Comprende a las empresas que en forma manual o sin
        empleo de maquinaria ni equipo motorizado, manu-
        facturan hilados o tejidos de cualquier tipo. Incluye
        empresas que en forma simultánea a la manufactura,
        realizan confecciones.

236     Fabricación de tejidos de fibras blandas con telares    IV
        automáticos sin lanzadera.
        Comprende a las empresas que se dedican a la fabrica-
        ción de tejidos de fibras blandas con pie o urdimbre y
        trama, sin lanzadera ni canilla interior, es decir, con
        inserción de trama a base de proyectil, pinzas, lanzas,
        succión de aire, transporte por líquidos o similares.

Se incluye en esta fracción a las empresas que además de las actividades anteriores, también en forma simultánea realicen procesos previos de preparación de hilado, hilado y preparación de tejido, así como los posteriores de acabado de hilados y tejidos de fibras blandas.

| | | |
|---|---|---|
| 237 | Fabricación de hilados con máquinas de turbina. Comprende a las empresas que se dedican a la fabricación de hilados de fibras blandas, que emplean exclusivamente máquinas de turbina (open end) sin procesos posteriores de tejido. | IV |

---

**GRUPO 24** | **CONFECCIÓN DE PRENDAS DE VESTIR Y OTROS ARTÍCULOS A BASE DE TEXTILES Y MATERIALES DIVERSOS; EXCEPTO CALZADO**

---

| FRACCIÓN | ACTIVIDAD | CLASE |
|---|---|---|
| 241 | Confección de prendas de vestir a la medida. Comprende a las empresas que se dedican a la confección y/o reparación de prendas de vestir a la medida, con telas, pieles, cuero y materiales sucedáneos ya elaborados. Incluye sastrerías y talleres de alta costura sin procesos de producción en serie. | I |
| 242 | Confección de prendas de vestir. Comprende a las empresas que con procesos de producción en serie, se dedican a la confección de prendas de vestir con telas, pieles, cuero y materiales sucedáneos ya elaborados. Incluye la fabricación de ropa interior o exterior, guantes, pañuelos, corbatas, sombreros, gorros y similares. | II |
| 243 | Otros artículos confeccionados con textiles y materiales diversos. Comprende a las empresas que se dedican a la confección de artículos diversos con telas, cuero, piel y sucedáneos ya elaborados. Se considera la confección de almohadas, cojines, bolsas, costales, sábanas, | II |

---

manteles, servilletas, cubreasientos, vestiduras, forros, fundas, banderines, cortinas, artículos de lona, toldos de protección, elaboración de bordados, forrado de botones, deshilados, plizados, trou-trou y otros artículos similares. Excepto prendas de vestir; fabricación, armado o ensamble de muebles tapizados, clasificados por separado.

| GRUPO 25 | FABRICACIÓN DE CALZADO E INDUSTRIA DEL CUERO |
|---|---|

| FRACCIÓN | ACTIVIDAD | CLASE |
|---|---|---|
| 251 | Fabricación de calzado, con maquinaria y/o equipo motorizado.<br>Comprende a las empresas que con empleo de maquinaria y/o equipo motorizado, se dedican a la fabricación de calzado incluyendo el deportivo, y los moldeados de plástico. Excepto los moldeados de hule, clasificados en la fracción 321. | III |
| 252 | Fabricación de calzado, sin maquinaria ni equipo motorizado.<br>Comprende a las empresas que sin empleo de maquinaria ni equipo motorizado, se dedican a la fabricación de calzado. | II |
| 253 | Curtido y acabado de cuero y piel.<br>Comprende a las empresas que se dedican al curtido y acabado de cuero y piel de animales, así como trabajos de taxidermia. | V |
| 254 | Manufactura de artículos de cuero, piel y sucedáneos, en forma artesanal.<br>Comprende a las empresas que en forma artesanal, sin empleo de maquinaria ni equipo motorizado ni procesos de producción en serie, se dedican a la manufactura de artículos de cuero, piel y telas plásticas sintéticas o artificiales. Excepto calzado y prendas de vestir. | II |

| 255 | Fabricación de artículos de cuero, piel y sucedáneos. Comprende a las empresas que se dedican a la fabricación con procesos mecanizados o de producción en serie de artículos de cuero, piel y sucedáneos como maletas, baúles, portafolios, bolsas de mano, carteras, cigarreras, cinturones, monederos, sillas de montar, arneses, látigos, artículos de talabartería. Excepto calzado y prendas de vestir. | III |
| 256 | Curtido y acabado de cuero y piel, con uso exclusivo de maquinaria y/o equipo motorizado. Comprende a las empresas que con la utilización exclusiva de maquinaria y/o equipo motorizado, realizan la totalidad del proceso productivo para el curtido y acabado de cuero y piel de animales. | V |

| **GRUPO 26** | **INDUSTRIA Y PRODUCTOS DE MADERA Y CORCHO; EXCEPTO MUEBLES** | |
| --- | --- | --- |
| FRACCIÓN | ACTIVIDAD | CLASE |
| 261 | Fabricación de productos de aserradero. Comprende a las empresas que se dedican al derribo de árboles y aserrado de maderas para obtener postes, polines, vigas, tableros macizos, tableros aglomerados, contrachapados (triplay) y otros similares. Incluye la impregnación, desflemado, estufado y otras operaciones de preparación y conservación de madera. | V |
| 262 | Fabricación de artículos y accesorios de madera. Comprende a las empresas que con maderas ya tratadas o trabajadas, provistas por aserraderos o madererías, se dedican a fabricar partes o estructuras completas de cancelería, marcos, molduras, lambrines, duelas, parquets, puertas, ventanas, escaleras, cimbras, closets, monturas para cuadros y espejos, cajas, envases, empaques, toneles, barricas, ataúdes; artículos como palillos, hormas, tacones, abatelenguas, mangos para herramientas y enseres de limpieza, carretes, poleas, lanzaderas, modelos o matrices, | V |

|  |  |  |
|---|---|---|
|  | patrones de madera, perillas, reglas, rodillos, tapones y similares. Incluye las artesanías y juguetes a base de madera. Excepto muebles. |  |
| 263 | Manufactura de artículos de corcho, palma, vara, carrizo y mimbre.<br>Comprende a las empresas que sin empleo de maquinaria ni equipo motorizado, se dedican a la manufactura en forma artesanal de artículos de corcho, cestería ornamental y decoración, sombreros de palma, escobas, escobillas, escobetas, cepillos, plumeros, brochas, pinceles y similares, a base de palma, vara, carrizo y mimbre. Excepto muebles. | II |
| 264 | Fabricación de artículos de corcho, palma, vara, carrizo y mimbre.<br>Comprende a las empresas que con empleo de maquinaria y/o equipo motorizado, se dedican a fabricar artículos de corcho, cestería ornamental y decoración; sombreros de palma, escobas, escobillas, escobetas, cepillos, plumeros, brochas, pinceles y similares, a base de palma, vara, carrizo y mimbre. Excepto muebles. | III |

| **GRUPO 27** | **FABRICACIÓN Y/O REPARACIÓN DE MUEBLES DE MADERA Y SUS PARTES; EXCEPTO LOS DE METAL Y DE PLÁSTICO MOLDEADO** |  |
|---|---|---|
| FRACCIÓN | ACTIVIDAD | CLASE |
| 271 | Fabricación y/o reparación de muebles de madera y sus partes.<br>Comprende a las empresas que se dedican a la fabricación y/o reparación de muebles de madera y sus partes para uso doméstico, comercial, industrial o de oficinas. Incluye la fabricación, ensamble y/o reparación de armazones, bastidores, colchones, sofás, sofás cama, mamparas, persianas y otros; así como el tapizado de muebles en general. Excepto la fabricación de muebles de plástico moldeado o metal, clasificados en las fracciones 322 y 353, respectivamente. | V |

| GRUPO 28 | INDUSTRIA DEL PAPEL | |
|---|---|---|
| FRACCIÓN | ACTIVIDAD | CLASE |
| 281 | Fabricación de papel y/o cartón y sus derivados. Comprende a las empresas que se dedican a la fabricación de papel y/o cartón y sus derivados. Incluye la producción de celulosa, pasta y pulpas de madera y otras plantas, así como aquéllas que en forma simultánea a la fabricación, elaboran artículos diversos a base de dichos materiales. | IV |
| 282 | Fabricación de artículos a base de papel y/o cartón. Comprende a las empresas que con papel y/o cartón se dedican a fabricar cajas, envases, bolsas, papel para copiar o reportar, papel engomado, sobres, tarjetas, papel de escribir, cuadernos, bloques, láminas de cartón impermeabilizadas, papel y toallas higiénicas, pañales desechables y otros, cuando no se fabriquen en forma simultánea a la producción del papel o pasta de celulosa. | IV |
| GRUPO 29 | INDUSTRIAS EDITORIAL, DE IMPRESIÓN Y CONEXAS | |
| FRACCIÓN | ACTIVIDAD | CLASE |
| 291 | Industrias editorial, de impresión, encuadernación y actividades conexas. Comprende a las empresas que se dedican a realizar trabajos de edición, impresión y/o encuadernación de periódicos, revistas, libros y similares, así como la fabricación de calcomanías, trabajos de serigrafía, litografía, process, fotograbado y rotograbado, grabado en placas metálicas, fabricación de clisés, tipos para imprentas y otros trabajos relacionados con la impresión y edición. Incluye trabajos de fotolito. | III |

| GRUPO 30 | INDUSTRIA QUÍMICA | |
|---|---|---|
| FRACCIÓN | ACTIVIDAD | CLASE |
| 301 | Fabricación de sustancias químicas e industriales; excepto abonos. Comprende a las empresas que con productos petroquímicos básicos y/o materias primas elementales o compuestas derivadas de la carboquímica básica y de las industrias extractivas, se dedican por cualquier método a la fabricación de productos químicos orgánicos e inorgánicos básicos; incluye la fabricación de pigmentos y materias colorantes, carbón activado, gases industriales, ácidos, óxidos, bases, sales y otras sustancias químicas industriales; excepto abonos y productos clasificados en las fracciones subsecuentes del Grupo 30. | III |
| 302 | Fabricación de abonos, fertilizantes y plaguicidas. Comprende a las empresas que se dedican a la fabricación de abonos o fertilizantes nitrogenados, fosfatados y potásicos, así como aquéllas que se dedican a la formulación y preparación de plaguicidas, tales como: insecticidas, raticidas, fungicidas, herbicidas, así como otros productos químicos para uso agropecuario. Se incluye la producción de ácido sulfúrico, fosfórico y nítrico que se obtiene en forma simultánea en fábricas de fertilizantes. | IV |
| 303 | Fabricación de resinas sintéticas y plastificantes. Comprende a las empresas que se dedican con procesos de polimerización y policondensación a la fabricación de resinas líquidas y sólidas, tales como: polietileno, poliestireno, poliuretano, policloruro de vinilo, poliacetato de vinilo, silicones, alquidálicas, fenólicas, polimetacrilato de metilo, epóxicas, poliamidas y otras similares. Incluye la fabricación de hule o caucho sintético. | III |

304        Industria de las pinturas.                                    III
           Comprende a las empresas que con materiales colo-
           rantes o pigmentos orgánicos e inorgánicos, disol-
           ventes y otros provenientes de la industria química
           básica, se dedican a la fabricación de pinturas, bar-
           nices, lacas, esmaltes, tintas. Incluye la fabricación
           de aguarrás, brea, colofonia, derivados de resinas de
           la madera como: disolventes, lejías, gomas, alquitra-
           nes, pegamentos, adhesivos, aprestos, compuestos
           impermeabilizantes y otros productos similares.

305        Industrias químico-farmacéuticas y de medicamentos.          II
           Comprende a las empresas que se dedican a la indus-
           trialización de materias primas químico-farmacéuticas,
           a través de extracción, desarrollo, síntesis y otros si-
           milares, así como a la fabricación de medicamentos,
           acondicionamiento y/o envase de los mismos.

307        Fabricación de productos químicos para limpieza y            III
           aromatizantes ambientales.
           Comprende a las empresas que se dedican a la fa-
           bricación de jabones, detergentes, desinfectantes,
           lustradores, aromatizantes ambientales y otros pro-
           ductos para lavado y aseo.

308        Fabricación de perfumes y cosméticos.                        II
           Comprende a las empresas que se dedican a la for-
           mulación, elaboración y/o envase de esencias, per-
           fumes, cosméticos, lociones, desodorantes, fijadores
           para el cabello y otros productos de tocador.

309        Fabricación de aceites y grasas vegetales y animales         IV
           no comestibles, para usos industriales.
           Comprende a las empresas que fabrican aceites y gra-
           sas vegetales y animales no comestibles, para usos
           industriales. Incluye aquéllas que realicen parte del
           proceso productivo como la extracción, refinación,
           hidrogenación, blanqueo, epoxidación, polimeriza-
           ción, esterificación, purificación y otros similares
           para los aceites y grasas de uso industrial.

| | | |
|---|---|---|
| 3010 | Fabricación de velas, veladoras y similares. | III |
| | Comprende a las empresas que a partir de parafinas, sebo y cera se dedican a la fabricación de velas, veladoras, cirios y similares. | |
| 3012 | Fabricación de cerillos. | IV |
| | Comprende a las empresas que se dedican a la fabricación de cerillos de seguridad, de sesquisulfuro y otros similares. | |
| 3013 | Fabricación de explosivos y fuegos artificiales. | IV |
| | Comprende a las empresas que se dedican a la fabricación de explosivos, productos de pirotecnia y similares. | |
| 3014 | Otros productos de las industrias químicas conexas. | III |
| | Comprende a las empresas que se dedican a fabricar compuestos y productos químicos, no especificados en las fracciones anteriores, con compuestos químicos adquiridos de la industria química básica o secundaria. | |
| 3016 | Fabricación de fibras artificiales y sintéticas. | II |
| | Comprende a las empresas que se dedican a la fabricación de fibras celulósicas y no celulósicas tales como rayón, nylon, poliéster, acrilán, elastoméricas y polipropileno, con o sin la realización de los procesos de estirado y texturizado de las fibras. Incluye la fabricación de película celulósica transparente (celofán), así como la fabricación de película transparente de polipropileno y cuerdas para llantas. | |

| | |
|---|---|
| **GRUPO 31** | **REFINACIÓN DEL PETRÓLEO Y DERIVADOS DEL CARBÓN MINERAL** |

| FRACCIÓN | ACTIVIDAD | CLASE |
|---|---|---|
| 311 | Refinación del petróleo crudo y petroquímica básica. Se considera la refinación del petróleo crudo y a la industria petroquímica básica, aunque su manejo esté reservado en forma exclusiva al Estado. Incluye la fabricación de gasolinas, aceites pesados, asfaltos, parafinas y otros productos derivados de la refinación del petróleo crudo. | IV |

| | | |
|---|---|---|
| 312 | Fabricación de lubricantes y aditivos. | III |
| | Comprende a las empresas que con compuestos derivados del petróleo o de origen mineral, se dedican a la fabricación de aceites y grasas lubricantes y aditivos. Incluye a las empresas que se dedican por medios químicos o físicos a la regeneración de los mismos. | |
| 313 | Fabricación de productos a base de asfalto y sus mezclas. | IV |
| | Comprende a las empresas que se dedican a la fabricación de materiales para pavimentación, mastiques, losetas, láminas de cartón asfaltadas y otros productos similares a base de asfalto y sus mezclas. | |

| **GRUPO 32** | **FABRICACIÓN DE PRODUCTOS DE HULE Y PLÁSTICO** | |
|---|---|---|
| FRACCIÓN | ACTIVIDAD | CLASE |
| 321 | Fabricación de productos de hule. | V |
| | Comprende a las empresas que se dedican a la fabricación de llantas, cámaras, empaques, retenes, rodillos, tapetes, bandas, poleas, topes, accesorios para automóviles, tubos, mangueras, planchas, hojas, hilos, juguetes, tacones, suelas, calzado moldeado, productos de uso higiénico y farmacéutico y otros similares de hule. Incluye la regeneración y vulcanización de llantas y otros productos de hule. Excepto el parchado de llantas y cámaras clasificadas en la fracción 891. | |
| 322 | Fabricación de productos de plástico. | IV |
| | Comprende a las empresas que con compuestos provenientes de la industria química básica, fabrican muebles, láminas, perfiles, tubos, envases, envolturas, rollos y otros artículos y materiales de plástico, obtenidos por medio de moldeo, inyección, laminación, extrusión, prensado y otros procesos similares. Incluye los artículos y materiales a base de baquelita. Excepto la fabricación de resinas y materias plásticas sintéticas o artificiales clasificadas en la fracción 303. | |

| 323 | Fabricación de productos de látex. | V |

Comprende a las empresas que a base de látex natural, se dedican mediante el proceso industrial de inmersión, a la fabricación de productos para usos quirúrgicos, higiénico y farmacéutico, domésticos e industriales, tales como sondas, catéteres, protectores para prótesis, calzones, preservativos, tetillas para biberón, guantes, globos y otros productos diversos.

**GRUPO 33**  **FABRICACIÓN DE PRODUCTOS DE MINERALES NO METÁLICOS; EXCEPTO DEL PETRÓLEO Y DEL CARBÓN MINERAL**

| FRACCIÓN | ACTIVIDAD | CLASE |
|---|---|---|
| 331 | Manufactura de artículos de alfarería y cerámica. | III |

Comprende a las empresas que se dedican a la manufactura de artículos de alfarería y cerámica. Incluye a los fabricantes de moldes, modelos y artículos de yeso. Excepto la fabricación de artículos de loza y porcelana; muebles sanitarios y sus accesorios; productos de arcilla para la construcción y ladrillos, clasificados por separado.

| 332 | Fabricación de muebles sanitarios, loza, porcelana y artículos refractarios. | V |

Comprende a las empresas que se dedican a la fabricación de muebles sanitarios y sus accesorios, loza, porcelana, artículos refractarios y similares. Excepto la fabricación de azulejos, clasificados en las fracciones 339 o 3312.

| 333 | Fabricación de vidrio y/o productos de vidrio. | IV |

Comprende a las empresas que se dedican a la fabricación y regeneración de vidrio para obtener materiales y productos como vidrio en masa, en bolas, barras, varillas o tubos, templado, refractario, colado, laminado, estirado o soplado, chapado, desbastado o pulido de superficie no lisa, vidrio multicelular en bloques, baldosas, placas, paneles y formas análogas, recipientes para transporte o envase, tapones y otros dispositivos de cierre, ampollas, objetos para laboratorio, higiene, farmacia, artísticos, decorativos, ornamentales, espejos, cristalería tallada y otros. Incluye la fabricación de emplomados (vitrales); fibras y lana de vidrio, así como la manufactura de estos materiales.

335    Fabricación de productos de arcilla para la cons-    V
       trucción.
       Comprende a las empresas que se dedican a la fabricación de ladrillos, bloques, baldosas, tejas, tubos y otros artículos de arcilla para la construcción. Excepto la fabricación de azulejos, muebles sanitarios y sus accesorios, clasificados por separado.

336    Fabricación de cal y yeso.                           V
       Comprende a las empresas que fabrican cal y/o yeso. Incluye a aquéllas que en forma simultánea a la fabricación del yeso, obtengan productos como: tablarroca, bloques, láminas, tableros, plafones y otros similares.

337    Fabricación de productos a base de asbesto.          V
       Comprende a las empresas que se dedican a la fabricación de hilos, tejidos, prendas de vestir, empalmes de asbesto, empaques, envolturas, productos para usos calorífugos, guarniciones de fricción (segmentos, discos, arandelas, cintas, planchas, placas, rollos y artículos análogos para frenos, embragues o aplicaciones similares) y otros productos de asbesto.

338    Fabricación de productos abrasivos.                  III
       Comprende a las empresas que se dedican a la fabricación de piedras, muelas, cabezas, discos, puntas, diamantes industriales y otras formas para pulir, amolar, afilar, esmerilar, rectificar o cortar, a base de carburo de silicio, óxido de aluminio, carburo de tungsteno y otros abrasivos. Incluso abrasivos en polvo o en grano aplicados sobre tejidos, papel, cartón y otros materiales similares.

| | | |
|---|---|---|
| 339 | Fabricación de granito artificial, productos de mármol y otras piedras. | V |

Comprende a las empresas que con materiales provenientes de la industria extractiva, se dedican a la fabricación de granito artificial, al corte, pulido y laminado de mármol y otras piedras, para obtener mosaicos, losetas, baldosas, adoquines, losas para pavimentos, azulejos, piedras para acabados y ornamentación en la construcción, lápidas y productos a base de granito artificial, mármol y otras piedras.

| | | |
|---|---|---|
| 3310 | Fabricación de productos y partes preconstruidas de concreto. | V |

Comprende a las empresas que a base de concreto, se dedican a la fabricación de tubos, bloques, vigas, postes, tabiques, módulos para casas, lavaderos y otras partes preconstruidas de concreto. Excepto los productos y partes de asbesto-cemento, de granito y el montaje de los productos mencionados, clasificados por separado.

| | | |
|---|---|---|
| 3312 | Fabricación de azulejos, con procesos continuos automatizados. | III |

Comprende a las empresas que, con procesos continuos automatizados, se dedican a la fabricación de productos tales como azulejos, losetas y similares.

| | | |
|---|---|---|
| 3313 | Fabricación de vidrio y/o productos de vidrio, con procesos continuos automatizados. | II |

Comprende a las empresas que se dedican por medio de procesos continuos automatizados, a la fabricación y regeneración de vidrio para obtener materiales y productos como vidrio en masa, en bolas, barras, varillas o tubos, templado, refractario, colado, laminado, estirado o soplado, chapado, desbastado o pulido de superficie no lisa, vidrio multicelular en bloques, baldosas, placas, paneles y formas análogas, recipientes para transporte o envase, tapones y otros dispositivos de cierre, ampollas, objetos para laboratorio, higiene, farmacia, artísticos, decorativos, ornamentales, espejos, cristalería tallada y otros. Incluye la fabricación de fibras y lana de vidrio, así como la manufactura de estos materiales.

| | | |
|---|---|---|
| 3315 | Fabricación de productos de asbesto-cemento. Comprende a las empresas que se dedican a la fabricación de tubos, recipientes, láminas acanaladas y lisas y otros productos a base de asbesto-cemento. | V |
| 3316 | Fabricación de cemento. Comprende a las empresas que fabrican cemento hidráulico, puzolánico, blanco y otros tipos. Incluye el mortero. | V |
| 3317 | Fabricación de concreto premezclado. Comprende a las empresas que a base de mezclas de cemento, arena, grava, aditivos y agua, se dedican a la fabricación de concreto premezclado. | IV |

| GRUPO 34 | INDUSTRIAS METÁLICAS BÁSICAS | |
|---|---|---|
| FRACCIÓN | ACTIVIDAD | CLASE |
| 341 | Industrias básicas del hierro, acero y metales no ferrosos. Comprende a las empresas que se dedican a la fabricación de productos primarios de hierro, acero y metales no ferrosos, tales como: ferroaleaciones, arrabio, fierro esponja, aceros especiales, planchón, tocho, palanquilla, varilla corrugada, alambrón, barras, rieles, plancha, tubos y otros productos primarios de hierro o acero y de metales no ferrosos. Incluye a empresas que realicen todo el proceso de transformación o parte de él, desde la fundición, afinación y refinación, hasta la fase de productos semiacabados por laminación, vaciado, moldeado, extrusión, trefilado, forjado y otros procesos para obtener alambre, perfiles estructurales, láminas, hojas, cintas, hojalata, cañerías, piezas fundidas y otros; así como a las dedicadas al aprovechamiento de chatarra para obtener piezas fundidas y coladas. | V |

342        Industrias básicas del hierro, acero y metales no fe-        V
           rrosos, con procesos automatizados.
           Comprende a las empresas que, con la utilización ex-
           clusiva de procesos automatizados, se dedican a la
           fabricación de productos primarios de hierro, acero
           y metales no ferrosos, tales como: ferroaleaciones,
           arrabio, fierro esponja, aceros especiales, planchón,
           tocho, palanquilla, varilla corrugada, alambrón,
           barras, rieles, plancha, tubos y otros productos pri-
           marios de hierro o acero y de metales no ferrosos.
           Incluye a empresas que realicen todo el proceso de
           transformación o parte de él, desde la fundición,
           afinación y refinación, hasta la fase de productos
           semiacabados por laminación, vaciado, moldeado,
           extrusión, trefilado, forjado y otros procesos para
           obtener alambre, perfiles estructurales, láminas,
           hojas, cintas, hojalata, cañerías, piezas fundidas y
           otros; así como a las dedicadas al aprovechamiento
           de chatarra para obtener piezas fundidas y coladas.
           No se incluye en esta fracción a aquellas empresas
           cuyos procesos de trabajo no sean automatizados o
           lo sean parcialmente. Igualmente, se excluye a las
           empresas que tengan algunas líneas de producción
           totalmente automatizadas, pero que cuenten con
           otras que no lo sean, clasificadas en la fracción 341.

| GRUPO 35 | FABRICACIÓN DE PRODUCTOS METÁLICOS; EXCEPTO MAQUINARIA Y EQUIPO |
|---|---|

| FRACCIÓN | ACTIVIDAD | CLASE |
|---|---|---|
| 351 | Fabricación de utensilios agrícolas, herramientas y artículos de ferretería y cerrajería. | V |

           Comprende a las empresas que se dedican a la fa-
           bricación de palas, picos, azadones, horquillas, ras-
           trillos, hachas, hocinas, guadañas, hoces, machetes
           y otras herramientas agrícolas; serruchos, seguetas,
           útiles intercambiables para máquinas-herramientas
           o de mano, buriles, brocas, pijas, pernos, tuercas,

pasadores, tornillos, tensores, grilletes, chavetas, ganchos, armellas, remaches, clavos, tachuelas, clavijas, arandelas, guarniciones y herrajes, cierrapuertas automáticos, perchas, ménsulas, chapas, candados, llaves, cerraduras, accesorios metálicos para baños y otros artículos y utensilios. Incluye espuelas, herraduras y frenos para animales.

352  Fabricación y/o reparación de puertas, ventanas, cortinas metálicas y otros trabajos de herrería. IV
Comprende a las empresas que se dedican a la fabricación y/o reparación de puertas, ventanas, rejas, cortinas, escaleras, barandales y otros artículos de metal. Incluye la fabricación de juegos metálicos infantiles no motorizados. Excepto las empresas que en forma simultánea con la fabricación de los productos mencionados instalen los mismos, así como aquéllas que realicen exclusivamente la instalación de los productos mencionados, las que se clasifican en la fracción 423.

353  Fabricación, ensamble y/o reparación de muebles metálicos y sus partes. IV
Comprende a las empresas dedicadas a fabricar, ensamblar y/o reparar unidades terminadas o partes de muebles y equipos metálicos y sus partes para uso doméstico, comercial, de oficina, profesional y científico como gabinetes, camas, ataúdes, mesas, sillería, escritorios, archiveros, estanterías, cajas fuertes, cajas de seguridad, libreros, muebles y equipo para restaurantes, peluquerías, salas de belleza, centros comerciales y hospitales.

354  Fabricación y/o reparación de estructuras metálicas, tanques, calderas y similares. V
Comprende a las empresas que se dedican a la fabricación y/o reparación de estructuras metálicas, tanques, calderas, recipientes de placa metálica estacionarios o para montarse sobre vehículos de transporte. Incluye estructuras para puentes, juegos

electromecánicos, depósitos elevados, hangares, torres, castilletes, columnas y otros sistemas de soporte estructurales.

355     Fabricación de envases metálicos, corcholatas y ta-    V
pas.
Comprende a las empresas que se dedican a fabricar
envases metálicos a base de: hojalata, aluminio, acero inoxidable, lámina galvanizada y otras aleaciones;
así como la fabricación de corcholatas y tapas de
los envases. Excepto tanques y recipientes de placa
metálica considerados en la fracción 354.

356     Fabricación de alambres y otros productos de alam-    V
bre.
Comprende a las empresas que se dedican a la fabricación de alambres y productos de alambre, tales
como: alambrados, telas metálicas, cables, cordajes,
cordones, trenzas, eslingas, resortes, fibra metálica,
ganchos para ropa, jaulas, rejillas, alambres recu-
biertos, soldadura de alambre y electrodos, así como
otros artículos similares a base de alambre. Excepto
los alambres para conducción de energía eléctrica,
clasificados en la fracción 378.

357     Trabajos de tratamientos térmicos y galvanoplastia.    IV
Comprende a las empresas que se dedican exclusivamente a trabajos de tratamientos térmicos y galvanoplastia, tales como: normalizado, relevado, revenido,
patentado, templado, cromado, niquelado, cobrizado, anodizado, estañado, plateado, tropicalizado y
otros. Incluye a empresas que realicen procesos de
pulido, limpieza con chorro de arena o granalla de
acero, decapado, pintado, esmaltado y otros procesos de preparación o acabado. Excepto empresas que
realicen estos trabajos como parte de su proceso productivo en la fabricación de un producto, clasificadas
por separado.

| | | |
|---|---|---|
| 358 | Fabricación de agujas, alfileres, cierres, botones y navajas para rasurar. | III |

Comprende a las empresas que se dedican a la fabricación de agujas, alfileres, cierres, botones, pasacintas, ganchillos, cuentas, lentejuelas, chaquiras, horquillas, rizadores, grapas, clips y navajas para rasurar.

| | | |
|---|---|---|
| 359 | Fabricación de baterías de cocina, cucharas, cuchillos y tenedores. | V |

Comprende a las empresas que se dedican a la fabricación de ollas, sartenes, charolas, ollas express, cafeteras, moldes para hornear, cazuelas, cucharas, tenedores, cuchillos, abrelatas, destapadores, peladores, rebanadores y otros artefactos de uso doméstico similares.

| | | |
|---|---|---|
| 3510 | Fabricación de otros productos metálicos maquinados. | V |

Comprende a las empresas que se dedican a la fabricación de artículos o partes metálicas diversas, obtenidos por procesos de maquinado como: torneado, fresado, mandrilado, rectificado, prensado, troquelado, forjado, sinterizado, doblado, rechazado y otros maquinados. Incluye corte con oxígeno, sierra mecánica, cizalla y otros.

| | | |
|---|---|---|
| 3511 | Tratamientos térmicos y galvanoplastia, con procesos continuos automatizados. | III |

Comprende a las empresas que con procesos continuos automatizados, se dedican exclusivamente a trabajos de tratamientos térmicos y galvanoplastia, tales como: normalizado, relevado, revenido, patentado, templado, cromado, niquelado, cobrizado, anodizado, estañado, plateado, tropicalizado y otros. Excepto empresas que realicen estos trabajos como parte de su proceso productivo en la fabricación de un producto, clasificadas por separado.

| GRUPO 36 | FABRICACIÓN, ENSAMBLE Y/O REPARACIÓN DE MAQUINARIA, EQUIPO Y SUS PARTES; EXCEPTO LOS ELÉCTRICOS |
|---|---|

| FRACCIÓN | ACTIVIDAD | CLASE |
|---|---|---|
| 361 | Fabricación y/o ensamble de maquinaria, equipos e implementos para labores agropecuarias. Comprende a las empresas que se dedican a la fabricación y/o ensamble de sembradoras, cosechadoras, segadoras, trilladoras, fertilizadoras, cortadoras, arados, rastras, ordeñadoras y otros equipos, implementos y máquinas para labores agropecuarias. Excepto tractores clasificados en la fracción 363. | IV |
| 362 | Fabricación y/o ensamble de maquinaria, equipo e implementos para las industrias de alimentos, bebidas, tabacalera, textil, calzado, madera, cuero, impresión, hule, plástico, productos de minerales no metálicos (excepto cemento), metal mecánica y maquinaria y equipo de uso común a varias industrias. Comprende a las empresas que se dedican a la fabricación y/o ensamble de implementos, equipos y máquinas especiales para las industrias señaladas. Incluye la fabricación de bombas, motores (excepto los eléctricos y automotrices), compresores, centrifugadores, aparatos de filtración, calefacción y refrigeración, equipos de elevación, carga, descarga y manipulación (carretillas, polipastos, grúas, montacargas, escaleras electromecánicas, bandas transportadoras, elevadores para personas y mercancías y otros), básculas, herramientas neumáticas (pistolas aerográficas, extintores, aparatos de chorro de arena) y otros equipos y máquinas de uso común a varias industrias. No se considera en esta fracción la fabricación y/o ensamble de implementos, equipos y máquinas clasificados por separado. | IV |

363       Fabricación y/o ensamble de maquinaria, equipo e        V
          implementos para las industrias de la construcción,
          extractivas, papel, cemento, petroquímica básica,
          química; metálicas básicas del hierro, del acero y de
          metales no ferrosos.
          Comprende a las empresas que se dedican a la fa-
          bricación y/o ensamble de implementos, equipos y
          máquinas especiales para las industrias señaladas.
          Incluye la fabricación de tractores para labores agro-
          pecuarias e industriales.
          No se considera en esta fracción la fabricación y/o
          ensamble de implementos, equipos y máquinas clasi-
          ficados por separado.

364       Fabricación y/o ensamble de máquinas de coser, ofi-    II
          cina, cómputo y sus partes.
          Comprende a las empresas que se dedican a la fabri-
          cación y/o ensamble de máquinas de coser, de escri-
          bir, protectoras de cheques, calculadoras, registrado-
          ras, franqueadoras de correspondencia, sus partes y
          otras máquinas de oficina. Incluye la fabricación de
          equipo de cómputo o de procesamiento electrónico
          de datos y sus periféricos. Excepto los equipos de
          comunicación, clasificados en la fracción 372.

365       Reparación y ensamble de máquinas de coser y de        I
          oficina.
          Comprende a las empresas que con partes y acceso-
          rios provenientes de otras empresas, se dedican a
          la reparación y ensamble de máquinas de coser y de
          oficina. Excepto el ensamble y/o reparación de equi-
          pos de cómputo, clasificados en las fracciones 364 y
          6711, respectivamente.

366       Fabricación de partes y piezas sueltas, para maquina-   V
          ria y equipo en general.
          Comprende a las empresas que se dedican a la fabri-
          cación de partes y piezas sueltas para maquinaria y
          equipo en general.

| 367 | Reparación y/o mantenimiento de maquinaria y equipo en general.<br>Comprende a las empresas que se dedican a la reparación y/o mantenimiento de maquinaria y equipo en general. Excepto empresas que se dediquen a la instalación de maquinaria y equipo en general, clasificadas en la fracción 843. | III |

| GRUPO 37 | **FABRICACIÓN Y/O ENSAMBLE DE MAQUINARIA, EQUIPOS, APARATOS, ACCESORIOS Y ARTÍCULOS ELÉCTRICOS, ELECTRÓNICOS Y SUS PARTES** | |

| FRACCIÓN | ACTIVIDAD | CLASE |
|---|---|---|
| 371 | Fabricación y/o ensamble de maquinaria y equipo para generación y transformación de energía eléctrica.<br>Comprende a las empresas que se dedican a la fabricación y/o ensamble de generadores, motogeneradores, motorreductores, transformadores, reguladores, alternadores, rectificadores, motores eléctricos, punteadoras, soldadoras eléctricas y otros equipos y máquinas para generación y transformación de energía eléctrica. Excepto la fabricación y/o ensamble de partes para el sistema eléctrico de vehículos automóviles, clasificadas en la fracción 384. | IV |
| 372 | Fabricación y/o ensamble de equipo y aparatos de radio, televisión y comunicaciones.<br>Comprende a las empresas que se dedican a la fabricación y/o ensamble de aparatos de radio y televisión, grabadores o reproductores de la imagen o del sonido, equipos de telefonía, télex, radar, telegrafía, micrófonos, audífonos, altavoces, amplificadores y otros aparatos y equipos de radio, televisión y comunicaciones. Incluye a las empresas que en forma simultánea a la fabricación de los equipos y aparatos antes mencionados, fabriquen y/o ensamblen sus partes. | II |

| | | |
|---|---|---|
| 373 | Fabricación y/o grabado de discos y cintas magnéticas para sonidos, imágenes y datos. | III |

Comprende a las empresas que se dedican a la fabricación y/o grabado de discos y cintas magnéticas para sonidos, imágenes y datos. Incluye el ensamble de los artículos mencionados en cartuchos.

| | | |
|---|---|---|
| 374 | Fabricación y/o ensamble de aparatos eléctricos y sus partes para uso doméstico. | III |

Comprende a las empresas que se dedican a la fabricación y/o ensamble de unidades terminadas o partes de batidoras, tostadores, freidoras, sartenetas, cafeteras, hornos de microondas, planchas, licuadoras, extractores de jugo, aspiradoras, enceradoras, máquinas para afeitar, cortar y secar el pelo, ventiladores y otros aparatos eléctricos similares para uso doméstico o comercial. Incluye a las empresas que además de fabricar alguno(s) de los aparatos anteriormente señalados, fabrican y/o ensamblan refrigeradores, lavadoras, estufas y otros equipos similares para uso doméstico. Las empresas que se dedican en forma exclusiva a fabricar y/o ensamblar refrigeradores, lavadoras, estufas y otros equipos similares, se clasifican por separado en la fracción 3712.

| | | |
|---|---|---|
| 375 | Fabricación, reconstrucción y/o ensamble de acumuladores eléctricos. | IV |

Comprende a las empresas que se dedican a la fabricación, reconstrucción y/o ensamble de acumuladores eléctricos (húmedos) para usos diversos.

| | | |
|---|---|---|
| 376 | Fabricación y/o ensamble de pilas (secas), componentes eléctricos y electrónicos diversos. | III |

Comprende a las empresas que se dedican a la fabricación y/o ensamble de pilas secas, partes e implementos eléctricos o electrónicos como escobillas de carbón, carbones para lámparas, electrodos de carbón, cristales piezoeléctricos, diodos, transistores, microcircuitos electrónicos, condensadores eléctricos y similares.

| 377 | Fabricación y/o ensamble de lámparas (focos) y tubos al vacío para alumbrado eléctrico. | III |
|---|---|---|

Comprende a las empresas que se dedican a la fabricación y/o ensamble de lámparas (focos) y tubos al vacío para alumbrado eléctrico. Incluye válvulas electrónicas de vacío, de vapor, de gas y de rayos catódicos. Excepto empresas que fabriquen aparatos denominados luminarias que provistos de lámparas (focos) sirven para alumbrar, clasificadas en la fracción 3710.

| 378 | Fabricación de conductores eléctricos. | III |
|---|---|---|

Comprende a las empresas dedicadas a la fabricación de alambres y cables desnudos y aislados empleados para la conducción de energía eléctrica.

| 379 | Fabricación y/o ensamble de aparatos, accesorios eléctricos o electrónicos, para empalme, corte, protección y conexión. | II |
|---|---|---|

Comprende a las empresas que se dedican a la fabricación y/o ensamble de interruptores, arrancadores, relevadores, tableros, conmutadores, cortacircuitos, pararrayos, amortiguadores de onda, alarmas, tomas de corriente, pletinas y similares.

| 3710 | Fabricación de luminarias y anuncios luminosos. | V |
|---|---|---|

Comprende a las empresas que se dedican a la fabricación de luminarias que provistas de focos, se utilizan para iluminación teatral, doméstica, industrial, arquitectónica y otras similares. Incluye la fabricación de semáforos, anuncios luminosos y/o luminiscentes.

| 3711 | Fabricación en serie o con procesos continuos de acumuladores eléctricos. | III |
|---|---|---|

Comprende a las empresas que se dedican, mediante procesos continuos o líneas de producción en serie, a la fabricación y/o ensamble de acumuladores eléctricos (húmedos) para usos diversos.

| 3712 | Fabricación y/o ensamble de refrigeradores, estufas, lavadoras, secadoras y otros aparatos de línea blanca. | IV |
|------|---|----|
| | Comprende a las empresas que se dedican en forma exclusiva a la fabricación y/o ensamble de aparatos eléctricos para uso comercial y doméstico, tales como: refrigeradores, congeladores, estufas, hornos, lavadoras, secadoras, lava-vajillas y otros similares de línea blanca. Incluye calentadores. | |

| GRUPO 38 | CONSTRUCCIÓN, RECONSTRUCCIÓN Y ENSAMBLE DE EQUIPO DE TRANSPORTE Y SUS PARTES | |
|----------|---|---|
| FRACCIÓN | ACTIVIDAD | CLASE |
| 381 | Fabricación y/o ensamble de aeronaves. | III |
| | Comprende a las empresas que se dedican a la fabricación y/o ensamble de aeronaves. | |
| 382 | Fabricación y/o ensamble de carrocerías para vehículos de transporte. | IV |
| | Comprende a las empresas que se dedican a la fabricación, ensamble, adaptación o conversión de carrocerías y remolques para vehículos de transporte. Excepto la fabricación y/o ensamble de tanques para vehículos de transporte clasificados en la fracción 354. | |
| 383 | Fabricación y/o ensamble de partes y accesorios para automóviles, autobuses, camiones, motocicletas y bicicletas. | IV |
| | Comprende a las empresas que se dedican a la fabricación y/o ensamble, para automóviles, autobuses, camiones, motocicletas y bicicletas, de muelles, amortiguadores, asientos, escapes y otras partes similares. Incluye accesorios tales como: espejos retrovisores, antenas, volantes, cinturones de seguridad y otros. Excepto las partes y/o componentes para motores, clasificadas por separado. | |

| | | |
|---|---|---|
| 384 | Fabricación y/o ensamble de partes para el sistema eléctrico de vehículos automóviles. | II |

Comprende a las empresas que se dedican a la fabricación y/o ensamble de bobinas, generadores, distribuidores, reguladores, alternadores, transformadores, bujías, platinos, sistemas de encendido y otras partes y accesorios para el sistema eléctrico de vehículos automóviles. Excepto la fabricación de acumuladores, clasificados en las fracciones 375 y 3711.

| | | |
|---|---|---|
| 385 | Fabricación y/o ensamble de bicicletas y otros vehículos de pedal. | IV |

Comprende a las empresas que se dedican a la fabricación y/o ensamble de bicicletas, triciclos y otros vehículos de pedal similares para transporte de personas o mercancías. Excepto motocicletas clasificadas en la fracción 388.

| | | |
|---|---|---|
| 386 | Fabricación, ensamble y/o reparación de carros de ferrocarril, equipo ferroviario y sus partes. | V |

Comprende a las empresas que se dedican a la fabricación, montaje, reconstrucción y/o reparación de equipo ferroviario, armazones, estructuras para locomotoras, carros comedor, carros dormitorio, autovía, locomotoras, tranvías, vagones de carga, de pasajeros, de plataforma, frigoríficos, carros para trenes urbanos (metro), suburbanos y sus partes.

| | | |
|---|---|---|
| 387 | Fabricación, ensamble y/o reparación de embarcaciones. | V |

Comprende a las empresas dedicadas a trabajos de construcción, reconstrucción y/o reparación de barcos, lanchones, barcazas, yates y similares. Incluye a las empresas que se dedican a la conversión, modificación y desguace de embarcaciones. Excepto la reparación de lanchas, clasificada en la fracción 891.

| 388 | Fabricación y/o ensamble de automóviles, autobuses, camiones y motocicletas.<br>Comprende a las empresas que se dedican a la fabricación y/o ensamble de automóviles, autobuses, camiones y motocicletas. | III |
| 389 | Fabricación y/o ensamble de motores para automóviles, autobuses y camiones.<br>Comprende a las empresas que se dedican a la fabricación y/o ensamble de motores como producto final para su uso inmediato en la función para la que fue creado en automóviles, autobuses y camiones. Excepto empresas que se dedican a fabricar partes y/o componentes para estos motores, clasificadas por separado. | III |
| 3810 | Fabricación de conjuntos mecánicos y sus partes para automóviles, autobuses, camiones y motocicletas.<br>Comprende a las empresas que se dedican a la fabricación en serie de conjuntos mecánicos tales como: sistemas de transmisión, de dirección, de suspensión, de embrague, de frenos y otros, así como sus partes. Incluye a las empresas que se dedican exclusivamente a la fabricación de partes metálicas para motores de combustión interna (gasolina o diesel), tales como: monoblocks, pistones, bielas, anillos, engranes, cigüeñales, árboles de levas, cabezas de cilindros, balancines, bujes, inyectores, bombas (de enfriamiento, lubricación y combustible), múltiples (de admisión y escape), poleas, tapas cojinete (de cigüeñal y de árbol de levas), válvulas (para admisión y escape), carcazas, retenes de sello de aceite, flechas, camisas para cilindro, filtros (para aceite, combustibles y aire) y carburadores. Excepto empresas que fabriquen partes para motor, como tornillos, tuercas, arandelas, bandas, mangueras, cables, partes metálicas para soporte y otras, clasificadas por separado. | IV |

| GRUPO 39 | OTRAS INDUSTRIAS MANUFACTURERAS | |
|---|---|---|
| FRACCIÓN | ACTIVIDAD | CLASE |
| 390 | Fabricación, ensamble y/o reparación de equipos, aparatos científicos y profesionales e instrumentos de medida y control.<br>Comprende a las empresas que se dedican a la fabricación, ensamble y/o reparación de equipos, aparatos e instrumentos científicos, profesionales, médicos, quirúrgicos, de laboratorio, prótesis, ortopedia, auditivos, de medida, control y otros similares; excepto muebles metálicos, básculas industriales y prótesis dentales, que se clasifican por separado. | III |
| 391 | Fabricación, ensamble y/o reparación de aparatos, instrumentos y accesorios de óptica y fotografía.<br>Comprende a las empresas que se dedican a la fabricación, ensamble y/o reparación de anteojos, lentes, aparatos e instrumentos ópticos, fotográficos y de fotocopiado. Incluye la fabricación de películas, placas, papel sensible y otros accesorios de óptica y fotografía. | II |
| 392 | Fabricación, montaje y/o ensamble de relojes, joyas, artículos de orfebrería y fantasía.<br>Comprende a las empresas que se dedican a la fabricación, montaje y/o ensamble de relojes, joyas, artículos de orfebrería, de fantasía, mecanismos, conjuntos mecánicos, partes o componentes para relojes. Incluye el corte, grabado, tallado y pulido de piedras preciosas y metales utilizados en joyería. | II |
| 394 | Fabricación y/o ensamble de instrumentos musicales, paraguas, juguetes y artículos deportivos, con maquinaria y/o equipo motorizado.<br>Comprende a las empresas que con empleo de maquinaria y/o equipo motorizado, se dedican a la fabricación y/o ensamble de instrumentos musicales, paraguas, juguetes (excepto los de plástico moldeado y de madera, clasificados por separado). Incluye a las | III |

empresas que fabrican artículos deportivos que por los materiales, maquinaria o equipo utilizados y procesos de trabajo desarrollados no puedan clasificarse en las fracciones correspondientes de la División de las Industrias de Transformación.

| | | |
|---|---|---|
| 395 | Fabricación y/o ensamble de instrumentos musicales, paraguas, juguetes y artículos deportivos, sin maquinaria ni equipo motorizado. | II |

Comprende a las empresas que sin empleo de maquinaria ni equipo motorizado, se dedican a la fabricación y/o ensamble de instrumentos musicales, paraguas, juguetes (excepto los de madera), artículos deportivos y otros similares.

396     Fabricación de lápices, gomas, plumas y bolígrafos.    III
Comprende a las empresas que se dedican a la fabricación de plumas fuente, estilográficas, lapiceros, bolígrafos, puntillas, minas, portaminas, lápices, crayones, tizas, gomas, sellos de goma, cintas, correctores y cartuchos para máquinas de escribir, de registro e impresoras y otros artículos similares.

397     Talleres de mecánica dental.    II
Comprende a las empresas que se dedican a la fabricación de prótesis dentales, tales como: placas, puentes, dentaduras, dientes artificiales y similares.

398     Fabricación y/o ensamble de armas de fuego portátiles, cartuchos, municiones y accesorios.    III
Comprende a las empresas que se dedican a la fabricación y/o ensamble de armas de fuego portátiles, cartuchos, municiones y accesorios.

399     Fabricación, ensamble y/o reparación de otros artículos manufacturados no clasificados anteriormente, sin maquinaria ni equipo motorizado.    III
Comprende a las empresas que sin empleo de maquinaria ni equipo motorizado, se dedican a la fabricación, ensamble y/o reparación de artículos diversos no clasificados anteriormente.

| | | |
|---|---|---|
| 3910 | Fabricación, ensamble y/o reparación de otros artículos manufacturados no clasificados anteriormente, con maquinaria y/o equipo motorizado. | IV |

Comprende a las empresas que con empleo de maquinaria y/o equipo motorizado, se dedican a la fabricación, ensamble y/o reparación de artículos diversos no clasificados anteriormente.

---

| **DIVISIÓN 4** | **INDUSTRIA DE LA CONSTRUCCIÓN** |
|---|---|

| **GRUPO 41** | **CONSTRUCCIÓN DE EDIFICACIONES Y DE OBRAS DE INGENIERÍA CIVIL** |
|---|---|

| FRACCIÓN | ACTIVIDAD | CLASE |
|---|---|---|
| 411 | Construcción de edificaciones; excepto obra pública. | V |

Comprende a las empresas que se dedican a la construcción, reparación, reformas y reconstrucciones de edificaciones residenciales y no residenciales, excepto cuando se trate de obra pública.

Se incluye la construcción de casas, conjuntos habitacionales, hoteles, moteles, instalaciones y edificaciones comerciales, de oficinas y servicios tales como bancos, consultorios, tiendas de autoservicio, hospitales, cuarteles, iglesias, escuelas, teatros, cines y similares.

No se considerarán dentro de esta fracción, sino de la 412, las edificaciones realizadas por patrones personas morales, así como por patrones personas físicas, cuando éstos acrediten de manera fehaciente que se dedican normalmente a actividades de construcción.

| | | |
|---|---|---|
| 412 | Construcciones de obras de infraestructura y edificaciones en obra pública. | V |

Comprende a las empresas que se dedican a la construcción, reparación, reformas, reconstrucción y supervisión de obras de urbanización y saneamiento, de electrificación, de comunicaciones y transporte, hidráulicas y marítimas, de excavación, nivelación de terrenos, topografía, cimentación, perforación de pozos, alumbrado, andamiaje, demolición, montaje de estructuras prefabricadas (metálicas o de concreto) y similares.

Se considera la construcción de instalaciones y edificaciones agropecuarias, industriales, edificaciones especiales relacionadas con el transporte (estaciones de pasajeros y otras) y edificaciones industriales especiales (centrales telefónicas, telegráficas o eléctricas, industria química y otras). Obras de colección, disposición y tratamiento de aguas negras, potabilizadoras y redes de distribución; camellones, banquetas, calles, avenidas, bulevares, viaductos, pasos a desnivel, sistemas de señalamiento, alumbrado público y otras obras de urbanización y saneamiento; líneas telegráficas, telefónicas, incluso cables submarinos, télex, red de microondas, torres transmisoras de radio y televisión, tendido de líneas para transmisión por cable y otros similares, incluso radares y microondas; caminos, brechas, carreteras, autopistas, pistas de aeropuertos, sistemas ferroviarios y transporte urbano eléctrico, estructura de vías para transporte ferroviario, urbano, suburbano e interurbano, estaciones subterráneas y vías férreas (metro); oleoductos, gasoductos y conductos similares y otras obras de comunicación y transportes; presas, estaciones de bombeo, acueductos y redes de distribución de agua, canales y obras de riego, obras para control de inundaciones (malecones, diques pluviales y otras), dragado y eliminación de rocas submarinas, puertos, muelles, desembarcaderos, diques rompeolas y similares; canales de navegación y otras obras marítimas; estadios, campos y canchas deportivas; perforación de pozos de agua, petroleros o de gas; lagos y estanques artificiales; instalación y remodelación de esculturas, monumentos y otras obras de ingeniería civil no especificadas.

Se incluyen las edificaciones a que se refiere la fracción 411, cuando se trate de obra pública, cuando sean realizadas por personas morales o cuando, tratándose de personas físicas, éstas acrediten de manera fehaciente que se dedican normalmente a actividades de construcción.

| GRUPO 42 | TRABAJOS REALIZADOS POR CONTRATISTAS ESPE-CIALIZADOS | |
|---|---|---|
| FRACCIÓN | ACTIVIDAD | CLASE |
| 421 | Instalaciones sanitarias, eléctricas, de gas y de aire acondicionado.<br>Comprende a las empresas que se dedican a la instalación de sistemas sanitarios, de plomería y fontanería, de sistema eléctrico, intercomunicación y de alarma, de sistemas de aire acondicionado, de redes de distribución de gas combustible e instalaciones similares. Incluye la modificación, ampliación o mantenimiento y reparación de las instalaciones mencionadas, así como la limpieza del alcantarillado, caños y tuberías. | IV |
| 422 | Instalación y reparación de ascensores, escaleras electromecánicas y otros equipos para transportación<br>Comprende a las empresas que se dedican a la instalación de ascensores, escaleras electromecánicas y otros equipos o sistemas para elevación o transportación. Incluye la modificación, ampliación, mantenimiento y reparación de los equipos mencionados. | IV |
| 423 | Instalación de ventanería, herrería, cancelería, vidrios y cristales.<br>Comprende a las empresas que se dedican a la instalación de ventanería, herrería, cancelería (metálica, de madera u otros materiales), vitrales, vidrios, cristales y otros trabajos similares. Incluye la modificación, ampliación, mantenimiento y reparación de las instalaciones mencionadas y a las empresas que en forma simultánea fabrican e instalan los productos mencionados. | V |

| 424 | Otros servicios de instalación vinculados al acabado o remodelación de obras de construcción.<br><br>Comprende a las empresas que se dedican a la instalación de revestimientos de interiores o exteriores de obras de construcción en general con mezclas de cemento, yeso o cal, materiales pétreos o vidriados, pinturas, madera, impermeabilizantes, materiales térmicos o acústicos, elementos ornamentales y otros materiales o partes no especificados, vinculados al acabado o remodelación de obras de construcción. Incluye a los rotulistas que realicen trabajos en interiores y exteriores de inmuebles sobre muros, paredes, paneles y similares y/o empresas que instalen los anuncios publicitarios, así como sus elementos de suspensión o sustentación. | V |

| DIVISIÓN 5 | INDUSTRIA ELÉCTRICA Y CAPTACIÓN Y SUMINISTRO DE AGUA POTABLE |

| GRUPO 50 | GENERACIÓN, TRANSMISIÓN Y DISTRIBUCIÓN DE ENERGÍA ELÉCTRICA |

| FRACCIÓN | ACTIVIDAD | CLASE |
|---|---|---|
| 500 | Generación, transmisión y distribución de energía eléctrica.<br><br>Comprende a las empresas que realizan la generación, transmisión y distribución de energía eléctrica. | IV |

| GRUPO 51 | CAPTACIÓN Y SUMINISTRO DE AGUA POTABLE Y TRATADA |

| FRACCIÓN | ACTIVIDAD | CLASE |
|---|---|---|
| 510 | Captación y suministro de agua potable y tratada.<br><br>Comprende a las empresas que realizan la captación, tratamiento, conducción, suministro y distribución de agua potable y tratada. Excepto la construcción de obras civiles para la captación y suministro de agua potable y para la instalación de plantas purificadoras de agua, que se clasifican en la fracción 412. | III |

| DIVISIÓN 6 | COMERCIO |
| --- | --- |
| GRUPO 61 | COMPRAVENTA DE ALIMENTOS, BEBIDAS Y PRODUCTOS DEL TABACO |

| FRACCIÓN | ACTIVIDAD | CLASE |
| --- | --- | --- |
| 611 | Expendios de ventas al menudeo de alimentos, bebidas y/o productos del tabaco.<br>Comprende a las empresas que se dedican a la compra y expendio al menudeo de frutas, verduras, carnes, pollos, pescados, vísceras, huevo, leche, chiles secos, moles, especias, granos, y otros productos alimenticios agropecuarios o de la pesca, en estado natural o elaborado. Incluye tiendas de abarrotes, ultramarinos, misceláneas, dulcerías, salchichonerías, cremerías, tabaquerías, vinaterías y otros establecimientos con ventas al menudeo de alimentos, bebidas y/o productos del tabaco. Excepto supermercados o tiendas de autoservicio, almacenes y establecimientos con transporte, cantinas, restaurantes, cafeterías y otras empresas que preparen y den servicio de alimentos, clasificadas por separado. | II |
| 612 | Compraventa de alimentos, bebidas y/o productos del tabaco, sin transporte.<br>Comprende a las empresas que se dedican a la compra, almacenamiento y venta al menudeo, medio mayoreo y/o mayoreo de alimentos, bebidas y/o productos del tabaco, que no cuenten con transporte para la distribución ni equipo para el movimiento de las mercancías. Excepto supermercados o tiendas de autoservicio y establecimientos con transporte, clasificados por separado. | III |

| 613 | Compraventa de alimentos, bebidas y/o productos del tabaco, con transporte. | III |
| | Comprende a las empresas que se dedican a la compra, almacenamiento y venta al menudeo, medio mayoreo y/o mayoreo de alimentos, bebidas y/o productos del tabaco, que cuenten con transporte para la distribución y/o equipo para el movimiento de las mercancías. Incluye exclusivamente el almacenamiento, venta y distribución de hielo, aguas purificadas y refrescos con transporte. Excepto supermercados o tiendas de autoservicio y empresas que se dedican a prestar el servicio de transporte, clasificados por separado. | |
| 614 | Compraventa e introducción de animales vivos. | III |
| | Comprende a las empresas que se dedican a la compraventa e introducción de animales vivos (ganado bovino, ovino, porcino, caprino, equino, aves y otros) a rastros o mataderos; excepto las empresas que se dedican a prestar el servicio de transporte, clasificadas por separado. | |

| GRUPO 62 | COMPRAVENTA DE PRENDAS DE VESTIR Y OTROS ARTÍCULOS DE USO PERSONAL |
|---|---|

| FRACCIÓN | ACTIVIDAD | CLASE |
|---|---|---|
| 621 | Expendios de ventas al menudeo de prendas y accesorios de vestir y artículos para su confección. | I |
| | Comprende a las empresas que se dedican a la compra y expendio al menudeo de ropa en general, calzado, sombreros, pieles para dama, pelucas, telas, casimires, artículos de mercería, bonetería, sedería y otros establecimientos con ventas al menudeo de prendas y accesorios de vestir y/o artículos para su confección. Excepto supermercados o tiendas de autoservicio, almacenes y establecimientos con transporte, clasificados por separado. | |

622     Compraventa de prendas y accesorios de vestir y artí-     II
culos para su confección, sin transporte.
Comprende a las empresas que se dedican a la compra, almacenamiento y venta al menudeo, medio mayoreo y/o mayoreo de prendas y accesorios de vestir
y artículos para su confección que no cuenten con
transporte para la distribución ni equipo para el movimiento de las mercancías. Excepto supermercados o
tiendas de autoservicio y establecimientos con transporte, clasificados por separado.

623     Compraventa de prendas y accesorios de vestir y artí-     I
culos para su confección, con transporte.
Comprende a las empresas que se dedican a la compra, almacenamiento y venta al menudeo, medio mayoreo y/o mayoreo de prendas y accesorios de vestir
y artículos para su confección que cuenten con transporte para la distribución y/o equipo para el movimiento de las mercancías. Excepto supermercados o
tiendas de autoservicio y empresas que se dedican
a prestar el servicio de transporte, clasificados por
separado.

624     Expendios de ventas al menudeo de artículos de uso     I
personal.
Comprende a las empresas que se dedican a la compra y expendio al menudeo de anteojos, juguetes,
instrumentos musicales, relojes, artículos de plate-
ría y joyería, petacas, baúles, portafolios, carteras
y otros artículos de cuero, piel y materiales sucedá-
neos, equipo y material fotográfico, cinematográfico
y de dibujo, paraguas, sombrillas, artículos de protección personal contra riesgos profesionales, artículos y aparatos deportivos, armas de fuego, cartuchos,
municiones y otros establecimientos con ventas al
menudeo de artículos de uso personal. Excepto prendas y accesorios de vestir, supermercados o tiendas
de autoservicio, almacenes y establecimientos con
transporte, clasificados por separado.

625     Compraventa de artículos de uso personal, sin trans-    II
        porte.
        Comprende a las empresas que se dedican a la com-
        pra, almacenamiento y venta al menudeo, medio
        mayoreo y/o mayoreo de artículos de uso personal,
        que no cuenten con transporte para la distribución ni
        equipo para el movimiento de las mercancías. Excep-
        to prendas y accesorios de vestir, supermercados o
        tiendas de autoservicio y establecimientos con trans-
        porte, clasificados por separado.

626     Compraventa de artículos de uso personal, con trans-    I
        porte.
        Comprende a las empresas que se dedican a la com-
        pra, almacenamiento y venta al menudeo, medio
        mayoreo y/o mayoreo de artículos de uso personal,
        que cuenten con transporte para la distribución y/o
        equipo para el movimiento de las mercancías. Excep-
        to prendas y accesorios de vestir, supermercados o
        tiendas de autoservicio y empresas que se dedican
        a prestar el servicio de transporte, clasificados por
        separado.

627     Expendios de ventas al menudeo de medicamentos,        I
        productos farmacéuticos, químico-farmacéuticos y de
        perfumería.
        Comprende a las empresas que se dedican a la com-
        pra y expendio al menudeo de medicamentos, pro-
        ductos farmacéuticos, químico-farmacéuticos, de
        perfumería, veterinarios y otros establecimientos
        que expendan al menudeo productos o artículos simi-
        lares. Excepto supermercados o tiendas de autoser-
        vicio, almacenes y establecimientos con transporte,
        clasificados por separado.

628    Compraventa de medicamentos, productos farmacéu-    I
       ticos, químico-farmacéuticos y de perfumería, sin
       transporte.
       Comprende a las empresas que se dedican a la com-
       pra, almacenamiento y venta al menudeo, medio
       mayoreo y/o mayoreo de medicamentos, productos
       farmacéuticos, químico-farmacéuticos, de perfume-
       ría, veterinarios y similares, que no cuenten con
       transporte para la distribución ni equipo para el mo-
       vimiento de las mercancías. Excepto supermercados o
       tiendas de autoservicio y establecimientos con trans-
       porte, clasificados por separado.

629    Compraventa de medicamentos, productos farmacéu-    II
       ticos, químico-farmacéuticos y de perfumería, con
       transporte.
       Comprende a las empresas que se dedican a la com-
       pra, almacenamiento y venta al menudeo, medio ma-
       yoreo y/o mayoreo de medicamentos, productos far-
       macéuticos, químico-farmacéuticos, de perfumería,
       veterinarios y similares, que cuenten con transporte
       para la distribución y/o equipo para el movimiento
       de las mercancías. Excepto supermercados o tiendas
       de autoservicio y empresas que se dedican a prestar
       el servicio de transporte, clasificadas por separado.

6210   Expendios de ventas al menudeo de papelería, útiles    I
       escolares y de oficina; libros, periódicos y revistas.
       Comprende a las empresas que se dedican a la com-
       pra y expendio al menudeo de papelería, útiles esco-
       lares y de oficina; libros, periódicos, revistas, billetes
       de lotería, pronósticos deportivos y otros estableci-
       mientos que expendan al menudeo productos o ar-
       tículos similares. Excepto supermercados o tiendas
       de autoservicio, almacenes y establecimientos con
       transporte, clasificados por separado.

| | | |
|---|---|---|
| 6211 | Compraventa de papelería, útiles escolares y de oficina; libros, periódicos y revistas, sin transporte. | III |

Comprende a las empresas que se dedican a la compra, almacenamiento y venta al menudeo, medio mayoreo y/o mayoreo de papelería, útiles escolares y de oficina; libros, periódicos, revistas y similares, que no cuenten con transporte para la distribución ni equipo para el movimiento de las mercancías. Excepto supermercados o tiendas de autoservicio y establecimientos con transporte, clasificados por separado.

| | | |
|---|---|---|
| 6212 | Compraventa de papelería, útiles escolares y de oficina; libros, periódicos y revistas, con transporte. | II |

Comprende a las empresas que se dedican a la compra, almacenamiento y venta al menudeo, medio mayoreo y/o mayoreo de papelería, útiles escolares y de oficina; libros, periódicos, revistas y similares, que cuenten con transporte para la distribución y/o equipo para el movimiento de las mercancías. Excepto supermercados o tiendas de autoservicio y empresas que se dedican a prestar el servicio de transporte, clasificadas por separado.

| GRUPO 63 | COMPRAVENTA DE ARTÍCULOS PARA EL HOGAR | |
|---|---|---|
| FRACCIÓN | ACTIVIDAD | CLASE |
| 631 | Expendios de ventas al menudeo de máquinas, muebles, aparatos e instrumentos para el hogar, sus refacciones y accesorios. | I |

Comprende a las empresas que se dedican a la compra y expendio al menudeo de estufas, lavadoras, refrigeradores, cocinas integrales, aparatos eléctricos y electrónicos, radios, televisores, videocaseteras, máquinas de coser y tejer de uso doméstico, salas, recámaras, comedores y similares; incluso sus refacciones y accesorios. Excepto muebles para baño, oficinas, comercio y tiendas de departamentos especializados por línea de mercancías, almacenes y establecimientos con transporte, clasificados por separado.

632    Compraventa de máquinas, muebles, aparatos e ins-    I
trumentos para el hogar, sus refacciones y accesorios, sin transporte.
Comprende a las empresas que se dedican a la compra, almacenamiento y venta al menudeo, medio
mayoreo y/o mayoreo de estufas, lavadoras, refrigeradores, cocinas integrales, aparatos eléctricos
y electrónicos, radios, televisores, videocaseteras,
máquinas de coser y tejer de uso doméstico, salas,
recámaras, comedores y similares; incluso sus refacciones y accesorios, que no cuenten con transporte
para la distribución ni equipo para el movimiento de
las mercancías. Excepto muebles para baño, oficinas,
comercio y tiendas de departamentos especializados por línea de mercancías y establecimientos con
transporte, clasificados por separado.

633    Compraventa de máquinas, muebles, aparatos e ins-    III
trumentos para el hogar, sus refacciones y accesorios, con transporte y/o servicios de instalación.
Comprende a las empresas que se dedican a la compra, almacenamiento y venta al menudeo, medio
mayoreo y/o mayoreo de estufas, lavadoras, refrigeradores, cocinas integrales, aparatos eléctricos
y electrónicos, radios, televisores, videocaseteras,
máquinas de coser y tejer de uso doméstico, salas,
recámaras, comedores y similares; incluso sus refacciones y accesorios, que cuenten con transporte para
la distribución y/o equipo para el movimiento de las
mercancías o servicios de instalación. Excepto muebles para baño, oficinas y comercio y tiendas de departamentos especializados por línea de mercancías
y empresas que se dedican a prestar el servicio de
transporte, clasificados por separado.

634        Expendios de ventas al menudeo de otros artículos        I
           para el hogar.
           Comprende a las empresas que se dedican a la
           compra y expendio al menudeo de cristalería, loza,
           cuchillería y otros utensilios de comedor y cocina,
           de diversos materiales; alfombras, linóleums, pisos
           vinílicos, tapices, losetas vinílicas, cortinas, persia-
           nas; discos, discos compactos, cintas magnéticas
           para sonidos e imágenes; obras de arte, tales como:
           pinturas, esculturas; artículos religiosos, artesanías,
           antigüedades, plantas y flores naturales o artificiales.
           Incluye los denominados bazares. Excepto tiendas de
           departamentos especializados por línea de mercan-
           cías, almacenes y establecimientos con transporte,
           clasificados por separado.

635        Compraventa de otros artículos para el hogar, sin        I
           transporte.
           Comprende a las empresas que se dedican a la com-
           pra, almacenamiento y venta al menudeo, medio
           mayoreo y/o mayoreo de cristalería, loza, cuchillería
           y otros utensilios de comedor y cocina, de diversos
           materiales; alfombras, linóleums, pisos vinílicos, ta-
           pices, losetas vinílicas, cortinas, persianas; discos,
           discos compactos, cintas magnéticas para sonidos e
           imágenes; obras de arte, tales como: pinturas, es-
           culturas; artículos religiosos, artesanías, antigüeda-
           des, plantas y flores naturales o artificiales, que no
           cuenten con transporte para la distribución ni equipo
           para el movimiento de las mercancías. Incluye los de-
           nominados bazares. Excepto tiendas de departamen-
           tos especializados por línea de mercancías y estable-
           cimientos con transporte, clasificados por separado.

636        Compraventa de otros artículos para el hogar, con       II
           transporte y/o servicios de instalación.
           Comprende a las empresas que se dedican a la com-
           pra, almacenamiento y venta al menudeo, medio
           mayoreo y/o mayoreo de cristalería, loza, cuchillería

y otros utensilios de comedor y cocina, de diversos materiales; alfombras, linóleums, pisos vinílicos, tapices, losetas vinílicas, cortinas, persianas; discos, discos compactos, cintas magnéticas para sonidos e imágenes; obras de arte, tales como: pinturas, esculturas; artículos religiosos, artesanías, antigüedades, plantas y flores naturales o artificiales, que cuenten con transporte para la distribución y/o equipo para el movimiento de las mercancías o servicios de instalación. Incluye los denominados bazares. Excepto tiendas de departamentos especializados por línea de mercancías y empresas que se dedican a prestar el servicio de transporte, clasificadas por separado.

| GRUPO 64 | **COMPRAVENTA EN TIENDAS DE AUTOSERVICIO Y DE DEPARTAMENTOS ESPECIALIZADOS POR LÍNEA DE MERCANCÍAS** |
|---|---|

| FRACCIÓN | ACTIVIDAD | CLASE |
|---|---|---|
| 641 | Supermercados, tiendas de autoservicio y de departamentos especializados por línea de mercancías. Comprende a las empresas consideradas o denominadas como supermercados, tiendas de autoservicio y tiendas de departamentos especializados por línea de mercancías, que se dedican a la compraventa de artículos o productos misceláneos. | II |

| GRUPO 65 | **COMPRAVENTA DE GASES, COMBUSTIBLES Y LUBRICANTES** |
|---|---|

| FRACCIÓN | ACTIVIDAD | CLASE |
|---|---|---|
| 651 | Compraventa, envasado y/o distribución de gases para uso doméstico, industrial y medicinal. Comprende a las empresas que se dedican a la compra, venta, envase y/o distribución de gases a través de redes concesionadas, pipas, cilindros y otros similares, para uso doméstico, industrial y medicinal. | V |

| | | |
|---|---|---|
| 652 | Compraventa de lubricantes y aditivos, sin transporte. | II |

Comprende a las empresas que se dedican a la compra, almacenamiento y venta al menudeo, medio mayoreo y/o mayoreo de aceites y grasas lubricantes y aditivos no comestibles, que no cuenten con transporte para la distribución ni equipo para el movimiento de las mercancías. Incluye cambios de aceite en vehículos automóviles, cuando éstos sean realizados por la venta de dichas mercancías. Excepto establecimientos con transporte, clasificados por separado.

| | | |
|---|---|---|
| 653 | Estaciones de venta de gasolina, diesel y compraventa de lubricantes y aditivos, con transporte. | III |

Comprende a las estaciones de venta de gasolina, diesel y otros combustibles similares y a las empresas que se dedican a la compra, almacenamiento y venta al menudeo, medio mayoreo y/o mayoreo de aceites y grasas lubricantes y aditivos no comestibles, que cuenten con transporte para la distribución y/o equipo para el movimiento de las mercancías. Excepto empresas que se dedican a prestar el servicio de transporte, clasificadas por separado.

| | | |
|---|---|---|
| 654 | Compraventa de leña, carbón vegetal y mineral. | III |

Comprende a las empresas que se dedican a la compra, almacenamiento y venta al menudeo, medio mayoreo y/o mayoreo de leña, carbón vegetal y mineral y otros combustibles similares. Excepto empresas que se dedican a prestar el servicio de transporte, clasificadas por separado.

| GRUPO 66 | COMPRAVENTA DE MATERIAS PRIMAS, MATERIALES Y AUXILIARES | |
|---|---|---|

| FRACCIÓN | ACTIVIDAD | CLASE |
|---|---|---|
| 661 | Expendios de ventas al menudeo de materias primas agropecuarias.<br>Comprende a las empresas que se dedican a la compra y expendio al menudeo de algodón en pluma, semillas para siembra, cueros y pieles sin curtir, fibras textiles naturales, tabaco en rama, corcho, copra, chicle y otras materias primas agropecuarias. Incluye guanos, forrajes y alimentos balanceados para animales. Excepto almacenes y establecimientos con transporte, clasificados por separado. | II |
| 662 | Compraventa de materias primas agropecuarias, sin transporte.<br>Comprende a las empresas que se dedican a la compra, almacenamiento y venta al menudeo, medio mayoreo y/o mayoreo de algodón en pluma, semillas para siembra, cueros y pieles sin curtir, fibras textiles naturales, tabaco en rama, corcho, copra, chicle y otras materias primas agropecuarias, que no cuenten con transporte para la distribución ni equipo para el movimiento de las mercancías. Incluye guanos, forrajes y alimentos balanceados para animales. Excepto establecimientos con transporte, clasificados por separado. | III |
| 663 | Compraventa de materias primas agropecuarias, con transporte.<br>Comprende a las empresas que se dedican a la compra, almacenamiento y venta al menudeo, medio mayoreo y/o mayoreo de algodón en pluma, semillas para siembra, cueros y pieles sin curtir, fibras textiles naturales, tabaco en rama, corcho, copra, chicle y otras materias primas agropecuarias, que cuenten con transporte para la distribución y/o equipo para el movimiento de las mercancías. Incluye guanos, | III |

forrajes y alimentos balanceados para animales. Excepto empresas que se dedican a prestar el servicio de transporte, clasificadas por separado.

664   Compraventa de materiales para construcción, tales   II
como madera, aceros y productos de ferretería, sin transporte, ni preparación de mercancías.
Comprende a las empresas que se dedican a la compra, almacenamiento y venta al menudeo, medio mayoreo y/o mayoreo de cemento, cal, yeso, arena, grava, piedra, tabiques, ladrillos, mosaicos, losetas, azulejos, tejas, láminas acanaladas y lisas, tinacos, muebles sanitarios y otros similares; madera en diversas formas, tales como: postes, polines, vigas, tableros macizos, aglomerados, triplay y similares; varilla, alambre, alambrón, mallas metálicas, tubería, perfiles metálicos, barra, placa; vaciados o partes fundidas, valvulería, herramientas, cuchillería, herrajes, cerrajería, tornillería, artículos de plomería, soldadura, empaques y otros materiales o suministros similares, que no cuenten con transporte para la distribución ni equipo para el movimiento de las mercancías. Incluye productos de fibra de vidrio, PVC y otros. Excepto empresas que preparen las mercancías mencionadas para su venta (con procesos de corte, soldadura u otros) y almacenes o empresas con transporte, clasificados por separado.

665   Compraventa de materiales para construcción tales   IV
como: madera, aceros y productos de ferretería, con transporte y/o preparación de mercancías.
Comprende a las empresas que se dedican a la compra, almacenamiento y venta al menudeo, medio mayoreo y/o mayoreo de cemento, cal, yeso, arena, grava, piedra, tabiques, ladrillos, mosaicos, losetas, azulejos, tejas, láminas acanaladas y lisas, tinacos, muebles sanitarios y otros similares; madera en diversas formas, tales como: postes, polines, vigas, tableros macizos, aglomerados, triplay y similares;

varilla, alambre, alambrón, mallas metálicas, tubería, perfiles metálicos, barra, placa, vaciados o partes fundidas, valvulería, herramientas, cuchillería, herrajes, cerrajería, tornillería, artículos de plomería, soldadura, empaques y otros materiales o suministros, que cuenten con transporte para la distribución y/o equipo para el movimiento de las mercancías, así como empresas que preparen para su venta las mercancías mencionadas (con procesos de corte, soldadura, doblado u otros). Incluye productos de fibra de vidrio, PVC y otros. Excepto empresas que se dedican a prestar el servicio de transporte, clasificadas por separado.

666    Compraventa de material eléctrico, pinturas y productos de tlapalería, sin transporte.    II
Comprende a las empresas que se dedican a la compra, almacenamiento y venta al menudeo, medio mayoreo y/o mayoreo de material eléctrico y/o accesorios, pinturas y productos de tlapalería, lacas, barnices, disolventes y otros, que no cuenten con transporte para la distribución ni equipo para el movimiento de las mercancías.

667    Compraventa de material eléctrico, pinturas y productos de tlapalería, con transporte.    II
Comprende a las empresas que se dedican a la compra, almacenamiento y venta al menudeo, medio mayoreo y/o mayoreo de material eléctrico y/o accesorios, pinturas y productos de tlapalería, lacas, barnices, disolventes y otros, que cuenten con transporte para la distribución y/o equipo para el movimiento de las mercancías. Excepto empresas que se dedican a prestar el servicio de transporte, clasificadas por separado.

| | | |
|---|---|---|
| 668 | Compraventa de vidrio plano, cristales, espejos y lunas, sin transporte ni servicios de instalación. | V |

Comprende a las empresas que se dedican a la compra, almacenamiento y venta al menudeo, medio mayoreo y/o mayoreo de vidrio, cristales, espejos y lunas, que no instalen ni cuenten con transporte para la distribución ni equipo para el movimiento de las mercancías.

| | | |
|---|---|---|
| 669 | Compraventa de vidrio plano, cristales, espejos y lunas, con transporte y/o servicios de instalación. | V |

Comprende a las empresas que se dedican a la compra, almacenamiento y venta al menudeo, medio mayoreo y/o mayoreo de vidrio, cristales, espejos y lunas, que instalen y/o cuenten con transporte para la distribución o equipo para el movimiento de las mercancías. Excepto empresas que se dedican a prestar el servicio de transporte, clasificadas por separado.

| | | |
|---|---|---|
| 6610 | Compraventa de fertilizantes, plaguicidas y productos químicos (no explosivos) en envases cerrados, sin transporte. | II |

Comprende a las empresas que se dedican a la compra, almacenamiento y venta al menudeo, medio mayoreo y/o mayoreo de fertilizantes, plaguicidas y productos químicos diversos (no explosivos) en envases cerrados, que no cuenten con transporte para la distribución ni equipo para el movimiento de las mercancías. Incluye la compraventa de extintores y su carga. Excepto empresas que se dedican a prestar el servicio de recarga y mantenimiento de los mismos, clasificados en la fracción 6611.

| | | |
|---|---|---|
| 6611 | Compraventa de fertilizantes, plaguicidas y productos químicos (no explosivos) en envases cerrados o a granel, con transporte. | III |

Comprende a las empresas que se dedican a la compra, almacenamiento y venta al menudeo, medio mayoreo y/o mayoreo de fertilizantes, plaguicidas y productos químicos diversos (no explosivos) en envases cerrados o a granel, que cuenten con transporte para la distribución y/o equipo para el movimiento de las mercancías. Incluye la compraventa, recarga y mantenimiento de extintores. Excepto empresas que se dedican a prestar el servicio de transporte, clasificadas por separado.

6612      Compraventa de pieles, cueros curtidos y otros artículos de peletería, sin transporte.    II

Comprende a las empresas que se dedican a la compra, almacenamiento y venta al menudeo, medio mayoreo y/o mayoreo de pieles, cueros curtidos y otros artículos de peletería, que no cuenten con transporte para la distribución ni equipo para el movimiento de las mercancías.

6613      Compraventa de pieles, cueros curtidos y otros artículos de peletería, con transporte.    I

Comprende a las empresas que se dedican a la compra, almacenamiento y venta al menudeo, medio mayoreo y/o mayoreo de pieles, cueros curtidos y otros artículos de peletería, que cuenten con transporte para la distribución y/o equipo para el movimiento de las mercancías. Excepto empresas que se dedican a prestar el servicio de transporte, clasificadas por separado.

6614      Compraventa de papel y cartón nuevos, sin transporte.    II

Comprende a las empresas que se dedican a la compra, almacenamiento y venta al menudeo, medio mayoreo y/o mayoreo de papel y cartón nuevos, que no cuenten con transporte para la distribución ni equipo para el movimiento de las mercancías.

6615      Compraventa de papel y cartón nuevos, con transporte.    III

Comprende a las empresas que se dedican a la compra, almacenamiento y venta al menudeo, medio mayoreo y/o mayoreo de papel y cartón nuevos, que cuenten con transporte para la distribución y/o equipo para el movimiento de las mercancías. Excepto empresas que se dedican a prestar el servicio de transporte, clasificadas por separado.

6616    Compraventa de chatarra, fierro viejo, partes o mecanismos usados y desperdicios en general.                        V

Comprende a las empresas que se dedican a la compra, almacenamiento y venta al menudeo, medio mayoreo y/o mayoreo de chatarra o fierro viejo, partes o mecanismos usados y desperdicios en general. Se consideran las plantas procesadoras de basura y empresas que prestan servicios de recolección y/o control de desechos industriales y en general; así como los establecimientos de compraventa de maquinaria vieja en general, trapo, papel, cartón, vidrio y plástico usados. Excepto empresas que se dedican al desmantelamiento o deshuese de equipo de transporte, para poner sus partes o mecanismos a la venta y las que prestan el servicio de transporte, clasificadas en las fracciones 683 y 712, respectivamente.

6617    Compraventa de explosivos y productos de pirotecnia.                                                              III

Comprende a las empresas que se dedican a la compra, almacenamiento y venta al menudeo, medio mayoreo y/o mayoreo de explosivos, incluso productos químicos explosivos y productos de pirotecnia. Excepto empresas que se dedican exclusivamente a prestar el servicio de transporte clasificadas por separado.

| GRUPO 67 | COMPRAVENTA DE MAQUINARIA, EQUIPO, INSTRU-MENTOS, APARATOS, HERRAMIENTAS; SUS REFAC-CIONES Y ACCESORIOS |
|---|---|

| FRACCIÓN | ACTIVIDAD | CLASE |
|---|---|---|
| 671 | Expendio de ventas al menudeo de refacciones y accesorios para maquinaria y/o equipo para la producción de bienes.<br>Comprende a las empresas que se dedican a la compra y expendio al menudeo de refacciones y accesorios para maquinaria y/o equipo industrial en general. Excepto almacenes y establecimientos con transporte, clasificados por separado. | II |
| 672 | Compraventa de maquinaria, equipo y sus refacciones y/o accesorios para la producción de bienes, sin transporte.<br>Comprende a las empresas que se dedican a la compra, almacenamiento y venta al menudeo, medio mayoreo y/o mayoreo de maquinaria y equipo industrial en general, sus refacciones y/o accesorios, que no cuenten con transporte para la distribución ni equipo para el movimiento de las mercancías. | II |
| 673 | Compraventa de maquinaria, equipo y sus refacciones y/o accesorios para la producción de bienes, con transporte y/o servicios de reparación o mantenimiento.<br>Comprende a las empresas que se dedican a la compra, almacenamiento y venta al menudeo, medio mayoreo y/o mayoreo de maquinaria y equipo industrial en general, sus refacciones y/o accesorios, que cuenten con transporte para la distribución y/o equipo para el movimiento de las mercancías o con servicios de reparación y mantenimiento. Excepto empresas que se dedican a prestar el servicio de transporte y aquellas que en forma simultánea prestan los servicios de instalación, clasificadas por separado. | III |

| | | |
|---|---|---|
| 674 | Compraventa de maquinaria, equipo y sus refacciones y/o accesorios para la producción de bienes, con servicios de instalación.<br>Comprende a las empresas que se dedican a la compra, almacenamiento y venta al menudeo, medio mayoreo y/o mayoreo de maquinaria y equipo industrial en general, sus refacciones y/o accesorios, que cuenten con servicios de instalación. | IV |
| 675 | Expendios de ventas al menudeo de equipo, mobiliario, sus partes y/o accesorios para la prestación de servicios y el comercio.<br>Comprende a las empresas que se dedican a la compra y expendio al menudeo de equipos, mobiliario, sus partes y/o accesorios para oficinas y comercios, hoteles, restaurantes, peluquerías, salones de belleza, billares, boliches y otro equipo y mobiliario para la prestación de servicios y el comercio. Excepto almacenes y establecimientos con transporte, clasificados por separado. | I |
| 676 | Compraventa de equipo, mobiliario, sus partes y/o accesorios para la prestación de servicios y el comercio, sin transporte.<br>Comprende a las empresas que se dedican a la compra, almacenamiento y venta al menudeo, medio mayoreo y/o mayoreo de equipo y mobiliario, sus partes y/o accesorios para oficinas y comercios, hoteles, restaurantes, peluquerías, salones de belleza, billares, boliches y otro equipo y mobiliario para la prestación de servicios y el comercio, que no cuenten con transporte para la distribución ni equipo para el movimiento de las mercancías. | I |
| 677 | Compraventa de equipo, mobiliario, sus partes y/o accesorios para la prestación de servicios y el comercio, con transporte y/o servicios de instalación, reparación y mantenimiento.<br>Comprende a las empresas que se dedican a la compra, almacenamiento y venta al menudeo, medio | II |

mayoreo y/o mayoreo de equipo y mobiliario, sus partes y/o accesorios para oficinas y comercios, hoteles, restaurantes, peluquerías, salones de belleza, billares, boliches y otro equipo y mobiliario para la prestación de servicios y el comercio, que cuenten con transporte para la distribución y/o equipo para el movimiento de las mercancías o con servicios de instalación, reparación y mantenimiento. Excepto empresas que se dedican a prestar el servicio de transporte, clasificadas por separado.

678    Expendios de ventas al menudeo de aparatos e instrumentos de medición, precisión, cirugía, laboratorio y otros usos científicos.    I

Comprende a las empresas que se dedican a la compra y expendio al menudeo de básculas, balanzas, aparatos e instrumentos médicos, quirúrgicos, de laboratorio, de prótesis, ortopedia y otros aparatos e instrumentos técnicos, científicos de medida y control. Excepto almacenes y establecimientos con transporte, clasificados por separado.

679    Compraventa de aparatos e instrumentos de medición, precisión, cirugía, laboratorio y otros usos científicos, sin transporte.    I

Comprende a las empresas que se dedican a la compra, almacenamiento y venta al menudeo, medio mayoreo y/o mayoreo de básculas, balanzas, aparatos e instrumentos médicos, quirúrgicos, de laboratorio, de prótesis, ortopedia y otros aparatos e instrumentos técnicos, científicos de medida y control, que no cuenten con transporte para la distribución ni equipo para el movimiento de las mercancías.

6710   Compraventa de aparatos e instrumentos de medi-     II
       ción, precisión, cirugía, laboratorio y otros usos
       científicos, con transporte y/o servicios de instala-
       ción, reparación o mantenimiento.
       Comprende a las empresas que se dedican a la com-
       pra, almacenamiento y venta al menudeo, medio ma-
       yoreo y/o mayoreo de básculas, balanzas, aparatos
       e instrumentos médicos, quirúrgicos, de laboratorio,
       de prótesis, de ortopedia y otros aparatos e instru-
       mentos técnicos científicos de medida y control, que
       cuenten con transporte para la distribución y/o equi-
       po para el movimiento de las mercancías o con ser-
       vicios de instalación, reparación o mantenimiento.
       Excepto empresas que se dedican a prestar el servicio
       de transporte, clasificadas por separado.

6711   Compraventa de equipo de cómputo o de procesa-      II
       miento electrónico de datos y sus periféricos, con
       servicios de instalación, reparación y/o manteni-
       miento.
       Comprende a las empresas que se dedican a la com-
       pra, almacenamiento y venta al menudeo, medio
       mayoreo y/o mayoreo de equipo de cómputo o de
       procesamiento electrónico de datos; servicios de
       instalación, reparación y/o mantenimiento; incluye
       los equipos denominados periféricos, como son las
       impresoras, unidades de cintas y discos o disquetes,
       mouse, digitalizadores, scanners, monitores, mo-
       dems, plotters, ampliadores de memoria, teclados y
       otros similares.
       También se incluyen equipos semejantes, como apa-
       ratos de videojuegos, de sonido y máquinas de escri-
       bir electrónicas que se adapten como equipo perifé-
       rico de computadoras.

| GRUPO 68 | COMPRAVENTA DE EQUIPO DE TRANSPORTE; SUS REFACCIONES Y ACCESORIOS | |
|---|---|---|
| FRACCIÓN | ACTIVIDAD | CLASE |
| 681 | Expendios de ventas al menudeo de refacciones, accesorios y/o partes para equipo de transporte. Comprende a las empresas que se dedican a la compra y expendio al menudeo de refacciones, accesorios y/o partes nuevas o usadas para automóviles, autobuses, camiones, motocicletas, bicicletas, aeronaves, embarcaciones y otros equipos de transporte. Excepto almacenes y establecimientos con transporte y empresas que se dedican al desmantelamiento o desarmado de equipos de transporte para poner sus partes o mecanismos a la venta, clasificadas en las fracciones 682 y 683. | II |
| 682 | Compraventa de equipo de transporte, sus refacciones, accesorios y/o partes, sin transporte. Comprende a las empresas que se dedican a la compra, almacenamiento y venta al menudeo, medio mayoreo y/o mayoreo de equipos de transporte, nuevos o usados (automóviles, autobuses, camiones, motocicletas, bicicletas, aeronaves, embarcaciones y otros equipos de transporte) y/o sus refacciones, accesorios o partes, que no cuenten con transporte para la distribución ni equipo para el movimiento de las mercancías. Excepto empresas que se dedican al desmantelamiento o desarmado de equipo de transporte para poner sus partes o mecanismos a la venta o a prestar servicios de instalación, reparación o mantenimiento, clasificadas en la fracción 683. | II |

| 683 | Compraventa de equipo de transporte, sus refacciones, accesorios y/o partes, con transporte y/o servicios de instalación, reparación o mantenimiento. | III |

Comprende a las empresas que se dedican a la compra, almacenamiento y venta al menudeo, medio mayoreo y/o mayoreo de equipos de transporte, nuevos o usados (automóviles, autobuses, camiones, motocicletas, bicicletas, aeronaves, embarcaciones y otros equipos de transporte) y/o sus refacciones, accesorios o partes, que cuenten con transporte para la distribución y/o equipo para el movimiento de las mercancías o con servicios de instalación, reparación y mantenimiento; incluye empresas que se dedican al desmantelamiento o deshuese de equipo de transporte para poner sus partes o mecanismos a la venta. Excepto empresas que se dedican a prestar el servicio de transporte, clasificadas por separado.

| GRUPO 69 | COMPRAVENTA DE INMUEBLES Y ARTÍCULOS DIVERSOS |
|---|---|

| FRACCIÓN | ACTIVIDAD | CLASE |
|---|---|---|
| 691 | Compraventa de bienes inmuebles.<br>Comprende a las empresas que se dedican a la compraventa de bienes inmuebles. | I |
| 692 | Expendios de ventas al menudeo de artículos diversos no clasificados.<br>Comprende a las empresas que se dedican a la compra y expendio al menudeo de artículos diversos no clasificados. Excepto almacenes y establecimientos con transporte y empresas que presten servicios de instalación, reparación y/o mantenimiento, clasificadas por separado. | I |

| 693 | Compraventa de artículos diversos no clasificados, sin transporte.<br>Comprende a las empresas que se dedican a la compra, almacenamiento y venta al menudeo, medio mayoreo y/o mayoreo de artículos diversos no clasificados, que no cuenten con transporte para la distribución ni equipo para el movimiento de las mercancías, ni presten servicios de instalación, reparación o mantenimiento. | II |
| 694 | Compraventa de artículos diversos no clasificados, con transporte y/o servicios de instalación, reparación o mantenimiento.<br>Comprende a las empresas que se dedican a la compra, almacenamiento y venta al menudeo, medio mayoreo y/o mayoreo de artículos diversos no clasificados, que cuenten con transporte para la distribución y/o equipo para el movimiento de las mercancías o que presten los servicios de instalación, reparación y mantenimiento. Excepto empresas que se dedican a prestar el servicio de transporte, clasificadas por separado. | II |

| **DIVISIÓN 7** | **TRANSPORTES Y COMUNICACIONES** |
| --- | --- |
| **GRUPO 71** | **TRANSPORTE TERRESTRE** |

| FRACCIÓN | ACTIVIDAD | CLASE |
| --- | --- | --- |
| 711 | Transporte de pasajeros.<br>Comprende a las empresas que se dedican a prestar servicios de transporte urbano, suburbano y foráneo de pasajeros en autobuses, vehículos de ruleteo, escolares, turísticos y otros especializados. Excepto ambulancias, clasificadas en la fracción 942. | IV |
| 712 | Transporte de carga.<br>Comprende a las empresas que se dedican a prestar exclusivamente servicios de transporte de carga en general. Se considera el transporte de minerales, productos agropecuarios, alimentos, bebidas, productos manufacturados, materiales para construcción, mudanzas, animales y otros similares. | V |

| 713 | Transporte ferroviario y eléctrico. | V |
|-----|-------------------------------------|---|

713   Transporte ferroviario y eléctrico.                          V
      Comprende a las empresas que se dedican a pres-
      tar servicios de transporte en trenes de ferrocarril,
      autovía, tranvías, trolebuses y trenes subterráneos
      (metro), incluyendo servicios diversos a bordo de las
      unidades de transporte señaladas anteriormente.

| GRUPO 72 | TRANSPORTE POR AGUA | |
|----------|---------------------|---|
| FRACCIÓN | ACTIVIDAD | CLASE |

721   Transporte marítimo y de navegación interior y ser-      IV
      vicios diversos a bordo y/o en plataformas marinas.
      Comprende a las empresas que se dedican a prestar
      servicios de transportación marítima, de carga y pa-
      sajeros, de altura, cabotaje, fluvial, lacustre y en el
      interior de puertos; incluyendo servicios diversos a
      bordo y/o asistencia en plataformas marinas, tales
      como: preparación y servicio de alimentos y de lim-
      pieza y aseo.

722   Servicios directamente vinculados con el transporte      V
      por agua y/o servicios de supervisión y mantenimien-
      to en plataformas marinas.
      Comprende a las empresas que se dedican a prestar
      servicios relacionados con el transporte marítimo,
      fluvial y lacustre como carga y descarga (estiba y
      alijo); mantenimiento y explotación de canales,
      muelles, atracaderos y otros servicios directamente
      vinculados con el transporte por agua. Incluye ser-
      vicios de supervisión y mantenimiento preventivo y
      correctivo en plataformas marinas.

| GRUPO 73 | TRANSPORTE AÉREO | |
|----------|------------------|---|
| FRACCIÓN | ACTIVIDAD | CLASE |

730   Transporte aéreo.                                        II
      Comprende a las empresas que se dedican a prestar
      servicios de transportación aérea, de carga y/o pa-
      sajeros, incluyendo servicios diversos a bordo de las
      aeronaves; así como la explotación de aeropuertos,

campos de aterrizaje e instalaciones para la navegación aérea, escuelas y academias de aeronavegación,
trabajos de aerofotografía, publicidad, propaganda y
otros servicios de transporte aéreo no especificados.

| GRUPO 74 | SERVICIOS CONEXOS AL TRANSPORTE | |
|---|---|---|
| FRACCIÓN | ACTIVIDAD | CLASE |
| 740 | Administración de vías de comunicación, terminales y servicios auxiliares.<br>Comprende a las empresas que se dedican a prestar servicios de administración de caminos, puentes, aeropuertos, puertos marítimos, lacustres, fluviales, centrales camioneras, terminales y servicios auxiliares. | II |

| GRUPO 75 | SERVICIOS RELACIONADOS CON EL TRANSPORTE EN GENERAL | |
|---|---|---|
| FRACCIÓN | ACTIVIDAD | CLASE |
| 751 | Servicios de almacenamiento y/o refrigeración.<br>Comprende a las empresas que prestan los servicios de almacenamiento y/o refrigeración de productos y mercancías diversas en locales, bodegas y similares. Incluye a los «Almacenes Generales de Depósito». | IV |
| 752 | Servicios sin transporte de agencias de gestión aduanal, de equipajes, viajes y turísticas.<br>Comprende a las empresas que se dedican a prestar servicios turísticos, de representación y gestión aduanal, de equipajes, organización y promoción de viajes, venta de boletos y reservación para hospedaje, que no cuenten con operadores de vehículos ni transporte para su distribución y entrega. | I |
| 753 | Servicios de grúa y emergencia para vehículos.<br>Comprende a las empresas que prestan servicios de grúa y de emergencia para vehículos. | IV |

| 754 | Servicios de alquiler de aeronaves, carros de ferroca-<br>rril y transportes acuáticos.<br>Comprende a las empresas que se dedican al alqui-<br>ler de aeronaves, carros de ferrocarril y transportes<br>acuáticos. | III |
|---|---|---|
| 755 | Servicios con transporte de agencias de gestión<br>aduanal, de mensajería y paquetería, de equipajes,<br>viajes, turísticas y otras actividades relacionadas con<br>los transportes en general.<br>Comprende a las empresas que se dedican a pres-<br>tar servicios turísticos, de representación y gestión<br>aduanal, de equipajes, organización y promoción de<br>viajes, venta de boletos y reservación para hospe-<br>daje, que cuenten con operadores de vehículos y/o<br>transporte para su distribución y entrega. Incluye a<br>las empresas que se dedican a la recepción, alma-<br>cenamiento, manipulación de carga y embalaje, dis-<br>tribución y entrega de mensajería y paquetería; así<br>como a las academias o escuelas de manejo y otras<br>actividades relacionadas con los transportes en gene-<br>ral no clasificadas anteriormente. Excepto las que se<br>dedican exclusivamente a la transportación turística<br>de pasajeros, que se clasifican en la fracción 711. | IV |

| GRUPO 76 | COMUNICACIONES | |
|---|---|---|
| FRACCIÓN | ACTIVIDAD | CLASE |
| 760 | Comunicaciones.<br>Comprende a las empresas que prestan servicios tele-<br>fónicos, de telefax, telefonía celular y otros servicios<br>de telecomunicaciones. Se considera el servicio pos-<br>tal, telegráfico y radiotelegráfico, aunque su manejo<br>está reservado en forma exclusiva al Estado. Excepto<br>radiodifusión, televisión y empresas que realizan tra-<br>bajos de canalización y tendido de líneas telefónicas,<br>casetas subterráneas, instalación de postes, torres y<br>otros trabajos similares, clasificadas en las fracciones<br>882 y 412, respectivamente. | II |

| DIVISIÓN 8 | SERVICIOS PARA EMPRESAS, PERSONAS Y EL HOGAR |
|---|---|
| GRUPO 81 | SERVICIOS FINANCIEROS Y DE SEGUROS (BANCOS, FINANCIERAS, COMPAÑÍAS DE SEGUROS Y SIMILARES) |

| FRACCIÓN | ACTIVIDAD | CLASE |
|---|---|---|
| 810 | Instituciones de crédito, seguros y fianzas. Comprende a las empresas que se dedican al ejercicio de la banca de depósito y ahorro; operaciones financieras; de crédito hipotecario; de capitalización y fiduciarias y otras organizaciones auxiliares de crédito, aseguradoras y afianzadoras a excepción de los «Almacenes Generales de Depósito», que se clasifican en la fracción 751. | I |

| GRUPO 82 | SERVICIOS COLATERALES A LAS INSTITUCIONES FINANCIERAS Y DE SEGUROS |
|---|---|

| FRACCIÓN | ACTIVIDAD | CLASE |
|---|---|---|
| 820 | Servicios colaterales a las instituciones financieras y de seguros. Comprende a las empresas que se dedican a prestar servicios de asesoramiento de inversiones y agencias de bolsa de valores; servicios de montepíos; casas de cambio y otros servicios colaterales a las instituciones financieras y de seguros. | I |

| GRUPO 83 | SERVICIOS RELACIONADOS CON INMUEBLES |
|---|---|

| FRACCIÓN | ACTIVIDAD | CLASE |
|---|---|---|
| 830 | Servicios relacionados con inmuebles. Comprende a las empresas que se dedican al alquiler de terrenos, locales, edificios, piso para comercios ambulantes en tianguis y bazares. Incluye los servicios de corredores de bienes raíces y administración de inmuebles, que no cuenten con personal para mantenimiento y/o limpieza de los mismos. | I |

| GRUPO 84 | SERVICIOS PROFESIONALES Y TÉCNICOS | |
|---|---|---|
| FRACCIÓN | ACTIVIDAD | CLASE |
| 841 | Servicios profesionales y técnicos. Comprende a las empresas que prestan servicios profesionales y/o técnicos como: notarías públicas, bufetes jurídicos, contaduría, auditoría y teneduría de libros, asesoría y estudios técnicos de arquitectura e ingeniería, asesoría en administración, organización de empresas, relaciones públicas, economía, investigación de mercado, solvencia financiera, patentes y marcas industriales, análisis de sistemas y procesamiento electrónico de datos, administrativos, de trámite y cobranzas, escritorios públicos, comisiones y representaciones mercantiles, centros de fotocopiado, estudios fotográficos, agencias de publicidad, información, noticias y otras especialidades similares. Incluye a las agencias de colocación de personal o bolsas de trabajo, que actúen como intermediarios en los términos de la Ley Federal del Trabajo. | I |
| 843 | Servicios de instalación de maquinaria y equipo en general. Comprende a las empresas que se dedican a la instalación o montaje de maquinaria y equipo en general, excepto aquellas dedicadas al montaje de estructuras prefabricadas (metálicas o de concreto), clasificadas en la fracción 412. | V |
| 844 | Servicios de protección y custodia. Comprende a las empresas que prestan servicios de protección y custodia, traslado de valores, así como detectives y otros servicios similares. Excepto servicios de seguridad pública, clasificados en la fracción 942. | III |

| 845 | Servicios de laboratorio para la industria en general. Comprende a las empresas que se dedican a prestar servicios de laboratorio, en forma independiente, a diversos tipos de actividades y ramas industriales, tales como: construcción, metal-mecánica, química, textil, metalúrgica, farmacéutica, alimenticia, agrícola y otras; así como a las que se dedican al diagnóstico y control ambiental. Incluye a los centros de verificación de emisión de contaminantes automotrices, que no proporcionen los servicios de reparación, lavado, engrasado, estacionamiento de vehículos, ni servicios mecánicos y/o de hojalatería, que se clasifican por separado en la fracción 891. | II |

| **GRUPO 85** | **SERVICIOS DE ALQUILER; EXCEPTO DE INMUEBLES** | |
|---|---|---|
| FRACCIÓN | ACTIVIDAD | CLASE |
| 851 | Servicios de alquiler de maquinaria y equipo agrícola. Comprende a las empresas que se dedican al alquiler de maquinaria y equipo agrícola. | III |
| 852 | Servicios de alquiler de maquinaria y equipo para la construcción con operadores. Comprende a las empresas que se dedican al alquiler de maquinaria y equipo para la construcción con operadores. | V |
| 853 | Servicios de alquiler de maquinaria y equipo para la construcción sin operadores. Comprende a las empresas que se dedican al alquiler de maquinaria y equipo para la construcción sin operadores. | III |
| 854 | Servicios de alquiler de equipo y mobiliario a empresas. Comprende a las empresas que se dedican al servicio de alquiler de equipo de cómputo o procesamiento electrónico de datos, equipo y mobiliario para comercios, servicios y oficinas. Excepto vehículos. | II |

| 855 | Servicios de alquiler para el público en general. | I |
|---|---|---|
| | Comprende a las empresas que prestan servicios de alquiler de salones para fiestas, conferencias y convenciones, así como muebles, sillas, mesas, cristalería, cubiertos, vajillas, mantelería, toldos, sinfonolas, televisores, equipo de sonido e instrumentos musicales, equipo fotográfico, proyectores, ropa en general y otros servicios de alquiler. Excepto vehículos. | |
| 856 | Servicios de alquiler o renta de automóviles, bicicletas y motocicletas. | II |
| | Comprende a las empresas que se dedican al alquiler de vehículos automóviles, bicicletas y motocicletas. Incluye el servicio de pesado de camiones. Excepto servicios de alquiler de maquinaria y equipo para la agricultura y la construcción, clasificados por separado. | |

| **GRUPO 86** | **SERVICIOS DE ALOJAMIENTO TEMPORAL** | |
|---|---|---|
| FRACCIÓN | ACTIVIDAD | CLASE |
| 860 | Servicios de alojamiento temporal. | II |
| | Comprende a las empresas que prestan servicios de alojamiento en hoteles, moteles, campamentos para casas móviles, casas de huéspedes, departamentos, albergues juveniles, centros vacacionales, centros para socios (tiempos compartidos) y otros establecimientos de hospedaje. | |

| **GRUPO 87** | **PREPARACIÓN Y SERVICIO DE ALIMENTOS Y BEBIDAS** | |
|---|---|---|
| FRACCIÓN | ACTIVIDAD | CLASE |
| 871 | Preparación y servicio de alimentos. | II |
| | Comprende a las empresas que se dedican a la preparación y a prestar servicios de alimentos en restaurantes, cafés, fondas, cocinas económicas, loncherías, ostionerías, rosticerías, pizzerías, taquerías, torterías, neverías, refresquerías, merenderos, cenadurías y similares, que cuenten o no con el servicio | |

de entrega a domicilio. Incluye a aquellas empresas que además de prestar los servicios antes mencionados, simultáneamente preparen y sirvan bebidas alcohólicas. Excepto empresas que se dedican a la preparación y servicio de bebidas en cantinas, bares, cervecerías y otros similares, clasificadas en la fracción 872.

| | | |
|---|---|---|
| 872 | Preparación y servicio de bebidas alcohólicas. Comprende a las empresas que se dedican a la preparación y servicio de bebidas en cantinas, bares, cervecerías y otros similares. | III |

| **GRUPO 88** | **SERVICIOS RECREATIVOS Y DE ESPARCIMIENTO** | |
|---|---|---|
| FRACCIÓN | ACTIVIDAD | CLASE |
| 881 | Servicios recreativos. Comprende a las empresas que prestan servicios recreativos de balnearios, albercas, gimnasios, pistas para patinar, billares, boliches, juegos eléctricos y electrónicos, alquiler de caballos; centros sociales recreativos, clubes deportivos; promoción y presentación de espectáculos deportivos; así como las federaciones y asociaciones con fines recreativos y similares. Excepto el alquiler de vehículos automotores. | II |
| 882 | Servicios de esparcimiento. Comprende a las empresas que se dedican a la producción, distribución, alquiler, exhibición, copia, edición, rotulación y sonido de películas cinematográficas; promoción, montaje y representación de espectáculos de música, teatro y danza. Así como la producción, transmisión y repetición de programas de radio y televisión. Excepto empresas que realicen como parte de su servicio, trabajos de canalización y tendido de líneas para la recepción y transmisión de señal por cable y otros similares, clasificadas en la fracción 412. | I |

| 883 | Hipódromos, galgódromos, lienzos charros, palenques y promoción y presentación de espectáculos taurinos. Comprende a las empresas que se dedican a promover y presentar espectáculos en hipódromos, galgódromos, autódromos, velódromos, lienzos charros, palenques, plazas de toros y similares. | III |
| 884 | Servicios de centros nocturnos, salones de baile y casinos. Comprende a las empresas que ofrecen la preparación y servicio de alimentos y bebidas alcohólicas, presentación de espectáculos y variedades en centros nocturnos, salones de baile, discotecas, casinos y similares. | II |
| 885 | Promoción y montaje de exposiciones de pintura y escultura. Comprende a las empresas que se dedican a la promoción y montaje de exposiciones de pintura, escultura y otras obras de arte similares. Incluye estudios de pintura y escultura. | I |
| 886 | Circos y juegos electromecánicos. Comprende a las empresas que se dedican a la promoción y presentación de espectáculos circenses, juegos electromecánicos, adiestramiento y exhibición de animales salvajes, acrobacia aérea y otros similares. | III |

**GRUPO 89**  **SERVICIOS PERSONALES PARA EL HOGAR Y DIVERSOS**

| FRACCIÓN | ACTIVIDAD | CLASE |
|---|---|---|
| 891 | Servicios de reparación, lavado, engrasado, verificación de emisión de contaminantes y estacionamiento de vehículos con servicios mecánicos y/o de hojalatería. Comprende a las empresas que se dedican a los servicios de reparación de automóviles, camiones, | III |

autobuses, motocicletas, bicicletas, lanchas, aeronaves y sus partes componentes como: motores, trans-
misiones, cajas de cambio, carburadores, arranques,
radiadores, frenos, sistema eléctrico, carrocerías (ho-
jalatería, pintura, asientos, polarizado de cristales y
otros); así como los servicios de parchado de llantas y
cámaras, lubricación, lavado y engrasado, alineación y
balanceo; el servicio de estacionamiento y pensión de
vehículos, siempre y cuando además presten alguno(s)
de los servicios antes mencionados. Incluye a los
centros de verificación de emisión de contaminantes
automotrices, que realicen en forma simultánea la(s)
actividad(es) descrita(s) en esta fracción. Excepto
empresas que se dedican a la reforma, reconstrucción
(como la regeneración y vulcanización de llantas) o
fabricación de equipo de transporte y sus partes, que
se clasifican por separado.

| | | |
|---|---|---|
| 892 | Servicios de reparación de artículos de uso doméstico y personal, sin maquinaria ni equipo motorizado. | II |

Comprende a las empresas que prestan servicios
de reparación o mantenimiento de artículos de uso
doméstico y personal, sin empleo de maquinaria ni
equipo motorizado.

| | | |
|---|---|---|
| 893 | Servicios de reparación de artículos de uso doméstico y personal, con maquinaria y/o equipo motorizado. | IV |

Comprende a las empresas que prestan servicios de
reparación o mantenimiento de artículos de uso doméstico y personal, con empleo de maquinaria y/o
equipo motorizado. Incluye talleres de reparación de
calzado, afiladurías y cerrajerías.

| | | |
|---|---|---|
| 894 | Servicios para el aseo personal y sanitarios. | II |

Comprende a las empresas que prestan servicios para
el aseo personal y estético, que cuenten con baño
de vapor, turco, sauna, aparatos para ejercicio físico,
peluquerías, salones de belleza, bolerías y masajis-
tas. Incluye los servicios sanitarios públicos y otros
servicios para el aseo personal.

| 895 | Servicios de peluquería y salones de belleza. | I |

Comprende a las empresas que se dedican a prestar servicios de peluquerías y salones de belleza que no cuenten con baños de vapor, turcos, sauna, ni aparatos para ejercicio físico. Incluye bolerías.

| 896 | Servicios de aseo y limpieza, sin maquinaria ni equipo motorizado. | II |

Comprende a las empresas que sin empleo de maquinaria ni equipo motorizado, se dedican a proporcionar servicios de limpieza, tales como: lavado y/o planchado de ropa, alfombras, tapetes, cortinas, blancos y otros en lavanderías, tintorerías y planchadurías. Incluye los servicios de aseo y limpieza en interiores de inmuebles (lavado, pulido, encerado y similares).

| 897 | Servicios de aseo y limpieza, con maquinaria y/o equipo motorizado. | III |

Comprende a las empresas que con empleo de maquinaria y/o equipo motorizado, se dedican a proporcionar servicios de limpieza tales como: lavado y/o planchado de ropa, alfombras, tapetes, cortinas, blancos y otros en lavanderías, tintorerías y planchadurías. Incluye los servicios de aseo y limpieza en interiores de inmuebles (lavado, pulido, encerado y similares). Excepto empresas que se dedican a los servicios de fontanería (limpieza de caños y tuberías), clasificadas en la fracción 421.

| 898 | Servicios de limpieza de ventanas y fachadas. | IV |

Comprende a las empresas que prestan el servicio de limpieza en exteriores de inmuebles como ventanas, fachadas y otros similares.

| 899 | Servicios de fumigación, desinfección y control de plagas. | III |

Comprende a las empresas que realizan actividades de fumigación, desinfección y control de plagas en plantaciones agrícolas, establecimientos industriales,

comerciales, de servicios y del hogar. Excepto la desinfección y erradicación de plagas propias del ganado
y la aerotecnia agrícola, clasificadas por separado.

8910        Aerotecnia agrícola.                                                  V
            Comprende a las empresas que se dedican a la desin-
            fección, fumigación, fertilización y otras actividades
            similares, con empleo de aeronaves.

8911        Servicios de revelado fotográfico.                                    I
            Comprende a las empresas que se dedican a la presta-
            ción de servicios de revelado fotográfico.

8912        Inhumaciones y servicios conexos.                                     II
            Comprende a las agencias de inhumaciones, cemen-
            terios y servicios auxiliares conexos.

8913        Servicios domésticos.                                                 I
            Comprende a los patrones personas físicas, que tie-
            nen a su servicio trabajadores domésticos, conside-
            rados éstos como los que prestan servicios de aseo,
            asistencia y demás, propios o inherentes al hogar,
            una persona o familia.

8914        Servicios de estacionamiento y/o pensión para ve-                     III
            hículos.
            Comprende a las empresas que se dedican exclusi-
            vamente a prestar servicios de estacionamiento y/o
            pensión de vehículos a ras de suelo, subterráneo, con
            estructura, en inmuebles de uno o varios pisos, o una
            combinación de éstos. Excepto las empresas que ade-
            más de los servicios anteriores, presten los de repa-
            ración, lavado, engrasado y servicios mecánicos y/o
            de hojalatería, que se clasifican en la fracción 891.

| DIVISIÓN 9 | SERVICIOS SOCIALES Y COMUNALES |
|---|---|
| GRUPO 91 | SERVICIOS DE ENSEÑANZA, INVESTIGACIÓN CIEN-TÍFICA Y DIFUSIÓN CULTURAL |

| FRACCIÓN | ACTIVIDAD | CLASE |
|---|---|---|
| 911 | Servicios de enseñanza académica, capacitación, investigación científica y difusión cultural.<br>Comprende a las empresas que prestan servicios de guardería, enseñanza preprimaria, primaria, secundaria, media-superior (preparatoria, vocacional), subprofesional, profesional, enseñanza comercial, idiomas y cursos por correspondencia; capacitación técnica de oficios y artesanías; música, danza y otras artes; servicios de investigación científica; bibliotecas, museos, jardines botánicos y otros servicios similares de difusión cultural. Excepto academias o escuelas de manejo de vehículos y de cultura física (gimnasios) clasificadas en las fracciones 755 y 881, respectivamente. | I |

| GRUPO 92 | SERVICIOS MÉDICOS, ASISTENCIA SOCIAL Y VETE-RINARIOS |
|---|---|

| FRACCIÓN | ACTIVIDAD | CLASE |
|---|---|---|
| 921 | Servicios médicos.<br>Comprende a las empresas que se dedican a proporcionar servicios médicos en hospitales, sanatorios, clínicas generales, maternidades, consultorios y clínicas dentales, incluso servicios de obstetricia y enfermería. Excepto las empresas que además de los servicios médicos, cuenten con transporte; operadores para traslado de pacientes; laboratorios de análisis químico-biológicos; bancos de sangre; servicios radiológicos, radioterapéuticos y otros similares, clasificados en la fracción 922. | I |

| | | |
|---|---|---|
| 922 | Servicios médicos, paramédicos y auxiliares. | II |

Comprende a las empresas que se dedican a proporcionar servicios médicos en hospitales, sanatorios, clínicas generales, maternidades, consultorios y clínicas dentales; incluso servicios de obstetricia, enfermería y/o paramédicos; así como los servicios auxiliares de diagnóstico que se realicen en forma simultánea, o prestados en forma exclusiva como laboratorios de análisis químico-biológicos y bancos de sangre, radiología, radioscopia, radioterapia, electroencefalogramas y otros similares, que cuenten con transporte y/u operadores para el traslado de pacientes. Excepto las empresas que prestan en forma exclusiva el servicio de ambulancias y los laboratorios para la industria en general, clasificadas en las fracciones 942 y 845, respectivamente.

| | | |
|---|---|---|
| 923 | Servicios de asistencia social. | I |

Comprende a las entidades que prestan servicios de casas de cuna, orfanatorios, asilos, dispensarios y otros similares.

| | | |
|---|---|---|
| 924 | Servicios veterinarios y auxiliares. | I |

Comprende a las empresas que se dedican a proporcionar servicios de veterinaria, así como servicios de estética, adiestramiento y pensión para perros y otros similares. Incluye establecimientos que se dedican a la compraventa de animales domésticos-ornato.

| | |
|---|---|
| **GRUPO 93** | **AGRUPACIONES MERCANTILES, PROFESIONALES, CÍVICAS, POLÍTICAS, LABORALES Y RELIGIOSAS** |

| FRACCIÓN | ACTIVIDAD | CLASE |
|---|---|---|
| 931 | Asociaciones y organizaciones comerciales, profesionales, cívicas, laborales y políticas. | I |

Comprende asociaciones y organizaciones tales como: cámaras industriales, de comercio, agricultores, ganaderos, abogados, actuarios, médicos, ingenieros; cívicas, fraternidades, clubes literarios e históricos, políticas, sindicales, laborales y otras asociaciones y organizaciones similares.

| | | |
|---|---|---|
| 933 | Organizaciones religiosas. | I |

Comprende a las organizaciones que prestan servicios religiosos en iglesias, mezquitas, sinagogas, templos y otras instituciones que se dedican al fomento de actividades religiosas.

| GRUPO 94 | SERVICIOS DE ADMINISTRACIÓN PÚBLICA Y SEGURIDAD SOCIAL |
|---|---|

| FRACCIÓN | ACTIVIDAD | CLASE |
|---|---|---|
| 941 | Servicios generales de la administración pública. | II |

Comprende la dirección, coordinación, evaluación y control de los órganos de los Gobiernos Federal, Estatales y Municipales; administración de personal, adquisiciones, edificios, maquinaria, vehículos y demás aspectos relacionados con el ejercicio presupuestal; recaudación de impuestos, derechos, productos y aprovechamientos; gestión de la deuda pública y fiscalización del empleo de fondos públicos; administración general, asuntos de relaciones exteriores e intergubernamentales (excepto los asuntos monetarios y militares); supervisión y formulación de programas de educación; servicios legislativos, asuntos de planeación económica global relativos al territorio, empleo, estadísticas, celebración de elecciones; servicios prestados por tribunales de justicia y órganos afines y otros servicios de la administración pública similares; servicios de fomento, reglamentación, investigación, desarrollo, registro y vigilancia de asuntos laborales, agropecuarios, incluso los de caza, pesca y relacionados con las industrias extractivas y de construcción; la industria manufacturera y la industria eléctrica; el comercio y los servicios; vías y medios de comunicación y transportes; servicios de fomento regional, turísticos y de otras actividades similares, así como la administración general, supervisión y apoyo de programas de vivienda.

Cuando se trate de la incorporación parcial al I.M.S.S. de servicios generales de la administración pública, la clasificación se hará conforme a la actividad que desarrollen en los términos y forma de este ordenamiento. La construcción y servicios de conservación de mantenimiento de obras públicas, se clasifican por separado en las fracciones de la División de la Construcción.

| | | |
|---|---|---|
| 942 | Seguridad pública. | III |

Comprende a las entidades de servicios de vigilancia, investigación policiaca, incluso regularización de tránsito, combate de incendios y otros de esa índole. Así como de servicios de corrección y rehabilitación social. Incluye a las empresas que prestan en forma exclusiva el servicio de ambulancias para traslado de enfermos, personas accidentadas y otros servicios similares.

| | | |
|---|---|---|
| 943 | Seguridad social. | II |

Comprende a las instituciones públicas que tienen por finalidad prestar asistencia médica, proteger los medios de subsistencia y prestar servicios sociales para el bienestar individual y colectivo.

| | |
|---|---|
| **GRUPO 99** | **SERVICIOS DE ORGANIZACIONES INTERNACIONALES Y OTROS ORGANISMOS EXTRATERRITORIALES** |

| FRACCIÓN | ACTIVIDAD | CLASE |
|---|---|---|
| 990 | Servicios de organizaciones internacionales y otros organismos extraterritoriales. | I |

Comprende los servicios de oficina y representación de organizaciones internacionales, servicios de embajadas, legaciones y consulados de otros países; servicios de oficina y representación de otros países u organismos que gozan de extraterritorialidad.

## TRANSITORIOS

**Primero.** Este Reglamento entrará en vigor al día siguiente de su publicación en el **Diario Oficial de la Federación**.

**Segundo.** A la entrada en vigor del presente Reglamento, se abrogan los Reglamentos de Afiliación; de la Seguridad Social para el Campo; del Seguro de Salud para la Familia; para el Pago de Cuotas del Seguro Social y para la Imposición de Multas por Infracción a las Disposiciones de la Ley del Seguro Social y sus Reglamentos, publicados en el **Diario Oficial de la Federación** el día 30 de junio de 1997, así como el Reglamento para la Clasificación de Empresas y Determinación de la Prima en el Seguro de Riesgos de Trabajo, publicado en el **Diario Oficial de la Federación** el día 11 de noviembre de 1998.

Los procedimientos o instancias iniciados bajo la vigencia de los reglamentos que se abrogan, seguirán tramitándose hasta su conclusión en los términos previstos del reglamento que corresponda.

Se derogan todas aquellas disposiciones de carácter administrativo y técnico que se opongan al presente Reglamento.

**Tercero.** Para el cumplimiento de las obligaciones a que se refiere la Ley y este Reglamento, los patrones o sujetos obligados deberán continuar utilizando los formatos de los trámites que el Instituto tiene autorizados a la fecha, hasta en tanto éste publique en el **Diario Oficial de la Federación**, los nuevos formatos a que se refiere el presente Reglamento.

**Cuarto.** Se dejan sin efectos los Acuerdos 167/95, 196/2000 y 399/2000, emitidos por el Consejo Técnico del Instituto, los cuales sólo se aplicarán para las solicitudes de convenio que se hubieran recibido en el Instituto antes de la fecha de inicio de vigencia de las reformas a la Ley, publicadas en el **Diario Oficial de la Federación** de fecha veinte de diciembre de 2001.

**Quinto.** Para efectos de lo dispuesto en los artículos 8 y 9 de este Reglamento el patrón o sujeto obligado deberá continuar manifestando ante el Instituto el número de seguridad social de sus trabajadores, hasta en tanto el Instituto no sustituya el número de seguridad social por la Clave Única de Registro de Población.

El no contar con la Clave Única de Registro de Población, no será motivo para que el Instituto niegue la prestación del servicio al derechohabiente.

**Sexto.** Para los efectos de lo establecido en el artículo 35 de este Reglamento se estará a lo dispuesto en el Artículo Décimo Noveno Transitorio del Decreto por el que se reforman diversas disposiciones de la Ley del Seguro Social, publicado en el **Diario Oficial de la Federación** el 20 de diciembre de 2001.

**Séptimo.** Para los efectos de lo establecido en el segundo párrafo del artículo 105 de este Reglamento, durante el ejercicio fiscal de 2002, el plazo establecido para que el Instituto comunique el importe a pagar por los sujetos obligados, será de hasta cuarenta y cinco días hábiles posteriores a la fecha de la solicitud respectiva.

En este caso, los interesados al momento de manifestar por escrito la voluntad de continuar con el aseguramiento deberán cubrir a cuenta de las cuotas que resulten de la aplicación del artículo 242 de la Ley, el importe determinado conforme a la cuota vigente hasta el 20 de diciembre de 2001. Una vez que el Instituto efectúe la conciliación correspondiente se determinarán las diferencias que resulten.

**Octavo.** Para los efectos de la fracción VII del artículo 304 A de la Ley se entenderá como Reglamento para el Pago de Cuotas del Seguro Social, el presente Reglamento."

Dado en la Residencia del Ejecutivo Federal, en la Ciudad de México, Distrito Federal, a los treinta días del mes de octubre de dos mil dos. **Vicente Fox Quesada**. Rúbrica. El Secretario de Hacienda y Crédito Público, **José Francisco Gil Díaz**. Rúbrica. El Secretario del Trabajo y Previsión Social, **Carlos María Abascal Carranza**. Rúbrica. El Secretario de Salud, **Julio Frenk Mora**. Rúbrica.

# Reglamento para la Prestación de los Servicios de Guardería

Última reforma: 30 octubre de 2017

Al margen un logotipo, que dice: Instituto Mexicano del Seguro Social. Secretaría General.

El H. Consejo Técnico, en la sesión celebrada el 23 de octubre de 1996, dictó el Acuerdo número 401/96, en los siguientes términos:

"Este Consejo Técnico, con fundamento en los artículos 240 fracciones VIII y XXII, 252 y 253 fracciones VI y XV de la Ley del Seguro Social, y con las sugerencias de los señores consejeros, aprueba los proyectos de los reglamentos siguientes: de Servicios Médicos; para la Prestación de los Servicios de Guardería, y para el Trámite y Resolución de las Quejas Administrativas ante el Instituto Mexicano del Seguro Social.

...

## REGLAMENTO PARA LA PRESTACIÓN DE LOS SERVICIOS DE GUARDERÍA

### CAPÍTULO I
### GENERALIDADES

**Artículo 1.** Los servicios de guardería, establecidos en el Título Segundo, sección primera del capítulo VII de la Ley del Seguro Social, se regirán por lo dispuesto en el presente Reglamento, así como por las políticas y normas de orden técnico, administrativo y médico, que dicte el Instituto Mexicano del Seguro Social.

**Artículo 2.** Para la aplicación de este Reglamento se entenderá por:

I. Ley. La Ley del Seguro Social.

II. Instituto. El Instituto Mexicano del Seguro Social.

III. Reglamentos. Los emitidos por el Presidente de la República en ejercicio de las facultades conferidas por la fracción I del artículo 89 de la Constitución Política de los Estados Unidos Mexicanos, en relación a la Ley del Seguro Social y aquéllos que emita el Consejo Técnico del Instituto en uso de sus atribuciones.

**IV.** Trabajador. Se entenderá por el o los trabajadores, a la mujer trabajadora o al padre trabajador viudo o divorciado que conserve la custodia de los hijos, cuando éstos no puedan proporcionarles cuidados durante su jornada de trabajo en la primera infancia y mediante el otorgamiento de las prestaciones establecidas en el capítulo VII, sección primera "del Seguro de Guarderías y de las Prestaciones Sociales", que la Ley prevé.

**Artículo 3.** Quedarán protegidos por el ramo de guarderías las trabajadoras aseguradas del régimen obligatorio, así como aquellos trabajadores asegurados viudos o divorciados a quienes judicialmente se les hubiera confiado la guarda y custodia de sus hijos, mientras no contraigan matrimonio o entren en concubinato.

Los asegurados que causen baja en el régimen obligatorio conservarán el derecho a las prestaciones que otorga el ramo de guarderías, durante las cuatro semanas posteriores a la presentación del aviso correspondiente.

**Artículo 4.** Los servicios de guardería se proporcionarán a los menores desde la edad de cuarenta y tres días hasta que cumplan cuatro años.

**Artículo 5.** Los asegurados comprobarán la vigencia de su derecho al servicio de guardería, en los términos que establezca el reglamento correspondiente.

## CAPÍTULO II
## DE LA PRESTACIÓN DEL SERVICIO

**Artículo 6.** La guardería infantil no es una unidad médica para los menores sino un servicio especial que comprende la guarda, custodia, aseo, alimentación, cuidado de la salud, educación y recreación de los hijos de los asegurados.

**Artículo 7.** Para la prestación de los servicios, los asegurados mencionados en el artículo 3 de este Reglamento, deberán inscribir personalmente a sus hijos conforme a la normatividad administrativa establecida por el Instituto y presentarán los documentos siguientes:

**I.** Del menor.

**a)** Copia certificada y fotostática del acta de nacimiento.

**b)** Comprobante de inscripción como beneficiario.

**c)** Comprobante del examen médico de admisión efectuado por la unidad médica correspondiente.

**d)** Cartilla nacional de vacunación actualizada de acuerdo a la edad, con los registros correspondientes de las vacunas aplicadas.

**e)** Dos fotografías tamaño infantil.

**II.** Del trabajador.

**a)** Comprobante de certificación de vigencia de derechos.

**b)** Constancia expedida por el patrón del asegurado, la cual deberá contener los datos siguientes:

Nombre o razón social, dirección, teléfono y registro patronal de la empresa, horario de trabajo, días de descanso, periodo vacacional y firma del patrón o de su representante. Esta constancia deberá tener fecha de expedición en un lapso no mayor a treinta días previos a la presentación de la misma.

**c)** Tres fotografías tamaño infantil.

**d)** Tres fotografías tamaño infantil de las personas autorizadas para recoger al menor en ausencia del trabajador. El número de personas autorizadas no excederá de tres, debiendo ser mayores de edad y preferentemente tener distinto domicilio entre sí.

Además de los documentos anteriores deberán presentar:

**III.** Del trabajador viudo.

**a)** Copia certificada del acta de defunción de la madre del menor.

**IV.** Del trabajador divorciado.

**a)** Documento legal que compruebe que tiene la custodia del menor.

**Artículo 8.** Para los efectos del artículo 7, fracción I, inciso c) de este Reglamento, a los menores se les practicarán los exámenes que en la unidad médica institucional correspondiente se estimen necesarios, sujetándose los mismos a las disposiciones y políticas que para el efecto señale el Instituto.

**Artículo 9.** Los servicios de guardería se prestarán durante la jornada de trabajo del asegurado y siempre dentro de los días y horas que administrativamente tenga señalados la guardería para la prestación del servicio.

En casos excepcionales y previa comprobación por parte del trabajador al personal autorizado de la guardería, se concederá un tiempo extraordinario que en ningún caso excederá de noventa minutos, para efecto de que el trabajador pueda recoger al menor.

**Artículo 10.** Las actividades que se realicen con los menores, se llevarán al cabo dentro de las instalaciones de la guardería, con excepción de aquéllas que conforme al programa educativo sea necesario realizar fuera de la unidad, en tal supuesto deberá avisarse previamente al trabajador quien podrá, en su caso, autorizar por escrito la salida del menor.

**Artículo 11.** El menor que no sea recogido dentro de los sesenta minutos posteriores al cierre de la guardería se considerará que ha sido abandonado, por lo que una vez agotadas las instancias de localización del trabajador o personas autorizadas, se procederá previa notificación de las autoridades de la guardería a los servicios jurídicos institucionales, a presentar al menor ante el Ministerio Público para iniciar el acta correspondiente.

**Artículo 12.** El trabajador o personas autorizadas para recoger a los menores se abstendrán de otorgar gratificaciones al personal de la guardería.

**Artículo 13.** La dirección de la guardería será responsable de la vigilancia en el cumplimiento de las normas técnicas o administrativas que rijan la prestación del servicio de guardería.

## CAPÍTULO III
## DE LAS OBLIGACIONES DE LOS TRABAJADORES

**Artículo 14.** El derecho a los servicios de guardería queda sujeto a que el trabajador cumpla con las disposiciones del presente Reglamento y demás normas que emita el Instituto.

**Artículo 15.** El trabajador o persona que éste autorice deberá permanecer en la guardería con el menor lactante los tres primeros días de su estancia en ésta. El incumplimiento a lo anterior, originará que el menor no ingrese a la guardería.

**Artículo 16.** El trabajador deberá informar a la guardería los cambios en sus días de descanso, vacaciones, número telefónico, domicilio, ubicación de su centro de trabajo, horario de labores o cualquier otro dato relacionado con las personas autorizadas para recoger al menor.

De igual manera el trabajador deberá avisar al personal de la guardería, todos aquellos datos relacionados con el menor, que desde el punto de vista biológico, psíquico o social, considere necesario que el personal de la guardería deba tener conocimiento.

Estos avisos deberán proporcionarse a más tardar el día hábil siguiente en que ocurran los hechos.

**Artículo 17.** El trabajador está obligado a observar las indicaciones de tipo médico-preventivo que se le hagan por parte del personal autorizado de la guardería, a fin de que los menores sean sometidos a exámenes médicos, en la forma y en los plazos que establezca el Instituto, dichos exámenes se realizarán en las unidades médicas institucionales que se les asignen o en la que estén adscritos.

**Artículo 18.** El trabajador o persona autorizada presentará al menor con sus artículos de uso personal en la cantidad y con las características que en la guardería se le indique. Los menores no llevarán ningún objeto que les pueda causar daño a su persona o a la de los otros menores, de igual manera no podrán llevar alimentos, alhajas o juguetes, permitiendo sólo el acceso de estos últimos, el día en que por el programa educativo se requieran.

**Artículo 19.** El trabajador o la persona autorizada informará diariamente al personal de la guardería, el estado de salud que observó el menor durante las últimas doce horas.

En caso de que se informe que el menor durante este lapso sufrió algún accidente o presentó alteraciones en su estado de salud, el trabajador o la persona autorizada deberá esperar el resultado del filtro sanitario que se haga para su aceptación o rechazo, en este último caso, el trabajador o la persona autorizada se encargarán de trasladar al menor a la unidad médica que le corresponda.

La omisión de proporcionar la información mencionada, en los párrafos precedentes, relevará en su caso, de responsabilidades al personal institucional o a quien proporcione el servicio.

**Artículo 20.** El trabajador deberá informar al personal de la guardería las causas que hayan originado las lesiones físicas que presente el menor y que hubieren sido detectadas por el personal de la misma en su recepción o durante su estancia. Dependiendo de la gravedad de las lesiones y en caso de que éstas se apreciaran reiteradamente en el cuerpo del menor, la dirección de la guardería tomará las medidas médicas, administrativas o legales que correspondan, solicitándose en este último caso el apoyo de los servicios jurídicos delegacionales.

**Artículo 21.** En el caso en que se deba administrar algún medicamento o alimento especial al menor durante su estancia en la guardería, el trabajador entregará la receta médica correspondiente al momento de presentar al menor en la guardería, misma que deberá tener fecha de expedición no mayor a siete días anteriores a su presentación, con el nombre, matrícula o número de cédula profesional y firma del médico responsable. La administración del medicamento o alimento especial será siempre a solicitud del trabajador en la forma que señale la receta respectiva y de acuerdo a los horarios establecidos en la guardería.

La falta de presentación de la receta médica para la administración de medicamentos o alimentos especiales al menor, será causa de su no admisión por ese día y así también cuando la receta prescriba la aplicación de inyecciones, gotas óticas u oftálmicas, las cuales tengan que administrarse al menor durante su estancia en la guardería.

**Artículo 22.** El trabajador estará obligado a acudir a la guardería cuando sea requerida su presencia por motivos de salud del menor.

Tratándose de trámites administrativos, el trabajador o personas autorizadas deberán acudir a la guardería cuando se les requiera.

Asimismo el trabajador deberá participar activamente en los programas educativos y de integración familiar del menor.

**Artículo 23.** El trabajador deberá avisar con anticipación al personal de la guardería la inasistencia del menor a la misma, así como las causas que la motiven.

**Artículo 24.** Cuando el trabajador informe a la guardería la inasistencia del menor por padecer una enfermedad infectocontagiosa, para ser readmitido, el trabajador deberá presentar la hoja de valoración médica que le será proporcionada por el personal de la guardería, misma que deberá ser llenada por la unidad médica que le corresponda.

En caso de inasistencia del menor no justificada por más de ocho días, se presumirá la enfermedad del mismo, y para su readmisión se deberá seguir por parte del trabajador el trámite indicado en el párrafo anterior.

**Artículo 25.** Cuando el menor durante su estancia en la guardería requiera de atención médica de urgencia, será trasladado a la unidad médica correspondiente, por el personal de la guardería.

En este caso se informará al trabajador o personas autorizadas dicha situación, quienes tendrán la obligación de presentarse en dicha unidad médica para conocer el estado de salud del menor y permanecer con él.

El personal de la guardería que acompañe al menor a la unidad médica permanecerá con el menor hasta en tanto llegue el trabajador o personas autorizadas, las cuales se deberán identificar plenamente.

**Artículo 26.** Los menores sólo serán entregados al trabajador o a las personas autorizadas para recogerlos, previa exhibición de la credencial que en su oportunidad les fue expedida por la guardería.

**Artículo 27.** La pérdida de la credencial de identificación del trabajador o de las personas autorizadas para recoger al menor deberá ser comunicada por escrito en forma inmediata a la guardería, para su reposición.

**Artículo 28.** El trabajador o personas autorizadas se abstendrán de presentarse a recoger al menor a la guardería, bajo el influjo de bebidas embriagantes, drogas, enervantes o cualquier otra sustancia tóxica que altere su estado de conciencia.

Si se incumple el supuesto anterior, la dirección de la guardería se reserva la facultad de retener al menor hasta antes del cierre de la misma, lapso durante el cual el personal de la guardería agotará las instancias para localizar a otra persona autorizada para recoger al menor y llegado el caso, procederá de acuerdo a lo establecido para el manejo del niño abandonado, mencionado en el artículo 11 de este Reglamento. Independientemente de lo anterior, se aplicará en su caso, al trabajador las sanciones que sobre el particular se establecen en este cuerpo normativo.

**Artículo 29.** El trabajador procurará cumplir en su hogar con las indicaciones que, en materia de alimentación, cuidado de la salud y educación del menor, le haga el personal técnico responsable de los servicios de la guardería.

**Artículo 30.** El trabajador y personas autorizadas, así como el personal de la guardería, se conducirán en todo momento con respeto y cortesía a fin de mantener y estrechar la mutua relación en beneficio del menor usuario. Lo anterior sin perjuicio de las sanciones que en caso de proceder se pudieran aplicar.

# CAPÍTULO IV
## DE LA SUSPENSIÓN DE LOS SERVICIOS EN LAS GUARDERÍAS

**Artículo 31.** La dependencia responsable de la operación de las guarderías en cada delegación podrá ordenar la suspensión temporal o indefinida de los servicios que presta una guardería, cuando se den las causas que se mencionan a continuación:

**I.** Cuando se detecte la existencia o la posibilidad de un padecimiento epidémico entre los menores, de tal manera que se haga indispensable aislar el área que ocupa la guardería por el tiempo que los servicios médicos institucionales consideren necesario.

**II.** Cuando a juicio del Instituto sea necesario ejecutar obras de reparación, ampliación, remodelación, o reacondicionamiento del inmueble que ocupa la guardería, durante las cuales sea imposible la prestación del servicio en condiciones normales para los menores, conforme a lo establecido por la normatividad vigente emitida por el Instituto, o se ponga en riesgo la seguridad de éstos.

**III.** Cuando sobrevenga algún fenómeno natural, calamidad o causa operativa que impida la prestación del servicio.

En los casos a que se refiere la fracción III de este artículo, el Instituto, previo acuerdo del H. Consejo Técnico, otorgará a los trabajadores una ayuda en efectivo conforme a los lineamientos que para tal efecto se emitan, a fin de que se proporcionen a sus hijos los cuidados necesarios durante su jornada de trabajo.

# CAPÍTULO V
## DE LAS SANCIONES Y SUSPENSIONES

**Artículo 32.** En caso de incumplimiento a lo establecido en este Reglamento por parte del trabajador o de las personas autorizadas se aplicarán las sanciones siguientes:

**I.** Amonestación escrita, cuando el incumplimiento sea por violación a los artículos 5, 9, 12, 16, 17, 18, 22 párrafo segundo, 23 y 26.

**II.** Amonestación escrita con apercibimiento en el caso de incumplimiento a lo preceptuado por el ARTÍCULO 19.

**III.** Suspensión temporal del servicio:

**a)** Un día cuando el incumplimiento se refiera a los artículos 22 párrafo primero y 25. De igual manera se sancionará a los casos de reincidencia señalados en la fracción I de este artículo cuando así proceda.

**b)** Tres días cuando el incumplimiento se refiera al artículo 30.

**c)** Diez días cuando el incumplimiento se refiera a los artículos 11 y 28.

**IV.** En caso de reincidir en el incumplimiento del artículo 30, previa investigación que se realice sobre el particular por el área delegacional responsable de guarderías, de ser procedente, ésta ordenará el cambio de guardería del menor.

**Artículo 33.** Además de las causas de suspensión temporal del servicio a que se refiere la fracción III del artículo anterior, también podrá suspenderse temporalmente éste por lo siguiente:

**I.** Enfermedad transmisible, ya sea infecciosa o parasitaria.

**II.** Presentar el menor algún trastorno físico o mental que ponga en peligro su integridad o la de los menores con los que conviva.

**III.** Cuando el trabajador no cumpla con el programa de aplicación de vacunas del menor.

**Artículo 34.** La suspensión del servicio podrá ser indefinida por las causas siguientes:

**I.** Cuando el menor presente algún padecimiento de tipo irreversible e incapacitante que requiera manejo y técnicas especializadas.

**II.** Reincidencia en algunas de las causas que originaron una suspensión temporal por incumplimiento a lo preceptuado en los artículos 11 y 28 de este Reglamento.

La suspensión indefinida será valorada y razonada por las áreas delegacionales responsables de guarderías y la de servicios jurídicos.

**Artículo 35.** En caso de suspensión del servicio se notificará personalmente y por escrito al trabajador especificando si la suspensión es temporal o indefinida y las causas que la originaron.

**Artículo 36.** En caso de no encontrarse de acuerdo el trabajador ante una sanción, la dependencia delegacional responsable del servicio de guarderías lo citará para que en un lapso no mayor a quince días contados a partir de la notificación a que se refiere el artículo precedente, el trabajador aporte los elementos de prueba que estime oportunos y se dicte la resolución administrativa que corresponda.

Durante este lapso, no se aplicará sanción alguna, hasta en tanto no se pronuncie resolución en el procedimiento administrativo antes descrito.

Sin perjuicio de lo anterior, en casos de interés general o en aquéllos en que se pueda causar un perjuicio a los miembros integrantes de la guardería o a los menores que acuden a la misma, se aplicará de manera inmediata la sanción.

Contra el acuerdo que se emita con motivo de la aclaración, el trabajador podrá interponer el recurso de inconformidad a que se refiere el artículo 294 de la Ley, el que será sustanciado en la forma y términos que señale el reglamento respectivo.

## TRANSITORIOS

**Primero.** El presente Reglamento entrará en vigor el primero de julio de mil novecientos noventa y siete.

**Segundo.** Se derogan todas las disposiciones reglamentarias o administrativas que se opongan a la observancia del presente Reglamento.

**Tercero.** Las quejas administrativas interpuestas antes de la fecha de entrada en vigor de este Reglamento se regirán, respecto de su procedimiento, por las normas vigentes en el momento de su presentación ante la autoridad correspondiente.

El Secretario General del Instituto Mexicano del Seguro Social, **Juan Moisés Calleja García**. Rúbrica.

# Reglamento del seguro social obligatorio para los trabajadores de la construcción por obra o tiempo determinado

Publicado en DOF el 22 de noviembre de 1985 Última reforma publicada en el DOF 4 de marzo de 2008

Al margen un sello con el Escudo Nacional, que dice: Estados Unidos Mexicanos. Presidencia de la República.

**MIGUEL DE LA MADRID H.**, Presidente Constitucional de los Estados Unidos Mexicanos, en ejercicio de las facultades que me confiere la fracción I del artículo 89 de la Constitución Política de los Estados Unidos Mexicanos y con fundamento en los artículos 3o. fracción I, 9o. de la Ley Orgánica de la Administración Pública Federal, 5o., 19, 45, 46, 240, 268 y 271 de la Ley del Seguro Social, y

## CONSIDERANDO

Que dentro del Plan Nacional de Desarrollo 1983-1988 emitido por el Ejecutivo a mi cargo, se prevé en el rubro de la Seguridad Social, como uno de sus propósitos, el promover acciones que permitan que la totalidad de la población con una relación de trabajo, se incorpore al sistema de seguridad social, marcando dentro de sus líneas generales de acción, revisar las leyes y reglamentos de seguridad social a fin de ampliar su cobertura, así como diseñar e instrumentar procedimientos adecuados a tal efecto.

Que en tales circunstancias, la Ley del Seguro Social fue reformada en su articulado, específicamente en su numeral 19, que contempla las obligaciones de los patrones y demás sujetos obligados por dicha Ley adicionándose la fracción V bis la que establece: "En tratándose de patrones que se dediquen en forma permanente o esporádica a la actividad de la construcción, deberán expedir y entregar a cada trabajador constancia escrita del número de días trabajados y del salario percibido, semanal o quincenalmente, conforme a los periodos de pago establecidos; en la inteligencia de que deberán cubrir las cuotas obrero-patronales aún en el caso de que no sea posible determinar el o los trabajadores a quienes se deban aplicar, por incumplimiento de su parte de las obligaciones previstas en las fracciones anteriores, en cuyo caso su monto se destinará a los servicios sociales de beneficio colectivo".

Que las modificaciones hechas al citado artículo 19, constituyen una eficaz tutela del derecho de los trabajadores que desarrollan trabajos temporales en la actividad de la construcción, para acceder a las prestaciones consignadas en la ley, pues con las constancias a expedir por parte de los patrones, será posible determinar y acreditarles tanto el número de días que hubiesen laborado, como los salarios percibidos, idea que se complementa con la prevención contenida en la parte final de la fracción V bis, tendiente a evitar que los patrones eludan el cumplimiento de sus obligaciones, configurándose con ello, una fórmula legal idónea para proteger a los asalariados contratados por obra o tiempo determinado que tradicionalmente han quedado fuera de la protección institucional por la omisión en cuanto a su afiliación.

Que es conveniente y necesario reglamentar los derechos y obligaciones derivados del Seguro Social obligatorio para los trabajadores de la construcción por obra o tiempo determinado, a fin de otorgar a éstos en forma más cabal y efectiva los servicios y prestaciones que conforme a la Ley de la Materia les corresponden, por lo que he tenido a bien expedir el siguiente

### REGLAMENTO DEL SEGURO SOCIAL OBLIGATORIO PARA LOS TRABAJADORES DE LA CONSTRUCCIÓN POR OBRA O TIEMPO DETERMINADO

### CAPÍTULO I
### GENERALIDADES

**Artículo 1o.** Las disposiciones de este reglamento norman las obligaciones y derechos que, conforme a la Ley del Seguro Social, tienen las personas físicas o morales que se dediquen en forma permanente o esporádica a la actividad de la construcción y que contraten trabajadores por obra o tiempo determinado, así como de los trabajadores contratados en la forma antes mencionada que presten sus servicios en tal actividad.

Para los efectos del presente reglamento, serán aplicables las definiciones establecidas en el artículo 5 A de la Ley del Seguro Social, así como las siguientes:

**I. Patrón dedicado a la actividad de la construcción:** las personas físicas o morales que encuadren dentro de los supuestos previstos en las fracciones II y III del artículo 5 de este reglamento, y

**II. Obra de construcción:** cualquier trabajo que tenga por objeto crear, construir, instalar, conservar, reparar, ampliar, demoler o modificar inmuebles, así como la instalación o incorporación en ellos de bienes muebles necesarios para su realización o que se le integren y todos aquellos de naturaleza análoga a los supuestos anteriores.

Se deroga.

**Artículo 2o.** El aseguramiento de los trabajadores contratados por obra o tiempo determinado para la ejecución de obras de construcción en general, comprende los seguros previstos en el artículo 11 de la Ley.

**Artículo 3o.** Los trabajadores contratados por tiempo indeterminado se considerarán como permanentes, aún cuando realicen su trabajo en distintas obras de construcción con el mismo patrón y su aseguramiento se regulará por las disposiciones relativas de la Ley y sus reglamentos aplicables.

**Artículo 4o.** Las disposiciones de este reglamento, para efectos de lo dispuesto en el penúltimo párrafo del artículo 15 de la Ley, no son aplicables en los casos de construcción, ampliación o reparación de inmuebles, por aquellos trabajos realizados por su propietario en forma personal o con ayuda de familiares, o bien, cuando se lleven a cabo por cooperación comunitaria, sin retribución alguna, debiéndose comprobar estos hechos a satisfacción del Instituto, conforme a cualquier medio de prueba reconocido por la Ley.

**Artículo 5o.** Son patrones obligados a cumplir con las disposiciones de la Ley y de este reglamento:

**I.** Los propietarios de las obras de construcción, que directamente o a través de intermediarios contraten a los trabajadores que intervengan en dichas obras, salvo lo dispuesto en el artículo 4 de este reglamento. Se presume que la contratación se realizó por los propietarios de las obras, a no ser que acrediten tener celebrado contrato para la ejecución de éstas, ya sea a precio alzado o bajo el sistema de precios unitarios, con personas físicas o morales establecidas que cuenten para ello con elementos propios y en cuyo contrato se consigne el nombre, denominación o razón social del contratista, el domicilio fiscal y el registro patronal otorgado por el Instituto;

**II.** Las personas que en los términos mencionados en la fracción anterior, sean contratadas para llevar a cabo obras de construcción a precio alzado o bajo el sistema de precios unitarios, con trabajadores a su servicio.

**III.** Las personas físicas o morales establecidas que cuenten con elementos propios y que celebren contratos con las personas señaladas en la fracción inmediata anterior, para la ejecución de parte o partes de la obra contratada por éstas. En este caso, las personas comprendidas en la fracción II, tendrán la obligación de avisar de la subcontratación de parte o partes de la obra al Instituto, dentro de los cinco días hábiles siguientes a aquel en que se haya celebrado el contrato, en el formato autorizado para tal efecto, mismo que deberá ser publicado en el Diario Oficial de la Federación, por el Instituto.

En todo caso, los patrones tendrán la obligación de presentar al Instituto dentro de los cinco días hábiles siguientes a la fecha de inicio de los trabajos, un aviso comunicando el tipo y domicilio de la obra y, en su caso, la fase de ésta que se vaya a ejecutar.

Se deroga.

El propietario de la obra de construcción o el contratista, son obligados solidarios en el pago de las cuotas obrero patronales que se causen a cargo del contratista o del subcontratista a que se refieren las fracciones II y III de este artículo, respectivamente, en el supuesto de que no acrediten la celebración del contrato de intermediación a que se refiere la fracción I de este artículo, o bien, proporcionen datos que resulten falsos.

Salvo lo previsto en el artículo 4o. de este reglamento, cuando varias personas se unan para la ejecución de una obra de construcción, sin que se constituyan en una persona moral diferente, deberán designar un representante común por medio del cual cumplirán con las obligaciones que establecen la Ley y sus reglamentos, sin perjuicio de que todos y cada uno de ellos quedarán obligados solidariamente al pago de las cuotas obrero-patronales que se originen.

**Artículo 6o.** Los patrones que se dediquen permanente o esporádicamente a la actividad de la construcción y que contraten trabajadores para obra o tiempo determinado, deberán registrarse en el Instituto con tal carácter y se autoclasificarán, para los efectos del seguro de riesgos de trabajo, en los términos del Reglamento de la Ley del Seguro Social en Materia de Afiliación, Clasificación de Empresas, Recaudación y Fiscalización.

**Artículo 7o.** Se deroga.

**Artículo 8o.** Los patrones están obligados a llevar registros, por obra de construcción, tales como nóminas o listas de raya, tarjetas de control de pagos, tarjetas individuales de percepciones, recibos o cualquier otro medio de control, en los que se deberán asentar invariablemente los datos siguientes:

**I.** Nombre, denominación o razón social del patrón, número de su registro ante el Instituto y del registro federal de contribuyentes;

**II.** Nombre, número de seguridad social, registro federal de contribuyentes incluyendo, en su caso, la homoclave y la clave única del registro de población de los trabajadores;

**III.** Lapso que comprende y periodicidad establecida para el pago de los salarios (diaria, semanal, quincenal, mensual, o cualquier otra similar);

**IV.** Salario real base de cotización;

**V.** Número de días o unidades de tiempo laborados, importe del salario devengado por cada trabajador y cuotas del seguro social retenidas;

**VI.** Importe del total de los salarios devengados, así como de las deducciones y retenciones efectuadas, y

**VII.** Firma o huella digital de los trabajadores.

Estos registros deberán conservarse durante los cinco años siguientes al de su fecha.

## CAPÍTULO II
## DE LA INSCRIPCIÓN DE LOS TRABAJADORES

**Artículo 9.** Los patrones deben presentar al Instituto los avisos de inscripción, baja y modificación de salario de los trabajadores que contraten por obra o tiempo determinado, dentro de los cinco días hábiles siguientes en términos de la Ley y sus reglamentos, en los formatos impresos, autorizados y publicados en el Diario Oficial de la Federación por el Instituto, o a través de medios magnéticos, digitales, electrónicos, ópticos, magneto ópticos o de cualquier otra naturaleza, para lo cual deberán utilizar el número patronal de identificación electrónica como llave pública de sistemas criptográficos en sustitución de su firma autógrafa, en la forma y términos a que se refieren los artículos 5 y 46 del Reglamento de la Ley del Seguro Social en Materia de Afiliación, Clasificación de Empresas, Recaudación y Fiscalización.

Asimismo, los patrones están obligados a presentar al Instituto durante los primeros cinco días posteriores al inicio de la obra de que se trate, así como bimestralmente por cada una de las obras que estén ejecutando, una relación mensual de los trabajadores que intervinieron en las mismas, la cual deberá contener: denominación o razón social del patrón; registro patronal; registro de obra; nombre completo del trabajador; número de seguridad social y días trabajados por mes en el bimestre que se reporta.

**Artículo 10.** (Derogado)

**Artículo 11.** Se deroga.

## CAPÍTULO III
## DEL REGISTRO DE LA OBRA Y AVISOS A PRESENTAR ANTE EL INSTITUTO

**Artículo 12.** El patrón deberá registrar ante el Instituto en la Subdelegación correspondiente a la ubicación de la obra, dentro de los cinco días hábiles siguientes a la fecha de inicio de los trabajos, el tipo de obra, su ubicación, trabajos a realizar y/o fase de la construcción. Para ello, se deberán utilizar los formatos que al efecto autorice el Instituto y se entregará en dispositivo magnético la siguiente documentación: presupuesto de obra, análisis de precios unitarios, la explosión de insumos y las estimaciones preliminares de los componentes de mano de obra; así como, de proceder, el contrato y los planos arquitectónicos de la obra; las autorizaciones, licencias o permisos de construcción, cualquiera que sea el nombre con que se les designe, expedidos por las autoridades federales, estatales o municipales competentes.

En el caso de construcción de viviendas unifamiliares, ampliaciones y remodelaciones menores de cualquier tipo de obra, únicamente se deberá entregar: licencia o permiso de construcción; planos arquitectónicos y/o croquis de la obra, así como, de proceder, el presupuesto de la misma.

Asimismo, el patrón deberá informar al Instituto las incidencias de obra de construcción correspondientes, la suspensión, reanudación y cancelación. Una vez terminada la obra, el patrón deberá presentar ante el Instituto el aviso de terminación de la misma, dentro de los cinco días hábiles siguientes a la fecha de la incidencia o conclusión, utilizando los formatos autorizados para tales efectos.

**Artículo 12 A.** El Instituto podrá verificar y, en su caso, resolver sobre el cumplimiento de las obligaciones del patrón previstas en la Ley y este reglamento, relativas a la obra terminada, de conformidad con las siguientes reglas:

**I.** El Instituto contará con un plazo no mayor de noventa días hábiles, contados a partir del día hábil siguiente a la fecha de presentación del aviso de terminación a que se refiere el último párrafo del artículo anterior, para llevar a cabo la revisión del cumplimiento de las obligaciones respecto de la obra de que se trate.

Si de la revisión a que se refiere este artículo se presume el incumplimiento de las obligaciones en materia de seguridad social, el Instituto podrá solicitar a las personas a que se refiere el artículo 5 de este Reglamento, en una o más ocasiones, los datos, informes o documentos que requiera hasta constatar el cumplimiento.

**II.** Los datos, informes o documentos solicitados por el Instituto deberán ser presentados por las personas que hayan sido requeridas conforme a la fracción anterior, en un plazo no mayor de diez días hábiles contados a partir del día hábil siguiente a aquél en que surta sus efectos la notificación del oficio de requerimiento.

**III.** No se computarán en la determinación del plazo a que se refiere la fracción I de este artículo los días que transcurran entre la fecha de la notificación del oficio de requerimiento y aquél en que sean presentados en su totalidad los datos, informes o documentos requeridos por el Instituto.

**IV.** Una vez recibidos los datos, informes o documentos a que se refiere la fracción II de este artículo, el Instituto resolverá sobre el cumplimiento de las obligaciones del patrón relativas a la obra terminada. Para ello, el Instituto contará con un plazo máximo de noventa días a partir de la recepción de los mismos.

**V.** Si de la revisión realizada por el Instituto, resultan diferencias con lo manifestado por las personas a que se refiere el artículo 5 de este reglamento, se le notificarán al patrón dichas diferencias, para su aclaración o, en su caso, para que efectúe el pago correspondiente dentro de los quince días hábiles siguientes a aquél en que surta sus efectos la notificación.

**VI.** Una vez aclaradas y, en su caso, pagadas las diferencias, o convenidas éstas por autorización de prórroga para el pago a plazo, el Instituto emitirá un oficio de conclusión del trámite.

Si transcurrido el plazo a que se refiere la fracción I de este artículo, el Instituto no ejerce la facultad de comprobación en los términos de este artículo, se presumirá que el patrón cumplió con las disposiciones de la Ley y sus reglamentos respecto de la obra de que se trate, salvo que exista denuncia de algún trabajador o beneficiario de éste, o que los datos, informes o documentos que se hayan proporcionado por las personas a que se refiere el artículo 5 de este reglamento resulten ser falsos.

**Artículo 12 B.** Para efectos del artículo anterior, entre otras facultades de comprobación, el Instituto podrá utilizar indistintamente cualquiera de los siguientes procedimientos:

**I.** Tomar como base los datos e informes con que cuente el patrón;

**II.** Apoyarse en los hechos que conozca con motivo del ejercicio de las facultades de comprobación de que goza como autoridad fiscal, y

**III.** Basarse en la documentación e información que proporcionen responsables solidarios, terceros relacionados con el patrón a solicitud del propio Instituto, así como otras autoridades, en base al intercambio de información o a los convenios de colaboración celebrados por el Instituto, con la Federación, el Distrito Federal, los Estados y los Municipios o, con sus respectivas dependencias y entidades de sus administraciones públicas, cuando tengan relación con los patrones.

**Artículo 13.** (Derogado)

**Artículo 14.** Si el patrón realiza varias obras de construcción, deberá presentar por cada una de ellas la información requerida por este reglamento.

El patrón que realice una obra que por su naturaleza se ejecute en varios municipios dentro del área de influencia de una delegación del Instituto, sólo presentará el aviso de registro de obra correspondiente al domicilio donde inició ésta, sin que sea necesario hacerlo por cada uno de los municipios en donde se continúe la obra de construcción. Cuando la obra se ejecute en más de una delegación del Instituto, deberá presentarse un aviso de registro de obra por cada una de ellas.

**Artículo 15.** Se deroga.

## CAPÍTULO IV
## DETERMINACIÓN Y PAGO DE CUOTAS

**Artículo 16.** Los patrones están obligados a determinar y a enterar el importe de las cuotas obrero patronales de sus trabajadores, presentando al

Instituto la cédula de determinación de cuotas en los términos de la Ley y el Reglamento para el Pago de Cuotas del Seguro Social.

Se deroga.

Los patrones deberán cubrir las cuotas obrero patronales de sus trabajadores aún en el caso de que no sea posible determinar el o los trabajadores a quienes se deban aplicar, por incumplimiento del patrón a las obligaciones previstas en la Ley y sus reglamentos, en cuyo caso su monto se destinará a la Reserva General Financiera y Actuarial, en los términos de la propia Ley sin perjuicio de que a aquellos trabajadores que acreditaren sus derechos en los términos del artículo 72 del Reglamento del Seguro Social en Materia de Afiliación, Clasificación de Empresas, Recaudación y Fiscalización, se les otorguen las prestaciones diferidas que les correspondan, con cargo a esta Reserva.

**Artículo 17.** Las cédulas de liquidación emitidas por el Instituto por concepto de cuotas obrero patronales, capitales constitutivos, actualización, recargos, multas y los gastos realizados por el Instituto por inscripciones improcedentes y gastos efectuados por la atención a personas no derechohabientes, deben ser cubiertas por los patrones dentro de los quince días hábiles siguientes a aquél en que surta efectos su notificación.

**Artículo 18.** Cuando los patrones no cumplan con las obligaciones a su cargo previstas en la Ley y en sus reglamentos, serán notificados por el Instituto, para que dentro de los cinco días hábiles siguientes a aquél en que surta efectos la notificación respectiva, le proporcionen los elementos necesarios para determinar el número de trabajadores, sus nombres, días trabajados y salarios devengados que permitan precisar la existencia, naturaleza y cuantía de las obligaciones incumplidas.

Transcurrido dicho plazo sin que el patrón haya entregado tales elementos, el Instituto, en ejercicio de sus facultades, fijará en cantidad líquida los créditos cuyo pago se haya omitido, aplicando en su caso, los datos con los que cuente y los que de acuerdo con sus experiencias considere como probables, siguiendo a tal efecto, el procedimiento que a continuación se detalla:

**I.** Se precisará el número de metros cuadrados de construcción, el tipo de obra de que se trate y el periodo de realización de la misma;

**II.** Se estimará el monto de la mano de obra total utilizada en la construcción de que se trate, multiplicando la superficie en metros cuadrados de construcción, por el costo de la mano de obra por metro cuadrado que de acuerdo al tipo y periodo de construcción establezca el Instituto;

**III.** El monto de la mano de obra total, se dividirá entre el número de días comprendidos dentro del período de construcción, estableciéndose de esta manera, el importe de la mano de obra diaria;

**IV.** El importe de la mano de obra diaria, se multiplicará por el número de días que corresponda a cada uno de los meses transcurridos en el período no cubierto, obteniéndose el monto de los salarios base de cotización mensual, y

**V.** A los salarios base de cotización mensuales respectivos se les aplicarán los porcentajes de las cuotas obrero patronales establecidas en la Ley, obteniéndose así los montos a cubrir por concepto de dichas cuotas.

Por cuanto hace a las obras cuya contratación se rija por lo dispuesto en la Ley de Adquisiciones y Obras

Públicas, el monto total de la mano de obra empleada se obtendrá aplicando el importe total del contrato, el factor que representa la mano de obra determinada por el Instituto por tipo y período de construcción, aplicándose las fórmulas establecidas en las fracciones III, IV y V anteriores, a efecto de determinar el monto de la cuotas obrero patronales a cubrir.

El Instituto establecerá en cada ocasión en que se incrementen los salarios mínimos generales y de acuerdo al tipo de construcción de que se trate, el importe de mano de obra por metro cuadrado o el factor que represente la mano de obra sobre el importe de los contratos regidos por la Ley de Adquisiciones y Obras Públicas. Los resultados de los estudios técnicos que al efecto formule el Instituto aplicando sus experiencias, deberán ser publicados invariablemente en el Diario Oficial de la Federación.

Respecto de las obras de construcción que por sus características especiales no puedan encuadrarse entre las tipificadas, se asimilarán a aquéllas que, de acuerdo a las experiencias del Instituto, requiera una utilización de mano de obra semejante.

Una vez formulada la liquidación respectiva por el Instituto, la notificará al patrón para que, dentro de los cinco días hábiles siguientes, aduzca las aclaraciones que estime pertinentes o para que, en su caso, entere las cuotas adeudadas con la actualización y los recargos correspondientes en términos del Reglamento para el Pago de Cuotas del Seguro Social.

**Artículo 19.** Si transcurridos los plazos establecidos en la Ley y en sus reglamentos el patrón no cubre las cuotas obrero patronales, los capitales constitutivos, la actualización, los recargos, las multas y los gastos realizados por el Instituto por inscripciones improcedentes y los que tenga derecho a exigir de las personas no derechohabientes, ni los impugna y garantiza dentro del plazo respectivo, serán cobrados a través del procedimiento administrativo de ejecución en términos del artículo 291 de la Ley.

## CAPÍTULO V
### DE LA VIGENCIA DE DERECHOS

**Artículo 20.** El Instituto, desde el primer día laborado, otorgará a los trabajadores y a sus beneficiarios las presentaciones en especie y en dinero establecidas en la Ley, en los términos y sin mayores requisitos que los que la misma y sus reglamentos establecen.

**Artículo 21.** (Derogado)

**Artículo 22.** Para efecto de otorgar las prestaciones médicas, a los trabajadores y a sus beneficiarios, el Instituto los adscribirá a la unidad de medicina familiar que corresponda al domicilio de la obra o al particular de éstos, a elección del propio trabajador, para lo cual deberán presentar ante dicha unidad su copia del aviso de inscripción.

## CAPÍTULO VI
### DE LAS PRESTACIONES EN DINERO

**Artículo 23.** El derecho al otorgamiento y la cuantía de las prestaciones en dinero, se determinarán de acuerdo con las disposiciones de la Ley y sus reglamentos.

**Artículo 24.** Para el caso en que los servicios prestados por un trabajador no se hubiesen reportado al Instituto por su patrón y se comprobare por cualquier medio que efectivamente laboró para éste, el Instituto le reconocerá el periodo de trabajo correspondiente como cotizado y otorgará tanto a él como a sus beneficiarios las prestaciones que conforme a la Ley les correspondan.

En tal supuesto, si dicho período corresponde al lapso de ejecución de una obra por la que se le hubiesen cobrado al patrón las cuotas obrero-patronales mediante la aplicación del procedimiento de estimación establecido en el artículo 18 del presente reglamento, el Instituto no podrá requerirle de pago adicional alguno; en caso contrario, el propio Instituto procederá al cobro de las cuotas obrero-patronales omitidas y en su caso, al fincamiento de los capitales constitutivos que legalmente procedan.

## CAPÍTULO VII
## DEL INCUMPLIMIENTO DE LAS OBLIGACIONES

**Artículo 25.** El incumplimiento por parte de los patrones de las obligaciones establecidas en este reglamento, será sancionado en los términos de la Ley y del reglamento correspondiente.

Lo anterior, sin perjuicio de que el Instituto exija el pago de las cuotas obrero-patronales omitidas, de los recargos que en su caso procedieran, de los capitales constitutivos a que hubiese lugar y en su caso, de las penas que impongan las autoridades judiciales cuando se incurra en responsabilidad de carácter penal.

## TRANSITORIOS

**Primero.** El presente reglamento entrará en vigor el día cuatro de enero de 1986.

**Segundo.** Se derogan todas las disposiciones que se opongan a las de este reglamento.

**Tercero.** (Derogado)

Dado en la Residencia del Poder Ejecutivo Federal, en la ciudad de México, Distrito Federal, a los catorce días del mes de noviembre de mil novecientos ochenta y cinco. **Miguel de la Madrid H.** Rúbrica. El Secretario de Gobernación, **Manuel Bartlett Díaz**. Rúbrica. El Secretario de Hacienda y Crédito Público, **Jesús Silva Herzog**. Rúbrica. El Secretario de Salud, **Guillermo Soberón Acevedo**. Rúbrica. El Secretario del Trabajo y Previsión Social, **Arsenio Farell Cubillas**. Rúbrica.

# Ley del Instituto de Seguridad y Servicios Sociales de los Trabajadores del Estado

Nueva Ley publicada en el Diario Oficial de la Federación el 31 de marzo de 2007

## TEXTO VIGENTE

Última reforma publicada DOF 07-06-2024

Al margen un sello con el Escudo Nacional, que dice: Estados Unidos Mexicanos. Presidencia de la República.

**FELIPE DE JESÚS CALDERÓN HINOJOSA**, Presidente de los Estados Unidos Mexicanos, a sus habitantes sabed:

Que el Honorable Congreso de la Unión, se ha servido dirigirme el siguiente

## DECRETO

"EL CONGRESO GENERAL DE LOS ESTADOS UNIDOS MEXICANOS, DECRETA:

SE EXPIDE LA LEY DEL INSTITUTO DE SEGURIDAD Y SERVICIOS SOCIALES DE LOS TRABAJADORES DEL ESTADO.

**Artículo Único.** Se expide la Ley del Instituto de Seguridad y Servicios Sociales de los Trabajadores del Estado.

## LEY DEL INSTITUTO DE SEGURIDAD Y SERVICIOS SOCIALES DE LOS TRABAJADORES DEL ESTADO

## TÍTULO PRIMERO
## DE LAS DISPOSICIONES GENERALES

**Artículo 1.** La presente Ley es de orden público, de interés social y de observancia en toda la República, y se aplicará a las Dependencias, Entidades, Trabajadores al servicio civil, Pensionados y Familiares Derechohabientes, de:

**I.** La Presidencia de la República, las Dependencias y Entidades de la Administración Pública Federal, incluyendo al propio Instituto;

**II.** Ambas cámaras del Congreso de la Unión, incluidos los diputados y senadores, así como los Trabajadores de la Entidad de Fiscalización Superior de la Federación;

**III.** El Poder Judicial de la Federación, incluyendo a los ministros de la Suprema Corte de Justicia de la Nación, magistrados y jueces, así como consejeros del Consejo de la Judicatura Federal;

**IV.** Se deroga.

*Fracción derogada DOF 20-05-2021*

**V.** Los órganos jurisdiccionales autónomos;

**VI.** Los órganos con autonomía por disposición constitucional;

**VII.** El Gobierno del Distrito Federal, sus órganos político administrativos, sus órganos autónomos, sus Dependencias y Entidades, la Asamblea Legislativa del Distrito Federal, incluyendo sus diputados, y el órgano judicial del Distrito Federal, incluyendo magistrados, jueces y miembros del Consejo de la Judicatura del Distrito Federal, conforme a su normatividad específica y con base en los convenios que celebren con el Instituto, y

**VIII.** Los gobiernos de las demás Entidades Federativas de la República, los poderes legislativos y judiciales locales, las administraciones públicas municipales, y sus Trabajadores, en aquellos casos en que celebren convenios con el Instituto en los términos de esta Ley.

**Artículo 2.** La seguridad social de los Trabajadores comprende:

**I.** El régimen obligatorio, y

**II.** El régimen voluntario.

**Artículo 3.** Se establecen con carácter obligatorio los siguientes seguros:

**I.** De salud, que comprende:

**a)** Atención médica preventiva;

**b)** Atención médica curativa y de maternidad, y

**c)** Rehabilitación física y mental;

**II.** De riesgos del trabajo;

**III.** De retiro, cesantía en edad avanzada y vejez, y

**IV.** De invalidez y vida.

**Artículo 4.** Se establecen con carácter obligatorio las siguientes prestaciones y servicios:

**I.** Préstamos hipotecarios y financiamiento en general para vivienda, en sus modalidades de adquisición en propiedad de terrenos o casas habitación, construcción, reparación, ampliación o mejoras de las mismas; así como para el pago de pasivos adquiridos por estos conceptos;

**II.** Préstamos personales:

**a)** Ordinarios;

**b)** Especiales;

**c)** Para adquisición de bienes de consumo duradero, y

**d)** Extraordinarios para damnificados por desastres naturales;

**III.** Servicios sociales, consistentes en:

**a)** Programas y servicios de apoyo para la adquisición de productos básicos y de consumo para el hogar;

**b)** Servicios turísticos;

**c)** Servicios funerarios;

*Inciso reformado DOF 24-03-2023*

**d)** Servicios de atención para el bienestar y desarrollo infantil, y

*Inciso reformado DOF 24-03-2023*

**e)** Casas de día para adultos mayores jubilados y pensionados derechohabientes del Instituto;

*Inciso adicionado DOF 24-03-2023*

**IV.** Servicios culturales, consistentes en:

**a)** Programas culturales;

**b)** Programas educativos y de capacitación;

**c)** Atención a jubilados, Pensionados y discapacitados, y

**d)** Programas de fomento deportivo.

**Artículo 5.** La administración de los seguros, prestaciones y servicios establecidos en el presente ordenamiento, así como la del Fondo de la Vivienda, del PENSIONISSSTE, de sus delegaciones y de sus demás órganos desconcentrados, estarán a cargo del organismo descentralizado con personalidad jurídica y patrimonio propios, denominado Instituto de Seguridad y Servicios Sociales de los Trabajadores del Estado, con domicilio en la Ciudad de México, Distrito

Federal, que tiene como objeto contribuir al bienestar de los Trabajadores, Pensionados y Familiares Derechohabientes, en los términos, condiciones y modalidades previstos en esta Ley.

**Artículo 6.** Para los efectos de esta Ley, se entenderá por:

**I.** Administradora, las administradoras de fondos para el retiro;

**II.** Aportaciones, los enteros de recursos que cubran las Dependencias y Entidades en cumplimiento de las obligaciones que respecto de sus Trabajadores les impone esta Ley;

**III.** Aseguradora, las instituciones de seguros autorizadas para operar los seguros de Pensiones derivados de las leyes de seguridad social;

**IV.** Cuenta Individual, aquélla que se abrirá para cada Trabajador en el PENSIONISSSTE o, si el Trabajador así lo elije, en una Administradora, para que se depositen en la misma las Cuotas y Aportaciones de las Subcuentas de retiro, cesantía en edad avanzada y vejez, de ahorro solidario, de aportaciones complementarias de retiro, de aportaciones voluntarias y de ahorro de largo plazo, y se registren las correspondientes al Fondo de la Vivienda, así como los respectivos rendimientos de éstas y los demás recursos que puedan ser aportados a las mismas;

**V.** Cuotas, los enteros a la seguridad social que los Trabajadores deben cubrir conforme a lo dispuesto en esta Ley;

**VI.** Cuota Social, los enteros a la seguridad social que debe realizar el Gobierno Federal, con base en las disposiciones establecidas en esta Ley;

**VII.** Dependencias, las unidades administrativas de los Poderes de la Unión, los órganos jurisdiccionales autónomos y demás órganos constitucionales autónomos, los órganos ejecutivo, legislativo y judicial de la Ciudad de México, así como las unidades administrativas de las Entidades Federativas y municipios que se incorporen al régimen de esta Ley;

*Fracción reformada DOF 20-05-2021*

**VIII.** Derechohabiente, a los Trabajadores, Pensionados y Familiares Derechohabientes;

**IX.** Descuento, las deducciones ordenadas por el Instituto a las percepciones de los Trabajadores o Pensionados con motivo de las obligaciones contraídas por éstos, que deberán aplicar las Dependencias, Entidades o el propio Instituto, a través de sus nóminas de pago;

**X.** Entidades, los organismos descentralizados, empresas de participación estatal mayoritaria y demás instituciones paraestatales federales y del Gobierno del Distrito Federal, así como los organismos de las Entidades Federativas o municipales y organismos públicos que por disposición constitucional cuenten con autonomía, que se incorporen a los regímenes de esta Ley;

**XI.** Entidades Federativas, a los estados de la República y el Distrito Federal;

**XII.** Familiares derechohabientes a:

*Párrafo reformado DOF 27-05-2011*

**a)** La o el cónyuge del Trabajador o el Pensionado, o falta de éstos, la concubina o concubinario que haya vivido como si fuera su cónyuge durante los cinco años anteriores o con quien tuviese uno o más hijos (as), siempre que ambos permanezcan libres de matrimonio o de unión civil, o la persona con quien haya suscrito una unión civil. Si la o el Trabajador o la o el Pensionado tiene varias concubinas o concubinarios, ninguno de éstos últimos sujetos tendrá derecho a los seguros, prestaciones y servicios previstos en esta Ley;

*Inciso reformado DOF 20-01-2023*

**b)** Los hijos del Trabajador menores de dieciocho años;

**c)** Los hijos del Trabajador o Pensionado mayores de dieciocho años, cuando no puedan mantenerse por su propio trabajo debido a una enfermedad crónica o discapacidad por deficiencias físicas, mentales, intelectuales o sensoriales, hasta en tanto no desaparezca la incapacidad que padecen, lo que se comprobará mediante certificado médico, expedido por el Instituto y por medios legales procedentes; o hasta la edad de veinticinco años, previa comprobación de que están realizando estudios de nivel medio superior o superior, de cualquier rama del conocimiento en planteles oficiales o reconocidos, y que no tengan un trabajo, y

*Inciso reformado DOF 27-05-2011*

**d)** Los ascendientes que dependan económicamente del Trabajador o Pensionado.

Los familiares que se mencionan en esta fracción tendrán el derecho que esta Ley establece si reúnen los requisitos siguientes:

**1)** Que el Trabajador o el Pensionado tenga derecho a los seguros, prestaciones y servicios señalados en esta Ley, y

**2)** Se deroga.

*Numeral derogado DOF 24-03-2023*

**XIII.** Fondo, los recursos en efectivo o en especie que se integran, invierten y administran para garantizar los seguros, prestaciones y servicios a cargo del Instituto y respaldar sus Reservas;

**XIV.** IMSS, al Instituto Mexicano del Seguro Social;

**XV.** Instituto, al Instituto de Seguridad y Servicios Sociales de los Trabajadores del Estado;

**XVI.** Monto Constitutivo, la cantidad de dinero que se requiere para contratar una Renta o un Seguro de Sobrevivencia con una Aseguradora;

**XVII.** Pensión o Jubilación, la Renta o Retiro Programado;

**XVIII.** Pensionado, toda persona a la que esta Ley le reconozca tal carácter;

**XIX.** Pensión Garantizada, aquélla que el Estado asegura a quienes reúnan los requisitos para obtener una Pensión por cesantía en edad avanzada o vejez, cuyo monto mensual será la cantidad de tres mil treinta y cuatro pesos con veinte centavos, moneda nacional, misma que se actualizará anualmente, en el mes de febrero, conforme al cambio anualizado del Índice Nacional de Precios al Consumidor;

**XX.** PENSIONISSSTE, el Fondo Nacional de Pensiones de los Trabajadores al Servicio del Estado, órgano desconcentrado del Instituto creado en los términos de esta Ley;

**XXI.** Renta, el beneficio periódico que reciba el Trabajador durante su retiro o sus Familiares Derechohabientes, por virtud del contrato de Seguro de Pensión que se celebre con la Aseguradora de su preferencia;

**XXII.** Reserva, el registro contable en el pasivo del Instituto que refleja la cuantificación completa y actualizada de sus obligaciones contingentes y ciertas;

**XXIII.** Retiro Programado, la modalidad de obtener una Pensión fraccionando el monto total de los recursos de la Cuenta Individual, para lo cual se tomará en cuenta la esperanza de vida de los Pensionados, así como los rendimientos previsibles de los saldos;

**XXIV.** Salario Mínimo, el salario mínimo general mensual vigente en el Distrito Federal;

**XXV.** Seguro de Pensión, el derivado de las leyes de seguridad social, que tenga por objeto, el pago de las Rentas periódicas durante la vida del Pensionado o el que corresponda a sus Familiares Derechohabientes;

**XXVI.** Seguro de Sobrevivencia, aquel que contratarán los Pensionados por, retiro, cesantía en edad avanzada y vejez, a favor de sus Familiares Derechohabientes para otorgarles a éstos la Pensión que corresponda, en caso de fallecimiento del Pensionado;

**XXVII.** Subcuenta, cualquiera de las Subcuentas de retiro, cesantía en edad avanzada y vejez, del Fondo de la Vivienda, de ahorro solidario, de aportaciones complementarias de retiro, de aportaciones voluntarias y de ahorro a largo plazo que integran la Cuenta Individual;

**XXVIII.** Sueldo Básico, el definido en el artículo 17 de esta Ley;

*Fracción reformada DOF 20-01-2023*

**XXIX.** Trabajador o persona trabajadora, aquella a la que se refiere el artículo 1o. de esta Ley que preste sus servicios en las Dependencias o Entidades, mediante designación legal o nombramiento, o por estar incluida en las listas de raya de las personas trabajadoras temporales, incluidas aquéllas que presten sus servicios mediante contrato personal sujeto a la legislación común, que perciban sus emolumentos exclusivamente con cargo a la partida de honorarios por contrato, o que estén incluidas en las listas de raya, siempre y cuando hayan laborado una jornada completa de acuerdo con las condiciones generales de trabajo y el contrato sea por un periodo mínimo de un año;

*Fracción reformada DOF 20-01-2023, 08-05-2023*

**XXX.** Unión civil, es el acto jurídico bilateral que se constituye cuando las personas físicas de diferente o del mismo sexo, mayores de edad y con capacidad jurídica plena, establecen un hogar común con voluntad de permanencia y ayuda mutua, por el que se deriven obligaciones alimentarias, de sucesión o semejantes y que esté reconocido en la legislación de las entidades federativas, como los pactos civiles de solidaridad y las sociedades de convivencia.

*Fracción adicionada DOF 20-01-2023*

**XXXI.** UMA, Unidad de Medida y Actualización que se utiliza como unidad de cuenta, índice, base, medida o referencia para determinar la cuantía del pago de las obligaciones y supuestos previstos en las leyes federales, de las entidades federativas, así como en las disposiciones jurídicas que emanen de dichas leyes.

*Fracción adicionada DOF 08-05-2023*

Por lo que respecta a los matrimonios celebrados entre personas del mismo sexo, esta Ley reconoce tales uniones con los mismos derechos y obligaciones que los celebrados entre hombre y mujer.

*Párrafo adicionado DOF 20-01-2023*

**Artículo 7.** Las Dependencias y Entidades, deberán remitir al Instituto de manera mensual en los términos que determine el reglamento respectivo, toda la información referente a los movimientos afiliatorios, sueldos, modificaciones salariales, Descuentos, Derechohabientes, nóminas, recibos, así como certificaciones e informes y en general, todo tipo de información necesaria para el otorgamiento de los seguros, prestaciones y servicios del Instituto.

Dicha información deberá enviarse a través de medios electrónicos, magnéticos, digitales, ópticos o de cualquier naturaleza, en los términos que determine la Junta Directiva del Instituto conforme al reglamento respectivo.

En todo tiempo, las Dependencias y Entidades deberán expedir los certificados e informes que les soliciten tanto los interesados como el Instituto y proporcionar los expedientes y datos que el propio Instituto les requiera de los Trabajadores, extrabajadores y Pensionados, así como los informes sobre la forma en que se integran los sueldos de los Trabajadores cotizantes, sus Aportaciones y Cuotas, y designarán a quienes se encarguen del cumplimiento de estas obligaciones.

El Instituto se reserva la facultad de verificar la información recibida. En caso de negativa, demora injustificada o cuando la información se suministre en forma inexacta o falsa, la autoridad competente fincará la responsabilidad e impondrá las sanciones que correspondan en los términos de las leyes aplicables.

**Artículo 8.** Los Trabajadores están obligados a proporcionar al Instituto y a las Dependencias o Entidades en que presten sus servicios:

**I.** La información general de las personas que podrán considerarse como Familiares Derechohabientes, y

**II.** Los informes y documentos probatorios que se les pidan, relacionados con la aplicación de esta Ley.

Los Trabajadores tendrán derecho a exigir a las Dependencias o Entidades el estricto cumplimiento de las obligaciones que les impone el artículo anterior, así como el que el Instituto los registre al igual que a sus Familiares Derechohabientes.

**Artículo 9.** El Instituto expedirá a todos los Derechohabientes de esta Ley, un medio de identificación para ejercer los derechos que la misma les confiere.

Para estos efectos, las Dependencias y Entidades estarán obligadas a proporcionar al Instituto los apoyos necesarios de acuerdo con los lineamientos que éste emita.

**Artículo 10.** El Instituto definirá los medios para integrar un expediente electrónico único para cada Derechohabiente.

El expediente integrará todo lo relativo a vigencia de derechos, historial de cotización, situación jurídica, historia clínica, historia crediticia institucional, así como otros conceptos que se definan en el reglamento respectivo.

Los datos y registros que se asienten en el expediente electrónico serán confidenciales y la revelación de los mismos a terceros, sin autorización expresa de las autoridades del Instituto y del Derechohabiente respectivo o sin causa legal que lo justifique, será sancionada en los términos de la legislación penal federal vigente.

El personal autorizado para el manejo de la información contenida en el expediente electrónico, así como los Derechohabientes tendrán acceso a la información de sus expedientes mediante los mecanismos y normas que establezca el Instituto.

La certificación que el Instituto emita en términos de las disposiciones aplicables, a través de la unidad administrativa competente, con base en la información que conste en el expediente electrónico a que se refiere este artículo, tendrá plenos efectos legales para fines civiles, administrativos y judiciales.

El Trabajador y el Pensionado deberán auxiliar al Instituto a mantener al día su expediente electrónico y el de sus Familiares Derechohabientes. Para el efecto, la Junta Directiva incluirá en el reglamento respectivo, disposiciones que los incentiven a presentarse periódicamente a las instalaciones que el Instituto determine para cumplir con esta disposición.

**Artículo 11.** Para que los Derechohabientes puedan utilizar los seguros, prestaciones y servicios que les corresponden en términos de esta Ley, deberán cumplir los requisitos aplicables.

**Artículo 12.** Las Dependencias o Entidades deberán enterar al Instituto las Cuotas y Aportaciones tomando como Sueldo Básico mínimo el límite inferior previsto en el artículo 17 de esta Ley, aun en el caso de Trabajadores que tengan un ingreso inferior a dicho límite.

**Artículo 13.** El Instituto contará con medios electrónicos que le permitan crear una base de datos institucional, que contendrá los respectivos expedientes de sus Derechohabientes, misma a la que deberá dar acceso continuo a la Comisión Nacional del Sistema de Ahorro para el Retiro y a las empresas operadoras de la Base de Datos Nacional SAR reguladas en la Ley de los Sistemas de Ahorro para el Retiro, con excepción de lo relacionado con la información médica de los Derechohabientes, la cual estará reservada al Instituto.

Tanto las Dependencias y Entidades, como los Derechohabientes, tendrán la obligación de proporcionar la información que permita mantener actualizados los expedientes a que se refiere este artículo, conforme lo establezca el reglamento que regule las bases de datos de Derechohabientes.

Asimismo, la Comisión Nacional del Sistema de Ahorro para el Retiro podrá solicitar a las Dependencias y Entidades, directamente o a través de las empresas operadoras de la Base de Datos Nacional SAR, la información necesaria para proveer a la operación del seguro de retiro, cesantía en edad avanzada y vejez.

La información que se entregue al Instituto, a la Comisión Nacional del Sistema de Ahorro para el Retiro y a las empresas operadoras de la Base de Datos Nacional SAR será confidencial, por lo que la revelación de ésta a terceros sin autorización expresa de las autoridades del Instituto y del Derechohabiente o sin causa legal que lo justifique, será sancionada en los términos de la legislación penal federal vigente.

**Artículo 14.** El Instituto recopilará y clasificará la información sobre los Derechohabientes, a efecto de formular escalas de sueldos, promedios de duración de los servicios que esta Ley regula, tablas de mortalidad, morbilidad y, en general, las estadísticas y cálculos actuariales necesarios para encauzar y mantener el equilibrio financiero de los recursos y cumplir adecuada y eficientemente con los seguros, prestaciones y servicios que por ley le corresponde administrar. Con base en los resultados de los cálculos actuariales que se realicen, deberán proponerse al Ejecutivo Federal las modificaciones que fueran procedentes.

**Artículo 15.** El Instituto diseñará y pondrá en operación, un sistema de evaluación del desempeño, con base en el cual podrá definir las políticas y mecanismos de otorgamiento de los seguros, prestaciones y servicios.

**Artículo 16.** El Pensionado que traslade su domicilio al extranjero, continuará recibiendo su Pensión, siempre que los gastos administrativos de traslado de los fondos respectivos corran por cuenta del Pensionado.

Esta disposición será aplicable a los seguros de riesgos del trabajo, invalidez y vida, y retiro, cesantía en edad avanzada y vejez.

## TÍTULO SEGUNDO
## DEL RÉGIMEN OBLIGATORIO

## CAPÍTULO I
## SUELDOS, CUOTAS Y APORTACIONES

**Artículo 17.** El Sueldo Básico que se tomará en cuenta para los efectos de esta Ley, será el sueldo del tabulador regional que para cada puesto se haya señalado.

Las Cuotas y Aportaciones establecidas en esta Ley se efectuarán sobre el Sueldo Básico, estableciéndose como límite inferior un Salario Mínimo y como límite superior, el equivalente a diez veces dicho Salario Mínimo.

Será el propio Sueldo Básico, hasta el límite superior equivalente a diez veces el Salario Mínimo del Distrito Federal, el que se tomará en cuenta para determinar el monto de los beneficios en los seguros de riesgos del trabajo e invalidez y vida establecidos por esta Ley.

Las Dependencias y Entidades deberán informar al Instituto anualmente, en el mes de enero de cada año, los conceptos de pago sujetos a las Cuotas y Aportaciones que esta Ley prevé. De igual manera deberán comunicar al Instituto cualquier modificación de los conceptos de pago, dentro del mes siguiente a que haya ocurrido dicha modificación.

**Artículo 18.** Los Trabajadores que desempeñen dos o más empleos en las Dependencias o Entidades cubrirán sus Cuotas sobre la totalidad de los Sueldos Básicos que correspondan, mismos que se tomarán en cuenta para fijar las Pensiones y demás beneficios de los seguros de riesgos del trabajo e invalidez y vida.

El cómputo de los años de servicio se hará considerando uno solo de los empleos, aun cuando el Trabajador hubiese desempeñado simultáneamente varios, cualesquiera que fuesen; en consecuencia, para dicho cómputo se considerará por una sola vez el tiempo durante el cual haya tenido o tenga el interesado el carácter de Trabajador.

**Artículo 19.** La separación por licencia sin goce de sueldo, y la que se conceda por enfermedad, o por suspensión de los efectos del nombramiento conforme a la legislación federal aplicable, se computará como tiempo de servicios en los siguientes casos:

**I.** Cuando las licencias sean concedidas por un periodo que no exceda de seis meses;

**II.** Cuando el Trabajador sufra de prisión preventiva seguida de fallo absolutorio, mientras dure la privación de la libertad;

**III.** Cuando el Trabajador fuere suspendido en los términos del párrafo final del artículo 45 de la Ley Federal de los Trabajadores al Servicio del Estado, reglamentaria del Apartado B del artículo 123 Constitucional, por todo el tiempo que dure la suspensión y siempre que por laudo ejecutoriado, se le autorice a reanudar labores;

**IV.** Cuando el Trabajador fuere suspendido en los términos de la Ley Federal de Responsabilidades Administrativas de los Servidores Públicos, por todo el tiempo que dure la suspensión y siempre que por resolución firme, se revoque la sanción o la medida cautelar respectiva, y

**V.** Cuando el Trabajador obtenga laudo favorable ejecutoriado, derivado de un litigio laboral, por todo el tiempo en que estuvo separado del servicio.

En los casos señalados en las fracciones I y II anteriores, el Trabajador, deberá pagar la totalidad de las Cuotas y Aportaciones establecidas en esta Ley durante el tiempo que dure la separación. Si el Trabajador falleciere antes de reanudar sus labores y sus Familiares Derechohabientes tuvieren derecho a Pensión y quisieren disfrutar de la misma, deberán cubrir el importe de esas Cuotas y Aportaciones.

Las Aportaciones y Cuotas a que se refiere el párrafo anterior son las señaladas en esta Ley, excepto las del seguro de salud y las del Fondo de la Vivienda.

Por lo que se refiere a las fracciones III, IV y V, las Dependencias y Entidades, al efectuar la liquidación por sueldos dejados de percibir, o por salarios caídos, deberán retener al Trabajador las Cuotas correspondientes, y hacer lo propio respecto de sus Aportaciones enterando ambas al Instituto y, por lo que se refiere al seguro de retiro, cesantía en edad avanzada y vejez, al PENSIO-NISSSTE o a la Administradora que opere la Cuenta Individual del Trabajador.

Las Aportaciones y Cuotas a que se refiere el párrafo anterior son las señaladas en esta Ley, excepto las del seguro de salud.

**Artículo 20.** Cuando no se hubieren hecho a los Trabajadores o Pensionados los Descuentos procedentes conforme a esta Ley, el Instituto mandará descontar hasta un treinta por ciento del sueldo o Pensión mientras el adeudo no esté cubierto. En caso de que la omisión sea atribuible al Trabajador o Pensionado, se le mandará descontar hasta un cincuenta por ciento del sueldo.

Para el caso específico de los créditos para vivienda otorgados por el Fondo de la Vivienda, mientras el adeudo no esté cubierto y de conformidad al esquema elegido por la persona trabajadora al momento de formalizar el contrato respectivo, el Instituto podrá solicitar a la dependencia o entidad para la cual labore la persona acreditada, descontar hasta un treinta por ciento de la pensión, del Sueldo Básico o de la cantidad que resulte de sumar el Sueldo Básico y las compensaciones que en términos de las disposiciones aplicables correspondan, o bien el veinte por ciento de la pensión correspondiente cuando el crédito se haya originado como pensionado.

*Párrafo adicionado DOF 08-05-2023*

La solicitud del Instituto será suficiente para que la dependencia, entidad o institución pensionaria quede obligada a realizar el descuento.

*Párrafo adicionado DOF 08-05-2023*

En caso de que la omisión sea atribuible a la persona trabajadora o pensionada, se realizará el cálculo de los intereses generados, actualizaciones y capital adeudado y se reestructurará de conformidad con lo establecido en el contrato.

*Párrafo adicionado DOF 08-05-2023*

Para tal efecto, el Instituto solicitará que se descuente dicho monto del sueldo básico o, de la cantidad que resulte de sumar el sueldo básico y las compensaciones, que en términos de las disposiciones aplicables correspondan, o de la pensión, de conformidad al esquema elegido por la persona trabajadora al momento de formalizar el contrato respectivo.

*Párrafo adicionado DOF 08-05-2023*

Cuando el error en el cálculo de las obligaciones de pago o en el descuento correspondiente no sea atribuible a la persona trabajadora o pensionada, no le serán reclamables intereses, cargos o adeudos extraordinarios.

*Párrafo adicionado DOF 08-05-2023*

**Artículo 20 Bis.** En los créditos de vivienda la persona trabajadora podrá reestructurar en UMA o en pesos el adeudo a que se refiere el artículo anterior, en los siguientes casos:

**I.** Cuando haya dejado de prestar sus servicios en el sector público y le haya sido aplicado el plazo de doce meses de prórroga contemplado en el artículo 183 de este ordenamiento;

**II.** Cuando la obligación de pago pactada en el contrato respectivo sea superior al descuento convenido, o

**III.** Cuando la persona acreditada cumpla con los requisitos de otros programas específicos de reestructura que emita el Instituto por acuerdo de su Junta Directiva, incluyendo los destinados a las personas trabajadoras que pudieran haber caído en mora.

En todos los casos las reestructuraciones procederán siempre y cuando se reúnan los requisitos y se sujeten a los esquemas que, para tal efecto, emita la Junta Directiva, atendiendo lo dispuesto en el artículo 177, último párrafo, de la presente Ley.

*Artículo adicionado DOF 08-05-2023*

**Artículo 21.** Las Dependencias y Entidades sujetas al régimen de esta Ley tienen la obligación de retener de los sueldos del Trabajador el equivalente a las Cuotas y Descuentos que éste debe cubrir al Instituto, de conformidad con las disposiciones administrativas que al efecto se emitan. Si las Cuotas y Descuentos no fueren retenidas al efectuarse el pago del sueldo, los obligados a hacerlo sólo podrán retener de éste el monto acumulado equivalente a dos cotizaciones; el resto de los no retenidos será a su cargo.

El entero de las Cuotas, Aportaciones y Descuentos, será por quincenas vencidas y deberá hacerse en entidades receptoras que actúen por cuenta y orden del Instituto, mediante los sistemas o programas informáticos que se establezcan al efecto, a más tardar, los días cinco de cada mes, para la segunda quincena del mes inmediato anterior, y veinte de cada mes, para la primera quincena del mes en curso, excepto tratándose de las Cuotas y Aportaciones al seguro de retiro, cesantía en edad avanzada y vejez y al Fondo de la Vivienda.

El entero de las Cuotas y Aportaciones al seguro de retiro, cesantía en edad avanzada y vejez y al Fondo de la Vivienda será por bimestres vencidos, a más tardar el día diecisiete de los meses de enero, marzo, mayo, julio, septiembre y noviembre de cada año y se realizará mediante los sistemas o programas informáticos que, al efecto, determine la Comisión Nacional del Sistema de Ahorro para el Retiro.

Las Dependencias o Entidades están obligadas a utilizar los sistemas o programas informáticos antes referidos para realizar el pago de las Cuotas, Aportaciones y Descuentos.

El Instituto se reserva la facultad de verificar la información recibida. En caso de encontrar errores o discrepancias que generen adeudos a favor del Instituto, deberán ser cubiertos en forma inmediata con las actualizaciones y recargos que correspondan, en los términos de esta Ley.

**Artículo 22.** Cuando las Dependencias y Entidades sujetas a los regímenes de esta Ley no enteren las Cuotas, Aportaciones y Descuentos dentro del plazo establecido, deberán cubrir a partir de la fecha en que éstas se hicieren exigibles en favor del Instituto o, tratándose del seguro de retiro, cesantía en edad avanzada y vejez, en favor del Trabajador, intereses moratorios a razón de uno punto veinticinco veces la tasa de los Certificados de la Tesorería de la Federación con vencimiento a veintiocho días. Asimismo, deberán cubrir la actualización de dichas Cuotas, Aportaciones y Descuentos, en los términos establecidos en el Código Fiscal de la Federación.

Los titulares de las Dependencias y Entidades, sus oficiales mayores o equivalentes, y los servidores públicos encargados de realizar las retenciones y Descuentos serán responsables en los términos de Ley, de los actos y omisiones que resulten en perjuicio de la Dependencia o Entidad para la que laboren, del Instituto, de los Trabajadores o Pensionados, independientemente de la responsabilidad civil, penal o administrativa en que incurran.

La omisión de enterar ante el Instituto de Seguridad y Servicios Sociales de los Trabajadores del Estado las cuotas, aportaciones, cuotas sociales o descuentos que se realicen al salario de los trabajadores constituye una falta administrativa grave, la cual será sancionada en términos de la Ley General de Responsabilidades Administrativas.

*Párrafo adicionado DOF 22-11-2021*

Las omisiones y diferencias que resultaren con motivo de los pagos efectuados, el Instituto las notificará a las Dependencias y Entidades, debiendo éstas efectuar la aclaración o el pago, dentro de los diez días hábiles siguientes a la fecha de la notificación, en caso contrario, deberán pagar la actualización y recargos a que se refiere este artículo.

Las Dependencias y Entidades mencionadas en este artículo tendrán un plazo de diez días hábiles a partir del requerimiento formulado por el Instituto, para realizar ante el Instituto las aclaraciones correspondientes.

Posteriormente, el Instituto requerirá a la Tesorería de la Federación, los pagos correspondientes por los adeudos vencidos que tengan las Dependencias y Entidades con cargo a su presupuesto. La señalada Tesorería deberá comprobar la procedencia del adeudo y en su caso, hacer el entero correspondiente al Instituto en un plazo no mayor de cinco días hábiles.

En el caso de los adeudos de las Entidades Federativas, de los municipios, o de sus Dependencias o Entidades, se podrá hacer el cargo directamente a las participaciones y transferencias federales de dichas Entidades Federativas.

En ningún caso se autorizará la condonación de adeudos por concepto de Cuotas, Aportaciones y Descuentos, su actualización y recargos.

**Artículo 23.** Los ingresos provenientes de las Cuotas, Aportaciones y Descuentos no se concentrarán en la Tesorería de la Federación, deberán ser enterados al Instituto. Tratándose de las Cuotas y Aportaciones correspondientes al seguro de retiro, cesantía en edad avanzada y vejez, se depositarán en la Cuenta Individual del Trabajador.

**Artículo 24.** La Secretaría de Hacienda y Crédito Público incluirá en las partidas necesarias el concepto de Cuotas y Aportaciones de este ordenamiento al tiempo de examinar los proyectos anuales de presupuestos de las Dependencias y Entidades de la Administración Pública Federal. Asimismo, la Secretaría de Hacienda y Crédito Público vigilará el oportuno entero de los recursos por parte de las Dependencias y Entidades, en los términos de esta Ley.

**Artículo 25.** En caso de que alguna Dependencia o Entidad incumpla por más de seis meses en el entero de las Cuotas, Aportaciones y Descuentos previstos en esta Ley, el Instituto estará obligado a hacer público el adeudo correspondiente, así como a lo previsto en el artículo 22 de esta Ley.

En ningún caso el Instituto podrá suspender, parcial o totalmente, los seguros, prestaciones y servicios que está obligado a prestar.

*Artículo reformado DOF 12-11-2015*

**Artículo 26.** En caso de que las Dependencias y Entidades realicen el pago de Cuotas y Aportaciones en exceso, deberán compensar el monto del exceso contra el monto del siguiente entero de Cuotas y Aportaciones. Lo anterior, sin perjuicio de las responsabilidades en que hubieran incurrido los funcionarios de la Dependencia o Entidad. Tratándose del seguro de retiro, cesantía en edad avanzada y vejez, el pago de Cuotas en exceso no se deberá revertir.

En caso de que las Dependencias y Entidades realicen el pago de Cuotas y Aportaciones sin justificación legal, la devolución se sujetará al procedimiento que determine el Instituto. Tratándose de las Cuotas y Aportaciones al seguro de retiro, cesantía en edad avanzada y vejez y a la Subcuenta de ahorro solidario, se deberá estar al procedimiento que determine la Comisión Nacional del Sistema de Ahorro para el Retiro, y en ningún caso procederá la devolución de actualizaciones o cualquier accesorio diferente al monto nominal de las cantidades pagadas sin justificación legal.

## CAPÍTULO II
## SEGURO DE SALUD

### SECCIÓN I
### GENERALIDADES

**Artículo 27.** El Instituto establecerá un seguro de salud que tiene por objeto proteger, promover y restaurar la salud de sus Derechohabientes, otorgando servicios de salud con calidad, oportunidad y equidad. El seguro de salud incluye los componentes de atención médica preventiva, atención médica curativa y de maternidad y rehabilitación física y mental.

**Artículo 28.** El Instituto diseñará, implantará y desarrollará su modelo y programas de salud en atención a las características demográficas, socioeconómicas y epidemiológicas de sus Derechohabientes, y creará las herramientas de supervisión técnica y financiera necesarias para garantizar su cumplimiento.

Para el efecto, la Junta Directiva aprobará los reglamentos en materia de servicios médicos; medición y evaluación del desempeño médico y financiero de los prestadores de servicios de salud del Instituto; incentivos al desempeño y a la calidad del servicio médico; financiamiento de unidades prestadoras de servicios de salud a través de acuerdos de gestión; surtimiento de recetas y abasto de medicamentos; oferta de capacidad excedente; Reservas financieras y actuariales del seguro de salud y los demás que considere pertinentes.

**Artículo 29.** El Instituto desarrollará una función prestadora de servicios de salud, mediante la cual se llevarán a cabo las acciones amparadas por este seguro, a través de las unidades prestadoras de servicios de salud, de acuerdo con las modalidades de servicio previstas en las Secciones III y IV del presente Capítulo. Esta función procurará que el Instituto brinde al Derechohabiente servicios de salud suficientes, oportunos y de calidad que contribuyan a prevenir o mejorar su salud y bienestar.

El Instituto desarrollará también una función financiera de servicios de salud, que administrará este seguro, con base en un sistema de evaluación y seguimiento que calificará lo mencionado en el párrafo anterior, propondrá asignaciones presupuestarias por resultados y procurará su equilibrio financiero.

Por lo que para lograr lo descrito en el primer párrafo de este artículo el Instituto, implementará de forma periódica y programada las estrategias de capacitación y actualización entre otras: en materia de ética y protocolos que aseguren una atención digna y eficiente a los derechohabientes, con observancia del respeto a los derechos humanos, no discriminación e igualdad de género.

*Párrafo adicionado DOF 29-11-2023*

**Artículo 30.** La Junta Directiva del Instituto emitirá disposiciones reglamentarias para la regionalización de los servicios de salud, considerando criterios demográficos, de morbilidad, de demanda de servicios, de capacidad resolutiva y de eficiencia médica y financiera, entre otros. Asimismo, se establecerán normas y procedimientos para el debido escalonamiento de los servicios, referencias y contrarreferencias, subrogación de servicios y otros que se consideren pertinentes.

**Artículo 31.** Los servicios médicos que tiene encomendados el Instituto en los términos de los capítulos relativos a los seguros de salud y de riesgos del trabajo, los prestará directamente o por medio de convenios que celebre con quienes presten dichos servicios, de conformidad con el reglamento respectivo.

Los convenios se celebrarán preferentemente con instituciones públicas del sector salud.

En tales casos, las instituciones que hubiesen suscrito esos convenios, estarán obligadas a responder directamente de los servicios y a proporcionar al Instituto los informes y estadísticas médicas o administrativas que éste les solicite, sujetándose a las instrucciones, normas técnicas, inspecciones y vigilancia establecidas por el mismo Instituto.

El Instituto, previo análisis de la oferta y la demanda y de su capacidad resolutiva, y una vez garantizada la prestación a sus Derechohabientes, podrá ofrecer a las instituciones del sector salud la capacidad excedente de sus unidades prestadoras de servicios de salud, de acuerdo con el reglamento respectivo.

En estos casos, el Instituto determinará los costos de recuperación que le garanticen el equilibrio financiero.

**Artículo 31 Bis.** Para el Instituto, será obligatoria la atención de las mujeres embarazadas que presenten una urgencia obstétrica, solicitada de manera directa o a través de la referencia de otra unidad médica, en las unidades con capacidad para la atención de urgencias obstétricas, independientemente de su derechohabiencia o afiliación a cualquier esquema de aseguramiento.

*Artículo adicionado DOF 12-11-2015*

## SECCIÓN II
### DEL COMITÉ DE EVALUACIÓN Y SEGUIMIENTO
### DE LOS SERVICIOS DE SALUD

**Artículo 32.** El Instituto establecerá un plan rector para el desarrollo y mejoramiento de la infraestructura y los servicios de salud, que deberá ser aprobado y revisado periódicamente por la Junta Directiva.

Para este efecto se establecerá un Comité de Evaluación y Seguimiento de los servicios de salud, que se integrará de manera paritaria con tres representantes de las áreas médica, administrativa y financiera del Instituto y tres representantes de las organizaciones de Trabajadores.

El comité tendrá las funciones de evaluar los resultados y de proponer medidas para la óptima prestación de los servicios médicos; plantear recomendaciones para que las unidades prestadoras de servicios de salud tengan los recursos necesarios y aseguren el equilibrio financiero, atendiendo prioritariamente las cuestiones de equipo, infraestructura y recursos humanos; así como proponer reconocimientos por desempeño, de conformidad con lo que establezca el reglamento que para este propósito apruebe la Junta Directiva.

## SECCIÓN III
## ATENCIÓN MÉDICA PREVENTIVA

**Artículo 33.** El Instituto proporcionará servicios de atención médica preventiva tendientes a proteger la salud de los Derechohabientes.

**Artículo 34.** La atención médica preventiva, conforme a los programas que autorice el Instituto sobre la materia, atenderá:

**I.** El control de enfermedades prevenibles por vacunación;

**II.** El control de enfermedades transmisibles;

**III.** Los programas de autocuidado y de detección oportuna de padecimientos;

**IV.** Educación para la salud;

**V.** Programas de combate a la drogadicción, el alcoholismo y el tabaquismo;

**VI.** Salud reproductiva y planificación familiar;

**VII.** Atención materno infantil;

**VIII.** Salud bucal;

**IX.** Educación nutricional;

**X.** Salud mental;

**XI.** Atención primaria a la salud;

**XII.** Envejecimiento saludable;

**XIII.** Prevención y rehabilitación de pacientes con capacidades disminuidas, y

**XIV.** Las demás actividades que determine como tales la Junta Directiva de acuerdo con las posibilidades financieras del seguro de salud.

## SECCIÓN IV
## ATENCIÓN MÉDICA CURATIVA Y DE MATERNIDAD
## Y REHABILITACIÓN FÍSICA Y MENTAL

**Artículo 35.** La atención médica curativa y de maternidad, así como la de rehabilitación tendiente a corregir la invalidez física y mental, comprenderá los siguientes servicios:

**I.** Medicina familiar;

**II.** Medicina de especialidades;

**III.** Gerontológico y geriátrico;

**IV.** Traumatología y urgencias;

**V.** Oncológico;

**VI.** Quirúrgico, y

**VII.** Extensión hospitalaria.

**Artículo 36.** En caso de enfermedad el Trabajador y el Pensionado tendrán derecho a recibir atención médica de diagnóstico, de tratamiento, odontológica, consulta externa, quirúrgica, hospitalaria, farmacéutica y de rehabilitación que sea necesaria desde el comienzo de la enfermedad y durante el plazo máximo de cincuenta y dos semanas para la misma enfermedad. El Reglamento de Servicios Médicos determinará qué se entiende por este último concepto.

En el caso de enfermos ambulantes, cuyo tratamiento médico no les impida trabajar, y en el de Pensionados, el tratamiento de una misma enfermedad se continuará hasta su curación.

**Artículo 37.** Al principiar la enfermedad, tanto el Trabajador como la Dependencia o Entidad en que labore, darán aviso por escrito al Instituto, de acuerdo con las disposiciones que al efecto emita éste.

Cuando la enfermedad imposibilite al Trabajador para desempeñar su actividad laboral, tendrá derecho a licencia con goce de sueldo o con medio sueldo pagado por la Dependencia o Entidad en que labore, conforme a lo siguiente:

**I.** A los Trabajadores que tengan menos de un año de servicios, se les podrá conceder licencia por enfermedad no profesional, hasta quince días con goce de sueldo íntegro y hasta quince días más con medio sueldo;

**II.** A los que tengan de uno a cinco años de servicios, hasta treinta días con goce de sueldo íntegro y hasta treinta días más con medio sueldo;

**III.** A los que tengan de cinco a diez años de servicios, hasta cuarenta y cinco días con goce de sueldo íntegro y hasta cuarenta y cinco días más con medio sueldo, y

**IV.** A los que tengan de diez años de servicios en adelante, hasta sesenta días con goce de sueldo íntegro y hasta sesenta días más con medio sueldo.

Si al vencer la licencia con medio sueldo continúa la imposibilidad del Trabajador para desempeñar su labor, se concederá al Trabajador licencia sin goce de sueldo mientras dure la incapacidad, hasta por cincuenta y dos semanas contadas desde que se inició ésta, o a partir de que se expida la primera licencia médica. Durante la licencia sin goce de sueldo el Instituto, con cargo a la Reserva correspondiente del seguro de salud, cubrirá al Trabajador un subsidio en dinero equivalente al cincuenta por ciento del Sueldo Básico que percibía el Trabajador al ocurrir la incapacidad.

Para los efectos de las fracciones anteriores, los cómputos deberán hacerse por servicios continuados, o cuando la interrupción en su prestación no sea mayor de seis meses.

La licencia será continua o discontinua, una sola vez cada año contado a partir del momento en que se tomó posesión del puesto. A partir de ese momento, el pago estará a cargo de la Dependencia o Entidad conforme a las fracciones que anteceden.

Si al concluir el periodo de cincuenta y dos semanas previsto en el párrafo tercero del presente artículo el Trabajador sigue enfermo, el Instituto prorrogará su tratamiento hasta por cincuenta y dos semanas más, previo dictamen médico. De estas últimas el Instituto sólo cubrirá el subsidio a que se refiere el párrafo anterior hasta por veintiséis semanas.

A más tardar, al concluir el segundo periodo de cincuenta y dos semanas, el Instituto deberá dictaminar sobre la procedencia de la invalidez del Trabajador, que lo hiciere sujeto de una Pensión en los términos de la presente Ley. Si al declararse esta invalidez el Trabajador no reúne los requisitos para tener derecho a una Pensión por invalidez, podrá optar por retirar en una sola exhibición, el saldo de su Cuenta Individual, en el momento que lo desee.

**Artículo 37 Bis.** Para los casos de madres o padres trabajadores asegurados, cuyos hijos de hasta dieciséis años hayan sido diagnosticados por el Instituto con cáncer de cualquier tipo, podrán gozar de una licencia por cuidados médicos de los hijos para ausentarse de sus labores en caso de que el niño, niña o adolescente diagnosticado requiera de descanso médico en los periodos críticos de tratamiento o de hospitalización durante el tratamiento médico, de acuerdo a la prescripción del médico tratante, incluyendo, en su caso, el tratamiento destinado al alivio del dolor y los cuidados paliativos por cáncer avanzado.

El Instituto podrá expedir a alguno de los padres trabajadores asegurados, que se sitúe en el supuesto previsto en el párrafo que antecede, una constancia que acredite el padecimiento oncológico y la duración del tratamiento respectivo, a fin de que el patrón o patrones de éstos tengan conocimiento de tal licencia.

La licencia expedida por el Instituto al padre o madre trabajador asegurado, tendrá una vigencia de uno y hasta veintiocho días. Podrán expedirse tantas licencias como sean necesarias durante un periodo máximo de tres años sin que excedan trescientos sesenta y cuatro días de licencia, mismos que no necesariamente deberán ser continuos.

Los padres o madres trabajadoras asegurados ubicados en el supuesto establecido en los párrafos que anteceden y que hayan cubierto por lo menos treinta cotizaciones semanales en el periodo de doce meses anteriores a la fecha del diagnóstico por los servicios médicos institucionales, y en caso de no cumplir con este periodo, tener al menos registrada cincuenta y dos semanas de cotización inmediatas previas al inicio de la licencia, gozarán de un subsidio equivalente al sesenta por ciento del último salario diario de cotización registrado por el patrón.

La licencia a que se refiere el presente artículo, únicamente podrá otorgarse a petición de parte, ya sea al padre o madre que tenga a su cargo el ejercicio de la patria potestad, la guarda y custodia del menor. En ningún caso se podrá otorgar dicha licencia a ambos padres trabajadores del menor diagnosticado.

Las licencias otorgadas a padres o madres trabajadores previstas en el presente artículo, cesarán:

**I.** Cuando el menor no requiera de hospitalización o de reposo médico en los periodos críticos del tratamiento;

**II.** Por ocurrir el fallecimiento del menor;

**III.** Cuando el menor cumpla dieciséis años;

**IV.** Cuando el ascendiente que goza de la licencia, sea contratado por un nuevo patrón.

*Artículo adicionado DOF 04-06-2019*

**Artículo 38.** Cuando se haga la hospitalización del Trabajador en los términos del reglamento respectivo, el subsidio establecido en el artículo anterior se pagará a éste o a los Familiares Derechohabientes señalados en el orden del artículo 41 de esta Ley.

Para la hospitalización o intervención quirúrgica se requiere el consentimiento expreso del enfermo o de algún familiar responsable, a menos que en los casos graves o de urgencia o cuando por la naturaleza de la enfermedad se imponga como indispensable esa medida. La hospitalización de menores de edad y demás incapaces, precisa el consentimiento de quienes ejerzan la patria potestad o la tutela o, en su defecto, del Ministerio Público o autoridad legalmente competente.

Se suspenderá el pago del subsidio en caso de incumplimiento a la orden del Instituto de someterse el enfermo a hospitalización, o cuando se interrumpa el tratamiento sin la autorización debida.

**Artículo 39.** La mujer Trabajadora, la pensionada, la cónyuge, la concubina o, en su caso, la mujer con quien la o el Trabajador o la o el Pensionado haya suscrito una unión civil, así como la hija de la o el Trabajador o de la o el Pensionado, soltera, menor de dieciocho años que dependa económicamente de éstos, según las condiciones del artículo siguiente, tendrán derecho a:

*Párrafo reformado DOF 20-01-2023*

**I.** Asistencia obstétrica necesaria a partir del día en que el Instituto certifique el estado de embarazo. La certificación señalará la fecha probable del parto para los efectos del artículo 28 de la Ley Federal de los Trabajadores al Servicio del Estado, reglamentaria del Apartado B del artículo 123 Constitucional;

**II.** A la capacitación y fomento para la lactancia materna y amamantamiento, incentivando a que la leche materna sea alimento exclusivo durante seis meses y complementario hasta avanzado el segundo año de vida y ayuda para la lactancia cuando, según dictamen médico, exista incapacidad física o laboral para amamantar al hijo. Esta ayuda será proporcionada en especie, hasta por un lapso de seis meses con posterioridad al nacimiento, y se entregará a la madre o, a falta de esta, a la persona encargada de alimentarlo;

*Fracción reformada DOF 02-04-2014*

**III.** Durante el período de lactancia tendrán derecho a decidir entre contar con dos reposos extraordinarios por día, de media hora cada uno, o bien, un descanso extraordinario por día, de una hora para amamantar a sus hijos o para realizar la extracción manual de leche, en lugar adecuado e higiénico que designe la institución o dependencia, y

*Fracción adicionada DOF 02-04-2014*

**IV.** Con cargo al seguro de salud, una canastilla de maternidad, al nacer el hijo, cuyo costo será señalado periódicamente por el Instituto, mediante acuerdo de la Junta Directiva.

*Fracción recorrida DOF 02-04-2014*

**Artículo 40.** Para que la Trabajadora, Pensionada, cónyuge, concubina o la mujer con quien la o el Trabajador o la o el Pensionado haya suscrito una unión civil, así como la hija menor de dieciocho años y soltera, según sea el caso, tengan derecho a las prestaciones que establece el artículo previo, será necesario que, durante los seis meses anteriores al parto, se hayan mantenido vigentes sus derechos o los de la o el Trabajador o la o el Pensionado del que se deriven estas prestaciones.

*Párrafo reformado DOF 20-01-2023*

En el caso de que la Trabajadora no cumpla con el requisito de seis meses de antigüedad, la Dependencia o Entidad de su adscripción, cubrirá el costo del servicio de acuerdo con el tabulador que autorice la Junta Directiva.

**Artículo 41.** También tendrán derecho a los servicios del seguro de salud en caso de enfermedad, los Familiares Derechohabientes de la Trabajadora o del Trabajador o de la Pensionada o del Pensionado que enseguida se enumeran:

*Párrafo reformado DOF 20-01-2023*

**I.** La o el cónyuge del Trabajador o Pensionado, o a falta de éstos la concubina o concubinario que haya vivido como si fuera su cónyuge durante los cinco años anteriores a la enfermedad o con quien tuviese uno o más hijos (as), siempre que ambos permanezcan libres de matrimonio o de unión civil, o la persona que haya suscrito una unión civil con la o el Trabajador o Pensionado. Si la o el Trabajador o la o el Pensionado, tiene varias concubinas o concubinarios, ninguno de ellos tendrá derecho a recibir la prestación;

*Fracción reformada DOF 20-01-2023*

**II.** Los hijos menores de dieciocho años de ambos o de sólo uno de los cónyuges, siempre que dependan económicamente de alguno de ellos;

Del mismo derecho gozarán las y los menores de dieciocho años, sobre quienes el asegurado o pensionado ejerza la patria potestad o guarda y custodia o tutela, acreditada por resolución judicial;

*Párrafo adicionado DOF 07-06-2024*

**III.** Los hijos solteros mayores de dieciocho años, hasta la edad de veinticinco, previa comprobación de que están realizando estudios de nivel medio superior o superior, de cualquier rama del conocimiento en planteles oficiales o reconocidos, y que no tengan un trabajo;

Del mismo derecho gozarán las y los mayores de dieciocho años, sobre quienes el asegurado o pensionado ejerza la patria potestad o guarda y custodia o tutela, acreditada por resolución judicial y reúnan, en su caso, los requisitos del párrafo anterior;

*Párrafo adicionado DOF 07-06-2024*

**IV.** Los hijos mayores de dieciocho años incapacitados física o psíquicamente, que no puedan trabajar para obtener su subsistencia, lo que se comprobará mediante certificado médico expedido por el Instituto y por los medios legales procedentes.

Del mismo derecho gozarán las y los mayores de dieciocho años, sobre quienes el asegurado o pensionado ejerza la patria potestad o guarda y custodia o tutela, acreditada por resolución judicial y reúnan, en su caso, los requisitos del párrafo anterior, y

*Fracción reformada DOF 07-06-2024*

**V.** Los ascendientes que dependan económicamente del Trabajador o Pensionado.

Los familiares que se mencionan en este artículo tendrán el derecho que esta disposición establece si reúnen los siguientes requisitos:

**a)** Que el Trabajador o el Pensionado tenga derecho a los servicios de atención médica curativa y de maternidad, así como de rehabilitación física y mental, y

**b)** Que dichos familiares no tengan por sí mismos derecho a las prestaciones señaladas en el inciso anterior.

## SECCIÓN V
## RÉGIMEN FINANCIERO

**Artículo 42.** El seguro de salud se financiará en la forma siguiente:

**I.** A los Trabajadores les corresponden las siguientes Cuotas:

**a)** Una Cuota de dos punto setenta y cinco por ciento del Sueldo Básico para financiar al seguro de salud de los Trabajadores en activo y Familiares Derechohabientes, y

**b)** Una Cuota de cero punto seiscientos veinticinco por ciento del Sueldo Básico para financiar al seguro de salud de los Pensionados y Familiares Derechohabientes;

**II.** A las Dependencias y Entidades les corresponden las siguientes Aportaciones:

**a)** El equivalente al siete punto trescientos setenta y cinco por ciento del Sueldo Básico financiará al seguro de salud de los Trabajadores en activo y sus Familiares Derechohabientes, y

**b)** El equivalente al cero punto setenta y dos por ciento del Sueldo Básico para financiar el seguro de salud de los Pensionados y sus Familiares Derechohabientes;

**III.** El Gobierno Federal cubrirá mensualmente una Cuota Social diaria por cada Trabajador, equivalente al trece punto nueve por ciento del salario mínimo general para el Distrito Federal vigente al día primero de julio de mil novecientos noventa y siete actualizado trimestralmente conforme al Índice Nacional de Precios al Consumidor al día de la entrada en vigor de esta Ley. La cantidad inicial que resulte, a su vez, se actualizará trimestralmente, conforme al Índice Nacional de Precios al Consumidor.

Estos porcentajes incluyen gastos específicos de administración del seguro de salud.

## CAPÍTULO III
## CONSERVACIÓN DE DERECHOS

**Artículo 43.** El Trabajador dado de baja por cese, renuncia, terminación de la obra o del tiempo para los cuales haya sido designado, así como el que disfrute de licencia sin goce de sueldo, pero que haya prestado servicios ininterrumpidos inmediatamente antes de la separación, durante un mínimo de seis meses, conservará en los dos meses siguientes a la misma, el derecho a recibir los beneficios del seguro de salud establecidos en el Capítulo anterior. Del mismo derecho disfrutarán, en lo que proceda, sus Familiares Derechohabientes.

Cuando el trabajador tenga la calidad de persona desaparecida y cuente con Declaración Especial de Ausencia, en términos de la legislación especial en la materia, los beneficiarios conservarán el derecho a recibir los beneficios del seguro de salud establecidos en el Capítulo anterior.

*Párrafo adicionado DOF 22-06-2018*

## CAPÍTULO IV
## DE LAS PENSIONES

**Artículo 44**. El derecho al goce de las Pensiones de cualquier naturaleza, comenzará desde el día en que el Trabajador o sus Familiares Derechohabientes cumplan con los requisitos establecidos en esta Ley para ello.

**Artículo 45**. En aquellos casos en que se dictamine procedente el otorgamiento de la Pensión, el Instituto estará obligado a otorgar la resolución en que conste el derecho a la misma en un plazo máximo de noventa días, contados a partir de la fecha en que reciba la solicitud con la totalidad de la documentación respectiva, así como la constancia de licencia prepensionaria, o en su caso, el aviso oficial de baja.

Si en los términos señalados en el párrafo anterior no se ha otorgado la resolución, el Instituto estará obligado a efectuar el pago del cien por ciento del último Sueldo Básico del solicitante que estuviere separado definitivamente del servicio con cargo a sus gastos de administración, sin perjuicio de continuar el trámite para el otorgamiento de la resolución en que conste el derecho a Pensión y de que se finquen las responsabilidades en que hubieren incurrido los servidores públicos del Instituto y los de las Dependencias o Entidades que en los términos de las leyes aplicables estén obligados a proporcionar la información necesaria para integrar los expedientes respectivos, los cuales deberán restituir al Instituto las cantidades erogadas, así como sus accesorios.

**Artículo 46**. Cuando el Instituto hubiese realizado un pago indebido por omisión o error en el informe rendido por la Dependencia o Entidad, se resarcirá el propio Instituto con cargo al presupuesto de éstas.

**Artículo 47**. Cuando un Pensionado reingresare al servicio activo, no podrá renunciar a la Pensión que le hubiere sido concedida para solicitar y obtener otra nueva, salvo el caso de inhabilitados que quedaren aptos para el servicio.

El Pensionado por invalidez e incapacidad total que reingresare al servicio activo deberá notificar al Instituto en un plazo no mayor a diez días hábiles, a efecto de que se suspenda temporalmente su Pensión.

**Artículo 48**. Las Pensiones a que se refiere esta Ley son compatibles con el disfrute de otras Pensiones que se reciban con el carácter de Familiar Derechohabiente.

**Artículo 49**. La edad y el parentesco de los Trabajadores y sus Familiares Derechohabientes se acreditará ante el Instituto conforme a los términos de la legislación civil aplicable, y la dependencia económica mediante informaciones testimoniales que ante autoridad judicial o administrativa se rindan o bien, con documentación que extiendan las autoridades competentes.

**Artículo 50**. El Instituto podrá ordenar en cualquier tiempo, la verificación y autenticidad de los documentos y la justificación de los hechos que hayan servido de base para conceder una Pensión. Asimismo, se podrá solicitar al interesado o a las Dependencias o Entidades, la exhibición de los documentos que en su momento se pudieron haber presentado para acreditar la Pensión. Cuando se descubra que los documentos son falsos, el Instituto, con audiencia del interesado, procederá a la respectiva revisión y en su caso, denunciará los hechos al Ministerio Público para los efectos que procedan.

**Artículo 51**. Es nula toda enajenación, cesión o gravamen de las Pensiones que esta Ley establece. Las Pensiones devengadas o futuras, serán inembargables y sólo podrán ser afectadas para hacer efectiva la obligación de ministrar alimentos por mandamiento judicial y para exigir el pago de adeudos con el Instituto, con motivo de la aplicación de esta Ley.

**Artículo 52**. El monto mensual mínimo de las Pensiones para el seguro de retiro, cesantía en edad avanzada y vejez será el señalado en el artículo 92 de esta Ley. Para el seguro de invalidez y vida, el monto mensual mínimo de las Pensiones será el previsto en el artículo 121 de esta Ley.

**Artículo 53**. Toda fracción de más de seis meses de servicios se considerará como año completo, para los efectos del otorgamiento de las Pensiones.

**Artículo 54**. El Trabajador o sus Familiares Derechohabientes que adquieran el derecho a disfrutar de una Pensión proveniente de algún plan establecido por su Dependencia o Entidad, que haya sido autorizado y registrado por la Comisión Nacional del Sistema de Ahorro para el Retiro, debiendo cumplir los requisitos establecidos por ésta, tendrá derecho a que el PENSIONISSSTE o la Administradora que opere su Cuenta Individual, le entregue los recursos que la integran antes de cumplir las edades y tiempo de cotización establecidas en el Capítulo VI de esta Ley, situándolos en la entidad financiera que el Trabajador designe, a fin de adquirir una Renta vitalicia o bien entregándoselos en una sola exhibición, cuando la Pensión de que disfrute sea mayor al menos en un treinta por ciento a la Garantizada.

## CAPÍTULO V
### SEGURO DE RIESGOS DEL TRABAJO

## SECCIÓN I
### GENERALIDADES

**Artículo 55.** Se establece el seguro de riesgos del trabajo en favor de los Trabajadores y, como consecuencia de ello, el Instituto se subrogará en la medida y términos de esta Ley, en las obligaciones de las Dependencias o Entidades, derivadas de la Ley Federal de los Trabajadores al Servicio del Estado, reglamentaria del Apartado B del artículo 123 Constitucional y de la Ley Federal del Trabajo, por cuanto a los mismos riesgos se refiere.

**Artículo 56.** Para los efectos de esta Ley, serán reputados como riesgos del trabajo los accidentes y enfermedades a que están expuestos los Trabajadores en el ejercicio o con motivo del trabajo.

Se considerarán accidentes del trabajo: toda lesión orgánica o perturbación funcional, inmediata o posterior, la muerte o la desaparición derivada de un acto delincuencial, producida repentinamente en el ejercicio o con motivo del trabajo, cualesquiera que sea el lugar y el tiempo en que se preste, así como aquéllos que ocurran al Trabajador al trasladarse directamente de su domicilio o de la estancia de bienestar infantil de sus hijos, al lugar en que desempeñe su trabajo o viceversa.

*Párrafo reformado DOF 22-06-2018*

Asimismo, se consideran riesgos del trabajo las enfermedades señaladas por las leyes del trabajo.

Los riesgos del trabajo pueden producir:

**I.** Incapacidad temporal, que es la pérdida de facultades o aptitudes que imposibilita parcial o totalmente a una persona para desempeñar su trabajo por algún tiempo;

**II.** Incapacidad parcial, que es la disminución de las facultades o aptitudes de una persona para trabajar;

**III.** Incapacidad total, que es la pérdida de facultades o aptitudes de una persona que la imposibilita para desempeñar cualquier trabajo por el resto de la vida;

*Fracción reformada DOF 22-06-2018*

**IV.** Muerte, y

*Fracción reformada DOF 22-06-2018*

**V.** Desaparición derivada de un acto delincuencial.

*Fracción adicionada DOF 22-06-2018*

**Artículo 57.** Las prestaciones en dinero que concede este Capítulo serán cubiertas íntegramente con la Aportación a cargo de las Dependencias y Entidades que señala la Sección III del mismo.

Las prestaciones en especie que concede este Capítulo serán cubiertas íntegramente por el seguro de salud.

**Artículo 58.** Los riesgos del trabajo serán calificados técnicamente por el Instituto, de conformidad con el reglamento respectivo y demás disposiciones aplicables. En caso de desacuerdo con la calificación el afectado inconforme tendrá treinta días naturales para presentar por escrito ante el Instituto, su inconformidad avalada con un dictamen de un especialista en medicina del trabajo. En caso de desacuerdo entre la calificación del Instituto y el dictamen del especialista del afectado, el Instituto propondrá una terna de médicos especialistas en medicina del trabajo, para que de entre ellos, el afectado elija uno.

El dictamen del especialista tercero resolverá en definitiva sobre la procedencia o no de la calificación y será inapelable y de carácter obligatorio para el interesado y para el Instituto, esto último sin perjuicio de la obligación del afectado de someterse a los reconocimientos, tratamientos, investigaciones y evaluaciones que ordene el Instituto para verificar la vigencia de sus derechos periódicamente.

**Artículo 59.** No se considerarán riesgos del trabajo:

**I.** Si el accidente ocurre encontrándose el Trabajador en estado de embriaguez;

**II.** Si el accidente ocurre encontrándose el Trabajador bajo la acción de algún narcótico o droga enervante, salvo que exista prescripción médica y que el Trabajador hubiese puesto el hecho en conocimiento del jefe inmediato, presentándole la prescripción suscrita por el médico;

**III.** Si el Trabajador se ocasiona intencionalmente una lesión por sí o de acuerdo con otra persona;

**IV.** Los que sean resultado de un intento de suicidio o efecto de una riña en que hubiere participado el Trabajador u originados por algún delito cometido por éste, y

**V.** Las enfermedades o lesiones que presente el Trabajador consideradas como crónico degenerativas o congénitas y que no tengan relación con el riesgo de trabajo, aun cuando el Trabajador ignore tenerlas o se haya percatado de la existencia de éstas, al sufrir un riesgo del trabajo.

**Artículo 60.** Para los efectos de este Capítulo, las Dependencias y Entidades deberán avisar por escrito al Instituto, dentro de los tres días siguientes al de su conocimiento, en los términos que señale el reglamento respectivo y demás disposiciones aplicables, los accidentes por riesgos del trabajo que hayan ocurrido. El Trabajador o sus familiares también podrán dar el aviso de referencia, así como el de presunción de la existencia de un riesgo del trabajo.

Al servidor público de la Dependencia o Entidad que, teniendo a su cargo dar el aviso a que se refiere este artículo, omitiera hacerlo, se le fincarán las responsabilidades correspondientes en términos de ley.

El Trabajador o sus Familiares Derechohabientes deberán solicitar al Instituto la calificación del probable riesgo de trabajo dentro de los treinta días hábiles siguientes a que haya ocurrido, en los términos que señale el reglamento respectivo y demás disposiciones aplicables.

No procederá la solicitud de calificación, ni se reconocerá un riesgo del trabajo, si éste no hubiere sido notificado al Instituto en los términos de este artículo.

**Artículo 61.** El Trabajador que sufra un riesgo del trabajo tiene derecho a las siguientes prestaciones en especie:

**I.** Diagnóstico, asistencia médica, quirúrgica y farmacéutica;

**II.** Servicio de hospitalización;

**III.** Aparatos de prótesis y ortopedia, y

**IV.** Rehabilitación.

**Artículo 62.** En caso de riesgo del trabajo, el Trabajador tendrá derecho a las siguientes prestaciones en dinero:

**I.** Al ser declarada una incapacidad temporal, se otorgará licencia con goce del cien por ciento del sueldo, cuando el riesgo del trabajo imposibilite al Trabajador para desempeñar sus labores. El pago se hará desde el primer día de incapacidad y será cubierto por las Dependencias o Entidades hasta que termine la incapacidad cuando ésta sea temporal, o bien hasta que se declare la incapacidad permanente del Trabajador.

Para los efectos de la determinación de la incapacidad producida por riesgo del trabajo, se estará a lo dispuesto por la Ley Federal del Trabajo por lo que respecta a los exámenes trimestrales a que deberá someterse el Trabajador y en la inteligencia de que si a los tres meses de iniciada dicha incapacidad no está el Trabajador en aptitud de volver al trabajo, él mismo o la Dependencia o Entidad, podrán solicitar en vista de los certificados médicos correspondientes, que sea declarada la incapacidad permanente. No excederá de un año, contado a partir de la fecha en que el Instituto tenga conocimiento del riesgo, el plazo para que se determine si el Trabajador está apto para volver al servicio o bien procede declarar su incapacidad permanente, en cuyo caso se estará a lo dispuesto en las fracciones siguientes;

**II.** Al ser declarada una incapacidad parcial, se concederá al incapacitado una Pensión calculada conforme a la tabla de valuación de incapacidades de la Ley Federal del Trabajo, atendiendo al Sueldo Básico que percibía el Trabajador al ocurrir el riesgo y los aumentos posteriores que correspondan al empleo que desempeñaba hasta determinarse la Pensión. El tanto por ciento de la incapacidad se fijará entre el máximo y el mínimo establecido en la tabla de valuación mencionada, teniendo en cuenta la edad del Trabajador y la importancia de la incapacidad, según que sea absoluta para el ejercicio de su profesión u oficio aun cuando quede habilitado para dedicarse a otros, o si solamente hubiere disminuido la aptitud para su desempeño. Esta Pensión será pagada mediante la contratación de un Seguro de Pensión que le otorgue una Renta, en los términos de la fracción siguiente.

Cuando el Trabajador pueda dedicarse a otras funciones por que sólo haya disminuido parcialmente su capacidad para el desempeño de su trabajo, las Dependencias y Entidades podrán prever su cambio de actividad temporal, en tanto dure su rehabilitación. Si la pérdida funcional o física, de un órgano o miembro es definitiva, su actividad podrá ser otra de acuerdo con su capacidad.

Si el monto de la Pensión anual resulta inferior al veinticinco por ciento del Salario Mínimo elevado al año, se pagará al Trabajador o Pensionado, en substitución de la misma, una indemnización equivalente a cinco anualidades de la Pensión que le hubiere correspondido;

**III.** Al ser declarada una incapacidad total, se concederá al incapacitado una Pensión vigente hasta que cumpla sesenta y cinco años, mediante la contratación de un Seguro de Pensión que le otorgue una Renta, igual al Sueldo Básico que venía disfrutando el Trabajador al presentarse el riesgo, cualquiera que sea el tiempo que hubiere estado en funciones. La cuantía de este beneficio será hasta por un monto máximo de diez veces el Salario Mínimo.

Los Pensionados por riesgos del trabajo tendrán derecho a una gratificación anual igual en número de días a las concedidas a los Trabajadores en activo de la Administración Pública Federal, según la cuota diaria de su Pensión. Esta gratificación deberá pagarse, a elección del Pensionado:

**a)** En una sola exhibición, pagadera antes del quince de diciembre de cada año, o

**b)** Conjuntamente con cada mensualidad del pago de la Renta, incrementándose cada exhibición con la doceava parte de la gratificación anual.

**Artículo 63**. El Trabajador contratará el Seguro de Pensión con la Aseguradora que elija, para gozar del beneficio de Pensión. El Instituto calculará el monto necesario conforme a las reglas que para tal efecto, expida la Comisión Nacional de Seguros y Fianzas, para la contratación del Seguro de Pensión y el propio Instituto, entregará dicha suma a la Aseguradora elegida por el Trabajador.

La Renta otorgada al Pensionado incapacitado deberá cubrir:

**I.** La Pensión, y

**II.** Las Cuotas y Aportaciones a la Cuenta Individual del seguro de retiro, cesantía en edad avanzada y vejez en los términos de la presente Ley.

Terminada la vigencia del contrato de Seguro de Pensión, el Trabajador que reúna los requisitos correspondientes tendrá derecho a recibir su Pensión de vejez. El Trabajador que no reúna los requisitos correspondientes recibirá la Pensión Garantizada.

**Artículo 64**. La Aseguradora elegida por el Pensionado deberá proceder como sigue:

**I.** Pagará mensualmente la Pensión;

**II.** Depositará bimestralmente las Cuotas y Aportaciones correspondientes al seguro de retiro, cesantía en edad avanzada y vejez en la Cuenta Individual del Pensionado, y

**III.** Pagará una gratificación anual al Pensionado.

**Artículo 65.** Los Trabajadores que soliciten Pensión por riesgos del trabajo y los Pensionados por la misma causa, están obligados a someterse a los reconocimientos y tratamientos que el Instituto les prescriba y proporcione en cualquier tiempo, con el fin de aumentar o en su caso disminuir su cuantía y en su caso revocar la misma en virtud del estado físico que goce el pensionista, así como a las investigaciones y evaluaciones necesarias para verificar la vigencia de sus derechos por este concepto y, en caso de no hacerlo, no se tramitará su solicitud o se le suspenderá el goce de la Pensión.

La suspensión del pago de la Pensión sólo requerirá que el Instituto lo solicite por escrito a la Aseguradora correspondiente.

El pago de la Pensión o la tramitación de la solicitud se reanudará a partir de la fecha en que el Pensionado se someta al tratamiento médico, sin que haya lugar, en el primer caso, al reintegro de las prestaciones que dejó de percibir durante el tiempo que haya durado la suspensión. Asimismo, el Instituto solicitará a la Aseguradora que esté pagando la Renta contratada por el Pensionado, la devolución de la Reserva del Seguro de Pensión, correspondiente al plazo que dure la suspensión.

**Artículo 66.** La Pensión por incapacidad parcial podrá ser revocada cuando el Trabajador se recupere de las secuelas que deje el riesgo del trabajo, previa valoración que se le realice en términos del artículo anterior. En este supuesto, el Trabajador continuará laborando, y el único efecto será la cancelación de la Pensión correspondiente.

La Pensión por incapacidad total será revocada cuando el Trabajador recupere su capacidad para el servicio. En tal caso, la Dependencia o Entidad en que hubiere prestado sus servicios el Trabajador recuperado, tendrá la obligación de restituirlo en su empleo si de nuevo es apto para el mismo, o en caso contrario, asignarle un trabajo que pueda desempeñar, debiendo ser cuando menos de un sueldo y categoría equivalente a los que disfrutaba al acontecer el riesgo. Si el Trabajador no aceptare reingresar al servicio en tales condiciones, o bien estuviese desempeñando cualquier trabajo, le será revocada la Pensión. En este caso, la Aseguradora con la que se hubiere contratado el Seguro de

Pensión deberá entregar al Instituto la reserva, por la cancelación anticipada del Seguro de Pensión.

El Instituto notificará la revocación de la Pensión por escrito a la Aseguradora correspondiente.

Si el Trabajador no fuere restituido a su empleo o no se le asignara otro en los términos del párrafo segundo de este artículo por causa imputable a la Dependencia o Entidad en que hubiere prestado sus servicios, seguirá percibiendo el importe de la Pensión con cargo al presupuesto de ésta. Lo anterior, sin perjuicio de la responsabilidad en que incurra el Titular de la Dependencia o Entidad, el cual deberá restituir los montos erogados por concepto del pago de la Pensión.

En caso de desaparición por actos delincuenciales y la persona sea localizada con vida, podrá recuperar sus derechos laborales.

*Párrafo adicionado DOF 22-06-2018*

**Artículo 67**. Cuando el Trabajador fallezca a consecuencia de un riesgo del trabajo o en caso de desaparición derivada de un acto delincuencial, los familiares señalados en la sección de Pensión por causa de muerte del seguro de invalidez y vida en el orden que establece, gozarán de una Pensión equivalente al cien por ciento del Sueldo Básico que hubiese percibido el Trabajador en el momento de ocurrir el fallecimiento o la desaparición y la misma gratificación anual que le hubiere correspondido al Trabajador como Pensionado por riesgos del trabajo. En este caso, el Instituto cubrirá el Monto Constitutivo a la Aseguradora, con cargo al cual se pagará la Pensión a los Familiares Derechohabientes.

*Párrafo reformado DOF 22-06-2018*

Los Familiares Derechohabientes elegirán la Aseguradora con la que deseen contratar su Seguro de Pensión con los recursos relativos al Monto Constitutivo de la Pensión a que se refiere el párrafo anterior.

Por lo que se refiere a los recursos de la Cuenta Individual del Trabajador fallecido, o desaparecido por actos delincuenciales, sus Familiares Derechohabientes podrán optar por:

*Párrafo reformado DOF 22-06-2018*

**I.** Retirarlos en una sola exhibición, o

**II.** Contratar Rentas por una cuantía mayor.

**Artículo 68.** Cuando fallezca un Pensionado por incapacidad permanente, total o parcial, se aplicarán las siguientes reglas:

**I.** Si el fallecimiento se produce como consecuencia directa de la causa que originó la incapacidad, a los sujetos señalados en la sección de Pensión por causa de muerte del seguro de invalidez y vida en el orden que la misma establece, se les otorgará en conjunto una Pensión equivalente al cien por ciento de la que venía disfrutando el Pensionado a cuyo efecto, el Instituto entregará el Monto Constitutivo a la Aseguradora que elijan los Familiares Derechohabientes para el pago de la Renta correspondiente, y

**II.** Si la muerte es originada por causas ajenas a las que dieron origen a la incapacidad permanente, sea total o parcial, se entregará a los familiares señalados por esta Ley y en su orden, el importe de seis meses de la Pensión asignada al Pensionado con cargo a la Renta que hubiere sido contratada por el Instituto para el Pensionado, sin perjuicio del derecho de disfrutar la Pensión que en su caso les otorgue esta Ley.

Por lo que se refiere a los recursos de la Cuenta Individual del Pensionado fallecido, sus Familiares Derechohabientes podrán optar por:

**a)** Retirarlos en una sola exhibición, o

**b)** Contratar Rentas por una cuantía mayor.

**Artículo 69.** La seguridad y salud en el trabajo, en las Dependencias y Entidades, se normará por la legislación aplicable, así como por las disposiciones que en esta materia se fijen en las Condiciones Generales de Trabajo o los Contratos Colectivos que rijan la relación laboral en las Dependencias y Entidades.

**Artículo 70.** Para la división de la Pensión derivada de este Capítulo, entre los familiares de la o el Trabajador, así como en cuanto la asignación de la Pensión para el viudo o viuda, o en su caso para la concubina o concubinario, o para quien haya suscrito una unión civil y que sobreviva, hijos, ascendientes, o quien, en su caso, tenga derecho a la ministración de alimentos, se estará a lo previsto en la sección de Pensión por causa de muerte del seguro de invalidez y vida.

*Artículo reformado DOF 20-01-2023*

**Artículo 71.** Las Dependencias y Entidades estarán obligadas a realizar acciones de carácter preventivo con objeto de abatir la incidencia de las enfermedades y accidentes del trabajo. El Instituto se coordinará con las Dependencias, Entidades, organismos e instituciones que considere necesarios para la elaboración de programas y el desarrollo de campañas tendientes a prevenir accidentes y enfermedades de trabajo.

El Instituto podrá evaluar la actuación de las Dependencias y Entidades en materia de seguridad y salud en el trabajo a efecto de emitir recomendaciones que se estimen pertinentes.

En caso de que exista una relación directa entre un accidente de trabajo y el incumplimiento de la Dependencia o Entidad de una acción preventiva, el Instituto deberá dar aviso a la Secretaría del Trabajo y Previsión Social y a la Secretaría de la Función Pública para efectos de la aplicación de la Ley Federal de Responsabilidades Administrativas de los Servidores Públicos.

Cuando las Dependencias y Entidades, durante el ejercicio fiscal respectivo, cuenten con recursos presupuestarios asignados a los programas y campañas y no hayan llevado a cabo las acciones a que éstos se refieren, el Instituto informará de esto a la Secretaría de Hacienda y Crédito Público para que se realicen los ajustes presupuestarios que, en su caso, procedan.

**Artículo 72.** Las Dependencias y Entidades deberán:

**I.** Llevar a cabo y, en su caso, facilitar la realización de estudios e investigaciones sobre las posibles causas de accidentes y enfermedades de trabajo y adoptar medidas adecuadas para su control;

**II.** Informar al Instituto sobre la ocurrencia de accidentes o enfermedades de trabajo de su ámbito de competencia;

**III.** Proporcionar al Instituto datos e informes para la elaboración de estadísticas sobre accidentes y enfermedades de trabajo;

**IV.** Difundir e implantar en su ámbito de competencia, las normas preventivas de accidentes y enfermedades de trabajo;

**V.** Integrar y operar con regularidad las Comisiones de Seguridad y Salud en el Trabajo brindando las facilidades necesarias a sus integrantes para el adecuado desarrollo de sus funciones;

**VI.** Elaborar, con base en los lineamientos que para tal efecto emita el Instituto, su programa de prevención de enfermedades y accidentes del trabajo, así como implantarlo conforme a las disposiciones que establezca;

**VII.** Capacitar a los Trabajadores sobre la prevención de enfermedades y accidentes del trabajo, atendiendo a la naturaleza de las actividades que se llevan a cabo en los centros de trabajo, y

**VIII.** Llevar a cabo aquellas otras acciones que se establezcan en los reglamentos en la materia.

**Artículo 73**. Corresponde al Instituto promover la integración y funcionamiento de las Comisiones de Seguridad y Salud en los centros de trabajo de las Dependencias y Entidades y, a las propias comisiones, atender las recomendaciones que el Instituto formule en materia de seguridad y salud en el trabajo.

El Instituto deberá asimismo, promover la integración y funcionamiento de una Comisión Consultiva Nacional y de Comisiones Consultivas de las Entidades Federativas de Seguridad y Salud en el Trabajo del Sector Público Federal.

## SECCIÓN II
### INCREMENTO PERIÓDICO DE LAS PENSIONES

**Artículo 74.** La cuantía de las Pensiones por incapacidad parcial o total permanente será actualizada anualmente en el mes de febrero, conforme al Índice Nacional de Precios al Consumidor correspondiente al año calendario anterior.

Las Pensiones a los Familiares Derechohabientes del Trabajador por riesgos del trabajo serán revisadas e incrementadas en la proporción que corresponda, en términos de lo dispuesto en el párrafo anterior.

## SECCIÓN III
### RÉGIMEN FINANCIERO

**Artículo 75.** Las Dependencias y Entidades cubrirán una Aportación de cero punto setenta y cinco por ciento del Sueldo Básico por el seguro de riesgos del trabajo.

## CAPÍTULO VI
### SEGURO DE RETIRO, CESANTÍA EN EDAD AVANZADA Y VEJEZ

## SECCIÓN I
### GENERALIDADES

**Artículo 76.** Para los efectos del seguro a que se refiere este Capítulo, es derecho de todo Trabajador contar con una Cuenta Individual operada por el PENSIONISSSTE o por una Administradora que elija libremente. La Cuenta Individual se integrará por las Subcuentas: de retiro, cesantía en edad avanzada y vejez, del Fondo de la Vivienda, de ahorro solidario, de aportaciones complementarias de retiro, de aportaciones voluntarias y de ahorro a largo plazo.

Los Trabajadores que coticen simultánea o sucesivamente al Instituto y al IMSS deberán acumular los recursos del seguro de retiro, cesantía en edad avanzada y vejez de ambos regímenes en una misma Cuenta Individual. Lo anterior, sin perjuicio de que se identifiquen por separado mediante Subcuentas.

En el caso de cotización simultánea o sucesiva en el Instituto y en otros sistemas de seguridad social, la acumulación de recursos seguirá los criterios y mecanismos fijados en el convenio de portabilidad que, en su caso, se suscriba.

**Artículo 77.** Durante el tiempo en que el Trabajador deje de estar sujeto a una relación laboral, éste tendrá derecho a:

**I.** Realizar depósitos a su Cuenta Individual, y

**II.** Retirar de su Subcuenta de retiro, cesantía en edad avanzada y vejez, la cantidad que resulte menor entre setenta y cinco días de su propio Sueldo Básico de los últimos cinco años, o el diez por ciento del saldo de la propia Subcuenta, a partir del cuadragésimo sexto día natural contado desde el día en que quedó desempleado.

El derecho consignado en esta fracción, sólo podrán ejercerlo los Trabajadores, que acrediten con los estados de cuenta correspondientes, no haber efectuado retiros durante los cinco años inmediatos anteriores a la fecha citada. El Trabajador deberá presentar la solicitud correspondiente.

**Artículo 78.** Los beneficiarios legales del Trabajador titular de una Cuenta Individual del seguro de retiro, cesantía en edad avanzada y vejez serán los Familiares Derechohabientes que establece la sección de Pensión por causa de muerte del seguro de invalidez y vida.

En caso de fallecimiento del Trabajador, si los beneficiarios a que se refiere el párrafo anterior, ya no tienen derecho a Pensión por el seguro de invalidez y vida, el PENSIONISSSTE o la Administradora respectiva entregarán el saldo de la Cuenta Individual en partes iguales a los beneficiarios legales que haya registrado el Trabajador en el Instituto.

El Trabajador, deberá designar beneficiarios sustitutos de los indicados en el párrafo anterior, única y exclusivamente para el caso de que faltaren los beneficiarios legales. El Trabajador podrá en cualquier tiempo cambiar esta última designación. Dicha designación deberá realizarla en el PENSIONISSSTE o en la Administradora que le opere su Cuenta Individual.

A falta de los beneficiarios legales y sustitutos, dicha entrega se hará en el orden de prelación previsto en el artículo 501 de la Ley Federal del Trabajo. Cualquier conflicto deberá ser resuelto ante el Tribunal Federal de Conciliación y Arbitraje.

**Artículo 78 Bis.** Cuando el trabajador tenga la calidad de persona desaparecida y cuente con Declaración Especial de Ausencia en términos de la legislación especial en la materia, los recursos de su cuenta individual serán puestos a disposición de sus beneficiarios, en los términos en que la resolución de la Declaración Especial de Ausencia establezca.

*Artículo adicionado DOF 22-06-2018*

**Artículo 79.** Los Pensionados por retiro, cesantía en edad avanzada o de vejez, que reingresen al régimen obligatorio abrirán una nueva Cuenta Individual, en el PENSIONISSSTE o en la Administradora que elijan. Una vez al año, en el mismo mes calendario en el que adquirió el derecho a la Pensión, podrá el Trabajador transferir a la Aseguradora, al PENSIONISSSTE, o a la Administradora que le estuviera pagando su Pensión, el saldo acumulado de su Cuenta Individual, conviniendo el incremento en la Renta vitalicia o Retiros Programados que se le esté cubriendo.

**Artículo 80.** Los Trabajadores tendrán derecho a un seguro de retiro antes de cumplir las edades y tiempo de cotización establecidas en el presente Capítulo, siempre y cuando la Pensión que se le calcule en el sistema de Renta vitalicia sea superior en más del treinta por ciento a la Pensión Garantizada, una vez cubierta la prima del Seguro de Sobrevivencia para sus Familiares Derechohabientes. La Renta vitalicia se actualizará anualmente en el mes de febrero conforme al Índice Nacional de Precios al Consumidor.

El Pensionado tendrá derecho a recibir el excedente de los recursos acumulados en su Cuenta Individual en una o varias exhibiciones, solamente si la Pensión que se le otorgue es superior en más del treinta por ciento a la Pensión Garantizada, una vez cubierta la prima del Seguro de Sobrevivencia para sus Familiares Derechohabientes. La disposición de la cuenta así como de sus rendimientos estará exenta del pago de contribuciones.

Para efecto de ejercer el derecho a que se refiere este artículo, el Trabajador podrá acumular los recursos de la Subcuenta de retiro, cesantía en edad avanzada y vejez aportados bajo cualquier régimen, los de la Subcuenta de ahorro solidario, los de la Subcuenta de aportaciones complementarias de retiro, los de la Subcuenta de aportaciones voluntarias y los de la Subcuenta de ahorro a largo plazo.

Asimismo, el Trabajador Pensionado en los términos de este artículo, tendrá derecho a recibir servicios del seguro de salud por parte del Instituto.

**Artículo 81.** Con cargo a los recursos acumulados de la Cuenta Individual del Trabajador, el Pensionado por cesantía en edad avanzada o vejez adquirirá en favor de sus Familiares Derechohabientes, en el momento de otorgarse la Pensión, un Seguro de Sobrevivencia, en los términos que al efecto determine la Comisión Nacional de Seguros y Fianzas, oyendo a la Comisión Nacional del Sistema de Ahorro para el Retiro, en las mismas condiciones que para tal efecto establece la sección de Pensión por causa de muerte del seguro de invalidez y vida.

**Artículo 82.** La disposición que realice el Trabajador de los recursos de su Cuenta Individual por cualquiera de los supuestos previstos por esta Ley, disminuirá en igual proporción a los años de cotización efectuados.

La mencionada disminución se calculará dividiendo el monto acumulado de los recursos de la Cuenta Individual entre el número de años cotizados hasta el momento de realizarse la disposición de dichos recursos. El monto retirado se dividirá entre el cociente resultante de la anterior operación. El resultado se le restará a los años cotizados.

**Artículo 83.** Los recursos depositados en la Cuenta Individual de cada Trabajador son propiedad de éste con las modalidades que se establecen en esta Ley y demás disposiciones aplicables.

Los recursos depositados en la Subcuenta de retiro, cesantía en edad avanzada y vejez y en la Subcuenta de ahorro solidario serán inembargables.

Los recursos depositados en las Subcuentas de aportaciones voluntarias, complementarias de retiro y de ahorro a largo plazo serán inembargables hasta por un monto equivalente a veinte veces el Salario Mínimo elevado al año por cada Subcuenta, por el importe excedente a esta cantidad se podrá trabar embargo.

## SECCIÓN II
## PENSIÓN POR CESANTÍA EN EDAD AVANZADA

**Artículo 84.** Para los efectos de esta Ley, existe cesantía en edad avanzada cuando el Trabajador quede privado de trabajo a partir de los sesenta años de edad.

Para gozar de las prestaciones de cesantía en edad avanzada se requiere que el Trabajador tenga un mínimo de veinticinco años de cotización reconocidos por el Instituto.

El Trabajador cesante que tenga sesenta años o más y no reúna los años de cotización señalados en el párrafo precedente, podrá retirar el saldo de su Cuenta Individual en una sola exhibición o seguir cotizando hasta cubrir los años necesarios para que opere su Pensión.

**Artículo 85.** La contingencia consistente en la cesantía en edad avanzada, obliga al Instituto al otorgamiento de:

**I.** Pensión, y

**II.** Seguro de salud, en los términos del Capítulo II de este Título.

**Artículo 86.** El derecho al goce de la Pensión por cesantía en edad avanzada comenzará desde el día en que el Trabajador cumpla con los requisitos señalados en esta Sección, siempre que solicite el otorgamiento de dicha Pensión y acredite haber quedado privado de trabajo, si no fue recibido en el Instituto el aviso de baja.

**Artículo 87.** Los Trabajadores que reúnan los requisitos establecidos en esta Sección podrán disponer de su Cuenta Individual con el objeto de disfrutar de una Pensión de cesantía en edad avanzada. Para tal propósito podrán optar por alguna de las alternativas siguientes:

**I.** Contratar con la Aseguradora de su elección un Seguro de Pensión que le otorgue una Renta vitalicia, que se actualizará anualmente en el mes de febrero conforme al Índice Nacional de Precios al Consumidor, o

**II.** Mantener el saldo de su Cuenta Individual en el PENSIONISSSTE o en una Administradora y efectuar con cargo a dicho saldo, Retiros Programados.

Ambos supuestos se sujetarán a lo establecido en esta Ley y en las disposiciones administrativas que expida la Comisión Nacional del Sistema de Ahorro para el Retiro.

El Pensionado que opte por la alternativa prevista en la fracción II podrá, en cualquier momento, contratar una Renta vitalicia de acuerdo con lo dispuesto en la fracción I. El Pensionado no podrá optar por la alternativa señalada si la Renta mensual vitalicia a convenirse fuera inferior a la Pensión Garantizada.

### SECCIÓN III
### PENSIÓN POR VEJEZ

**Artículo 88.** El seguro de vejez da derecho al Trabajador al otorgamiento de:

**I.** Pensión, y

**II.** Seguro de salud, en los términos del Capítulo II de este Título.

**Artículo 89.** Para tener derecho al goce de las prestaciones del seguro de vejez, se requiere que el Trabajador o Pensionado por riesgos del trabajo o invalidez haya cumplido sesenta y cinco años de edad y tenga reconocidos por el Instituto un mínimo de veinticinco años de cotización.

En caso que el Trabajador o Pensionado tenga sesenta y cinco años o más y no reúna los años de cotización señalados en el párrafo precedente, podrá retirar el saldo de su Cuenta Individual en una sola exhibición o seguir cotizando hasta cubrir los años necesarios para que opere su Pensión.

**Artículo 90.** El otorgamiento de la Pensión de vejez sólo se podrá efectuar previa solicitud del Trabajador y se le cubrirá a partir de la fecha en que haya dejado de trabajar o termine el plazo de la Renta que venía disfrutando por estar Pensionado por riesgos del trabajo o invalidez, siempre que cumpla con los requisitos señalados en el artículo anterior.

**Artículo 91.** Los Trabajadores que reúnan los requisitos establecidos en esta Sección podrán disponer de su Cuenta Individual con el objeto de disfrutar de una Pensión de vejez. Para tal propósito podrá optar por alguna de las alternativas siguientes:

**I.** Contratar con una Aseguradora de su elección un Seguro de Pensión que le otorgue una Renta vitalicia, que se actualizará anualmente en el mes de febrero conforme al Índice Nacional de Precios al Consumidor, o

**II.** Mantener el saldo de su Cuenta Individual en el PENSIONISSSTE o en una Administradora y efectuar con cargo a dicho saldo, Retiros Programados.

Ambos supuestos se sujetarán a lo establecido en esta Ley y en las disposiciones administrativas que expida la Comisión Nacional del Sistema de Ahorro para el Retiro.

El Pensionado que opte por la alternativa prevista en la fracción II podrá, en cualquier momento, contratar un Seguro de Pensión que le otorgue una Renta vitalicia de acuerdo con lo dispuesto en la fracción I. El Trabajador no podrá optar por la alternativa señalada si la Renta mensual vitalicia a convenirse fuera inferior a la Pensión Garantizada.

## SECCIÓN IV
## DE LA PENSIÓN GARANTIZADA

**Artículo 92.** Pensión Garantizada es aquélla que el Estado asegura a quienes reúnan los requisitos señalados para obtener una Pensión por cesantía en edad avanzada o vejez y su monto mensual será la cantidad de tres mil treinta y cuatro pesos con veinte centavos, moneda nacional, misma que se actualizará anualmente, en el mes de febrero, conforme al cambio anualizado del Índice Nacional de Precios al Consumidor.

**Artículo 93.** El Trabajador referido en el artículo anterior, cuyos recursos acumulados en su Cuenta Individual resulten insuficientes para contratar una Renta vitalicia o un Retiro Programado que le asegure el disfrute de una Pensión Garantizada en forma vitalicia y la adquisición de un Seguro de Sobrevivencia para sus Familiares Derechohabientes, recibirá del Gobierno Federal una Aportación complementaria suficiente para el pago de la Pensión correspondiente.

En estos casos, el PENSIONISSSTE o la Administradora continuarán con la administración de la Cuenta Individual del Pensionado y se efectuarán retiros con cargo al saldo acumulado para el pago de la Pensión Garantizada, en los términos que determine la Comisión Nacional del Sistema de Ahorro para el Retiro.

**Artículo 94.** El Gobierno Federal con recursos propios complementarios a los de la Cuenta Individual correspondiente, cubrirá la Pensión Garantizada, en la forma y términos que al efecto determine la Secretaría de Hacienda y Crédito Público.

El Trabajador deberá solicitar la Pensión Garantizada al Instituto y acreditar tener derecho a ella. Por su parte, la Administradora está obligada a proporcionar la información que el propio Instituto le requiera para este efecto.

Agotados los recursos de la Cuenta Individual, la Administradora, notificará este hecho al Instituto. En este caso, la Pensión será cubierta con los recursos que para tal efecto proporcione el Gobierno Federal.

**Artículo 95.** A la muerte del Pensionado por cesantía en edad avanzada o vejez que estuviere gozando de una Pensión Garantizada, el Gobierno Federal, por conducto de quien determine la Secretaría de Hacienda y Crédito Público, podrá contratar una Renta que cubra la Pensión correspondiente a favor de los Familiares Derechohabientes con la Aseguradora que éstos elijan o pagar las Pensiones conforme al mismo procedimiento utilizado para el pago de la Pensión Garantizada.

En caso de optar por la contratación de Rentas, los Familiares Derechohabientes del Pensionado fallecido y el Instituto, cuando tuviere conocimiento de este hecho, deberán informar del fallecimiento al PENSIONISSSTE o a la Administradora que, en su caso, estuviere pagando la Pensión, y observarse lo siguiente:

**I.** El PENSIONISSSTE o la Administradora deberá entregar al Instituto los recursos que hubiere en la Cuenta Individual del Pensionado fallecido, los cuales se destinarán al pago del Monto Constitutivo de la Renta de los Familiares Derechohabientes, y

**II.** El Gobierno Federal, por conducto de quien determine la Secretaría de Hacienda y Crédito Público, deberá aportar los recursos faltantes para el pago del Monto Constitutivo de la mencionada Renta.

**Artículo 96.** El pago de la Pensión Garantizada será suspendido cuando el Pensionado reingrese a un trabajo sujeto al régimen obligatorio de esta Ley o de la Ley del Seguro Social.

El Pensionado por cesantía en edad avanzada o vejez que disfrute de una Pensión Garantizada no podrá recibir otra de igual naturaleza.

La Pensión que corresponda a los Familiares Derechohabientes del Pensionado fallecido, se entregará a éstos aun cuando estuvieran gozando de otra Pensión de cualquier naturaleza.

## SECCIÓN V
## DE LA CUENTA INDIVIDUAL

**Artículo 97.** A cada Trabajador se le abrirá una Cuenta Individual en el PENSIONISSSTE o, si así lo elije, en una Administradora. Los Trabajadores podrán solicitar el traspaso de su Cuenta Individual al PENSIONISSSTE o a una Administradora diferente a la que opere la cuenta en los casos previstos en la Ley de los Sistemas de Ahorro para el Retiro.

**Artículo 98.** Los Trabajadores no deberán tener más de una Cuenta Individual, independientemente de que se encuentren sujetos a diversos regímenes de seguridad social. Si tuvieren varias Cuentas Individuales deberán hacerlo del conocimiento del PENSIONISSSTE o de la o las Administradoras en que se encuentren registrados, a efecto de que las empresas operadoras de la Base de Datos Nacional SAR a que se refiere la Ley de los Sistemas de Ahorro para el Retiro promuevan los procedimientos de unificación o traspaso correspondientes que establezca la Comisión Nacional del Sistema de Ahorro para el Retiro.

Asimismo, cuando se encuentren abiertas en el PENSIONISSSTE o en una misma Administradora varias Cuentas Individuales de un mismo Trabajador, las empresas operadoras de la Base de Datos Nacional SAR deberán unificar de oficio dichas Cuentas Individuales.

El Trabajador que tenga abierta una Cuenta Individual y que cambie de régimen o simultáneamente se encuentre sujeto a dos o más regímenes de seguridad social deberá integrar todos los recursos que se depositen a su favor, en la Cuenta Individual que tuviera abierta. Lo anterior, sin perjuicio de su derecho a traspasar su Cuenta Individual de conformidad con las disposiciones que emita la Comisión Nacional del Sistema de Ahorro para el Retiro.

La Comisión Nacional del Sistema de Ahorro para el Retiro tendrá, respecto de las Cuentas Individuales, las entidades que administren éstas, las sociedades de inversión especializadas de fondos para el retiro, las empresas operadoras de la Base de Datos Nacional SAR y las comisiones que se cobren a los Trabajadores por la administración de las Cuentas Individuales, las facultades a que se refiere la Ley de los Sistemas de Ahorro para el Retiro en lo que no se opongan a las disposiciones del presente ordenamiento.

Las Dependencias y Entidades deberán informar bimestralmente a los Trabajadores, sobre las Aportaciones hechas a su favor, sin perjuicio de que dicha información sea entregada a los sindicatos o, en su caso, a cualquier otra organización representativa de los Trabajadores.

**Artículo 99.** Las Dependencias y Entidades serán responsables de los daños y perjuicios que se causaren al Trabajador o a sus Familiares Derechohabientes, cuando por falta de cumplimiento de la obligación de inscribirlo al Instituto o de avisar su Sueldo Básico o los cambios que sufriera éste, no pudieran otorgarse las prestaciones consignadas en este Capítulo, o bien dichas prestaciones se vieran disminuidas en su cuantía.

## SECCIÓN VI
## DEL AHORRO SOLIDARIO PARA EL INCREMENTO DE LAS PENSIONES

**Artículo 100.** Los Trabajadores podrán optar por que se les descuente hasta el dos por ciento de su Sueldo Básico, para ser acreditado en la Subcuenta de ahorro solidario que se abra al efecto en su Cuenta Individual.

Las Dependencias y Entidades en la que presten sus servicios los Trabajadores que opten por dicho Descuento, estarán obligados a depositar en la referida Subcuenta, tres pesos con veinticinco centavos por cada peso que ahorren los Trabajadores con un tope máximo del seis punto cinco por ciento del Sueldo Básico.

A efecto de lo anterior, las Dependencias y Entidades deberán enterar las cantidades a su cargo conjuntamente con el ahorro que realice el Trabajador, sin que las mismas se consideren Cuotas o Aportaciones.

Los recursos acumulados en la Subcuenta de ahorro solidario, estarán sujetos a las normas aplicables a la Subcuenta de retiro, cesantía en edad avanzada y vejez.

## SECCIÓN VII
## RÉGIMEN FINANCIERO

**Artículo 101.** Las Cuotas y Aportaciones del seguro de retiro, cesantía en edad avanzada y vejez se recibirán y se depositarán en las respectivas Subcuentas de la Cuenta Individual de cada Trabajador, de conformidad con las disposiciones que emita la Comisión Nacional del Sistema de Ahorro para el Retiro.

**Artículo 102.** Las Cuotas y Aportaciones a que se refiere este Capítulo serán:

**I.** A los Trabajadores les corresponde una Cuota de seis punto ciento veinticinco por ciento del Sueldo Básico;

**II.** A las Dependencias y Entidades les corresponde una Aportación de retiro de dos por ciento, y por cesantía en edad avanzada y vejez, de tres punto
ciento setenta y cinco por ciento del Sueldo Básico, y

**III.** El Gobierno Federal cubrirá mensualmente una Cuota Social diaria por
cada Trabajador, equivalente al cinco punto cinco por ciento del salario mínimo
general para el Distrito Federal vigente al día primero de julio de mil novecientos noventa y siete actualizado trimestralmente conforme al Índice Nacional
de Precios al Consumidor al día de la entrada en vigor de esta Ley. La cantidad
inicial que resulte, a su vez, se actualizará trimestralmente en los meses de
marzo, junio, septiembre y diciembre, conforme al Índice Nacional del Precios
al Consumidor.

Para efecto de las Cuotas y Aportaciones de los Pensionados por riesgos del
trabajo o invalidez, las cotizaciones antes mencionadas se realizarán con base
en el monto de la Pensión que reciban.

Los recursos a que se refiere este artículo se depositarán en las Subcuentas
de retiro, cesantía en edad avanzada y vejez.

## SECCIÓN VII BIS
## DE LOS CRÉDITOS OTORGADOS POR ENTIDADES
## FINANCIERAS CON CARGO A LAS PENSIONES

*Sección adicionada DOF 28-05-2012*

**Artículo 102 Bis.** Los pensionados por invalidez y vida o por riesgos de
trabajo, así como aquellos que gocen de una pensión por retiro, cesantía en
edad avanzada o vejez, podrán optar por que, con cargo a su pensión, se
cubran los créditos, cuyo plazo para el pago no exceda de sesenta meses, que
les hayan sido otorgados por las Entidades Financieras a que se refiere la Ley
para la Transparencia y Ordenamiento de los Servicios Financieros, que tengan
celebrado para los efectos de este artículo un convenio con la aseguradora que
le pague la pensión o con el PENSIONISSSTE o la administradora de fondos para
el retiro en el caso de que la pensión se cubra mediante retiros programados.

Los descuentos a la pensión que se realicen en los términos de este artículo, considerando otros descuentos que en términos de las disposiciones
jurídicas resulten procedentes, no podrán exceder del treinta por ciento de
la pensión ni implicar que la cuantía de la pensión se reduzca a una cantidad

inferior a la pensión garantizada establecida en esta Ley. En la aplicación de los referidos descuentos se aplicará la prelación que corresponda en términos de las disposiciones jurídicas aplicables.

La Comisión Nacional de los Sistemas de Ahorro para el Retiro y la Comisión Nacional de Seguros y Fianzas, en el ámbito de sus respectivas competencias, podrán emitir las reglas de carácter general que se requieran para la aplicación de lo dispuesto en este artículo. Dichas reglas deberán prever la forma y términos en que las Entidades Financieras señaladas en el primer párrafo de este artículo deberán comunicar al PENSIONISSSTE y a las aseguradoras y administradoras de fondos para el retiro con las que celebren los convenios a que se refiere este precepto, las condiciones generales del crédito, incluyendo el Costo Anual Total aplicable a los préstamos mencionados, con objeto de que éstos, de forma clara, precisa y transparente los hagan del conocimiento de los pensionados, para fines de comparación en la elección de la Entidad Financiera a la que solicitarán el préstamo.

Los gastos que se generen con motivo del control, descuentos y entrega o transferencia de los importes relativos a los préstamos otorgados por las Entidades Financieras serán cubiertos por éstas al PENSIONISSSTE o la aseguradora o administradora de fondos para el retiro de que se trate, en los términos que se estipule en los convenios respectivos.

*Artículo adicionado DOF 28-05-2012*

## SECCIÓN VIII
## DEL PENSIONISSSTE

**Artículo 103.** Se crea el Fondo Nacional de Pensiones de los Trabajadores al Servicio del Estado, denominado PENSIONISSSTE, el cual será un órgano público desconcentrado del Instituto dotado de facultades ejecutivas, con competencia funcional propia en los términos de la presente Ley.

**Artículo 104.** El PENSIONISSSTE tendrá a su cargo:

**I.** Administrar Cuentas Individuales, y

**II.** Invertir los recursos de las Cuentas Individuales que administre, excepto los de la Subcuenta del Fondo de la Vivienda.

**Artículo 105.** El PENSIONISSSTE tendrá las facultades siguientes:

**I.** Abrir, administrar y operar las Cuentas Individuales de los Trabajadores en los mismos términos que las Administradoras;

**II.** Recibir las Cuotas y Aportaciones de seguridad social correspondientes a las Cuentas Individuales y los demás recursos que en términos de esta Ley puedan ser recibidos en las Cuentas Individuales, excepto las de la Subcuenta del Fondo de la Vivienda;

**III.** Individualizar las Cuotas y Aportaciones destinadas a las Cuentas Individuales, así como los rendimientos derivados de la inversión de las mismas;

**IV.** Invertir los recursos de las Cuentas Individuales en las sociedades de inversión especializadas de fondos para el retiro que administre;

**V.** Constituir y operar sociedades de inversión especializadas de fondos para el retiro;

**VI.** Cobrar comisiones a las Cuentas Individuales de los Trabajadores, con excepción de la Subcuenta del Fondo de la Vivienda. Estas comisiones estarán destinadas a cubrir los gastos de administración y operación del PENSIONISSSTE que sean inherentes a sus funciones.

En todo caso, las comisiones no podrán exceder del promedio de comisiones que cobren las Administradoras. La Junta Directiva podrá ordenar que se reinvierta el remanente de operación en las Cuentas Individuales de los Trabajadores del PENSIONISSSTE, favoreciendo a los trabajadores de menores ingresos, una vez satisfechos sus costos de administración, necesidades de inversión y constitución de reservas;

**VII.** Enviar, por lo menos dos veces al año, al domicilio que indiquen los Trabajadores, sus estados de cuenta y demás información sobre sus Cuentas Individuales y el estado de sus inversiones, destacando en ellos las Aportaciones de las Dependencias y Entidades, del Estado y del Trabajador, y el número de días de cotización registrado durante cada bimestre que comprenda el periodo del estado de cuenta, así como las comisiones cobradas;

**VIII.** Establecer servicios de información y atención a los Trabajadores;

**IX.** Entregar los recursos a la Aseguradora o Administradora que el Trabajador o sus Familiares Derechohabientes hayan elegido, para la contratación de Rentas vitalicias, del Seguro de Sobrevivencia, o Retiros Programados;

**X.** Contratar cualquier tipo de servicios requeridos para la administración de las Cuentas Individuales y la inversión de los recursos, y

**XI.** Las demás que le otorguen ésta u otras leyes.

**Artículo 106.** El PENSIONISSSTE estará sujeto para su operación, administración y funcionamiento, a la regulación y supervisión de la Comisión Nacional del Sistema de Ahorro para el Retiro, debiendo cumplir con las disposiciones de la Ley de los Sistemas de Ahorro para el Retiro y las reglas de carácter general que emita dicha Comisión aplicables a las Administradoras.

Asimismo, los servidores públicos del PENSIONISSSTE estarán sujetos a las responsabilidades y sanciones establecidas en la Ley de los Sistemas de Ahorro para el Retiro para los funcionarios de las Administradoras.

**Artículo 107.** El PENSIONISSSTE elaborará su presupuesto asegurando que los costos de administración sean cubiertos únicamente con el producto de las comisiones cobradas por la administración de los recursos del Fondo.

**Artículo 108.** Los recursos para la operación del PENSIONISSSTE se integrarán:

**I.** Con las comisiones que se cobren por la administración de los recursos de las Cuentas Individuales, con excepción de la Subcuenta del Fondo de la Vivienda, y

**II.** Con los demás bienes y derechos que adquiera por cualquier título.

**Artículo 109.** La Comisión Ejecutiva del PENSIONISSSTE deberá establecer el régimen de inversión de los recursos cuya administración se encuentre a cargo del PENSIONISSSTE.

El régimen deberá tener como principal objetivo otorgar la mayor seguridad y rentabilidad de los recursos de los Trabajadores. Asimismo, el régimen de inversión tenderá a incrementar el ahorro interno y el desarrollo de un mercado de instrumentos de largo plazo acorde con el sistema de pensiones. A tal efecto, proveerá que las inversiones se canalicen preferentemente, a través de su colocación en valores, a fomentar:

**I.** La actividad productiva nacional;

**II.** La construcción de vivienda;

**III.** La generación de energía, la producción de gas y petroquímicos, y

**IV.** La construcción de carreteras.

El PENSIONISSSTE deberá invertir en valores, documentos, efectivo y los demás instrumentos que se establezcan en el régimen de inversión determinado por su Comisión Ejecutiva, el cual deberá observar en todo momento las reglas de carácter general que establezca la Comisión Nacional del Sistema de

Ahorro para el Retiro para la inversión de los recursos invertidos en las sociedades de inversión especializadas de fondos para el retiro.

**Artículo 110.** La dirección y administración del PENSIONISSSTE estará a
cargo de una Comisión Ejecutiva integrada por dieciocho miembros como a
continuación se indica:

**I.** El Director General del Instituto, quien la presidirá;

**II.** El Vocal Ejecutivo, el cual será nombrado por la Junta Directiva a propuesta del Director General del Instituto;

**III.** Tres vocales nombrados por la Secretaría de Hacienda y Crédito Público; dos vocales nombrados por el Banco de México, y un vocal nombrado por
cada una de las siguientes instituciones: la Secretaría del Trabajo y Previsión
Social y la Secretaría de la Función Pública, y

**IV.** Nueve vocales nombrados por las organizaciones de Trabajadores.

Por cada vocal propietario se designará un suplente que actuará en caso de
faltas temporales del propietario, debiendo tratarse de un funcionario con el
rango inmediato inferior al vocal propietario. En el caso de los representantes de las organizaciones de Trabajadores, la designación del suplente se hará
en los términos de las disposiciones estatutarias aplicables.

Los integrantes de la Comisión Ejecutiva del PENSIONISSSTE no podrán
ser miembros de la Junta Directiva del Instituto, con excepción del Director
General.

Para ocupar el cargo de vocal se requiere ser mexicano, estar en pleno goce
y ejercicio de sus derechos civiles y políticos, y ser de reconocida honorabilidad
y experiencia técnica y administrativa.

Los vocales de la Comisión Ejecutiva del PENSIONISSSTE durarán en sus
funciones por todo el tiempo que subsista su designación y podrán ser removidos libremente a petición de quienes los hayan propuesto.

**Artículo 111.** La Comisión Ejecutiva del PENSIONISSSTE sesionará por lo
menos una vez cada dos meses.

Las sesiones de la Comisión Ejecutiva serán válidas con la asistencia de
por lo menos diez de sus miembros, de los cuales uno será el Presidente de
la Comisión Ejecutiva, cuatro representantes del Gobierno Federal y cinco de
las organizaciones de Trabajadores al servicio del Estado. Las decisiones se
tomarán por mayoría de los presentes y en caso de empate el Presidente tendrá
voto de calidad.

**Artículo 112.** La Comisión Ejecutiva del PENSIONISSSTE tendrá las atribuciones y funciones siguientes:

**I.** Resolver sobre las operaciones del Fondo Nacional de Pensiones de los Trabajadores al servicio del Estado, excepto aquéllas que por su importancia ameriten acuerdo expreso de la Junta Directiva, la que deberá acordar lo conducente;

**II.** Presentar a la aprobación de la Junta Directiva por conducto del Vocal Ejecutivo, los presupuestos de ingresos y egresos, los planes de labores y financiamiento, así como los estados financieros y el informe de labores formulados por el Vocal Ejecutivo;

**III.** Proponer a la Junta Directiva del Instituto la estrategia de inversión de los recursos de Pensiones observando lo establecido en el artículo 109 de esta Ley, y

**IV.** Las demás que señale la Junta Directiva.

**Artículo 113.** El Vocal Ejecutivo del PENSIONISSSTE tendrá las obligaciones y facultades siguientes:

**I.** Asistir a las sesiones de la Junta Directiva del Instituto con voz, pero sin voto, para informar de los asuntos del Fondo Nacional de Pensiones de los Trabajadores al servicio del Estado;

**II.** Ejecutar los acuerdos de la Junta Directiva del Instituto y de la Comisión Ejecutiva del PENSIONISSSTE, relacionados con el Fondo Nacional de Pensiones de los Trabajadores al Servicio del Estado;

**III.** Convocar a las sesiones de la Comisión Ejecutiva;

**IV.** Presentar anualmente a la Comisión Ejecutiva del PENSIONISSSTE, dentro de los dos primeros meses del año siguiente, los estados financieros y el informe de actividades del ejercicio anterior;

**V.** Presentar a la Comisión Ejecutiva del PENSIONISSSTE a más tardar el último día de septiembre de cada año, los presupuestos de ingresos y egresos, el proyecto de gastos y los planes de labores y de financiamiento para el año siguiente;

**VI.** Presentar a consideración de la Comisión Ejecutiva del PENSIONISSSTE, un informe bimestral sobre las actividades de la propia Comisión Ejecutiva;

**VII.** Presentar a la Comisión Ejecutiva del PENSIONISSSTE para su consideración, la estrategia de inversión de los recursos de Pensiones;

**VIII.** Proponer al Director General los nombramientos y remociones del personal técnico y administrativo del PENSIONISSSTE, y

**IX.** Las demás que le señalen esta Ley y sus disposiciones reglamentarias.

## CAPÍTULO VII
## SEGURO DE INVALIDEZ Y VIDA

### SECCIÓN I
### GENERALIDADES

**Artículo 114.** Los riesgos protegidos en este Capítulo son la invalidez y la muerte del Trabajador o del Pensionado por invalidez, en los términos y con las modalidades previstas en esta Ley.

**Artículo 115.** El otorgamiento de las prestaciones establecidas en este Capítulo requiere del cumplimiento de periodos de espera, medidos en años de cotización reconocidos por el Instituto, según se señala en las disposiciones relativas a cada uno de los riesgos amparados.

Para los efectos de este artículo, para computar los años de cotización por lo que se refiere al seguro contenido en este Capítulo, se considerarán los periodos que se encuentren amparados por el dictamen médico respectivo.

**Artículo 116.** El pago de la Pensión de invalidez se suspenderá durante el tiempo en que el Pensionado desempeñe un trabajo que le proporcione un ingreso mayor al referido en el artículo 118 de esta Ley.

**Artículo 117.** Si un Trabajador o sus Familiares Derechohabientes tiene derecho a cualquiera de las Pensiones de este Capítulo y también a Pensión proveniente del seguro de riesgos del trabajo, siempre y cuando se trate de una incapacidad parcial previa al estado de invalidez, percibirá ambas sin que la suma de sus cuantías exceda del cien por ciento del Sueldo Básico mayor, de los que sirvieron de base para determinar la cuantía de las Pensiones concedidas. Los ajustes para no exceder del límite señalado no afectarán la Pensión proveniente de riesgos del trabajo.

### SECCIÓN II
### PENSIÓN POR INVALIDEZ

**Artículo 118.** Para los efectos de esta Ley, existe invalidez cuando el Trabajador activo haya quedado imposibilitado para procurarse, mediante un trabajo igual, una remuneración superior al cincuenta por ciento de su remuneración habitual, percibida durante el último año de trabajo, y que esa imposibilidad derive de una enfermedad o accidente no profesional. La declaración de invalidez deberá ser realizada por el Instituto.

La Pensión por invalidez se otorgará a los Trabajadores que se inhabiliten física o mentalmente por causas ajenas al desempeño de su cargo o empleo, si hubiesen contribuido con sus Cuotas al Instituto cuando menos durante cinco años. En el caso que el dictamen respectivo determine el setenta y cinco por ciento o más de invalidez sólo se requerirá que hubiesen contribuido con sus Cuotas al Instituto cuando menos durante tres años.

El estado de invalidez da derecho al Trabajador, en los términos de esta Ley, al otorgamiento de:

**I.** Pensión temporal, o

**II.** Pensión definitiva.

**Artículo 119.** La Pensión temporal se concederá con carácter provisional, por un periodo de adaptación de dos años durante los cuales será pagada con cargo a las Reservas de este seguro por parte del Instituto. Transcurrido el periodo de adaptación, la Pensión se considerará como definitiva debiéndose contratar un Seguro de Pensión que le otorgue la Renta a que se refiere el artículo siguiente, y su revisión sólo podrá hacerse una vez al año, salvo que existieran pruebas de un cambio sustancial en las condiciones de la invalidez. El derecho al pago de esta Pensión comienza a partir del día siguiente al de la fecha en que el Trabajador cause baja motivada por la inhabilitación.

**Artículo 120.** La Pensión definitiva comienza a partir del día siguiente del término de la Pensión temporal y estará vigente hasta que el Pensionado cumpla sesenta y cinco años y veinticinco años de cotización. La Pensión se cubrirá mediante la contratación de un Seguro de Pensión con una Aseguradora.

**Artículo 121.** La cuantía de la Pensión por invalidez será igual a una cuantía básica del treinta y cinco por ciento del promedio del Sueldo Básico disfrutado en el último año inmediato anterior a la fecha de la baja del Trabajador. Dicha cuantía no será inferior a la Pensión prevista en el artículo 170 de la Ley del Seguro Social a la fecha de entrada en vigor de esta Ley, cantidad que se actualizará anualmente, en el mes de febrero, conforme al cambio anualizado del Índice Nacional de Precios al Consumidor. La cuantía de este beneficio será hasta por un monto máximo de diez veces el Salario Mínimo.

Los Pensionados por invalidez tendrán derecho a una gratificación anual igual en número de días a las concedidas a los Trabajadores en activo de la Administración Pública Federal, según la cuota diaria de su Pensión. Esta gratificación deberá pagarse, a elección del Pensionado:

**I.** En una sola exhibición, pagadera antes del quince de diciembre de cada año, o

**II.** Conjuntamente con cada mensualidad del pago de la Renta, incrementándose cada exhibición con la doceava parte de la gratificación anual.

**Artículo 122.** El Trabajador contratará el Seguro de Pensión con la Aseguradora que elija, para gozar del beneficio de Pensión definitiva. El Instituto calculará el monto necesario, conforme a las reglas que para tal efecto expida la Comisión Nacional de Seguros y Fianzas, para la contratación del Seguro de Pensión y, el propio Instituto entregará dicha suma a la Aseguradora elegida por el Trabajador.

La Renta otorgada al Pensionado por invalidez deberá cubrir:

**I.** La Pensión, y

**II.** Las Cuotas y Aportaciones a la Cuenta Individual del seguro de retiro, cesantía en edad avanzada y vejez en los términos de la presente Ley.

Terminada la vigencia del contrato de Seguro de Pensión, el Trabajador que reúna los requisitos correspondientes tendrá derecho a recibir su Pensión de vejez. El Trabajador que no reúna los requisitos correspondientes recibirá la Pensión Garantizada.

**Artículo 123.** La Aseguradora elegida por el Pensionado deberá proceder como sigue:

**I.** Pagará mensualmente la Pensión;

**II.** Depositará bimestralmente las Cuotas y Aportaciones correspondientes al seguro de retiro, cesantía en edad avanzada y vejez en la Cuenta Individual del Pensionado, y

**III.** Pagará una gratificación anual al Pensionado.

**Artículo 124.** El otorgamiento de la Pensión por invalidez queda sujeto a la satisfacción de los siguientes requisitos:

**I.** Solicitud del Trabajador o de sus legítimos representantes, y

**II.** Dictamen de uno o más médicos o técnicos designados por el Instituto, que certifiquen la existencia del estado de invalidez de conformidad con el reglamento respectivo. En caso de desacuerdo con la dictaminación, el afectado inconforme tendrá treinta días naturales para presentar por escrito ante el Instituto, su inconformidad avalada con un dictamen de un médico especialista en la materia. En caso de desacuerdo entre la dictaminación del Instituto y el dictamen del especialista del afectado, el Instituto propondrá una terna de médicos especialistas para que de entre ellos el afectado elija uno.

El dictamen del perito tercero resolverá en definitiva sobre la procedencia o no de la dictaminación y será inapelable y de carácter obligatorio para el interesado y para el Instituto, esto último sin perjuicio de la obligación del afectado de someterse a los reconocimientos, tratamientos, investigaciones y evaluaciones que ordene el Instituto para verificar la vigencia de sus derechos periódicamente.

**Artículo 125.** No se concederá la Pensión por invalidez:

**I.** Si la invalidez se origina encontrándose el Trabajador en estado de embriaguez;

**II.** Si la invalidez ocurre encontrándose el Trabajador bajo la acción de algún narcótico o droga enervante, salvo que exista prescripción médica y que el Trabajador hubiese puesto el hecho en conocimiento del jefe inmediato presentándole la prescripción suscrita por el médico;

**III.** Si el Trabajador se ocasiona intencionalmente una lesión por sí o de acuerdo con otra persona;

**IV.** Si la invalidez es resultado de un intento de suicidio o efecto de una riña, en que hubiere participado el Trabajador u originados por algún delito cometido por éste, y

**V.** Cuando el estado de invalidez sea anterior a la fecha del nombramiento del Trabajador.

**Artículo 126.** Los Trabajadores que soliciten Pensión por invalidez y los Pensionados por la misma causa están obligados a someterse a los reconocimientos y tratamientos que el Instituto les prescriba y proporcione y, en caso de no hacerlo, no se tramitará su solicitud o se les suspenderá el goce de la Pensión.

**Artículo 127**. La Pensión por invalidez o la tramitación de la misma se suspenderá:

**I.** Cuando el Pensionado o solicitante esté desempeñando algún cargo o empleo, y

**II.** En el caso de que el Pensionado o solicitante se niegue injustificadamente a someterse a los reconocimientos y tratamientos que el Instituto le prescriba y proporcione en cualquier tiempo, así como a las investigaciones y evaluaciones necesarias para verificar la vigencia de sus derechos por este concepto, o se resista a las medidas preventivas o curativas a que deba sujetarse, salvo que se trate de una persona afectada de sus facultades mentales. El pago de la Pensión o la tramitación de la solicitud se reanudará a partir de la fecha en que el Pensionado se someta al tratamiento médico, sin que haya lugar, en el primer caso, a recibir las prestaciones que dejó de percibir durante el tiempo que haya durado la suspensión.

La suspensión del pago de la Pensión, sólo requerirá que el Instituto lo solicite por escrito a la Aseguradora correspondiente. Asimismo, el Instituto solicitará a la Aseguradora, la devolución de la Reserva del Seguro de Pensión, correspondiente al plazo que dure la suspensión.

**Artículo 128**. La Pensión por invalidez será revocada cuando el Trabajador recupere su capacidad para el servicio. En tal caso, la Dependencia o Entidad en que hubiere prestado sus servicios el Trabajador recuperado, tendrá la obligación de restituirlo en su empleo si de nuevo es apto para el mismo, o en caso contrario, asignarle un trabajo que pueda desempeñar, debiendo ser cuando menos de un sueldo y categoría equivalente a los que disfrutaba al acontecer la invalidez. Si el Trabajador no aceptare reingresar al servicio en tales condiciones, o bien estuviese desempeñando cualquier trabajo, le será revocada la Pensión. En este caso, la Aseguradora con la que se hubiere contratado el Seguro de Pensión deberá entregar al Instituto la reserva, por la cancelación anticipada del Seguro de Pensión.

La revocación de la Pensión se llevará a cabo en los mismos términos que se señalan para la suspensión, en el último párrafo del artículo anterior.

Si el Trabajador no fuere restituido a su empleo o no se le asignara otro en los términos del párrafo primero de este artículo por causa imputable a la Dependencia o Entidad en que hubiere prestado sus servicios, seguirá percibiendo el importe de la Pensión con cargo al presupuesto de ésta. Lo anterior, sin perjuicio de la responsabilidad en que incurra el titular de la Dependencia o Entidad, el cual deberá restituir los montos erogados por concepto del pago de la Pensión.

## SECCIÓN III
## PENSIÓN POR CAUSA DE MUERTE

**Artículo 129.** La muerte de la o el Trabajador por causas ajenas al servicio, cualquiera que sea su edad, y siempre que hubiere cotizado al Instituto por tres años o más, dará origen a las Pensiones de viudez, concubinato, orfandad o ascendencia en su caso, según lo prevenido en esta Ley.

*Párrafo reformado DOF 20-01-2023*

Respecto de las pensiones de viudez a que se refiere el presente artículo, estas considerarán tanto a la viuda o viudo como a quienes hubieran suscrito una unión civil con la o el trabajador.

*Párrafo adicionado DOF 20-01-2023*

En este caso, las Pensiones se otorgarán por la Aseguradora que elijan los Familiares Derechohabientes para la contratación de su Seguro de Pensión. A tal efecto, se deberá integrar un Monto Constitutivo en la Aseguradora elegida, el cual deberá ser suficiente para cubrir la Pensión y las demás prestaciones de carácter económico previstas en este Capítulo. Para ello, el Instituto cubrirá el Monto Constitutivo con cargo al cual se pagará la Pensión y las demás prestaciones de carácter económico previstas en este Capítulo, por la Aseguradora.

En caso de fallecimiento de un Pensionado por riesgos del trabajo o invalidez, las Pensiones a que se refiere este artículo se cubrirán por el Instituto, mediante la entrega del Monto Constitutivo a la Aseguradora que elijan los Familiares Derechohabientes para el pago de la Renta correspondiente.

El saldo acumulado en la Cuenta Individual del Trabajador o Pensionado por riesgos del trabajo o invalidez fallecido, podrá ser retirado por sus Familiares Derechohabientes en una sola exhibición o utilizado para contratar un Seguro de Pensión que le otorgue una Renta por una suma mayor.

**Artículo 130.** El derecho al pago de la Pensión por causa de muerte se iniciará a partir del día siguiente al de la muerte de la persona que haya originado la Pensión.

**Artículo 131.** El orden para gozar de las Pensiones a que se refiere este artículo por los Familiares Derechohabientes será el siguiente:

**I.** La o el cónyuge, o quien haya suscrito una unión civil que le sobreviva, sólo si no hay hijos o en concurrencia con éstos si los hay y son menores de dieciocho años o que no sean menores de dieciocho años que vivan con discapacidad o imposibilitados parcial o totalmente para trabajar; o bien hasta veinticinco años previa comprobación de que están realizando estudios de nivel medio o superior de cualquier rama del conocimiento en planteles oficiales o reconocidos y que no tengan trabajo;

*Fracción reformada DOF 20-01-2023*

**II.** A falta de cónyuge, la concubina o concubinario o quien haya suscrito una unión civil que le sobreviva, solo o en concurrencia con los hijos, o éstos solos cuando reúnan las condiciones señaladas en la fracción anterior, siempre que la concubina o el concubinario hubieren tenido hijos con la o el trabajador o con la o el pensionado o vivido en su compañía durante los cinco años que precedieron a su muerte y ambos hayan permanecido libres de matrimonio o de unión civil durante el concubinato. Si al morir la o el Trabajador o la o el Pensionado tuviere varias concubinas o varios concubinarios ninguno tendrá derecho a Pensión.

*Párrafo reformado DOF 20-01-2023*

Para efectos de esta Ley, para considerarse como tales los concubinos deberán acreditar haber vivido en común con el Trabajador en forma constante y permanente por un periodo mínimo de cinco años que precedan inmediatamente a la generación de la Pensión o haber tenido por lo menos un hijo en común;

**III.** A falta de cónyuge, o de hijos, o en su caso de concubina o concubinario, o de quien haya suscrito una unión civil que le sobreviva, la Pensión se entregará a la madre o padre conjunta o separadamente y a falta de estos a los demás ascendientes, en caso de que hubiesen dependido económicamente de la o el Trabajador o de la o el Pensionado.

*Fracción reformada DOF 20-01-2023*

**IV.** La cantidad total a que tengan derecho los deudos señalados en cada una de las fracciones, se dividirá por partes iguales entre ellos. Cuando fuesen varios los beneficiarios de una Pensión y alguno de ellos perdiese el derecho, la parte que le corresponda será repartida proporcionalmente entre los restantes, y

**V.** Se deroga

*Fracción derogada DOF 29-11-2023*

**Artículo 132.** Los Familiares Derechohabientes del Trabajador o Pensionado fallecido, en el orden que establece la sección de Pensión por causa de muerte del seguro de invalidez y vida, tienen derecho a una Pensión equivalente al cien por ciento de la que hubiese correspondido al Trabajador por invalidez o de la Pensión que venía disfrutando el Pensionado, y a la misma gratificación anual a que tuviera derecho el Pensionado. La cuantía de este beneficio será hasta por un monto máximo de diez veces el Salario Mínimo.

**Artículo 133.** Si otorgada una Pensión aparecen otros familiares con derecho a la misma, se les hará extensiva, pero percibirán su parte a partir de la fecha en que sea recibida la solicitud en el Instituto, sin que puedan reclamar el pago de las cantidades cobradas por los primeros beneficiarios. A efecto de lo anterior, el Instituto deberá solicitar por escrito a la Aseguradora con la que se hubiere contratado el Seguro de Pensión, que se incluya a los beneficiarios supervenientes en el pago de la Pensión.

En caso de que dos o más interesados reclamen derecho a Pensión como cónyuges o con quienes hayan suscrito una unión civil, la o el Trabajador o la o el Pensionado, exhibiendo su respectiva documentación se suspenderá el trámite del beneficio hasta que se defina judicialmente la situación, sin perjuicio de continuarlo por lo que respecta a los hijos, reservándose una parte de la cuota a quien acredite su derecho en la calidad que lo reclame.

*Párrafo reformado DOF 20-01-2023*

Cuando un solicitante, ostentándose como cónyuge supérstite de la o el Trabajador o de la o el Pensionado, o como quien haya suscrito una unión civil con la o el Trabajador o con la o el Pensionado reclame un beneficio que ya se haya concedido a otra persona por el mismo concepto, solo se revocará el anteriormente otorgado, si existe sentencia ejecutoriada en la que se declare la nulidad del matrimonio o de la unión civil, según el caso, que sirvió de base para la concesión de la Pensión. Si el segundo solicitante reúne los requisitos que esta Ley establece, se le concederá Pensión, la cual percibirá a partir de la fecha en que se reciba la solicitud en el Instituto, sin que tenga derecho a reclamar al Instituto las cantidades cobradas por el primer beneficiario.

*Párrafo reformado DOF 20-01-2023*

**Artículo 134.** Si el Pensionado por orfandad llegare a los dieciocho años y no pudiere mantenerse por su propio trabajo debido a una enfermedad duradera o discapacidad por deficiencias físicas, mentales, intelectuales o sensoriales, el pago de la Pensión por orfandad se prorrogará por el tiempo que subsista su inhabilitación, previa comprobación anual mediante dictamen médico emitido por el propio Instituto para efecto de determinar su estado de invalidez, haciéndose acreedor, en caso contrario, a la suspensión de la Pensión; asimismo continuarán disfrutando de la Pensión los hijos solteros hasta los veinticinco años de edad, previa comprobación de que están realizando estudios de nivel medio o superior en planteles oficiales o reconocidos y que no tengan un trabajo.

*Artículo reformado DOF 27-05-2011*

**Artículo 135.** Los derechos a percibir Pensión se pierden para los Familiares Derechohabientes de la o el Trabajador o de la o el Pensionado, por alguna de las siguientes causas:

*Párrafo reformado DOF 20-01-2023*

**I.** Llegar a cumplir dieciocho años de edad los hijos e hijas del Trabajador o Pensionado, salvo lo dispuesto en el artículo anterior, siempre que no estén incapacitados legalmente o imposibilitados físicamente para trabajar;

**II.** Porque la o el Pensionado contraigan matrimonio, llegasen a vivir en concubinato o suscriban una unión civil. Al contraer matrimonio, vivir en concubinato o suscribir una unión civil, la viuda, viudo, concubina o concubinario o quien haya suscrito una unión civil y le sobreviva, recibirán como única y última prestación el importe de seis meses de la Pensión que venían disfrutando.

La divorciada o divorciado, o las o los legalmente separados de alguna unión civil, no tendrán derecho a la Pensión de quien haya sido su cónyuge o de quien hubiese suscrito una unión civil, a menos que a la muerte del causante, éste estuviese ministrándole alimentos por condena judicial y siempre que no exista viuda o viudo, concubina o concubinario, sobreviviente de alguna unión civil, hijos y ascendientes con derecho a la misma. Cuando la divorciada o divorciado, o los legalmente separados de alguna unión civil disfrutasen de la Pensión en los términos de este artículo, perderán dicho derecho si contraen nuevo matrimonio o suscriben otra unión civil o si viviesen en concubinato, y

*Fracción reformada DOF 20-01-2023*

**III.** Por fallecimiento.

**Artículo 136.** No tendrá derecho a Pensión la o el cónyuge, o quienes hayan suscrito unión civil que sobrevivan, en los siguientes casos:

**I.** Cuando la muerte de la o el Trabajador o de la o el Pensionado acaeciera antes de cumplir seis meses de matrimonio o de haber suscrito una unión civil;

**II.** Se deroga.

*Fracción derogada DOF 24-03-2023*

**III.** Se deroga.

*Fracción derogada DOF 24-03-2023*

Las limitaciones que establece este artículo no regirán cuando al morir la o el Trabajador o la o el Pensionado, la o el cónyuge o quien haya suscrito una unión civil y le sobreviva compruebe tener hijos con ella o él.

*Artículo reformado DOF 20-01-2023*

**Artículo 137.** Si un Pensionado desaparece de su domicilio por más de un mes sin que se tengan noticias de su paradero, los Familiares Derechohabientes con derecho a la Pensión, disfrutarán de la misma en los términos de la sección de Pensión por causa de muerte del seguro de invalidez y vida con carácter provisional, y previa la solicitud respectiva, bastando para ello que se compruebe el parentesco y la desaparición del Pensionado, sin que sea necesario promover diligencias formales de ausencia. Si posteriormente y en cualquier tiempo, el Pensionado se presentase, tendrá derecho a disfrutar él mismo su Pensión y a recibir las diferencias entre el importe original de la misma y aquél que hubiese sido entregado a sus Familiares Derechohabientes. Cuando se compruebe el fallecimiento del Pensionado, la transmisión será definitiva.

**Artículo 138.** Cuando fallezca un Pensionado, la Aseguradora que viniese cubriendo la Pensión entregará a sus deudos o a las personas que se hubiesen hecho cargo de la inhumación, el importe de ciento veinte días de Pensión por concepto de gastos de funerales, sin más trámites que la presentación del certificado de defunción y constancia de los gastos de sepelio. En caso de que el Pensionado hubiese disfrutado de dos o más Pensiones los gastos del funeral se pagarán únicamente con base en la más alta.

Si no existiesen parientes o personas que se encarguen de la inhumación, el Instituto lo hará, limitado al importe del monto señalado en el párrafo anterior, mismo que le deberá ser entregado por la Aseguradora referida.

## SECCIÓN IV
## INCREMENTO PERIÓDICO DE LAS PENSIONES

**Artículo 139.** La cuantía de las Pensiones por invalidez será actualizada anualmente en el mes de febrero, conforme al Índice Nacional de Precios al Consumidor correspondiente al año calendario anterior.

Las Pensiones a los Familiares Derechohabientes del Trabajador por el seguro de invalidez y vida serán revisadas e incrementadas en la proporción que corresponda, en términos de lo dispuesto en el párrafo anterior.

## SECCIÓN V
## RÉGIMEN FINANCIERO

**Artículo 140.** Las prestaciones del seguro de invalidez y vida, se financiarán en la forma siguiente:

**I.** A los Trabajadores les corresponde una Cuota de cero punto seiscientos veinticinco por ciento del Sueldo Básico, y

**II.** A las Dependencias y Entidades les corresponde una Aportación de cero punto seiscientos veinticinco por ciento del Sueldo Básico.

## CAPÍTULO VIII
## DE LA TRANSFERENCIA DE LOS DERECHOS

## SECCIÓN I
## DE LA TRANSFERENCIA DE DERECHOS ENTRE EL INSTITUTO Y EL IMSS

**Artículo 141.** Los Trabajadores que hubieren cotizado al Instituto y que por virtud de una nueva relación laboral se inscriban al IMSS, podrán transferir a este último los derechos de los años de cotización al Instituto. De la misma manera los Trabajadores inscritos en el IMSS que inicien una relación laboral que los sujete al régimen de esta ley podrán transferir al Instituto los derechos de sus semanas de cotización.

Para efectos de la transferencia de derechos prevista en el presente artículo se considerará que un año de cotización al Instituto equivale a cincuenta y dos semanas de cotización del régimen de la Ley del Seguro Social. Asimismo, el Instituto deberá señalar en las constancias de baja que expida a los Trabajadores el número de años de cotización incluyendo, en su caso, la última fracción de año cotizado.

En caso de que la fracción de año cotizado sea equivalente a más de seis meses, se considerará cotizado el año completo.

**Artículo 142.** La asistencia médica a que tienen derecho los Pensionados por el seguro de retiro, cesantía en edad avanzada y vejez que hayan cotizado al Instituto y al IMSS, será prestada siempre y cuando hubieren cotizado cuando menos durante quince años en alguna de estas dos Entidades o veinticuatro años en conjunto, de acuerdo con lo previsto en el artículo anterior.

En este caso, la asistencia médica deberá ser prestada por aquél Instituto en el que el Pensionado hubiere cotizado durante mayor tiempo.

El Instituto donde hubiere cotizado por menor tiempo el Pensionado, deberá transferir las Reservas actuariales correspondientes al seguro de salud, a aquél que prestará el servicio de salud de conformidad con los lineamientos que, al efecto, acuerden el Instituto y el IMSS.

**Artículo 143.** Los Trabajadores que por tener relación laboral con dos o más patrones coticen simultáneamente al Instituto y al IMSS, tendrán derecho a recibir atención médica y demás servicios del seguro de salud por parte de ambos.

**Artículo 144.** Los Trabajadores que lleguen a la edad de pensionarse bajo los supuestos del seguro de retiro, cesantía en edad avanzada y vejez previsto en esta ley y que a su vez tengan recursos acumulados en su Cuenta Individual conforme al régimen de la Ley del Seguro Social, podrán solicitar que estos últimos se acumulen para la contratación de su Seguro de Pensión o Retiro Programado y el Seguro de Sobrevivencia para sus Familiares Derechohabientes, en los términos de la presente ley.

El Pensionado tendrá derecho a recibir el excedente de los recursos acumulados en su Cuenta Individual en una o varias exhibiciones, sin distinguir si fueron acumulados conforme al régimen de la Ley del Seguro Social o el de la presente ley, solamente si la Pensión que se le otorgue es superior en más del treinta por ciento de la Pensión Garantizada, una vez cubierta la prima del Seguro de Sobrevivencia para sus Familiares Derechohabientes.

Para tener derecho a la Pensión Garantizada los Trabajadores deberán tener reconocidos un mínimo de veinticinco años de cotización, exclusivamente en el Instituto. Tratándose de Trabajadores que se encuentren cotizando al Instituto, que hayan transferido al mismo los derechos de sus semanas de cotización del IMSS y que éstas, conjuntamente con sus años de cotización al Instituto, acumulen veinticinco años de cotización, tendrán derecho a recibir la Pensión Garantizada establecida en la Ley del Seguro Social.

**Artículo 145.** Los Trabajadores que lleguen a la edad para pensionarse por cesantía en edad avanzada o vejez, podrán transferir sus periodos de cotización no simultáneos al IMSS y al Instituto, en los términos de lo previsto por los artículos 141 y 148 de la presente ley, a efecto de cumplir con el mínimo de años de cotización requerido.

En este caso, además de sus periodos de cotización, se sumarán los recursos acumulados en sus Subcuentas del seguro de retiro, cesantía en edad avanzada y vejez, constituidas bajo los dos regímenes mencionados, para integrar el monto con el que se financiará su Pensión y el Seguro de Sobrevivencia para sus Familiares Derechohabientes.

**Artículo 146.** Los Trabajadores que tengan derecho a pensionarse bajo los supuestos del seguro de retiro, cesantía en edad avanzada y vejez previsto en esta ley y que, a su vez, coticen conforme al régimen de la Ley del Seguro Social, podrán continuar cotizando bajo este último régimen, y una vez al año, en el mismo mes calendario en el que adquirió el derecho a la Pensión, podrá el Pensionado transferir a la Aseguradora que le estuviera pagando la Renta vitalicia, al PENSIONISSSTE o a la Administradora que estuviere pagando sus Retiros Programados, el saldo acumulado de su Cuenta Individual, conviniendo el incremento en su Pensión, o retirar dicho saldo en una sola exhibición.

**Artículo 147.** El Pensionado que goce de una Pensión de retiro, cesantía en edad avanzada y vejez bajo el régimen de la Ley del Seguro Social no podrá obtener otra Pensión de igual naturaleza bajo el régimen de la presente ley. Asimismo, el Pensionado que goce de una Pensión de retiro, cesantía en edad avanzada y vejez en los términos del presente ordenamiento no podrá obtener otra Pensión de igual naturaleza bajo el régimen de la Ley del Seguro Social, en ambos casos el Trabajador tendrá derecho a incrementar el monto de su Pensión de acuerdo con el procedimiento señalado en el artículo anterior.

**Artículo 148.** Tratándose de los periodos de cotización para tener derecho a pensionarse bajo cualquier régimen o a recibir servicios médicos, no se acumularán aquellos periodos en los que el Trabajador hubiera cotizado simultáneamente al Instituto y al IMSS.

Se entenderá por periodo de cotización simultáneo aquél en el que al mismo tiempo se enteren Cuotas y Aportaciones correspondientes al Trabajador bajo el régimen obligatorio de esta ley y el de la Ley del Seguro Social.

## SECCIÓN II
## DE LA TRANSFERENCIA DE DERECHOS AL INSTITUTO PROVENIENTES DE OTROS INSTITUTOS DE SEGURIDAD SOCIAL

**Artículo 149.** El Instituto, previa aprobación de su Junta Directiva y opinión favorable de la Secretaría de Hacienda y Crédito Público, podrá celebrar convenios de portabilidad con otros institutos de seguridad social o con Entidades que operen otros sistemas de seguridad social compatibles con el previsto en la presente ley, mediante los cuales se establezcan:

**I.** Reglas de carácter general y equivalencias en las condiciones y requisitos para obtener una Pensión de retiro, cesantía en edad avanzada y vejez, e invalidez y vida, y

**II.** Mecanismos de traspaso de recursos de las Subcuentas que integran la Cuenta Individual.

Los convenios de portabilidad a que se refiere esta Sección establecerán el tratamiento que se dará, en su caso, a los recursos de la Subcuenta del Fondo de la Vivienda.

Asimismo, para la celebración de dichos convenios de portabilidad, se deberá contar con dictamen de un actuario independiente en que conste la equivalencia de la portabilidad de derechos que se pretenda convenir, así como la suficiencia de las Reservas que se deban afectar para hacer frente a las obligaciones que resulten a cargo del Instituto.

**Artículo 150.** La portabilidad consistirá en transferir derechos obtenidos en otros regímenes de seguridad social al sistema previsto en la presente ley.

Los institutos de seguridad social o Entidades que operen otros regímenes de seguridad social que celebren convenio de portabilidad con el Instituto deberán señalar en las constancias de baja que expidan a los Trabajadores el número de años de cotización y su equivalente en número de semanas.

Para hacer equivalente la portabilidad de derechos que se menciona en el presente artículo, se considerará por un año de cotización del Instituto el equivalente a cincuenta y dos semanas de cotización en otro sistema de seguridad social.

**Artículo 151.** Los Trabajadores que, por tener relación laboral con dos o más patrones, coticen simultáneamente al Instituto y a otro instituto de seguridad social o entidad que opere un régimen de seguridad social, tendrán derecho a recibir atención médica y demás servicios del seguro de salud por parte de ambos.

**Artículo 152.** Los Trabajadores que lleguen a la edad de pensionarse bajo los supuestos del seguro de retiro, cesantía en edad avanzada y vejez previsto en esta Ley o en un seguro o régimen equivalente con el que se hubiere celebrado convenio de portabilidad, podrán aplicar los recursos de su Cuenta Individual y periodos de cotización en los mismos términos previstos en los artículos 144 y 148 de esta ley.

**Artículo 153.** El Pensionado que goce de una Pensión equivalente a la de retiro, cesantía en edad avanzada y vejez bajo un régimen de seguridad social con el que se hubiere celebrado convenio de portabilidad, no podrá obtener una Pensión de igual naturaleza bajo el régimen de la presente ley, en ambos casos el Trabajador tendrá derecho a incrementar el monto de su Pensión de acuerdo con el procedimiento señalado en el artículo 146 de esta ley.

## SECCIÓN III
### DE LA TRANSFERENCIA DE DERECHOS ENTRE EL INSTITUTO Y EL INSTITUTO DEL FONDO NACIONAL DE LA VIVIENDA PARA LOS TRABAJADORES

**Artículo 154.** Los Trabajadores que hubieren cotizado al Instituto y que por virtud de una nueva relación laboral se inscriban al Instituto del Fondo Nacional de la Vivienda para los Trabajadores, podrán transferir a este último los recursos acumulados en la Subcuenta del Fondo de la Vivienda. De la misma manera, los Trabajadores inscritos en el Instituto del Fondo Nacional de la Vivienda para los Trabajadores que inicien una relación laboral que los sujete al régimen de esta Ley podrán transferir al Instituto los recursos de la Subcuenta del Fondo de la Vivienda respectiva.

Para efectos de la transferencia de derechos prevista en el presente artículo, se estará a las reglas que, para tal efecto, expida cada uno de los institutos de seguridad social mencionados.

**Artículo 155.** Los Trabajadores que obtengan un crédito de vivienda bajo el régimen del Instituto o del Instituto del Fondo Nacional de la Vivienda para los Trabajadores y que tengan recursos acumulados por concepto de vivienda en su Cuenta Individual conforme al régimen de los dos institutos antes citados, podrán solicitar que se acumulen para aplicarse como pago inicial de su crédito y que las Aportaciones sucesivas a cualquiera de los institutos o a ambos, sean destinadas a reducir el saldo insoluto a cargo del propio Trabajador.

**Artículo 156.** Los Trabajadores que se encuentren amortizando un crédito de vivienda otorgado por el Instituto o por el Instituto del Fondo Nacional de la Vivienda para los Trabajadores y que, por virtud de una nueva relación laboral, cambien de régimen de seguridad social deberán seguir utilizando sus Aportaciones de vivienda para el pago del crédito correspondiente.

A efecto de lo anterior, el Instituto y el Instituto del Fondo Nacional de la Vivienda para los Trabajadores podrán celebrar convenio para determinar el procedimiento para la transferencia de las Aportaciones de vivienda entre ambos institutos.

## CAPÍTULO IX
### DEL SISTEMA INTEGRAL DE CRÉDITO

### SECCIÓN I
### PRÉSTAMOS PERSONALES

**Artículo 157.** El Sistema Integral de Crédito está compuesto por los siguientes tipos de préstamos:

I. Préstamos personales, y
II. Préstamos hipotecarios.

**Artículo 158.** El Fondo de préstamos personales para el otorgamiento de créditos estará constituido por el importe de la cartera total institucional de dichos créditos, más la disponibilidad al último día del ejercicio anterior y los rendimientos que generen los préstamos. Los recursos del Fondo únicamente se destinarán al otorgamiento de esta prestación.

Los ingresos que generen los intereses de los préstamos otorgados y sus disponibilidades financieras no afectarán el techo presupuestal del Instituto y se integrarán al propio Fondo de préstamos personales.

**Artículo 159.** La cartera institucional más el remanente de disponibilidad señalados en el artículo anterior, así como los intereses correspondientes, integrarán el capital inicial de trabajo para la operación del Fondo.

**Artículo 160.** Los recursos del Fondo, en tanto no se destinen a préstamos personales, deberán ser invertidos bajo criterios prudenciales en aquellos instrumentos financieros del mercado que garanticen la más alta rentabilidad, el menor riesgo posible y la mayor transparencia para la rendición de cuentas, de conformidad con las disposiciones que expidan para el efecto la Junta Directiva del Instituto.

El Instituto, previa aprobación de la Junta Directiva y contando con la autorización de la Secretaría de Hacienda y Crédito Público, realizará las operaciones financieras necesarias sin afectar o comprometer recursos presupuestales, con respaldo en los derechos sobre la cartera vigente de préstamos personales, con el fin de allegarse de recursos adicionales para ampliar la cobertura de esta prestación.

La Junta Directiva del Instituto será responsable de que el Fondo conserve cuando menos su valor real.

**Artículo 161.** Los gastos por concepto de administración general del Fondo se financiarán con sus propios recursos de acuerdo con el presupuesto anual que apruebe la Junta Directiva del Instituto.

**Artículo 162.** Los préstamos personales se otorgarán a los Trabajadores y Pensionados de acuerdo con el programa anual que autorice la Junta Directiva del Instituto, con base en la revolvencia del propio Fondo y conforme a lo siguiente:

**I.** Sólo a quienes tengan un mínimo de seis meses de antigüedad de incorporación total al régimen de seguridad social del Instituto;

**II.** Los préstamos se otorgarán dependiendo de la disponibilidad financiera del Fondo y de conformidad con las reglas que establezca la Junta Directiva del Instituto, y serán de cuatro tipos, a saber:

**a)** Ordinarios. Su monto será hasta por el importe de cuatro meses del Sueldo Básico, de acuerdo con la antigüedad de quien lo solicite;

**b)** Especiales. Su monto será hasta por el importe de seis meses del Sueldo Básico, de acuerdo con la antigüedad de quien lo solicite;

**c)** Para adquisición de bienes de uso duradero. Su monto será hasta por el importe de ocho meses de Sueldo Básico, de acuerdo con la antigüedad de quien lo solicite, y

**d)** Extraordinarios para damnificados por desastres naturales. Su monto será establecido por la Junta Directiva del Instituto;

**III.** El Instituto determinará trimestralmente la tasa de interés aplicada a los créditos personales, de tal manera que el rendimiento efectivo del monto prestado no sea inferior a uno punto veinticinco veces la tasa de los Certificados de la Tesorería de la Federación con vencimiento a veintiocho días. En caso de que desapareciera este indicador, se tomará el que lo sustituya;

**IV.** Para garantizar la recuperación de los créditos otorgados, con cargo a los mismos se deberá integrar una Reserva de garantía, con la que se cubrirá el monto insoluto de los préstamos, en los casos de invalidez e incapacidad total permanente, muerte e incobrabilidad, conforme lo establezca el reglamento que para el efecto emita la Junta Directiva del Instituto, y

**V.** El monto del préstamo y los intereses deberán ser pagados en parcialidades quincenales iguales, en un plazo no mayor de cuarenta y ocho quincenas en el caso de los ordinarios y los especiales, y de setenta y dos quincenas en el caso de los de bienes de consumo duradero. En el caso de los créditos extraordinarios para damnificados por desastres naturales, estos tendrán un plazo de hasta ciento veinte quincenas, según acuerdo especial de la Junta Directiva.

**Artículo 163.** Las Dependencias y Entidades estarán obligadas a realizar los Descuentos quincenales en nómina que ordene el Instituto para recuperar los créditos que otorgue y a enterar dichos recursos conforme a lo establecido en el presente ordenamiento. Asimismo las Dependencias y Entidades estarán obligadas a entregar al Instituto quincenalmente la nómina de sus Trabajadores con la información y en los formatos que ordene el Instituto.

En los casos en que la Dependencia no aplique los Descuentos, los Trabajadores deberán pagar directamente, mediante los sistemas que establezca el Instituto, sin perjuicio de las actualizaciones y recargos que se establezcan en el reglamento correspondiente.

Cuando las Dependencias omitan el entero de estos Descuentos al Instituto, deberán cubrirlas adicionando el costo financiero previsto en el artículo 22 de esta ley.

**Artículo 164.** Los préstamos se deberán otorgar de manera que los abonos para reintegrar la cantidad prestada y sus intereses sumados a los Descuentos por préstamos hipotecarios y a los que deba hacerse por cualquier otro adeudo en favor del Instituto, no excedan del cincuenta por ciento del total de las percepciones en dinero del Trabajador, y se ajustarán al reglamento que al efecto expida la Junta Directiva.

**Artículo 165.** Cuando un Trabajador tenga adeudo con el Fondo de préstamos y solicite licencia sin goce de sueldo, renuncie o sea separado de la Dependencia o Entidad, deberá cubrir en un plazo no mayor de noventa días, el monto total de su adeudo. En su caso, la Dependencia o Entidad retendrá al acreditado el monto total del saldo insoluto de los pagos por finiquito laboral a que tenga derecho el Trabajador. De persistir algún adeudo, el Instituto realizará las gestiones administrativas y legales conducentes para recuperarlo. Transcurrido un año desde la separación del acreditado y habiéndose agotado las gestiones administrativas de cobranza, el adeudo del capital e intereses correspondientes se cancelarán contra la Reserva de garantía de créditos otorgados en los términos que se establezca en los lineamientos y políticas de administración de la cartera que para el efecto emita el Instituto. En caso de que el Trabajador reingrese al régimen de la presente Ley, el Instituto ordenará el Descuento del adeudo actualizado para resarcir a la Reserva de garantía.

**Artículo 166.** No se concederán nuevos préstamos especiales ni para bienes de consumo duradero mientras permanezca insoluto el anterior. En el caso de los préstamos ordinarios sólo podrán renovarse cuando se haya cubierto el pago de cuando menos el cincuenta por ciento del monto del crédito que fue concedido, cubiertos los abonos para dicho periodo y el deudor pague la prima de la Reserva de garantía, cubra el saldo insoluto y la aportación de renovación con cargo al nuevo crédito.

## SECCIÓN II
## DEL CRÉDITO PARA VIVIENDA

**Artículo 167.** El Instituto administrará el Fondo de la Vivienda que se integre con las Aportaciones que las Dependencias y Entidades realicen a favor de los Trabajadores.

El Instituto contará con una Comisión Ejecutiva, que coadyuvará en la administración del Fondo de la Vivienda de acuerdo con el reglamento que emita la Junta Directiva.

El Fondo de la Vivienda tiene por objeto establecer y operar un sistema de financiamiento que permita a los Trabajadores obtener crédito barato y suficiente, mediante préstamos con garantía hipotecaria en los casos que expresamente determine la Comisión Ejecutiva del Fondo de la Vivienda, así como recibir directamente y sin intermediarios el crédito mencionado. Estos préstamos se harán hasta por dos ocasiones, una vez que el primer crédito se encuentre totalmente liquidado.

*Párrafo reformado DOF 24-03-2016, 16-12-2020*

El Instituto podrá celebrar convenios de coordinación y colaboración con las autoridades federales, Entidades Federativas y municipios, según corresponda, para el mejor cumplimiento del objeto del Fondo de la Vivienda. Asimismo, para el ejercicio de las funciones del Fondo de la Vivienda se podrá contratar cualquier tipo de servicios.

**Artículo 168.** Los recursos para la operación del Fondo de la Vivienda se integran con:

**I.** Las Aportaciones que las Dependencias y Entidades enteren al Instituto a favor de los Trabajadores;

**II.** Los bienes y derechos adquiridos por cualquier título, y

**III.** Los rendimientos que se obtengan de las inversiones de los recursos a que se refieren las anteriores fracciones.

**Artículo 169.** Los recursos afectos al Fondo de la Vivienda se destinarán:

**I.** Al otorgamiento de créditos a los Trabajadores que sean titulares de las Subcuentas del Fondo de la Vivienda de las Cuentas Individuales y que tengan depósitos constituidos a su favor por más de dieciocho meses en el Instituto. El importe de estos créditos deberá aplicarse a los siguientes fines:

**a)** A la adquisición o construcción de vivienda;

**b)** A la reparación, ampliación o mejoramiento de sus habitaciones, y

**c)** A los pasivos contraídos por cualquiera de los conceptos anteriores;

**d)** A la adquisición de suelo destinado a la construcción de su vivienda.

*Inciso adicionado DOF 16-12-2020*

Asimismo, el Instituto podrá descontar con las entidades financieras que cuenten con la respectiva autorización emitida para tal efecto por la Secretaría de Hacienda y Crédito Público, los créditos que hayan otorgado para aplicarse a los conceptos señalados en los incisos anteriores;

**II.** Al pago de capital e intereses de la Subcuenta del Fondo de la Vivienda de los Trabajadores en los términos de ley;

**III.** A cubrir los gastos de administración, operación y vigilancia del Fondo de la Vivienda conforme a esta Ley;

**IV.** A la inversión de inmuebles destinados a sus oficinas y de muebles estrictamente necesarios para el cumplimiento de sus fines, y

**V.** A las demás erogaciones relacionadas con su objeto.

**Artículo 170.** La Comisión Ejecutiva del Fondo de la Vivienda estará integrada por dieciocho miembros, como a continuación se indica:

**I.** El Director General del Instituto, quien la presidirá;

**II.** El Vocal Ejecutivo, el cual será nombrado por la Junta Directiva a propuesta del Director General del Instituto;

**III.** Tres vocales nombrados por la Secretaría de Hacienda y Crédito Público, y un vocal nombrado por cada una de las siguientes instituciones: la Secretaría de Desarrollo Social, la Secretaría del Trabajo y Previsión Social, la Secretaría de la Función Pública y la Comisión Nacional de Vivienda, y

**IV.** Nueve vocales nombrados por las organizaciones de Trabajadores.

Todos los nombramientos se harán observando el principio de paridad de género. Por cada vocal propietario se designará un suplente que actuará en caso de faltas temporales del propietario, debiendo tratarse de un funcionario con el rango inmediato inferior al del vocal propietario. En el caso de los representantes de las organizaciones de Trabajadores, la designación del suplente se hará en los términos de las disposiciones estatutarias aplicables.

*Párrafo reformado DOF 01-04-2024*

**Artículo 171.** Los integrantes de la Comisión Ejecutiva del Fondo de la Vivienda no podrán ser miembros de la Junta Directiva del Instituto, con excepción del Director General del Instituto. Igualmente será incompatible esta designación con el cargo sindical de Secretario General de la Sección que corresponda al Fondo de la Vivienda.

Para ocupar el cargo de vocal se requiere ser mexicano, estar en pleno goce y ejercicio de sus derechos civiles y políticos, y ser de reconocida honorabilidad y experiencia técnica y administrativa.

**Artículo 172.** Los vocales de la Comisión Ejecutiva del Fondo de la Vivienda durarán en sus funciones por todo el tiempo que subsista su designación y podrán ser removidos libremente a petición de quienes los hayan propuesto.

**Artículo 173.** La Comisión Ejecutiva del Fondo de la Vivienda sesionará por lo menos una vez cada dos meses. Las decisiones se tomarán por mayoría de los presentes y en caso de empate su presidente tendrá voto de calidad.

Las sesiones de la Comisión Ejecutiva serán válidas con la asistencia de por lo menos diez de sus miembros, de los cuales uno será el Presidente de la Comisión Ejecutiva, cuatro representantes del Gobierno Federal y cinco de las organizaciones de Trabajadores al servicio del Estado. Las decisiones se tomarán por mayoría de los presentes y en caso de empate el Presidente tendrá voto de calidad.

**Artículo 174.** La Comisión Ejecutiva del Fondo de la Vivienda, tendrá las atribuciones y funciones siguientes:

**I.** Resolver sobre las operaciones del Fondo de la Vivienda, excepto aquellas que por su importancia ameriten acuerdo expreso de la Junta Directiva, la que deberá acordar lo conducente dentro de los quince días siguientes a la fecha en que se haga la petición correspondiente;

**II.** Examinar, en su caso aprobar y presentar, a la Junta Directiva por conducto del Vocal Ejecutivo, los presupuestos de ingresos y egresos, los planes de labores y financiamientos, así como los estados financieros y el informe de labores formulados por el Vocal Ejecutivo;

**III.** Presentar por conducto del Vocal Ejecutivo a la Junta Directiva para su aprobación, el presupuesto de gastos de administración, operación y vigilancia del Fondo de la Vivienda;

**IV.** Proponer a la Junta Directiva, el programa de constitución de Reservas, las reglas para el otorgamiento de créditos y el programa de inversión de los recursos de vivienda, y

**V.** Las demás que le señale la Junta Directiva.

**Artículo 175.** El Vocal Ejecutivo tendrá las obligaciones y facultades siguientes:

**I.** Asistir a las sesiones de la Junta Directiva con voz, pero sin voto, para informar de los asuntos del Fondo de la Vivienda;

**II.** Ejecutar los acuerdos de la Junta Directiva y de la Comisión Ejecutiva, relacionados con el Fondo de la Vivienda;

**III.** Convocar a las sesiones de la Comisión Ejecutiva y presidir las mismas en ausencia del Director General;

**IV.** Presentar anualmente a la Comisión Ejecutiva del Fondo de la Vivienda dentro de los dos primeros meses del año siguiente, los estados financieros y el informe de actividades del ejercicio anterior;

**V.** Presentar a la Comisión Ejecutiva del Fondo de la Vivienda, a más tardar el último día de septiembre de cada año, los presupuestos de ingresos y egresos, el proyecto de gastos y los planes de labores y de financiamientos para el año siguiente;

**VI.** Presentar a la consideración de la Comisión Ejecutiva del Fondo de la Vivienda, un informe mensual sobre las actividades de la propia Comisión;

**VII.** Presentar a la Comisión Ejecutiva del Fondo de la Vivienda para su consideración y en su caso aprobación, los programas de crédito a ser otorgados por el Instituto;

**VIII.** Proponer al Director General los nombramientos y remociones del personal técnico y administrativo de la Comisión, y

**IX.** Las demás que señalen esta Ley y sus disposiciones reglamentarias.

**Artículo 176.** Al momento en que la persona trabajadora reciba crédito para vivienda, el saldo de la Subcuenta del Fondo de la Vivienda de su Cuenta Individual se aplicará como pago inicial de alguno de los conceptos a que se refiere la fracción I del artículo 169 de esta Ley.

Durante la vigencia del crédito concedido a la persona trabajadora, las Aportaciones a que se refiere esta Sección a su favor se aplicarán a reducir el saldo insoluto a cargo de la propia persona trabajadora.

La persona trabajadora que obtenga un crédito de alguna entidad financiera para aplicarlo al pago de la construcción o adquisición de su habitación o de suelo destinado para vivienda, podrá utilizar como pago inicial para la construcción o adquisición, el saldo de su Subcuenta del Fondo de la Vivienda. Asimismo, las aportaciones que se efectúen a la Subcuenta citada con posterioridad al otorgamiento del crédito se aplicarán a cubrir el saldo insoluto.

El Fondo de la Vivienda podrá otorgar créditos a las personas trabajadoras en cofinanciamiento con entidades financieras o con el Instituto del Fondo Nacional de la Vivienda para los Trabajadores, en cuyo caso, la persona trabajadora también podrá utilizar los recursos de la Subcuenta del Fondo de la Vivienda como pago inicial. Las Aportaciones que se efectúen a la Subcuenta citada con posterioridad al otorgamiento del crédito se aplicarán a cubrir el saldo insoluto del crédito que haya otorgado el Fondo de la Vivienda.

En el supuesto de cofinanciamiento a que se refiere el párrafo inmediato anterior, el Fondo de la Vivienda deberá otorgar crédito a la persona trabajadora cuando el crédito que reciba de la entidad financiera de que se trate, se otorgue en base a fondos de ahorro establecidos en planes de previsión social que reúnan los requisitos de deducibilidad que se establezcan en las disposiciones fiscales correspondientes.

En el caso de que la persona trabajadora obtenga crédito de alguna entidad financiera en términos de lo dispuesto en el párrafo inmediato anterior o de que la persona trabajadora obtenga crédito del Instituto del Fondo Nacional de la Vivienda para los Trabajadores, y el Fondo de la Vivienda no pueda otorgar crédito, la persona trabajadora tendrá derecho a que durante la vigencia de dicho crédito, las subsecuentes aportaciones a su favor se apliquen a reducir el saldo insoluto a cargo de la propia persona trabajadora y a favor de la entidad financiera de que se trate o del Instituto del Fondo Nacional de la Vivienda para los Trabajadores.

*Artículo reformado DOF 16-12-2020, 08-05-2023*

**Artículo 177.** Las Aportaciones al Fondo de la Vivienda previstas en esta Ley, se deberán registrar en la Subcuenta del Fondo de la vivienda.

El saldo de las Subcuentas del Fondo de la Vivienda pagará intereses en función del remanente de operación del Fondo de la Vivienda.

Para tal efecto, la Comisión Ejecutiva procederá al cierre de cada ejercicio, a calcular los ingresos y egresos del Fondo de la Vivienda, de acuerdo con los criterios aplicables y ajustándose a sanas técnicas contables y a las disposiciones emitidas por la Comisión Nacional Bancaria y de Valores para determinar el remanente de operación. Se considerará remanente de operación del Fondo de la Vivienda a las cantidades que existan al finalizar cada ejercicio fiscal una vez que se hayan constituido las Reservas que con cargo al propio Fondo de la Vivienda deban constituirse, en razón de los estudios actuariales respectivos y las disposiciones de esta Ley.

La Comisión Ejecutiva efectuará, a más tardar el quince de diciembre de cada año, una estimación del remanente de operación del Fondo de la Vivienda para el año inmediato siguiente a aquél al que corresponda. El cincuenta por ciento de la estimación citada se abonará como pago provisional de intereses a las Subcuentas del Fondo de la Vivienda, en doce exhibiciones pagaderas el último día de cada mes. Una vez determinado por la Comisión Ejecutiva, el remanente de operación del Fondo de la Vivienda en los términos del párrafo anterior, se procederá en su caso, a efectuar el pago de intereses definitivo, lo que deberá hacerse a más tardar en el mes de marzo de cada año.

Una vez que la Comisión Ejecutiva del Fondo de la Vivienda haya fijado tanto la estimación, como determinado el remanente de operación a que se refiere este artículo, deberá publicarlos en periódicos de amplia circulación en el país a más tardar el quinto día hábil siguiente al de la fijación de la estimación, así como al de la determinación del remanente citado.

La Comisión Ejecutiva deberá observar en todo momento una política financiera y de créditos, dirigida a lograr que los ahorros individuales de los Trabajadores, conserven permanentemente por lo menos, su valor real de conformidad con la fórmula que al efecto determine.

**Artículo 178.** La persona trabajadora tendrá el derecho de elegir la vivienda nueva o usada a la que se aplique el importe del crédito que reciba con cargo al Fondo de la Vivienda, así como si el importe se define en UMA o en pesos en el contrato respectivo, conforme al esquema aprobado por la Junta Directiva.

En el caso de que la persona trabajadora o pensionada aplique su crédito para la adquisición de suelo destinado para la construcción de su vivienda, estará sujeto a las condiciones que determine la Comisión Ejecutiva, en apego a las disposiciones establecidas en la presente Ley y su Reglamento.

*Artículo reformado DOF 16-12-2020, 08-05-2023*

**Artículo 179.** Los créditos a que se refiere esta Sección se otorgarán y adjudicarán conforme a los criterios que para el efecto señale la Comisión Ejecutiva del Fondo de la Vivienda, con la aprobación de la Junta Directiva del Instituto tomando en cuenta el derecho humano a la vivienda adecuada, la oferta y demanda regional de vivienda; el costo y seguridad del suelo destinado a vivienda evitando actos de especulación; la infraestructura y equipamiento existente en la zona en que se ubica la vivienda; los saldos de la subcuenta del Fondo de la Vivienda de las personas trabajadoras de que se trate y el tiempo durante el cual se han efectuado aportaciones a la misma; si la persona trabajadora es propietaria o no de su vivienda, así como su sueldo o el ingreso conyugal si hay acuerdo de las personas interesadas.

*Párrafo reformado DOF 16-12-2020, 08-05-2023*

La Junta Directiva expedirá las reglas operativas conforme a las cuales se otorgarán los créditos a que se refiere el párrafo anterior.

Las personas trabajadoras podrán recibir crédito del Fondo de la Vivienda hasta por dos ocasiones. Para el caso del otorgamiento del segundo crédito, las personas trabajadoras deberán cubrir los mismos requisitos previstos por la Ley para el otorgamiento del primer crédito, relativos a contar con más de dieciocho meses de depósitos constituidos a su favor en las Subcuentas del Fondo de la Vivienda, además deberán demostrar que el primer crédito se encuentra totalmente liquidado y que fue pagado de manera regular. El importe de estos créditos se aplicará para los fines previstos por el artículo 169 de este ordenamiento.

*Párrafo reformado DOF 24-03-2016, 08-05-2023*

**Artículo 180.** La Junta Directiva del Instituto, mediante disposiciones de carácter general que al efecto expida, determinará:

**I.** Los montos máximos de los créditos que otorgue el Fondo de la Vivienda, en función de, entre otros factores, la capacidad de pago de las personas trabajadoras;

**II.** Los métodos para el registro de las solicitudes de crédito de las personas trabajadoras o pensionadas que reúnan iguales condiciones de elegibilidad, con objeto de dar transparencia, equidad y suficiencia, a su otorgamiento, y

**III.** Los lineamientos y mecanismos para otorgar:

**a)** Créditos en UMA, y

**b)** Créditos en pesos.

Lo anterior con base en las previsiones presupuestales del Fondo para la Vivienda, garantizando su viabilidad financiera a largo plazo, sin que ello implique ampliaciones líquidas o recursos adicionales.

*Artículo reformado DOF 08-05-2023*

**Artículo 181.** Los créditos que se otorguen con cargo al Fondo de la Vivienda deberán darse por vencidos anticipadamente si los deudores, sin el consentimiento del Instituto, enajenan las viviendas o suelos, en los que no se edifiquen viviendas habitacionales en los suelos adquiridos, gravan los inmuebles que garanticen el pago de los créditos concedidos o incurren en las causas de rescisión consignadas en los contratos respectivos.

*Artículo reformado DOF 16-12-2020*

**Artículo 182.** Los créditos que se otorguen estarán cubiertos por un seguro para los casos de invalidez, incapacidad total permanente o de muerte, que libere al Trabajador o Pensionado o a sus respectivos beneficiarios, de las obligaciones derivadas de los mismos. El costo de este seguro quedará a cargo del Fondo de la Vivienda.

Los Trabajadores o Pensionados podrán manifestar expresamente y por escrito su voluntad ante el Instituto a través del Fondo de la Vivienda en el acto del otorgamiento del crédito o posteriormente, para que en caso de muerte, la adjudicación del inmueble se haga a quien hayan designado como beneficiarios. Para que proceda el cambio de beneficiario, el Trabajador o Pensionado deberá solicitarlo igualmente por escrito acompañado de dos testigos ante el Fondo de la Vivienda; una vez presentada dicha solicitud, éste deberá comunicar al Trabajador o Pensionado su consentimiento y el registro de los nuevos beneficiarios en un plazo no mayor de cuarenta y cinco días calendario. En caso de controversia el Instituto procederá exclusivamente a la liberación referida y se abstendrá de adjudicar el inmueble.

A falta de beneficiario designado, la adjudicación del inmueble deberá hacerse conforme al orden de prelación que establece la sección de Pensión por causa de muerte del seguro de invalidez y vida.

El Fondo de la Vivienda solicitará al Registro Público de la Propiedad correspondiente, efectuar la inscripción de los inmuebles en favor de los beneficiarios, cancelando en consecuencia la que existiere a nombre del Trabajador o Pensionado con los gravámenes o limitaciones de dominio que hubieren.

**Artículo 183.** Cuando un Trabajador deje de prestar sus servicios a las Dependencias o Entidades sujetas al régimen de beneficios que otorga esta Ley y hubiere recibido un préstamo a cargo del Fondo de la Vivienda, se le otorgará una prórroga sin causa de intereses en los pagos de amortización que tenga que hacer por concepto de capital e intereses. La prórroga tendrá un plazo máximo de doce meses y terminará anticipadamente cuando el Trabajador vuelva a prestar servicios a alguna de las Dependencias o Entidades o ingrese a laborar bajo un régimen con el que el Instituto tenga celebrado convenio de incorporación.

Para los efectos del párrafo anterior, también se entenderá que un Trabajador ha dejado de prestar servicios cuando transcurra un periodo mínimo de doce meses sin laborar en ninguna de las Dependencias o Entidades por suspensión temporal de los efectos del nombramiento o cese, a menos que exista litigio pendiente sobre la subsistencia de su designación o nombramiento.

Las Dependencias y Entidades a que se refiere esta Ley seguirán haciendo los depósitos para el Fondo de la Vivienda, sobre los sueldos de los Trabajadores que disfruten licencia por enfermedad en los términos del artículo 111 de la Ley Federal de los Trabajadores al Servicio del Estado, reglamentaria del Apartado B del artículo 123 Constitucional y 37 de la presente Ley, así como de los que sufran suspensión temporal de los efectos de su nombramiento conforme a las fracciones I y II del artículo 45 de la citada Ley Federal de los Trabajadores al Servicio del Estado, debiendo suspenderse dicho depósito a partir de la fecha en que cese la relación de trabajo.

La existencia del supuesto a que se refiere este artículo deberá comprobarse ante el Instituto.

**Artículo 184**. En los casos de Trabajadores que a la fecha de pensionarse presenten saldo insoluto en su crédito de vivienda se descontarán de su Pensión los subsecuentes pagos al Fondo de la Vivienda.

**Artículo 185**. El monto, los intereses, la forma, el lugar y las obligaciones de pago respectivas de los créditos otorgados a las personas trabajadoras a que se refiere la fracción I del artículo 169 de esta Ley se determinarán en el contrato que al efecto se celebre.

Asimismo, los créditos citados devengarán intereses únicamente sobre el saldo insoluto de los mismos a la tasa de interés que determine la Junta Directiva.

Dicha tasa deberá ser menor al promedio cobrado por la banca comercial para créditos hipotecarios.

Las cantidades que se descuenten a las personas trabajadoras con motivo de los créditos a que alude el presente artículo, se pactarán en el contrato que se celebre al respecto, conforme a lo previsto en el artículo 20 de esta Ley.

En todo caso el descuento será correlativo a la referencia sobre la cual se otorgó: salario básico, pensión y, en su caso, la suma de las compensaciones correspondientes.

La aplicación de las aportaciones subsecuentes al otorgamiento del crédito, así como los pagos anticipados que realice la persona trabajadora o pensionada al crédito, será pactada en el mismo instrumento.

Cada crédito se otorgará con el plazo establecido en el contrato, mismo que no podrá exceder de treinta años.

Transcurridos treinta años a partir de la fecha del otorgamiento del crédito, el Instituto, a través del Fondo de la Vivienda, liberará el saldo pendiente, excepto en caso de pagos omisos o cuando se haya pactado la reestructura del crédito.

*Artículo reformado DOF 08-05-2023*

**Artículo 186.** Todos los inmuebles adquiridos o construidos por los Trabajadores para su propia habitación con los recursos del Fondo de la Vivienda, quedarán exentos a partir de la fecha de su adquisición o construcción de todos los impuestos federales por el doble del crédito y hasta por la suma de diez veces el Salario Mínimo elevado al año, durante el término que el crédito permanezca insoluto.

Gozarán también de exención los convenios, contratos o actos en los que se hagan constar las correspondientes operaciones, los cuales tendrán el carácter de escritura pública para todos los efectos legales y se inscribirán en el Registro Público de la Propiedad respectivo, incluyendo la constitución del régimen de propiedad en condominio que haga constar el Instituto en relación con los conjuntos que financie o adquiera, sin menoscabo de que el Trabajador pueda acudir ante Notario Público de su elección en las operaciones en que sea parte. Los gastos que se causen por los referidos conceptos serán cubiertos por mitad entre el Instituto y los Trabajadores; para tal efecto la Junta Directiva tomando como base el arancel que establece los honorarios de los notarios, determinará el porcentaje de reducción de los mismos, sin que dicha reducción pueda ser inferior al cincuenta por ciento. Las exenciones quedarán insubsistentes si los inmuebles fueran enajenados por los Trabajadores o destinados a otros fines.

El Instituto gestionará los convenios correspondientes con los gobiernos de las Entidades Federativas y municipios, para que los Trabajadores protegidos por esta Ley gocen de las exenciones de impuestos que correspondan a la propiedad raíz, en los términos de este artículo.

**Artículo 187.** El Instituto no podrá intervenir en la administración, operación o mantenimiento de conjuntos habitacionales, ni sufragar los gastos correspondientes a estos conceptos.

**Artículo 188.** Las Aportaciones al Fondo de la Vivienda, así como los intereses de las Subcuentas del Fondo de la Vivienda, estarán exentos de toda clase de impuestos.

**Artículo 189.** Las Aportaciones al Fondo de la Vivienda, así como los Descuentos para cubrir los créditos que otorgue el Instituto, que reciban las entidades receptoras conforme a esta Ley, deberán ser transferidas a la cuenta que el Banco de México le lleve al Instituto por lo que respecta al Fondo de la Vivienda, en los términos y conforme a los procedimientos que se establezcan en el Reglamento de la Ley de los Sistemas de Ahorro para el Retiro. Dichos recursos deberán invertirse, en tanto se aplican a los créditos a favor de los Trabajadores a que se refiere esta Sección, en valores a cargo del Gobierno Federal, a través del Banco de México e Instrumentos de la Banca de Desarrollo.

La Secretaría de Hacienda y Crédito Público podrá autorizar que los recursos del Fondo de la Vivienda se inviertan en valores diversos a los señalados, siempre que sean de alta calidad crediticia, o se bursatilice la cartera del Fondo de la Vivienda.

Sin perjuicio de lo anterior, el Instituto, con cargo a dicha cuenta, podrá mantener en efectivo o en depósitos bancarios a la vista las cantidades estrictamente necesarias para la realización de sus operaciones diarias con respecto al Fondo de la Vivienda.

**Artículo 190.** El gobierno federal, por conducto de las Secretarías de Hacienda y Crédito Público y de la Función Pública, ejercerán el control y evaluación de la inversión de los recursos del Fondo de la Vivienda, vigilando que los mismos sean aplicados de acuerdo con lo que establece la presente ley.

La Comisión Nacional Bancaria y de Valores estará facultada para supervisar las operaciones y la contabilidad del Fondo de la Vivienda, contando para ello con las mismas facultades de dicha comisión respecto de las instituciones de banca de desarrollo, incluida la de establecer reglas prudenciales a las que deberá sujetarse el Fondo de la Vivienda.

**Artículo 191.** Son obligaciones de las Dependencias y Entidades:
**I.** Inscribir a sus Trabajadores y beneficiarios en el Fondo de la Vivienda, y

**II.** Efectuar las Aportaciones al Fondo de la Vivienda y hacer los Descuentos a sus Trabajadores en su salario.

El pago de las Aportaciones y Descuentos señaladas en la fracción II de este artículo, será por bimestres vencidos, a más tardar el día diecisiete de los meses de enero, marzo, mayo, julio, septiembre y noviembre de cada año conjuntamente con las Cuotas y Aportaciones al seguro de retiro, cesantía en edad avanzada y vejez.

Los servidores públicos de las Dependencias o Entidades responsables de enterar las Aportaciones y Descuentos, en caso de incumplimiento, serán sancionados en los términos de lo dispuesto en el Título Sexto de la presente Ley.

**Artículo 192.** Los recursos de la Subcuenta del Fondo de la Vivienda son propiedad imprescriptible de los trabajadores. En caso de que dichos recursos no hubiesen sido aplicados para otorgar créditos a favor de los Trabajadores de acuerdo con lo dispuesto en esta Sección, serán transferidos al PENSIONISSSTE, las Administradoras o Aseguradoras para la contratación de la Pensión correspondiente o su entrega en una sola exhibición, según proceda, en los términos de lo dispuesto por esta Ley.

*Párrafo reformado DOF 30-04-2024*

A efecto de lo anterior, el Instituto deberá transferir los recursos de la Subcuenta del Fondo de la Vivienda al PENSIONISSSTE, las Administradoras o Aseguradoras a más tardar el segundo día hábil siguiente a que le sean requeridos.

En caso de que el trabajador cumpla setenta y cinco años sin que éste y, en su caso, sus beneficiarios hubieren ejercido su derecho a recibir los recursos descritos en este artículo, el Fondo de la Vivienda deberá transferirlos al Fondo de Pensiones para el Bienestar. Lo anterior no será aplicable a los recursos de las cuentas individuales de aquellos trabajadores que cuenten con una relación laboral activa ante el Instituto.

*Párrafo adicionado DOF 30-04-2024*

## SECCIÓN III
### RÉGIMEN FINANCIERO

**Artículo 193.** Las prestaciones relativas a préstamos personales se financiarán con el Fondo constituido al efecto en el Instituto.

**Artículo 194**. El Fondo de la Vivienda se constituirá con una Aportación del cinco por ciento del Sueldo Básico.

## CAPÍTULO X
## DE LOS SERVICIOS SOCIALES Y CULTURALES

### SECCIÓN I
### SERVICIOS SOCIALES

**Artículo 195**. El Instituto atenderá de acuerdo con esta Ley, a las necesidades básicas del Trabajador y su familia a través de la prestación de servicios que contribuyan al apoyo asistencial, a la protección del poder adquisitivo de sus salarios, con orientación hacia patrones racionales y sanos de consumo.

**Artículo 196**. Para los efectos del artículo anterior, el Instituto, de acuerdo con las posibilidades financieras del Fondo de servicios sociales y culturales, proporcionará a precios módicos los servicios sociales siguientes:

**I.** Programas y servicios de apoyo para la adquisición de productos básicos y de consumo para el hogar;

**II.** Servicios turísticos;

**III.** Servicios funerarios;

**IV.** Servicios de atención para el bienestar y desarrollo infantil, y

**V.** Los demás que acuerde la Junta Directiva, siempre que no se afecte la viabilidad financiera en el corto, mediano o largo plazo.

### SECCIÓN II
### SERVICIOS CULTURALES

**Artículo 197**. El Instituto proporcionará servicios culturales, mediante programas culturales, recreativos y deportivos que tiendan a cuidar y fortalecer la salud mental e integración familiar y social del Trabajador, y su desarrollo futuro, contando con la cooperación y el apoyo de los Trabajadores.

**Artículo 198**. Para los fines antes enunciados, el Instituto, de acuerdo con las posibilidades financieras del Fondo de servicios sociales y culturales, ofrecerá los siguientes servicios:

**I.** Programas culturales;

**II.** Programas educativos y de capacitación;

**III.** De atención a jubilados, Pensionados y discapacitados;

**IV.** Programas de fomento deportivo, y

**V.** Los demás que acuerde la Junta Directiva, siempre que no se afecte la viabilidad financiera en el corto, mediano o largo plazo.

## SECCIÓN III
### RÉGIMEN FINANCIERO

**Artículo 199.** Los servicios sociales y culturales se financiarán en la forma siguiente:

**I.** A los Trabajadores les corresponde una Cuota de cero punto cinco por ciento del Sueldo Básico, y

**II.** A las Dependencias y Entidades les corresponde una Aportación de cero punto cinco por ciento del Sueldo Básico.

En adición a lo anterior, para los servicios de atención para el bienestar y desarrollo infantil, las Dependencias y Entidades cubrirán el cincuenta por ciento del costo unitario por cada uno de los hijos de sus Trabajadores que hagan uso del servicio en las estancias de bienestar infantil del Instituto. Dicho costo será determinado anualmente por la Junta Directiva.

## TÍTULO TERCERO
### DEL RÉGIMEN VOLUNTARIO

## CAPÍTULO I
### CONTINUACIÓN VOLUNTARIA EN EL RÉGIMEN OBLIGATORIO

**Artículo 200.** El Trabajador que deje de prestar sus servicios en alguna Dependencia o Entidad y no tenga la calidad de Pensionado, podrá solicitar la continuación voluntaria en todos o alguno de los seguros del régimen obligatorio, con excepción del seguro de riesgos del trabajo y, al efecto, cubrirá íntegramente las Cuotas y Aportaciones que correspondan conforme a lo dispuesto por el régimen financiero de los seguros en que desee continuar voluntariamente. Las Cuotas y Aportaciones se ajustarán anualmente de acuerdo con los cambios relativos que sufra el Sueldo Básico en la categoría que tenía el interesado en el puesto que hubiere ocupado en su último empleo.

Para el caso del seguro de salud se requerirá que el Trabajador acredite haber laborado, cuando menos, cinco años en alguna Dependencia o Entidad incorporada al Instituto.

El pago de las Cuotas y Aportaciones se hará por bimestre o anualidades anticipados.

**Artículo 201.** La continuación voluntaria deberá solicitarse por escrito al Instituto dentro de los sesenta días siguientes al de la baja del empleo.

**Artículo 202.** La continuación voluntaria terminará por:
**I.** Declaración expresa del interesado;
**II.** Dejar de pagar las Cuotas y Aportaciones en los plazos a que se refiere el artículo 200 de esta Ley, y
**III.** Ingresar nuevamente al régimen obligatorio de esta Ley.

La persona trabajadora podrá solicitar por escrito su reingreso al régimen obligatorio a través de la continuación voluntaria, cuando hubiese causado baja por la falta de pago de las cuotas y aportaciones a que se refiere el artículo 200 de esta Ley. La solicitud deberá formularse dentro de los doce meses siguientes a la fecha de su baja en la continuación voluntaria.

*Párrafo adicionado DOF 27-03-2024*

**Artículo 203.** El registro de Familiares Derechohabientes y las demás reglas de los seguros contratados se ajustarán a las disposiciones aplicables previstas en esta Ley.

## CAPÍTULO II
## INCORPORACIÓN VOLUNTARIA AL RÉGIMEN OBLIGATORIO

**Artículo 204.** El Instituto podrá celebrar convenios con los gobiernos de las Entidades Federativas o de los municipios y sus Dependencias y Entidades, a fin de que sus Trabajadores y Familiares Derechohabientes reciban los seguros, prestaciones y servicios del régimen obligatorio de esta Ley. La incorporación deberá ser total y, en ningún caso, el Instituto podrá otorgar seguros, prestaciones o servicios que no estén previstos en el convenio correspondiente.

Las disposiciones a que deben sujetarse las Dependencias y Entidades previstas en la presente Ley también serán aplicables a las respectivas Dependencias y Entidades de las Entidades Federativas y municipios, en lo que sea conducente y en términos de los convenios referidos en el párrafo anterior que, al efecto, se celebren.

Para la celebración de estos convenios de incorporación, las Dependencias y Entidades de carácter local antes mencionadas, deberán garantizar incondicionalmente el pago de las Cuotas y Aportaciones y la suficiencia presupuestal necesaria y autorizar al Instituto a celebrar en cualquier momento las auditorías que sean necesarias para verificar dicha suficiencia presupuestal.

Asimismo, los convenios a que se refiere este artículo deberán sujetarse al texto que apruebe la Junta Directiva del Instituto, el cual deberá contener el otorgamiento de la garantía incondicional de pago de las Cuotas y Aportaciones correspondientes, previéndose, en su caso, la afectación de sus participaciones y transferencias federales, en términos de las disposiciones federales y locales aplicables, para cubrir el adeudo, así como la forma en que se realizará la liquidación de los derechos de los Trabajadores a la terminación del convenio.

En caso de que las participaciones federales afectadas no fueren suficientes para cubrir el adeudo, el Instituto deberá requerir a las Entidades Federativas y municipios morosos y ejercer las vías legales procedentes para hacer efectivos los adeudos. En este caso, el Instituto hará públicos los adeudos en el periódico de mayor circulación en la localidad y en un periódico de circulación nacional.

La Secretaría de Hacienda y Crédito Público, en el ámbito de sus atribuciones, llevará a cabo, cuando así proceda, la afectación de las participaciones y transferencias federales en el supuesto a que se refiere el presente artículo. A efecto de lo anterior, los convenios de incorporación deberán contar con la previa opinión de dicha Secretaría.

**Artículo 205.** Los convenios de incorporación deberán prever que los seguros, servicios y prestaciones que se proporcionen a los Trabajadores incorporados al Instituto por virtud del convenio sean iguales a los que se brindan a los Trabajadores incorporados en términos de lo previsto en el artículo 1o. de esta Ley.

A tal efecto, a los Trabajadores incorporados les será aplicable el Sueldo Básico calculándose sus años de cotización a partir de la celebración del convenio, salvo en el caso previsto en el párrafo siguiente.

En los convenios de incorporación que incluyan reconocimiento de antigüedad deberán pagarse o garantizarse previamente las Reservas que resulten de los estudios actuariales para el puntual cumplimiento de los seguros, prestaciones y servicios que señala esta Ley y realizarse las Aportaciones necesarias a las Cuentas Individuales de los Trabajadores incorporados para que su saldo sea equivalente a la antigüedad que se les pretenda reconocer.

Igualmente, en los casos de sustitución de régimen de seguridad social, las Reservas constituidas deberán transferirse en favor del Instituto en la forma y términos en que se convenga.

Los gobiernos de las Entidades Federativas, los municipios, sus Dependencias y Entidades, así como sus Trabajadores que se incorporen voluntariamente al régimen de esta Ley, cubrirán las Cuotas y Aportaciones para los seguros, prestaciones y servicios que resulten de los estudios actuariales correspondientes que para cada caso realice el Instituto, que en ningún caso podrán ser menores a las que se prevén en esta Ley para los respectivos seguros.

En los convenios de incorporación se deberá garantizar que las Dependencias y Entidades incorporadas cuenten con la infraestructura tecnológica necesaria para la administración y el intercambio automatizado de la información que le requiera el Instituto.

El incumplimiento a lo dispuesto en el presente artículo será causa de responsabilidad en los términos de la Ley Federal de Responsabilidades Administrativas de los Servidores Públicos.

## CAPÍTULO III
## DISPOSICIONES ESPECIALES

**Artículo 206.** El Instituto se reserva el derecho de contratar los seguros, prestaciones y servicios a que se refiere el presente Título, así como de dar por terminada la vigencia de los mismos anticipadamente, en caso de que existan causas o motivos suficientes a juicio del Instituto que pongan en peligro la adecuada y eficiente prestación de los servicios, el equilibrio financiero del propio Instituto o la preservación de los seguros, prestaciones y servicios del régimen obligatorio.

Igual disposición se observará en lo relativo a las incorporaciones señaladas en las fracciones VII y VIII, del artículo 1o. de esta Ley.

Para la terminación anticipada de algún convenio de incorporación voluntaria o respecto del régimen de continuación voluntaria de algún Trabajador, bastará una resolución de la Junta Directiva y la notificación de dicha resolución a la Dependencia o Entidad, o en su caso, a los interesados de que se trate, con un plazo mínimo de ciento ochenta días anteriores a la terminación.

# TÍTULO CUARTO
## DE LAS FUNCIONES Y ORGANIZACIÓN DEL INSTITUTO

### CAPÍTULO I
### FUNCIONES

**Artículo 207.** El Instituto tendrá personalidad jurídica para celebrar toda clase de actos y contratos, así como para defender sus derechos ante los tribunales o fuera de ellos, y para ejercitar las acciones judiciales o gestiones extrajudiciales que le competen. Para desistirse de las acciones intentadas o de los recursos interpuestos, así como para dejar de interponer los que las leyes le concedan, cuando se trate de asuntos que afecten al erario federal, se deberán afectar los gastos de administración del Instituto por la cantidad correspondiente según conste en acuerdo expreso de la Junta Directiva del Instituto.

**Artículo 208.** El Instituto tendrá las siguientes funciones:

**I.** Cumplir con los programas aprobados para otorgar los seguros, prestaciones y servicios a su cargo;

**II.** Emitir las resoluciones que reconozcan el derecho a las Pensiones;

**III.** Determinar, vigilar, recaudar y cobrar el importe de las Cuotas y Aportaciones, así como los demás recursos del Instituto, por lo que se refiere al seguro de retiro, cesantía en edad avanzada y vejez, el entero de las Cuotas y Aportaciones correspondientes, se realizará mediante los sistemas o programas informáticos que determine la Comisión Nacional del Sistema de Ahorro para el Retiro;

**IV.** Invertir los Fondos de las Reservas de acuerdo con las disposiciones de esta Ley;

**V.** Adquirir o enajenar los bienes muebles e inmuebles necesarios para la realización de sus fines;

**VI.** Establecer la estructura y funcionamiento de sus unidades administrativas conforme a su presupuesto aprobado y el estatuto orgánico que al efecto emita la Junta Directiva;

**VII.** Administrar los seguros, prestaciones y servicios previstos en esta Ley;

**VIII.** Difundir conocimientos y prácticas de previsión social;

**IX.** Expedir los reglamentos para la debida prestación de los servicios y de organización interna;

**X.** Realizar toda clase de actos jurídicos y celebrar los contratos que requieran los seguros, prestaciones y servicios previstos en esta Ley;

*Fracción reformada DOF 23-04-2024*

**XI.** Promover la incorporación, uso y aprovechamiento de las Tecnologías de la Información y de las Comunicaciones en la prestación de los servicios y el otorgamiento de seguros y prestaciones a su cargo, en beneficio de su población derechohabiente, y

*Fracción adicionada DOF 23-04-2024*

**XII.** Las demás funciones que le confieran esta Ley y sus reglamentos.

*Fracción recorrida DOF 23-04-2024*

El financiamiento de los gastos generales de administración del Instituto que no estén estrictamente relacionados con la prestación de algún seguro, prestación o servicio no deberá rebasar del equivalente a la cantidad que resultaría de la aplicación de una Aportación de uno punto cinco por ciento del Sueldo Básico al total de los Trabajadores.

## CAPÍTULO II
## ÓRGANOS DE GOBIERNO

**Artículo 209.** Los órganos de gobierno del Instituto serán:
**I.** La Junta Directiva;
**II.** El Director General;
**III.** La Comisión Ejecutiva del Fondo de la Vivienda;
**IV.** La Comisión Ejecutiva del PENSIONISSSTE, y
**V.** La Comisión de Vigilancia.

**Artículo 210.** La Junta Directiva se compondrá de diecinueve miembros como a continuación se indica:
**I.** El Director General del Instituto, el cual presidirá la Junta Directiva;
**II.** La persona titular y dos subsecretarías de la Secretaría de Hacienda y Crédito Público, así como la persona titular de las Secretarías de Salud, de Bienestar, del Trabajo y Previsión Social, de Medio Ambiente y Recursos Naturales y de la Función Pública y la persona titular de la Dirección General del IMSS, y

*Fracción reformada DOF 27-03-2024*

**III.** Nueve representantes de las organizaciones de Trabajadores.

En todo caso, para la integración de este órgano de gobierno, deberá observarse en lo máximo posible el principio de paridad de género. Por cada miembro de la Junta Directiva, se nombrará un suplente que actuará en caso de faltas temporales del propietario, debiendo tratarse de un funcionario con el rango inmediato inferior al del miembro propietario.

*Párrafo reformado DOF 01-04-2024*

**Artículo 211.** Los miembros de la Junta Directiva no podrán ser al mismo tiempo servidores públicos de confianza del Instituto, salvo el Director General.

**Artículo 212.** Los miembros de la Junta Directiva durarán en sus cargos por todo el tiempo que subsista su designación. Sus nombramientos podrán ser revocados libremente por quienes los hayan designado.

**Artículo 213.** Para ser miembro de la Junta Directiva se requiere:

**I.** Ser ciudadano mexicano y estar en pleno goce y ejercicio de sus derechos civiles y políticos, y

**II.** Ser de reconocida competencia y honorabilidad.

**Artículo 214.** Corresponde a la Junta Directiva:

**I.** Autorizar los planes y programas que sean presentados por la Dirección General para las operaciones y servicios del Instituto;

**II.** Examinar para su aprobación y modificación, el programa institucional y los programas operativos anuales de acuerdo con lo establecido en la Ley de Planeación, así como los estados financieros del Instituto;

**III.** Examinar y aprobar anualmente el presupuesto de gastos de administración, operación y vigilancia del Instituto;

**IV.** Aprobar las políticas de inversión del Instituto, a propuesta del Comité de Inversiones, excepto tratándose del seguro de retiro, cesantía en edad avanzada y vejez, y el programa anual de Reservas actuariales y financieras que deban constituirse para asegurar el otorgamiento de los seguros, prestaciones y servicios que determina esta Ley, así como el cumplimiento de sus fines;

**V.** Conocer y aprobar en su caso, en el primer bimestre del año, el informe del estado que guarde la administración del Instituto;

**VI.** Aprobar el estatuto orgánico y los reglamentos necesarios para la operación del Instituto propuestos por el Director General;

**VII.** Establecer o suprimir delegaciones del Instituto en las Entidades Federativas;

**VIII.** Autorizar al Director General a celebrar convenios con los gobiernos de las Entidades Federativas o de los municipios o sus Dependencias o Entidades, a fin de que sus Trabajadores y Familiares Derechohabientes aprovechen los seguros, prestaciones y servicios que comprende el régimen de esta Ley;

**IX.** Dictar los acuerdos y resoluciones a que se refiere el artículo 219 de esta Ley;

**X.** Dictar los acuerdos que resulten necesarios para otorgar los beneficios previstos en los seguros, prestaciones y servicios establecidos en esta Ley;

**XI.** Constituir a propuesta del Director General, un Consejo Asesor Científico y Médico;

**XII.** Nombrar y remover al personal de confianza del primer nivel del Instituto, a propuesta del Director General, sin perjuicio de las facultades que al efecto le delegue;

**XIII.** Conferir poderes generales o especiales, de acuerdo con el Director General;

**XIV.** Otorgar premios, estímulos y recompensas a los servidores públicos del Instituto, de conformidad con lo que establece la ley de la materia;

**XV.** Proponer al Ejecutivo Federal los proyectos de reformas a esta Ley;

**XVI.** En relación con el Fondo de la Vivienda:

**a)** Examinar y, en su caso, aprobar el presupuesto de ingresos y egresos, así como los programas de labores y de financiamiento del Fondo de la Vivienda para el siguiente año;

**b)** Examinar y, en su caso, aprobar, en el primer bimestre del año, el informe de actividades de la Comisión Ejecutiva del Fondo de la Vivienda y, dentro de los cuatro primeros meses del año, los estados financieros que resulten de la operación en el último ejercicio;

**c)** Establecer las reglas para el otorgamiento de créditos;

**d)** Examinar y, en su caso, aprobar anualmente el presupuesto de gastos de administración, operación y vigilancia del Fondo de la Vivienda, los que no deberán exceder del cero punto setenta y cinco por ciento de los recursos totales que maneje;

**e)** Aprobar los programas de inversión y de Reservas que deben constituir-se para asegurar la operación del Fondo de la Vivienda y el cumplimiento de los demás fines y obligaciones del mismo;

**f)** Vigilar que los créditos y los financiamientos que se otorguen se desti-nen a los fines para los que fueron programados, y

**g)** Las demás funciones necesarias para el cumplimiento de los fines del Fondo de la Vivienda;

**XVII.** En relación con el PENSIONISSSTE:

**a)** Examinar y, en su caso, aprobar el presupuesto de ingresos y egresos, así como los programas de labores y de inversión del Fondo Nacional de Pen-siones de los Trabajadores al Servicio del Estado;

**b)** Examinar y, en su caso, aprobar en el primer bimestre del año, el in-forme de actividades de la Comisión Ejecutiva del PENSIONISSSTE y, dentro de los cuatro primeros meses del año, los estados financieros que resulten de la operación en el último ejercicio;

**c)** Examinar y, en su caso, aprobar a propuesta de la Comisión Ejecutiva del PENSIONISSSTE, la estrategia de inversión de los recursos;

**d)** Examinar y, en su caso, aprobar anualmente el presupuesto de gastos de administración, operación y vigilancia del PENSIONISSSTE;

**e)** Examinar y, en su caso, aprobar a propuesta de la Comisión Ejecutiva del PENSIONISSSTE, el programa de Reservas que deben constituirse para ase-gurar la operación del PENSIONISSSTE y el cumplimiento de los demás fines y obligaciones del mismo;

**f)** Autorizar la constitución de sociedades de inversión especializadas de fondos para el retiro, y

**g)** Las demás funciones necesarias para el cumplimiento de los fines del PENSIONISSSTE;

**XVIII.** Aprobar mecanismos de contribución solidaria entre el Instituto y sus Derechohabientes;

**XIX.** Presentar al Ejecutivo Federal, por conducto de la Secretaría de Ha-cienda y Crédito Público, y al Congreso de la Unión, a más tardar el 30 de junio de cada año, un informe dictaminado por auditor externo, que incluya, al menos, los siguientes elementos:

**a)** La situación financiera de cada uno de los seguros ofrecidos por el Ins-tituto, y actuarial de sus reservas, aportando elementos de juicio para evaluar si las primas correspondientes son suficientes para cubrir los gastos actuales y futuros de los beneficios derivados de cada seguro;

**b)** Los posibles riesgos, contingencias y pasivos que se están tomando en cada seguro y la capacidad financiera del Instituto para responder a ellos en función de sus ingresos y las reservas disponibles;

**c)** Estimaciones sobre las posibles modificaciones a las Cuotas y Aportaciones de cada seguro, en su caso, que se puedan prever, para mantener la viabilidad financiera del Instituto, y de las fechas estimadas en que dichas modificaciones puedan ser requeridas, y

**d)** La situación de sus pasivos laborales totales y de cualquier otra índole que comprometan su gasto por más de un ejercicio fiscal.

Para los propósitos anteriores la Junta Directiva informará sobre las tendencias demográficas de sus Derechohabientes, incluyendo modificaciones en la esperanza de vida; tendencias en la transición epidemiológica, y cambios en la composición de género de la fuerza laboral, entre otros factores. La estimación de riesgos, a su vez, considerará factores derivados del ciclo económico, de la evolución del costo de los tratamientos y medicamentos, los costos laborales, de la situación macroeconómica, así como cualquier otro factor que afecte la capacidad del Instituto para cumplir con sus compromisos. En todos los casos, la estimación sobre riesgos y pasivos laborales y de cualquier otro tipo, se formulará con estricto apego a los principios de contabilidad generalmente aceptados por la profesión contable organizada en México.

El informe, asimismo, deberá contener información sobre el estado que guardan las instalaciones y equipos del Instituto, particularmente los dedicados a la atención médica, para poder atender de forma satisfactoria a sus derechohabientes, y

**XX.** En general, realizar todos aquellos actos y operaciones autorizados por esta Ley y los que fuesen necesarios para la mejor administración y gobierno del Instituto.

**Artículo 215.** La Junta Directiva sesionará una vez cada tres meses, pudiendo además celebrar las sesiones extraordinarias que se requieran.

Para la validez de las sesiones de la Junta Directiva se requerirá la asistencia de por lo menos diez de sus miembros, cinco de los cuales deberán ser representantes del Estado.

**Artículo 216.** La Junta Directiva será auxiliada por un Secretario, por el Comité de Inversiones y por los demás comités técnicos de apoyo que apruebe la propia Junta, cuyas funciones serán determinadas por la normatividad correspondiente.

**Artículo 217.** Los acuerdos de la Junta Directiva se tomarán por mayoría de votos de los miembros presentes. En caso de empate, el Presidente tendrá voto de calidad.

**Artículo 218.** A falta del Presidente de la Junta, las sesiones serán presididas por uno de los representantes del Estado que se elija entre los presentes.

**Artículo 219.** Las resoluciones de la Junta Directiva que afecten intereses particulares, podrán recurrirse ante la misma dentro de los treinta días siguientes.

**Artículo 220.** El Director General representará legalmente al Instituto y tendrá las obligaciones y facultades siguientes:

**I.** Ejecutar los acuerdos de la Junta Directiva del Instituto y representar a éste en todos los actos que requieran su intervención;

**II.** Convocar a sesiones a los miembros de la Junta Directiva;

**III.** Someter a aprobación de la Junta Directiva:

**a)** El programa institucional;

**b)** El programa de administración y constitución de Reservas;

**c)** El programa operativo anual de acuerdo con lo establecido en la Ley de Planeación;

**d)** El programa anual de préstamos;

**e)** Los estados financieros del Instituto, y

**f)** El informe financiero y actuarial;

**IV.** Presentar a la Junta Directiva un informe anual del estado que guarde la administración del Instituto;

**V.** Someter a la Junta Directiva los proyectos de estatuto orgánico y reglamentos previstos en esta Ley;

**VI.** Expedir los manuales de organización, de procedimientos y de servicios al público así como las disposiciones y lineamientos normativos distintos a los reglamentos expedidos por el Titular del Ejecutivo Federal, necesarios para la operación del Instituto;

**VII.** Proponer a la Junta Directiva el nombramiento y, en su caso, la remoción de los servidores públicos de primer nivel del Instituto y nombrar a los

Trabajadores de base y de confianza de los siguientes niveles, sin perjuicio de la delegación de facultades para este efecto;

**VIII.** Resolver, bajo su inmediata y directa responsabilidad, los asuntos urgentes a reserva de informar a la Junta Directiva sobre las acciones realizadas y los resultados obtenidos;

**IX.** Formular el calendario oficial de actividades del Instituto y conceder licencias al personal, vigilar sus labores e imponer las correcciones disciplinarias procedentes conforme a las condiciones generales de trabajo, sin perjuicio de la delegación de facultades;

**X.** Presidir las sesiones del Comité de Control y Auditoría;

**XI.** Firmar las escrituras públicas y títulos de crédito en que el Instituto intervenga, representar al Instituto en toda gestión judicial, extrajudicial y administrativa, y llevar la firma del Instituto, sin perjuicio de poder delegar dichas facultades;

**XII.** Informar bimestralmente a la Secretaría de Hacienda y Crédito Público sobre el incumplimiento en el pago de Cuotas y Aportaciones;

**XIII.** Hacer pública, la información del incumplimiento de Cuotas y Aportaciones;

**XIV.** Ejercitar y desistirse de las acciones legales;

**XV.** Formular los programas institucionales de corto, mediano y largo plazo, así como los presupuestos del Instituto y presentarlos para su aprobación a la Junta Directiva;

**XVI.** Establecer los mecanismos de evaluación de desempeño del Instituto;

**XVII.** Establecer las medidas que aseguren la solidez financiera a largo plazo del Instituto;

**XVIII.** Presidir las sesiones de la Comisión Ejecutiva del Fondo de la Vivienda y del PENSIONISSSTE, facultad que podrá ser delegada en el Vocal Ejecutivo respectivo;

**XIX.** Proponer a la Junta Directiva el nombramiento de los Vocales Ejecutivos del Fondo de la Vivienda y del PENSIONISSSTE, y

**XX.** Las demás que le fijen las leyes o los reglamentos y aquellas que expresamente le asigne la Junta Directiva.

**Artículo 221.** El Director General será auxiliado por los servidores públicos de confianza que al efecto señale el estatuto orgánico.

**Artículo 222.** La Comisión de Vigilancia se compondrá de once miembros, con voz y voto, como a continuación se indica:

**I.** Dos representantes de la Secretaría de Hacienda y Crédito Público;

**II.** Dos representantes de la Secretaría de la Función Pública;

**III.** Un representante de la Secretaría de Salud;

**IV.** Un representante del Instituto, designado por el Director General que actuará como Secretario Técnico, y

**V.** Cinco representantes designados por las organizaciones de Trabajadores.

La Junta Directiva cada doce meses designará de entre los miembros de la Comisión de Vigilancia representantes del Gobierno Federal, a quien deba presidirla. La Presidencia será rotativa; en caso de inasistencia del Presidente y su suplente, el Secretario Técnico presidirá la sesión de trabajo.

Por cada miembro de la Comisión de Vigilancia, se nombrará un suplente que actuará en caso de faltas temporales del titular debiendo tratarse de un funcionario con el rango inmediato inferior al del miembro propietario.

**Artículo 223.** La Comisión de Vigilancia se reunirá en sesión cuantas veces sea convocada por su Presidente o a petición de dos de sus miembros.

La Comisión de Vigilancia presentará un informe anual a la Junta Directiva sobre el ejercicio de sus atribuciones. Los integrantes de la Comisión de Vigilancia podrán solicitar concurrir a las reuniones de la Junta Directiva, para tratar asuntos urgentes relacionados con las atribuciones de la Comisión.

**Artículo 224.** La Comisión de Vigilancia tendrá las siguientes atribuciones:

**I.** Vigilar el cumplimiento de las disposiciones legales y reglamentarias aplicables al Instituto;

**II.** Verificar que las inversiones y los recursos del Instituto se destinen a los fines previstos en los presupuestos y programas aprobados;

**III.** Disponer la práctica de auditorías en todos los casos en que lo estime necesario, pudiendo auxiliarse con las áreas afines del propio Instituto;

**IV.** Proponer a la Junta Directiva o al Director General, según sus respectivas atribuciones, las medidas que juzgue apropiadas para alcanzar mayor eficacia en la administración de los seguros, prestaciones y servicios;

**V.** Examinar los estados financieros y la valuación financiera y actuarial del Instituto, verificando la suficiencia de las Cuotas y Aportaciones y el cumplimiento de los programas anuales de constitución de Reservas;

**VI.** Analizar la información relativa al entero de Cuotas y Aportaciones;

**VII.** Designar a los auditores externos que auxilien a la comisión en las actividades que así lo requieran;

**VIII.** Conformar, a través de la Secretaría Técnica, los grupos de trabajo que estime necesarios, para el cumplimiento de las fracciones I, II y III del presente artículo, y

**IX.** Las que le fijen el estatuto orgánico del Instituto y las demás disposiciones legales aplicables.

**Artículo 225.** El Ejecutivo Federal establecerá las bases para determinar las organizaciones de Trabajadores que deberán intervenir en la designación de los miembros de los órganos de gobierno del Instituto.

## CAPÍTULO III
## COMITÉ DE INVERSIONES

**Artículo 226.** El Instituto deberá constituir un Comité de Inversiones que se compondrá por cinco miembros, de los cuales cuando menos dos serán personas independientes con experiencia mínima de cinco años en la materia. Los otros tres miembros del Comité, serán designados respectivamente por la Secretaría de Hacienda y Crédito Público, por el Banco de México y por el propio Instituto, correspondiendo a este último presidirlo.

**Artículo 227.** El Comité de Inversiones tendrá a su cargo analizar y hacer recomendaciones respecto de la inversión de los Fondos de las Reservas que constituya el Instituto de conformidad con las disposiciones de la presente Ley.

## CAPÍTULO IV
## PATRIMONIO

**Artículo 228.** El patrimonio del Instituto lo constituirán:

**I.** Sus propiedades, posesiones, derechos y obligaciones;

**II.** Las Cuotas, Aportaciones y Cuota Social al seguro de salud que se enteren en los términos de esta Ley, a excepción de las del seguro de retiro, cesantía en edad avanzada y vejez y al Fondo de la Vivienda, que junto con los intereses y rendimientos que generen, son patrimonio de los Trabajadores;

**III.** El importe de los créditos e intereses a favor del Instituto, con excepción de los afectos al Fondo de la Vivienda;

**IV.** Los intereses, rentas, plusvalías y demás utilidades que se obtengan de las inversiones que conforme a esta Ley haga el Instituto;

**V.** El importe de las indemnizaciones, pensiones caídas e intereses que prescriban en favor del Instituto;

**VI.** El producto de las sanciones pecuniarias derivadas de la aplicación de esta Ley;

**VII.** Las donaciones, herencias y legados a favor del Instituto;

**VIII.** Los bienes muebles e inmuebles que las Dependencias o Entidades destinen y entreguen para los servicios y prestaciones que establece la presente Ley, así como aquéllos que adquiera el Instituto y que puedan ser destinados a los mismos fines, y

**IX.** Cualquiera otra percepción respecto de la cual el Instituto resulte beneficiario.

**Artículo 229.** Los Trabajadores o Pensionados y sus Familiares Derechohabientes, no adquieren derecho alguno, individual o colectivo, sobre el patrimonio del Instituto, sino sólo a disfrutar de los beneficios que esta Ley les concede.

**Artículo 230.** Los bienes muebles e inmuebles que pertenezcan al Instituto gozarán de las franquicias, prerrogativas y privilegios que sean concedidos a los fondos y bienes de la Federación.

Dichos bienes, así como los actos y contratos que celebre el Instituto estarán exentos de toda clase de impuestos y derechos, y aquellos en los que intervenga en materia de vivienda no requerirán de intervención notarial, sin menoscabo de que el Trabajador pueda acudir ante notario público de su elección en las operaciones en que sea parte.

El Instituto se considerará de acreditada solvencia y no estará obligado a constituir depósitos o fianza legal de ninguna clase.

**Artículo 231.** Los remanentes, excedentes o utilidades de operación, así como los ingresos diversos que generen o hayan generado el Instituto, o sus órganos de operación administrativa desconcentrada, deberán incrementar las Reservas de operación para contingencias y financiamiento en los términos que determine la Junta Directiva.

Si llegare a ocurrir en cualquier tiempo que los recursos del Instituto no bastaren para cumplir con las obligaciones a su cargo establecidas por la Ley, el déficit que hubiese, será cubierto por el Gobierno Federal y los gobiernos o Dependencias y Entidades de las Entidades Federativas o municipales que coticen al régimen de esta Ley en la proporción que a cada uno corresponda.

En caso de que el informe financiero y actuarial que anualmente se presente a la Junta Directiva, arroje como resultado que las Cuotas y Aportaciones son insuficientes para cumplir con las obligaciones de uno o varios de los seguros y servicios a cargo del Instituto, el Director General deberá hacerlo del conocimiento del Titular del Ejecutivo Federal, del Congreso de la Unión y del público en general.

## CAPÍTULO V
## RESERVAS E INVERSIONES

### SECCIÓN I
### GENERALIDADES

**Artículo 232.** El Instituto, para garantizar el debido y oportuno cumplimiento de las obligaciones que contraiga, derivadas del pago de beneficios y la prestación de servicios y seguros que se establecen en esta Ley, deberá constituir y contabilizar por cada seguro y para el rubro de servicios, la provisión y el respaldo financiero de las Reservas que se establecen en este Capítulo, en los términos que el mismo indica.

Las Reservas formarán parte del pasivo del Instituto y sólo se podrá disponer de ellas para cumplir los fines previstos en esta Ley y garantizar su viabilidad financiera en el largo plazo. El incumplimiento a lo dispuesto por el presente artículo será causa de responsabilidad en los términos de la Ley Federal de Responsabilidades Administrativas de los Servidores Públicos.

**Artículo 233.** En caso de que se determine realizar incrementos en las Reservas financieras y actuariales o en la Reserva general financiera y actuarial, estos incrementos deberán registrarse en las provisiones de pasivo, afectarse el gasto devengado y de flujo de efectivo y efectuarse las aportaciones a las Reservas que las respalden. Las Aportaciones para su incremento o reconstitución deberán hacerse trimestral o anualmente, según corresponda, y establecerse en definitiva al cierre de cada ejercicio.

**Artículo 234.** El Instituto constituirá las siguientes Reservas:
I. Reserva de operación;

**II.** Reserva de operación para contingencias y financiamiento;

**III.** Reservas financieras y actuariales, y

**IV.** Reservas general financiera y actuarial.

Los recursos afectos a las Reservas señaladas quedan fuera de las disposiciones de anualidad presupuestal, por lo que podrán financiar obligaciones y contingencias más allá de un solo ejercicio fiscal. Del manejo multianual que haga el Instituto de estos Fondos deberá informarse a la Secretaría de Hacienda y Crédito Público a más tardar el día veintiocho de febrero del año siguiente.

## SECCIÓN II
## DE LAS RESERVAS DE LOS SEGUROS

**Artículo 235.** Se establecerá una Reserva de operación, que financie las operaciones e inversiones presupuestadas para cada ejercicio en todos los seguros y servicios.

La Reserva de operación recibirá la totalidad de los ingresos por Cuotas, Aportaciones y Cuota Social del seguro de salud, que corresponda administrar al Instituto, así como la transferencia del Gobierno Federal para cubrir las Cuotas y Aportaciones que éste debe de enterar. Sólo se podrá disponer de esta Reserva para hacer frente al pago de seguros, servicios, prestaciones, gastos administrativos y de inversión, y para la constitución de las Reservas de operación para contingencias y financiamiento, financieras y actuariales y general financiera y actuarial.

Al cierre del ejercicio fiscal esta Reserva no deberá registrar ningún saldo.

**Artículo 236.** En el caso del seguro de retiro, cesantía en edad avanzada y vejez, del Fondo de la Vivienda y del Fondo de préstamos personales, se estará a lo dispuesto por los Capítulos correspondientes de esta Ley.

**Artículo 237.** Las Reservas financieras y actuariales se constituirán por cada uno de los seguros, excepto el de retiro, cesantía en edad avanzada y vejez y la Subcuenta del Fondo de la Vivienda, y por cada una de las coberturas, a través de una aportación trimestral calculada sobre los ingresos de los mismos, que consideren las estimaciones de sustentabilidad financiera de largo plazo contenidas en el informe financiero y actuarial que se presente anualmente a la Junta Directiva. Cada una de esas Reservas podrá ser dividida y manejada conforme a la naturaleza de los riesgos que afecten a cada seguro y coberturas. Esta separación buscará el mejor equilibrio entre las fuentes y características del riesgo y los recursos necesarios para su financiamiento.

**Artículo 238.** La Reserva general financiera y actuarial deberá constituirse, incrementarse o reconstituirse a través de una aportación anual a estimarse en el informe financiero y actuarial que se presente anualmente a la Junta Directiva, para enfrentar efectos catastróficos o variaciones de carácter financiero de significación en los ingresos o incrementos drásticos en los egresos derivados de problemas epidemiológicos o económicos severos y de larga duración que provoquen insuficiencia de cualquiera de las Reservas financieras y actuariales.

**Artículo 239.** El Instituto deberá constituir la Reserva de operación para contingencias y financiamiento a que se refiere este Capítulo separándola en tres renglones, previsión, catastrófica y especiales:

**I.** El renglón de previsión podrá ser utilizado para financiar gastos de inversión física cuando condiciones económicas desfavorables dificulten el avance planeado en los proyectos de inversión física;

**II.** El renglón de catastrófica podrá ser utilizado para enfrentar los gastos de cualquier tipo para enfrentar desastres naturales o causas de fuerza mayor que por su naturaleza no hayan sido aseguradas, y

**III.** El renglón de especiales podrá utilizarse para enfrentar casos especiales previstos al momento de su constitución.

Para el uso de estos recursos deberá contarse con la aprobación de la Junta Directiva del Instituto y deberá darse aviso a la Secretaría de Hacienda y Crédito Público antes de su aplicación, la cual tendrá diez días hábiles para suspender el uso de estos recursos si a su juicio no existen las condiciones requeridas.

**Artículo 240.** La Reserva de operación para contingencias y financiamiento se constituirá, incrementará o reconstituirá trimestralmente hasta alcanzar un monto equivalente a sesenta días naturales del ingreso total del Instituto en el año anterior, excluyendo los recursos correspondientes al seguro de retiro, cesantía en edad avanzada y vejez y al Fondo de la Vivienda.

Además de los ingresos ordinarios por Cuotas y Aportaciones, a la Reserva de operación para contingencias y financiamiento podrán afectarse los recursos que de manera extraordinaria obtenga el Instituto. La Junta Directiva dictará, en su caso, el acuerdo respectivo, mismo que, automáticamente, modificará el programa anual de administración y constitución de Reservas.

El Instituto, previa autorización de la Junta Directiva, podrá disponer de los recursos afectos a la Reserva de operación para contingencias y financiamiento, para sufragar la contingencia hasta por un monto equivalente a noventa días de ingreso promedio del año anterior del seguro o servicio que requiera el financiamiento.

Para ejercer los recursos de la Reserva de operación para contingencias y financiamiento, se entenderá por contingencia en algún seguro o servicio, algún hecho que hubiese sido imposible programar y presupuestar con oportunidad, que presione el gasto del Instituto por única vez dentro de un ejercicio fiscal y que, de no enfrentarse, ponga en riesgo el cumplimiento de las obligaciones legales del Instituto.

Cuando se presente alguna de estas situaciones, el Director General deberá hacerlo del conocimiento del Titular del Ejecutivo Federal y del Congreso de la Unión.

Los recursos destinados a financiar contingencias se deberán reintegrar con los correspondientes intereses, en los términos del reglamento respectivo, en un plazo no mayor a tres años.

**Artículo 241.** Las Reservas financieras y actuariales y la Reserva general financiera y actuarial, se constituirán en la forma, términos y plazos que se establezcan por la Junta Directiva, conforme al reglamento correspondiente, considerando el informe que el Instituto le envíe.

**Artículo 242.** El Instituto podrá disponer de las Reservas financieras y actuariales de cada seguro y cobertura sólo para cubrir las necesidades que correspondan a cada uno de ellos, previo acuerdo de la Junta Directiva a propuesta del Director General, y sólo para enfrentar caídas en los ingresos o incrementos en los egresos derivados de problemas económicos de duración mayor a un año, así como para enfrentar fluctuaciones en la siniestralidad mayores a las estimadas en el estudio actuarial que se presente anualmente a la Junta Directiva o para el pago de beneficios futuros para los que se hubiera efectuado la provisión correspondiente.

## SECCIÓN III
### DEL PROGRAMA ANUAL DE ADMINISTRACIÓN
### Y CONSTITUCIÓN DE RESERVAS

**Artículo 243.** A propuesta del Director General, con base en el proyecto de presupuesto para el siguiente ejercicio y en los estudios financieros y actuariales que se presenten cada año a la Junta Directiva, ésta deberá aprobar anualmente en forma previa al inicio del ejercicio fiscal un programa anual de administración y constitución de Reservas, conforme al reglamento correspondiente, el cual confirmará o adecuará en lo conducente, una vez que se conozca el presupuesto de gastos definitivo del Instituto. Este programa contendrá como mínimo los siguientes elementos:

**I.** Un informe sobre la totalidad de los recursos financieros en poder del Instituto, separándolos por tipo de Reservas conforme a esta Ley;

**II.** Proyecciones de ingresos y egresos totales en efectivo, y de la Reserva de operación para el siguiente ejercicio fiscal;

**III.** Los montos trimestrales y anuales que se dedicarán a incrementar o reconstituir cada una de las Reservas en el siguiente ejercicio fiscal; proyección de las tasas de interés que generarán dichas Reservas y montos esperados de las mismas al final del ejercicio, y

**IV.** Los recursos anuales que en forma trimestral prevea afectar a la Reserva de operación para el siguiente ejercicio fiscal.

La Junta Directiva, a propuesta del Director General, podrá modificar en cualquier momento la asignación de recursos contenida en el programa de administración y constitución de Reservas, con excepción de los montos de incremento de las Reservas financieras y actuariales y de la Reserva general financiera y actuarial comprometidos, cuando los flujos de ingresos y gastos a lo largo del ejercicio así lo requieran. La propuesta del Director General deberá describir el impacto que esa modificación tendrá en el mediano y largo plazo.

## SECCIÓN IV
## DE LA INVERSIÓN DE LAS RESERVAS Y DE SU USO PARA LA OPERACIÓN

**Artículo 244.** El Instituto deberá contar con una unidad administrativa que de manera especializada, se encargará de la inversión de los recursos del Instituto y los mecanismos que deberá utilizar para ello, conforme al reglamento correspondiente, bajo criterios de prudencia, seguridad, rendimiento, liquidez, diversificación de riesgo, transparencia y respeto a las sanas prácticas y usos del medio financiero nacional, procurando una revelación plena de información.

Dicha unidad administrativa deberá contar con una infraestructura profesional y operativa que permita un proceso flexible, transparente y eficiente.

**Artículo 245.** La Reserva de operación y la Reserva de operación para contingencias y financiamiento, deberán invertirse en valores emitidos o garantizados por el Gobierno Federal; o en su caso, oyendo previamente la opinión del Comité de Inversiones, en valores de alta calidad crediticia o en otros instrumentos financieros.

**Artículo 246.** Las inversiones de las Reservas financieras y actuariales y la Reserva general financiera y actuarial, previstas en este Capítulo, sólo podrán invertirse en los valores, títulos de crédito y otros derechos, que se determinen por la Junta Directiva, oyendo previamente la opinión del Comité de Inversiones, conforme al reglamento correspondiente.

Los intereses o rendimientos que genere cada Reserva deberán aplicarse exclusivamente a la Reserva que les dé origen.

## SECCIÓN V
## DE LA CONTABILIDAD

**Artículo 247.** Los ingresos y gastos de cada seguro, prestación y servicio, así como de las Reservas, se registrarán contablemente por separado. Los gastos comunes se sujetarán a las reglas de carácter general para distribución de costos, al catálogo de cuentas y al manual de contabilización y del ejercicio del gasto que al efecto autorice la Secretaría de Hacienda y Crédito Público.

El catálogo de cuentas y el manual de contabilización y del ejercicio del gasto deberán tomar como base los equivalentes que al efecto se establezcan por las autoridades competentes para las Entidades de la Administración Pública Federal adecuándolos, para efecto de rendición de cuentas, a las características y necesidades de una institución que cumple una función social.

## TÍTULO QUINTO
## DE LA PRESCRIPCIÓN

**Artículo 248.** El derecho a la Pensión es imprescriptible. Las Pensiones caídas y cualquier prestación en dinero a cargo del Instituto que no se reclame dentro de los cinco años siguientes a la fecha en que hubieren sido exigibles, prescribirán a favor del Instituto.

**Artículo 249.** Los créditos respecto de los cuales el Instituto tenga el carácter de acreedor, cualquiera que sea su especie, prescribirán en diez años, a partir de la fecha en que el propio Instituto pueda, conforme a la Ley, ejercitar sus derechos.

**Artículo 250.** Las obligaciones que en favor del Instituto señala la presente Ley, prescribirán en el plazo de diez años contados a partir de la fecha en que sean exigibles. La prescripción se interrumpirá por cualquier gestión de cobro.

**Artículo 251.** El derecho del Trabajador y, en su caso, de los beneficiarios, a recibir los recursos de su Cuenta Individual del seguro de retiro, cesantía en edad avanzada y vejez son imprescriptibles, en los términos de la presente Ley.

Sin perjuicio de lo anterior, el PENSIONISSSTE o las Administradoras, así como las administradoras prestadoras de servicio, deberán transferir dichos recursos, al momento en que los trabajadores cumplan setenta y cinco años, sin necesidad de resolución judicial, al Fondo de Pensiones para el Bienestar. El Instituto deberá notificar al fiduciario del Fondo la subcuenta a la que deberá aplicarse dicho recurso en términos de las reglas de operación del mismo y demás disposiciones aplicables. Lo anterior no será aplicable a los recursos de las cuentas individuales de aquellos trabajadores que cuenten con una relación laboral activa ante el Instituto.

El Fondo de Pensiones para el Bienestar contará con un Comité Técnico que deberá emitir las reglas de operación sobre la recepción, administración, inversión, entregas y rendimientos de recursos al Instituto.

Dentro del año previo a que el trabajador cumpla setenta y cinco años, el Instituto hará del conocimiento del trabajador y, en su caso, de sus beneficiarios, y la empresa operadora de la Base de Datos Nacional del Sistema de Ahorro para el Retiro un aviso sobre el tiempo que ha transcurrido desde que el derecho era exigible, de tal forma que pueda acudir al Instituto a reclamar los recursos que le correspondan. Este aviso podrá notificarse disponiendo de cualquier medio que determine el Instituto mediante disposiciones de carácter general que deberán ser publicadas en el Diario Oficial de la Federación y en el portal de Internet del Instituto.

Para garantizar la imprescriptibilidad establecida en el párrafo primero del presente artículo, el Fondo contará con una reserva constituida con cargo a los recursos a que se refiere este artículo y en los términos que establezca su contrato constitutivo a fin de garantizar la suficiencia financiera para que el Instituto pueda llevar a cabo, en su caso, la devolución de los recursos de los trabajadores, pensionados o beneficiarios.

La suficiencia financiera de la reserva será determinada cada dos años por el Instituto, debiendo comunicarlo al Comité Técnico del Fondo en términos de sus reglas de operación.

Los trabajadores y, en su caso, sus beneficiarios, podrán acudir ante el Instituto para acceder al mecanismo de devolución de forma permanente para recibir la pensión a que tengan derecho conforme a esta Ley o, en su caso, la devolución de los recursos, así como los intereses que les correspondan en los términos de las disposiciones que resulten aplicables.

El ahorro de los trabajadores que sea transferido al Fondo generará intereses conforme al rendimiento neto derivado de las inversiones efectivamente realizadas por dicho Fondo en apego al régimen de inversión que determine el Comité Técnico. El Instituto realizará la individualización correspondiente con base en el rendimiento que el propio Fondo le reporte.

*Artículo reformado DOF 30-04-2024*

# TÍTULO SEXTO
## DE LAS RESPONSABILIDADES Y SANCIONES

**Artículo 252.** Los servidores públicos de las Dependencias y Entidades, que dejen de cumplir con alguna de las obligaciones que les impone esta Ley, serán responsables en los términos de las disposiciones aplicables.

**Artículo 253.** El Instituto tomará las medidas pertinentes en contra de quienes indebidamente aprovechen o hagan uso de los derechos o beneficios establecidos por esta Ley, y ejercitará ante las autoridades competentes las acciones que correspondan, presentando las denuncias o querellas, y realizará todos los actos y gestiones que legalmente procedan, así como contra quien cause daños o perjuicios a su patrimonio o trate de realizar cualquiera de los actos anteriormente enunciados.

**Artículo 254.** La interpretación de los preceptos de esta Ley, para efectos administrativos, corresponderá a la Secretaría de Hacienda y Crédito Público.

## TRANSITORIOS

**Primero.** La presente Ley entrará en vigor el día siguiente al de su publicación en el Diario Oficial de la Federación, con excepción de los artículos 42,

75, 101, 140, 193 y 199, los cuales entrarán en vigor el día primero de enero de dos mil ocho.

Lo dispuesto en las fracciones I, V y VI del artículo décimo transitorio les será aplicable a todos los Trabajadores hasta que ejerzan el derecho previsto en el artículo quinto transitorio.

**Segundo.** A partir de la entrada en vigor de esta Ley, se abroga la Ley del Instituto de Seguridad y Servicios Sociales de los Trabajadores del Estado publicada en el Diario Oficial de la Federación el día veintisiete de diciembre de mil novecientos ochenta y tres con sus reformas y adiciones, con excepción de los artículos 16, 21, 25 y 90 Bis B, mismos que estarán vigentes hasta el día treinta y uno de diciembre de dos mil siete.

**Tercero.** Se mantendrán en vigor todas las disposiciones reglamentarias y administrativas que no se opongan a la presente Ley, hasta en tanto se expidan las normas relativas al presente ordenamiento.

## DERECHOS DE LOS TRABAJADORES

**Cuarto.** A los Trabajadores que se encuentren cotizando al régimen del Instituto a la fecha de entrada en vigor de la presente Ley, se les reconocen los periodos cotizados con anterioridad.

**Quinto.** Los Trabajadores tienen derecho a optar por el régimen que se establece en el artículo décimo transitorio, o por la acreditación de Bonos de Pensión del ISSSTE en sus Cuentas Individuales.

**Sexto.** Para los efectos señalados en el artículo anterior, dentro de un plazo que no excederá del treinta y uno de diciembre de dos mil siete, se realizará lo siguiente:

**I.** El Instituto acreditará el tiempo de cotización de cada Trabajador de acuerdo con la información disponible en sus registros y bases de datos, así como con la que se recabe para este fin, de conformidad con los programas y criterios que estime pertinentes;

**II.** Con base en la información relativa al tiempo de cotización acreditado de cada Trabajador, el Instituto entregará a la Secretaría de Hacienda y Crédito Público el cálculo preliminar de los importes de los Bonos de Pensión del ISSSTE que les correspondan;

**III.** A través de los mecanismos que estimen pertinentes, la Secretaría de Hacienda y Crédito Público y el Instituto harán del conocimiento de los Trabajadores el cálculo preliminar de sus Bonos de Pensión, así como la información sobre las opciones a que tengan derecho conforme a lo dispuesto en este ordenamiento, y

**IV.** Las Dependencias y Entidades deberán colaborar con la Secretaría de Hacienda y Crédito Público y el Instituto en todo lo necesario para integrar la documentación e información requeridas para la acreditación del tiempo de cotización, el Sueldo Básico y el cálculo del Bono de Pensión de los Trabajadores, así como para informar a éstos sobre las opciones y derechos correlativos.

**Séptimo.** A partir del día primero de enero de dos mil ocho, los Trabajadores tendrán seis meses para optar por el régimen previsto en el artículo décimo transitorio o por la acreditación de Bonos de Pensión del ISSSTE.

Dentro de ese plazo, en caso de que el Trabajador considere que su Sueldo Básico o tiempo de cotización son diferentes a los que le sean acreditados como base para el cálculo preliminar de su Bono de Pensión, tendrá derecho a entregar al Instituto, para que realice la revisión y ajuste que en su caso correspondan, las hojas únicas de servicio que para este efecto le expidan las Dependencias y Entidades en que haya laborado, con el propósito de que los ajustes procedentes le sean reconocidos en el cálculo del Bono de Pensión, como parte de los elementos necesarios para sustentar su decisión.

La opción adoptada por el Trabajador deberá comunicarla por escrito al Instituto a través de las Dependencias y Entidades, en los términos que se establezcan y se le hayan dado a conocer, y será definitiva, irrenunciable y no podrá modificarse. El formato que se apruebe para ejercer este derecho deberá ser publicado en el Diario Oficial de la Federación.

Cuando el Trabajador no manifieste la opción que elige dentro del plazo previsto, se le deberá hacer saber en los términos que establezca el reglamento respectivo conforme al cual se respetará lo conducente a los Trabajadores que no manifiesten su elección.

**Octavo.** Los Trabajadores que hubieran optado por el régimen del artículo décimo transitorio, en ningún caso tendrán derecho a la acreditación de Bonos de Pensión del ISSSTE.

**Noveno.** El valor nominal de emisión expresado en unidades de inversión de los Bonos de Pensión del ISSSTE que se calculará a cada Trabajador será el que se determine conforme a la tabla siguiente:

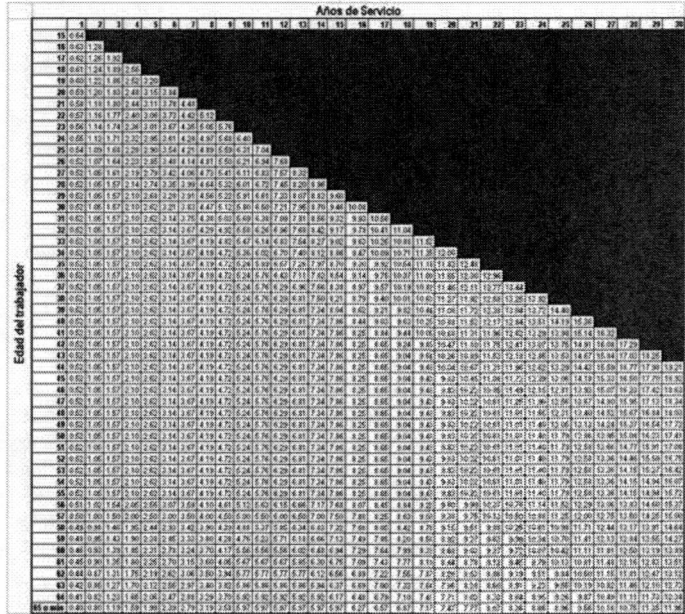

Para determinar el monto de los Bonos de Pensión del ISSSTE en cada caso particular, se deberá multiplicar el numeral que corresponda en la tabla a los años de cotización y edad del Trabajador, por el Sueldo Básico, elevado al año y expresado en unidades de inversión, que estuviere percibiendo el Trabajador al último día del año anterior a que entre en vigor esta Ley.

## RÉGIMEN DE LOS TRABAJADORES QUE NO OPTEN POR EL BONO

**Décimo.** A los Trabajadores que no opten por la acreditación de Bonos de Pensión del ISSSTE, se les aplicarán las siguientes modalidades:

**I.** A partir de la entrada en vigor de esta Ley hasta el treinta y uno de diciembre de dos mil nueve:

**a)** Los Trabajadores que hubieren cotizado treinta años o más y las Trabajadoras que hubieran cotizado veintiocho años o más, tendrán derecho a Pensión por Jubilación equivalente al cien por ciento del promedio del Sueldo Básico de su último año de servicio y su percepción comenzará a partir del día siguiente a aquél en que el Trabajador hubiese disfrutado el último sueldo antes de causar baja;

**b)** Los Trabajadores que cumplan cincuenta y cinco años de edad o más y quince años o más de cotización al Instituto, tendrán derecho a una Pensión de retiro por edad y tiempo de servicios equivalente a un porcentaje del promedio del Sueldo Básico de su último año de servicio que se define en la fracción IV, de conformidad con la siguiente Tabla:

15 años de servicio.......................... 50%
16 años de servicio.......................... 52.5%
17 años de servicio.......................... 55%
18 años de servicio.......................... 57.5%
19 años de servicio.......................... 60%
20 años de servicio.......................... 62.5%
21 años de servicio.......................... 65%
22 años de servicio.......................... 67.5%
23 años de servicio.......................... 70%
24 años de servicio.......................... 72.5%
25 años de servicio.......................... 75%
26 años de servicio.......................... 80%
27 años de servicio.......................... 85%
28 años de servicio.......................... 90%
29 años de servicio.......................... 95%

**c)** Los Trabajadores que se separen voluntariamente del servicio o que queden privados de trabajo después de los sesenta años de edad y que hayan cotizado por un mínimo de diez años al Instituto, tendrán derecho a una Pensión de cesantía en edad avanzada, equivalente a un porcentaje del promedio del Sueldo Básico de su último año de servicio, de conformidad con la siguiente Tabla:

60 años de edad 10 años de servicios 40%
61 años de edad 10 años de servicios 42%
62 años de edad 10 años de servicios 44%

63 años de edad 10 años de servicios 46%
64 años de edad 10 años de servicios 48%
65 o más años de edad 10 años de servicios 50%

El otorgamiento de la Pensión por cesantía en edad avanzada se determinará conforme a la tabla anterior, incrementándose anualmente conforme a los porcentajes fijados hasta los sesenta y cinco años, a partir de los cuales disfrutará del cincuenta por ciento fijado;

**II.** A partir del primero de enero de dos mil diez:

**a)** Los Trabajadores que hubieren cotizado treinta años o más y las Trabajadoras que hubieran cotizado veintiocho años o más, tendrán derecho a Pensión por jubilación conforme a la siguiente tabla:

| Años | Edad Mínima de Jubilación Trabajadores | Edad Mínima de Jubilación Trabajadoras |
|------|----------------------------------------|----------------------------------------|
| 2010 y 2011 | 51 | 49 |
| 2012 y 2013 | 52 | 50 |
| 2014 y 2015 | 53 | 51 |
| 2016 y 2017 | 54 | 52 |
| 2018 y 2019 | 55 | 53 |
| 2020 y 2021 | 56 | 54 |
| 2022 y 2023 | 57 | 55 |
| 2024 y 2025 | 58 | 56 |
| 2026 y 2027 | 59 | 57 |
| 2028 en adelante | 60 | 58 |

La Pensión por jubilación dará derecho al pago de una cantidad equivalente al cien por ciento del sueldo que se define en la fracción IV y su percepción comenzará a partir del día siguiente a aquél en que el Trabajador hubiese disfrutado el último sueldo antes de causar baja;

**b)** Los Trabajadores que cumplan 55 años de edad o más y quince años de cotización o más al Instituto, tendrán derecho a una Pensión de retiro por edad y tiempo de servicios.

El monto de la Pensión de retiro por edad y tiempo de servicios será equivalente a un porcentaje del sueldo que se define en la fracción IV, de conformidad con los porcentajes de la tabla siguiente:

15 años de servicio......................... 50%
16 años de servicio......................... 52.5%
17 años de servicio......................... 55%
18 años de servicio......................... 57.5%
19 años de servicio......................... 60%
20 años de servicio......................... 62.5%
21 años de servicio......................... 65%
22 años de servicio......................... 67.5%
23 años de servicio......................... 70%
24 años de servicio......................... 72.5%
25 años de servicio......................... 75%
26 años de servicio......................... 80%
27 años de servicio......................... 85%
28 años de servicio......................... 90%
29 años de servicio......................... 95%

La edad a que se refiere este inciso, se incrementará de manera gradual conforme a la tabla siguiente:

| Años | Edad para pensión por edad y tiempo de servicios |
|------|--------------------------------------------------|
| 2010 y 2011 | 56 |
| 2012 y 2013 | 57 |
| 2014 y 2015 | 58 |
| 2016 y 2017 | 59 |
| 2018 en adelante | 60 |

**c)** Tendrán derecho a Pensión por cesantía en edad avanzada, los Trabajadores que se separen voluntariamente del servicio o que queden privados de trabajo después de los sesenta años de edad y que hayan cotizado por un mínimo de diez años al Instituto.

La Pensión a que se refiere esta fracción será equivalente a un porcentaje del sueldo que se define en la fracción IV, aplicando los porcentajes que se especifican en la tabla siguiente:

60 años de edad 10 años de servicios 40%

61 años de edad 10 años de servicios 42%
62 años de edad 10 años de servicios 44%
63 años de edad 10 años de servicios 46%
64 años de edad 10 años de servicios 48%
65 o más años de edad 10 años de servicios 50%

El otorgamiento de la Pensión por cesantía en edad avanzada se determinará conforme a la tabla anterior, incrementándose anualmente conforme a los porcentajes fijados hasta los sesenta y cinco años, a partir de los cuales disfrutará del cincuenta por ciento fijado.

La edad mínima para pensionarse por cesantía en edad avanzada se incrementará de manera gradual conforme a la tabla siguiente:

| Años | Edad para pensión por cesantía en edad avanzada |
|---|---|
| 2010 y 2011 | 61 |
| 2012 y 2013 | 62 |
| 2014 y 2015 | 63 |
| 2016 y 2017 | 64 |
| 2018 en adelante | 65 |

Las Pensiones a que tengan derecho las personas a que se refiere la tabla anterior iniciarán en cuarenta por ciento en cada renglón y se incrementarán en dos por ciento cada año de edad hasta llegar a la Pensión máxima de cincuenta por ciento;

III. El cómputo de los años de servicio se hará considerando uno solo de los empleos, aun cuando el Trabajador hubiese desempeñado simultáneamente varios empleos cotizando al Instituto, cualesquiera que fuesen; en consecuencia, para dicho cómputo se considerará, por una sola vez, el tiempo durante el cual haya tenido o tenga el interesado el carácter de Trabajador;

IV. Para calcular el monto de las cantidades que correspondan por Pensión, se tomará en cuenta el promedio del Sueldo Básico disfrutado en el último año inmediato anterior a la fecha de la baja del Trabajador, siempre y cuando el Trabajador tenga una antigüedad mínima en el mismo puesto y nivel de tres años. Si el Trabajador tuviere menos de tres años ocupando el mismo puesto y nivel, se tomará en cuenta el sueldo inmediato anterior a dicho puesto que hubiere percibido el Trabajador, sin importar su antigüedad en el mismo;

**V.** Los Trabajadores a que se refiere este artículo, en caso de sufrir un riesgo del trabajo, y sus Familiares Derechohabientes, en caso de su fallecimiento a consecuencia de un riesgo del trabajo, tendrán derecho a una Pensión en los términos de lo dispuesto por el seguro de riesgos del trabajo previsto en esta Ley. Para tal efecto, el Instituto, con cargo a los recursos que a tal efecto le transfiera el Gobierno Federal, contratará una Renta vitalicia a favor del Trabajador, o en caso de fallecimiento, el Seguro de Sobrevivencia para sus Familiares Derechohabientes;

**VI.** Los Trabajadores a que se refiere este artículo, en caso de invalidez, estarán sujetos a un periodo mínimo de cotización de quince años para tener derecho a Pensión, misma que se otorgará por un porcentaje del promedio del Sueldo Básico disfrutado en el último año inmediato anterior, conforme a lo siguiente:

| | |
|---|---|
| 15 años de servicio | 50% |
| 16 años de servicio | 52.5% |
| 17 años de servicio | 55% |
| 18 años de servicio | 57.5% |
| 19 años de servicio | 60% |
| 20 años de servicio | 62.5% |
| 21 años de servicio | 65% |
| 22 años de servicio | 67.5% |
| 23 años de servicio | 70% |
| 24 años de servicio | 72.5% |
| 25 años de servicio | 75% |
| 26 años de servicio | 80% |
| 27 años de servicio | 85% |
| 28 años de servicio | 90% |
| 29 años de servicio | 95% |

Los Familiares Derechohabientes del Trabajador fallecido, en el orden que establece la sección de Pensión por causa de muerte del seguro de invalidez y vida, tienen derecho a una Pensión equivalente al cien por ciento de la que hubiese correspondido al Trabajador, aplicándose el periodo mínimo de quince años de cotización para tener derecho a la Pensión.

**Décimo Primero.** Las Cuotas y Aportaciones del seguro de retiro, cesantía en edad avanzada y vejez de los Trabajadores que opten por el régimen previsto en el artículo anterior serán ingresados en la tesorería del Instituto, excepto la Aportación del dos por ciento de retiro, la cual se destinará a la Subcuenta de ahorro para el retiro de las Cuentas Individuales de estos Trabajadores que serán administradas exclusivamente por el PENSIONISSSTE.

**Décimo Segundo.** Estarán a cargo del Gobierno Federal las Pensiones que se otorguen a los Trabajadores que opten por el esquema establecido en el artículo décimo transitorio, así como el costo de su administración.

El Gobierno Federal cumplirá lo previsto en el párrafo anterior mediante los mecanismos de pago que determine a través de la Secretaría de Hacienda y Crédito Público, los que en ningún caso afectarán a los Trabajadores.

El Instituto transferirá a la Secretaría de Hacienda y Crédito Público, los recursos a que se refiere el artículo anterior, en los términos que se convengan.

### DE LOS TRABAJADORES QUE OPTEN POR EL BONO

**Décimo Tercero.** Para los Trabajadores que hayan elegido la acreditación de los Bonos de Pensión del ISSSTE, para el ejercicio del derecho previsto en el artículo 80 de esta Ley, durante los periodos que a continuación se indican deberán cumplir los siguientes requisitos de edad o tiempo de cotización al Instituto:

**I.** Durante el año 2008 tener cumplidos por lo menos cincuenta y cinco años de edad, o haber cotizado al Instituto durante treinta o más años;

**II.** Durante el año 2009 tener cumplidos por lo menos cincuenta y cuatro años de edad, o haber cotizado al Instituto durante veintinueve o más años;

**III.** Durante el año 2010 tener cumplidos por lo menos cincuenta y tres años de edad, o haber cotizado al Instituto durante veintiocho o más años;

**IV.** Durante el año 2011 tener cumplidos por lo menos cincuenta y dos años de edad, o haber cotizado al Instituto durante veintisiete o más años, y

**V.** Durante el año 2012 tener cumplidos por lo menos cincuenta y un años de edad, o haber cotizado al Instituto durante veintiséis o más años.

A partir del año 2013, estos requisitos dejarán de ser exigibles.

**Décimo Cuarto.** Los Trabajadores que a la fecha de entrada en vigor de esta Ley tengan derecho a pensionarse conforme a la Ley que se abroga y hubieren elegido los beneficios de la presente Ley, pero que deseen seguir laborando, recibirán, en lugar de Bonos de Pensión del ISSSTE, un depósito a la vista denominado en unidades de inversión en el Banco de México, con la misma tasa de interés real anual utilizada para el cálculo de los mencionados

Bonos de Pensión del ISSSTE prevista en el artículo vigésimo primero transitorio, el cual pagará intereses mensualmente.

La Secretaría de Hacienda y Crédito Público determinará la forma y términos en que los recursos de dicho depósito podrán ser utilizados por el PENSIONISSSTE o, en su caso, las sociedades de inversión especializadas de fondos para el retiro que elija el Trabajador para la inversión de los recursos de su Cuenta Individual.

El monto del depósito a que se refiere este artículo se determinará de conformidad con la tabla prevista en el artículo noveno transitorio.

Las empresas operadoras de la Base de Datos Nacional SAR deberán llevar el registro individual de estos depósitos hasta que sea entregada la información al PENSIONISSSTE.

**Décimo Quinto.** Los Trabajadores que habiéndoseles acreditado Bonos de Pensión del ISSSTE, estén laborando a la fecha de amortización de dichos Bonos, la cantidad liquidada por la amortización, se podrá invertir en nuevos Bonos de Pensión del ISSSTE.

**Décimo Sexto.** Los Trabajadores que a la fecha de entrada en vigor de esta Ley se encuentren separados del servicio y posteriormente reingresaren al mismo, y quisieren que el tiempo trabajado con anterioridad se les compute para obtener los beneficios de esta Ley, deberán reintegrar, en su caso, la indemnización global que hubieren recibido. Asimismo, deberán laborar por lo menos durante un año contado a partir de su reingreso.

Una vez transcurrido un año a partir del reingreso, el Trabajador deberá acreditar su antigüedad con sus hojas únicas de servicio y le serán acreditados los Bonos de Pensión del ISSSTE que le correspondan.

Los beneficios que se les otorguen a los Trabajadores referidos en este artículo se calcularán sobre el promedio del Sueldo Básico, del año anterior a su separación del servicio público.

**Décimo Séptimo.** Los ciudadanos que hubieren servido como Diputados o Senadores propietarios al Congreso de la Unión y que no se hubieren incorporado voluntariamente al régimen de la Ley que se abroga durante su mandato constitucional, tendrán derecho a solicitar al Instituto su incorporación al mismo, mediante el pago de las Cuotas y Aportaciones que estuvieren vigentes durante el periodo en que hubieren servido. Este derecho deberán ejercerlo dentro de los seis meses siguientes a la entrada en vigor de esta Ley.

El ejercicio del derecho a que se refiere este artículo dará lugar al otorgamiento de los beneficios previstos en el presente ordenamiento.

## DERECHOS DE LOS PENSIONADOS A LA FECHA DE ENTRADA EN VIGOR DE ESTA LEY

**Décimo Octavo.** Los Jubilados, Pensionados o sus Familiares Derechohabientes que, a la entrada en vigor de esta Ley, gocen de los beneficios que les otorga la Ley que se abroga, continuarán ejerciendo sus derechos en los términos y condiciones señalados en las disposiciones vigentes al momento de su otorgamiento.

**Décimo Noveno.** Para la administración de las Pensiones en curso de pago, el Instituto deberá llevar por separado la contabilidad de los recursos que reciba para este fin. Los recursos que destine el Gobierno Federal al Instituto para cubrir dichas Pensiones no se considerarán ingresos de este último.

Anualmente, el Instituto transferirá al Gobierno Federal, en los términos que convenga con la Secretaría de Hacienda y Crédito Público para tal efecto, los recursos de las Cuotas y Aportaciones de los seguros de riesgos del trabajo e invalidez y vida de los Trabajadores que optaron por el régimen previsto en el artículo décimo transitorio.

## CARACTERÍSTICAS DE LOS BONOS DE PENSIÓN DEL ISSSTE

**Vigésimo.** Los Bonos de Pensión del ISSSTE reunirán las siguientes características:

**I.** Serán títulos emitidos por el Gobierno Federal en términos de las disposiciones legales aplicables, que constituirán obligaciones generales directas e incondicionales de los Estados Unidos Mexicanos;

**II.** Tendrá, cada uno, un valor nominal de cien unidades de inversión;

**III.** Serán títulos cupón cero emitidos a la par y tendrán un valor nominal constante en unidades de inversión;

**IV.** Serán títulos no negociables;

**V.** La conversión de las unidades de inversión se realizará conforme al valor de éstas al día del vencimiento de los títulos;

**VI.** Los títulos se emitirán en series con vencimientos sucesivos, conforme al perfil que determine la Secretaría de Hacienda y Crédito Público;

**VII.** El monto y plazo de vencimiento de cada serie corresponderá al que resulte del perfil de Jubilación del Trabajador. Esto es, cuando suceda el primero de los siguientes eventos, que el Trabajador cumpla cincuenta y cinco años de edad o treinta años de cotizar al Instituto, y

**VIII.** Podrán ser amortizados previamente a su fecha de vencimiento, cuando el Gobierno Federal, por conducto de la Secretaría de Hacienda y Crédito Público, lo considere conveniente o cuando el Trabajador tenga derecho a pensionarse anticipadamente. En estos casos, se aplicará la fórmula de redención anticipada prevista en el artículo vigésimo primero transitorio.

Con base en el cálculo preliminar del importe de los Bonos de Pensión del ISSSTE que el Instituto proporcione al Gobierno Federal, a través de la Secretaría de Hacienda y Crédito Público, ésta deberá determinar el número de series, así como las demás características de los Bonos de Pensión del ISSSTE y de la emisión de los mismos.

A más tardar el treinta de septiembre de dos mil ocho, el Instituto deberá informar a la Secretaría de Hacienda y Crédito Público el monto exacto de cada serie de Bonos de Pensión del ISSSTE, acompañando el soporte respectivo, en los términos que en su caso estén previstos en las disposiciones reglamentarias o administrativas correspondientes.

El Banco de México tendrá a su cargo las funciones de custodia, administración y servicio de los Bonos de Pensión del ISSSTE.

**Vigésimo Primero.** Los Bonos de Pensión del ISSSTE podrán ser redimidos antes de su vencimiento, cuando el Gobierno Federal, por conducto de la Secretaría de Hacienda y Crédito Público, lo considere conveniente o cuando el Trabajador tenga derecho a pensionarse. En estos casos, el Trabajador recibirá la cantidad que representen sus Bonos de Pensión del ISSSTE a la fecha de redención anticipada conforme a la fórmula siguiente:

$$VR_t = \left( \frac{VN}{(1.035)^n} \right) \cdot Udi_t$$

Donde:

$t$ = El día en el que se evalúa el valor de redención anticipada del Bono de Pensión del ISSSTE.

$Udi_t$ = Valor de la unidad de inversión en el día t.

VR = Valor de redención anticipada expresado en pesos al día t.

VN = Valor nominal de emisión del Bono de Pensión del ISSSTE, expresado en unidades de inversión.

n = Número de años faltantes para el vencimiento del Bono de Pensión del ISSSTE, expresado como el número de días para el vencimiento, dividido entre trescientos sesenta y cinco.

Esta fórmula utiliza los mismos supuestos de cálculo utilizados para determinar el valor de los Bonos de Pensión del ISSSTE acreditados al Trabajador.

De conformidad con la fórmula de pago anticipado, el valor de redención expresado en unidades de inversión de los Bonos de Pensión del ISSSTE a la fecha de su emisión será el siguiente:

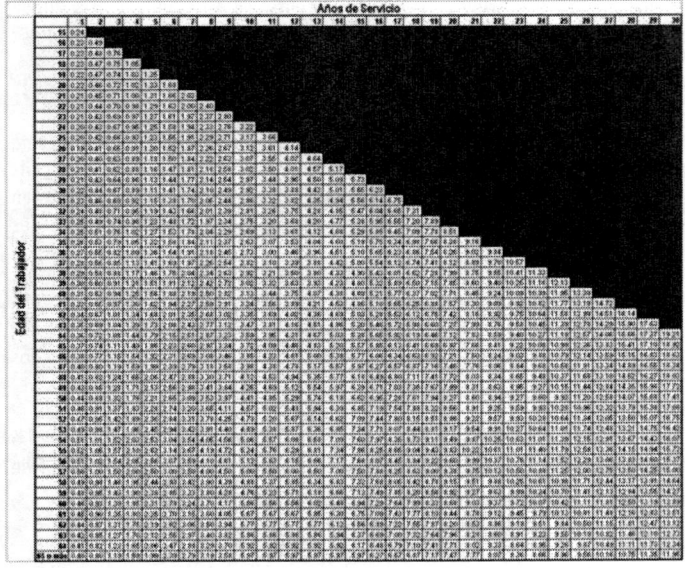

Para determinar el monto de los Bonos de Pensión del ISSSTE en cada caso particular, se deberá multiplicar el numeral que corresponda en la tabla a los años de cotización y edad del Trabajador, por el Sueldo Básico mensual, elevado al año y expresado en unidades de inversión, que estuviere percibiendo el Trabajador al último día del año anterior a que entre en vigor esta Ley.

A efecto de cumplir con las obligaciones generadas con los Trabajadores conforme a lo dispuesto en la presente Ley, se autoriza al Ejecutivo Federal, por conducto de la Secretaría de Hacienda y Crédito Público, a celebrar los actos jurídicos necesarios para emitir y pagar los Bonos de Pensión del ISSSTE, así como, en su caso, a contratar, ejercer, y autorizar créditos, empréstitos y otras formas del crédito público, incluso mediante la emisión de valores, para el financiamiento de las obligaciones del Gobierno Federal asociadas a esta Ley. Asimismo, se autoriza al Ejecutivo Federal por conducto de la Secretaría de Hacienda y Crédito Público para realizar los ajustes correspondientes en el Presupuesto de Egresos de la Federación a efecto de que se reconozca como gasto el mismo importe de las obligaciones a cargo del Gobierno Federal a que se refiere esta Ley.

**Vigésimo Segundo.** Los procedimientos para acreditar en las Cuentas Individuales los Bonos de Pensión del ISSSTE y su traspaso al PENSIONISSSTE o a las Administradoras se deberán sujetar a las disposiciones que emita la Comisión Nacional del Sistema de Ahorro para el Retiro.

El PENSIONISSSTE y, en su caso, las Administradoras, deberán incorporar en los estados de cuenta que expidan a los Trabajadores el valor nominal de sus Bonos de Pensión del ISSSTE en unidades de inversión y en pesos, así como el valor de pago anticipado de los Bonos en unidades de inversión y en pesos, a la fecha de corte del estado de cuenta, de conformidad con las disposiciones que emita al efecto la Comisión Nacional del Sistema de Ahorro para el Retiro.

## DEL PENSIONISSSTE

**Vigésimo Tercero.** El Instituto dispondrá de un plazo de doce meses a partir de la vigencia de esta Ley, para que en el orden administrativo establezca lo necesario para la creación y el funcionamiento del PENSIONISSSTE debiendo proveer los recursos humanos, materiales y presupuestales que se requieran desde el inicio de operaciones del PENSIONISSSTE hasta que éste reciba recursos por concepto de comisiones.

El Gobierno Federal deberá apoyar al Instituto, proveyendo los recursos necesarios, para el inicio de operaciones del PENSIONISSSTE.

**Vigésimo Cuarto.** Durante el periodo que transcurra entre la entrada en vigor de esta Ley y que el PENSIONISSSTE tome a su cargo la administración de las Cuentas Individuales de los Trabajadores, las Cuotas y Aportaciones del seguro de retiro, cesantía en edad avanzada y vejez se depositarán en la cuenta que lleve el Banco de México, al Instituto.

Los recursos depositados en la mencionada cuenta se invertirán en valores o créditos a cargo del Gobierno Federal, y causarán intereses a una tasa de dos por ciento anual, pagaderos mensualmente mediante su reinversión. El cálculo de estos intereses se hará sobre el saldo promedio diario mensual, ajustado en una cantidad igual a la resultante de aplicar a dicho saldo, la variación porcentual del Índice Nacional de Precios al Consumidor publicado por el Banco de México, correspondiente al mes inmediato anterior al del ajuste.

Las empresas operadoras de la Base de Datos Nacional SAR deberán llevar el registro de las Cuotas y Aportaciones enteradas y su individualización, incluyendo la relativa a las Aportaciones al Fondo de la Vivienda, para su entrega al PENSIONISSSTE.

La Secretaría de Hacienda y Crédito Público establecerá las demás características de la cuenta que lleve el Banco de México al Instituto.

La Comisión Nacional del Sistema de Ahorro para el Retiro deberá establecer el procedimiento para que se registre la información de las Cuotas y Aportaciones y se opere la apertura de las Cuentas Individuales en el PENSIONISSSTE.

**Vigésimo Quinto.** El PENSIONISSSTE administrará las Cuentas Individuales de los Trabajadores afiliados o que se afilien al Instituto durante los treinta y seis meses siguientes a su creación. Los Trabajadores que ingresen al régimen a partir de la entrada en vigor de esta Ley, y tengan abierta ya una Cuenta Individual en una Administradora, podrán elegir mantenerse en ella.

Una vez concluido el plazo antes mencionado, los Trabajadores a que se refiere el párrafo anterior podrán solicitar el traspaso de su Cuenta Individual a cualquier Administradora, o permanecer en el PENSIONISSSTE sin trámite alguno. Asimismo, a partir de esa fecha, el PENSIONISSSTE podrá recibir el traspaso de Cuentas Individuales de Trabajadores afiliados al IMSS o de Trabajadores independientes.

Los Bonos de Pensión del ISSSTE no deberán ser considerados por las Administradoras para el cálculo de las comisiones que estén autorizadas a cobrar a las Cuentas Individuales.

Tratándose de Trabajadores que a la entrada en vigor de la presente Ley hayan elegido que su Cuenta Individual sea operada por una Administradora y opten por la acreditación de Bonos de Pensión del ISSSTE en términos del artículo quinto transitorio, dicha Cuenta Individual seguirá siendo operada por la Administradora que hubieren elegido y los Bonos de Pensión del ISSSTE deberán ser acreditados en las Cuentas Individuales operadas por dichas Administradoras.

**Vigésimo Sexto.** Los recursos acumulados en las Cuentas Individuales abiertas bajo el sistema de ahorro para el retiro vigente a partir del primer bimestre de mil novecientos noventa y dos hasta la fecha de entrada en vigor de esta Ley, deberán ser transferidos al PENSIONISSSTE dentro del mes siguiente a que inicie operaciones, y se mantendrán invertidos en créditos a cargo del Gobierno Federal en el Banco de México.

A los Trabajadores que hayan elegido la acreditación de Bonos de Pensión del ISSSTE, se les abrirá la Cuenta Individual a que se refiere esta Ley, en la que acumularán los recursos a que se refiere el párrafo anterior.

**Vigésimo Séptimo.** Las Cuentas Individuales del sistema de ahorro para el retiro, se transferirán y serán administradas por el PENSIONISSSTE.

### FORTALECIMIENTO INTEGRAL DEL INSTITUTO

**Vigésimo Octavo.** El capital inicial de operación del Fondo de préstamos personales al primer día de la entrada en vigor de la presente Ley, se constituirá por el valor de la cartera vigente de préstamos personales, capital más intereses y el valor de los recursos disponibles de este Fondo al día anterior de la entrada en vigor de la presente Ley.

El Gobierno Federal, para el fortalecimiento del Fondo suministrará adicionalmente, por una sola vez, la cantidad de dos mil millones de pesos, dentro de los sesenta días siguientes a que entre en vigor esta Ley. El Instituto devolverá esta cantidad al Gobierno Federal, en los plazos y términos que convenga con la Secretaría de Hacienda y Crédito Público.

**Vigésimo Noveno.** De manera extraordinaria, el Gobierno Federal deberá aportar al seguro de salud la cantidad de ocho mil millones de pesos, en los términos que convengan el Instituto y la Secretaría de Hacienda y Crédito Público.

**Trigésimo.** La Cuota Social del seguro de salud, será cubierta por el Gobierno Federal a partir del día primero de enero del año dos mil ocho. En ese año, el Gobierno Federal aportará la cantidad que resulte suficiente para cubrir la Cuota Social del cincuenta y siete punto dos por ciento del total de los Trabajadores y Pensionados a esa fecha. El Gobierno Federal incrementará las Aportaciones por concepto de Cuota Social del seguro de salud en un catorce punto tres por ciento de los Trabajadores y Pensionados cada año a partir de dos mil nueve, hasta cubrir el cien por ciento de los Trabajadores y Pensionados en el año dos mil once.

**Trigésimo Primero.** La Cuota por el seguro de retiro, cesantía en edad avanzada y vejez correspondiente a los Trabajadores se deberá ajustar a lo dispuesto en la tabla siguiente:

| Años | Cuota a cargo del Trabajador |
|---|---|
| A la entrada en vigor de esta Ley | 3.5% |
| 2008 | 4.025% |
| 2009 | 4.55% |
| 2010 | 5.075% |
| 2011 | 5.6% |
| 2012 en adelante | 6.125% |

## DISPOSICIONES GENERALES

**Trigésimo Segundo.** El Instituto proporcionará a los Derechohabientes el medio de identificación a que se refiere el artículo 9o. de esta Ley, dentro de un plazo de dos años a partir de la entrada en vigor de la misma, sin perjuicio de que durante dicho plazo sigan siendo válidos los medios de identificación expedidos por el Instituto a los Derechohabientes.

**Trigésimo Tercero.** A efecto de instrumentar las diversas obligaciones a cargo de las Dependencias y Entidades previstas en esta Ley, se deberá crear un Comité de Oficiales Mayores o sus equivalentes en las Entidades y órganos desconcentrados, presidido por la Secretaría de Hacienda y Crédito Público dentro de un plazo de treinta días naturales contados a partir de su entrada en vigor.

El Instituto y la Comisión Nacional del Sistema de Ahorro para el Retiro deberán participar en dicho Comité como asesores en el ámbito de sus respectivas competencias.

**Trigésimo Cuarto.** Las Dependencias y Entidades, y el propio Instituto, a más tardar el día treinta y uno de diciembre de dos mil siete, deberán ajustar a las normas y criterios de esta Ley los mecanismos de administración, los sistemas informáticos y los formatos de sus bases de datos; los sistemas de recaudación y entero de Cuotas y Aportaciones; y los procedimientos de dispersión e intercambio de información, de tal modo que garanticen a satisfacción del Instituto la capacidad de operación para la gestión de los seguros, servicios y prestaciones.

Los procedimientos relativos al seguro de retiro, cesantía en edad avanzada y vejez deberán sujetarse a las disposiciones que emita la Comisión Nacional del Sistema de Ahorro para el Retiro. Hasta en tanto inicien operaciones los sistemas o programas informáticos a que se refiere esta Ley, las Dependencias y Entidades deberán enterar las Cuotas y Aportaciones del seguro de retiro, cesantía en edad avanzada y vejez a través de los medios utilizados para el pago de las Aportaciones al sistema de ahorro para el retiro previsto en la Ley que se abroga.

**Trigésimo Quinto.** El cálculo del Sueldo Básico señalado en esta Ley, en ningún caso podrá dar por resultado una cantidad menor al Sueldo Básico establecido en la Ley que se abroga para el cálculo de las Cuotas y Aportaciones al Instituto.

**Trigésimo Sexto.** En un plazo que no excederá de seis meses contado a partir del día primero de enero de dos mil ocho, el Instituto deberá adecuar la inversión de sus Reservas, al régimen previsto en el presente ordenamiento.

En cuanto a la constitución de los Fondos afectos a la Reserva de operación para contingencias y financiamiento, el Instituto tendrá un plazo máximo de cinco años contados a partir de la entrada en vigor de este ordenamiento para constituir dicha Reserva.

**Trigésimo Séptimo.** El Instituto y los gobiernos de las Entidades Federativas o municipios, así como sus Dependencias y Entidades, deberán adecuar los convenios que hubieren celebrado con anterioridad a la entrada en vigor de esta Ley, a los términos previstos en el presente ordenamiento, en un plazo que no excederá del día treinta de junio de dos mil ocho.

Los convenios de incorporación parcial al régimen obligatorio celebrados antes de la entrada en vigor de esta Ley, podrán renovarse como convenios parciales, con la obligación de ajustarse al régimen de esta Ley.

En los casos en que no se cumpla con lo previsto en los párrafos anteriores, y que los gobiernos de las Entidades Federativas o municipios, y sus Dependencias y Entidades no pudieren convenir la garantía incondicional del pago de las Cuotas y Aportaciones a su cargo, los convenios de incorporación se deberán rescindir dentro de los seis meses siguientes al término del plazo previsto en el primer párrafo de este artículo.

**Trigésimo Octavo.** El Instituto publicará en el Diario Oficial de la Federación en un plazo no mayor al día treinta y uno de julio de dos mil siete, la relación de Dependencias y Entidades que a la fecha de entrada en vigor de esta Ley, tengan adeudos por concepto de Aportaciones, Cuotas y recuperación de créditos a corto y mediano plazo a los Derechohabientes, dando a conocer los estímulos establecidos en esta Ley para el pago de sus adeudos.

Las Dependencias y Entidades que voluntariamente regularicen adeudos con el Instituto, gozarán por única vez del beneficio de la condonación parcial o total de recargos, sin que ello se considere como remisión de deuda para efectos de la Ley del Impuesto sobre la Renta de acuerdo con las siguientes bases específicas:

**A.**

| Fecha | Porcentaje de Condonación |
|---|:---:|
| 1. Antes del 30 de junio de 2008 | 80% |
| 2. 1º de julio al 31 de diciembre de 2008 | 60% |
| 3. 1º de enero al 30 de junio de 2009 | 40% |
| 4. 1º de julio al 31 de diciembre de 2009 | 30% |

**B.** Las Dependencias y Entidades que reconozcan antes del treinta de junio de dos mil ocho, el total de sus adeudos generados con anterioridad a la entrada en vigor de esta Ley, y opten por saldar sus adeudos mediante la formalización de un convenio de reconocimiento de adeudo y forma de pago a plazos, tendrán el beneficio de la condonación del veinte por ciento del total de los recargos generados. Estos convenios deberán someterse a la opinión de la Secretaría de Hacienda y Crédito Público previamente a su celebración.

La regularización de adeudos operará contra el pago de quincenas vencidas completas y en ningún caso se condonará la actualización del principal omitido.

Quedan exceptuados de cualquier condonación por la regularización de adeudos el principal, los recargos o actualización a que haya lugar por las Aportaciones del dos por ciento del sistema de ahorro para el retiro y el cinco por ciento a la Subcuenta del Fondo de la Vivienda, previstos en la Ley que se abroga.

**Trigésimo Noveno.** Cuando por disposición de leyes como la de Veteranos de la Revolución o cualesquiera otras que deban aplicarse concomitantemente con la presente Ley, se establezcan beneficios superiores a favor de los Trabajadores computándoles mayor número de años de servicio o tomando como base un sueldo superior al Sueldo Básico para la determinación de la Pensión, el pago de las diferencias favorables al Trabajador será por cuenta exclusiva de la Dependencia o Entidad pública a cuyo cargo determinen esas leyes las diferencias. Sin embargo, para que puedan otorgarse esos beneficios complementarios a los Trabajadores, se requerirá que previamente se hayan cumplido los requisitos que la presente Ley señala para tener derecho a Pensión.

**Cuadragésimo.** Para dar cumplimiento a lo establecido en el artículo 31 de la presente Ley, el Instituto contará con un año, a partir de la entrada en vigor de esta Ley para realizar los estudios que correspondan y definir las condiciones en las que podrá intercambiar seguros de salud con instituciones públicas federales y estatales del sector salud.

**Cuadragésimo Primero.** Los Trabajadores y Pensionados que a la fecha de entrada en vigor de esta Ley, tengan derecho a la prestación de préstamos personales, continuarán gozando de dicho beneficio de acuerdo con el programa anual que autorice la Junta Directiva y de conformidad con las reglas que establezca la misma.

Los pensionados que opten por el régimen establecido en el Artículo Décimo Transitorio de este ordenamiento, podrán optar por solicitar préstamos a las Entidades Financieras a que se refiere la Ley para la Transparencia y Ordenamiento de los Servicios Financieros, dando su consentimiento expreso para que el Instituto les descuente de su pensión los importes relativos al pago del préstamo y los entregue a la institución financiera que lo otorgó, conforme al convenio que para tal efecto deberán tener celebrado ésta y el Instituto.

*Párrafo adicionado DOF 28-05-2012*

El Instituto únicamente podrá celebrar los convenios a que se refiere el párrafo anterior, cuando en los mismos se estipule que el descuento mensual derivado de una o más transacciones, considerando otros descuentos que en términos de las disposiciones jurídicas resulten procedentes, en ningún caso excederá del treinta por ciento del monto de la pensión mensual, ni implique que la cuantía de la pensión se reduzca a una cantidad inferior a la pensión garantizada establecida en esta Ley, y que el plazo para el pago del préstamo no exceda de sesenta meses. En la aplicación de los referidos descuentos se aplicará la prelación que corresponda en términos de las disposiciones jurídicas aplicables.

*Párrafo adicionado DOF 28-05-2012*

Las Entidades Financieras deberán comunicar al Instituto el Costo Anual Total aplicable a los préstamos mencionados, a fin de que éste los haga del conocimiento de los pensionados, para fines informativos y de comparación en la elección de la Entidad Financiera a la que solicitarán el préstamo.

*Párrafo adicionado DOF 28-05-2012*

Los gastos que se generen con motivo del control, descuentos y entrega o transferencia de los importes relativos a los préstamos otorgados por las Entidades Financieras serán cubiertos por éstas al Instituto, en los términos que se estipule en los convenios respectivos.

*Párrafo adicionado DOF 28-05-2012*

La Junta Directiva del Instituto podrá emitir las disposiciones de carácter administrativo necesarias para la debida observancia de lo dispuesto en este artículo.

*Párrafo adicionado DOF 28-05-2012*

**Cuadragésimo Segundo.** El reglamento para el otorgamiento de préstamos deberá ser expedido en un plazo máximo de un año contado a partir de la entrada en vigor de esta Ley.

**Cuadragésimo Tercero.** A las personas que presten sus servicios a las Dependencias o Entidades mediante contrato personal sujeto a la legislación común, que perciban sus emolumentos exclusivamente con cargo a la partida de honorarios por contrato, o que estén incluidos en las listas de raya, siempre y cuando hayan laborado una jornada completa de acuerdo con las condiciones generales de trabajo y hayan laborado por un periodo mínimo de un año, se les incorporará integralmente al régimen de seguridad social con la entrada en vigor de esta Ley.

Asimismo, se les incorporará con los Tabuladores aplicables en la Dependencia o Entidad en que presten sus servicios mediante un programa de incorporación gradual, que iniciará a partir del primero de enero del 2008 dentro de un plazo máximo de cinco años. La Secretaría de Hacienda y Crédito Público establecerá los lineamientos para su incorporación.

**Cuadragésimo Cuarto.** Las viviendas propiedad del Instituto que a la fecha de entrada en vigor de esta Ley tenga en arrendamiento se regularán por las disposiciones que, al efecto, emita la Junta Directiva del Instituto.

**Cuadragésimo Quinto.** Las organizaciones de Trabajadores orientarán a sus agremiados en lo relativo al ejercicio de los derechos que les otorga esta Ley.

**Cuadragésimo Sexto.** Adicionalmente a lo previsto en el artículo 14 de la presente Ley, para garantizar que ésta beneficie a los Trabajadores y a sus familias, así como para asegurar el cumplimiento de sus objetivos y la viabilidad futura del Instituto, este ordenamiento será revisado por la Junta Directiva cada cuatro años. Los resultados obtenidos deberán sustentarse en estudios actuariales y, en su caso, promoverse las reformas o adiciones legales necesarias.

**Cuadragésimo Séptimo.** El Instituto, el PENSIONISSSTE y el Fondo de la Vivienda estarán sujetos a lo dispuesto por la Ley Federal de Transparencia y Acceso a la Información Pública Gubernamental, así como a su Reglamento y demás disposiciones emitidas con fundamento en dicha Ley.

**Cuadragésimo Octavo.** Durante los ejercicios fiscales 2024 y 2025, el Instituto podrá reducir, hasta el cien por ciento del monto correspondiente a intereses moratorios, actualización y recargos previstos en el artículo 22 de esta Ley, derivados de los adeudos por concepto de cuotas y aportaciones no enteradas al Instituto que se mantengan registrados al cierre de los ejercicios fiscales 2023 y 2024, que se paguen durante los ejercicios fiscales 2024 y 2025, salvo a las aportaciones del dos por ciento de retiro a que se refiere el Transitorio Décimo Primero de esta Ley, a las del Fondo de la Vivienda y aquellos que correspondan al seguro de retiro, cesantía en edad avanzada y vejez en favor del Trabajador, excepto tratándose de los que corresponden a trabajadores que optaron por el régimen previsto en el artículo Décimo Transitorio de esta misma Ley.

Lo dispuesto en el párrafo anterior, se establece sin perjuicio de otros beneficios previstos en las leyes fiscales, que se apliquen o se encuentren vigentes durante los ejercicios fiscales 2024 y 2025. No obstante, en el caso de las entidades federativas y, en su caso, los municipios, dependencias y entidades de los gobiernos locales que hayan celebrado convenios para la regularización de los adeudos conforme a la Ley de Ingresos de la Federación del ejercicio fiscal que corresponda, y opten por aplicar el beneficio previsto en este Transitorio, el Instituto podrá modificar y, en su caso, cancelar los convenios celebrados con el mismo a fin de tomar en cuenta el pago de los adeudos en la proporción que corresponda.

La Junta Directiva autorizará los términos y condiciones bajo los cuales procederá la reducción de adeudos.

Los ingresos que obtenga el Instituto, durante los ejercicios fiscales 2024 y 2025, por el pago de adeudos por concepto de cuotas y aportaciones registrados al cierre de los ejercicios fiscales 2023 y 2024, en términos del párrafo primero de este Transitorio, se destinarán al Fondo de Pensiones para el Bienestar o al fortalecimiento de los seguros, prestaciones y servicios del Instituto a que se refiere esta Ley, en los términos de las disposiciones aplicables y, en su caso, de los acuerdos que determine la Junta Directiva.

Durante los ejercicios fiscales 2024 y 2025, los ingresos netos provenientes de la enajenación de los inmuebles propiedad del Instituto que determine la Junta Directiva, en términos de las disposiciones jurídicas aplicables, serán destinados al Fondo de Pensiones para el Bienestar o al fortalecimiento de los seguros, prestaciones y servicios del Instituto a que se refiere esta Ley y, en su caso, de los acuerdos que determine la Junta Directiva.

*Artículo adicionado DOF 30-04-2024*

México, D.F., 28 de marzo de 2007. Dip. **Jorge Zermeño Infante**, Presidente. Sen. **Manlio Fabio Beltrones Rivera**, Presidente. Dip. **Lilia Gpe. Merodio Reza**, Secretaria. Sen. **Ludivina Menchaca Castellanos**, Secretaria. Rúbricas."

En cumplimiento de lo dispuesto por la fracción I del Artículo 89 de la Constitución Política de los Estados Unidos Mexicanos, y para su debida publicación y observancia, expido el presente Decreto en la Residencia del Poder Ejecutivo Federal, en la Ciudad de México, Distrito Federal, a los treinta días del mes de marzo de dos mil siete. **Felipe de Jesús Calderón Hinojosa**. Rúbrica. El Secretario de Gobernación, **Francisco Javier Ramírez Acuña**. Rúbrica.

# Reglamento de Servicios Médicos del Instituto de Seguridad y Servicios Sociales de los trabajadores del Estado

## TEXTO ORIGINAL

Reglamento publicado en la Primera Sección del Diario Oficial de la Federación, el lunes 31 de octubre de 2016.

Al margen un logotipo, que dice: Instituto de Seguridad y Servicios Sociales de los Trabajadores del Estado.- Secretaría General.- Prosecretaría de la Junta Directiva.- SG/PJD/559/2016.

LIC. JOSÉ REYES BAEZA TERRAZAS

Director General del Instituto de Seguridad y Servicios Sociales de los Trabajadores del Estado

Presente

En sesión celebrada por la Junta Directiva el día 8 de septiembre de 2016, al tratarse lo relativo a la aprobación del Reglamento de Servicios Médicos, se tomó el siguiente:

ACUERDO 37.1355.2016.- "La Junta Directiva, con fundamento en los artículos 28 segundo párrafo, 208 fracción IX y 214 fracción VI de la Ley del Instituto de Seguridad y Servicios Sociales de los Trabajadores del Estado y 14 fracción I del Estatuto Orgánico, por unanimidad, aprueba el:

## REGLAMENTO DE SERVICIOS MÉDICOS DEL INSTITUTO DE SEGURIDAD Y SERVICIOS SOCIALES DE LOS TRABAJADORES DEL ESTADO

### TÍTULO PRIMERO
### DISPOSICIONES GENERALES

**Artículo 1.-** Este Reglamento tiene por objeto regular el otorgamiento del seguro de salud que comprende la atención médica preventiva, curativa y maternidad, rehabilitación física y mental, la investigación para la salud, la formación de recursos humanos, la educación médica continua, así como la asistencia médica integral derivada de los riesgos de trabajo que se proporciona en las Unidades Médicas, además de otorgar el seguro de salud protegiendo los derechos humanos y sin discriminación alguna, en beneficio de los Derechohabientes.

**Artículo 2.-** Las disposiciones contenidas en este ordenamiento son de carácter general y serán de observancia obligatoria para la Secretaría General, las Unidades Administrativas Centrales y Desconcentradas, y las Unidades Médicas del Instituto, con fundamento en la normatividad aplicable.

**Artículo 3.-** Para los efectos de este Reglamento, se entenderá por:

I. Accidente de Trabajo.- La lesión orgánica o perturbación funcional, inmediata o posterior, o la muerte, producida repentinamente en ejercicio o con motivo del trabajo, cualesquiera que sean el lugar y el tiempo en que se presente. Quedan incluidos en la definición anterior los accidentes que se produzcan al trasladarse el Trabajador directamente de su domicilio y/o a la estancia de bienestar infantil de sus hijos, al lugar en que desempeña su trabajo o viceversa;

II. Aseguradora.- La que se obliga, mediante una prima, a resarcir un daño o a pagar una suma de dinero al verificarse la eventualidad prevista en el contrato;

III. Atención Médica.- El conjunto de servicios médicos que se le proporcionan al paciente para proteger, promover y restaurar su salud dicha atención puede apoyarse de medios electrónicos de acuerdo con las normas oficiales mexicanas que al efecto expida la Secretaría de Salud;

IV. Atención Médica Ambulatoria.- El conjunto de servicios médicos que se proporcionan, en establecimientos fijos o móviles, con el fin de proteger, promover o restaurar la salud de pacientes o usuarios que no requieren Hospitalización;

V. Atención Médica Curativa.- El conjunto de servicios que se proporcionan al individuo, con el fin de proteger, promover y restaurar su salud, mediante acciones que permitan un diagnóstico temprano y un tratamiento oportuno y eficaz;

VI. Atención Médica Domiciliaria.- El conjunto de servicios de Atención Médica que se le proporcionan al Usuario en su domicilio que por las condiciones de salud en que se encuentra no le permite asistir a la Unidad Médica correspondiente, dando preferencia a grupos vulnerables como son pediátricos, de la tercera edad, discapacitados y embarazadas, con el propósito de proteger, promover y restaurar su salud;

VII. Atención Médica Hospitalaria.- El internamiento del paciente en una Unidad Hospitalaria, cuando es necesario por la naturaleza del padecimiento y a juicio del Médico Tratante;

VIII. Atención Médica Preventiva.- La Atención Médica dirigida al desarrollo de acciones de fomento y educación para la salud, detección, protección específica, diagnóstico, tratamiento, limitación del daño, Rehabilitación y control, realizadas en beneficio de la salud del individuo, de la familia y de la comunidad;

IX. Atención Médico-Quirúrgica.- El conjunto de acciones orientadas a curar y prevenir mayores daños a la salud, mediante la aplicación de las técnicas quirúrgicas aceptadas por la Medicina;

X. Banco de Sangre.- El establecimiento autorizado para obtener, recolectar, analizar, fraccionar, conservar, aplicar y proveer sangre humana, así como para analizar, conservar, aplicar y proveer los componentes de la misma;

XI. Consentimiento Informado.- La autorización escrita firmada por el Paciente o su representante legal o familiar más cercano, mediante la cual se acepta, un procedimiento médico o quirúrgico con fines de diagnóstico, con fines diagnóstico-terapéuticos o rehabilitatorios paliativos o de investigación, una vez que el Paciente ha recibido la información de los riesgos y beneficios esperados;

XII. Catálogo Institucional de Insumos para la Salud.- El documento que integra la Dirección Médica con el listado de los medicamentos, material de curación, material radiológico, material odontológico, material protésico que el Instituto de Seguridad y Servicios Sociales de los Trabajadores del Estado, adquiere y suministra, en razón de las necesidades de los Usuarios, mismos que se encuentran considerados en el cuadro básico para el primer nivel de atención y el catálogo de insumos para el segundo y tercer nivel de atención que autoriza el Consejo de Salubridad General;

XIII. Consulta Externa Especializada.- El proceso mediante el cual el Médico Tratante o especialista proporciona Atención Médica a través de la prevención, diagnóstico, tratamiento y Rehabilitación a Pacientes ambulatorios, así como aquellas intervenciones especializadas que realizan otros profesionales de la salud en el Segundo y Tercer Nivel de Atención a la Salud;

XIV. Consulta Externa General.- El proceso mediante el cual el Médico Tratante, proporciona Atención Médica a través de acciones de promoción y educación para la salud, prevención, diagnóstico, y tratamiento al paciente ambulatorio en el Primer Nivel de Atención a la Salud;

XV. Delegaciones.- Las Delegaciones Estatales y Regionales del Instituto;

XVI. Dependencias.- Las señaladas en la fracción VII del artículo 6 de la Ley;

XVII. Derechohabiente(s).- Los Trabajadores, Jubilados, Pensionados y Familiares Derechohabientes señalados en las fracciones VIII y XII del artículo 6 de la Ley;

XVIII. Emergencia Obstétrica.- El estado nosológico que pone en peligro la vida de la mujer durante la etapa grávido-puerperal y/o el producto de la concepción que requiere de atención médica y/o quirúrgica inmediata por personal calificado, adscrito a Unidades Médicas con capacidad resolutiva suficiente para atender las patologías descritas en la Guía de Práctica Clínica, Detección y Tratamiento Inicial de las Emergencias Obstétricas. Asimismo, las estipuladas en el Anexo 2 del Convenio General de Colaboración celebrado por la Secretaría de Salud, el Instituto Mexicano del Seguro Social y el Instituto de Seguridad y Servicios Sociales de los Trabajadores del Estado, con fecha 28 de mayo de 2009, así como también, las patologías que a juicio del médico tratante se consideren como emergencia obstétrica;

XIX. Enfermedad.- La alteración o desviación del estado fisiológico en una o varias partes del cuerpo, por causas en general conocidas, manifestada por síntomas y signos característicos, y cuya evolución es más o menos previsible;

XX. Enfermedad de Trabajo.- El estado patológico derivado de la acción continuada de una causa, que tenga su origen o motivo, en el trabajo o en el medio en que el Trabajador se vea obligado a prestar sus servicios;

XXI. Entidades.- Las señaladas en el artículo 6 fracción X de la Ley;

XXII. Expediente Clínico.- El conjunto único de información y datos personales de un Paciente, que se integra para la Atención Médica, el cual, consta de documentos escritos, gráficos, imagenológicos, electrónicos, magnéticos, electromagnéticos, ópticos, magneto-ópticos y de cualquier otra índole, en los cuales, el personal de salud deberá hacer los registros, anotaciones, en su caso, constancias y certificaciones correspondientes a su intervención en la Atención Médica del Paciente, con apego a las disposiciones jurídicas aplicables;

XXIII. Expediente Clínico Electrónico.- El medio electrónico en el cual el personal de salud deberá registrar, anotar y certificar su intervención relacionada con el Paciente en términos de las disposiciones sanitarias, que permita la gestión de un único registro de salud longitudinal de cada Paciente en un formato digital;

XXIV. Extensión Hospitalaria al Domicilio.- El servicio que proporciona tratamiento activo por parte de los profesionales de la asistencia sanitaria, en el hogar del Paciente, para una Enfermedad que de otro modo requeriría la atención del Paciente en un hospital de agudos, siempre durante un periodo limitado;

XXV. Formato RT-09.- El certificado médico de invalidez por Enfermedad, accidente ajeno al trabajo de incapacidad total o parcial; defunción por Riesgo de Trabajo expedido por el Médico Tratante, por medio del cual se hace constatar la aptitud física y mental de un Trabajador para continuar o no prestando sus servicios con efectos legales y administrativos;

XXVI. Hospitalización.- El servicio de internamiento de Pacientes para su diagnóstico, tratamiento y/o Rehabilitación, así como para los cuidados paliativos;

XXVII. Instituto.- El Instituto de Seguridad y Servicios Sociales de los Trabajadores del Estado;

XXVIII. Interconsulta.- El procedimiento que se realiza de manera interna en una misma Unidad Médica que permite la participación en una consulta de otro profesional de la salud a fin de proporcionar atención integral al Paciente, a solicitud del Médico Tratante;

XXIX. Ley.- La Ley del Instituto de Seguridad y Servicios Sociales de los Trabajadores del Estado, vigente;

XXX. Licencia Médica.- El documento médico legal de carácter público que expide el Médico Tratante a favor del Trabajador en las Unidades Médicas, mediante el uso de los formatos oficiales, en los que se certifica el estado de incapacidad por Enfermedad, Maternidad o Riesgo de Trabajo durante un tiempo determinado;

XXXI. Licencia Médica Inicial.- El documento médico legal que expide el Médico Tratante al Trabajador por primera vez, cuando un padecimiento lo incapacita en forma temporal para el trabajo;

XXXII. Licencia Médica Retroactiva.- El documento médico legal que, con carácter inicial y subsecuente, se expide al Trabajador para amparar una incapacidad ocurrida en fecha anterior a aquella en que acude ante el Médico Tratante del Instituto;

XXXIII. Licencia Médica Subsecuente.- El documento médico legal que se expide al Trabajador, posterior a la Licencia Médica Inicial, por continuar con la atención a la misma Enfermedad o padecimiento, hasta restablecer su salud;

XXXIV. Maternidad.- El estado fisiológico de la mujer originado por el proceso de la reproducción humana con relación al embarazo, el parto, el puerperio y la lactancia;

XXXV. Médico Familiar.- El profesional responsable de proporcionar Atención Médica integral y continua, de los problemas de salud más frecuentes en los individuos, familias o comunidades;

XXXVI. Médico Tratante.- El médico del Instituto que interviene directamente en la Atención Médica del Paciente;

XXXVII. No Derechohabiente.- Las personas que, mediante alguno de los mecanismos autorizados con base en la legislación o la normatividad institucional, reciben los servicios de Atención Médica que ofrece el Instituto, sin que tengan originalmente el derecho legal de recibirlos;

XXXVIII. Paciente.- El Derechohabiente o No Derechohabiente, que recibe la Atención Médica por parte del Instituto;

XXXIX. Primer Nivel de Atención a la Salud.- Las acciones y servicios enfocados básicamente a preservar la salud general mediante actividades de promoción, prevención, vigilancia epidemiológica, saneamiento básico, así como el diagnóstico y tratamiento oportuno, a través de consultorios auxiliares y las unidades y clínicas de medicina familiar;

XL. Puesto de Sangrado.- El establecimiento móvil o fijo con los elementos necesarios exclusivamente para extraer sangre y que funciona bajo la responsabilidad de un Banco de Sangre; de conformidad con lo establecido en la normatividad aplicable;

XLI. Reglamento.- El Reglamento de Servicios Médicos del Instituto;

XLII. Rehabilitación.- El conjunto de medidas encaminadas a mejorar la capacidad de una persona para realizar por sí misma actividades necesarias para su desempeño físico, mental, social y ocupacional;

XLIII. Referencia-Contrarreferencia.- El procedimiento médico-administrativo entre unidades médicas de Primero, Segundo y Tercer Nivel de atención para facilitar el envío-recepción-regreso de Pacientes con el propósito de brindar Servicios de Atención Médica oportuna, integral y de calidad;

XLIV. Regionalización.- La red de Unidades Médicas organizada por ámbito geográfico y niveles de atención a la salud, para facilitar el acceso, jerarquizar la complejidad y optimizar la capacidad resolutiva;

XLV. Responsiva Médica.- El documento mediante el cual un médico del Instituto autoriza el traslado de un Paciente hospitalizado de una Unidad Médica a otra, habiendo valorado el riesgo/beneficio implícito;

XLVI. Riesgo de Trabajo.- Los accidentes o enfermedades a los que están expuestos los Trabajadores en el ejercicio de su trabajo, de conformidad con lo dispuesto en la Ley;

XLVII. Secretaría.- La Secretaría de Salud;

XLVIII. Sector.- El Sector Salud integrado por la Secretaría de Salud, el Instituto de Seguridad y Servicios Sociales de los Trabajadores del Estado, los Servicios Estatales de Salud, el Instituto Mexicano del Seguro Social, Petróleos Mexicanos, Secretaría de Marina, Secretaría de la Defensa Nacional, Sistema Nacional para el Desarrollo Integral de la Familia y otros servicios de salud de carácter social y privado;

XLIX. Segundo Nivel de Atención a la Salud.- Los Servicios de Atención Médica ambulatoria especializada y de Hospitalización a Pacientes referidos del Primer Nivel de Atención a la Salud o los que se presenten con alguna Urgencia médica-quirúrgica, o Enfermedad cuya resolución demanda la conjunción de técnicas y servicios de mediana complejidad a cargo de personal especializado; así como acciones de vigilancia epidemiológica en apoyo a las realizadas en el Primer Nivel de Atención a la Salud. Lo integran las Clínicas de Especialidades, las Clínicas Hospital y los Hospitales Generales;

L. Servicios de Atención Médica.- El conjunto de servicios que se proporcionan al individuo para prevenir, tratar o rehabilitar una enfermedad;

LI. Servicio de Transfusión.- El servicio autorizado para el manejo, conservación y aplicación de sangre y sus componentes, obtenidos de un Banco de Sangre, de conformidad con lo establecido en la normatividad aplicable;

LII. Servicio de Urgencias.- El conjunto de áreas, equipos, personal profesional y técnico de salud, ubicados dentro de un establecimiento público, social o privado, destinados a la atención inmediata de una Urgencia médica o quirúrgica;

LIII. Servicios Subrogados.- Los Servicios de Atención Médica relativos al seguro de salud y al seguro de riesgos de trabajo, que proporciona el Instituto a través de convenios con organismos públicos o privados, para complementar la prestación de Atención Médica a los Derechohabientes;

LIV. Sistema Institucional de Servicios de Salud.- El conjunto de Unidades Médicas integrado por niveles de atención y organizado por regiones, para el otorgamiento de los Servicios de Atención Médica a los Derechohabientes;

LV. Tercer Nivel de Atención a la Salud.- Los servicios encaminados a restaurar la salud y rehabilitar a Pacientes referidos por el Primer y Segundo Nivel de Atención a la Salud, que requieren de alta complejidad diagnóstica y de tratamiento a través de una o varias especialidades médicas, quirúrgicas o médico-quirúrgicas; así como funciones de apoyo especializado para la vigilancia epidemiológica, actividades de investigación, desarrollo y capacitación de recursos humanos. Lo constituyen los Hospitales Regionales y el Centro Médico Nacional "20 de Noviembre";

LVI. Trabajador(es).- Los previstos por el artículo 6 fracción XXIX de la Ley;

LVII. TRIAGE.- El proceso de valoración clínica preliminar que ordena a los pacientes en función de su urgencia o gravedad, antes de la valoración diagnóstica y terapéutica completa en el servicio de Urgencias y que en una situación de disminución de recursos o saturación por demanda de atención médica, procura que los pacientes más graves sean tratados primero;

LVIII. Una misma Enfermedad.- La alteración orgánica física o mental en el individuo, generada por la misma causa o agente etiológico, así como las complicaciones o recaídas que se presenten en su curso incluso, si éstas resultan por efectos de tratamiento médico o quirúrgico;

LIX. Unidades Administrativas.- Las señaladas en el artículo 5 del Estatuto Orgánico;

LX. Unidades Administrativas Centrales.- Las Unidades Administrativas del Instituto, señaladas en la fracción II del Artículo 5 del Estatuto Orgánico;

LXI. Unidades Hospitalarias.- Las Unidades Médicas que otorgan atención al Paciente que se interna para su diagnóstico, tratamiento o Rehabilitación, así como para Pacientes ambulatorios, en donde se desarrollan actividades de investigación, formación y desarrollo del personal para la salud;

LXII. Unidad(es) Médica(s).- El Consultorio Médico en Centro de Trabajo, Consultorio de Atención Familiar, unidades y clínicas de medicina familiar, Clínica de Medicina Familiar con especialidades, Clínica de Medicina Familiar con Especialidades y Quirófano, Clínicas de especialidades, Clínica de Especialidades con Quirófano, Clínicas Hospital, Hospitales Generales, Hospitales Regionales, Hospitales de Alta Especialidad y el Centro Médico Nacional "20 de Noviembre";

LXIII. Unidades Médicas Desconcentradas.- El Centro Médico Nacional "20 de Noviembre" y los Hospitales Regionales;

LXIV. Urgencia.- El problema médico o médico-quirúrgico agudo que ponga en peligro la vida, un órgano o una función del Paciente y que requiere atención inmediata, y

LXV. Usuarios.- Los Trabajadores, jubilados, pensionados, familiares Derechohabientes, ex Trabajadores en conservación de derechos, ex Trabajadores en continuación voluntaria y No Derechohabientes que resulten beneficiarios de los servicios médicos que otorgan las Unidades Médicas, así como sus acompañantes.

**Artículo 4.-** La Dirección Médica será responsable de implementar, difundir, aplicar y dar seguimiento al cumplimiento del Reglamento, con el fin de otorgar el seguro de salud, las prestaciones y los servicios establecidos en la Ley; así como la formación de recursos humanos en el campo de la salud y brindar educación médica continua e investigación, con base en lo establecido en la legislación aplicable en la materia.

**Artículo 5.-** Para recibir los servicios y prestaciones del Seguro de Salud, los Derechohabientes deberán estar inscritos al régimen obligatorio, voluntario o contar con la prestación derivada de convenios con el Instituto.

Para el Paciente No Derechohabiente, los Servicios de Atención Médica se otorgarán sólo en caso de Urgencias hasta la estabilización y que se encuentre en condiciones de ser trasladado a otra unidad privada o gubernamental o de lo contrario, se cobrará el servicio de acuerdo al tabulador del Instituto, de conformidad con lo dispuesto en el artículo 67 de este Reglamento y en la Ley.

Los Servicios de Atención Médica que tiene encomendados el Instituto en los términos de los capítulos relativos a los seguros de salud y de riesgos de trabajo, los prestará el Instituto directamente o por medio de convenios que celebre con quienes presten dichos servicios.

**Artículo 6.-** La interpretación de las disposiciones de este Reglamento, corresponde a la Dirección Jurídica, en términos del artículo 57, fracción XVI del Estatuto Orgánico.

**Artículo 7.-** Los servidores públicos de la Dirección Médica y de las Unidades Médicas deberán responder de manera oportuna, fundada y motivada, las solicitudes ciudadanas en cumplimiento de lo establecido en el artículo octavo de la Constitución Política de los Estados Unidos Mexicanos, las que se les presenten en términos de la Ley General de Transparencia y Acceso a la

Información Pública, la Ley Federal de Transparencia y Acceso a la Información Pública y las que se les requiera para la atención de los asuntos de la Comisión Nacional de los Derechos Humanos. El incumplimiento de esta función se sanciona conforme a las disposiciones aplicables.

## TÍTULO SEGUNDO
## DE LOS SERVICIOS DE SALUD Y SU FUNCIONAMIENTO

## CAPÍTULO PRIMERO
## DEL ACCESO A LOS SERVICIOS DE SALUD

**Artículo 8.-** El Instituto otorgará Atención Médica Preventiva y curativa tendientes a proteger la salud de los Derechohabientes, así como brindar atención de Maternidad y de Rehabilitación, tendiente a corregir la invalidez física y mental y comprenderá los siguientes servicios:

I. Medicina familiar;

II. Medicina de especialidad;

III. Gerontológico y geriátrico;

IV. Traumatología y Urgencias;

V. Oncológicos;

VI. Quirúrgicos, y

VII. Extensión hospitalaria.

**Artículo 9.-** Los Servicios de Atención Médica serán proporcionados en las Unidades Médicas propias y las subrogadas, así como en el domicilio del Paciente, en los términos de este Reglamento y la normatividad aplicable.

**Artículo 10.-** El Instituto registrará al Paciente en la unidad o clínica de medicina familiar que le corresponda en razón de su domicilio, o en otra unidad de adscripción, cuando éste notifique cambio del mismo.

**Artículo 11.-** El Instituto podrá ordenar la suspensión temporal o definitiva de los servicios de las Unidades Médicas, cuando se detecte la existencia o la posibilidad de un padecimiento epidémico o infectocontagioso, que haga indispensable aislar total o parcialmente a la Unidad Médica; cuando sobrevenga algún fenómeno natural o causa operativa que impida la prestación del servicio y en caso de reparación, ampliación, remodelación o reacondicionamiento del inmueble, durante el cual no sea posible la prestación del servicio en condiciones normales o se ponga en riesgo la seguridad del Paciente y de los Trabajadores. El Paciente deberá acudir a otra Unidad Médica que le señale el Instituto, para recibir los Servicios de Atención Médica.

En caso de que el impedimento en la prestación del servicio sea una causa operativa, el Instituto deberá avisar al Paciente oportunamente y éste podrá acudir a otra Unidad Médica, conforme a lo indicado por el Instituto, para recibir los Servicios de Atención Médica.

## CAPÍTULO SEGUNDO
## DEL ESCALONAMIENTO DE LAS UNIDADES MEDICAS
## Y DE LA REFERENCIA Y CONTRARREFERENCIA

**Artículo 12.-** El funcionamiento de los Servicios de Atención Médica en las Unidades Médicas de menor a mayor complejidad, se realizará a través del escalonamiento de servicios tomando en cuenta la capacidad resolutiva, existencia de recursos y la definición de criterios de distribución del universo de Usuarios y del esquema de Regionalización.

**Artículo 13.-** Cuando a juicio del Médico Tratante la Atención Médica de un Paciente requiera medios especializados y la unidad no cuente con ellos, se procederá a la Referencia del Paciente a una Unidad Médica del siguiente nivel de atención, de conformidad con el esquema de Regionalización y las disposiciones que al efecto emita la Dirección Médica.

**Artículo 14.-** La Referencia-Contrarreferencia de Pacientes se realizará invariablemente de conformidad con la normatividad aplicable y los sistemas que para tal efecto implemente la Dirección Médica.

**Artículo 15.-** Cuando la atención a un Paciente, por la naturaleza de su padecimiento, requiera que ésta se proporcione en una Unidad Médica distinta a la de su adscripción, el Instituto a través de la Unidad Médica y con base en las tarifas establecidas, cubrirá los gastos de traslado del Paciente y los de un acompañante, cuando así se justifique por el Médico Tratante.

**Artículo 16.-** La Referencia de Pacientes al Centro Médico Nacional "20 de Noviembre", se efectuará por parte de los Hospitales Regionales y de las Unidades Médicas que establezca el esquema de Regionalización.

**Artículo 17.-** En las Unidades Médicas Desconcentradas, la transferencia de Pacientes entre servicios de la misma Unidad Médica, sólo podrá ser autorizada por los Jefes de división o de área médica del servicio a quienes se solicite la transferencia, excepto cuando ésta se gestione como apoyo al diagnóstico y tratamiento de la Enfermedad que motivó la misma.

**Artículo 18.-** Corresponde a la Unidad Médica que refiere, realizar la gestión ante la unidad receptora y en caso de negativa de atención por saturación o por carecer de la infraestructura necesaria, se podrá subrogar la atención de acuerdo con la normatividad vigente.

**Artículo 19.-** Corresponde a la Unidad Médica receptora del Paciente, proporcionar la Atención Médica que le haya sido solicitada por la Unidad Médica emisora, evitar diferir la atención, verificar la existencia del Expediente Clínico o en su caso la apertura del mismo para atender al Paciente hasta por cinco consultas subsecuentes por el mismo diagnóstico, excepto en los casos que se justifique y se sustente en el Expediente Clínico. Para la Contrarreferencia del Paciente, la Unidad Médica deberá establecer mecanismos que permitan la supervisión, registro y seguimiento de los Pacientes referidos y contrarreferidos.

## CAPÍTULO TERCERO
## DEL FUNCIONAMIENTO DE LAS UNIDADES MÉDICAS EN LA PRESTACIÓN DE LOS SERVICIOS DE SALUD

**Artículo 20.-** Las Unidades Médicas deberán contar, sin excepción, con las autorizaciones sanitarias necesarias para su funcionamiento y corresponderá al área médica y administrativa tramitar ante las autoridades competentes su expedición de conformidad con la normatividad aplicable, previa asesoría del área jurídica.

**Artículo 21.-** La incorporación de nueva tecnología médica y otros insumos en la prestación de los Servicios de Atención Médica, deberá estar sustentada y comprobada con los resultados de las investigaciones clínicas, biomédicas y epidemiológicas basadas en la mejor evidencia científica disponible, de conformidad con los criterios de seguridad, eficacia, costo, efectividad, adherencia a las normas éticas profesionales que orientan la práctica médica y aceptabilidad entre la derechohabiencia.

**Artículo 22.-** El Médico Tratante será el responsable ante el Instituto y sus Pacientes, de los diagnósticos y tratamientos que establezca dentro de las instalaciones del Instituto, de igual manera tendrán responsabilidad la enfermera, el personal de los servicios auxiliares de diagnóstico y tratamiento, y demás personal que intervenga en el manejo del Paciente, respecto al servicio que cada uno proporcione, en los términos de la legislación y normatividad aplicable.

**Artículo 23.-** El Médico Tratante responsable de la atención al Paciente, estará obligado a proporcionar información a éste, al Derechohabiente, familiar directo o autorizado o representante legal, información clara oportuna, veraz y completa sobre el diagnóstico, evolución, pronóstico y tratamiento dentro de su horario de trabajo.

**Artículo 24.-** Los Directores o responsables de las Unidades Médicas estarán obligados a proporcionar al Paciente, Derechohabiente, familiar directo o representante legal, un resumen clínico cuando éstos lo soliciten, de conformidad con la normatividad aplicable.

**Artículo 25.-** En las Unidades Hospitalarias se conformarán órganos colegiados médicos como foro de análisis y recomendaciones para el mejoramiento de los Servicios de Atención Médica.

**Artículo 26.-** Las Unidades Médicas proporcionarán Atención Médica a discapacitados y grupos vulnerables de manera preferencial.

**Artículo 27.-** El Servicio de Atención Médica Preventiva podrá realizarse en las Unidades Médicas, Estancias para el Bienestar y Desarrollo Infantil, planteles educativos, centros de trabajo, sitios de reunión institucionales y en su caso en el domicilio del Paciente o en lugares estratégicos cuando se trate de población No Derechohabiente.

## CAPÍTULO CUARTO
## DE LA TELEMEDICINA

**Artículo 28.-** La Dirección Médica establecerá los criterios de operación del Programa Nacional de Telemedicina.

**Artículo 29.-** La Dirección Médica supervisará y vigilará la aplicación de la normatividad del Programa Nacional de Telemedicina, de acuerdo con las políticas institucionales y Sectoriales en la materia.

**Artículo 30.-** Los Directores o responsables de las Unidades Médicas incorporadas al Programa Nacional de Telemedicina, llevarán a cabo acciones de supervisión operativa, atendiendo a la normatividad aplicable.

**Artículo 31.-** Los médicos del Instituto adscritos a las Unidades Médicas incorporadas al Programa Nacional de Telemedicina, serán quienes determinen la necesidad de solicitar teleconsulta a través de videoconferencia.

**Artículo 32.-** El Médico Tratante será directa e individualmente responsable ante el Instituto y sus Pacientes, de tramitar y programar con siete días de anticipación y como mínimo 48 horas la consulta de especialidad ante las unidades interconsultantes, la teleconsulta requerida, además de contar con el consentimiento bajo información del Paciente.

## CAPÍTULO QUINTO
## DE LOS SERVICIOS SUBROGADOS

**Artículo 33.-** En los casos en que el Instituto no cuente con la posibilidad, infraestructura o medios para la prestación de los Servicios de Atención Médica se podrán celebrar contratos o convenios con personas físicas y morales, públicas y privadas, para subrogar los mismos conforme a lo dispuesto en la Ley de Adquisiciones, Arrendamientos y Servicios del Sector Público y su Reglamento, la Ley de Asociaciones Público Privadas y la demás normatividad aplicable.

**Artículo 34.-** En los instrumentos jurídicos que se celebren para la subrogación de los Servicios de Atención Médica se incluirán, además de los requisitos legales y administrativos establecidos, medidas para que la calidad de los Servicios de Atención Médica cumplan con los estándares que establezca la Dirección Médica, y las instalaciones cuenten con la infraestructura y capacidad resolutiva en su otorgamiento y para el cumplimiento de la obligación por parte de la unidad de Servicios de Atención Médica subrogados conforme a las normas e instructivos oficiales, los cuales deben proporcionar la información que le requiera el Instituto con la periodicidad que éste señale.

**Artículo 35.-** La Secretaría General, la Dirección de Administración, la Dirección Médica, la Dirección de Finanzas, las Subdelegaciones Médicas y las Unidades Médicas Desconcentradas, en el ámbito de su competencia, supervisarán la prestación de los Servicios de Atención Médica Subrogados.

## TÍTULO TERCERO
## DEL SEGURO DE SALUD

## CAPÍTULO PRIMERO
## DE LA ATENCIÓN MÉDICA PREVENTIVA

**Artículo 36.-** La Dirección Médica instrumentará lineamientos institucionales y aplicará los sectoriales, supervisando su implementación y vigilando el cumplimiento de programas de Atención Médica Preventiva, a través de actividades de promoción y educación para la salud de manera permanente, y éstas se extenderán a la población No Derechohabiente.

**Artículo 37.-** Las Unidades Médicas apoyarán los programas de salud que se lleven a cabo en las Estancias para el Bienestar y Desarrollo Infantil del Instituto y en las escuelas de la demarcación cuando así lo requieran.

**Artículo 38.-** La Dirección Médica elaborará los programas de promoción, prevención y educación en materia de salud ocupacional, en coordinación con la Dirección de Prestaciones Económicas, Sociales y Culturales.

**Artículo 39.-** Las Unidades Médicas realizarán acciones médico-preventivas de fomento y educación para preservar la salud, para la detección y control de enfermedades transmisibles y en su caso, adoptarán las medidas sanitarias de vigilancia e investigación epidemiológica que correspondan, en coordinación con las autoridades competentes del Sector, con base en la normatividad aplicable.

**Artículo 40.-** Las Unidades Médicas realizarán actividades de promoción, fomento y educación en la salud para el control de enfermedades no transmisibles crónico-degenerativas y en su caso, otorgarán tratamiento y seguimiento en el control de las mismas.

**Artículo 41.-** Las Unidades Médicas de acuerdo con su nivel de atención desarrollarán acciones para el control de enfermedades prevenibles conforme al comportamiento epidemiológico de los padecimientos mediante programas permanentes, campañas intensivas de vacunación u otras estrategias que se adopten en forma coordinada con el Sector.

Las vacunas se aplicarán a toda persona que lo demande, de acuerdo a las indicaciones y disposiciones que al efecto emita la Secretaría y de conformidad con la normatividad aplicable.

**Artículo 42.-** La atención materno-infantil se realizará para el control del desarrollo del niño sano, del periodo prenatal y puerperio, conforme a las disposiciones institucionales y las que al efecto emita la Secretaría.

**Artículo 43.-** Las Unidades Médicas proporcionarán a los Derechohabientes o a la población en general, la información, orientación y asesoría que les permita tomar decisiones de manera voluntaria e informada en torno a la planificación familiar.

Las acciones de salud reproductiva tendrán como propósito promover la educación sexual, el fomento del ejercicio pleno así como responsable de los derechos reproductivos y de salud en los individuos.

**Artículo 44.-** Las Unidades Médicas otorgarán a los Derechohabientes y a la población en general en edad fértil, los métodos anticonceptivos temporales o definitivos, disponibles durante las campañas o cuando les sean solicitados.

**Artículo 45.-** Las Unidades Médicas del Instituto promoverán acciones para conocer oportunamente el estado de salud bucal del Derechohabiente, a fin de proporcionar atención para la prevención y control de enfermedades bucales, de conformidad con la normatividad aplicable.

**Artículo 46.-** Los programas de salud mental y adicciones, estarán orientados a la prevención, tratamiento, control y Rehabilitación de los trastornos mentales y padecimientos derivados del uso, abuso y dependencia de sustancias, a través de la promoción y educación para la salud, intervenciones terapéuticas integrales y de Rehabilitación, para preservar y favorecer la salud mental de los Derechohabientes.

**Artículo 47.-** Las Unidades Médicas difundirán la información necesaria a los Derechohabientes para mejorar el saneamiento básico de hogares, unidades habitacionales, Estancias para el Bienestar y el Desarrollo Infantil, planteles educativos y centros de trabajo.

**Artículo 48.-** La Dirección Médica coordinará en el ámbito institucional, el sistema de vigilancia epidemiológica cuyo propósito es detectar, cuantificar y notificar los riesgos y daños a la salud, así como sugerir acciones a realizar, a través de un proceso continuo, dinámico y permanente de capacitación, procesamiento, análisis, interpretación y difusión de la información en salud que se recabe y notifique a las Unidades Médicas, conforme a lo establecido por la Ley General de Salud y demás normatividad aplicable.

**Artículo 49.-** El Derechohabiente podrá solicitar a la Unidad Médica revisión general médico preventiva, que es independiente de los programas de prevención y control institucionales o sectoriales, aun sin indicios de Enfermedad.

## CAPÍTULO SEGUNDO
## DE LA ATENCIÓN MÉDICA CURATIVA

**Artículo 50.-** El Servicio de Atención Médica Curativa y de Maternidad podrá realizarse en las Unidades Médicas del Instituto, en su caso en el domicilio del Derechohabiente o en lugares estratégicos cuando se trate de población No Derechohabiente.

**Artículo 51.-** Los Derechohabientes tendrán derecho a la Atención Médica Curativa que comprende los servicios de medicina familiar; medicina de especialidades; gerontológicos y geriátricos, de traumatología y Urgencias; oncológicos; y de extensión hospitalaria; de apoyo diagnóstico; odontología; hospitalario; farmacéutico; psicología; nutricional y de Rehabilitación de conformidad con lo previsto en la Ley y el presente Reglamento.

**Artículo 52.-** En caso de Enfermedad, el Trabajador deberá acudir a Consulta Externa General de la Unidad Médica de adscripción, a fin de que el Médico Tratante, constate el inicio de la misma y reciba Atención Médica, desde el comienzo de la patología y con un plazo máximo de cincuenta y dos semanas consecutivas de Licencia Médica para una misma Enfermedad.

En el caso de Enfermedad ambulatoria cuyo tratamiento médico no impida trabajar, se continuará hasta su curación, en su caso, deberá expedir la Licencia Médica, de conformidad con este Reglamento y el procedimiento respectivo.

## SECCIÓN PRIMERA
## DE LA PRESTACIÓN DEL SERVICIO DE MEDICINA FAMILIAR

**Artículo 53.-** Las Unidades Médicas efectuarán la apertura del Expediente Clínico, cuando el Derechohabiente presente la documentación para certificar sus derechos y asista por primera vez a solicitar Servicios de Atención Médica a que se refiere esta sección. Se deberá utilizar el Expediente Clínico Electrónico proporcionado por el Instituto, y en caso de no contar con el sistema, utilizarán medios escritos de conformidad con lo dispuesto en la normatividad aplicable.

**Artículo 54.-** El Médico Tratante así como el personal paramédico, auxiliar o técnico, que intervenga en la atención del Paciente, tendrá que integrar en forma ética y profesional el Expediente Clínico conforme a los lineamientos que establece la Norma Oficial Mexicana NOM-004-SSA3-2012 del Expediente Clínico.

**Artículo 55.-** La información, datos y documentos que integrarán el Expediente Clínico, serán estrictamente confidenciales de conformidad con lo establecido en la Ley General de Transparencia y Acceso a la Información Pública, Ley Federal de Transparencia y Acceso a la Información Pública y demás normatividad aplicable en la materia; con excepción de los supuestos que los referidos instrumentos jurídicos señalan. Cuando el Paciente Derechohabiente, familiar responsable o representante legal solicite por escrito la información de su expediente será mediante un resumen clínico conforme a la normatividad aplicable.

**Artículo 56.-** Las Unidades Médicas de conformidad con lo dispuesto por la Dirección Médica y una vez que dispongan del Sistema Electrónico de Cita Médica, deberán utilizarlo y cumplir con el estándar de atención que se requiere para agendar dichas citas, por este medio.

**Artículo 57.-** Cuando un Derechohabiente acuda a Consulta Externa General y el Médico Tratante, en el ejercicio de la práctica médica requiera explorarlo, invariablemente lo hará en presencia del personal de enfermería, de un adulto familiar o acompañante autorizado por el Paciente con total respeto a su integridad física y moral.

**Artículo 58.-** Los Pacientes que requieran atención odontológica, podrán ser enviados al servicio correspondiente por su Médico Familiar o general o bien, presentarse en la Unidad Médica de adscripción, sin necesidad de ser referidos.

**Artículo 59.-** El Médico Tratante deberá dejar constancia en el Expediente Clínico y en el formato de control institucional de la atención proporcionada, del tratamiento prescrito al Paciente y, en su caso, de la expedición de la constancia de Enfermedad, del tiempo de atención o de Licencia Médica conforme a la normatividad aplicable.

**Artículo 60.-** Las Unidades Médicas de Segundo y Tercer Nivel de Atención a la Salud, cuando proporcionen Consulta Externa Especializada a Pacientes que les sean referidos por primera vez, procederán a la apertura del Expediente Clínico o en su caso, a la del Expediente Clínico Electrónico.

**Artículo 61.-** El médico que brinde Atención Hospitalaria, Rehabilitación o de consulta externa, estará obligado a notificar a su jefe inmediato superior, aquellos casos comprobados y sustentados de simulación de Enfermedad por parte del Paciente, con el propósito de deslindar responsabilidades y proceder en los términos médico-administrativos o legales respectivos.

**Artículo 62.-** Si el Médico Tratante, con base en la evaluación clínica, estima que el problema de salud del Paciente requiere consulta de especialidad, éste será referido de conformidad con lo dispuesto en el procedimiento de Referencia-Contrarreferencia correspondiente.

## SECCIÓN SEGUNDA
### DE LA HOSPITALIZACIÓN, URGENCIAS Y ATENCIÓN MÉDICA DOMICILIARIA

**Artículo 63.-** La Hospitalización de los Pacientes procederá a juicio del Médico Tratante, cuando la Enfermedad requiera Atención Médico-Quirúrgica que no pueda ser proporcionada en forma ambulatoria y cuando el estado de salud del Paciente, requiera de la observación constante o de un manejo que sólo pueda realizarse en una Unidad Hospitalaria.

**Artículo 64.-** El Instituto, con base en los diagnósticos emitidos, resultados de estudios de laboratorio y gabinete, tratamientos farmacológicos, quirúrgicos o de Rehabilitación, brindará el servicio de Hospitalización en sus Unidades Médicas de segundo y tercer nivel de atención a la Salud y, en su caso, en las unidades subrogadas de acuerdo a lo establecido en el artículo 30 y 31 de la Ley. La Hospitalización de un Paciente deberá ser determinada por el Médico Tratante, por el médico del Servicio de Urgencias o bien, por el responsable de admisión continua, y en caso de ser necesaria la Referencia del Paciente, se hará con base en la Regionalización del Instituto.

**Artículo 65.-** Para brindar el servicio de Hospitalización a un Paciente, el Médico Tratante deberá obtener la Carta de Consentimiento Informado del Paciente, su familiar o acompañante. En el caso de Urgencias o cuando así lo amerite la Enfermedad, se puede prescindir de ésta.

**Artículo 66.-** El Médico Tratante deberá abrir un Expediente Clínico o en su caso, utilizar el Expediente Clínico Electrónico, cuando un Paciente ingrese al servicio de Hospitalización.

**Artículo 67.-** El Paciente hospitalizado, sus familiares y acompañantes se sujetarán a las políticas internas que establezca la Unidad Hospitalaria para su estancia, visitas y demás actividades.

**Artículo 68.-** La Hospitalización del Paciente deberá restringirse a lo previsto en el procedimiento establecido por la Dirección Médica para atender la Enfermedad que propició el ingreso a la Unidad Médica.

**Artículo 69.-** Las Unidades Hospitalarias del Instituto, recibirán para internamiento a los Pacientes hospitalizados en unidades ajenas al mismo, a solicitud de éste, del familiar o acompañante, cuando exista cama disponible, para ello, el Paciente deberá presentar alta voluntaria del hospital externo, informe clínico y Responsiva Médica.

**Artículo 70.-** El médico que designe el Instituto autorizará el traslado sólo en caso de excepción, previa emisión de la Responsiva Médica y bajo los criterios que establezca la Dirección Médica, Delegación o Unidad Médica desconcentrada según corresponda.

**Artículo 71.-** Las Unidades Hospitalarias del Instituto recibirán para atención de Urgencias a los Derechohabientes que sean referidos por las Unidades Médicas móviles, que proporcionen Atención Médica prehospitalaria, tanto del propio Instituto como de otras instituciones, previa autorización de ingreso.

Las Unidades Médicas ingresarán para atención de Urgencias a los Derechohabientes, de acuerdo con el procedimiento de TRIAGE normado por la Dirección Médica.

**Artículo 72.-** Las Unidades Hospitalarias procederán a generar el egreso de Pacientes cuando se haya resuelto o controlado el problema de salud que motivó su ingreso; por su traslado derivado de la necesidad de atención en alguna Unidad Hospitalaria de mayor capacidad resolutiva; cuando la Atención Hospitalaria no represente ningún beneficio para el Paciente o incluso algún riesgo; por alta voluntaria y por defunción.

**Artículo 73.-** Cuando un Derechohabiente por su voluntad sea atendido en una Unidad Hospitalaria ajena al Instituto, podrá obtener la Licencia Médica que en el caso particular proceda.

**Artículo 74.-** Si por la naturaleza de su padecimiento, el Paciente necesita permanecer en el área de observación del Servicio de Urgencias, se le otorgará la Atención Médica hasta lograr la estabilización de los signos vitales y eliminar el peligro de muerte por las alteraciones sufridas, cuyo término determinará su egreso del Servicio de Urgencias o su Hospitalización.

**Artículo 75.-** El Médico Tratante al tomar la decisión de egreso del Servicio de Urgencias, deberá enviar al Paciente con el Médico Familiar o especialista, según sea el caso, con la nota médica del Servicio de Urgencias: y el tratamiento otorgado para el proceso agudo, o el registro en los medios electrónicos que el Instituto proporcione.

**Artículo 76.-** Tratándose de un Paciente No Derechohabiente, se otorgará Atención Médica en el Servicio de Urgencias hasta su estabilización y que se encuentre en condiciones de ser trasladado a otra Unidad Hospitalaria, tiempo durante el cual se determinará su traslado a alguna Unidad Hospitalaria pública o privada, de conformidad con el artículo 75 del Reglamento de la Ley General de Salud, en Materia de Prestaciones de Servicios de Atención Médica.

Para el caso de que el Paciente No Derechohabiente decida continuar con su tratamiento en la Unidad Hospitalaria que lo atendió, se procederá a realizar los trámites para el cobro de los servicios prestados que incluyen la atención de la Urgencia y hasta su egreso, con base en lo establecido en el procedimiento y el tabulador respectivo.

**Artículo 77.-** Las Delegaciones, a través de las Subdelegaciones Médicas y Unidades Médicas Desconcentradas, establecerán acciones para dar Servicios de Atención Médica Domiciliaria, Extensión Hospitalaria al Domicilio con base en los diagnósticos emitidos, resultados de estudios de laboratorio y gabinete, tratamientos farmacológicos, quirúrgicos o de Rehabilitación, conforme a los mecanismos que expida la Dirección Médica.

**Artículo 78.-** La Atención Médica Domiciliaria se brindará a los Pacientes cuando se encuentren imposibilitados física o psíquicamente o en su caso, por presentar un evento de presencia súbita que ponga en riesgo la pérdida total o parcial de un órgano o la vida del Paciente, situación que imposibilita acudir a Consulta Externa General o al Servicio de Urgencias hospitalaria.

Tratándose de la Extensión Hospitalaria al Domicilio, ésta se brindará como un servicio que proporciona tratamiento activo por parte de los profesionales de la asistencia sanitaria, en el hogar del Paciente, para una Enfermedad que de otro modo requeriría la atención del Paciente en un hospital de agudos, y siempre será durante un periodo limitado.

**Artículo 79.-** Los Servicios de Atención Médica Domiciliaria a Pacientes vulnerables (niños, mujeres embarazadas y adultos mayores) y Extensión Hospitalaria al Domicilio, deberán solicitarse en la Unidad Médica de adscripción, Unidad Hospitalaria y, en el caso de la presencia súbita de alguna Enfermedad, de ser necesario, podrá pedir apoyo vía telefónica al servicio de ISSSTEMERGENCIAS, debiendo proporcionar a este servicio todos los datos de afiliación y vigencia del Derechohabiente, para facilitar la comprobación de derechos del Paciente y recibir la Atención Médica respectiva.

**Artículo 80.-** La Atención Médica Domiciliaria y/o Extensión Hospitalaria al Domicilio, se ajustará al horario de Atención Médica Ambulatoria de las

Unidades Médicas respectivas. Para el caso de Urgencias médicas, la atención se brindará las 24 horas los 365 días del año.

**Artículo 81.-** La Extensión Hospitalaria al Domicilio comprenderá el manejo y control del padecimiento por personal médico y de enfermería.

La Atención Médica de Urgencias comprenderá, la valoración y estabilización de la Enfermedad súbita, que se brindará por personal médico y paramédico y de ser necesario se efectuará el traslado a la Unidad Hospitalaria más cercana a su domicilio, con base en la Regionalización autorizada por la Junta Directiva del Instituto.

**Artículo 82.-** El Médico Tratante asignado para la Atención Médica Domiciliaria, estará facultado de acuerdo al diagnóstico y evolución del Paciente, para darlo de alta o en su caso, para solicitar su Hospitalización.

### SECCIÓN TERCERA
### DE LOS AUXILIARES DE DIAGNÓSTICO, TRATAMIENTO Y REHABILITACIÓN

**Artículo 83.-** La organización, funcionamiento e ingeniería sanitaria de los servicios auxiliares de diagnóstico y tratamiento, deberán ajustarse a los ordenamientos establecidos por la Ley General de Salud y demás normatividad aplicable.

**Artículo 84.-** Los servicios auxiliares de diagnóstico y tratamiento, en los que se apoyan las Unidades Médicas para el estudio, resolución y tratamiento de problemas de salud de los Pacientes, únicamente podrán efectuarse previa solicitud por escrito y con autorización del Médico Tratante.

**Artículo 85.-** Las Unidades Médicas, según su nivel de atención a la salud, contarán con los servicios auxiliares de diagnóstico y tratamiento, de laboratorio de análisis clínicos, laboratorio de anatomía patológica y citología exfoliativa, así como del servicio de imagenología.

**Artículo 86.-** Las Unidades Médicas que no cuenten con los servicios de laboratorio de análisis clínicos o imagenología, se apoyarán en las Unidades Médicas que dispongan de estos servicios, observando para tal efecto la Regionalización autorizada y el procedimiento de Referencia-Contrarreferencia, contenido en el instrumento respectivo, sin que se considere como tal.

**Artículo 87.-** Los servicios de Rehabilitación, tendrán como objetivo (brindar atención, mejorar o restituir) al Derechohabiente con secuelas invalidantes, sus capacidades físicas y mentales por medio de procedimientos de terapia física, ocupacional y de lenguaje, así como de cirugía de Rehabilitación y otros servicios especializados que coadyuven a su reincorporación a la vida diaria.

## SECCIÓN CUARTA
## DE LA ATENCIÓN FARMACÉUTICA

**Artículo 88.-** El Instituto otorgará los medicamentos y material de curación prescritos por el Médico Tratante normados en el Catálogo Institucional de Insumos para la Salud, mediante el formato previsto en el procedimiento correspondiente, y serán entregados en las Unidades Médicas del Instituto o en aquellas farmacias que designe el Instituto. Así mismo se deberán proporcionar otros agentes terapéuticos señalados en el artículo 194 BIS de la Ley General de Salud.

El responsable del área de almacén deberá informar diariamente las existencias de los medicamentos y material de curación, a los Médicos Tratantes para considerarlas en la prescripción de los mismos, al Paciente.

**Artículo 89.-** El Médico Tratante con base en la Enfermedad del Paciente, y derivado de los diagnósticos, resultados de estudios de laboratorio y gabinete; tratamientos farmacológicos; quirúrgicos o de Rehabilitación; determinará el número y la cantidad de los medicamentos, según la evolución y duración del padecimiento, debiendo dejar constancia en el Expediente Clínico o en su caso, en el Expediente Clínico Electrónico; para los Pacientes con patología crónico-degenerativa, en caso que hayan expresado su consentimiento se prescribirán los medicamentos mediante Recetas Médicas Resurtibles, para un periodo de 90 días, sin necesidad de consulta médica, en caso de no haber indicación médica en contrario.

El Médico Tratante prescribirá únicamente los medicamentos e insumos para la salud normados en el Catálogo Institucional de Insumos para la Salud. De igual forma, deberá prescribir el o los medicamentos que requiera el Paciente cuando otorgue alta temporal, hasta nueva valoración.

**Artículo 90.-** En el Servicio de Urgencias, el Médico Tratante aplicará dentro del servicio, los medicamentos que el Paciente requiera de acuerdo a su patología, debiendo determinar lo procedente de conformidad con los artículos 74 y 75 de este Reglamento.

Para los casos de la consulta general o de especialidad, el Médico Tratante expedirá la receta respectiva para que el Paciente tramite el surtimiento de sus medicamentos y/u otros agentes terapéuticos necesarios para su tratamiento.

**Artículo 91.-** El Médico Tratante deberá registrar la prescripción de los medicamentos y/u otro agente terapéutico en forma clara, en el caso de no contar con la aplicación informática institucional y proporcionará la información necesaria al Paciente y a sus familiares sobre el empleo de éstos, así como del régimen que habrá de observarse durante el tratamiento.

**Artículo 92.-** Para que los medicamentos prescritos sean surtidos en las farmacias de las Unidades Médicas, las recetas deberán presentarse con letra legible, sin tachaduras, enmendaduras o mutilaciones y en un lapso no mayor de 72 horas, contadas a partir de su expedición; la prescripción de no más de dos medicamentos diferentes por receta quedará registrada a través de la aplicación informática institucional con excepción de las Unidades Médicas que no cuenten con ésta quienes las registrarán en el sistema manual que utilicen para el registro de movimientos.

En el caso de la Receta Médica Resurtible, el Paciente recibirá del Médico Tratante, tres formatos originales de la receta médica, mismos que deberá presentar para surtimiento en las 72 horas previas o posteriores a la fecha señalada en la misma, en las farmacias de las Unidades Médicas o en las farmacias alternas designadas por el Instituto, sin necesidad de nueva consulta. En caso de no hacerlo, la receta quedará sin efecto y el Paciente debe solicitar nueva consulta.

**Artículo 93.-** El Director de la Unidad Médica o en quien delegue esta responsabilidad, realizará la supervisión, respectivamente, del almacén y la farmacia sobre de las claves disponibles, faltantes, de lento y nulo movimiento y en su caso, próximas a caducar o caducas, y dará aviso al área correspondiente (Subdelegación Médica para unidades médicas de Primer y Segundo Nivel de Atención a la Salud y Subdirección de Infraestructura de la Dirección de Administración para Hospitales Regionales y Centro Médico Nacional "20 de

Noviembre") de los medicamentos y material de curación que se necesiten para su reabastecimiento, previo cumplimiento de la normatividad vigente.

## CAPÍTULO TERCERO
## DE LA ATENCIÓN MÉDICA DE MATERNIDAD

**Artículo 94.-** Las Unidades Médicas proporcionarán Asistencia Obstétrica a Trabajadoras, pensionadas, esposas de Trabajadores o pensionistas y en su caso, a la concubina de uno u otro, y a las hijas solteras, menores de 18 años y que dependan económicamente del Derechohabiente, siempre y cuando, durante los seis meses anteriores al parto, se hayan mantenido vigentes sus derechos o los del Trabajador o Pensionado del que se deriven estas prestaciones.

Así mismo, será obligatoria la atención de la urgencia obstétrica, de conformidad con el numeral XVIII, del artículo 3 de este Reglamento.

**Artículo 95.-** El derecho a la Asistencia Obstétrica comenzará a partir de que la Unidad Médica certifique el estado de embarazo, momento en el cual, se debe determinar la fecha probable de parto, siempre y cuando reúna los requisitos previstos en los artículos 8 y 40 de la Ley.

**Artículo 96.-** La Licencia Médica por Maternidad se le otorgará a la Trabajadora, de conformidad con lo que establece el Título Quinto, Capítulo Primero de este Reglamento.

## CAPÍTULO CUARTO
## DE LOS SERVICIOS DE DONACIÓN Y TRASPLANTE DE ÓRGANOS, TEJIDOS Y CÉLULAS, CON FINES TERAPÉUTICOS

**Artículo 97.-** Las Unidades Hospitalarias que realicen extracción y trasplantes de órganos, tejidos y células con fines terapéuticos, deberán contar con un responsable sanitario, que será el Director de la Unidad Médica, de conformidad con la normatividad aplicable.

**Artículo 98.-** Las Unidades Hospitalarias que realicen extracción y trasplantes de órganos, tejidos y células con fines terapéuticos, deberán contar con un Coordinador de Trasplantes, quien deberá ser un médico especialista en la materia. De su nombramiento, se dará aviso a la Secretaría y a la Dirección Médica.

**Artículo 99.-** Toda Unidad Hospitalaria que lleve a cabo los procesos de extracción y trasplantes de órganos, tejidos y células con fines terapéuticos, deberá contar con el Comité Interno de Trasplantes, el cual será presidido por el Director de la Unidad Médica, o en su caso por el Subdirector Médico.

**Artículo 100.-** De existir más de un programa de trasplantes autorizado por la Dirección Médica y registrado ante la Secretaría, se constituirán subcomités por cada órgano, tejido o células; estos subcomités serán presididos por el responsable del programa específico de trasplantes registrado ante la Secretaría, y reportar al Comité Interno de Trasplantes.

**Artículo 101.-** La Dirección Médica conforme al programa de trabajo anual, verificará el avance físico financiero de los recursos para el sustento, desarrollo y consolidación del Sistema Institucional de Trasplantes y Procuración de Órganos Tejidos y Células con fines Terapéuticos, observando la Regionalización autorizada.

**Artículo 102.-** La Dirección Médica o el área en que se delegue esta función, deberá coordinar a nivel nacional los procesos de extracción, análisis, conservación, preparación y suministro de órganos, tejidos y células; trasplante de órganos y tejidos, así como la asignación de un órgano o tejido proveniente de donador cadavérico.

**Artículo 103.-** La Dirección Médica llevará a cabo la identificación, registro, formación y asignación de estímulos a los recursos humanos que participan en el proceso de donación y trasplantes, y será la instancia representante ante la Secretaría en todos los programas de donación y trasplantes.

La Dirección Médica será responsable del registro de los profesionales de la salud que participen en la procuración y trasplantes en el Instituto, así como del registro de los Pacientes que requieren trasplante, de los donadores y de los trasplantes efectuados en las Unidades Médicas, y deberá cumplir con las disposiciones relativas a la protección de datos personales en los términos de la Ley en la materia.

**Artículo 104.-** La Dirección Médica coordinará con las Delegaciones y Unidades Médicas Desconcentradas, los procesos de procuración y trasplante de órganos, tejidos y células, la formación, capacitación y desarrollo del personal médico y paramédico adscrito al Sistema Institucional de Trasplante de

Órganos, Tejidos y Células con fines Terapéuticos, así como la investigación relacionada con el trasplante de los mismos.

**Artículo 105.-** El Instituto, a través de la Dirección Médica, fomentará la cultura de donación de órganos, tejidos y células con fines terapéuticos, con la finalidad de disponer de los recursos necesarios para el tratamiento de las enfermedades crónico-degenerativas que afectan a los Derechohabientes, y desarrollará una base de datos de donadores y receptores a nivel nacional en los términos de la normatividad aplicable.

**Artículo 106.-** En la Unidad Hospitalaria el proceso de promoción, registro y extracción de órganos, tejidos y células por conducto de la donación cadavérica altruista, estará bajo la responsabilidad de un Coordinador de Donación o de Trasplantes, y éste reportará al Subdirector Médico de la misma.

**Artículo 107.-** Cada Unidad Médica participará en la promoción y registro de los donadores vivos y cadavéricos, así como el de los receptores en espera de trasplante, y proporcionará al donador una credencial de identificación con base en lo establecido en el artículo 329 de la Ley General de Salud, indicando los órganos o tejidos que desee donar, e integrando esta información a la base de datos local, delegacional y central, y deberá enviarla a la Dirección Médica para su revisión y homologación y ésta a la Secretaría.

## CAPÍTULO QUINTO
## DE LA DISPOSICIÓN DE SANGRE HUMANA

**Artículo 108.-** La organización, funcionamiento e ingeniería sanitaria de los Bancos de Sangre y Plasma, Puesto de Sangrado y Servicio de Transfusión, deberán ajustarse a los ordenamientos establecidos en la Ley General de Salud y demás normatividad aplicable.

**Artículo 109.-** Todo Paciente sujeto a intervención quirúrgica, procurará contar con el número de donantes familiares o, en su caso, altruistas que la Unidad Hospitalaria considere necesarios.

**Artículo 110.-** El material utilizado en la obtención, conservación y aplicación de la sangre y sus componentes, deberá cumplir con lo establecido en la Ley General de Salud y demás normatividad aplicable.

**Artículo 111.-** Los Directores de las Unidades Médicas y los Médicos Tratantes, darán aviso inmediatamente a las instancias correspondientes, de los casos de enfermedades que se considere hayan sido transmitidas por la transfusión de sangre o sus componentes. Cuando se presuma la existencia del Virus de Inmunodeficiencia Humana VIH, deberán además, aportar toda la información disponible y cumplir con las disposiciones relativas a la protección de datos personales en los términos de la Ley en la materia.

# TÍTULO CUARTO
## DE LA ATENCIÓN MÉDICA CON MOTIVO DE LOS RIESGOS DE TRABAJO

**Artículo 112.-** Las Unidades Médicas proporcionarán a los Trabajadores Atención Médica, diagnóstica y terapéutica, servicio de Hospitalización, aparatos de prótesis, ortopedia y Rehabilitación cuando éstos deriven de un Riesgo de Trabajo.

**Artículo 113.-** El Médico Tratante, determinará mediante el formato Certificado de Informe Médico Inicial RT-02, las lesiones orgánicas o perturbaciones funcionales que sufran los Trabajadores, derivadas de un Riesgo de Trabajo registrado en el Expediente Clínico, a efecto de que el área de medicina del trabajo correspondiente proceda al dictamen.

**Artículo 114.-** El Médico Tratante deberá solicitar los exámenes médicos trimestrales (estudios de laboratorio y gabinete) para sustentar el diagnóstico, tratamiento y secuelas respectivas, lo que permitirá emitir el alta médica o el certificado médico con relación al probable Riesgo de Trabajo ya sea por accidente o Enfermedad; en cuyo caso, se enviará el Expediente Clínico a medicina del trabajo de la jurisdicción respectiva para que proceda el dictamen final.

En los casos de probable Riesgo de Trabajo ya sea por accidente o Enfermedad, se expedirá la Licencia Médica a título de Enfermedad general en tanto no se califique como Riesgo de Trabajo; una vez calificado como tal, se expedirá la Licencia Médica como accidente o Enfermedad de Trabajo según corresponda, de uno a veintiocho días y hasta por cincuenta y dos semanas; de conformidad con la Ley y demás normatividad aplicable.

**Artículo 115.-** En el caso de Enfermedad profesional del Trabajador, las Unidades Médicas a través del Médico Tratante, emitirán el dictamen inicial que corresponda, tomando como base los registros en el Expediente Clínico.

## TÍTULO QUINTO
## DE LA EXPEDICIÓN DE LICENCIAS MÉDICAS Y CERTIFICADOS

### CAPÍTULO PRIMERO
### DE LAS LICENCIAS MÉDICAS

**Artículo 116.-** El titular de la Unidad Médica será responsable de supervisar y evaluar la expedición de las Licencias Médicas, de dotar y controlar los formatos oficiales de Licencias Médicas, de formular informes y enviarlos a las instancias correspondientes, y de aplicar los procedimientos emitidos por la Dirección Médica.

**Artículo 117.-** El Médico Tratante, en el ejercicio de sus funciones, exclusivamente dentro de su jornada laboral derivada de una consulta médica, al expedir una Licencia Médica actuará bajo su absoluta responsabilidad y ética profesional, así como en estricto apego a la Ley y demás disposiciones aplicables.

**Artículo 118.-** En las Unidades Médicas de Primer Nivel de Atención a la Salud, los Médicos Tratantes, generales, familiares u odontólogos podrán expedir y autorizar la Licencia Médica Inicial por un periodo de uno hasta siete días naturales, hasta por un total de veintiocho días, con base en la patología que presente el Trabajador y a los días sugeridos por las Guías de Práctica Clínica; salvo lo previsto en el artículo 125 del presente Reglamento.

I. La Licencia Médica Subsecuente, será expedida y autorizada por el Médico Tratante por periodos de uno a siete días naturales, hasta ajustar un máximo acumulable de veintiún días; de requerirse continuar con la expedición de la misma, ésta deberá ser autorizada por el director de la Unidad Médica o en quien delegue esta función, previa revisión del caso en el Expediente Clínico.

En caso de diagnóstico por fractura, la Licencia Médica Subsecuente, se podrá otorgar por un periodo de hasta veintiocho días naturales.

II. En las Unidades Médicas de Segundo y Tercer Nivel de Atención a la Salud, así como en el Centro Médico Nacional "20 de Noviembre", el médico especialista podrá expedir y autorizar la Licencia Médica por un periodo de uno y hasta veintiocho días naturales. Lo anterior, en apego a lo dispuesto en las Guías de Práctica Clínica aplicables.

III. En los servicios de Urgencias, el Médico Tratante podrá expedir y autorizar la Licencia Médica únicamente por un periodo de uno a tres días naturales; salvo lo previsto en el artículo 125 del presente Reglamento, debiendo sustentar su expedición en la hoja de Urgencias.

**Artículo 119.-** La expedición de la Licencia Médica, en el caso de Trabajadores no atendidos en el Instituto, se efectuará de conformidad con el procedimiento que al efecto establezca la Dirección Médica.

**Artículo 120.-** Cuando una Enfermedad no profesional incapacite al Trabajador para el desempeño de sus labores, se le expedirá Licencia Médica hasta por cincuenta y dos semanas, y puede tener derecho a cincuenta y dos semanas más de Licencia Médica, previa emisión del Formato RT-09 y su envío a la Delegación correspondiente para su estudio y dictamen, conforme lo establecido en la Ley y demás normatividad aplicable.

**Artículo 121.-** La Licencia Médica por Maternidad, se otorgará por el Médico Tratante a las aseguradas en la etapa de gestación por un periodo de noventa días naturales, de los cuales treinta tienen por objeto proteger a la madre y el producto antes de la fecha aproximada del parto, y los sesenta restantes para cuidados maternos, dicha Licencia Médica puede expedirse a partir de la semana treinta y seis del embarazo.

Cuando el producto sea prematuro, los días de descanso no disfrutados antes del parto por la madre, se podrán sumar a la licencia de Maternidad de sesenta días posteriores al parto, a fin de garantizar los noventa días señalados por la normatividad aplicable.

**Artículo 122.-** En caso de muerte fetal a partir de la semana veintiocho, se otorgará a la Trabajadora asegurada Licencia Médica por sesenta días, tiempo en el cual, el Médico Tratante valorará si se encuentra en condiciones de salud fisiológica y emocional favorables para el desarrollo de sus actividades laborales, previa presentación de original y copia del certificado de defunción, así como el resumen clínico del evento obstétrico. Tendrá un tiempo de tres días hábiles posteriores al parto para presentar los documentos antes mencionados. Se deberá anexar copia de todos estos documentos al Expediente Clínico.

**Artículo 123.-** Cuando el parto sea atendido en el domicilio de la Trabajadora, el Director de la Unidad Médica de adscripción o a quien designe la facultad, o bien la unidad hospitalaria de Referencia expedirá la Licencia Médica a la que tiene derecho, previo cumplimiento de la normatividad aplicable.

**Artículo 124.-** Cuando un Trabajador solicite la expedición de Licencia Médica Retroactiva en la Unidad Médica de adscripción, ésta se la podrá autorizar sustentada en la opinión del Médico Tratante y en el análisis de la documentación comprobatoria.

El Médico Tratante estará facultado para proporcionar Licencias Médicas con retroactividad no mayor de 15 días; cuando se trate de unidades médicas de Primer y Segundo Nivel de Atención a la Salud, asimismo, el Médico Tratante deberá solicitar autorización al Director o responsable de la Unidad Médica. El Director a su vez se encargará de informar a la Subdelegación Médica.

En caso de exceder los quince días, la Licencia Médica deberá autorizarse por el Subdelegado Médico respectivo. Tratándose de Hospitales Regionales y CMN "20 de Noviembre" el Director autorizará la retroactividad.

**Artículo 125.-** Las Licencias Médicas por Excepción deberán ser autorizadas por el Director de la Unidad Médica, el responsable o a quien se designe la función en los siguientes casos:

I. El Médico Tratante de la Unidad Médica de Primer Nivel de Atención a la Salud, podrá expedir Licencia Médica, hasta por veintiocho días en una sola emisión cuando lo amerite el padecimiento médico o quirúrgico, previa valoración y clínicamente sustentable en el Expediente Clínico, previa autorización del Director de la Unidad Médica o a quien se designe.

II. El Médico Tratante del Servicio de Urgencias, podrá expedir Licencia Médica, hasta por veintiocho días en una sola emisión cuando el padecimiento médico o quirúrgico amerite mayor tiempo para su recuperación y se sustente en la nota médica correspondiente, derivado de la atención de Urgencias, previa autorización del Director de la Unidad Médica o a quien se designe.

III. El Médico Tratante de la Unidad Médica de Primer Nivel de Atención a la Salud, podrá expedir Licencia Médica al Paciente referido, cuando lo amerite el padecimiento médico o quirúrgico, hasta la fecha de la cita con el especialista, previa valoración médica debiendo sustentarlo en el Expediente Clínico.

IV. Cuando un Trabajador en tránsito en una localidad diferente a la de su adscripción laboral o que se encuentre a más de 80 km. de su clínica de adscripción y que requiera ser atendido médicamente, podrá acudir a la Unidad

Médica del Instituto más cercana y, a juicio del Médico Tratante, se le podrá otorgar Licencia Médica.

V. Cuando la Unidad Médica no cuente con visita domiciliaria, el Médico Tratante podrá renovar la expedición de Licencia Médica a solicitud de un tercero en aquellos casos previamente diagnosticados, que por la patología o situación del Paciente lo imposibiliten para acudir a la Unidad Médica de adscripción.

VI. Todos los casos de Licencias Médicas otorgadas por excepción deberán ser informados al Subdelegado Médico o Director de la Unidad Médica de Tercer Nivel de Atención a la Salud en forma mensual, mediante el formato diseñado para tal fin. En este caso, el Director de la Unidad Médica de Tercer Nivel de Atención a la Salud o Subdelegado Médico se reserva el derecho de solicitar la documentación que considere necesaria, para el análisis del caso y tomar las medidas preventivas y correctivas procedentes, y en su caso, dar vista a las áreas fiscalizadoras competentes.

VII. Los Trabajadores que se encuentren en tratamiento en los centros de Rehabilitación de alcoholismo y drogadicción se les podrá otorgar Licencia Médica previa valoración médica efectuada y/o previa verificación física que determine la autoridad de la Unidad Médica que corresponda, hasta por veintiocho días, anexando al Expediente Clínico la nota médica y la documentación soporte del caso. Lo anterior, por ser una Enfermedad crónica que afecta al individuo física y mentalmente, por lo que se deberá otorgar la Licencia Médica de conformidad con lo previsto en el presente instrumento normativo.

VIII. En los casos de Trabajadores en proceso de conclusión de dictamen médico por Riesgo de Trabajo o invalidez, el Médico Tratante podrá expedir Licencias Médicas, en caso de que el Trabajador continúe con incapacidad para desempeñar sus actividades laborales, la Licencia Médica podrá expedirse hasta que se concluya el trámite de dictaminación, mediante autorización del Director de la Unidad Médica, debiendo sustentarlo y justificarlo en el Expediente Clínico con base a la NOM-004-SSA3-2012, del Expediente Clínico.

IX. En los casos en que la Licencia Médica señale que el Trabajador labora en dos o más Dependencias o Entidades y a su solicitud, el Director, el responsable de la Unidad Médica o a quien se designe, otorgará una copia fotostática que contenga el sello de la Unidad Médica y la leyenda "Copia para la segunda Dependencia o Entidad".

**Artículo 126.-** A efecto de verificar la validez y procedencia de las Licencias Médicas emitidas a favor de sus Trabajadores por el Instituto, las Dependencias o Entidades afiliadas, establecerán en sus respectivos ámbitos de competencia, los mecanismos de control que consideren pertinentes.

**Artículo 127.-** Cuando la Dependencia o Entidad afiliada detecte que un Trabajador ha hecho uso distinto de los efectos para los cuales fue expedida la Licencia Médica, la Unidad Médica procederá a realizar la investigación, en consecuencia, la Dependencia o Entidad procederá a ejercer las acciones legales pertinentes.

**Artículo 128.-** El Instituto atenderá la solicitud de las Dependencias o Entidades afiliadas a través de la Delegación correspondiente, para la investigación de Licencias Médicas cuando exista la sospecha de alteración o falsificación de la misma, que el documento haya sido expedido por una Unidad Médica distinta a la adscripción del Trabajador o cuando se presuma que éste simula un padecimiento para obtener una Licencia Médica. La investigación se realizará sin comprometer los datos personales protegidos por la normatividad en la materia.

**Artículo 129.-** Las Licencias Médicas Excepcionales, podrán ser expedidas por el Médico Tratante con la autorización del titular de la Unidad Médica o de la persona en quien éste delegue la función, e informar mensualmente al Subdelegado Médico y a la Dirección Médica, mismos que podrán revisar en cualquier momento la expedición de la Licencia Médica por caso de excepción.

## CAPÍTULO SEGUNDO
## DE LA EXPEDICIÓN DE LOS CERTIFICADOS DE RIESGO DE TRABAJO, DE DEFUNCIÓN, DE MUERTE FETAL, DE SALUD Y DE NACIMIENTO

**Artículo 130.-** El Médico Tratante que dé la atención inmediata al recién nacido será el responsable de requisitar el certificado de nacimiento excepto que el nacimiento ocurra en un establecimiento de salud distinto al de las Unidades Médicas del Instituto.

**Artículo 131.-** En el caso de reconocer el Instituto la profesionalidad del Riesgo de Trabajo, el Médico Tratante, especialista de Segundo y Tercer Nivel de Atención a la Salud deberá emitir el diagnóstico mediante el Formato RT-09 en cualquier etapa del proceso de recuperación, el cual deberá emitirse antes de las cincuenta y dos semanas que establece la Ley.

**Artículo 132.-** En las Unidades Médicas, los certificados de defunción y muerte fetal, serán elaborados en el formato oficial autorizado por la Secretaría de conformidad con lo que establece la Ley General de Salud, serán enviados a la Secretaría en un plazo no mayor a cinco días hábiles posteriores a su expedición y registrarán su contenido en los sistemas que determinen la Secretaría y la Dirección de Finanzas.

**Artículo 133.-** El Instituto extenderá el certificado de defunción por conducto del Médico Tratante o el médico en quien se delegue esta función, cuando el fallecimiento del Paciente ocurra dentro de la Unidad Médica o durante el traslado a otra unidad, si el fallecimiento ocurre en el domicilio del Paciente, el certificado será extendido a través de la clínica de medicina familiar de adscripción de lunes a viernes en horarios laborales, si el deceso ocurre en horario nocturno, en fin de semana o en días festivos, el certificado es extendido en la Unidad Médica de Segundo Nivel de Atención a la Salud, más cercana dentro del área geográfica de influencia.

Para su expedición, el Director, el Subdirector Médico o en quien el Instituto delegue la responsabilidad, lo hará con base en la revisión del Expediente Clínico y la exploración física del cadáver.

**Artículo 134.-** El Médico Tratante no podrá negar la expedición del certificado de defunción, a menos que el Paciente se haya atendido fuera de las Unidades Médicas del Instituto o que en éstas no se cuente con antecedentes de su Atención Médica o existiera sospecha de muerte violenta o accidental.

Ante la presunción de muerte derivada de un hecho violento o accidente, el Médico Tratante, Director, responsable o quien se designe, deberá dar aviso al Ministerio Público correspondiente.

**Artículo 135.-** El Médico Tratante deberá extender certificado de salud a petición del Paciente, familiar o representante legal.

## TÍTULO SEXTO
## DE LA INVESTIGACIÓN PARA LA SALUD

**Artículo 136.-** El Instituto a través de la Dirección Médica, diseñará las estrategias programáticas para el desarrollo de la investigación científica tendientes a la mejora en la calidad de los Servicios de Atención Médica, en apego a las directrices de la Secretaría, así como a la normatividad aplicable de las instituciones educativas y de investigación científica y tecnológica.

**Artículo 137.-** El Instituto celebrará convenios de colaboración internacional, nacional, así como interinstitucionales e interdisciplinarios para el desarrollo de investigaciones para la salud; la Dirección Médica deberá contar con criterios específicos para la participación de terceros, a efecto de recibir los recursos financieros destinados a la investigación, para lo cual debe contar con el "Fondo de Investigación en Salud ISSSTE", conforme a la normatividad aplicable.

**Artículo 138.-** La Dirección Médica establecerá y dirigirá el programa institucional de investigación y desarrollo científico y tecnológico para la salud, de conformidad con la Ley General de Salud, su Reglamento y demás normatividad aplicable.

Para la coordinación interinstitucional y desarrollo de la investigación, la Dirección Médica contará con la Comisión de Investigación, a fin de contribuir al fortalecimiento del desarrollo científico del Instituto.

**Artículo 139.-** La Dirección Médica a través del área competente, deberá participar en la creación, modificación, disolución o seguimiento del funcionamiento de los Comités y Subcomités de las Unidades Médicas.

**Artículo 140.-** La Dirección Médica a través del área competente, será la encargada de establecer y vigilar la aplicación de las políticas, normas, disposiciones y procedimientos institucionales y sectoriales en materia de investigación, debiendo favorecer las actividades de investigación orientadas a elevar la calidad de la prestación de los servicios y a mejorar la salud de los Pacientes.

**Artículo 141.-** El Instituto, a través de la Dirección Médica, establecerá los mecanismos de operación y administrará los programas de investigación, desarrollo científico y tecnológico, de conformidad con la Ley General de Salud, su Reglamento y demás normatividad aplicable.

**Artículo 142.-** Los responsables de la investigación en la Dirección Médica, Subdelegaciones Médicas y Unidades Médicas Desconcentradas, deberán orientar la investigación en atención a los problemas prioritarios de salud de los Derechohabientes y llevarán a cabo la evaluación de los avances en el desarrollo de los protocolos de investigación científica de conformidad a la normatividad vigente en la materia.

**Artículo 143.-** La Dirección Médica a través del área competente, llevará a cabo la evaluación de los avances en el desarrollo de los protocolos de investigación en Unidades Médicas.

## TÍTULO SÉPTIMO
## DE LA FORMACIÓN DE RECURSOS HUMANOS
## Y EDUCACIÓN MÉDICA CONTINUA

**Artículo 144.-** El Instituto a través de la Dirección Médica, diseñará las estrategias de los programas para la formación y profesionalización del personal de los Servicios de Salud, para su desarrollo académico-científico y la mejora en la calidad de los Servicios de Atención Médica que otorga, en colaboración con los Sistemas Nacionales de Salud y Educativo, de conformidad con la normatividad aplicable.

**Artículo 145.-** La Dirección Médica elaborará, establecerá y dirigirá el programa institucional para la formación y profesionalización del personal de los Servicios de Atención Médica, en coordinación con las áreas competentes del Instituto y extrainstitucionales, para contribuir al fortalecimiento de los Servicios de Atención Médica que se otorgan a los Derechohabientes.

**Artículo 146.-** La Dirección Médica integrará para su autorización, el catálogo del programa institucional de formación y profesionalización del personal de los Servicios de Salud, considerando que las Unidades Médicas cuenten con los campos clínicos para la enseñanza y cumplan con la normatividad aplicable, para el desarrollo de los programas académicos, dirigidos a la formación de estudiantes a nivel técnico, licenciatura y postgrado en las carreras relacionadas con el área de la salud.

**Artículo 147.-** El Instituto a través de la Dirección Médica elaborará, establecerá y dirigirá el programa institucional de educación médica continua con el propósito de mantener actualizada la práctica clínica, técnica y gerencial del personal de salud, necesaria para otorgar servicios de calidad acordes con el avance académico, científico y tecnológico en coordinación interinstitucional con las Unidades Médicas Desconcentradas y las Delegaciones.

**Artículo 148.-** El Instituto a través de la Dirección Médica, celebrará convenios generales de colaboración nacional e internacional, con el apoyo de la Secretaría General, así como específicos, con el propósito de impulsar el desarrollo del personal de los Servicios de Atención Médica a través de la formación, profesionalización y educación médica continua en el área de la salud, conforme a los programas institucionales en la materia.

**Artículo 149.-** Las Unidades Médicas Desconcentradas llevarán a cabo acciones para el cumplimiento de los criterios y programas institucionales de formación, profesionalización y educación médica continua para la salud.

**Artículo 150.-** La Dirección Médica colaborará con la Secretaría en la formación, capacitación y actualización del personal de salud que participa en la investigación científica.

**Artículo 151.-** El Instituto, a través de la Dirección Médica establecerá el proceso para las publicaciones y editará el instrumento institucional de difusión académica, científica y tecnológica en salud.

## TÍTULO OCTAVO
## DE LOS ASUNTOS MÉDICO LEGALES

**Artículo 152.-** El Instituto podrá proporcionar asesoría jurídica al personal médico, de enfermería o sus auxiliares, con excepción de aquellos asuntos en los que el propio Instituto sea la contraparte.

La asesoría se proporcionará a través de la Subdirección de lo Contencioso de la Dirección Jurídica del Instituto o de la Unidad Jurídica en la Delegación que corresponda, según el lugar de adscripción del personal médico, de enfermería o sus auxiliares.

**Artículo 153.-** La defensa en los asuntos médico-legales se proporcionará al personal médico, de enfermería o sus auxiliares, a través de la Aseguradora que determine la Unidad Administrativa correspondiente.

El contrato suscrito con la Aseguradora garantizará que se resarzan los costos derivados de la responsabilidad en que pudiera incurrir el personal médico, de enfermería o sus auxiliares por actos no dolosos, ocurridos en el ejercicio de su profesión, de acuerdo con las funciones que desempeñan dentro del Instituto. El Instituto cubrirá el 50 por ciento del costo de la prima del seguro y el resto lo cubrirá el personal médico, de enfermería o sus auxiliares asegurados.

Cada Unidad Médica deberá asegurarse de que el personal médico, de enfermería o sus auxiliares conozcan los datos de la póliza de seguro que para tal efecto se emita.

Asimismo, la Subdirección de lo Contencioso de la Dirección Jurídica o la Unidad Jurídica de la Delegación que corresponda podrá colaborar en la defensa del personal médico, de enfermería o sus auxiliares, salvo que exista afectación a los intereses o patrimonio del Instituto.

**Artículo 154.-** El Instituto, por conducto de las Unidades Administrativas que corresponda, proporcionará al personal médico, de enfermería o sus auxiliares, los documentos que obren en sus archivos cuando éstos sean solicitados para su defensa, de acuerdo a la normatividad aplicable.

## TRANSITORIOS

**Primero.-** Este Reglamento entrará en vigor el día siguiente de su publicación en el Diario Oficial de la Federación.

**Segundo.-** Se abroga el Reglamento de Servicios Médicos del Instituto de Seguridad y Servicios Sociales de los Trabajadores del Estado, expedido por Acuerdo 9.1327.2011 de la Junta Directiva de 14 de abril de 2011, publicado en el Diario Oficial de la Federación el 14 de abril de 2011.

**Tercero.-** Se abroga el Reglamento para la Atención de Asuntos Legales en los que se Encuentren Involucrados Médicos y/o sus Auxiliares del Instituto de Seguridad y Servicios Sociales de los Trabajadores del Estado, expedido el 7 de julio de 1995.

**Cuarto.-** En un plazo que no exceda de 120 días naturales, contados a partir de la fecha de su publicación, se deberán emitir los manuales de integración y funcionamiento del Comité y los Subcomités previstos en los artículos 99, 100 y 139 de este Reglamento.

Lo que me permito hacer de su conocimiento para los efectos legales procedentes.

Atentamente

Ciudad de México, a 22 de septiembre de 2016.- De conformidad con el artículo 19 del Estatuto Orgánico del Instituto, la Prosecretaria de la Junta Directiva, María Guadalupe Chacón Monárrez.- Rúbrica.

# Reglamento del Sistema Nacional de Afiliación y Vigencia de Derechos, de la Base de Datos Única de Derechohabientes y del Expediente Electrónico Único del Instituto de Seguridad y Servicios Sociales de los Trabajadores del Estado

**TEXTO ORIGINAL**

Reglamento publicado en la Primera Sección del Diario Oficial de la Federación, el viernes 10 de junio de 2011.

Al margen un sello con el Escudo Nacional, que dice: Estados Unidos Mexicanos. Instituto de Seguridad y Servicios Sociales de los Trabajadores del Estado. Secretaría de la Junta Directiva. SG/SJD/0914/2011.

ACUERDO 8.1327.2011

Lic. Jesús Villalobos López

Director General del Instituto.

Presente.

En sesión celebrada por la Junta Directiva el día de hoy, al tratarse lo relativo a la aprobación del Reglamento del Sistema Nacional de Afiliación y Vigencia de Derechos, de la Base de Datos Única de Derechohabientes y del Expediente Electrónico Único del Instituto, se tomó el siguiente:

ACUERDO 8.1327.2011. "La Junta Directiva, con fundamento en los artículos 7, 10, 13 y 214, fracción VI, de la Ley del Instituto de Seguridad y Servicios Sociales de los Trabajadores del Estado, y 13, fracción I, del Estatuto Orgánico, aprueba el:

**REGLAMENTO DEL SISTEMA NACIONAL DE AFILIACIÓN Y VIGENCIA DE DERECHOS, DE LA BASE DE DATOS ÚNICA DE DERECHOHABIENTES Y DEL EXPEDIENTE ELECTRÓNICO ÚNICO DEL INSTITUTO DE SEGURIDAD Y SERVICIOS SOCIALES DE LOS TRABAJADORES DEL ESTADO**

## TÍTULO PRIMERO
### DISPOSICIONES GENERALES

### CAPÍTULO ÚNICO

**Artículo 1.** El presente ordenamiento tiene por objeto reglamentar las disposiciones contenidas en la Ley del Instituto de Seguridad y Servicios Sociales de los Trabajadores del Estado, en materia de Afiliación y Vigencia de Derechos; las disposiciones en materia de captación, actualización, sistematización, administración, individualización, transmisión, uso y funcionamiento de la información de la Base de Datos Única de Derechohabientes, así como la administración del Expediente Electrónico Único.

**Artículo 2.** La Base de Datos Única de Derechohabientes contendrá la información individualizada y pormenorizada de los afiliados y sus familiares derechohabientes, por lo que se constituirá como la fuente oficial única de información que será utilizada por las Unidades Administrativas Centrales y Desconcentradas del Instituto en el otorgamiento de los seguros, prestaciones y servicios.

**Artículo 3.** Los sujetos obligados del presente Reglamento son:

I. Las Dependencias y Entidades de la Administración Pública Federal, trabajadores al servicio civil, pensionados y familiares derechohabientes de los sujetos previstos en el artículo 1 de la Ley del Instituto de Seguridad y Servicios Sociales de los Trabajadores del Estado;

II. Los trabajadores dados de baja, que hubieran tenido una relación laboral sujeta de incorporación al régimen obligatorio de la Ley del Instituto de Seguridad y Servicios Sociales de los Trabajadores del Estado en conservación de derechos, según lo establecido en el artículo 43 de La Ley del Instituto de Seguridad y Servicios Sociales de los Trabajadores del Estado;

III. Los trabajadores dados de baja, que hubieran tenido una relación laboral sujeta de incorporación al régimen obligatorio de la Ley del Instituto de Seguridad y Servicios Sociales de los Trabajadores del Estado que hayan optado por la continuación voluntaria, según lo establecido en el artículo 200 de la Ley del Instituto de Seguridad y Servicios Sociales de los Trabajadores del Estado;

IV. Los Pensionados de acuerdo a lo que establece la Ley del Instituto de Seguridad y Servicios Sociales de los Trabajadores del Estado;

V. Los jubilados y pensionados con cargo al Instituto de Seguridad y Servicios Sociales de los Trabajadores del Estado, según lo establecido en el artículo Décimo Transitorio de la Ley del Instituto de Seguridad y Servicios Sociales de los Trabajadores del Estado;

VI. Los jubilados y pensionados con cargo a otras Dependencias y Entidades incorporadas por convenio al régimen obligatorio, respecto al servicio de salud, de la Ley del Instituto de Seguridad y Servicios Sociales de los Trabajadores del Estado;

VII. Las Unidades Administrativas Centrales y Desconcentradas del Instituto, y

VIII. Los demás que señalen las disposiciones legales aplicables.

**Artículo 4.** Para los efectos del presente Reglamento, se entenderá por:

I. Administrador. La Secretaría General del Instituto de Seguridad y Servicios Sociales de los Trabajadores del Estado, a través del área administrativa que ésta determine;

II. Afiliación. La inscripción de los sujetos de incorporación al régimen obligatorio de la Ley del Instituto de Seguridad y Servicios Sociales de los Trabajadores del Estado, con excepción de las Dependencias y Entidades;

III. Afiliados. Los trabajadores, jubilados, pensionados, extrabajadores en conservación de derechos, extrabajadores en continuación voluntaria, así como pensionados y jubilados con cargo a otras Dependencias y Entidades, incorporados por convenio al régimen obligatorio de la Ley del Instituto de Seguridad y Servicios Sociales de los Trabajadores del Estado, que tienen derecho a los seguros, prestaciones y servicios establecidos en la Ley del Instituto de Seguridad y Servicios Sociales de los Trabajadores del Estado;

IV. Antigüedad. El tiempo que el trabajador ha cotizado al Instituto de Seguridad y Servicios Sociales de los Trabajadores del Estado y que se le reconoce para efectos de acceder al derecho de recibir los seguros, prestaciones y servicios establecidos en la Ley del Instituto de Seguridad y Servicios Sociales de los Trabajadores del Estado;

V. Aportaciones. Los enteros de recursos que deberán cubrir las Dependencias y Entidades en cumplimiento de las obligaciones que respecto de sus trabajadores les impone la Ley del Instituto de Seguridad y Servicios Sociales de los Trabajadores del Estado;

VI. Base de Datos. La Base de Datos Única de Derechohabientes;

VII. CONSAR. La Comisión Nacional del Sistema de Ahorro para el Retiro;

VIII. Cuotas. Los enteros a la seguridad social que los trabajadores deben cubrir, conforme a lo dispuesto por la Ley del Instituto de Seguridad y Servicios Sociales de los Trabajadores del Estado;

IX. CURP. La Clave Única de Registro de Población;

X. Delegación. Las Delegaciones Estatales y Regionales del Instituto de Seguridad y Servicios Sociales de los Trabajadores del Estado;

XI. Dependencias. Las Unidades Administrativas de los Poderes de la Unión, la Procuraduría General de la República, los órganos jurisdiccionales autónomos, los órganos ejecutivo, legislativo y judicial del Distrito Federal, así como las Unidades Administrativas de las Entidades Federativas y municipios, incorporados al régimen obligatorio de la Ley del Instituto de Seguridad y Servicios Sociales de los Trabajadores del Estado, por decreto o acuerdo del Ejecutivo Federal o por convenio autorizado por la Junta Directiva del Instituto;

XII. Entidades. Los organismos descentralizados, empresas de participación estatal mayoritaria y demás instituciones paraestatales federales y del Gobierno del Distrito Federal, así como los organismos de las Entidades Federativas o municipales y organismos públicos que por disposición constitucional cuenten con autonomía, incorporados al régimen obligatorio de la Ley del Instituto de Seguridad y Servicios Sociales de los Trabajadores del Estado;

XIII. Expediente Electrónico Único. La información individualizada de cada afiliado que se integrará de acuerdo con el artículo 10 de la Ley del Instituto de Seguridad y Servicios Sociales de los Trabajadores del Estado, así como lo relativo a la vigencia de derechos, familiares derechohabientes, historial de cotización, situación jurídica, historia clínica, e historia crediticia institucional;

XIV. Extrabajador. El trabajador dado de baja, que hubiera tenido una relación laboral sujeta de incorporación al régimen obligatorio de la Ley del Instituto de Seguridad y Servicios Sociales de los Trabajadores del Estado;

XV. Familiares Derechohabientes. Las personas a las que se refiere el artículo 6, fracción XII de la Ley del Instituto de Seguridad y Servicios Sociales de los Trabajadores del Estado;

XVI. ICP. Identificador del Centro de Pago; la clave con la que la CONSAR reconoce a las Unidades Administrativas responsables del entero de las Cuotas y Aportaciones de las Dependencias y Entidades incorporadas al régimen obligatorio de la Ley del Instituto de Seguridad y Servicios Sociales de los Trabajadores del Estado;

XVII. Indemnización Global. La retribución otorgada al trabajador por su separación definitiva del servicio público, según sea el caso, en términos de lo dispuesto por el Reglamento para el otorgamiento de pensiones del régimen de cuentas individuales del Instituto de Seguridad y Servicios Sociales de los Trabajadores del Estado y por el Reglamento para el Otorgamiento de Pensiones de los Trabajadores sujetos al Régimen del Artículo Décimo Transitorio del Decreto por el que se expide la Ley del Instituto de Seguridad y Servicios Sociales de los Trabajadores del Estado;

XVIII. IMSS. El Instituto Mexicano del Seguro Social;

XIX. Instituto. El Instituto de Seguridad y Servicios Sociales de los Trabajadores del Estado;

XX. Jubilado. La persona a la que la Ley del Instituto de Seguridad y Servicios de (sic) los Trabajadores del Estado le reconoce tal carácter en términos de lo dispuesto en el artículo Décimo Transitorio de la Ley del ISSSTE;

XXI. Junta Directiva. El órgano superior de dirección y gobierno del Instituto;

XXII. Ley. La Ley del Instituto de Seguridad y Servicios Sociales de los Trabajadores del Estado;

XXIII. Licencia Médica. El documento médico legal de carácter confidencial que expiden los médicos tratantes en las unidades médicas, en los formatos oficiales a favor del trabajador, en el cual se certifica su estado de incapacidad por enfermedad, maternidad o riesgo de trabajo durante un tiempo determinado;

XXIV. Modalidad de Aseguramiento. La cobertura de seguros, prestaciones y servicios con que están amparados los Afiliados sujetos al régimen obligatorio de la Ley;

XXV. Movimientos Afiliatorios. Los avisos de alta, de modificación del sueldo y de baja del trabajador, así como de modificación del entero de Cuotas y Aportaciones por Licencia Médica expedida al trabajador, que son comunicados al Instituto por las Dependencias y Entidades incorporadas al régimen obligatorio de la Ley;

XXVI. Pagaduría. La clave con la que el Instituto identifica a las Unidades Administrativas de las Dependencias y Entidades, competentes y responsables, para el intercambio de información afiliatoria, certificaciones e informes de sus trabajadores, pensionados y jubilados;

XXVII. Pensionado. Toda persona a la que la Ley le reconozca tal carácter;

XXVIII. Pensionado Directo. La persona que originó el derecho a recibir una pensión del Instituto;

XXIX. PENSIONISSSTE. El Fondo Nacional de Pensiones de los Trabajadores al Servicio del Estado, órgano desconcentrado del Instituto;

XXX. Ramo. La clave con la que el Instituto identifica a las Dependencias y Entidades incorporadas al régimen obligatorio de la Ley.

XXXI. Salario Mínimo. El salario mínimo general mensual vigente en el Distrito Federal;

XXXII. SAR. El Sistema de Ahorro para el Retiro;

XXXIII. Sueldo Básico. El que se tomará en cuenta para los efectos de la Ley será el sueldo del tabulador regional que para cada puesto se haya señalado; conforme a los conceptos que establece la Secretaría de Hacienda y Crédito Público para determinar los importes de Cuotas y Aportaciones;

XXXIV. Trabajador (a). La persona definida en el artículo 6 fracción XXIX de la Ley;

XXXV. Unidades Administrativas. Las Unidades Administrativas Centrales y Desconcentradas del Instituto, descritas en el artículo 4, fracciones I y II del Estatuto Orgánico del Instituto, y

XXXVI. Usuario. Los Afiliados y servidores públicos de las Dependencias y Entidades incorporadas al régimen obligatorio de la Ley, así como de las Unidades Administrativas del Instituto, que cuenten con un registro vigente ante el Instituto para acceder a las aplicaciones electrónicas en la Base de Datos, descritas en el presente Reglamento.

**Artículo 5.** Para los efectos de interpretación de las disposiciones del presente Reglamento, la Unidad Administrativa Central competente será la Dirección Jurídica del Instituto, en los términos de su Estatuto Orgánico.

## TÍTULO SEGUNDO
## SISTEMA NACIONAL DE AFILIACIÓN Y VIGENCIA DE DERECHOS

### CAPÍTULO PRIMERO
### INTEGRACIÓN Y FUNCIONAMIENTO

**Artículo 6.** Para el cumplimiento del objeto del presente Reglamento, el Instituto diseñará y pondrá en operación el Sistema Nacional de Afiliación y Vigencia de Derechos, el cual contendrá los elementos normativos en materia de Afiliación y Vigencia de Derechos, de tecnología y electrónica, así como los procedimientos para la integración y actualización de la Base de Datos; la acreditación de la vigencia de derechos; la transferencia de derechos entre Institutos de Seguridad Social; la expedición del medio de identificación de los Afiliados y Familiares Derechohabientes y la transmisión de información con las Dependencias y Entidades incorporadas al régimen obligatorio de la Ley, con los Afiliados, con la CONSAR y las empresas operadoras de la Base de Datos Nacional SAR.

**Artículo 7.** La administración del Sistema Nacional de Afiliación y Vigencia de Derechos, estará a cargo del Administrador y los aspectos tecnológicos de la aplicación electrónica, serán de la competencia de la Dirección de Tecnología y Desarrollo Institucional.

**Artículo 8.** Las responsabilidades del Administrador respecto del Sistema Nacional de Afiliación y Vigencia de Derechos, serán las siguientes:

I. Administrar el proceso de registro en la Base de Datos del Instituto de las Dependencias y Entidades incorporadas al régimen obligatorio de la Ley, y

II. Establecer las políticas, normas y lineamientos para:

a) Afiliar a los Trabajadores de las Dependencias y Entidades;

b) Acreditar la vigencia de derechos de los Afiliados y los Familiares Derechohabientes;

c) Coordinar en el ámbito de su competencia con las Unidades Administrativas, la implementación del procedimiento en materia de continuación voluntaria al régimen obligatorio de la Ley;

d) Administrar, actualizar y supervisar la Base de Datos;

e) El intercambio de la información contenida en la Base de Datos para efectos de transferencia de derechos con otros Institutos de seguridad social;

f) La implementación de aplicaciones electrónicas y tecnológicas para la actualización de la Base de Datos;

g) El acceso y transmisión de información de las Dependencias y Entidades o de otros organismos con la Base de Datos;

h) El acceso, transmisión y uso de la información contenida en la Base de Datos por las Unidades Administrativas, encargadas del otorgamiento de los seguros, prestaciones y servicios;

i) Coordinar el acceso y transmisión de información con la CONSAR y con las empresas operadoras de la Base de Datos Nacional SAR;

j) Administrar, actualizar e integrar el Expediente Electrónico Único;

k) Diseñar, administrar y actualizar un medio de identificación;

l) Coordinar los procedimientos operativos del Sistema Nacional de Afiliación y Vigencia de Derechos con las Unidades Administrativas;

m) Proponer e instrumentar las reglas de carácter general para la transferencia de derechos entre el Instituto, el IMSS y, otros institutos de seguridad social, y

n) Controlar y supervisar los procedimientos operativos del Sistema Nacional de Afiliación y Vigencia de Derechos con las Unidades Administrativas.

## CAPÍTULO SEGUNDO
## VINCULACIÓN Y LOS SERVICIOS CON UNIDADES ADMINISTRATIVAS, DEPENDENCIAS Y ENTIDADES, Y AFILIADOS DEL INSTITUTO

**Artículo 9.** La información contenida en la Base de Datos, será de uso obligatorio para todas las Unidades Administrativas responsables del otorgamiento de los seguros, prestaciones y servicios, y se utilizará, para la identificación y acreditación de los derechos de los Afiliados y sus Familiares Derechohabientes, por lo que no se requerirá documentación o información adicional a la ya registrada en dicha Base de Datos.

El Afiliado deberá verificar la información que, en términos de lo dispuesto en el párrafo anterior le haya sido proporcionada a efecto de validar la actualización y autenticidad de dicha información, debiendo señalar las diferencias que existan y proporcionar la documentación probatoria que permita, en su caso, realizar las actualizaciones correspondientes, de conformidad con los lineamientos que para tal efecto emita el Administrador.

**Artículo 10.** Las Unidades Administrativas del Instituto tendrán la facultad de solicitar al Afiliado, Dependencia o Entidad en cualquier momento, la verificación y autenticidad de los documentos y la justificación de los hechos, que hayan servido de base para el otorgamiento de los seguros, prestaciones y servicios.

Cuando la Unidad Administrativa del Instituto presuma que los documentos son falsos con audiencia del interesado, procederá a la respectiva revisión y, en su caso, denunciará los hechos al área jurídica del Instituto, para los efectos que en su caso procedan.

**Artículo 11.** En el caso de otorgamiento de préstamos personales, para efectos de la acreditación de datos personales, de plaza y de periodos de cotización de un Trabajador, Jubilado o Pensionado, se utilizará la información contenida en la Base de Datos, en caso de diferencias, el interesado deberá presentar conforme a los lineamientos que para tal efecto emita el Instituto, la documentación probatoria con la que acredite su derecho que permita, en su caso realizar las actualizaciones correspondientes en la Base de Datos o solicitar a su Dependencia o Entidad o al Instituto la actualización de su registro.

**Artículo 12.** Para el otorgamiento de pensión y la determinación de Antigüedad, se utilizará la información contenida en la Base de Datos, en caso de diferencias, el interesado deberá presentar conforme a los lineamientos que para tal efecto emita el Instituto, la documentación probatoria con la que acredite su derecho que permita, en su caso realizar las actualizaciones correspondientes en la Base de Datos o solicitar a su Dependencia o Entidad la actualización de su registro.

**Artículo 13.** Para el efecto de otorgamiento de préstamos personales y del otorgamiento de una pensión, sólo serán considerados como periodos cotizados aquellos en los que no se haya presentado la disminución o suspensión del entero de Cuotas y Aportaciones derivado de la expedición de Licencias Médicas, en términos de lo dispuesto en el artículo 23 de este Reglamento, salvo que se proceda conforme a lo dispuesto por el artículo 19 de la Ley.

Tratándose de Indemnización Global, y ésta no haya sido devuelta por el Trabajador debido a su separación definitiva del servicio público, no se considerarán como periodos cotizados o como baja definitiva, aquellos periodos en los que el Trabajador se encuentre en alguno de los supuestos que establece la Ley Federal del Trabajo; la suspensión de los derechos a que haya lugar durará hasta que el Trabajador decida reactivar los mismos, de conformidad con la normatividad aplicable en la materia.

**Artículo 14.** La información contenida en la Base de Datos servirá, en su caso para determinar individualmente y en forma global el importe de las Cuotas y Aportaciones que deben enterar las Dependencias y Entidades por el aseguramiento de sus trabajadores.

**Artículo 15.** El PENSIONISSSTE utilizará, cuando así lo requiera, la información de la Base de Datos en los términos establecidos en el presente Reglamento, para llevar a cabo la administración de las Cuentas Individuales de los trabajadores, respecto de las Cuotas y Aportaciones del Seguro de Retiro, Cesantía en Edad Avanzada y Vejez.

Tratándose de los supuestos de pago por la continuación voluntaria al régimen obligatorio de la Ley, el PENSIONISSSTE deberá utilizar la información de los extrabajadores.

**Artículo 16.** Para que los Afiliados accedan a los beneficios del Seguro de Salud, bastará con que se encuentren vigentes en la Base de Datos y su Modalidad de Aseguramiento contemple dicho seguro. Podrán presentar la certificación electrónica de vigencia de derechos que obtendrán de la aplicación electrónica o la constancia de vigencia de derechos que emitan las Delegaciones del Instituto, este documento tendrá una validez hasta por 60 días naturales a partir de la fecha de expedición o hasta que sin exceder este lapso, se mantengan vigentes sus derechos conforme a lo dispuesto en el artículo 43 de la Ley.

**Artículo 17.** De existir diferencias en la información, el Trabajador deberá solicitar la actualización de su registro a su Dependencia o Entidad y, en caso de Jubilados, Pensionados, extrabajadores en conservación de derechos o en continuación voluntaria, la solicitarán al Instituto.

## CAPÍTULO TERCERO
### REGISTRO DE DEPENDENCIAS, ENTIDADES Y AFILIADOS

**Artículo 18.** Los trámites relativos a la incorporación, modificación de datos y desincorporación de las Dependencias y Entidades al régimen obligatorio de la Ley, deberán realizarse conforme a los procedimientos que para tal efecto establece el Instituto.

**Artículo 19.** El Instituto llevará a cabo el registro, control y seguimiento de las Dependencias y Entidades, mediante el Catálogo Institucional de Ramos, Pagadurías e ICP.

**Artículo 20.** El Instituto recibirá de las Dependencias y Entidades la información de los Movimientos Afiliatorios de alta, modificación del sueldo y baja de sus trabajadores, dentro de los treinta días naturales siguientes a la fecha en que ocurran.

Para los casos de una disminución, suspensión y reanudación del entero de Cuotas y Aportaciones por expedición de Licencia Médica, lo deberán realizar dentro de los diez días naturales siguientes a partir del otorgamiento de la misma.

**Artículo 21.** En la rescisión de la relación laboral, la Dependencia o Entidad deberá notificar al Instituto dentro del periodo que señala este ordenamiento, el Aviso de Baja con la fecha que corresponda al último día en el que el Trabajador haya percibido sueldo y que comprenda el correspondiente entero de Cuotas y Aportaciones.

Al existir laudo favorable al Trabajador, derivado de una demanda laboral presentada en contra de una Dependencia o Entidad incorporada al régimen obligatorio de la Ley, ésta deberá solicitar a la Tesorería General del Instituto el importe a pagar por concepto de Cuotas y Aportaciones, de acuerdo a lo que establece el artículo 19 de la Ley, a efecto de que se realice el entero correspondiente y se presenten los avisos afiliatorios con la finalidad de regularizar la historia laboral del Trabajador, reconociendo con esto todos los derechos que el Trabajador hubiere tenido durante el periodo por el cual se haya dictaminado laudo favorable, incluyendo el relativo al reconocimiento del régimen pensionario que le hubiese sido asignado de manera definitiva, de conformidad con lo señalado por el artículo 35 del Reglamento para el Ejercicio del Derecho de Opción que tienen los trabajadores de conformidad con los artículos Quinto y Séptimo Transitorios del Decreto por el que se expide la Ley del Instituto de Seguridad y Servicios Sociales de los Trabajadores del Estado.

**Artículo 22.** Es responsabilidad de las Dependencias y Entidades verificar que la información respecto del Sueldo Básico reportado en los Movimientos Afiliatorios, sea coincidente con la que haya sido utilizada para el entero de Cuotas y Aportaciones motivo del laudo.

**Artículo 23.** Cuando a un Trabajador se le haya expedido Licencia Médica y reciba medio sueldo o deje de recibirlo en términos de lo dispuesto en el artículo 37 de la Ley, la Dependencia o Entidad, deberá comunicarlo al Instituto, a través del formato que defina la Secretaría General para la disminución, suspensión y reanudación del entero de Cuotas y Aportaciones por expedición de Licencia Médica al Trabajador, conforme a lo dispuesto en el presente Reglamento.

**Artículo 24.** Cuando el Instituto, no reciba de la Dependencia o Entidad incorporada al régimen obligatorio de la Ley el aviso de alta de un Trabajador en el plazo señalado en el artículo 20 de este Reglamento, estará facultado para admitir la solicitud de Afiliación directa del Trabajador, a través de la aplicación electrónica, la Delegación o la clínica de medicina familiar que le corresponda, de acuerdo con su domicilio, para lo cual deberá presentar el último comprobante de sueldo o constancia laboral expedida por la Dependencia o Entidad en la que se indique el nombre completo, Registro Federal de Contribuyentes, Sueldo Básico, identificación oficial, comprobante de domicilio y comprobante de asignación de la Clave Única de Registro de Población.

El registro en los términos anteriores, tendrá el carácter de provisional y surtirá efectos únicamente para el otorgamiento del servicio médico; una vez que el Instituto notifique a la Dependencia o Entidad en la que labore el Trabajador, ésta deberá presentar el movimiento afiliatorio correspondiente que confirme el Alta del Trabajador, en un término no mayor a 10 días hábiles.

## CAPÍTULO CUARTO
### CONTINUACIÓN VOLUNTARIA EN EL RÉGIMEN OBLIGATORIO

**Artículo 25.** El Extrabajador, independientemente del régimen de pensión en que se encuentre o la persona designada por éste en términos del presente Reglamento, podrá solicitar en la Delegación más cercana a su domicilio, o a través de la aplicación electrónica, conforme a los procedimientos que establezca el Instituto, la continuación voluntaria en todos, en alguno de los seguros o en alguna Modalidad de Aseguramiento, con excepción del seguro de riesgos del trabajo a que se refiere la Ley.

Para el caso del seguro de salud, se requerirá que el Extrabajador acredite haber cotizado a dicho seguro, cuando menos cinco años en alguna Dependencia o Entidad, tratándose de los demás seguros este requisito no será exigible.

**Artículo 26.** El Instituto recibirá del Extrabajador, o de la persona que éste designe mediante la presentación de poder notarial o carta poder firmada ante dos testigos, la solicitud para la contratación de la continuación voluntaria, dentro de los sesenta días hábiles siguientes a la fecha de la baja en el empleo, a través de los procedimientos que establezca el Instituto de conformidad con el artículo 200 de la Ley.

**Artículo 27.** La base mínima para establecer el equivalente por concepto de Cuotas y Aportaciones a pagar de cada seguro tendrá como límite inferior un Salario Mínimo general vigente en el Distrito Federal y como límite superior diez veces dicho salario.

**Artículo 28.** Para la contratación de la continuación voluntaria por primera vez, se deberá realizar el cálculo conforme a los porcentajes equivalentes a Cuotas y Aportaciones que se establecen en los artículos 42, 102 y 140 de la Ley respecto de su último Sueldo Básico, por la Modalidad de Aseguramiento que elija. Cuando se trate de una Modalidad de Aseguramiento que incluya el seguro de retiro, cesantía en edad avanzada y vejez, el equivalente a pagar por concepto de Cuotas deberá ajustarse conforme a lo dispuesto en el Artículo Trigésimo Primero Transitorio de la Ley.

Si el Extrabajador al causar baja hubiera desempeñado dos o más empleos, el cálculo del equivalente a Cuotas y Aportaciones a pagar de cada seguro, se realizará sobre la totalidad de los sueldos básicos que correspondan. La base mínima para establecer el equivalente por concepto de Cuotas y Aportaciones a pagar de cada seguro, tendrá como límite inferior un Salario Mínimo y como límite superior diez veces dicho salario.

**Artículo 29.** El equivalente a Cuotas y Aportaciones a pagar de cada seguro, se ajustará anualmente conforme al índice nacional de precios al consumidor correspondiente al año calendario anterior.

**Artículo 30.** Si el Extrabajador se encuentra sujeto al régimen de pensión de Cuenta Individual, deberá realizar el pago equivalente por concepto de Cuotas y Aportaciones a pagar por el seguro de retiro, cesantía en edad avanzada y vejez en la Administradora de Fondos para el Retiro en la que el Extrabajador tenga depositada su cuenta individual bajo el concepto de Aportación Voluntaria. Las Aportaciones voluntarias que hayan sido depositadas por concepto de continuación voluntaria, no podrán ser retiradas.

Tratándose del seguro de salud, el pago equivalente por concepto de Cuotas y Aportaciones a pagar, se deberá realizar directamente en este Instituto.

**Artículo 31.** El pago de la continuación voluntaria, se podrá hacer de forma bimestral o en anualidades anticipadas.

El pago por la renovación de la continuación voluntaria se hará antes del vencimiento del periodo cubierto o a más tardar, dentro de los quince días hábiles siguientes a la fecha del vencimiento.

El Extrabajador, que cumplidos los requisitos de la Ley se coloque en los supuestos para ejercer el Seguro de Retiro, Cesantía en Edad Avanzada y Vejez o de Invalidez y Vida, se deberá sujetar a los reglamentos y disposiciones que en materia de pensiones se encuentren vigentes, así como la normatividad aplicable que para el efecto emita el Instituto.

Asimismo, podrá sujetarse a los beneficios, como resultado de la transferencia de los derechos entre el Instituto y el IMSS o, entre el Instituto y otros Institutos de Seguridad Social, en los términos que se establezcan en los convenios que se celebren para tal efecto.

**Artículo 32.** En el supuesto de que la contratación o renovación de la continuación voluntaria sea solicitada fuera del plazo previsto en este Reglamento, deberá enviarse la solicitud correspondiente al Administrador, a efecto de que éste considere las circunstancias, y siempre que se trate de caso fortuito o de fuerza mayor, se proceda a analizar la petición y de proceder, se realizará el cobro desde la fecha en que debió efectuarse la contratación o renovación respectiva. La documentación que acredite el caso constará en el expediente correspondiente, mismo que deberá obrar en la Delegación que le corresponda.

**Artículo 33.** La continuación voluntaria se terminará por las siguientes causas:

I. Declaración expresa del interesado;

II. Cuando el pago no se haya hecho en tiempo y forma, conforme a lo establecido en la Ley y en el presente Reglamento;

III. Cuando se reincorpore al servicio activo, y

IV. Por muerte del interesado.

## CAPÍTULO QUINTO
### MEDIO DE IDENTIFICACIÓN ÚNICO Y EL ACCESO DE LOS AFILIADOS Y FAMILIARES DERECHOHABIENTES A LOS SEGUROS, PRESTACIONES Y SERVICIOS DEL INSTITUTO

**Artículo 34.** El Instituto diseñará, administrará y actualizará el medio de identificación a los Afiliados y Familiares Derechohabientes, el cual contendrá según sea el caso, los siguientes elementos:

I. Nombre completo;

II. Clave Única de Registro de Población;

III. Fotografía;

IV. Firma o huella;

V. Elementos de seguridad, y

VI. Tipo de afiliado o Familiar Derechohabiente.

**Artículo 35.** El medio de identificación será obligatorio para realizar trámites o solicitar servicios ante el Instituto, y será utilizado por las Unidades Administrativas responsables del otorgamiento de los seguros, prestaciones y servicios.

**Artículo 36.** El Instituto establecerá en las Unidades Administrativas y con las Dependencias y Entidades, campañas permanentes que permitan promover el registro de derechohabientes, así como mantener actualizado el medio de identificación a que se refiere este capítulo.

**Artículo 37.** Las Dependencias y Entidades estarán obligadas a difundir la información que le otorgue el Instituto para que sus trabajadores y los Familiares Derechohabientes conozcan el medio de identificación.

**Artículo 38.** La captura de datos biométricos de los derechohabientes, se podrá realizar a través de módulos móviles instalados en las Dependencias y Entidades y módulos fijos que estarán instalados en las áreas de afiliación y vigencia de derechos en las Delegaciones, hospitales, clínicas, unidades de medicina familiar u otros que para tal efecto determine el Instituto.

## CAPÍTULO SEXTO
## VIGENCIA DE DERECHOS

**Artículo 39.** La vigencia de derechos acredita el acceso de los Afiliados y Familiares Derechohabientes a los seguros, prestaciones y servicios que la Ley establece.

**Artículo 40.** La inscripción de los Familiares Derechohabientes la realizará el Instituto a solicitud de éstos, del Trabajador o Pensionado Directo, siempre y cuando reúnan los requisitos que la Ley establece y se exhiban, según sea el caso, los siguientes documentos:

I. De la esposa: copia certificada del acta de matrimonio, CURP y declaración bajo protesta de decir verdad que no ha sido disuelto el vínculo matrimonial y que no tiene derecho por sí misma a los beneficios que establece la Ley;

II. De la concubina: copia certificada del acta de nacimiento del hijo procreado con el Trabajador, Pensionado Directo, Extrabajador en conservación de derechos o Extrabajador en continuación voluntaria, CURP, y declaración bajo protesta de decir verdad que no tiene derecho por sí misma a los beneficios que establece la Ley. Si no hubiere procreado hijos, adicionalmente presentará información testimonial que acredite su estado civil de soltera y que el tiempo que ha durado dicha unión libre sea de 5 años como mínimo;

III. Para los efectos del artículo 41 de la Ley:

a. Del esposo: copia certificada del acta de matrimonio, CURP, declaración bajo protesta de decir verdad que no ha sido disuelto el vínculo matrimonial y que no tiene derecho por sí mismo a los beneficios que establece la Ley, y

b. Del concubinario: copia certificada del acta de nacimiento del hijo procreado con la Trabajadora, Pensionada Directa, extrabajadora en conservación de derechos o extrabajadora en continuación voluntaria, CURP, y declaración bajo protesta de decir verdad que no tiene derecho por sí mismo a los beneficios que establece la Ley. Si no hubiere procreado hijos, adicionalmente presentará información testimonial que acredite su estado civil de soltero y que el tiempo que ha durado dicha unión libre sea de 5 años como mínimo.

IV. De los hijos menores de dieciocho años: copia certificada del acta de nacimiento, reconocimiento o adopción y CURP;

V. De los hijos estudiantes mayores de dieciocho años y hasta antes de cumplir veintiséis años: copia certificada del acta de nacimiento, reconocimiento o adopción, CURP y constancia de estudios expedida por el plantel educativo oficial o reconocido, inclusive del extranjero, en la que se acredite que el hijo se encuentra realizando estudios de nivel medio superior o superior en el ciclo escolar en curso;

VI. De los hijos incapacitados física o psíquicamente: copia certificada del acta de nacimiento, reconocimiento o adopción, CURP y certificado médico expedido por el Instituto en el que se acredite la incapacidad;

VII. De los hijos de cónyuge: copia certificada del acta de nacimiento, reconocimiento o adopción, CURP, copia certificada del acta de matrimonio y declaración bajo protesta de decir verdad que la persona que pretende registrarse es dependiente económico del Trabajador, Pensionado Directo, Extrabajador en conservación de derechos o Extrabajador en continuación voluntaria;

VIII. Tratándose de esposos o concubinarios incapacitados física o psíquicamente:

a. Del esposo: copia certificada del acta de matrimonio, CURP, declaración bajo protesta de decir verdad que no ha sido disuelto el vínculo matrimonial, que no tiene derecho por sí mismo a los beneficios que la Ley establece, que depende económicamente de la Trabajadora, Pensionada Directa, extrabajadora en conservación de derechos o extrabajadora en continuación voluntaria y certificado médico expedido por el Instituto en el que se acredite la incapacidad;

b. Del concubinario: copia certificada del acta de nacimiento del hijo procreado con la Trabajadora, Pensionada Directa, extrabajadora en conservación de derechos o extrabajadora en continuación voluntaria, CURP, declaración bajo protesta de decir verdad que no tiene derecho por sí mismo a los beneficios que la Ley establece, que depende económicamente de la Trabajadora, Pensionada Directa, extrabajadora en conservación de derechos o extrabajadora en continuación voluntaria, y certificado médico expedido por el Instituto en el que se acredite la incapacidad. Si no hubiere procreado hijos, presentará información testimonial que acredite su estado civil de soltero y que el tiempo que ha durado dicha unión libre sea de 5 años como mínimo, y

IX. De los ascendientes: copia certificada de su acta de nacimiento; copia certificada del acta de nacimiento del Trabajador, Pensionado Directo, Extrabajador en conservación de derechos o Extrabajador en continuación voluntaria, CURP y declaración bajo protesta de decir verdad que el familiar que se pretende registrar depende económicamente del Trabajador, Pensionado Directo, Extrabajador en conservación de derechos o Extrabajador en continuación voluntaria.

**Artículo 41.** Los documentos probatorios que presenten los Afiliados para el registro de sus Familiares Derechohabientes, serán los dispuestos por la legislación civil, y los que en su caso, defina el Instituto.

**Artículo 42.** El derecho a los seguros, prestaciones y servicios que la Ley establece, surgirá a partir del inicio de la relación laboral del Trabajador con la Dependencia o Entidad y se extinguirá con la terminación de la misma; para los extrabajadores el derecho se extinguirá al vencer el periodo de conservación de derechos.

**Artículo 43.** Tratándose de continuación voluntaria, el derecho estará vigente para el Extrabajador y sus Familiares Derechohabientes durante el periodo solicitado, siempre y cuando se hubieren cubierto íntegramente el equivalente a las Cuotas y Aportaciones.

**Artículo 44.** El derecho a los seguros, prestaciones y servicios del Pensionado o Jubilado, iniciará cuando la Ley le reconozca tal carácter y se extinguirá cuando pierda esa calidad.

En el caso de Pensionados o Jubilados con cargo a otras Dependencias o Entidades, su derecho iniciará cuando se realice la notificación correspondiente al Instituto mediante Movimientos Afiliatorios o mediante los procedimientos que para tal efecto se definan.

**Artículo 45.** El derecho al seguro de salud de los Familiares Derechohabientes iniciará cuando en términos de lo dispuesto en este Capítulo, se realice el registro en tal carácter, y se mantendrá mientras se tenga el carácter de Afiliado y se conserven las condiciones establecidas en el artículo 41 de la Ley.

En el caso de los hijos solteros mayores de dieciocho años y hasta antes de cumplir veintiséis años, el derecho al seguro de salud iniciará o continuará previa comprobación de que están realizando estudios de nivel medio superior o superior, de cualquier rama del conocimiento en planteles oficiales o reconocidos, incluso del extranjero, y que no tengan un trabajo.

**Artículo 46.** Si al momento de solicitar el servicio médico para un Familiar Derechohabiente no existiera el registro en la Base de Datos, el Afiliado, según sea el caso, previa notificación de este hecho por el área correspondiente, firmará los documentos que lo obliguen ante el Instituto a cubrir el costo de los servicios proporcionados y deberá realizar los trámites para acreditar y registrar a su Familiar Derechohabiente, en términos de lo dispuesto en este Reglamento, dentro de los diez días hábiles siguientes al de la fecha en que se haya solicitado dicho servicio, en caso de cumplir con el registro, quedará sin efecto el cobro del servicio prestado.

Si una vez transcurrido este término el Afiliado no ha realizado el registro de su Familiar Derechohabiente, el Instituto con base en los tabuladores autorizados, determinará el costo de los servicios médicos proporcionados y se encargará de realizar las gestiones judiciales y extra judiciales necesarias para cobrar al Afiliado los servicios médicos, para su entero a la Tesorería General del Instituto.

**Artículo 47.** El Extrabajador que solicite el otorgamiento de una Pensión al Instituto y cumpla con los requisitos establecidos en los términos de lo dispuesto en la Ley, podrá recibir él y sus Familiares Derechohabientes los servicios médicos contemplados en el seguro de salud, previa firma de los documentos que lo comprometan ante el Instituto a cubrir el costo de los servicios médicos proporcionados, en el supuesto de que no fuera beneficiado o renunciara al otorgamiento de la Pensión.

## CAPÍTULO SÉPTIMO
### INTERCAMBIO DE INFORMACIÓN DEL INSTITUTO CON LA COMISIÓN NACIONAL DEL SISTEMA DE AHORRO PARA EL RETIRO Y OTROS SISTEMAS DE SEGURIDAD SOCIAL

### SECCIÓN PRIMERA
### DEL INTERCAMBIO DE INFORMACIÓN DEL INSTITUTO CON LA CONSAR Y EMPRESAS OPERADORAS DE LA BASE DE DATOS NACIONAL DEL SISTEMA DE AHORRO PARA EL RETIRO

**Artículo 48.** El Instituto deberá enviar a solicitud de la CONSAR y de las empresas operadoras de la Base de Datos Nacional SAR reguladas en la Ley de los Sistemas de Ahorro para el Retiro, la información contenida en la Base de Datos que permita coadyuvar al proceso de localización de los Trabajadores del Instituto.

**Artículo 49.** La transmisión, manejo e intercambio de información deberá realizarse conforme a los procedimientos que para tal efecto establezcan el Instituto y la CONSAR.

**Artículo 50.** La CONSAR y las empresas operadoras de la Base de Datos Nacional SAR reguladas en la Ley de los Sistemas de Ahorro para el Retiro, tendrán acceso continuo a la Base de Datos, en los términos previstos en el artículo 13 de la Ley.

### SECCIÓN SEGUNDA
### DE LA TRANSFERENCIA DE DERECHOS ENTRE EL INSTITUTO, EL INSTITUTO MEXICANO DEL SEGURO SOCIAL Y OTROS INSTITUTOS DE SEGURIDAD SOCIAL

**Artículo 51.** Para efectos de la transmisión de derechos entre el Instituto y el IMSS contemplada en la Ley, se emitirá Constancia de Baja en la que se acreditarán los años de cotización al Instituto con las equivalencias correspondientes utilizadas por el IMSS, y sólo será otorgada para el caso de que el Trabajador hubiera elegido el régimen de Cuentas Individuales en este Instituto, utilizando para ello la información contenida en la Base de Datos a la fecha de expedición de dicha constancia.

**Artículo 52.** Ambos Institutos determinarán en términos de la legislación aplicable y del Convenio de Portabilidad, la forma, términos y condiciones en los que realizarán la transmisión electrónica de información para el cumplimiento de la transferencia de derechos.

**Artículo 53.** Para la transferencia de derechos entre el Instituto y otros Institutos de Seguridad Social o con Entidades que operen otros sistemas de seguridad social compatibles, se emitirá Constancia de Baja en la que se acreditará el número de años de cotización al Instituto con las equivalencias en la unidad de tiempo que utilice el otro Instituto de Seguridad Social o la Entidad que opere otros sistemas de seguridad social compatibles, y sólo será otorgada para el caso de que el Trabajador hubiera elegido el régimen de Cuentas Individuales en este Instituto, utilizando para ello la información contenida en la Base de Datos a la fecha de expedición de dicha constancia.

**Artículo 54.** Para efectos de la transferencia de derechos entre el Instituto y el Instituto del Fondo Nacional de Vivienda para los Trabajadores, se acreditará el número de años de cotización al Instituto y su equivalente en la unidad de tiempo que utilice el Instituto del Fondo Nacional de la Vivienda para los Trabajadores y para la expedición de la constancia correspondiente, se utilizará la información contenida en la Base de Datos.

## TÍTULO TERCERO
## EXPEDIENTE ELECTRÓNICO ÚNICO

### CAPÍTULO PRIMERO
### INTEGRACIÓN Y ADMINISTRACIÓN

**Artículo 55.** El Instituto integrará un Expediente Electrónico Único que contendrá la información institucional individualizada y actualizada de cada Afiliado, con la siguiente información: datos personales, datos laborales, Familiares Derechohabientes, vigencia de derechos, domicilio(s), clínica de adscripción, historial de cotización, situación jurídica, historia clínica e historia crediticia en materia de préstamos personales y de vivienda.

**Artículo 56.** La administración de la información que reside en el Expediente Electrónico Único estará a cargo del Administrador.

**Artículo 57.** Para mantener actualizado permanentemente el Expediente Electrónico Único, las Unidades Administrativas que administren los Sistemas Institucionales utilizados para el otorgamiento de los seguros, prestaciones y servicios, deberán facilitar al Administrador mediante interface electrónica una vista resumida de dicha información.

**Artículo 58.** Los Afiliados estarán obligados a proporcionar al Instituto a través de los medios electrónicos y de las ventanillas de atención al público a su disposición, la información relativa a sus datos personales, datos laborales y de Familiares Derechohabientes, historial de cotización y de cualquier otra que se considere relevante para actualizar sus datos de forma permanente.

## CAPÍTULO SEGUNDO
## OPERACIÓN

**Artículo 59.** El Expediente Electrónico Único permitirá:

I. Facilitar a los Afiliados y sus Familiares Derechohabientes el acceso a los seguros, prestaciones y servicios que contempla la Ley;

II. Consultar el estado que guarda la información institucional de los Afiliados y sus Familiares Derechohabientes, relativa a:

a) Sus datos personales, de plaza y de sus Familiares Derechohabientes;

b) El historial de cotizaciones que contendrá el desglose de las Cuotas enteradas por el Trabajador o Extrabajador que haya optado por la continuación voluntaria al régimen obligatorio de la Ley;

c) El historial de periodos cotizados del Trabajador o Extrabajador, el cual tendrá la información relativa a su fecha de inicio y término de sus periodos de cotización; los importes mensuales de Sueldo Básico, Modalidad de Aseguramiento, Sueldo Básico de aportación y remuneración total; así como la denominación de la Dependencia o Entidad en la que presta o prestó sus servicios;

d) La situación jurídica que guarda el Afiliado con el Instituto en términos de lo dispuesto por la(s) Unidad(es) Administrativa(s) responsable(s) del Instituto;

e) La historia clínica, la cual contendrá la información de su expediente clínico, en términos de lo dispuesto por la Unidad Administrativa responsable del Instituto; y

f) La historia crediticia del Afiliado en materia de préstamos personales y vivienda en términos de lo dispuesto por la(s) Unidad(es) Administrativa(s) responsable(s) del Instituto.

III. Obtener la Constancia de Vigencia de Derechos y las demás constancias que en su caso defina el Administrador, documentos que podrán emitirse en términos de lo dispuesto en el presente Reglamento de forma electrónica o presencial ante las Delegaciones.

Las constancias que se obtengan a partir de la información contenida en la Base de Datos tendrán validez jurídica para fines judiciales, civiles y administrativos, y

IV. Constituir un medio adicional de servicios entre los Afiliados y el Instituto.

**Artículo 60.** El Instituto, a través del Administrador, garantizará en todo momento la confidencialidad de la información que resida en el Expediente Electrónico Único y la transferencia de información a terceros, sólo se podrá realizar con la autorización expresa del derechohabiente respectivo o a petición de autoridad judicial que lo justifique. Cualquier información que se proporcione sin considerar lo establecido en el presente artículo, será sancionado de conformidad con la legislación penal federal vigente.

### TÍTULO CUARTO
### USO Y FUNCIONAMIENTO DE LA BASE DE DATOS
### ÚNICA DE DERECHOHABIENTES

### CAPÍTULO PRIMERO
### BASE DE DATOS ÚNICA DE DERECHOHABIENTES

**Artículo 61.** El Instituto integrará la Base de Datos Única de Derechohabientes, la cual contendrá información individualizada de los Afiliados proporcionada por las Dependencias y Entidades, los propios Afiliados y por el Instituto, que permitirá la identificación de sus datos personales, plaza (s), información de sus periodos cotizados, Antigüedad, clínica de adscripción y, en caso de los Familiares Derechohabientes, el tipo de parentesco, a efecto de que sólo esta información sea utilizada por las Unidades Administrativas del Instituto, para el otorgamiento de los seguros, prestaciones y servicios.

**Artículo 62.** La Base de Datos contendrá la siguiente información:

I. Datos personales del Afiliado: La información relativa a su nombre completo, Clave Única de Registro de Población, Registro Federal de Contribuyentes, Número de Seguridad Social, régimen pensionario, fecha de nacimiento, Antigüedad reconocida por el Instituto para cada seguro, prestación o servicio, entidad de nacimiento, estado civil, sexo, domicilio(s) y clínica de medicina familiar de adscripción;

II. Datos de la plaza: Los datos de la Dependencia o Entidad en la que el Trabajador presta sus servicios, como son: el Ramo, ICP, y Pagaduría con que ésta se identifica, Modalidad de Aseguramiento, tipo de nombramiento, fecha de alta, fecha de última modificación del Sueldo Básico, clave de cobro, y los importes mensuales de Sueldo Básico, sueldo básico de aportación y remuneración total;

III. Datos de Periodos de Cotización: La información histórica y actual de las fechas de inicio, término y Sueldo Básico mensual notificados al Instituto en el periodo registrado;

IV. Datos de los Familiares Derechohabientes: La información relativa a su nombre completo; Clave Única de Registro de Población, Registro Federal de Contribuyentes; entidad de nacimiento, fecha de nacimiento, parentesco, fecha de alta, fecha de baja, motivo de la baja, prórroga y motivo de la prórroga;

V. Catálogo Institucional de Ramos, Pagadurías e ICP's: Los datos relativos a las Dependencias y Entidades para su identificación, respecto de su denominación; clasificación; estatus; Modalidad de Aseguramiento; tipo y fecha de incorporación y desincorporación; reconocimiento de Antigüedad; domicilio(s), nombre y cargo de los servidores públicos responsables en las Pagadurías de la notificación de información afiliatoria al Instituto, y

VI. Datos adicionales: Los que determine el Administrador para el cumplimiento del objeto del presente Reglamento.

**Artículo 63.** La Base de Datos se actualizará de forma presencial, o a través de medios electrónicos, con la información que proporcionen las Dependencias y Entidades; los Afiliados; las Unidades Administrativas; y por resolución expresa de autoridad judicial.

**Artículo 64.** Tratándose de información que no se encuentre registrada o con diferencias en la Base de Datos, a fin de acreditar y en su caso, actualizar la Antigüedad, las cotizaciones y el Sueldo Base, las Dependencias y Entidades deberán expedir a sus trabajadores o Extrabajadores la hoja única de servicios de conformidad con los lineamientos que para tal efecto establezca el Instituto.

**Artículo 65.** El tratamiento de los datos personales para fines estadísticos se efectuará mediante la disociación de los datos, atendiendo a las disposiciones aplicables en la materia.

**Artículo 66.** Es obligación del Afiliado y de las Dependencias y Entidades, proporcionar al Instituto información veraz, en caso de negativa, demora injustificada o cuando la información sea suministrada en forma inexacta o falsa, se procederá conforme a lo que establece el último párrafo del artículo 7 de la Ley, y lo previsto en el presente Reglamento.

**Artículo 67.** Será obligación del Afiliado mantener permanentemente actualizada la información relativa a sus Familiares Derechohabientes, a efecto de acceder a los seguros, prestaciones y servicios a que tengan derecho.

**Artículo 68.** Las Unidades Administrativas y las Dependencias y Entidades encargadas de recabar datos personales de sus Trabajadores para la actualización de la Base de Datos, deberán indicarles que dicha información estará protegida en términos de lo dispuesto en la Ley Federal de Transparencia y Acceso a la Información Pública Gubernamental, su Reglamento y los Lineamientos de Protección de Datos Personales, emitidos por el Instituto Federal de Acceso a la Información Pública.

**Artículo 69.** El intercambio de información de la Base de Datos se dará con el propio Afiliado; con las Dependencias y Entidades incorporadas; con las Dependencias y Entidades encargadas de programas gubernamentales y con la autoridad judicial, en estricto apego a las disposiciones contenidas en la Ley Federal de Transparencia y Acceso a la Información Pública Gubernamental, su Reglamento y los Lineamientos de Protección de Datos Personales, emitidos por el Instituto Federal de Acceso a la Información Pública.

**Artículo 70.** La información contenida en la Base de Datos es confidencial y no podrá ser utilizada para fines distintos a lo contenido en este Reglamento.

## CAPÍTULO SEGUNDO
### ADMINISTRACIÓN DE LA INFORMACIÓN DE LA BASE DE DATOS

**Artículo 71.** El Administrador de la Base de Datos adoptará las medidas necesarias para la individualización de la información, y que su manejo y gestión se realice de acuerdo con los principios de legalidad, calidad en los datos, acceso y corrección, seguridad, custodia y cuidado de la información y consentimiento para la transmisión.

**Artículo 72.** El Administrador establecerá los procedimientos para el acceso, uso y transmisión de la información por parte de las Unidades Administrativas, para lo cual deberá instruir a éstas sobre el contenido y los elementos para su utilización y atenderá los requerimientos para la integración de nueva información.

**Artículo 73.** El Administrador definirá el perfil de los usuarios de la Base de Datos y proporcionará los procedimientos de control y claves de acceso correspondientes, brindando capacitación a los usuarios responsables de las Dependencias y Entidades, así como de las Unidades Administrativas para operar la aplicación electrónica que permitirá la consulta y actualización de la información contenida en la Base de Datos, así como la generación de constancias derivadas de la misma.

**Artículo 74.** El Administrador supervisará la operatividad de la aplicación electrónica y la automatización de los procesos que permitan la actualización de la información contenida en la Base de Datos.

### CAPÍTULO TERCERO
### APLICACIÓN ELECTRÓNICA PARA LA
### ACTUALIZACIÓN DE LA BASE DE DATOS

### SECCIÓN PRIMERA
### DE LA ACTUALIZACIÓN DE LA BASE DE DATOS
### POR LAS DEPENDENCIAS Y ENTIDADES

**Artículo 75.** El Instituto pondrá a disposición de las Dependencias y Entidades una aplicación electrónica para interactuar con la Base de Datos, a efecto de que realicen la consulta y actualización de la información de los Movimientos Afiliatorios de sus Trabajadores, de sus datos personales, la acreditación de periodos de cotización y la obtención de las constancias respectivas.

**Artículo 76.** Una vez recibida del Trabajador o Extrabajador la solicitud de actualización de datos personales, de periodos de cotización y/o Sueldo Básico, el Instituto en un plazo máximo de cinco días hábiles enviará electrónicamente a las Dependencias y Entidades involucradas en el proceso de aclaración, un requerimiento para que éstas con la información que conste en sus archivos, validen, confirmen, modifiquen o nieguen la procedencia del mismo.

Las Dependencias o Entidades tendrán un plazo no mayor a 30 días hábiles contados a partir de la recepción del requerimiento para atender y dar respuesta al Instituto, de conformidad con los lineamientos que para tal efecto éste determine.

El Instituto contará con un plazo máximo de cinco días hábiles a partir de la recepción de la respuesta de la Dependencia o Entidad para realizar la actualización de la información en la Base de Datos.

En los casos en que las Dependencias o Entidades no hicieran llegar al Instituto las respuestas correspondientes en el plazo señalado, se entenderá que el requerimiento del Trabajador o Extrabajador es correcto, por lo que se procederá a la actualización de la Base de Datos en un plazo máximo de cinco días hábiles, contados a partir de la fecha en que venza el plazo establecido para dichas Dependencias o Entidades. Lo anterior, sin perjuicio de que haga del conocimiento del Órgano Interno de Control de la Dependencia o Entidad de que se trate la omisión en que se incurre, a efecto de que, en su caso, se proceda al fincamiento de las responsabilidades administrativas a que haya lugar.

**Artículo 77.** Las Dependencias y Entidades tendrán la obligación de verificar que la información enviada al Instituto esté actualizada en la Base de Datos.

**Artículo 78.** En el caso de que las Dependencias y Entidades no cuenten con la infraestructura tecnológica para operar la aplicación electrónica, podrán enviar en las formas impresas, magnéticas, ópticas o de cualquier naturaleza que el Instituto autorice, los Movimientos Afiliatorios y los periodos de cotización de sus Trabajadores.

## SECCIÓN SEGUNDA
## DE LA ACTUALIZACIÓN DE LA BASE DE DATOS
## POR EL AFILIADO VÍA ELECTRÓNICA

**Artículo 79.** El Instituto pondrá a disposición de los Afiliados, una aplicación electrónica que les permitirá consultar, solicitar la actualización de sus datos y obtener constancias de su información institucional.

**Artículo 80.** La veracidad de la información transmitida por el Afiliado será responsabilidad de éste, en los términos de la legislación aplicable al respecto.

La solicitud y en su caso, la actualización de la información de los Afiliados podrá realizarse respecto del nombre, la CURP y la historia laboral en los tiempos y conforme a los procedimientos que para el efecto establezca el Instituto.

En los casos en que se encuentre extinta la Dependencia o Entidad donde laboró el Trabajador o Extrabajador y que por este motivo no haya forma de que se le expida la hoja única de servicios, éste podrá presentar los documentos que sirvan para acreditar su derecho, tales como, recibos de pago, constancias de servicios, nombramientos, etc., declarando bajo protesta de decir verdad y apercibido de las penas en que incurren quienes declaran falsamente, que dichos documentos son auténticos.

Si al momento de la solicitud de actualización de datos el Afiliado se encuentra realizando algún trámite ante alguna Unidad Administrativa del Instituto encargada del otorgamiento de seguros, prestaciones o servicios, el registro no se actualizará hasta en tanto no haya concluido dicho trámite.

**Artículo 81.** El Afiliado podrá obtener Constancia Electrónica de Vigencia de Derechos de la información contenida en la Base de Datos, la que tendrá validez en materia de Afiliación y Vigencia de Derechos y podrá ser presentada ante cualquier Unidad Administrativa del Instituto y frente a terceros, a efecto de acreditar el derecho al otorgamiento de los seguros, prestaciones y servicios.

La Constancia Electrónica de Vigencia de Derechos contendrá la información relativa al nombre completo; Clave Única de Registro de Población; Registro Federal de Contribuyentes; Número de Seguridad Social; Régimen Pensionario; Fecha de Nacimiento; Edad; Antigüedad, Domicilio(s); Delegación, Fecha de Inicio de Cotización al Instituto y Clínica de Medicina Familiar de adscripción.

En los casos en que el Trabajador se encuentre en servicio activo, se contemplará además, el dato relativo a la plaza que identifica a la Dependencia o Entidad en la que presta sus servicios, su Sueldo Básico mensual, la Modalidad de Aseguramiento y en caso de así solicitarlo, datos de sus Familiares Derechohabientes.

**Artículo 82.** El Afiliado podrá realizar el registro de sus Familiares Derechohabientes, a través de la aplicación electrónica, adjuntando los documentos digitalizados que se requieren para tal efecto en este reglamento. El registro obtenido de esta forma tendrá carácter de provisional.

## SECCIÓN TERCERA
## DE LA RESPONSABILIDAD DE LA INFORMACIÓN TRANSMITIDA Y DE LAS CONSTANCIAS GENERADAS A TRAVÉS DE LA APLICACIÓN ELECTRÓNICA

**Artículo 83.** El contenido de la información transmitida vía electrónica para la actualización de la Base de Datos será responsabilidad absoluta de las Dependencias y Entidades, el Instituto la recibirá y considerará como cierta, reservándose en todo momento la facultad de verificar su exactitud y veracidad en términos de lo dispuesto en la Ley.

**Artículo 84.** El resguardo, distribución y entrega de los comprobantes de actualización de la Base de Datos, relativos a Movimientos Afiliatorios estarán a cargo de las Dependencias y Entidades.

## SECCIÓN CUARTA
## DE LA VERIFICACIÓN Y VALIDACIÓN DE DATOS

**Artículo 85.** De conformidad con lo dispuesto en el artículo 7 de la Ley, el Administrador tendrá la facultad de verificar y validar el flujo de información con las Dependencias y Entidades respecto de los Movimientos Afiliatorios de sus trabajadores, datos de sus Extrabajadores y Pensionados, con objeto de garantizar la permanente y oportuna actualización de la Base de Datos, mediante los procedimientos que para tal fin se definan.

**Artículo 86.** Los servidores públicos del Instituto que incurran en acciones u omisiones que causen la suspensión o deficiencia en la prestación del servicio o en el ejercicio indebido del empleo, cargo o comisión, estarán sujetos a las sanciones previstas en la normatividad aplicable.

**Artículo 87.** La información contenida en la Base de Datos y el Expediente Electrónico Único será confidencial, por lo que los servidores públicos de las Unidades Administrativas encargadas del otorgamiento de los seguros, prestaciones y servicios, deberán abstenerse de revelar la información a terceros sin consentimiento del Afiliado.

**Artículo 88.** La persona que detecte o identifique alguna de las acciones u omisiones a que se refiere la presente sección, podrá dar vista a la instancia correspondiente a efecto de que inicie el procedimiento respectivo.

## TÍTULO QUINTO
## CASOS EXTRAORDINARIOS NO PREVISTOS EN EL PRESENTE REGLAMENTO

**Artículo 89.** En los casos extraordinarios no previstos en el presente Reglamento, se integrará un grupo colegiado de trabajo cuyo objetivo será analizar, evaluar y determinar la forma y condiciones en que se dará solución a los mismos.

**Artículo 90.** El grupo colegiado de trabajo estará integrado por los titulares o a quienes éstos designen para tal efecto de la Secretaría General, la Dirección de Prestaciones Económicas, Sociales y Culturales, la Dirección Jurídica y, en su caso, la Unidad Administrativa directamente involucrada en el asunto a tratar.

Las Unidades Administrativas encargadas del otorgamiento de los seguros, prestaciones y servicios someterán a la consideración del titular de la Secretaría General los temas a tratar con objeto de determinar la procedencia de convocar al grupo colegiado de trabajo.

**Artículo 91.** Las resoluciones o acuerdos aprobados por consenso del grupo colegiado de trabajo deberán ser notificadas por escrito y causarán efectos de obligatoriedad.

## TRANSITORIOS

**Primero.** El presente Reglamento entrará en vigor al día siguiente al de su publicación en el Diario Oficial de la Federación.

**Segundo.** Las Dependencias y Entidades incorporadas deberán validar y actualizar la información de sus trabajadores contenida en la Base de Datos, en un plazo máximo de seis meses contados a partir de la publicación del presente ordenamiento en el Diario Oficial de la Federación.

**Tercero.** A partir de la entrada en vigor de este Reglamento se abroga el Reglamento de Afiliación, Vigencia de Derechos y Cobranza, expedido por Acuerdo 5.1137.90, el 23 de julio de 1990, publicado en el Diario Oficial de la Federación con fecha 19 de noviembre de 1990, así como toda disposición normativa que se oponga al presente Reglamento.

CUARTO. Se mantendrán en vigor las disposiciones administrativas en materia de Afiliación y Vigencia de Derechos, hasta en tanto no se expidan las actualizaciones correspondientes."

Lo que me permito hacer de su conocimiento para los efectos legales procedentes.

Atentamente

México, D.F., a 14 de abril de 2011. El Secretario General y Secretario de la Junta Directiva, Luis Felipe Castro Sánchez. Rúbrica.

# Reglamento para la Dictaminación de Quejas Médicas y Solicitudes de Reembolso del Instituto de Seguridad y Servicios Sociales de los Trabajadores del Estado

## TEXTO ORIGINAL

Reglamento publicado en el Número 30 del Diario Oficial de la Federación, el viernes 27 de septiembre de 2024.

Al margen un sello con el Escudo Nacional, que dice: Estados Unidos Mexicanos.- GOBIERNO DE MÉXICO.-Instituto de Seguridad y Servicios Sociales de los Trabajadores del Estado.

BERTHA MARÍA ALCALDE LUJÁN, Directora General del Instituto de Seguridad y Servicios Sociales de los Trabajadores del Estado, con fundamento en lo dispuesto en los artículos 90 de la Constitución Política de los Estados Unidos Mexicanos; 1, 3, fracción I y 45 de la Ley Orgánica de la Administración Pública Federal; 1, 5, 11, 17, 22, fracción I y 58, fracción VII de la Ley Federal de las Entidades Paraestatales; 209, fracción II y 220, fracción VI, de la Ley del Instituto de Seguridad y Servicios Sociales de los Trabajadores del Estado; y 23, fracción VI del Estatuto Orgánico del Instituto de Seguridad y Servicios Sociales de los Trabajadores del Estado, y:

## CONSIDERANDO

Que el Instituto de Seguridad y Servicios Sociales de los Trabajadores del Estado (ISSSTE) requiere actualizar el Reglamento de Quejas Médicas y Solicitudes de Reembolsos al marco jurídico vigente, derivados de la tramitación de los procedimientos que estos se (sic) regulan, en el que se consideren, los criterios de economía, eficacia, eficiencia, imparcialidad, honradez y transparencia, en términos del artículo 134 de la Constitución Política de los Estados Unidos Mexicanos.

En sesión ordinaria celebrada el 11 de abril de 2024, la Junta Directiva del ISSSTE, por unanimidad emitió el ACUERDO 58.1385.2024 mediante el cual aprobó el Reglamento para la Dictaminación de Quejas Médicas y Solicitudes de

Reembolso del Instituto de Seguridad y Servicios Sociales de los Trabajadores del Estado.

Mediante oficio CONAMER/24/1876 de 24 de abril de 2024, la Comisión Nacional de Mejora Regulatoria emitió la exención de Análisis de Impacto Regulatorio, relacionada con (sic) Reglamento para la Dictaminación de Quejas Médicas y Solicitudes de Reembolso del Instituto de Seguridad y Servicios Sociales de los Trabajadores del Estado.

El 21 y 22 de marzo de 2024 se emitió Dictamen Técnico y Jurídico, respectivamente, del Reglamento para la Dictaminación de Quejas Médicas y Solicitudes de Reembolso del ISSSTE, en cumplimiento a los artículos 6, 7 y 8 de la Ley General de Mejora Regulatoria.

Así como en ejercicio de la función conferida en el artículo 220, fracción VI, de la Ley del Instituto de Seguridad y Servicios Sociales de los Trabajadores del Estado; 58, fracción VII, de la Ley Federal de las Entidades Paraestatales y 23, fracción VI, del Estatuto Orgánico del ISSSTE, he tenido a bien expedir el siguiente:

AVISO MEDIANTE EL CUAL SE INFORMA LA PUBLICACIÓN DEL REGLAMENTO PARA LA DICTAMINACIÓN DE QUEJAS MÉDICAS Y SOLICITUDES DE REEMBOLSO DEL INSTITUTO DE SEGURIDAD Y SERVICIOS SOCIALES DE LOS TRABAJADORES DEL ESTADO

**Artículo Primero.-** Se expide el Reglamento para la Dictaminación de Quejas Médicas y Solicitudes de Reembolso del Instituto de Seguridad y Servicios Sociales de los Trabajadores del Estado, el cual formará parte de la normatividad vigente, y por lo tanto serán de observancia obligatoria.

**Artículo Segundo.-** El Reglamento para la Dictaminación de Quejas Médicas y Solicitudes de Reembolso del Instituto de Seguridad y Servicios Sociales de los Trabajadores del Estado, que se expide, estará a disposición de los interesados para su consulta en la Subdirección de lo Consultivo de la Dirección Jurídica y en medios magnéticos u ópticos en la Normateca Electrónica Institucional, a través de la dirección electrónica, https://normateca.issste.gob.mx:8187/normateca/ng/landingpage y en la página www.dof.gob.mx/2024/ISSSTE/Reglamento-Dictaminacion-Quejas-y-Reembolsos.pdf.

## TRANSITORIOS

**Primero.-** El Reglamento para la Dictaminación de Quejas Médicas y Solicitudes de Reembolso del Instituto de Seguridad y Servicios Sociales de los Trabajadores del Estado entrará en vigor a partir del día hábil siguiente al de su publicación en el Diario Oficial de la Federación.

**Segundo.-** Queda sin efecto el Acuerdo 38.1357.2017 de la Junta Directiva, relativo a la aprobación del Reglamento de Quejas Médicas y Solicitudes de Reembolso del Instituto de Seguridad y Servicios Sociales de los Trabajadores del Estado, publicado en el Diario Oficial de la Federación el 28 de abril de 2017.

**Tercero.-** La Dirección Jurídica del Instituto de Seguridad y Servicios Sociales de los Trabajadores del Estado realizará los trámites correspondientes, para que el contenido del instrumento sea incluido en la Normateca Electrónica Institucional, dentro de los cinco días hábiles siguientes al de la publicación del presente Acuerdo en el Diario Oficial de la Federación.

Ciudad de México, a 18 de julio de 2024.- Directora General, Mtra. Bertha María Alcalde Luján.- Rúbrica.

Instituto de Seguridad y Servicios de los Trabajadores del Estado
ISSSTE Dirección Estratégica de Información, Supervisión y Evaluación
Reglamento para la Dictaminación de Quejas Médicas y Solicitudes de Reembolso del ISSSTE

## REGLAMENTO PARA LA DICTAMINACIÓN DE QUEJAS MÉDICAS Y SOLICITUDES DE REEMBOLSO DEL INSTITUTO DE SEGURIDAD Y SERVICIOS SOCIALES DE LOS TRABAJADORES DEL ESTADO

### CAPÍTULO PRIMERO
### DISPOSICIONES GENERALES

**Artículo 1.-** El presente Reglamento tiene por objeto regular el proceso de Queja Médica y Solicitud de Reembolso por gastos médicos extrainstitucionales derivado de la imposibilidad, negativa, deficiencia médica o administrativa en la prestación de los servicios de salud del Instituto de Seguridad y Servicios Sociales de los Trabajadores del Estado y el Recurso de Revisión así como la integración y funcionamiento de los Órganos competentes para la tramitación, sustanciación y resolución de dicho proceso.

**Artículo 2.-** Este Reglamento es de observancia obligatoria para las Unidades Administrativas, las Oficinas de Representaciones Estatales y Regionales y sus Unidades de Atención al Derechohabiente y Comunicación Social, así como para las personas promoventes de los procedimientos reguladores en el mismo.

En el ejercicio de sus responsabilidades, atribuciones y funciones, las personas servidoras públicas de las Representaciones Estatales y Regionales y sus Unidades de Atención al Derechohabiente y Comunicación Social deben promover, respetar, proteger y garantizar los derechos humanos de conformidad con los principios de universalidad, interdependencia, indivisibilidad y progresividad de conformidad con el artículo 1 de la Constitución Política de los Estados Unidos Mexicanos.

**Artículo 3.-** Para los efectos de este Reglamento se entiende por:

I. Comisiones.- Las Comisiones de Quejas Médicas, que son los órganos colegiados en las Representaciones Estatales y/o Regionales, que conocen y resuelven el proceso de Quejas Médicas y Solicitud de Reembolso derivado por los gastos médicos extrainstitucionales ocasionados por la imposibilidad, negativa, deficiencia médica y/o administrativa en la prestación de los servicios de salud que brinda el Instituto de Seguridad y Servicios Sociales de los Trabajadores del Estado, conforme a lo señalado en el artículo 9 del presente Reglamento;

II. Comité.- El Comité de Quejas Médicas, que es el Órgano que conoce y resuelve el proceso de Queja Médica por daño físico o por gasto médico extrainstitucional derivado de la imposibilidad, negativa, deficiencia médica o administrativa en la prestación de los servicios de salud del Instituto de Seguridad y Servicios Sociales de los Trabajadores del Estado, y el Recurso de Revisión, conforme a lo establecido en el numeral 8 del presente Reglamento;

III. CONAMED.- La Comisión Nacional de Arbitraje Médico;

IV. CNDH.- La Comisión Nacional de los Derechos Humanos;

V. Daño Físico.- Los actos u omisiones de las personas servidoras públicas en las Unidades Médicas del Instituto, que dañen o afecten la salud de la persona Derechohabiente o no Derechohabiente en la prestación de los servicios de salud por parte del Instituto de Seguridad y Servicios de los Trabajadores del Estado y unidades subrogadas;

VI. Deficiencia Administrativa.- El incumplimiento a la normatividad aplicable, por parte de las personas servidoras públicas en la atención del trámite correspondiente, en los tiempos y forma establecidos en la prestación del servicio médico y que ésta pueda afectar, la salud del paciente, así como la omisión del envío de la información relacionada con el motivo de la queja y/o solicitud;

VII. Deficiencia Médica.- El acto o la omisión de la persona servidora pública del Instituto de Seguridad y Servicios Sociales de los Trabajadores del Estado, originada de la prestación de los servicios, la cual genere daño o afectación a la salud de la persona derechohabiente o no derechohabiente, con motivo de la inobservancia de los procedimientos técnicos y médicos de conformidad con la normativa aplicable;

VIII. Derechohabiente.- Las personas trabajadoras, jubiladas, pensionadas y familiares Derechohabientes señalados en la fracción VIII del artículo 6 de la Ley del Instituto de Seguridad y Servicios Sociales de los Trabajadores del Estado;

IX. Dictamen.- La determinación colegiada sobre la atención médica prestada por las Unidades Médicas del Instituto de Seguridad y Servicios Sociales de los Trabajadores del Estado, que emita el Comité y las Comisiones, respecto de la Queja Médica, Solicitud de Reembolso por gasto médico extrainstitucional y/o Solicitud de Queja Médica por daño físico, derivado de la imposibilidad, negativa, deficiencia médica o administrativa en la prestación de los servicios de salud del Instituto de Seguridad y Servicios Sociales de los Trabajadores del Estado, y en su caso el que se derive del Recurso de Revisión, que se presente ante las Unidades de Atención al Derechohabiente y Comunicación Social o la Comisión Nacional de Arbitraje Médico, de acuerdo a su competencia;

X. Estatuto Orgánico.- El Estatuto Orgánico del Instituto de Seguridad y Servicios Sociales de los Trabajadores del Estado;

XI. Familiares Derechohabientes.- Las personas señaladas en el artículo 6 fracción XII de la Ley del Instituto de Seguridad y Servicios Sociales de los Trabajadores del Estado;

XII. Gastos Médicos Extrainstitucionales.- Las cantidades erogadas por los Derechohabientes, con motivo de la recepción de servicios médicos de salud en Unidades Médicas externas al Instituto de Seguridad y Servicios Sociales de los Trabajadores del Estado, y que no hayan sido prestados por el mismo, derivado de la imposibilidad, negativa, deficiencia médica o administrativa de su personal;

XIII. Imposibilidad.- La circunstancia por la cual el personal del Instituto de Seguridad y Servicios Sociales de los Trabajadores del Estado está impedido para brindar el servicio médico al Derechohabiente o no Derechohabiente;

XIV. Indemnización.- La cantidad líquida determinable a pagar por el daño físico causado a la salud de un Derechohabiente o no Derechohabiente, derivado de una (sic) acto u omisión en la prestación del servicio médico por parte del personal del Instituto de Seguridad y Servicios Sociales de los Trabajadores del Estado;

XV. Instituto.- El Instituto de Seguridad y Servicios Sociales de los Trabajadores del Estado;

XVI. La Representación.- Las Áreas de las Oficinas de Representación Estatales o Regionales del Instituto de Seguridad y Servicios Sociales de los Trabajadores del Estado, según corresponda;

XVII. Ley.- La Ley del Instituto de Seguridad y Servicios Sociales de los Trabajadores del Estado;

XVIII. Negativa.- El acto o la omisión voluntaria o involuntaria, mediante el cual existe negativa para brindar la prestación del servicio médico encomendado al Instituto;

XIX. No Derechohabiente.- Las personas que, mediante alguno de los mecanismos autorizados con base en la legislación o la normatividad institucional, reciben los servicios de atención médica que ofrece el Instituto, sin que tengan originalmente el derecho legal de recibirlos;

XX. OICE.- El Órgano Interno de Control Específico en el Instituto de Seguridad Social de los Trabajadores del Estado;

XXI. Opinión Técnica.- El análisis relativo a la atención médica prestada por las Unidades Médicas del Instituto que emite el Comité, con respecto a las Quejas Médicas que se presenten ante la Comisión Nacional de los Derechos Humanos, la Secretaría de la Función Pública, el OICE y los Procedimientos de Responsabilidad Patrimonial que se sustancien ante la Dirección Jurídica;

XXII. Paciente.- La persona Derechohabiente o no Derechohabiente que recibe el Seguro o servicio de Salud que otorga el Instituto de Seguridad y Servicios Sociales de los Trabajadores del Estado, según corresponda;

XXIII. Pensionado.- La persona a la que la Ley le reconozca tal carácter;

XXIV. Promovente.- La persona que por si o a nombre de un tercero, inicie alguno de los procedimientos a los que se refiere este Reglamento;

XXV. Proyecto de Dictamen.- El análisis técnico-médico elaborado por la persona coordinadora del Subcomité y de las Subcomisiones, con relación a la

atención médica otorgada de forma institucional y/o extrainstitucional, deter-
minando el sentido de éste, para ser dictaminado por las Comisiones o Comité,
según corresponda;

XXVI. Queja Médica.- El escrito mediante el cual la persona promovente
expresa su inconformidad respecto del servicio médico brindado, en el que
puede o no, hacer valer las pretensiones de Indemnización por daño físico y/o
reembolso por Gastos Médicos Extrainstitucionales;

XXVII. Recurso de Revisión.- El escrito mediante el cual, la persona promovente presenta su inconformidad en contra de la resolución emitida por el
Comité o la Comisión, según corresponda;

XXVIII. Reembolso.- El pago de Gastos Médicos Extrainstitucionales derivado de la imposibilidad, negativa o deficiencia del servicio médico solicitado
en las Unidades Médicas del Instituto, y de resultar procedente se paga de
conformidad con el tabulador correspondiente;

XXIX. Reglamento.- El Reglamento de Quejas Médicas y Solicitud de Reembolso del Instituto de Seguridad y Servicios Sociales de los Trabajadores
del Estado;

XXX. Resolución.- El documento emitido por el Comité o la Comisión de
Quejas, fundado y motivado a través del cual da a conocer al promovente, el
contenido de Dictamen;

XXXI. Servicio Médico.- El otorgamiento de atención médica a que se refiere el seguro de salud previsto en la Ley del Instituto;

XXXII. Solicitud de Reembolso.- La petición de pago requerida por la persona promovente, especificando la cantidad erogada por concepto de Gastos
Médicos Extrainstitucionales;

XXXIII. Subcomité.- El Órgano Colegiado encargado de elaborar el proyecto
de dictamen que se somete a consideración del Comité, para la emisión de la
determinación correspondiente;

XXXIV. Subcomisiones.- Los Órganos Colegiados correspondientes a las
Oficinas de Representación Estatales y Regionales, encargados de elaborar el
proyecto de dictamen que se somete a consideración de la Comisión, para la
emisión de la determinación correspondiente;

XXXV. Sustanciación.- La tramitación de una Queja Médica y Solicitud de
Reembolso, por la vía procesal administrativa y normativa para emitirse un
Dictamen o Resolución;

XXXVI. Tabulador.- El tabulador de cuotas de recuperación por la atención
médica prestada a las y los Pacientes No Derechohabientes del Instituto, el

cual contiene los importes autorizados de recuperación por la atención médica otorgada;

XXXVII. Trabajador.- Las personas señaladas en el artículo 6, fracción XXIX de la Ley del Instituto de Seguridad y Servicios Sociales de los Trabajadores del Estado;

XXXVIII. Unidad.- La Unidad de Atención al Derechohabiente y Comunicación Social de las Representaciones Estatales y Regionales en las que se interpone la Queja Médica y Solicitud de Reembolso, así como del Recurso de Revisión;

XXXIX. Unidad Médica.- Los Consultorios Auxiliares, Unidades y Clínicas de Medicina Familiar, Clínicas de Especialidades, Clínicas Hospitales, Hospitales Generales, Hospitales Regionales y el Centro Médico Nacional "20 de Noviembre" y;

XL. Unidad Médica Extrainstitucional.- Las Unidades y Clínicas, Clínicas de Especialidades y Hospitales que no pertenezcan al Instituto de Seguridad y Servicios Sociales de los Trabajadores al Servicio del Estado y que hayan brindado la atención requerida al paciente, relacionada con el motivo de la Queja Médica y/o Solicitud de Reembolso.

**Artículo 4.-** La interpretación de las disposiciones de este Reglamento, corresponderá a la Dirección Jurídica, en términos del artículo 59, fracción XX del Estatuto Orgánico.

**Artículo 5.-** Para cumplimiento al Reglamento, el Instituto contará con el Comité y las Comisiones, según corresponda, que se encargarán de atender y resolver la Queja Médica y Solicitud de Reembolso, a través de la que solicite indemnización por daño físico y/o el Reembolso por gastos médicos extrainstitucionales derivados de la imposibilidad, negativa, deficiencia médica o administrativa en la prestación de los servicios de salud del Instituto de Seguridad y Servicios Sociales de los Trabajadores del Estado, y el Recurso de Revisión, de acuerdo con las atribuciones que les confiere el presente ordenamiento.

**Artículo 6.-** Para efectos de la sustanciación de los procedimientos a que se refiere este Reglamente, será de aplicación supletoria la Ley Federal de Procedimiento Administrativo.

**Artículo 7.-** Para el cómputo de los plazos que se establecen en este Reglamento se considerarán días inhábiles los sábados y los domingos, los señalados en el "Decreto por el que se reforma el Artículo Segundo del Decreto por el que se establece el Calendario Oficial", publicado en el Diario Oficial de la Federación el 27 de enero de 2006, así como aquellos que se mencionen en el comunicado anual que emita la Dirección de Administración y Finanzas, a través de la Subdirección de Personal del Instituto. Los términos se suspenderán por causa de fuerza mayor o caso fortuito.

## CAPÍTULO SEGUNDO
## DE LA COMPETENCIA

**Artículo 8.-** El Comité de Quejas Médicas conocerá y resolverá de los siguientes procedimientos:

I. Solicitud de Reembolso por Gastos Médicos Extrainstitucionales derivado de la imposibilidad, negativa o deficiencia del servicio médico solicitado en las Unidades Médicas del Instituto, relacionados con la pérdida de un órgano vital y/o la vida;

II. Las Quejas Médicas en las que se solicite indemnización por daño físico y/o reembolso por Gastos Médicos Extrainstitucionales derivado de la imposibilidad, negativa o deficiencia del servicio médico solicitado en las Unidades Médicas del Instituto, relacionados con la pérdida de un órgano vital y/o la vida;

III. Las Quejas Médicas presentadas ante la Comisión Nacional de los Derechos Humanos;

IV. Aquellos que competan a alguna Comisión y que, por su trascendencia, ameriten ser resueltos por el Comité a propuesta de la Comisión o los que determinen la Dirección General del Instituto o el Comité;

V. Aquellos cuyo origen sea el Centro Médico Nacional "20 de Noviembre";

VI. El Recurso de Revisión;

VII. De las Quejas Médicas presentadas ante la Comisión Nacional de Arbitraje Médico que encuadren en uno o más de los supuestos descritos en las fracciones anteriores.

Además de estos procedimientos, el Comité emitirá la Opinión Técnica que solicite el OICE o la Dirección Jurídica en el ámbito de su competencia.

**Artículo 9.-** Las Comisiones de Quejas Médicas conocerán y resolverán de los siguientes procedimientos:

I. Queja Médica;

II. Queja Médica con solicitud de Indemnización por daño físico del Instituto y/o reembolso que se interponga ante la Unidad, la Comisión Nacional del Arbitraje Médico y que no sean competencia del Comité;

III. Queja Médica con Solicitud de Reembolso de Gastos Médicos Extrainstitucionales, y

IV. Aquellos en los que esté involucrado un Hospital Regional ubicado dentro del ámbito territorial de competencia de la Comisión, con excepción de lo establecido por el artículo 8 de este Reglamento.

**Artículo 10.-** Las Comisiones informarán trimestralmente al Comité, por conducto del Secretario Técnico de éste, lo siguiente:

I. Número de procedimientos iniciados;

II. Número de procedimientos resueltos y el sentido de la Resolución;

III. Número de procedimientos en sustanciación;

IV. Recurrencia de deficiencias en la atención médica;

V. Recurrencia de deficiencias administrativas;

VI. Unidades Médicas a las que se atribuyen Deficiencias Médicas;

VII. Unidades Médicas a las que se atribuyen Deficiencias Administrativas;

VIII. Cantidades reclamadas por Solicitud de Reembolso de Gastos Médicos Extrainstitucionales, identificando el monto resuelto como procedente y;

IX. Los demás datos que determine el Comité.

## CAPÍTULO TERCERO
## DEL COMITÉ Y DE LAS COMISIONES

**Artículo 11.-** El Comité se integrará por:

I. Un Presidente, que será la persona titular de la Dirección Estratégica de Información, Supervisión y Evaluación del Instituto o la persona que éste designe, quien deberá tener al menos el nivel de Subdirector;

II. Un Secretario Ejecutivo, que será la persona titular de la Dirección Médica del Instituto;

III. Seis Vocales, quienes deberán tener el perfil profesional médico y que serán los representantes de:

a) Uno de la Dirección de Oficinas de Representación;

b) Uno de la Dirección Médica, quien deberá tener el perfil profesional de Médico Especialista;

c) Uno de la Subdirección Médica del Centro Médico Nacional "20 de Noviembre", quien deberá tener el perfil profesional de Médico Especialista;

d) Uno del Sindicato del Instituto que cuente con la mayoría de las personas trabajadoras agremiadas

e) Un integrante de cada una de las dos federaciones sindicales que cuenten con la mayoría de las personas trabajadoras agremiadas.

Las personas representantes de las direcciones y subdirecciones que se mencionan en los incisos a), b) y c) deberán contar con el nivel mínimo de Jefe de Servicios.

IV. Un Secretario Técnico que será designado por la persona titular de la Dirección Estratégica de Información, Supervisión y Evaluación, quien deberá tener al menos el nivel de Jefe de Servicios;

V. Los Asesores, que serán:

a) Una persona servidora pública designada por el (sic) Dirección Jurídica, quien deberá tener el perfil profesional de licenciatura en Derecho;

b) Una persona servidora pública designada por el Titular del OICE, y

c) Una servidora pública designada por el Secretario(a) Técnico de la Comisión de Vigilancia del Instituto.

VI. Los Invitados, quienes serán Médicos Especialistas de instituciones públicas o privadas cuya intervención se considere necesaria para aclarar aspectos técnicos relacionados con la especialidad que se trate en la Sesión del Comité.

Los integrantes del Comité contarán con voz y voto. En caso de empate, el Presidente tendrá voto de calidad.

El Secretario Técnico, los Asesores e Invitados sólo tendrán derecho a voz.

**Artículo 12.-** Los integrantes del Comité podrán designar a su respectivo suplente, el cual actuará en ausencia del titular y deberán ser, en el caso de las personas servidoras públicas del Instituto, del nivel inmediato inferior. Los suplentes de los Vocales médicos deberán tener el perfil profesional de Médico.

**Artículo 13.-** Las Comisiones se integrarán por:

I. Un Presidente que será la persona servidora pública que ostente el cargo de Subdelegada o Subdelegado de Administración de la Representación Estatal o Regional;

II. Un Secretario Ejecutivo, que será la persona servidora pública que ostente el cargo de Subdelegada o Subdelegado Médico;

III. Cinco Vocales que deberán tener el perfil profesional médico y que serán:

a) La persona servidora pública que ostente el cargo de titular de la Subdirección Médica del Hospital Regional, a falta de éste del Hospital General que se encuentre dentro de la circunscripción de la Oficina de Representación Estatal o Regional y, en caso de la falta de los dos anteriores, de la Clínica Hospital correspondiente;

b) Una persona servidora pública representante de la Subdelegación Médica de la Oficina de Representación Estatal o Regional;

c) Uno del Sindicato del Instituto que cuente con la mayoría de las personas trabajadoras agremiadas;

d) Un integrante de cada una de las dos federaciones sindicales que cuenten con la mayoría de las personas trabajadoras agremiadas.

IV. Un Secretario Técnico que será la persona servidora pública que sea titular de la Unidad de Atención al Derechohabiente;

V. Los Asesores, que serán:

a) Una persona servidora pública designada por el Titular (sic) la Unidad Jurídica de la Oficina de Representación Estatal o Regional, quien deberá tener el perfil profesional de Licenciado en Derecho, y;

b) Una persona servidora pública designada por el Titular del Área de Quejas, Denuncias e Investigaciones del OICE a nivel Estatal o Regional.

VI. Los Invitados, quienes serán las personas Médicos Especialistas cuya intervención se considere necesaria para aclarar aspectos técnicos relacionados con la especialidad de que se trate en la Sesión correspondiente.

Los integrantes de las Comisiones contarán con voz y voto. En caso de empate, el Presidente tendrá voto de calidad.

El Secretario Técnico, los asesores e invitados sólo tendrán derecho a voz.

**Artículo 14.-** Los integrantes de las Comisiones deberán designar a su respectivo suplente, el cual actuará en ausencia del titular y en el caso de las personas servidoras públicas del Instituto, quienes tendrán el nivel inmediato inferior. Los suplentes de los Vocales Médicos deben tener el perfil profesional de Médico.

**Artículo 15.-** El Comité y las Comisiones sesionarán de manera ordinaria dos veces al mes y de manera extraordinaria las veces que sean necesarias.

Para que exista quórum legal, será necesaria la presencia y permanencia del Presidente, así como de por lo menos el cincuenta por ciento más uno de sus integrantes.

El Presidente podrá suspender la Sesión y, en todo caso, señalar día y hora para su continuación de conformidad con lo establecido en el Manual de Integración y Funcionamiento correspondiente.

**Artículo 16.-** El Secretario Técnico, por instrucciones del Presidente, elaborará y enviará la convocatoria a los integrantes del Comité y las Comisiones según corresponda, con la propuesta del Orden del Día y la carpeta de los asuntos a tratar en la Sesión correspondiente, preferentemente a través de correo electrónico, de conformidad con lo establecido en el Manual de Integración y Funcionamiento respectivo.

**Artículo 17.-** El Secretario Técnico, por instrucciones de quien sea Presidente, dará lectura al orden del día y a cada uno de los asuntos a tratar en cada sesión, recabando en cada caso la votación emitida.

**Artículo 18.-** Los integrantes razonarán su voto, exponiendo los motivos técnicos que sustentan el mismo.

Para el efecto de la consulta que corresponde brindar al asesor, cualquiera de los integrantes del Órgano Colegiado, solicitará su intervención en los asuntos contenidos en el orden del día correspondiente.

**Artículo 19.-** Una vez emitida la votación, el Secretario Técnico, por instrucciones del Presidente, dará lectura al acuerdo aprobado.

**Artículo 20.-** Las actas de cada Sesión, serán aprobadas en la inmediata posterior y, validadas con la firma de los integrantes del Comité y las Comisiones, que hayan participado en la misma, según corresponda.

En situaciones extraordinarias la falta de alguna de las firmas de los integrantes con derecho a voto, a excepción de la firma de quien sea Presidente, no le restará validez al acta de que se trate, lo anterior no exime de su cumplimiento a los miembros de los Órganos Colegiados de que se trate.

**Artículo 21.-** Los integrantes del Comité y las Comisiones, están obligados a guardar la debida reserva y confidencialidad respecto de los asuntos tratados en las sesiones, máxime que durante su participación tengan acceso a información clasificada con tal carácter en términos de la Ley Federal de Transparencia y Acceso a la Información Pública. En caso de incumplimiento, serán sujetos de las responsabilidades y sanciones que establece dicha Ley, su reglamento y demás normativa aplicable.

## CAPÍTULO CUARTO
## DEL SUBCOMITÉ Y LAS SUBCOMISIONES

**Artículo 22.-** Se integrará un Subcomité del Comité, para la revisión y en su caso, elaboración de los proyectos de Dictamen y Opinión Técnica, según corresponda, se someterán a consideración de dicho Órgano Colegiado, para su determinación, con base en los informes y expedientes integrados y remitidos por la Unidad que conozca la Queja Médica y/o Solicitud de Reembolso, de conformidad con el Manual de Integración y Funcionamiento respectivo.

a) El Subcomité se integrará de la siguiente forma:

I. Un Coordinador, que será la persona titular de la Subdirección de Área o la persona servidora pública que designe la Dirección Médica, quien deberá tener el nivel mínimo de Jefe de Servicios y el perfil profesional de Médico;

II. Un Secretario Técnico, quien será la persona titular de la Subdirección de Atención al Derechohabiente o la persona servidora pública que éste designe, quien de preferencia deberá cubrir el perfil profesional de Médico;

III. Vocales Médicos:

1. El representante de la Dirección de Oficinas de Representación;

2. El representante de la Dirección Médica;

3. Un Jefe de Servicios del Centro Médico Nacional "20 de Noviembre" o de algún Hospital Regional de la Zona Metropolitana;

4. Uno del Sindicato del Instituto que cuente con la mayoría de las personas trabajadoras agremiadas;

5. Un integrante de cada una de las dos federaciones sindicales que cuenten con la mayoría de las personas trabajadoras agremiadas.

IV. Un Asesor, que será la persona servidora pública que designe la Dirección Jurídica, quien deberá tener el perfil profesional de Licenciatura en Derecho;

V. Invitados, las personas Médicos Especialistas de instituciones públicas o privadas de salud, relacionados con la especialidad que se vaya a analizar.

Los integrantes del Subcomité contarán con voz y voto, con excepción del Secretario Técnico, Asesor e Invitados, quienes sólo contarán con voz. En caso de empate, el Coordinador tendrá voto de calidad.

El Subcomité sesionará de manera ordinaria una vez al mes y de manera extraordinaria las veces que sean necesarias, para elaborar los proyectos de Dictamen.

Se integrará una Subcomisión de cada Comisión de las Oficinas de Representación Estatales o Regionales, para la revisión y en su caso, elaboración de los Proyectos de Dictamen y Opinión Técnica, según corresponda, se someterán a consideración de dicho Órgano Colegiado, para su determinación, con base en los informes y expedientes integrados y remitidos por la Unidad que conozca la Queja Médica, y/o Solicitud de Reembolso, de conformidad con el Manual de Integración y Funcionamiento correspondiente.

b) La Subcomisión de cada Comisión se integrarán de la siguiente forma:

I. Un Coordinador, quien será la persona servidora pública que ostente el cargo de Subdelegado Médico, quien podrá designar a un representante que deberá tener el perfil profesional Médico;

II. Un Secretario Técnico, quien será la persona servidora pública que ostente el cargo de Jefe de la Unidad de Atención al Derechohabiente y Comunicación Social, quien podrá designar a un representante, quien de preferencia deberá cubrir el perfil profesional de médico;

III. Vocales que deberán tener el perfil profesional médico, quienes deben ser las personas servidoras públicas que ostente (sic) los siguientes cargos:

1. El representante de la Subdelegación Administrativa;

2. El representante de la Subdelegación Médica;

3. Dos representantes de la Federación de Sindicatos de los Trabajadores al Servicio del Estado, y

4. Un representante del Sindicato Nacional de Trabajadores del Instituto.

IV. Asesor, la persona que designe la persona Titular de la Unidad Jurídica, quien deberá tener el perfil profesional de Licenciado en Derecho y;

V. Invitados, las personas Médicos Especialistas de instituciones públicas o privadas de salud, cuya intervención se considere necesaria para aclarar aspectos técnicos relacionados con la especialidad que se analice en la Sesión correspondiente.

Los integrantes de la Subcomisión contarán con voz y voto, con excepción del Secretario Técnico, asesor e invitados, quienes sólo contarán con voz. En caso de empate, el Coordinador tendrá voto de calidad.

La Subcomisión sesionará de manera ordinaria una vez al mes y de manera extraordinaria las veces que sean necesarias para elaborar los proyectos de Dictamen.

Corresponde al Coordinador del Subcomité y de las Subcomisiones la elaboración técnica-médica del proyecto de dictamen.

## CAPÍTULO QUINTO
## DE LAS ATRIBUCIONES Y FUNCIONES DEL COMITÉ Y LAS COMISIONES

**Artículo 23.-** Corresponde al Comité:

I. Sustanciar y resolver los procedimientos previstos en el artículo 8 del presente Reglamento;

II. Solicitar, en su caso, la opinión y asesoría de médicos especialistas de Instituciones públicas o privadas a fin de proveerse de mayores elementos para emitir el Dictamen y la Resolución correspondiente;

III. Emitir Dictamen con análisis médico-técnico, para ser presentado ante la Comisión Nacional de Arbitraje Médico en audiencia de conciliación o en su caso, remitir a dicha instancia el Dictamen emitido de conformidad con la competencia establecida en el artículo 8 fracción VII del presente Reglamento;

IV. Emitir la Opinión Técnica en las Quejas presentadas ante la CNDH, así como en su caso determinar y aprobar el monto por concepto de indemnización por daño físico del Instituto;

V. Determinar y aprobar el monto por concepto de Reparación del daño físico del Instituto, en las Propuestas de Conciliación y Recomendaciones emitidas por la CNDH a este Instituto;

VI. Sustanciar y resolver el Recurso de Revisión;

VII. Emitir la Opinión Técnica que le solicite el OICE y la Dirección Jurídica, en el ámbito de su competencia;

VIII. El Comité dará cumplimiento a los mandatos de carácter judicial en los términos requeridos, derivados de un procedimiento contemplado en el presente Reglamento. Para lo cual, cada uno de los miembros que integran el Comité, deberán realizar manifestaciones tendientes a acatar el mismo, así como a las recomendaciones emitidas por la Comisión Nacional de Derechos Humanos;

IX. Proponer a las Unidades Médicas las medidas preventivas y correctivas, así como capacitación para abatir las causas que originan los procedimientos de su competencia, así como convocar a las personas titulares de las citadas

Unidades para que, informen ante el Comité sobre la atención a dichas propuestas y, en su caso, solicitar los reportes conducentes por escrito;

X. Programar visitas de trabajo a las Unidades Médicas generadoras de los procedimientos de su competencia a efecto de:

a) Identificar las causas que los originan;

b) Aprobar el informe trimestral que se presenta al Comité para que sea informada la persona Titular de la Dirección General, acerca de los resultados de su actuación por conducto del Secretario Técnico en los términos de este Reglamento;

XI. Aprobar el informe semestral que se presenta a la persona titular de la Dirección General del Instituto a efecto de:

a) Conocer los resultados de su actuación, por conducto de su Presidente;

b) Supervisar y evaluar el trabajo de las Comisiones;

c) Dar seguimiento y verificar el cumplimiento de los acuerdos, resoluciones, solicitudes, requerimientos y propuestas emitidos por el Comité;

XII. Las demás previstas en el presente Reglamento, así como las que en el ámbito de su competencia le encomiende la Junta Directiva o la Dirección General.

**Artículo 24.-** El Comité acordará realizar en cualquier tiempo, visitas a las Unidades Médicas para supervisar y evaluar el trabajo de las Comisiones, las mismas deberán realizarse a las Unidades generadoras de los procedimientos de su competencia de acuerdo con los datos referidos en los Informes Trimestrales presentados por estas, de igual forma con los datos obtenidos en el Informe Semestral del Comité a fin de identificar las causas que los originan.

En el programa de visitas a las Unidades que realice el Comité por conducto de quien funja como Secretario Ejecutivo, se designará a de (sic) los miembros del Comité o se habilitará a las personas servidoras públicas que las llevarán a cabo, quienes podrán acompañar al Secretario.

De toda visita se formulará el informe respectivo que se presentará al Comité, a fin de que esté adopte los acuerdos necesarios y en su caso, de vista a las instancias correspondientes.

**Artículo 25.-** Corresponde a las Comisiones:

I. Sustanciar y resolver los procedimientos previstos en el artículo 9 del presente Reglamento;

II. Requerir a la Unidad que conozca la Queja Médica y Solicitud de Reembolso, la ampliación de información o documentación relativa al caso que se analiza;

III. Llevar a cabo visitas de trabajo a las Unidades Médicas identificadas como las principales generadoras de los procedimientos de su competencia;

IV. Aprobar el informe trimestral que se presenta al Comité en los términos de este Reglamento, y

V. Las demás que en el ámbito de su competencia le encomiende el Comité. Estas funciones se llevarán a cabo de conformidad con el Manual de Integración y Funcionamiento correspondiente.

**Artículo 26.-** Las personas integrantes del Comité y de las Comisiones tendrán las siguientes funciones:

I. Asistir a las Sesiones en los términos de la convocatoria que les haya sido notificada;

II. Analizar, en el ámbito de su competencia, los asuntos turnados al Comité o a las Comisiones y formular los comentarios y propuestas que consideren necesarias;

III. Emitir su voto razonado en los asuntos sometidos a su consideración;

IV. Deberán abstenerse de votar cuando los hechos en conocimiento hubieran tenido lugar en la Unidad Médica en que prestan sus servicios o por la posible existencia de conflicto de interés;

V. Firmar los acuerdos adoptados y las actas de las Sesiones a las que hayan asistido, y

VI. Desempeñar las actividades que les sean asignadas por el Comité o las Comisiones, según corresponda, de conformidad con la normativa aplicable. Estas funciones se llevarán a cabo de conformidad con el Manual de Integración y Funcionamiento correspondiente.

**Artículo 27.-** Las personas integrantes del Comité y de las Comisiones, tendrán las siguientes funciones específicas:

I. Presidente:

a) Convocar a las Sesiones del Comité y Comisiones, según corresponda;

b) Proponer el Orden del Día de las Sesiones;

c) Presidir y dirigir las Sesiones;

d) Coordinar el seguimiento de las acciones y medidas que hubiere propuesto o recomendado;

e) Coordinar la supervisión del cumplimiento a los acuerdos y resoluciones emitidos;

f) Firmar las Resoluciones, Dictámenes, Opiniones Técnicas y Actas;

g) Dirigir las Sesiones, acuerdos, recomendaciones, medidas y Resoluciones del Comité y Comisiones, de acuerdo con los criterios de transparencia e imparcialidad que deban concurrir al resolver las Quejas Médicas y Solicitud de Reembolso;

h) Las demás que le encomiende el Comité o las Comisiones.

II. Secretario Ejecutivo:

a) Analizar los documentos sobre los asuntos a tratar, así como emitir los comentarios que estime pertinentes;

b) Dar seguimiento a las medidas y recomendaciones que emita el Comité o Comisión a las Unidades Médicas del Instituto;

c) Gestionar acciones preventivas y correctivas ante los responsables de las Unidades Médicas del Instituto, derivado de las resoluciones tomadas por el Comité o Comisiones;

d) Rendir un informe semestral sobre el seguimiento a las Recomendaciones y medidas que emita el Comité a las Unidades Médicas del Instituto;

e) Realizar un Programa de visitas de trabajo a las Unidades Médicas generadoras de los procedimientos de su competencia, afecto (sic) de supervisar y evaluar el trabajo de las Comisiones, estas deberán realizarse a las Unidades generadoras de los procedimientos de su competencia de acuerdo con los datos referidos en los Informes Trimestrales presentados por aquellas, de igual forma con los datos obtenidos en el Informe Semestral del Comité, a fin de identificar las causas que los originan, y

f) Las demás que le encomiende el Comité o las Comisiones.

III. Los Vocales:

a) Participar en el Comité o las Comisiones conforme al presente Reglamento;

b) Firmar las Actas de las Sesiones en que participen;

c) Proponer asuntos a tratar ante el Comité o en las Comisiones, de acuerdo con sus atribuciones y;

d) Las demás que les encomiende el Comité o las Comisiones.

IV. Los Asesores

a) Intervendrán a solicitud de alguna de las personas integrantes del Comité o Comisiones;

b) Proporcionarán asesoría, sobre el tema a tratar;

c) Para el caso del asesor jurídico, dará su interpretación o asesoría acerca de alguna norma aplicable al caso sesionado.

V. Los Invitados

a) Proporcionar asesoría de acuerdo con la especialidad a la que fueron convocados;

**Artículo 28.-** Corresponde al Secretario Técnico:

I. Integrar los Proyectos de Dictamen elaborados por el Subcomité o las Subcomisiones, para su presentación al Comité o a las Comisiones, respectivamente;

II. Enviar a las personas integrantes del Comité o de las Comisiones, con dos días hábiles de anticipación para las Sesiones Ordinarias y con un día hábil de anticipación para las Extraordinarias, la Convocatoria, el Orden del Día y la carpeta documental de los asuntos que deban conocer, de conformidad con el Manual de Integración y Funcionamiento correspondiente;

III. Proponer a las personas integrantes del Comité o de las Comisiones, el orden del día de las Sesiones;

IV. Elaborar las Actas de las Sesiones;

V. Comunicar a las áreas involucradas los acuerdos que emitan el Comité o las Comisiones, posterior a la sesión, para su atención y cumplimiento;

VI. Integrar y mantener actualizadas las bases de datos para el registro y seguimiento de los procedimientos, y

VII. Las demás que le encomiende el Comité, las Comisiones o su presidente.

**Artículo 29.-** El Comité y Subcomité, las Comisiones y Subcomisiones, tendrán la atribución para ordenar la acumulación en un solo procedimiento, cuando adviertan que dos o más Quejas Médicas y/o Solicitudes de Reembolsos, exista identidad de promovente o se traten de los mismos hechos. Lo anterior, con el fin de evitar sustanciar procedimientos por cuerdas separadas y no emitir pronunciamientos contradictorios, en aras de economía procesal.

## CAPÍTULO SEXTO
## DE LOS PROMOVENTES

**Artículo 30.-** Podrán iniciar los procedimientos previstos en este Reglamento, en su carácter de promoventes:

I. En los casos de las personas Derechohabientes:

a) El Trabajador o Pensionado que en calidad de paciente manifieste daño físico, deficiencia administrativa y/o médica en la prestación del servicio de salud;

b) Los Familiares del paciente, en caso de fallecimiento del Trabajador o Pensionado o cuando las circunstancias de salud impidan al Trabajador o Pensionado presentarla por sí mismo, debiendo acreditar el carácter y/o circunstancia;

c) El albacea o los herederos del Trabajador o Pensionado, que acreditarán ese carácter con resolución emitida por autoridad competente o instrumento otorgado ante Fedatario Público; o

d) El tutor nombrado por autoridad competente, en caso de imposibilidad física o mental del Derechohabiente.

II. En los casos de las personas No Derechohabientes:

a) La persona No Derechohabiente usuario o solicitante del Servicio Médico;

b) El albacea o los herederos, que acrediten ese carácter con resolución emitida por autoridad competente o con instrumento otorgado ante Fedatario Público; o

c) El tutor(a) nombrado por autoridad competente, en caso de imposibilidad física o mental de la persona No Derechohabiente.

**Artículo 31.-** Las personas promoventes podrán iniciar y dar seguimiento a la Queja Médica y Solicitud de Reembolso y en su caso, al Recurso de Revisión, por sí o por medio de las personas autorizadas, de conformidad con la Ley Federal de Procedimiento Administrativo.

La persona promovente mediante escrito firmado podrá autorizar a la persona o personas que estime pertinente para oír y recibir notificaciones, realizar trámites, gestiones y comparecencias que fueren necesarios para la tramitación del procedimiento y, en su caso, para recibir cuando sea procedente, el monto determinado por el Órgano Colegiado.

Para el caso de no señalar los efectos de la autorización, únicamente se les tendrán por autorizados para oír y recibir notificaciones.

**Artículo 32.-** Cuando en el escrito inicial aparecieren varios promoventes, las actuaciones se efectuarán con el representante común o interesado que expresamente se haya señalado y, en su defecto, con el que figure en primer término.

## CAPÍTULO SÉPTIMO
## DE LA PRESENTACIÓN DE LA QUEJA MÉDICA Y/O, SOLICITUD DE REEMBOLSO ANTE EL INSTITUTO

**Artículo 33.-** El procedimiento se inicia con la presentación del escrito ante la Unidad que recibe la Queja Médica y/o, Solicitud de Reembolso, el cual podrá ser a través del formato establecido para tal efecto, mismo que estará disponible en la Unidad o en el portal de internet del Instituto o mediante escrito libre.

**Artículo 34.-** El procedimiento sólo podrá iniciarse dentro del plazo de dos años calendario contados a partir de la fecha de hechos.

El procedimiento deberá iniciarse ante la Unidad que corresponda al último domicilio del promovente, Para el caso de que alguna área del Instituto, distinta al supuesto antes referido, reciba alguno de los procedimientos aquí señalados y que no sea competente para conocerlos, deberá remitir el mismo en su totalidad dentro del término de tres días hábiles contados a partir del momento de la recepción, a la Unidad que deba conocer de la misma.

**Artículo 35.-** Los plazos de sustanciación del proceso se contarán a partir de la fecha de recepción del escrito inicial.

Para el caso de existir prevención, dicho plazo se interrumpirá y comenzará a computarse nuevamente a partir de que se desahogue la prevención realizada, en los términos requeridos.

**Artículo 36.-** El escrito inicial del proceso deberá contener, al menos lo siguiente:

I. Nombre de la persona promovente a que se refiere el artículo 30 de este Reglamento y, en su caso, de su representante legal y/o de las personas acreditadas para los efectos del último párrafo del artículo 31 de este Reglamento;

II. En su caso, documento que acredite la representación legal con que se actúa, entiéndase que puede ser carta poder simple, poder notarial, determinación y/o sentencia emitida por la autoridad competente, a través de la cual se le otorgue dicha personalidad;

III. Domicilio y correo electrónico para oír y recibir notificaciones y número de teléfono fijo o celular en que pueda ser localizado;

IV. Unidad y/o Unidades Médicas involucradas del Instituto y extrainstitucionales;

V. Narración de los hechos, circunstancias que motivaron la Queja y/o Solicitud y, en su caso, documentación que la sustente;

VI. Señalar la pretensión si así lo solicita y, en su caso, la cantidad del importe con letra y número, que reclame en la Queja Médica y/o Solicitud de Reembolso;

VII. Copia de la identificación oficial del promovente;

VIII. Resumen médico suscrito por el facultativo que haya atendido al paciente de manera extrainstitucional, así como los estudios de laboratorio y gabinete practicados al paciente o sus resultados, así como radiografías, ultrasonidos, tomografías, estudios histopatológicos, entre otros; en caso de que se reclame el reembolso por Gastos Médicos Extrainstitucionales;

IX. Las facturas electrónicas que acrediten la erogación de Gastos Médicos Extrainstitucionales, cuyo pago se reclama, deberán ser expedidos a favor del promovente o paciente y cumplir con los requisitos fiscales previstos en el artículo 29-A del Código Fiscal de la Federación y contener la descripción y desglose de los conceptos y precios unitarios, contenidos en los mismos y;

X. Escrito bajo Protesta de Decir Verdad de no haber iniciado la misma Queja Médica que reclame la indemnización y/o reembolso en la Unidad de Atención al Derechohabiente y Comunicación Social de las Representaciones Estatales y/o Regionales, así como en la Comisión Nacional de Arbitraje Médico.

La firma, autógrafa o electrónica de la persona promovente a que se refiere el artículo 30 de este Reglamento, o de quien actúa por el mismo, o su huella dactilar, en caso de que éstos no puedan o no sepan firmar.

La Unidad que conozca la Queja Médica y/o, Solicitud de Reembolso, prevendrá por una sola vez a la persona promovente en caso de no cumplir con alguno de los datos o documentos señalados, para que subsane su omisión en un plazo no mayor de cinco días hábiles contados a partir del día siguiente al que se realice la notificación correspondiente, de lo contrario la Queja Médica y/o Solicitud de Reembolso será desechada, sin entrar al fondo del asunto.

## CAPÍTULO OCTAVO
### DE LA SUSTANCIACIÓN Y RESOLUCIÓN

**Artículo 37.-** La Unidad que conozca la Queja Médica y/o Solicitud de Reembolso, registrará de inmediato las Quejas y formulará las solicitudes o requerimientos de información y documentación procedentes para integrar el expediente respectivo en un plazo no mayor a 25 días hábiles, contados a partir de la presentación del escrito inicial, dicho plazo será interrumpido hasta en tanto se desahogue la prevención efectuada, para el caso de existir.

El plazo aludido en el párrafo que antecede incluye la remisión del expediente debidamente integrado al Subcomité o Subcomisión, según sea el caso.

**Artículo 38.-** La integración inicial del expediente deberá incluir el informe rendido y debidamente suscrito por el personal del Instituto vinculado con la prestación de los servicios médicos materia de la Queja Médica, copia simple del expediente clínico completo, así como estudios auxiliares de diagnóstico, incluido estudio histopatológico y las documentales administrativas que se encuentren relacionadas con los hechos de la Queja Médica y/o Solicitud de Reembolso y en su caso, información que así determine necesario, el Comité o las Comisiones.

**Artículo 39.-** La Unidad que conozca de la Queja Médica y/o Solicitud de Reembolso, solicitará a la Subdelegación Médica que corresponda, la elaboración y remisión de los informes dentro de los 20 días hábiles siguientes a la notificación de su requerimiento, los cuales deberán estar firmados por el responsable.

**Artículo 40.-** Una vez integrado y foliado el expediente por la Unidad que conozca la Queja Médica y/o Solicitud de Reembolso, será remitido dentro de los 5 días hábiles siguientes al Subcomité o a las Subcomisiones, según corresponda, para la elaboración del proyecto de Dictamen, el cual será sometido a consideración de dichos Órganos Colegiados para la emisión del proyecto de Dictamen.

Una vez integrado el expediente por el área correspondiente, esta deberá remitir en un término de 5 días hábiles a quien lo requirió. Una vez que cuente con el proyecto de Dictamen respectivo, lo enviará en forma inmediata.

**Artículo 41.-** El Subcomité o las Subcomisiones a través de su Coordinador, emitirán y enviarán el proyecto de Dictamen de manera electrónica e impresa, en un plazo de 45 días hábiles, contados a partir de que recibe el expediente, al Comité o las Comisiones, según corresponda.

**Artículo 42.-** Los informes que rindan las Unidades Médicas involucradas deberán contener al menos, lo siguiente:

I. La reseña cronológica inversa y exhaustiva de los hechos según consten en el expediente, que deberá comprender cada una de las etapas de la atención brindada y el señalamiento del carácter o naturaleza de la constancia, la fecha, hora y el nombre del responsable de la realización y el de la anotación de la constancia de que se trate;

II. La identificación precisa de las notas médicas o de los servicios auxiliares, así como de los documentos institucionales que obren en el expediente, no legibles, no suscritos, sin fecha, sin hora, o que no cumplan con alguna o varias de las disposiciones de la Norma Oficial Mexicana NOM-004-SSA3-2012, del Expediente Clínico;

III. El señalamiento de la inexistencia en el expediente de notas médicas o de los servicios auxiliares y/o de los documentos que debieran constar en el expediente, y no se encuentren en éste, debiendo acreditar tales circunstancias con las documentales idóneas;

IV. La identificación del personal médico, auxiliar y administrativo involucrado en los hechos o en su caso, la ausencia de su constancia en el expediente;

V. La mención de las Guías de Práctica Clínica aplicables y en su caso, la referencia a la justificación de su inobservancia que obre en el expediente. En ningún caso podrá mencionarse justificación alguna que no conste por escrito y debidamente firmada en el expediente;

VI. La mención de los elementos y criterios aplicables de la buena praxis y, en su caso, la referencia a la justificación de su inobservancia que obre en el expediente. En ningún caso podrá mencionarse justificación alguna que no conste por escrito y debidamente firmada en el expediente;

VII. La reseña deberá ubicar en línea de tiempo los síntomas, la atención brindada y las disposiciones de las guías de práctica clínica, protocolos y lineamientos y criterios de la buena praxis aplicables y;

VIII. Los trámites y gestiones administrativas relacionadas con los hechos y los documentos del expediente.

Los informes no contendrán abreviaturas, tachaduras ni enmendaduras y los términos médicos se explicarán en lenguaje ciudadano, contendrán el nombre y firma de quien los formule, de quien los revise y autorice. Deberán acompañarse de los documentos que los sustenten.

**Artículo 43.-** Las Comisiones que conozcan de la Queja Médica y/o Solicitud de Reembolso, analizarán los informes y podrán solicitar su reelaboración, cuando estimen que no satisfacen los requisitos del artículo 42 de este Reglamento.

**Artículo 44.-** El Comité cuando conozca de la Queja Médica y/o Solicitud de Reembolso o del Recurso de Revisión, analizarán los informes y podrán solicitar su reelaboración, o solicitar información adicional, cuando estimen que no satisfacen los requisitos del artículo 42 de este Reglamento o lo consideren necesario.

**Artículo 45.-** Una vez que el Comité o Comisión cuente con la información necesaria, emitirá el Dictamen correspondiente dentro de la Sesión en que se someta a consideración, mismo que constará en el acta respectiva.

**Artículo 46.-** El procedimiento se resolverá dentro de los 115 días hábiles siguientes a la recepción del escrito inicial.

**Artículo 47.-** Una vez que se cuente con el acta de la Sesión de Comité o Comisión, debidamente formalizada, en la que se dictaminó el expediente, se procederá a emitir la determinación respectiva. misma que se notificará al promovente en un plazo no mayor de 10 días hábiles siguientes al de la fecha de su elaboración y formalización.

**Artículo 48.-** El procedimiento podrá ser resuelto en los siguientes sentidos:

I. No presentado, cuando la Queja Médica haya sido presentada fuera del plazo establecido en el artículo 34 de este Reglamento;

II. Desechado, cuando a la Queja Médica le falte alguno de los requisitos o documentos previstos en el artículo 36 de este Reglamento, no obstante haberse prevenido al Promovente para que subsanará tal omisión;

III. Improcedente, cuando no se acredite que existió Imposibilidad, Negativa de Servicio Médico, Deficiencia Médica o Administrativa en la prestación de los Servicios Médicos, y

IV. Procedente, cuando se acredite que existió Imposibilidad, Negativa de Servicio Médico, Deficiencia Médica y/o Administrativa en la prestación de los Servicios Médicos por parte del del (sic) Instituto.

El Comité o las Comisión (sic) podrán declararse incompetentes, cuando el asunto que sea sometido a su consideración no se encuentre previsto en los artículos 8 y 9 del presente Reglamento o cuando las pretensiones no sean acordes a lo previsto en esta normatividad, debiendo remitir el expediente a la Autoridad que se considere competente.

Cuando así proceda, la Resolución y/o Dictamen u Opinión Técnica deberá pronunciarse sobre el pago de Gastos Médicos Extrainstitucionales o Indemnización, así como de todas y cada una de las pretensiones solicitadas en el escrito de Queja Médica y/o Solicitud de Reembolso y, en su caso, dará vista al OICE.

**Artículo 49.-** El monto de los Gastos Médicos Extrainstitucionales a cubrir se determinará de acuerdo con los costos establecidos en el Tabulador vigente en la fecha en que ocurrieron los hechos, los conceptos no previstos en el mismo se deberán cubrir al 100% de su costo comercial, siempre y cuando tenga relación directa con el servicio prestado motivo de la queja y/o solicitud de reembolso, debiendo ser aprobados por el Comité o Comisión.

**Artículo 50.-** El Comité o Comisión determinará el monto a cubrir por Indemnización y/o reembolso de acuerdo con las disposiciones contenidas en la Ley Federal del Trabajo y el Código Civil Federal y/o aplicables y se pagará a quien acredite el interés jurídico conforme a la legislación aplicable.

**Artículo 51.-** La Resolución constará por escrito y contendrá al menos:

I. La mención del órgano que la emite;

II. La firma autógrafa del Presidente del Comité y en su caso de las Comisiones;

III. Fundamentación y motivación, se deberá mencionar expresamente tanto los razonamientos de carácter médico y jurídico, así como los documentos que la sustentan;

IV. Señalar el lugar y fecha de la emisión;

V. La mención de la oficina en que se encuentra y puede ser consultado el expediente respectivo;

VI. La mención de tratarse de un acto administrativo recurrible y del recurso que proceda;

VII. La decisión de todas las peticiones de la persona promovente y de oficio, de las cuestiones derivadas de éstas o de los hechos del expediente;

VIII. Cuando se establezca monto a Reembolsar o Indemnizar, deberá quedar debidamente establecido con cantidad en letra y número y;

IX. La transcripción integra del acuerdo aprobado en la Sesión correspondiente por los integrantes del Comité o las Comisiones.

**Artículo 52.-** Las notificaciones se realizarán con las formalidades previstas en la Ley Federal de Procedimiento Administrativo.

## CAPÍTULO NOVENO
## DE LAS QUEJAS PRESENTADAS ANTE CONAMED

**Artículo 53.-** El procedimiento se inicia ante el Instituto, con la presentación del oficio a través del cual informa la interposición de la Queja ante la Comisión Nacional de Arbitraje Médico (CONAMED), ante la Subdirección de Atención al Derechohabiente, mismo que deberá estar acompañado del escrito de presentación de Queja y toda la documentación que sirvió para el inicio de esta.

**Artículo 54.-** Los plazos de sustanciación del proceso se contarán a partir del día siguiente a la fecha de recepción del oficio a través del cual informa la interposición de la Queja ante la CONAMED, mismo que deberá integrarse en un término que no exceda de 85 días hábiles, hasta la remisión del dictamen respectivo.

Para el caso de advertir falta de información y/o documentación de la Queja Médica de la CONAMED, se hará el requerimiento de aquella; dicho plazo se interrumpirá y comenzará a computarse nuevamente a partir de que se subsane la omisión.

**Artículo 55.-** El escrito inicial de Queja presentada ante la CONAMED o de requerimiento de información, deberá contener los datos estipulados en el artículo 36 de este Reglamento.

**Artículo 56.-** La persona titular de la Jefatura de Servicios de Conciliación y Dictaminación de Quejas y Reembolsos, será quien dé seguimiento a través del Departamento competente de la Queja y/o Solicitud de Reembolso, debiendo registrar ésta y formulará las solicitudes o requerimientos de información y documentación procedentes para integrar el expediente respectivo, dentro del plazo señalado en el artículo 54 del presente Reglamento.

El plazo aludido en el párrafo que antecede incluye la remisión del expediente debidamente integrado, al Subcomité y Comité o Subcomisión y Comisión, según sea el caso.

**Artículo 57.-** La integración del expediente deberá incluir el informe rendido y debidamente suscrito por el personal del Instituto vinculado con la prestación de los servicios médicos materia de la Queja, copia simple del expediente clínico completo, así como estudios auxiliares de diagnóstico, incluido estudio histopatológico y las documentales administrativas que se encuentren relacionadas con los hechos de la Queja y/o Solicitud de Reembolso, cuando así lo determine necesario el Comité, Comisión, Subcomité o Subcomisión.

El informe rendido por el personal del Instituto vinculado con la prestación de los servicios médicos deberá cumplir con los requisitos establecidos en el artículo 42 de este Reglamento.

**Artículo 58.-** La Unidad que conozca de la Queja y Solicitud de Reembolso, solicitará a la Subdelegación Médica que corresponda, la elaboración y remisión de los informes dentro de los 20 días hábiles siguientes a la notificación de su requerimiento, los cuales deberán estar firmados por el responsable.

**Artículo 59.-** El expediente debidamente integrado deberá estar foliado, y será remitido en un término no mayor a 5 días hábiles al Subcomité o Subcomisión, ello en atención a la competencia establecida en los artículos 8 y 9 del presente Reglamento, a efecto de elaborar el Proyecto de Dictamen correspondiente, el cual será sometido a consideración del Órgano Colegiado para ser dictaminado.

**Artículo 60.-** El Subcomité o las Subcomisiones emitirán y enviarán el proyecto de Dictamen en un plazo de 20 días hábiles, contados a partir de que recibe el expediente, al Comité o las Comisiones, según corresponda, para que sea sometido a consideración el Proyecto de Dictamen y se emita el Dictamen correspondiente.

**Artículo 61.-** El Comité o las Comisiones que conozcan de la Queja y Solicitud de Reembolso, analizarán los informes y podrán solicitar su reelaboración o información adicional, cuando estimen que no satisfacen los requisitos del artículo 42 de este Reglamento o lo consideren necesario.

**Artículo 62.-** Una vez que el Comité o Comisión cuente con la información necesaria, emitirá el Dictamen correspondiente dentro de la Sesión en que se someta a consideración, mismo que constará en el acta respectiva.

Deberán sesionar, emitir y formalizar el Dictamen correspondiente dentro de los 25 días hábiles siguientes a la remisión de éste, enviando el mismo a la Subdirección de Atención al Derechohabiente quien es el representante legal ante ese organismo para continuar el trámite correspondiente ante la Autoridad ante quien se inició a la Queja y/o Solicitud de Reembolso.

**Artículo 63.-** Dentro de los 15 días hábiles siguientes se remitirá toda la información o en su caso el Dictamen ante la CONAMED, a efecto de que sea programada la Audiencia Conciliatoria.

**Artículo 64.-** El Dictamen emitido por el inicio de la Queja y Solicitud de Reembolso, se dará a conocer a la persona promovente dentro de la Audiencia Conciliatoria, que es programada por CONAMED, quedando debidamente enterado en dicho acto.

Contra el Dictamen, no procede el Recurso de Revisión previsto en este Reglamento.

## CAPÍTULO DÉCIMO
## DE LOS DICTÁMENES

**Artículo 65.-** El Dictamen que sea (sic) haga por las Comisiones o Comité, deberá contener, al menos lo siguiente:

I. Datos de identificación del expediente (nombre del promovente, nombre del paciente, número de expediente, sexo y edad del paciente);

II. Diagnóstico institucional;

III. Diagnóstico extrainstitucional;

IV. Unidad(es) médica(s) del Instituto involucrada(s);

V. Especialidad(es);

VI. Unidad(es) médica(s) extrainstitucional(es);

VII. Especialidad(es) de la Unidad médica extrainstitucional;

VIII. Resumen del escrito inicial de Queja;

IX. Presentación del caso médico;

X. Análisis del caso;

XI. Notas Relevantes (en caso de ser necesarias);

XII. Bibliografía;

XIII. Determinación de conformidad con el artículo 48 de este Reglamento y;

XIV. Firma del Presidente del Comité y en su caso, Comisión de Quejas Médicas que emita el Dictamen.

**Artículo 66.-** El Dictamen debidamente determinado por el Comité o Comisiones, deberán (sic) firmarse por duplicado.

## CAPÍTULO DÉCIMO PRIMERO
## DE LAS OPINIONES TÉCNICAS

**Artículo 67.-** El Comité emitirá Opiniones Técnicas sustentado su razonamiento conforme a la normatividad aplicable, analizando el proyecto emitido por el Subcomité, dentro de un plazo de 85 días hábiles posteriores al requerimiento que formule el OICE y/o la Dirección Jurídica.

**Artículo 68.-** La instancia que solicite una Opinión Técnica al Comité, remitirá los expedientes administrativos integrados tanto por los expedientes clínicos de las unidades involucradas que brindaron la atención médica, así como por los informes del personal médico y administrativo relacionado con dicha atención.

**Artículo 69.-** En el caso de que se requiera información y documentación adicional, para estar en condiciones de emitir la Opinión Técnica, se interrumpirán los plazos, hasta en tanto sea recibida la misma.

**Artículo 70.-** El Comité emitirá Opinión Técnica con relación a las Quejas presentadas ante la CNDH, para analizar la atención médica que se brindó y determinar el daño físico del Instituto y en su caso, aprobar el monto por concepto de indemnización, aplicando el principio pro persona.

**Artículo 71.-** En los casos en que la CNDH emita una Propuesta de Conciliación o una Recomendación al Instituto, una vez aceptada se presentará al Comité para que se determine y apruebe el monto por concepto de indemnización por daño físico del Instituto.

## CAPÍTULO DÉCIMO SEGUNDO
## FIN DE LOS PROCEDIMIENTOS

**Artículo 72.-** Ponen fin a los procedimientos previstos en el presente Reglamento:

I. La resolución que no haya sido recurrida a través de los medios legales establecidos;

II. El desistimiento del Quejoso o Agraviado, por escrito;

III. Cuando así lo determine la Autoridad ante quien se inició el mismo;

IV. La declaración de caducidad;

V. La imposibilidad material para continuarlo, por causas no imputables al Instituto y;

VI. Por audiencia de conciliación celebrado ante CONAMED.

**Artículo 73.-** En las Quejas Médicas y/o Solicitudes de Reembolso, iniciados a instancia del interesado ante el Instituto, cuando se produzca su inactividad por causas imputables al promovente, la persona titular que conozca del expediente, le advertirá que, transcurridos seis meses, se producirá la caducidad de este, debiendo remitir la información que le sea requerida para la debida conclusión de su solicitud. Si transcurrido dicho plazo sin que el interesado requerido realice las acciones necesarias para reanudar su tramitación, el Presidente del Comité acordara el archivo de las actuaciones, notificando al interesado.

La caducidad por sí misma, no producirá la prescripción de las acciones del particular, pero las solicitudes acordadas como caducadas no suspenden ni interrumpen el plazo previsto en el artículo 34 de este Reglamento.

## CAPÍTULO DÉCIMO TERCERO
## DEL RECURSO DE REVISIÓN

**Artículo 74.-** Corresponde al Comité resolver el Recurso de Revisión que se interponga contra las resoluciones emitidas en el Procedimiento de Queja Médica y/o Solicitud de Reembolso por gastos médicos extrainstitucionales derivados de la imposibilidad, negativa, deficiencia médica o administrativa en la prestación de los servicios de salud.

**Artículo 75.-** El Recurso de Revisión se presentará por escrito en la Unidad que haya conocido del asunto, dentro de los 10 días hábiles siguientes al de la notificación de la Resolución impugnada. En caso contrario se seguirá lo señalado en el artículo 34 del presente Reglamento.

**Artículo 76.-** La Unidad que reciba el Recurso de Revisión, lo remitirá a la Subdirección de Atención al Derechohabiente dentro de los 5 días hábiles siguientes, con el expediente debidamente integrado.

**Artículo 77.-** El Recurso de Revisión deberá contener los siguientes requisitos:

I. Nombre de la persona promovente a que se refiere el artículo 30 de este Reglamento y, en su caso, de su representante y de las personas acreditadas para los efectos del último párrafo del artículo 31 de esta normativa;

II. En su caso, documento que acredite la representación con que se actúa, en los términos señalados en el presente reglamento;

III. Domicilio y correo electrónico para oír y recibir notificaciones y número de teléfono fijo o celular en que pueda ser localizado;

IV. Copia de la identificación oficial de la persona promovente;

V. Argumentos que sustenten la presentación del Recurso de Revisión, así como la documentación soporte que estime pertinente, y

VI. La firma autógrafa de la persona promovente a que se refiere el artículo 30 de este Reglamento o de quien actúa por el mismo, o su huella dactilar, en caso de que éstos no puedan o no sepan firmar.

**Artículo 78.-** El Recurso podrá ser desechado sin analizar el fondo del asunto, en los siguientes casos:

I. Cuando se presenta fuera del plazo previsto en el artículo 76 del Reglamento.

II. Cuando carezca de los requisitos previstos en las fracciones II, V y VI del artículo 78 de este Reglamento.

**Artículo 79.-** El Recurso se resolverá en los siguientes sentidos:

I. Confirmar el acto impugnado, cuando no se desprendan argumentos que impliquen la revocación o modificación de la Resolución de la Queja Médica y/o Solicitud de Reembolso;

II. Revocar el acto impugnado, cuando de la integración del expediente se desprendan elementos que impliquen el cambio en el sentido de la Resolución recurrida, o

III. Modificar el acto impugnado, cuando de la integración del expediente se desprendan elementos que impliquen la modificación parcial del sentido de la Resolución recurrida.

La Resolución que emita el Comité deberá apegarse a lo señalado en el artículo 51 del Reglamento.

**Artículo 80.-** La Resolución del Recurso deberá emitirse dentro de los 45 días hábiles siguientes a su interposición y se notificará al promovente dentro de los 10 días hábiles siguientes a su elaboración y formalización, en los términos del artículo 52 de este Reglamento.

## TRANSITORIOS

**Primero.-** El presente Reglamento entrará en vigor al día siguiente de su publicación en el Diario Oficial de la Federación.

**Segundo.-** Se abroga el Reglamento de Quejas Médicas y Solicitudes de Reembolso del Instituto de Seguridad y Servicios Sociales de los Trabajadores del Estado, aprobado mediante Acuerdo 38.1357.2017 de la Junta Directiva, publicado en el Diario Oficial de la Federación el 28 de abril de 2017.

**Tercero.-** Las Quejas Médicas, las Solicitudes de Reembolso y los Recursos de Reconsideración que se encuentren en trámite a la fecha de entrada en vigor de este Reglamento, serán sustanciados y resueltos por el Comité o las Comisiones según corresponda y deberán resolverse conforme a la normatividad vigente al momento de su presentación.

**Cuarto.-** El Instituto expedirá el Manual de Integración y Funcionamiento que regule al Comité, Subcomité, Comisiones y Subcomisiones de Quejas Médicas y Solicitudes de Reembolso del ISSSTE, en un término no mayor a 180 días, a partir de la entrada en vigor del Reglamento.

**Quinto.-** Se derogan todas las disposiciones que se opongan al presente Decreto.

Lo que me permito hacer de su conocimiento, para los efectos legales procedentes.

Atentamente Ciudad de México, 20 de junio de 2024.

La Secretaria(o) de la Junta Directiva de conformidad con el artículo 17 del Estatuto Orgánico del Instituto de Seguridad y Servicios Sociales de los Trabajadores del Estado, publicado en el Diario Oficial de la Federación el seis de enero de 2023. Rúbrica.

Elaboró

Lic. Cinthya Monserrat Rojas Noguez
Jefa de Departamento de Dictaminación de Reembolsos

Revisó

Mtro. Noé Meneses Valencia
Jefe de Servicios de Conciliación y Dictaminación de Quejas y Reembolsos

Aprobó

Dra. Laura Esther Muy Roldán
Subdirectora de Atención al Derechohabiente

# Reglamento de los servicios de atención para el bienestar y desarrollo infantil del Instituto de Seguridad y Servicios Sociales de los Trabajadores del Estado

**ACUERDO 44.1331.2012** de la Junta Directiva, a través del cual se aprueba el Reglamento de los Servicios de Atención para el Bienestar y Desarrollo Infantil del Instituto de Seguridad y Servicios Sociales de los Trabajadores del Estado.

Al margen un sello con el Escudo Nacional, que dice: Estados Unidos Mexicanos. Instituto de Seguridad y Servicios Sociales de los Trabajadores del Estado. Secretaría de la Junta Directiva. SG/SJD/205/2012.

**ACUERDO 44.1331.2012**
LIC. SERGIO HIDALGO MONROY PORTILLO
Director General del Instituto. Presente.

En sesión celebrada por la Junta Directiva el día de hoy, al tratarse lo relativo a la aprobación del Reglamento de los Servicios de Atención para el Bienestar y Desarrollo Infantil del ISSSTE, se tomó el siguiente:

ACUERDO 44.1331.2012. "La Junta Directiva, con fundamento en los artículos 214, fracciones VI y XX de la Ley del ISSSTE, aprueba el Reglamento de los Servicios de Atención para el Bienestar y Desarrollo Infantil del Instituto de Seguridad y Servicios Sociales de los Trabajadores del Estado.

## REGLAMENTO DE LOS SERVICIOS DE ATENCIÓN PARA EL BIENESTAR Y DESARROLLO INFANTIL DEL INSTITUTO DE SEGURIDAD Y SERVICIOS SOCIALES DE LOS TRABAJADORES DEL ESTADO

### CAPÍTULO PRIMERO
### DE LAS DISPOSICIONES GENERALES

**Artículo 1.** El presente Reglamento tiene como objeto regular los servicios de atención para el bienestar y desarrollo infantil de conformidad con lo previsto en los artículos 123, apartado B, fracción XI, inciso c) de la Constitución Política de los Estados Unidos Mexicanos y 4, fracción III, inciso d), 196, fracción IV, y 199 de la Ley del Instituto de Seguridad y Servicios Sociales de los Trabajadores del Estado y demás disposiciones jurídicas aplicables.

**Artículo 2.** Para los efectos de presente Reglamento se entenderá por:

**I. Capacidad Instalada.** El número de Niños y Niñas que se atenderán de acuerdo al espacio físico disponible, mediante estudio de parámetros Infantes/área, en términos de las disposiciones jurídicas aplicables;

**II. Capacidad Operativa.** El número de Niños y Niñas que atenderá la Estancia o Estancia Contratada considerando el personal disponible y el presupuesto asignado, en términos de las disposiciones jurídicas aplicables;

**III. Capacidad Técnica.** La infraestructura y recursos humanos especializados para la atención específica de Niños y Niñas con limitaciones físicas, mentales, intelectuales o sensoriales, ya sea de naturaleza permanente o temporal;

**IV. Ciclo de Servicio.** El periodo establecido por el Instituto para el otorgamiento del Servicio que comprende de los meses de agosto de un año, al mes de julio del siguiente año;

**V. Costo Unitario Anual.** El monto anual establecido por la Junta Directiva, correspondiente a la atención de un Niño o Niña en el Servicio;

**VI. Delegaciones.** Las Delegaciones Estatales o Regionales del Instituto;

**VII. Dirección de Prestaciones.** La Dirección de Prestaciones Económicas, Sociales y Culturales del Instituto;

**VIII. Director o Directora.** El o la titular de la Estancia o de las Estancias Contratadas;

**IX. Equipo Interdisciplinario.** El integrado por el Director o la Directora, y un especialista en las siguientes especialidades: medicina, psicología, trabajo social, odontología, pedagogía y nutrición que formarán parte de la Estancia;

**X. Estancia.** La Estancia para el Bienestar y Desarrollo Infantil del Instituto;

**XI. Estancia Contratada.** Las instituciones públicas o privadas con las que el Instituto contrate o convenga para atender la demanda del Servicio;

**XII. Evaluación Diagnóstica.** La constancia médica expedida por el o la médico especialista del Instituto, que precise el estado general de salud, tipo y grado de limitaciones físicas, mentales, intelectuales o sensoriales, ya sea de naturaleza permanente o temporal, que limita la capacidad de ejercer una o más actividades esenciales de la vida diaria, así como las necesidades especiales que deberán satisfacérseles para su atención;

**XIII. Infantes.** Los Niños y las Niñas, en conjunto, a que se refiere la fracción XVI de este artículo;

**XIV. Instituto.** El Instituto de Seguridad y Servicios Sociales de los Trabajadores del Estado;

**XV. Ley.** La Ley del Instituto de Seguridad y Servicios Sociales de los Trabajadores del Estado;

**XVI. Niños o Niñas.** Las personas desde los sesenta días hasta los seis años de edad, que reciben el servicio de atención para el bienestar y desarrollo infantil a que se refiere la Ley del Instituto de Seguridad y Servicios Sociales de los Trabajadores del Estado;

**XVII. Personal.** Los trabajadores de las Estancias y de las Estancias Contratadas;

**XVIII. Personas Autorizadas.** Las personas, mayores de edad, designadas por la Persona Beneficiaria para entregar o recoger al Niño o a la Niña en la Estancia o en la Estancia Contratada;

**XIX. Personas Beneficiarias.** Las madres trabajadoras y, por excepción, los padres trabajadores que se hayan divorciado, queden viudos o que por cualquier otra circunstancia tengan a su exclusivo cargo la custodia legal del Niño o la Niña, siempre que lo acrediten en términos de las disposiciones jurídicas aplicables;

**XX. Reglamento.** El Reglamento de los Servicios de Atención para el Bienestar y Desarrollo Infantil del Instituto de Seguridad y Servicios Sociales de los Trabajadores del Estado;

**XXI. SEP.** La Secretaría de Educación Pública;

**XXII. Servicio.** Los servicios de atención para el bienestar y desarrollo infantil a que se refiere la Ley, y

**XXIII. Servicios a través de Organizaciones de la Sociedad Civil.** Los que se prestan a través de las instituciones privadas con las que el Instituto contrate o convenga para atender a Niños y Niñas con deficiencias físicas, mentales, intelectuales o sensoriales, ya sea de naturaleza permanente o temporal, dichas instituciones deberán cumplir con los criterios establecidos en los Lineamientos que, con la participación del Consejo Nacional para el Desarrollo y la Inclusión de las Personas con Discapacidad, emita la Dirección de Prestaciones.

**Artículo 3.** La interpretación de las disposiciones del presente Reglamento corresponde a la Dirección Jurídica del Instituto, en términos del Estatuto Orgánico del Instituto.

## CAPÍTULO SEGUNDO
### DE LA PRESTACIÓN DEL SERVICIO DE ATENCIÓN PARA EL BIENESTAR Y DESARROLLO INFANTIL SECCIÓN PRIMERA DEL SERVICIO DE ESTANCIAS

**Artículo 4.** El Instituto prestará el Servicio a través de la Estancia, Estancia Contratada y Servicios a través de Organizaciones de la Sociedad Civil, a fin de brindar una formación integral enmarcada en un sistema inclusivo e igualitario, que salvaguarde en todo momento el interés superior de los Niños y las Niñas.

El Servicio se basa en el espíritu de corresponsabilidad con las Personas Beneficiarias para lograr el máximo desarrollo social, psicológico, físico y emocional de los Niños y las Niñas, bajo un ambiente de inclusión, equidad y respeto pleno al crecimiento armónico de la persona.

**Artículo 5.** La Dirección de Prestaciones organizará, administrará y controlará el Fondo de Servicios Sociales y Culturales, organizando y supervisando los programas y servicios de la Estancia y Estancia Contratada. Las Organizaciones de la Sociedad Civil a que se refiere este Reglamento operarán conforme a su normatividad interna.

La Dirección de Prestaciones, conjuntamente con la Tesorería General del Instituto, darán a conocer a las dependencias y entidades afiliadas el costo de atención de los Niños y las Niñas de sus trabajadores que hagan uso del Servicio, con base en el Costo Unitario Anual; asimismo, les solicitarán el pago correspondiente, acompañándoles la relación de los Niños y Niñas inscritos en las Estancias, Estancias Contratadas y Organizaciones de la Sociedad Civil que presten el Servicio.

**Artículo 6.** Corresponde a las Delegaciones la supervisión del adecuado funcionamiento de la Estancia y Estancia Contratada de conformidad con lo que establece el Reglamento y demás disposiciones jurídicas aplicables, así como vigilar el cumplimiento de los lineamientos correspondientes de los servicios proporcionados a través de Organizaciones de la Sociedad Civil.

**Artículo 7.** La planeación, coordinación y ejecución de los programas de protección civil en la Estancia, será responsabilidad de los Consejos Desconcentrados de Protección Civil del Instituto, de conformidad con lo establecido en el Reglamento Orgánico de las Delegaciones Estatales y Regionales del Instituto, la Ley General de los Servicios de Atención, Cuidado y Desarrollo Integral Infantil, el Reglamento de la Ley General de los Servicios de Atención, Cuidado y Desarrollo Integral Infantil, la Norma Oficial Mexicana NOM-032-SSA3-2010, el Programa Interno de Protección Civil y demás disposiciones jurídicas aplicables.

**Artículo 8.** La Delegación programará un periodo anual de diez días hábiles en los meses de julio y agosto, para llevar a cabo las labores de mantenimiento y conservación de los inmuebles, inclusive respecto de los aspectos de accesibilidad de los mismos y aplicación de acciones preventivas de protección civil, de acuerdo con los recursos financieros que se destinen para estos propósitos. Durante este periodo se suspenderá escalonadamente el Servicio.

**Artículo 9.** La Delegación calendarizará y aplicará un programa de visitas de supervisión y orientación para la Estancia y Estancia Contratada en las cuales se verificará el cumplimiento de las disposiciones jurídicas aplicables.

Derivado del resultado de las visitas a que se refiere el párrafo anterior, la Delegación deberá elaborar programas preventivos y correctivos, detallando compromisos y fechas para que la Estancia y Estancia Contratada les den cumplimiento.

**Artículo 10.** El Servicio se prestará en las secciones siguientes:

**I.** Lactantes: Para Niños y Niñas desde sesenta días de nacidos hasta un año seis meses y veintinueve días;

**II.** Maternales: Para Niños y Niñas desde un año siete meses hasta dos años once meses y veintinueve días, y

**III.** Preescolares: Para Niños y Niñas desde tres años hasta que cumplan seis años de edad o concluyan el Ciclo de Servicio que cursen al cumplir esta última edad.

**Artículo 11.** El Servicio se proporcionará:

**I.** De acuerdo a la Capacidad Operativa e Instalada con la que disponga cada Estancia y Estancia Contratada;

**II.** De acuerdo con los recursos financieros que se destinen para el funcionamiento de la Estancia y Estancia Contratada, en los términos previstos en el Reglamento, y

**III.** Dentro de los días y horarios establecidos por la Dirección de Prestaciones.

**Artículo 12.** Cuando el Niño o la Niña cumpla seis años de edad antes de que culmine el Ciclo de Servicio, la Persona Beneficiaria podrá optar por continuar con el Servicio hasta que termine dicho ciclo, para lo cual a partir de la quincena siguiente, deberá efectuar el pago de extensión del Servicio, mismo que será equivalente al 25% del Costo Unitario Anual que corresponda proporcionalmente al tiempo que reste para la conclusión del Ciclo de Servicio, mediante ministraciones quincenales ininterrumpidas ante las Delegaciones. Dicho pago deberá realizarse de manera anticipada y durante los tres primeros días hábiles de cada quincena.

Cuando la Persona Beneficiaria haya dejado de estar incorporado al régimen de la Ley por renuncia, cese o licencia sin goce de sueldo, podrá optar por continuar con el Servicio hasta que termine dicho ciclo, para lo cual a partir de la quincena siguiente, deberá cubrir el cien por ciento del Costo Unitario Anual que corresponda proporcionalmente al tiempo que reste para la conclusión del Ciclo de Servicio, mediante ministraciones quincenales ininterrumpidas ante las Delegaciones. Dicho pago deberá realizarse de manera anticipada y durante los tres primeros días hábiles de cada quincena.

### SECCIÓN SEGUNDA
### DE LA INSCRIPCIÓN

**Artículo 13.** Las Personas Beneficiarias podrán recibir la solicitud de ingreso en la Delegación, la Estancia o Estancia Contratada, para su requisición, independientemente de la ubicación de su domicilio.

**Artículo 14.** Las Personas Beneficiarias deberán presentar ante la Delegación, Estancia o Estancia Contratada, en razón de su domicilio o ubicación de su centro de trabajo, la solicitud de ingreso del Niño o de la Niña acompañada de la siguiente documentación en original y copia simple para su cotejo:

**I.** Acta de nacimiento del Niño o de la Niña;

**II.** Constancia de vigencia de derechos;

**III.** Constancia médica del Niño o de la Niña expedida por el Instituto dentro de los treinta días naturales anteriores. En el supuesto de que el Niño o la Niña presente una discapacidad, deberá presentar una Evaluación Diagnóstica, y

**IV.** Documento que acredite que la Persona Beneficiaria tiene a su cargo la custodia legal del Niño o de la Niña, cuando se trate de los padres trabajadores a que se refiere el artículo 2, fracción XIX de este Reglamento.

Cuando las Personas Beneficiarias presenten la documentación a que se refiere este artículo en la Estancia o Estancia Contratada, ésta deberá informarlo a la Delegación en un plazo máximo de dos días hábiles a partir de su recepción.

**Artículo 15.** Recibida la solicitud a que se refiere el artículo que antecede, la Delegación o, en su caso, la Estancia o Estancia Contratada deberá informar por escrito en un plazo no mayor a 24 horas a la Persona Beneficiaria si cuenta con la Capacidad Operativa en la sección que solicita. En caso contrario, la Delegación informará por escrito en un término igual la posibilidad de que se le proporcione el Servicio en otra Estancia o Estancia Contratada.

En caso de que la Estancia o Estancia Contratada no cuente con capacidad Operativa para atender la solicitud de ingreso de que se trate, las Personas Beneficiarias podrán optar por ser registrados en una lista de espera a la que la Delegación le dará seguimiento cronológico. Cuando exista lugar en la sección solicitada se informará inmediatamente a la Persona Beneficiaria para que realice los trámites de inscripción.

Una vez aceptada la solicitud de ingreso, la Persona Beneficiaria deberá iniciar los trámites correspondientes ante la Estancia o Estancia Contratada según corresponda.

**Artículo 16.** Para la inscripción del Niño o la Niña, la Persona Beneficiaria deberá entregar en la Estancia o Estancia Contratada, original y copia para su cotejo de los siguientes documentos:

**I.** Identificación oficial vigente con fotografía;

**II.** Clave Única de Registro de Población del Niño o la Niña y de la Persona Beneficiaria;

**III.** Constancia actualizada de trabajo expedida por el área de recursos humanos de la Dependencia o Entidad en donde preste sus servicios, la cual deberá contener:

**a)** Jornada laboral, y

**b)** Periodo vacacional;

**IV.** Cartilla Nacional de Vacunación del Niño o la Niña, con esquema actualizado de acuerdo a su edad;

**V.** Designación por escrito de dos Personas Autorizadas, que contenga los domicilios y números telefónicos para su localización;

**VI.** Cuatro fotografías recientes tamaño infantil del Niño o la Niña, tres de la Persona Beneficiaria y tres de cada una de las Personas Autorizadas, a fin de integrar el expediente respectivo y expedir las credenciales de identificación correspondientes;

**VII.** Análisis de laboratorio del Niño o a la Niña practicados dentro de los treinta días anteriores a su presentación, con los resultados siguientes:

**a)** Exudado faríngeo con resultado de flora normal;

**b)** Examen general de orina con resultado normal, y

**c)** Estudio coproparasitoscópico en serie de tres, con resultado negativo.

En caso de que los resultados de los análisis de laboratorio no cumplan con los parámetros previstos en los incisos anteriores, la Persona Beneficiaria tendrá la responsabilidad de que el Niño o la Niña reciba tratamiento y, posterior a éste, realizarlos nuevamente hasta que los resultados sean los previstos en la presente fracción. Asimismo, los citados análisis se deberán realizar en forma anual para efectos de reinscripción;

**VIII.** En el supuesto de que el Niño o la Niña presente alguna enfermedad que requiera de tratamiento médico, la constancia médica y los documentos que avalen su atención. Tratándose de los Niños o las Niñas con discapacidad, la Persona Beneficiaria deberá presentar la Evaluación Diagnóstica, y

**IX.** Carta responsiva donde manifieste que la documentación, datos e información proporcionada es real, exacta y verdadera.

En caso de que la Persona Beneficiaria omita alguno de los documentos a que se refiere este artículo será prevenido para que lo entregue en un término de dos días hábiles a partir de que inicie los trámites de inscripción.

La Delegación podrá ordenar la verificación de cualquier Evaluación Diagnóstica que emita el o la médico especialista del Instituto cuando lo estime pertinente.

**Artículo 17.** Una vez que la Persona Beneficiaria entregue la documentación que señala el artículo anterior, el Director o la Directora deberá realizar las siguientes acciones:

**I.** Indicar la fecha en que la Persona Beneficiaria deberá presentarse para realizar las entrevistas con los integrantes del Equipo Interdisciplinario, las cuales se efectuarán dentro de los diez días hábiles siguientes;

**II.** Informar a la Persona Beneficiaria la obligación de presentar al Niño o la Niña en la Estancia o Estancia Contratada en la fecha y hora señalada;

**III.** Comunicar a la Persona Beneficiaria que en caso de que el Niño o la Niña presente signos de enfermedad diagnosticada por el o la médico tratante o especialista del Instituto que puedan poner en riesgo la salud de los demás, y que se mencionan en los artículos 19 y 27 del presente Reglamento, será causa de acuerdo a la gravedad del caso, para posponer la inscripción del Niño o la Niña, hasta que se diagnostique su alta;

**IV.** Dar a conocer a la Persona Beneficiaria el Reglamento y las directrices que rigen a la Estancia, Estancia Contratada o el servicio a través de Organizaciones de la Sociedad Civil, así como la importancia de su cumplimiento y participación en las acciones contempladas dentro de los programas de la misma, y

**V.** Proporcionar a la Persona Beneficiaria la lista de los artículos de uso personal y material didáctico que será necesario entregar en la Estancia o Estancia Contratada al momento de la inscripción, anualmente y/o en la fecha en que se indique.

**Artículo 18.** Serán causas para posponer la inscripción de un Niño o Niña las siguientes:

**I.** Presentar, a juicio del o de la médico de la Estancia o Estancia Contratada, signos y síntomas de enfermedad infectocontagiosa u otras condiciones de salud que puedan poner en riesgo su integridad o la salud de los demás, y

**II.** No atender las indicaciones que instruya cualquier integrante del Equipo Interdisciplinario respecto del Niño o a la Niña.

La constancia médica del Niño o de la Niña que diagnostique patología congénita o metabólica deberá ser expedida por un o una médico especialista del Instituto.

**Artículo 19.** Cuando los resultados de las entrevistas médica y psicológica requeridas no presenten un impedimento de salud para inscribir al Niño o a la Niña en la Estancia o Estancia Contratada, la Persona Beneficiaria deberá entregar la siguiente documentación:

**I.** Escrito en el cual autorice que se practiquen curaciones o se traslade al Niño o a la Niña a una unidad médica u hospital en caso necesario;

**II.** Carta que deslinde de responsabilidad a la Estancia o Estancia Contratada en el caso de que el Niño o la Niña se encuentre bajo control médico en virtud de algún padecimiento o sujeto a tratamiento o tratándose de Niños o Niñas con discapacidad, que se encuentra bajo habilitación, rehabilitación o control o tratamiento médico;

**III.** Escrito en el que manifieste que ha recibido la información sobre las condiciones del Servicio, en los términos previstos en el Reglamento, y

**IV.** Carta responsiva donde manifieste que la documentación, datos e información proporcionada es real, exacta y verdadera.

**Artículo 20.** El Director o la Directora notificará a la Persona Beneficiaria por escrito la aceptación o rechazo de la inscripción al Servicio, señalando las causas específicas y su fundamento. En el caso de las Organizaciones de la Sociedad Civil, la notificación la realizará la Delegación correspondiente.

**Artículo 21.** El Director o la Directora verificará que en la Estancia o Estancia Contratada se integre y custodie el expediente con la documentación que respalde la inscripción.

### SECCIÓN TERCERA
### DE LA REINSCRIPCIÓN

**Artículo 22.** La solicitud de reinscripción del Niño o de la Niña se realizará a partir del mes de abril de cada año, a fin de que se continúe brindando el Servicio a la Persona Beneficiaria en el próximo Ciclo de Servicio.

La Persona Beneficiaria deberá entregar a la Estancia o Estancia Contratada, a más tardar el 30 de junio de cada año, lo siguiente:

**I.** Resultados de los análisis de laboratorio que se deben practicar al Niño o a la Niña de conformidad con lo previsto en el artículo 16, fracción VII de este Reglamento;

**II.** Tres fotografías recientes tamaño infantil del Niño o de la Niña, tres de la Persona Beneficiaria y tres de cada una de las Personas Autorizadas. En caso de que la Persona Beneficiaria decida modificar a las Personas Autorizadas, deberá cubrir nuevamente los requisitos que para la designación de las mismas prevé este Reglamento;

**III.** Constancia actualizada de trabajo que incluya los requisitos que se especifican en el artículo 16, fracción III de este Reglamento;

**IV.** Información que sea solicitada por el Equipo Interdisciplinario, y

**V.** Carta responsiva donde manifieste que la documentación, datos e información proporcionada es real, exacta y verdadera.

## SECCIÓN CUARTA
## DE LA RECEPCIÓN, ATENCIÓN Y ENTREGA DEL NIÑO O LA NIÑA

**Artículo 23.** La recepción y entrega del Niño o de la Niña en la Estancia o Estancia Contratada será:

**I.** Recepción entre las 7:00 y 8:00 horas, y

**II.** Entrega de conformidad con el horario establecido por la Delegación.

**Artículo 24.** El Equipo Interdisciplinario encargado de recibir al Niño o a la Niña en la Estancia o Estancia Contratada deberá verificar que:

**I.** Se presente en el horario establecido;

**II.** Se entregue por la Persona Beneficiaria o Personas Autorizadas, y

**III.** Se presente la credencial de identificación del Niño o de la Niña expedida por la Estancia o Estancia Contratada.

**Artículo 25.** La admisión del Niño o de la Niña en la Estancia o Estancia Contratada será a través de un filtro clínico que deberá realizar el Director o la Directora, el o la médico o el enfermero o la enfermera de la Estancia o Estancia Contratada, con apoyo de los demás miembros del Equipo Interdisciplinario indistintamente, verificando en el Niño o la Niña:

**I.** El estado de salud;

**II.** El informe del estado de salud durante las doce horas anteriores, proporcionado por la Persona Beneficiaria o Persona Autorizada, y

**III.** Se encuentre aseado, es decir, bañado, peinado, con ropa limpia, uñas cortas, aseo bucal, entre otros puntos.

La Persona Beneficiaria o Personas Autorizadas deberán asegurarse que el Niño o la Niña no lleve consigo alimentos, juguetes, joyería, celulares, dinero, broches para el cabello, diademas, pasadores, cinturones o cualquier otro objeto que pueda causar alguna lesión en ellos. Los Niños o Niñas con discapacidad podrán llevar consigo los objetos que autorice el o la médico de la Estancia o Estancia Contratada.

**Artículo 26.** El o la médico de la Estancia o Estancia Contratada extenderá una constancia de suspensión temporal del Niño o Niña cuando, al practicar el filtro clínico, se detecten síntomas a través de los cuales se presuma la existencia de alguna enfermedad que constituya riesgo para la salud de los demás. La constancia se entregará a la Persona Beneficiaria o Personas Autorizadas para que sea presentada a la Clínica de Medicina Familiar que le corresponda.

Los síntomas a que se refiere el presente artículo son:

**I.** Fiebre;

**II.** Infección de vías aéreas superiores;

**III.** Micosis;

**IV.** Otitis;

**V.** Conjuntivitis;

**VI.** Gastroenteritis;

**VII.** Parasitosis, aún durante el tratamiento;

**VIII.** Enfermedades infecto contagiosas;

**IX.** Dermatitis infectada;

**X.** Pediculosis, hasta que se desparasite;

**XI.** Bronquitis, y

**XII.** Otras condiciones de salud que pongan en riesgo su integridad.

Para que el Niño o Niña pueda ser recibido nuevamente en la Estancia o Estancia Contratada se requiere la autorización del o de la médico adscrito a la misma con el visto bueno del Director o de la Directora, la cual deberá tener como justificación la recuperación de la salud o la presentación de la constancia de tratamiento, salvo los casos previstos en las fracciones VII y X de este artículo, en la que se acredite que el Niño o Niña se encuentra bajo control médico y no representa ningún riesgo para él o para los demás.

**Artículo 27.** El o la médico o el enfermero o la enfermera de la Estancia o Estancia Contratada no están autorizados a ministrar medicamentos controlados, calmantes, inyecciones, vacunas, supositorios, gotas óticas u oftálmicas, así como medicamentos homeopáticos.

En caso de que sea necesario ministrar algún medicamento al Niño o la Niña durante su permanencia en la Estancia o Estancia Contratada, la Persona Beneficiaria deberá registrar en la libreta de control de medicamentos los datos que se le solicitan y presentar al Personal del área médica lo siguiente:

**I.** Original o copia simple de la receta médica con nombre del Niño o la Niña, del medicamento y las indicaciones para su ministración, expedida dentro de los diez días anteriores a su presentación, que deberá contener nombre, clave o número de cédula profesional y firma del o de la médico responsable;

**II.** Medicamentos en los que se anote el nombre del Niño o de la Niña, la sección en la que se le atiende, dosis y horarios de ministración, y

**III.** Carta responsiva donde manifieste que la documentación, datos e información proporcionada es real, exacta y verdadera.

Será causa de no admisión del Niño o de la Niña por ese día, la falta de presentación de la receta médica para la ministración de medicamentos.

**Artículo 28.** El Director o la Directora dará aviso de inmediato a la Persona Beneficiaria así como a la Delegación y, en su caso, instrumentará un acta circunstanciada de hechos cuando durante la permanencia del Niño o la Niña en la Estancia o Estancia Contratada suceda alguno de los eventos siguientes:

**I.** Se accidente;

**II.** Presente algún padecimiento o síntoma de enfermedad, o

**III.** Presente evidencia de maltrato físico, emocional o ambos.

En los casos previstos en las fracciones I y II del presente artículo, el o la médico o el enfermero o la enfermera de la Estancia o Estancia Contratada valorarán el estado de salud del Niño o la Niña y, si el caso lo amerita, se trasladará al servicio de urgencias del hospital más cercano, acompañándolo hasta que llegue la Persona Beneficiaria o Personas Autorizadas.

En el supuesto a que se refiere la fracción III del presente artículo, el Director solicitará al o a la médico de la Estancia o Estancia Contratada, o algún integrante del Equipo Interdisciplinario, que obtengan de la Persona Beneficiaria la información necesaria respecto a lo observado y determinará las acciones conducentes, según su origen.

**Artículo 29.** La madre del Niño o de la Niña menor de seis meses de edad tendrá acceso a la sección de lactantes para amamantarlo, atendiendo las medidas de seguridad e higiene de la Estancia o Estancia Contratada.

**Artículo 30.** Las actividades que el Personal realice con los Niños o las Niñas se llevarán a cabo de acuerdo a las disposiciones jurídicas aplicables, incluyendo las relativas al trato igualitario, dentro de las instalaciones de la Estancia o de la Estancia Contratada.

**Artículo 31.** Después de la recepción de los Niños o las Niñas, la Estancia o Estancia Contratada deberán mantener cerradas todas las puertas de acceso.

La Estancia o Estancia Contratada podrá permitir el acceso a personas ajenas al Servicio, quienes deberán contar con la autorización del Director, presentando identificación oficial vigente con fotografía, así como registrar su acceso en la libreta correspondiente, justificando el motivo de la visita.

**Artículo 32.** La Persona Beneficiaria o Persona Autorizada deberá recoger al Niño o la Niña dentro del horario establecido. En caso de que no se presente oportunamente el Personal dará una tolerancia de diez minutos y posteriormente se procederá a localizar, vía telefónica, a la Persona Beneficiaria o Personas Autorizadas.

**Artículo 33.** Para la entrega del Niño o la Niña, la Persona Beneficiaria o Personas Autorizadas no deberán presentarse en estado de ebriedad o bajo el influjo de droga, enervante o sustancias de carácter tóxico. Cuando se observe que la Persona Beneficiaria o Persona Autorizada no se encuentre en óptimas condiciones de salud y ello pudiera poner en riesgo al Niño o a la Niña se buscará a otra Persona Autorizada.

**Artículo 34.** En caso de que el Niño o la Niña no sea recogido dentro del horario establecido deberá permanecer en la Estancia o Estancia Contratada bajo la responsabilidad del Director, de la Directora o un integrante del Equipo Interdisciplinario que se designe.

Al haber transcurrido dos horas después de la terminación del horario establecido en la Estancia o Estancia Contratada y una vez agotados los medios de localización de la Persona Beneficiaria o Personas Autorizadas, se procederá a levantar acta circunstanciada de hechos, posteriormente se presentará al Niño o la Niña ante el Ministerio Público de la jurisdicción, quien determinará lo que corresponda.

## CAPÍTULO TERCERO
## DE LOS DERECHOS, OBLIGACIONES Y SANCIONES
## DE LAS PERSONAS BENEFICIARIAS

**Artículo 35.** En Estancias y Estancias Contratadas las Personas Beneficiarias tendrán derecho a:

**I.** Recibir del Personal un trato respetuoso, atento, cordial y sin discriminación alguna;

**II.** Recibir del Director o de la Directora la lista del material de uso personal y didáctico para el Niño o la Niña. En caso de requerirse algún insumo adicional, éste deberá contar con la autorización de la Delegación y el visto bueno de la Dirección de Prestaciones. En el supuesto de que los Niños o Niñas con discapacidad requieran insumos específicos para su particular atención, éstos deberán ser autorizados por el o la médico;

**III.** Ser informado del Reglamento, la forma de operar, las áreas de atención, el Equipo Interdisciplinario y el Personal;

**IV.** Conocer los objetivos y acciones a realizar durante el Ciclo de Servicio para favorecer el desarrollo y formación de los Niños y las Niñas;

**V.** Tener acceso a la información que promueva su participación en las actividades de la Estancia o Estancia Contratada y con ello favorecer el desarrollo y formación del Niño o la Niña;

**VI.** Ser informado del menú del día, exhibido en el área de recepción de la Estancia o Estancia Contratada, a fin de que conozca los alimentos que se le proporcionarán al Niño o la Niña;

**VII.** Ser atendido por el Equipo Interdisciplinario en los horarios establecidos por la Estancia o Estancia Contratada, cuando requiera orientación o información sobre algún asunto relacionado con el desarrollo y formación del Niño o la Nila y su participación en las actividades de la Estancia o Estancia Contratada;

**VIII.** Ser informado por el Equipo Interdisciplinario de cualquier incidente que se haya registrado con el Niño o la Niña durante su permanencia en la Estancia o Estancia Contratada, y

**IX.** Manifestar por escrito sus inquietudes y comentarios sobre el Servicio que recibe, indistintamente ante el Director o la Directora, la Delegación o la Dirección de Prestaciones involucrada en su funcionamiento y recibir la información respecto a su atención y seguimiento.

**Artículo 36.** Son obligaciones de la Personas Beneficiarias en la Estancia o Estancia Contratada:

**I.** Mantener un trato respetuoso con el Equipo Interdisciplinario y demás Personal;

**II.** Asistir a la junta de inicio de Ciclo de Servicio, entrevistas, pláticas y reuniones que convoque el Director o la Directora, con el fin de conocer las condiciones generales del Servicio;

**III.** Entregar los artículos establecidos en la lista del material de uso personal y didáctico en los plazos establecidos por la Estancia o Estancia Contratada;

**IV.** Entregar y recoger al Niño o la Niña dentro de los horarios establecidos por la Delegación, sin incurrir en las condiciones referidas en el artículo 34 de este Reglamento;

**V.** Dar aviso de inmediato al Director o la Directora en caso de pérdida de la credencial de identificación del Niño o de la Niña y levantar el acta de hechos ante autoridad competente y solicitar por escrito a la Estancia o Estancia Contratada la reposición de la credencial, anexando copia certificada de la citada acta;

**VI.** Registrar su nombre y firma de enterado en el documento correspondiente, cuando sea notificado de alguna incidencia ocurrida con el Niño o la Niña;

**VII.** Informar al personal médico de la Estancia o Estancia Contratada cualquier incidencia de salud ocurrida al Niño o la Niña fuera de la Estancia o Estancia Contratada y registrarla en la libreta que el Director destine para este fin;

**VIII.** Comunicar por escrito al Director o la Directora todo cambio de designación de las Personas Autorizadas, de domicilio y teléfono laboral y particular de la Persona Beneficiaria, a fin de que se actualice la información al siguiente día hábil del cambio;

**IX.** Informar al Director o a la Directora la causa de inasistencia del Niño o la Niña, justificando por escrito el motivo en un plazo no mayor a dos días hábiles;

**X.** Evitar presentar al Niño o la Niña en la Estancia o Estancia Contratada si ha mostrado dentro de las 24 horas anteriores, síntomas de enfermedad a los que hace referencia el artículo 27 de este Reglamento y, en tal caso, acudir directamente con el o la médico tratante o a la unidad médica que le corresponda para recibir el tratamiento prescrito y presentarlo en buenas condiciones de salud;

**XI.** Cumplir las indicaciones de cualquier integrante del Equipo Interdisciplinario cuando el Niño o la Niña requiera alguna atención específica;

**XII.** Participar en las actividades que favorezcan los procesos de adaptación del Niño o la Niña a la Estancia o Estancia Contratada, que sean indicadas por los integrantes del Equipo Interdisciplinario;

**XIII.** Entregar de manera bimestral, a partir de la inscripción, el documento que acredite la continuidad de la vigencia de derechos, y

**XIV.** Presentar por escrito al Director o la Directora los motivos que justifiquen la causa de entregar o recoger al Niño o a la Niña fuera del horario establecido.

Las Personas Autorizadas deberán observar lo previsto en el presente artículo, con excepción de lo dispuesto en las fracciones VIII y XIII.

**Artículo 37.** Serán causas de amonestación para la Persona Beneficiaria:

**I.** Entregar o recoger al Niño o la Niña fuera del horario establecido;

**II.** No presentar la credencial de identificación al entregar al Niño o la Niña;

**III.** No presentar identificación oficial de la Persona Beneficiaria o Persona Autorizada al recoger al Niño o la Niña;

**IV.** Presentar al Niño o a la Niña desaseado;

**V.** Presentar al Niño o a la Niña con alimentos, juguetes, joyería, celulares, dinero, broches para el cabello, diademas, pasadores, cinturones, o cualquier otro objeto que pueda causar alguna lesión en ellos. En los casos de Niños y Niñas con discapacidad, se aplicará esta amonestación cuando la Persona Beneficiaria no cuente con la autorización del o de la médico que corresponda;

**VI.** No dar cumplimiento al esquema de vacunación que le corresponde al Niño o la Niña;

**VII.** No presentar los resultados de los análisis de laboratorio correspondientes al Ciclo de Servicio y cuando se le solicite;

**VIII.** No acudir a la junta de inicio de Ciclo de Servicio, entrevistas, pláticas y reuniones que previamente se le haya notificado para tratar asuntos relacionados con la atención del Niño o de la Niña;

**IX.** Omitir la atención a un problema específico del Niño o de la Niña que haya sido detectado por algún integrante del Equipo Interdisciplinario;

**X.** No practicarle al Niño o la Niña los estudios médicos o psicológicos que se requieran a juicio del o de la médico o psicólogo de la Estancia o Estancia Contratada, con la anuencia del Director o no presentar los resultados correspondientes, y

**XI.** El incumplimiento a cualquier disposición jurídica aplicable.

**Artículo 38.** El Director o la Directora amonestará por escrito a la Persona Beneficiaria, hasta un máximo de dos ocasiones, cuando se incurra en algunas de las causas a que se refiera el artículo anterior dentro de un mismo Ciclo de Servicio.

**Artículo 39.** Serán causas de suspensión del Servicio por tres días hábiles:

**I.** Incurrir en una tercera amonestación derivada de las causas previstas en el artículo 37 de este Reglamento dentro del mismo Ciclo de Servicio;

**II.** No comunicar al Director o Directora, al día hábil siguiente, el cambio del centro de trabajo, del domicilio particular o del teléfono de localización de la Persona Beneficiaria o Personas Autorizadas;

**III.** Presentar al Niño o a la Niña con signos manifiestos de enfermedad o cuando tenga conocimiento de que está enfermo;

**IV.** Cuando la Persona Beneficiaria o Persona Autorizada agreda física y/o verbalmente al Personal, a los padres o Infantes que reciben el Servicio en la Estancia o Estancia Contratada;

**V.** Cuando la Persona Beneficiaria o Persona Autorizada no acuda a recoger al Niño o a la Niña en el horario establecido;

**VI.** Cuando la Persona Beneficiaria no presente a la Estancia o Estancia Contratada el original y copia del documento que acredite la continuidad de la vigencia de derechos en los plazos establecidos en el Reglamento;

**VII.** En caso de renuncia, cese o licencia sin goce de sueldo de la Persona Beneficiaria ésta no demuestre fehacientemente que se encuentra al corriente en el pago quincenal correspondiente, y

**VIII.** Cuando el Niño o la Niña tenga los seis años cumplidos y la Persona Beneficiaria no se encuentre al corriente del pago quincenal correspondiente al veinticinco por ciento del Costo Unitario Anual.

En los casos previstos en las fracciones VI a VIII del presente artículo, el Servicio se suspenderá durante el tiempo que dure la falta y será reanudado al día siguiente a aquél en que la Persona Beneficiaria acredite la vigencia de derechos o el pago correspondiente.

**Artículo 40.** En los casos de reincidencia por parte de la Persona Beneficiaria o Persona Autorizada a lo previsto en el artículo anterior, se aplicará la suspensión del Servicio de acuerdo a lo siguiente:

**I.** De incumplir por segunda ocasión, cinco días hábiles;

**II.** De incumplir por tercera ocasión, siete días hábiles, y

**III.** De incumplir por cuarta ocasión, diez días hábiles.

**Artículo 41.** Serán causas de baja del Servicio las siguientes:

**I.** Cuando se presente el quinto incumplimiento a las causas consideradas en el artículo 42 de este Reglamento dentro del mismo Ciclo de Servicios, el Director comunicará a la Persona Beneficiaria la baja del Servicio;

**II.** Cuando la Persona Beneficiaria haya dejado de estar incorporado al régimen de la Ley y no cubra el pago correspondiente del Costo Unitario Anual;

**III.** Cuando, sin previo aviso y/o sin causa justificada, el Niño o la Niña deje de asistir a la Estancia o Estancia Contratada durante más de seis días de actividades en un periodo de veinte días hábiles, y

**IV.** Cuando exista falsedad en los documentos o en la información proporcionada a la Estancia o Estancia Contratada para que se preste el Servicio.

**Artículo 42.** Toda amonestación, suspensión y baja del Servicio deberá estar debidamente fundada conforme a lo dispuesto en el Reglamento y firmada por el Director o Directora. En el caso de suspensión y baja se precisará la fecha a partir de la cual se suspenderá el Servicio, así como la causa o causas que motiven dicha determinación.

La amonestación, suspensión y baja del Servicio será comunicada por escrito a la Persona Beneficiaria, quien firmará de enterado en la copia del aviso. En caso de negarse, se asentará en la copia dicha circunstancia en presencia de dos testigos de la Estancia o Estancia Contratada, quienes firmarán el documento.

En caso de baja del Servicio, la Estancia o Estancia Contratada informará por escrito a la Delegación para los efectos conducentes.

**Artículo 43.** La Delegación atenderá las inconformidades respecto a la negativa de inscripción, amonestación, suspensión o baja del Servicio que presenten las Personas Beneficiarias.

**Artículo 44.** La Delegación podrá solicitar a la Dirección de Prestaciones la suspensión del Servicio en una o varias Estancias o Estancias Contratadas en su jurisdicción, previo informe que haga de las circunstancias, en los siguientes casos:

**I.** Cuando se detecte la posibilidad o existencia de un brote epidémico de gravedad entre los Niños y Niñas que requiera la adopción de medidas cuya aplicación durará el tiempo que los servicios médicos determinen;

**II.** Cuando se deban realizar obras materiales que impidan el funcionamiento adecuado de la Estancia o Estancia Contratada;

**III.** Cuando se presenten situaciones que impidan el otorgamiento del Servicio por falta de seguridad del local o del área en la cual se encuentre ubicada la Estancia o Estancia Contratada, o

**IV.** Por alguna otra causa que imposibilite la realización de las actividades en condiciones de seguridad e higiene para los Niños y las Niñas.

En los casos previstos en las fracciones II, III y IV, la Delegación ubicará a los Niños y las Niñas en otras Estancias o Estancias Contratadas en las que puedan ser atendidos.

## CAPÍTULO CUARTO
## DE LA SUSPENSIÓN DEFINITIVA DE LA ESTANCIA

**Artículo 45.** La Dirección de Prestaciones podrá ordenar la suspensión definitiva del Servicio de Estancia cuando la inscripción haya sido menor al 60% de la Capacidad Operativa por dos Ciclos de Servicio consecutivos o cuando la asistencia al Servicio haya sido menor al 60% en la mitad más uno de los días en que se ofreció el Servicio en el Ciclo de Servicio anterior.

En su caso, la suspensión definitiva a que se refiere este artículo deberá estar acompañada de un programa elaborado por la Delegación que considere la reubicación de los Niños y Niñas a otras Estancias o Estancias Contratadas. De esta situación deberá presentarse un informe a la Dirección General del Instituto.

## CAPÍTULO QUINTO
## DE LAS OBLIGACIONES DEL PERSONAL

**Artículo 46.** Son obligaciones de la Dirección de la Estancia:

**I.** Difundir entre el Equipo Interdisciplinario, el Personal, las Personas Beneficiarias y Personas Autorizadas, el Reglamento y las disposiciones jurídicas aplicables, así como verificar su cumplimiento;

**II.** Instruir la aplicación de los programas educativos oficiales de la SEP;

**III.** Dar seguimiento a las medidas establecidas en materia de protección civil;

**IV.** Informar de manera inmediata a las Personas Beneficiarias o Personas Autorizadas y, en su caso, a las autoridades competentes las situaciones en las que se haya afectado la integridad, seguridad y salud de un Niño o una Niña;

**V.** Atender, en coordinación con el Equipo Interdisciplinario, a las Personas Beneficiarias o Personas Autorizadas que soliciten audiencia;

**VI.** Promover un trato de respeto y cordialidad entre el Personal, las Personas Beneficiarias, las Personas Autorizadas y los Infantes;

**VII.** Entregar a la Persona Beneficiaria los documentos oficiales del Niño o la Niña;

**VIII.** Gestionar y vigilar que el Personal reciba la capacitación relacionada con las necesidades del Servicio;

**IX.** Gestionar ante la Delegación las necesidades de conservación y mantenimiento que requiera el inmueble de la Estancia, así como las adaptaciones necesarias para garantizar la accesibilidad a dicho inmueble;

**X.** Reportar y, en su caso, gestionar ante la Delegación cualquier necesidad de la Estancia relacionada con recursos humanos, materiales y financieros;

**XI.** Verificar que las instalaciones de la Estancia no se utilicen para realizar eventos tales como fiestas, conciertos, bazares o cualquier otro con el propósito de recaudar fondos;

**XII.** Verificar que el personal contratado realice las actividades establecidas en el contrato de prestación de servicios correspondiente, y

**XIII.** Vigilar que no permanezcan en la Estancia o Estancia Contratada personas ajenas al Servicio. Lo previsto en las fracciones IX, X y XI no aplicará para el Director de la Estancia Contratada.

**Artículo 47.** Son obligaciones del Equipo Interdisciplinario y del Personal:

**I.** Participar y colaborar en todas las acciones o actividades inherentes a la atención de los Niños y las Niñas sin mediar gratificación alguna;

**II.** Aplicar los programas educativos oficiales de la SEP;

**III.** Brindar a los Niños y las Niñas, Personas Beneficiarias y Personas Autorizadas un buen trato basado en el respeto;

**IV.** Abstenerse del cobro, manejo y custodia de cuotas para festejos o compras de material proporcionado por la Persona Beneficiaria o Personas Autorizadas;

**V.** Portar en la Estancia o Estancia Contratada con el uniforme completo y calzado de piso cerrado y con suela antiderrapante;

**VI.** Difundir el Reglamento y las disposiciones jurídicas aplicables entre la Persona Beneficiaria y Personas Autorizadas, así como verificar su cumplimiento;

**VII.** Aplicar las medidas establecidas en materia de protección civil;

**VIII.** Informar de manera inmediata al Director o la Directora las situaciones en las que se haya afectado la integridad, seguridad o salud de un Niño o una Niña;

**IX.** Atender a la Persona Beneficiaria o Personas Autorizadas que soliciten información. Esta obligación estará a cargo únicamente del Equipo Interdisciplinario;

**X.** Recibir capacitación relacionada con la prestación del Servicio;

**XI.** Informar al Director sobre las necesidades de conservación y mantenimiento que requiera el inmueble;

**XII.** Informar al Director sobre las necesidades de la Estancia o Estancia Contratada, y

**XIII.** Notificar al Director de la presencia en la Estancia y Estancia Contratada de personas ajenas al Servicio.

## CAPÍTULO SEXTO
## DE LA CONTRATACIÓN DE SERVICIOS CON TERCEROS

## SECCIÓN PRIMERA
## DE LAS ESTANCIAS CONTRATADAS

**Artículo 48.** Las Estancias Contratadas deberán acreditar Capacidad Instalada y Operativa.

**Artículo 49.** La celebración del contrato o convenio con la Estancia Contratada se realizará bajo la responsabilidad indelegable de los Delegados, mediante los procedimientos que establece la Ley de Adquisiciones, Arrendamientos y Servicios del Sector Público.

Para los efectos de este artículo se deberán suscribir contratos o convenios plurianuales por dos Ciclos de Servicio, utilizando el modelo de contrato o convenio autorizado por el Instituto.

**Artículo 50.** La Delegación, previo a la celebración de los contratos o convenios a que se refiere el artículo anterior deberá verificar y justificar que los Infantes no pueden ser atendidos en las Estancias, ya sea porque no se cuenta con lugares disponibles, o bien porque no existan éstas en la localidad en la que se requiera el Servicio.

En el caso de que una Estancia cuente con una inscripción mínima del noventa por ciento de su capacidad operativa, la Delegación podrá celebrar los convenios o contratos a que se refiere esta Sección aún tratándose de instituciones públicas o privadas que se encuentren en la misma circunscripción.

**Artículo 51.** La Estancia Contratada deberá cumplir como mínimo con los siguientes requisitos:

**I.** Tener la incorporación oficial ante la SEP;

**II.** Otorgar el Servicio en un horario de 8 horas diarias de lunes a viernes;

**III.** Brindar el Servicio por secciones de conformidad con lo previsto en el artículo 10 de este Reglamento;

**IV.** Proporcionar el servicio de alimentación para los Infantes de conformidad con los requerimientos nutricionales, de acuerdo a la guía de alimentación del Instituto vigente, y

**V.** Cumplir con lo dispuesto en el presente Reglamento y en las disposiciones jurídicas aplicables.

En caso de incumplimiento a lo previsto en el presente artículo o a cualquiera de las obligaciones de las Estancias Contratadas, la Delegación aplicará las cláusulas de penalización y de rescisión del contrato o convenio.

**Artículo 52.** El Niño o la Niña que se encuentre inscrito en una Estancia no podrá ser transferido a una Estancia Contratada para cubrir los porcentajes establecidos en los contratos de prestación de servicios celebrados con éstas salvo que la Persona Beneficiaria cambie de domicilio o de centro de trabajo.

## SECCIÓN SEGUNDA
## DE LOS SERVICIOS A TRAVÉS DE ORGANIZACIONES
## DE LA SOCIEDAD CIVIL

**Artículo 53.** Las Personas Beneficiarias podrán optar por recibir los Servicios a través de Organizaciones de la Sociedad Civil.

**Artículo 54.** Las Organizaciones de la Sociedad Civil que presten el Servicio deberán contar con Capacidad Técnica.

**Artículo 55.** Los Delegados celebrarán los contratos o convenios correspondientes con las Organizaciones de la Sociedad Civil que puedan prestar el Servicio, en los términos de las disposiciones jurídicas aplicables. Tratándose de Organizaciones de la Sociedad Civil que tengan atención en dos o más entidades federativas, la Dirección de Prestaciones podrá celebrar los contratos o convenios marco o, en su caso, convenios generales correspondientes.

**Artículo 56.** Las Organizaciones de la Sociedad Civil deberán cumplir, como mínimo, con los siguientes requisitos:

**I.** Prestar el Servicio en un inmueble designado específicamente para tal efecto;

**II.** Otorgar el Servicio en los días previamente establecidos, y

**III.** Cumplir con los lineamientos establecidos por la Dirección de Prestaciones.

**Artículo 57.** La Delegación verificará el cumplimiento del contrato o convenio celebrado con las Organizaciones de la Sociedad Civil para la prestación del Servicio, así como de los Lineamientos emitidos por la Dirección de Prestaciones.

**Artículo 58.** La Dirección de Prestaciones someterá anualmente a la autorización de la Junta Directiva del Instituto el presupuesto que dé soporte a la contratación de Servicios que se otorguen a través de las Organizaciones de la Sociedad Civil. El monto por Infante no podrá exceder el Costo Unitario Anual del Servicio en Estancias, autorizado por la citada Junta Directiva.

**Artículo 59.** Para el Servicio a que se refiere esta sección, serán aplicables, en lo conducente, las disposiciones para las Estancias y Estancias Contratadas.

## TRANSITORIOS

**Primero.** El presente Reglamento entrará en vigor el día hábil siguiente al de su publicación en el Diario Oficial de la Federación.

**Segundo.** La Dirección de Prestaciones deberá emitir los Lineamientos de los Servicios proporcionados a través de las Organizaciones de la Sociedad Civil dentro de los 120 días siguientes a la publicación del presente Reglamento.

Para los efectos del párrafo anterior, dentro de los 15 días siguientes a la publicación de este Reglamento, la Dirección de Prestaciones integrará un grupo de trabajo para la elaboración del proyecto de Lineamientos correspondiente, en el que invitará a participar al Consejo Nacional para el Desarrollo y la Inclusión de las Personas con Discapacidad.

**Tercero.** Tratándose de Niños y Niñas con discapacidad, estos se podrán incorporar al servicio correspondiente al Ciclo de Servicio que inicie en el mes de agosto siguiente a la entrada en vigor de este Reglamento, para lo cual deberán registrar su solicitud al Servicio, a más tardar, el mes de mayo siguiente a la entrada en vigor de este Reglamento.

En caso de que la Estancia o Estancia Contratada no cuente con Capacidad Operativa para atender la solicitud de inscripción a que se refiere el párrafo anterior, las Personas Beneficiarias podrán optar por ser registrados en una lista de espera a la que la Delegación le dará seguimiento cronológico y cuando exista lugar se informará inmediatamente a la Persona Beneficiaria para que realice los trámites de inscripción.

**Cuarto.** Se abroga el Reglamento del Servicio de Estancias para el Bienestar y Desarrollo Infantil del ISSSTE, publicado en el Diario Oficial de la Federación de 30 de noviembre de 2006 y aquellas disposiciones que se opongan al presente Reglamento."

Lo que me permito hacer de su conocimiento para los efectos legales procedentes. Atentamente

México, D.F., a 29 de marzo de 2012. El Secretario General y Secretario de la Junta Directiva, **Héctor De la Cruz**. Rúbrica.

(R. 347023)